CW01613343

GUIDE DES GÎTES D'ÉTAPE ET DE SÉJOUR

GÎTES DE FRANCE

GUIDE DES GÎTES D'ÉTAPE ET DE SÉJOUR

Amoureux de la nature, sportifs, épris de liberté ? Les 1493 gîtes d'étape et de séjour de ce guide vous accueilleront en toute convivialité pour des vacances où air pur, découverte et aventure seront au rendez-vous.

Maison des Gîtes de France
et du Tourisme Vert

59, rue Saint-Lazare - 75439 PARIS Cedex 09
Tél. 01 49 70 75 75 - Fax. 01 42 81 28 53
Métro : Trinité
Ouvert du lundi au samedi de 10 h à 18 h 30

Minitel : 3615 Gîtes de France (1,29 F/mn) - E.Mail : info@gîtes-de-france.fr

Edité par Gîtes de France Services
59, rue Saint-Lazare - 75439 Paris Cédex 09
Tél. 01 49 70 75 75

Directrice Edition : Clotilde MALLARD
Responsable fabrication : Marie-France MICHON
Avec la collaboration de : Catherine de ALMEIDA, Dominique BOILEAU,
Jean-Christophe MARTINA, et Karine LAFONTAINE

Traduction anglaise : Jonathan TUSZINSKY
Traduction allemande : Barbara STRAUSS-GATON

Publicité : Mathieu HEUDE

Conception de la couverture : AVIS DE TEMPETE

No ISBN : 2-907071-90-4

SOMMAIRE

LE GÎTE D'ÉTAPE ET DE SÉJOUR

Pour des vacances toniques, les propriétaires de gîtes d'étape et de séjour vous proposent plusieurs formules qui répondront à toutes vos attentes.

LES GITES DE SÉJOUR

Ils conviendront particulièrement aux groupes, amis et aux familles qui souhaitent séjourner le temps d'un week-end ou de vacances. Ils répondront également aux groupes à la recherche d'une structure d'accueil pour effectuer un séminaire, des classes vertes, découvertes... ou encore un stage sportif.

LES GÎTES D'ÉTAPE

Les gîtes d'étape permettront de faire halte sur un itinéraire de randonnée pédestre, cycliste ou équestre... A noter que de nombreux propriétaires peuvent accueillir en étape et en séjour.

Les gîtes d'étape ou de séjour sont équipés d'espaces de vie, de couchages en chambres ou en dortoirs avec une literie confortable (les draps peuvent parfois être fournis), de sanitaires collectifs ou privatifs. Selon le gîte choisi, vous pourrez utiliser une cuisine équipée (en "gestion libre") ou bien profiter des repas proposés par le propriétaire.

Vous pourrez pratiquer sur place, ou à proximité, des activités de pleine nature et de loisirs sportifs ou culturels. A la recherche d'émotions fortes ou de vacances hors des sentiers battus, vous pourrez aussi participer à des stages de spéléo, delta-plane, raquettes, ski de fond, ski de piste...

Avec les gîtes d'étape et de séjour, vous allierez avec bonheur rencontres autour du repas dans certains cas, découverte de la nature, activités sportives, tout cela au prix très doux des Gîtes de France.

GÎTES D'ÉTAPE ET DE SÉJOUR 1998

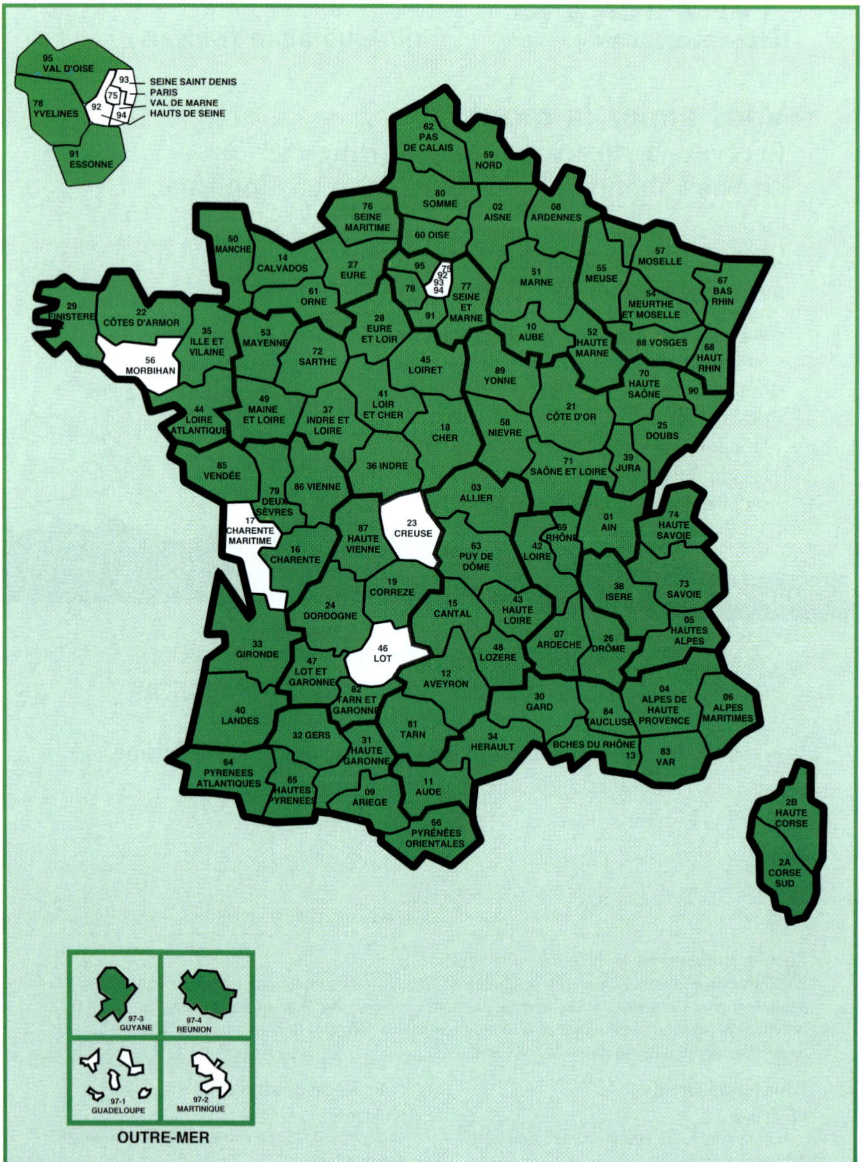

Départements comportant des gîtes d'étape et de séjour 1998

DÉFINITION DES ÉPIS

Des normes de classement ayant été définies pour les gîtes d'étape et les gîtes de séjour, vous trouverez ci-dessous, pour chaque catégorie de classement les critères principaux :

	GÎTE D'ÉTAPE	GÎTE DE SÉJOUR
• 1 épi	Salle de vie Epace repas Cuisine ou coin-cuisine équipé accessible aux clients	Salle de vie Espace repas Espace détente ou salle d'activités Pas de bat flanc
• 2 épis	Téléphone accessible Local de séchage, cellier Maximum 50 % du couchage en bat flanc	Téléphone accessible Local de séchage, cellier
• 3 épis	Espace détente ou salle d'activités Lave-vaisselle Sèche-linge Fourniture de draps et de serviettes-de toilette sur demande	Terrain attenant aménagé ou équipé Bibliothèque, jeux de société ou instruments de musique Lave-vaisselle Lave-linge et sèche-linge Fourniture de draps et de serviettes de toilette sur demande

E.C.NN : En cours de classement

COMMENT TROUVER VOTRE GÎTE D'ÉTAPE ET DE SÉJOUR ?

• Choisissez votre départementou consultez la carte de France p. 8 ou consultez la liste des localités par département (pages 380 à 406) qui vous permet de mieux choisir votre hébergement à partir de plusieurs critères : la possibilité de restauration sur place (en table d'hôtes ou en auberge), la capacité, la possibilité de louer une salle ou d'effectuer un séminaire, l'agrément classes vertes découvertes,... et enfin les activités proposées par le propriétaire sur place (équestre, VTT, hivernales).

• Les gîtes d'étape et de séjour sont classés par département, par ordre alphabétique de la page 25 à la page 379.

• Une cartographie départementale permet de repérer les hébergements. Elle est située en tête de chaque département, en fonction des itinéraires de randonnée.

LEGENDE KEY - ZEICHENERKLÄRUNG			
GR 31 ——— GRP	Sentier GR - GR de Pays GR main hiking trail Wanderweg GR	Sarthe (rivière)	Rivières - Fleuves Rivers Bäche-Flüsse
• — • — •	Limite départementale Department boundary Departementsgrenzen	(G)	Gîtes d'étape - de séjour Stopover holiday gîtes Stappen Aufenthaltsunterkunft
+ + + +	Limite frontière National border Abgrenzung (Grenze)	(CH)	Chambres d'Hôtes Bed & Breakfast accommodation Gästezimmer
↗ N	Nord North Norden	(L)	Logis de France Logis de France Hotels Logis de France

COMMENT RÉSERVER ?

La réservation se fait directement auprès du propriétaire par téléphone ou par courrier. Signaler la présence d'animaux domestiques : l'accord du propriétaire est obligatoire.

COMBIEN PAIEREZ-VOUS ?

Le prix est indiqué dans le descriptif. Lorsqu'il n'est pas indiqué, s'adresser directement au propriétaire ou à l'antenne départementale des Gîtes de France.

RESTAURATION

Certains gîtes d'étape/gîtes de séjour proposent différentes formules de restauration (table d'hôtes, auberges, panier-repas...). Très souples, elles vous permettront de prendre vos repas, souvent composés de spécialités régionales, dans une atmosphère conviviale (la table d'hôtes n'est ouverte qu'aux personnes séjournant dans le gîte d'étape/gîte de séjour).

Spécial Champignons
Spécial Champignons MAGAZINE
truffes
Au nez et à l'œil
Bien acheter
Trufficulture
Amusant
C'est encore la saison des champignons !
Sachez identifier les russules
Apprenez à reconnaître les champignons de vos vacances
Cèpes et bolets
Le Périgord
Marc Veyrat

GR®

Les sentiers de Grande Randonnée

170 guides p
la Fran

GR Pour randonner plusieurs jours

Partir entre amis pour découvrir les plus beaux paysages de France. Tout ce qu'il faut savoir pour bien préparer son aventure.

100 guides
Format 13,5 x 21 cm
Avec cartes IGN
de 75 à 99 francs.

ur découvrir

ce

...à pied

PR®
Sentiers de Promenades et Randonnées

PR pour se promener

Marcher c'est idéal pour garder la forme, se détendre. Des idées de randonnées pour tous, de la promenade en famille à la sortie plus sportive. Les plus belles promenades et randonnées de France.

70 guides à travers 5 séries *(Les Régions de France à pied, Les Départements de France à pied, Les Pays de France à pied, Les Parcs naturels à pied, Les environs des villes à pied)*
Format 13,5 x 21 cm, tout en couleur, avec photos et cartes IGN
de 35 à 99 francs.

Stopover and holiday gîtes

For refreshing holidays, stopover and holiday gîte owners offer a range of programmes to meet all your requirements. Stopover and holiday gîtes provide a friendly atmosphere and will especially suit hiking, cycling and horse-riding enthusiasts. Whether you bring your own bikes or mounts or hire them locally, you can stay over for one or more nights.

If you're looking for an exciting holiday or a break off the beaten track, you can also take courses in potholing, hang-gliding, or cross-country and on-piste skiing locally.
Stopover and holiday gîtes combine the delights of table d'hôtes meals - in some cases - with the joys of discovering nature and, sporting activities, at very attractive Gîtes de France prices.

How find your stopover or holiday gîte

- Choose the department, or look up the list of places classified by department on pages 380 to 406, or consult the map of France on page 8.
- Stopover and holiday gîtes are listed by department, in alphabetical order on pages 25 to 379.
- The list of places by department (pages 380 to 406) allows you to choose your accommodation using several criterias: meals available on the premises (table d'hôtes meals taken with the owner or at inns), the capacity, room hire for banquets or conferences, approval by the French department of health and social services for school nature discovery holidays, and activities offered by owners on the premises (e.g. riding, mountain bikes, wintersports).
- A map of each department is provided for locating the accommodation. The map is at the end of each department section, and provides details of hiking trails.

How to book

Bookings are made directly with the owner by phone or you can apply in writing. Inform the owners if you are bringing any pets, as their approval is always required.

Prices

- Prices are given in each entry.
- Where the price is not shown, apply directly to owners or the Gîtes de France departmental office.

Meals

Certain stopover & holiday gîtes offer meals. This very flexible arrangement means that you can take meals - which often include local specialities - in a friendly atmosphere. The table d'hôtes is available to stopover and holiday gîte guests only.

Etappen-und Aufenthaltsunterkünfte

Für spritzige Ferien schlagen Ihnen die Besitzer der Etappen- und Aufenthaltsunterkünfte verschiedene Formen vor, die all Ihren Erwartungen gerecht werden. In den Etappen- und Aufenthaltsunterkünften werden Sie einen gemütlichen Empfang finden und vor allem Liebhaber von Wanderungen, Rad- oder Reittouren werden auf ihre Rechnung kommen. Ob Sie mit ihrem eigenen Rad oder Pferd kommen oder es an Ort und Stelle leihen, Sie können eine oder mehrere Nächte verweilen.
Auf der Suche nach starken Erlebnissen oder nach Ferien weitab vom Herkömmlichen können Sie auch an Ort und Stelle stattfindenden Kursen teilnehmen: Höhlenforschung, Gleitflug, Schneeschuh- und Skilanglauf, Abfahrtslauf...
Mit den Etappen- und Aufenthaltsunterkünften verbinden Sie auf beste Weise gegebenenfalls Treffen am gemeinsamen Gästetisch, Entdeckung der Natur, sportliche Beschäftigungen und das alles zu einem sehr sanften Preis der Gîtes de France.

Wie finden Sie Ihre· Etappen-oder Aufenthaltsunterkunft?

- Suchen Sie sich das Departement aus oder schauen Sie auf der Ortsliste nach Departements geordnet nach oder ziehen Sie die Frankreichkarte der vorliegenden Seiten zu Rate.
- Die Etappen- und Aufenthaltsunterkünfte sind nach Departments in alphabethischer Reihenfolge geordnet.
- Die Ortsliste nach Departements geordnet erlaubt Ihnen, Ihre Unterkunft aufgrund verschiedener Kriterien besser zu finden: Die Möglichkeit an Ort und Stelle zu speisen (entweder an der Gästetafel oder in einer Gaststätte), die Aufnahmekapazität, die Möglichkeit einen Saal für ein Seminar zu mieten, die Genehmigung für Naturklassen oder Entdeck-kungsklassen... und nicht zuletzt die vom Besitzer vorgeschlagenen Beschäftigungsmöglichkeiten (Reiten, MTB, Wintersport).
- Eine Kartographie des Departements erlaubt die Feststellung der Unterkünfte. Sie befindet sich am Ende jedes Departements, je dem Wanderweg entsprechend.

Wie wird reserviert?

Die Reservierung erfolgt direkt beim Besitzer per Telefon oder per Post. Bitte vergessen Sir nicht eventuelle Haustiere anzumelden: Das Einverständnis des Hausbesitzers ist notwendig.

Was müssen Sie bezahlen?

Der Preis ist in der Beschreibung angegeben.
Sollte der Preis nicht angegeben sein, so wenden Sie sich bitte direkt an den Besitzer oder die departementale Verbindungsstelle der Gîtes de France.

Gästetafel

In bestimmten Etappen- oder Gruppenunterkünften wird die Gästetafel angeboten. Diese recht anpaßbare Form erlaubt Ihnen, Ihre Mahlzeiten, die häufig aus regionalen Spezialitäten bestehen, in einer gemütlichen Atmosphäre einzunehmen. Die Gästetafel ist nur für Gäste zugängig, die in den Etappen- bzw. Gruppenunterkünften untergebracht sind.

NOS FORMULES

Gîte Rural

Aménagé dans le respect du style local, le gîte rural est une maison ou un logement indépendant situé à la campagne, à la mer ou à la montagne. On peut le louer pour un week-end, une ou plusieurs semaines, en toutes saisons. A l'arrivée, les propriétaires vous réserveront le meilleur accueil.

Chambre d'Hôtes

La chambre d'hôtes ou le "Bed and Breakfast" à la française : une autre façon de découvrir les mille visages de la France. Vous êtes reçus "en amis" chez des particuliers qui ouvrent leur maison pour une ou plusieurs nuits, à l'occasion d'un déplacement ou d'un séjour.

C'est redécouvrir convivialité, bien-vivre et aussi la cuisine régionale avec la Table d'Hôtes.

Gîte d'Enfants

Pendant les vacances scolaires, vos enfants sont accueillis au sein d'une famille agréée "Gîtes de France" et contrôlée par l'administration compétente. Ils partageront avec d'autres enfants (11 maximum) la vie à la campagne et profiteront de loisirs au grand air.

Camping à la Ferme

Situé généralement près d'une ferme, le terrain où vous installez votre tente ou votre caravane est aménagé pour l'accueil d'une vingtaine de personnes ; vous pourrez y séjourner en profitant de la tranquillité, de l'espace et de la nature.

Gîte d'Etape

Le gîte d'étape est destiné à accueillir des randonneurs (pédestres, équestres, cyclistes...) qui souhaitent faire une courte halte avant de continuer leur itinéraire ; il est souvent situé à proximité d'un sentier de randonnée.

Gîte de Séjour

Gite rural de grande capacité, le gîte de séjour est prévu pour accueillir des familles ou des groupes (environ 20 personnes) en diverses occasions : week-end, vacances, réception, classe de découvertes, séminaire..

Chalets-Loisirs

Dans un environnement de pleine nature, 3 à 25 chalets-loisirs sont aménagés pour 6 personnes maximum.

Des activités de loisirs (pêche, VTT, pédalo, tir à l'arc...) vous sont proposées sur place.

EXEMPLE DE DESCRIPTIF

Example - Anschauungsbeispiel

Catégorie
Category/*Kategorie*

Carte Michelin
Michelin map/*Michelin karte*

Champdor Le Vieux-Moulin ◄— Nom de la commune **Name of the village/*Name des Ortes*** CV C.M. n° 74 — Pli n° 4

E.C. NN 30 pers. Ouverture : toute l'année. Alt. : 860 m

Gîte de séjour dans un bâtiment communal proche du camping et d'un plan d'eau. 7 chambres pour 30 pers. à l'étage. Salle commune et cuisine à disposition au rez-de-chaussée. Salle d'eau et wc aux 2 niveaux. Prix indiqué par personne si le gîte est occupé par plus de 20 pers. N° agrément Jeunesse et Sports : 001.080.042. Restaurant 1 km. Terrain omnisports et terrain de foot sur place.

Prix : pers.nuit **50 F**

Price
Preis

GR : 9 et GTJ

Baignade	Piscine	Pêche	Tennis	Golf	Equitation	Randonnée	Ski de fond	Ski de piste	Gare	Commerces
SP	6	SP	SP	6	6	0,5	0,5	6	20	0,4

◄— Loisirs **Leisure facilities *Freizeitbeschäftigungen***

COMMUNE CHAMPDOR – Mairie - Le Vieux Moulin – 01110 Champdor – Tél. : 04.74.36.01.79 ou 04.74.36.01.72

Coordonnées de réservation
Booking address/*Reservierungsadresse*

PICTOGRAMMES LOISIRS ET ABREVIATIONS

Leisure facilities and abbreviations - Bedeutung der Piktogramme und Abkürzungen

- Activités aériennes/Aerial sports/Lufsport
- Baignade/Bathing/Baden
- Base de loisirs/Outdoor activities centre/Freizeitplätze
- Bicyclette/Bicycles/Fahrrad
- Canoë/Canoeing/Kanoe
- Caves/Wine tasting/Weinprobe
- Chasse/Hunting/Jagd
- Châteaux/Castles/Schloß
- Circuit F1/Formula 1 racing/Auto-Rennbahn
- Equitation/Horse riding/Sportreiten
- Escalade/Climbing/Klettern
- Forêt/Forest/Wald
- Golf/Golf/Golf
- Grottes/Caves/Grotten
- Mer/Sea/Meer
- Montagne/Mountains/Gebirge
- Musée/Museum/Museum
- Parcours de santé/Fitness trail/Gesundheitsstrecke
- Paris/Paris/Paris
- Pêche/Fisching/Angeln
- Piscine/Swimming pool/Schwimmbad
- Piscine couverte/Indoor Swimming Pool/Hallenbad
- Plage/Beach/Strand
- Plan d'eau/Stretch of water/Wasserfläche
- Randonnée pédestre/Hiking/Wanderwege
- Rivière/River/FluB
- Site historique/Historical site/Geschichtl.Stätte
- Ski de fond/Cross-country skiing/Langlaufschi
- Ski de piste/Downhill skiing/Abfahrtski
- Sports nautiques/Watersports/Wassersport
- Tennis/Tennis/Tennis
- Thermes/Thermal baths/Thermen
- Varappe/Rock-climbing/Kletterwand
- Voile/Sailing/Segeln
- VTT/Mountain Bikes/Mountainbike
- Zoo/Zoo/Zoo
- Table d'hôtes/Table d'hôtes meals/Gätetafel
- Auberge/Inn/Herberge
- A la ferme/On the farm/Auf dem Bauernhof
- Gare/Railway station/Bahnhof
- Commerces/Shops/Geschäfte
- Animaux refusés/No pets/Haustiere verboten
- CM Carte Michelin/Michelin map/Michelin karte
- CV Chèques vacances acceptés

Carte France Télécom/France Telecom Phonecard (subscribers only)Telefonkarte France Telecom. Depuis les hébergements signalés par ce pictogramme, vous pouvez, si vous êtes titulaire d'une carte France Télécom, téléphoner où vous le souhaitez. Le coût de la communication sera dès lors imputé directement sur votre facture France Télécom.

Pour chaque descriptif, le pictogramme loisirs est suivi de la distance en km **(SP = sur place)**
In each entry, the pictogram is followed by the distance in kilometres **(SP = on the premises)**
Bei jeder Beschreibung steht nach dem Piktogramm die Entfernung in Km **(SP = am Ort)**

Le guide du
ROUTARD
HACHETTE
1997/98
Nikon

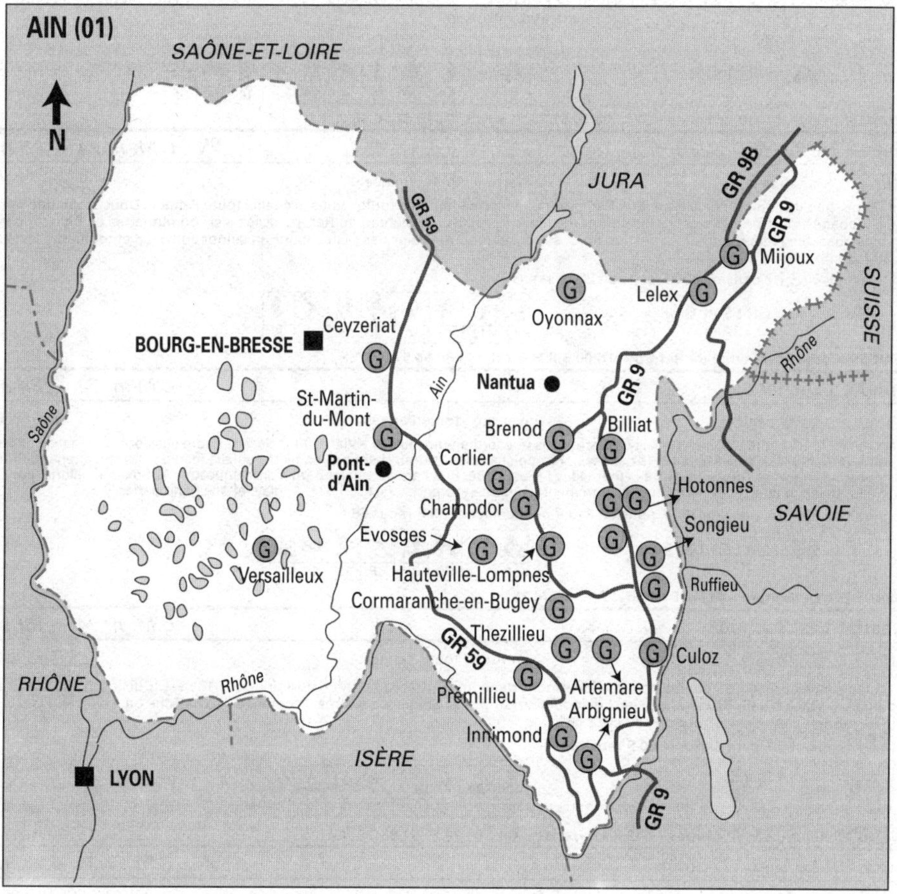

CH Chambre d'hôte — G Gîte d'étape, de séjour — L Logis de France

---

Arbignieu *C.M. n° 74 — Pli n° 14*

E.C. NN 8 pers. Ouverture : toute l'année. Alt. : 295 m

Gîte d'étape aménagé dans le club house d'un centre hippique face au Grand Colombier et à la Dent du Chat. 2 chambres (4 lits 1 pers. superposés) avec lavabos. Sanitaires : douche, wc. Grande salle commune avec vue sur le manège. Coin-cuisine à disposition. Terrain. Restaurants à Belley 6 km. Sentiers de randonnées : itinéraires pédestres, équestres et VTT. Villages typiques : lavoirs, fours banaux...

Prix : pers.nuit **60 F** pension cheval **20/60 F**

GR : 59 et GRP

10	6	SP	6	SP	SP	23	6

JACQUET Murielle – 01300 Arbignieu – Tél. : 04.79.81.21.37 ou 04.79.81.45.08

Artemare — *C.M. n° 74 — Pli n° 14*

20 pers. Ouverture : toute l'année. Alt. : 258 m

Gîte de séjour dans une résidence de plain pied. 6 chambres (30 m²) avec salle de bains/wc, possibilité lits supplémentaires. Salle à manger/coin-cuisine, salons, bibliothèque, TV, jeux pour enfants. Buanderie (lave-linge, sèche-linge). Location de draps. N° téléphone bureau : 04.79.87.40.03. Prix indiqués pour 12 à 25 pers. dans le gîte. Pour vos loisirs : terrasse, piscine, tennis, half-court, salle de sports, billard, compris dans le prix, sauna, solarium, avec sup.

Prix : pers.nuit **100/120 F**

GR : VALR

5	SP	SP	SP	35	8	SP	18	18	10	SP

MORGNIEUX Guy – 01510 Artemare – Tél. : 08.36.61.36.61 – Fax : 04.79.87.36.96

Billiat La Ferme-de-Retord — *C.M. n° 74 — Pli n° 4*

E.C. NN 25 pers. Ouverture : toute l'année. Alt. : 1270 m

Gîte d'étape, gîte de séjour, relais équestre. Cette immense ferme loin des routes vous accueille toute l'année. Douche chaude garantie. 25 couchages (dortoir et boxes). Salle commune (cheminée). Sur le plateau du Retord, accès à ski ou raquettes en hiver et par un chemin carrossable l'été. Camping et gestion libre, se renseigner. Au cœur des pistes, pour un séjour convivial et tonifiant : les 4 saisons au rythme de vos passions.

Prix : pers.nuit **60 F** 1/2 pension **150 F** pension **200 F** repas **70 F**

Ⓐ GR : 9 et GTJ

12	12	10	10	10	SP	SP	8

TREBUCCO Cecile – La Ferme de Retord – 01200 Billiat – Tél. : 04.50.56.57.02

Brenod La Lechere — *C.M. n° 74 — Pli n° 4*

E.C. NN 12 pers. Ouverture : toute l'année. Alt. : 850 m

Sur le tracé de la GTJ, gîte d'étape et relais équestre dans une ferme rénovée des XVIIIe et XIXe siècles. Cadre chaleureux. 1er étage : 2 ch. (2 et 4 lits), 1 dortoir (6 lits), bloc sanitaires (3 douches). Rez-de-chaussée : salon, cheminée en pierre, salle à manger. Terrain attenant. Promenades poney et cheval sur place, stages à la journée. VTT, escalade, tir à l'arc au village 2 km. Partie équestre : 12 boxes + sellerie, pré avec point d'eau, points d'attache et nourriture. N° agrément Jeunesse et Sports : 001.060.521. Anglais et allemand parlés.

Prix : pers.nuit **65 F** 1/2 pension **155 F** pension **210 F** petit dejeuner **25 F** repas **65 F**

(TH) GR : GTJ et 9

10	2	SP	SP	SP	10	15	2

CHOSSET F. – La Lechere – 01110 Brenod – Tél. : 04.74.36.01.27

Ceyzeriat Les Rochettes — *C.M. n° 74 — Pli n° 3*

E.C. NN 18 pers. Ouverture : toute l'année. Alt. : 350 m

Gîte d'étape équestre sur les contreforts du Revermont dans un centre équestre. 6 dortoirs pour 18 pers. Cuisine. Salle commune (cheminée). 3 salles d'eau. Boxes et chevaux disponibles sur place. Stages équestres. Promenade en calèche ou à cheval. Plats cuisinés. N° agrément Jeunesse et Sports : 001.072.061.

Prix : pers.nuit **42/50 F** petit dejeuner **20 F** repas **65 F**

(TH) GR : 59

10	2	10	2	SP	2	2

DUNAND Monique – Les Rochettes – 01250 Ceyzeriat – Tél. : 04.74.25.01.93

Champdor Le Vieux-Moulin — *C.M. n° 74 — Pli n° 4*

E.C. NN 30 pers. Ouverture : toute l'année. Alt. : 860 m

Gîte de séjour dans un bâtiment communal proche du camping et d'un plan d'eau. 7 chambres pour 30 pers. à l'étage. Salle commune et cuisine à disposition au rez-de-chaussée. Salle d'eau et wc aux 2 niveaux. Prix indiqué par personne si le gîte est occupé par plus de 20 pers. N° agrément Jeunesse et Sports : 001.080.042. Restaurant 1 km. Terrain omnisports et terrain de foot sur place.

Prix : pers.nuit **50 F**

GR : 9 et GTJ

SP	6	SP	SP	6	6	0,5	0,5	6	20	0,4

COMMUNE CHAMPDOR – Mairie - Le Vieux Moulin – 01110 Champdor – Tél. : 04.74.36.01.79 ou 04.74.36.01.72

Corlier Les Tuyas — *C.M. n° 74 — Pli n° 4*

E.C. NN 11 pers. Ouverture : toute l'année. Alt. : 800 m

Gîte de séjour sur 2 niveaux dans la maison du proriétaire. 2 dortoirs et 1 chambre pour 11 pers., 3 salles d'eau. Entrée indépendante. Coin-cuisine et salle commune au rez-de-chaussée. VTT et randonnées pédestres sur place. Hauteville 11 km. N° agrément Jeunesse et Sports : 001.121.043. Prix groupe : 60 F.

Prix : pers.nuit **55/65 F** 1/2 pension **150 F** pension **200 F** petit dejeuner **20 F** repas **65/70 F**

(TH)

11	11	11	SP	SP	11	10

JACQUEMET Mireille – 01110 Corlier – Tél. : 04.74.38.57.12

Cormaranche-en-Bugey La Fromagerie

C.M. n° 74 — Pli n° 4

24 pers. Ouverture : toute l'année. Alt. : 850 m

Gîte de séjour, ancienne fromagerie restaurée au cœur du village. 8 ch. pour 24 pers. Cuisine équipée, séjour (cheminée). 2 blocs sanitaires avec douches, wc. Chauffage central. Local ski. Produits fermiers sur place. Lac 3 km. N° agrément Jeunesse et Sports : 001.122.040. Anglais parlé.

Prix : pers.nuit **48/50 F**

GR : 9 et GTJ

3	3	3	SP	3	3	SP	1	SP

COMMUNE CORMARANCHE EN BUGEY – Mairie – 01110 Hauteville – Tél. : 04.74.35.33.19

Cormaranche-en-Bugey Les Teilleres

C.M. n° 74 — Pli n° 4

E.C. NN 19 pers. Ouverture : toute l'année. Alt. : 900 m

Gîte d'étape et de séjour dans une maison indépendante proche des pistes et des sentiers de randonnée. 19 personnes accueillies dans 4 chambres en lits 1 pers. superposés (3 lits, 4 lits, 5 lits, 7 lits). 2 douches, wc. 5 lavabos à l'étage proches des chambres. Salle commune et cuisine au rez-de-chaussée. N° agrément Jeunesse et Sports : 001.122.083. Restaurant 2 km. Forêt sur place.

Prix : pers.nuit **48 F**

GR : 9 et GTJ

5	3	2	5	SP	SP	13	3

LYAUDET Jean – Association Faire la Trace - Gîte Les Teilleres – 01110 Cormaranche-en-Bugey – Tél. : 04.74.35.17.63 – Fax : 04.74.35.17.63

Culoz Le Cabiolon

C.M. n° 74 — Pli n° 5

E.C. NN 20 pers. Ouverture : de mi-janvier à mi-décembre. Alt. : 300 m

Gîte d'étape aménagé au pied du Grand-Colombier (1531 m). 1 chambre 6 personnes (3 x 2 lits superposés 1 pers.), 1 dortoir 14 pers. Coin-cuisine. Salle commune. 2 douches. 2 wc. 4 lavabos. Garderie d'enfants et plats cuisinés à Culoz. Restaurant à 500 m. Renseignements touristiques, cartes, topoguides au syndicat d'initiative. Voile 9 km, delta-plane et parapente 10 km. Accès à la GTJ. Routes touristiques du Bugey. Gare TGV à Culoz 2 km.

Prix : pers.nuit **40 F**

GR : 9 et GTJ

9	6	3	1	6	SP	2	2

CLUB PEDESTRE DE CULOZ – Rene et Georgette Albespy - Montee du Chateau – 01350 Culoz – Tél. : 04.79.87.03.38 ou 04.79.87.06.69

Evosges

C.M. n° 74 — Pli n° 4

E.C. NN 24 pers. Ouverture : toute l'année. Alt. : 750 m

Gîte de séjour dans un bâtiment communal en bordure du village comportant également des logements. 6 chambres de 2 à 5 lits. 4 douches, 3 wc. Cuisine équipée, salle de séjour avec cheminée. Chauffage central. Prix groupe : 1235 à 1395 F forfait dégressif selon durée du séjour. Tel. du gîte : 04.74.38.55.33. N° agrément Jeunesse et Sports : 001.155.023. Mini-golf et étang de pêche sur place, rivière 7 km. Parapente. Restaurant 500 m.

7	17	SP	18	18	SP	SP	17	SP

COMMUNE EVOSGES – Madame Tenand Bernadette - Reservation et Accueil – 01230 Evosges – Tél. : 04.74.38.55.36 ou 04.74.38.55.60

Hauteville Clair-Logis

C.M. n° 74 — Pli n° 4

E.C. NN 18 pers. Ouverture : toute l'année. Alt. : 820 m

Gîte de séjour dans une maison indépendante dans le village de Lompnes. 8 chambres de 2 à 3 lits avec lavabos pour 18 pers. Literie complète, 3 douches. 3 wc. Cuisine de collectivité. Salle à manger. Salle TV. Salon. Téléphone. Infirmerie. Chauffage central au fuel. Prix groupe pour 18 pers. : 620 à 920 F. Sentiers et forêt à proximité. Restaurant à 500 m. Jeux de boule sur place.

GR : 9 et GTJ

1	1	1	1	1	1	1

CENTRE SAINT-LEONARD – Madame Jacquet – 01110 Hauteville-Lompnes – Tél. : 04.74.35.12.96

Hauteville Maison-Meyer

C.M. n° 74 — Pli n° 4

24 pers. Ouverture : toute l'année. Alt. : 830 m

Gîte de séjour spécialisé dans l'accueil de stages sportifs. Gîte sur 2 niveaux dans un bâtiment rénové comportant 2 gîtes ruraux à l'étage. 24 personnes accueillies dans 4 chambres et dortoirs (lits superposés). 6 douches. 5 wc. Séjour et salle à manger/cuisine de collectivité. Chauffage électrique. Cour, parking, pelouse. Annexe 12 lits à l'étage. Nombreuses possibilités d'activités sportives et de loisirs à la station d'Hauteville et dans les environs. Escalade, stade et salles de sports collectifs. Agrément Jeunesse et Sports : 001.185.081.

Prix : pers.nuit **45/55 F**

GR : 9 et GTJ

SP	2	SP	12	SP	SP	SP	1

COMMUNE HAUTEVILLE – Association Hauteville 3S - Mairie Hauteville-Lompnes – 01110 Hauteville – Tél. : 04.74.40.00.54

Hauteville La Praille *C.M. n° 74 — Pli n° 4*

18 pers. Ouverture : toute l'année. Alt. : 1100 m

Gîte de séjour au bord des pistes de fond de l'aire nordique de la Praille, en pleine nature, en moyenne montagne. Hébergement et sanitaires à l'étage, 2 chambres (4 pers.), 1 dortoir (10 pers.), 2 douches, 2 wc, lavabos. Grande salle de l'auberge et terrasse, coin-feu (cheminée, four à bois). Salle d'activités au rez-de-chaussée. A 1 heure de Lyon et de Genève. Location de skis de fond et VTT sur place.

Prix : pers.nuit **60 F** 1/2 pension **150 F** pension **200 F** petit dejeuner **25 F** repas **50/85 F**

Ⓐ GR : GTJ

6	7	6	SP	SP	SP	15	6

REVERDY Guy – La Praille – 01110 Hauteville – Tél. : 04.74.35.29.81

Hotonnes Les Plans *C.M. n° 74 — Pli n° 4*

17 pers. Ouverture : toute l'année. Alt. : 1100 m

Gîte de séjour en pleine nature, ferme rénovée comportant le logement du propriétaire. 4 ch. (17 pers.) dont 2 avec s. d'eau. Salle commune/coin-cuisine, cheminée. Salle d'eau (2 douches, 2 wc, lavabos). Chauffage, local séchoir, terrasses, terrain de sports, jeux d'enfants. Tarif réduit enfant. Gestion libre : 950 à 1050 F/nuit. Week-end : 1600 F. Sur place : ski de fond et piste, raquettes, GTJ : sentiers balisés, VTT, rando. avec accompagnateur en montagne, parcours de Course d'Orientation. A proximité : escalade, spéléo, tir à l'arc, équitation, artisanat. Accueil de cavaliers possible. N° agrément Jeunesse et Sports : 001.187.077.

Prix : pers.nuit **53/78 F** 1/2 pension **146/171 F** pension **208/223 F** petit dejeuner **28 F** repas **65 F** pension cheval **15 F**

(TH) GR : 9 et GTJ

9	20	10	SP	10	SP	SP	1,5	30	7

BIANCHI-THURAT Jocelyne – Les Pelaz – 01260 Les Plans-d'Hotonnes – Tél. : 04.79.87.65.73 – Fax : 04.79.87.65.73

Hotonnes Les Plans, Les Bergonnes *C.M. n° 74 — Pli n° 4*

E.C. NN 29 pers. Ouverture : toute l'année. Alt. : 1100 m

Gîte d'étape et de séjour dans la maison des propriétaires près de l'exploitation agricole (élevage de moutons). 1 dortoir pour 15 pers. et 1 ch. 4 pers. 2 salles d'eau. 2 chambres pour 5 pers. avec salle d'eau. Séjour avec cheminée. Chauffage central. Accueil chevaux possible. Taxe de séjour en supplément. Tarif dégressif pour les enfants. Ski de piste, ski de fond sur place. N° agrément Jeunesse et Sports : 001.187.075.

Prix : 1/2 pension **150/160 F** pension **200/210 F**

(TH) GR : 9 et GTJ

10	20	12	1	10	SP	SP	SP

DALIN Bernard et Christine – Les Plans – 01260 Hotonnes – Tél. : 04.79.87.68.46

Hotonnes La Grange-des-Plans *C.M. n° 74 — Pli n° 4*

15 pers. Ouverture : toute l'année. Alt. : 1100 m

Gîte au départ des pistes de ski de fond, ferme rénovée avec le logement du propriétaire et une salle accueil. 4 ch. (lits 1 ou 2 pers.), une avec s. d'eau. Souplesse d'utilisation : 2 séjours/cuisine, cheminée, TV, magnéto. l-linge, l-vaiss. 4 douches, 3 wc. Ch. central. Balcon. Terrasse. Terrain non clos (jeux enf.). Prix enf. -10 ans. Taxe de séjour. Sur place, raquettes, luge. Le propriétaire, professeur de ski nordique propose des cours à l'école de ski français. A la carte : skating, raid, rando journée. Lac, voile, parapente, escalade 20 km. Accueil de cavaliers possible. N° agrément Jeunesse et Sports : 001.187.111.

Prix : pers.nuit **60 F** 1/2 pension **150 F** petit dejeuner **40 F** repas **60 F**

(TH) GR : 9 et GTJ

9	20	10	SP	10	SP	SP	SP	30	7

THEVENARD Monique et Laurent – La Grange des Plans – 01260 Hotonnes – Tél. : 04.79.87.65.65

Innimond *C.M. n° 74 — Pli n° 14*

E.C. NN 14 pers. Ouverture : toute l'année. Alt. : 900 m

Gîte de séjour sur 2 niveaux dans un bâtiment communal rénové au cœur du village. 2 dortoirs pour 14 pers. (14 lits). Coin-cuisine. Salle commune. Salle d'eau. Produits fermiers, restaurant à 50 m. Pour les groupes : 850 F/semaine. Prix indiqués chauffage et électricité non compris. Sur place : possibilité de location de matériel de ski au foyer de ski de fond, pente école vol libre et parcours de santé.

Prix : pers.nuit **35 F**

GR : 59

6	6	SP	SP

COMMUNE INNIMOND – Mairie – 01680 Innimond – Tél. : 04.74.40.92.05

Lelex *C.M. n° 70 — Pli n° 15*

19 pers. Ouverture : toute l'année. Alt. : 920 m

Gîte d'étape sur 2 niveaux dans la maison du propriétaire, en bordure de la station, au pied des pistes. 2 chambres et 2 dortoirs. Salles d'eau. Coin-cuisine. Cheminée. Point-phone. Sas d'entrée, ratelier à ski, terrasse avec parking. Table d'hôtes le soir sur réservation. Taxe de séjour en plus. Possibilité prestation chambres d'hôtes. Liaison possible avec gare TGV Bellegarde (28 km). Crêt de la Neige, Crêt de Chalam, Valserine, liaison GTJ, Balcon du Léman. Escalade, tir à l'arc sur place. Garderie d'enfants. Artisanat chez le propriétaire. N° agrément Jeunesse et Sports : 001.210.523.

Prix : pers.nuit **42/52 F** petit dejeuner **25 F** repas **60 F**

(TH) GR : 9 et GTJ

1	1	SP	SP	SP	SP	28	0,5

VACHER Jean-P et Marie-S – Maison Brulats – 01410 Lelex – Tél. : 04.50.20.90.98

Mijoux

cv *C.M. n° 70 — Pli n° 15*

14 pers. Ouverture : toute l'année. Alt. : 1000 m

Gîte d'étape au r.d.c. d'un bâtiment communal en bordure du village. 1 dortoir pour 14 pers. (bas-flanc). Salle commune pour 36 personnes avec cuisine. Salle d'eau, wc. Chauffage central. Prix enfant de 4 à 10 ans : 42 F. Restaurant à 100 m. Randonnées accompagnées, tir à l'arc, escalade, luge d'été, rivière à proximité. Vol libre, parapente.

Prix : pers.nuit **46 F**

GR : 9 et GTJ

SP	0,5	2	SP	SP	3	3	SP

COMMUNE MIJOUX – Berry Frederic - Gîte d'Etape de Mijoux – 01410 Mijoux – Tél. : 04.50.41.30.16

Oyonnax Massiat

cv *C.M. n° 70 — Pli n° 14*

E.C. NN 6 pers. Alt. : 500 m

Gîte d'étape dans un centre équestre sur une bretelle de l'itinéraire du grand Huit, à 6 mn d'Oyonnax. Hébergement à l'étage en 2 chambres pour 6 personnes. Salle commune/coin-cuisine, cheminée. Salle de bains commune. Boxes et chevaux disponibles sur place. Restaurant 4 km. Sur place également un camping à la ferme et chambres d'hôtes. Promenades à cheval, poneys, calèches.

Prix : pers.nuit **47/73 F** 1/2 pension **160 F** pension **220 F** petit dejeuner **22 F** repas **69 F**

TH

15	5	5	5	SP	SP	6	3

SONTHONNAX Paul et Pierre – Sarl Ferme Equestre de Massiat - Bouvent – 01100 Oyonnax – Tél. : 04.74.73.64.85 ou 04.74.77.44.52 – Fax : 04.74.73.83.72

Premillieu La Fruitiere

cv *C.M. n° 74 — Pli n° 14*

E.C. NN 10 pers. Ouverture : toute l'année. Alt. : 900 m

Gîte de séjour dans l'ancienne fromagerie rénovée : caves voutées, grande salle (cheminée en pierre). 2 chambres (4 lits chacune). 1 alcôve (5 lits). Salle d'eau (2 lavabos), 1 douche, 2 wc dont 1 accessible aux personnes handicapées. Cuisine équipée (lave-linge, lave-vaisselle). Téléphone en appel d'urgence. N° agrément Jeunesse et Sports : 001.311.515. Loué en gestion libre 2000 à 2300 F/semaine charges comprises. Nuitée 600 F/groupe. Tel : 04.74.37.56.75 / 04.74.37.57.70. Loc. salle possible pour groupe jusqu'à 70 pers. avec accès handicapés.

14	3	14	7	SP	10	10	15

COMMUNE PREMILLIEU – Secretariat du District – 01110 Hauteville – Tél. : 04.74.35.39.73

Ruffieu Val-d'Or

cv *C.M. n° 74 — Pli n° 4*

22 pers. Ouverture : toute l'année. Alt. : 750 m

Gîte de séjour dans une ancienne maison bugiste rénovée au cœur du village. A l'étage, 8 chambres pour 22 pers. de 1 à 4 lits avec lavabo. 6 douches, 4 wc. Grand séjour/salon/salle à manger, cuisine au rez-de-chaussée. Salles de réunion et de travail (cheminée). Point phone-minitel. Parking, terrasse, jardin et terrain clos. Accueil de stages et séminaires. Randonnées VTT. Ski de piste et de fond aux Plans d'Hotonnes.

Prix : pers.nuit **80/110 F** 1/2 pension **160/190 F** pension **220/250 F** petit dejeuner **20 F** repas **60 F**

TH

2	12	5	10	12	SP	10	10	3

DENIS Pascal – Val d'Or – 01260 Ruffieu – Tél. : 04.79.87.75.76 – Fax : 04.79.87.74.77

Ruffieu

cv *C.M. n° 74 — Pli n° 4*

30 pers. Ouverture : toute l'année. Alt. : 750 m

Bob et Yvette vous accueillent dans leur gîte de séjour. Etage : 7 ch. (2 à 8 lits 1 pers.), sanitaires complets. R.d.c. : hall, séjour/salon, sanitaires. Chauffage central. Parking. Cour fermée. Terrain clos. Salle de séminaires et d'activités. Grande maison en pierre. Nombreuses activités dans un rayon de 15 km. N° agrément Jeunesse et Sports : 001.330.014. Un porche typique du Valromey ouvre sur la propriété qui comporte également leur habitation, un terrain et une grange permettant l'accueil de chevaux. Anglais parlé.

Prix : pers.nuit **70/110 F** 1/2 pension **170 F** pension **220 F** repas **70 F**

TH

2	12	5	10	12	SP	10	10	3

FLEMING Bob et Yvette – Le Puits du Brosset – 01260 Ruffieu – Tél. : 04.79.87.73.25

Saint-Martin-du-Mont

cv *C.M. n° 74 — Pli n° 3*

E.C. NN 8 pers. Ouverture : du 1er mars au 14 décembre. Alt. : 400 m

Gîte de séjour dans un bâtiment communal sur le tracé du GR59. Hébergement en 1 chambre (4 lits 1 pers. superposés) et 1 alcove (4 lits 1 pers. superposés), salle commune/coin-cuisine, sanitaires (1 douche, 1 wc), chauffage par poêle à bois. Accueil de cavaliers possible. Lac et voile 12 km, base kayak 7 km, produits fermiers, ravitaillement sur place. Vue panoramique.

Prix : pers.nuit **45 F** semaine **950 F**

GR : 59

7	15	1,5	2	9	SP	4	0,5

COMMUNE SAINT-MARTIN-DU-MONT – Mairie ou M. Grobon Gilbert - Chemin en Tres Vent – 01160 Saint-Martin-du-Mont – Tél. : 04.74.35.50.62 ou 04.74.35.50.06

Songieu

c v *C.M. n° 74 — Pli n° 4*

50 pers. Ouverture : toute l'année. Alt. : 750 m

Gîte de séjour proche du camping. Chalet communal en gestion libre. 7 dortoirs pour 50 pers. Cuisine de collectivité. Salle commune. 7 salles d'eau. Etang de pêche. Produits fermiers sur place. Prix pour un groupe de 25 pers. et plus. Location de tout le chalet : 1600 F pour 1 jour, 2600 F pour 2 jours. Restaurant à 3 km. N° agrément Jeunesse et Sports : 001.409.103.

Prix : pers.nuit **40/45 F**

GR : 9

6	9	SP	9	15	SP	10	10	4

COMMUNE SONGIEU – Mairie – 01260 Songieu – Tél. : 04.79.87.71.38 ou 04.79.87.72.62

Thezillieu

c v *C.M. n° 74 — Pli n° 4*

24 pers. Ouverture : toute l'année. Alt. : 900 m

Gîte de séjour en rez-de-chaussée de l'ancienne cure comportant 3 gîtes ruraux à l'étage. 3 dortoirs (10, 8 et 6 lits 1 pers. superposés). 2 salles d'eau. 4 douches. 2 wc dont 1 accessible aux handicapés en fauteuil roulant. Séjour/cuisine avec cheminée. Cour fermée avec préau. Tarif par jour et par personne en fonction du nombre. Cinéma 10 km. Restaurant à 100 m. N° agrément Jeunesse et Sports : 001.417.039.

Prix : pers.nuit **49/55 F**

GR : VALR

10	10	1	10	2	SP	SP	7	7

COMMUNE THEZILLIEU – Resp. Mme Bosch - Mairie – 01110 Thezillieu – Tél. : 04.74.37.56.48 ou 04.74.37.57.65

Versailleux La Claudine

C.M. n° 74 — Pli n° 2

E.C. NN 13 pers. Alt. : 300 m

Gîte d'étape dans un centre sportif. 1 dortoir pour 13 pers. Salle commune avec cheminée. Sanitaires, billard, ping-pong sur place. Accès payant au centre sportif (musculation). A proximité : tennis, golf, parc ornithologique, pêche, cinéma. Route touristiques des Etangs de la Dombes, canoë-kayak.

Prix : pers.nuit **60 F** petit dejeuner **25 F** repas **65 F**

TH

SP	10	12	2,5

COGGIO Bernard – La Claudine – 01330 Versailleux – Tél. : 04.74.61.78.94

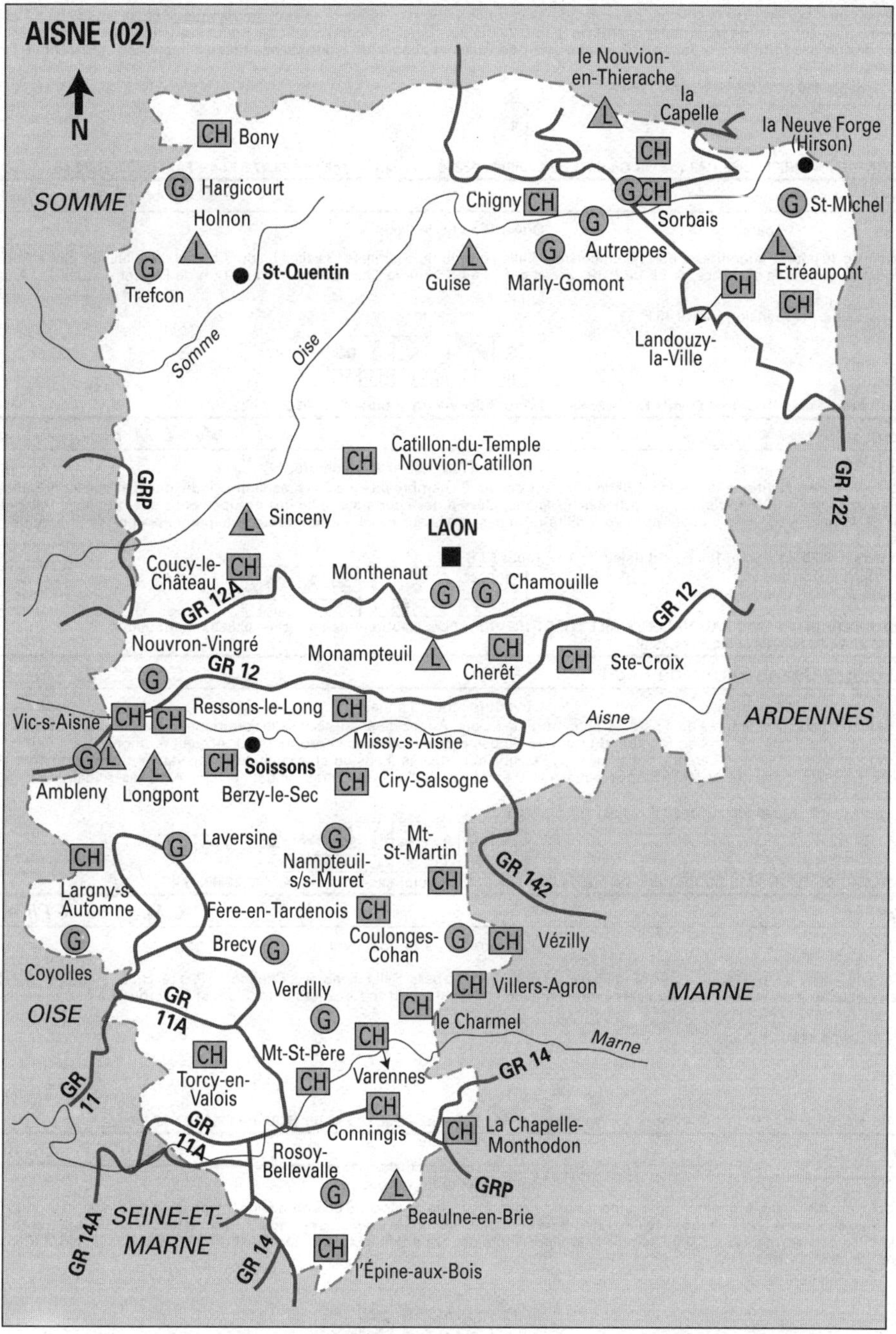

CH Chambre d'hôte G Gîte d'étape, de séjour L Logis de France

Autreppes *C.M. nº 53 — Pli nº 16*

E.C. NN 9 pers. Ouverture : toute l'année.

Gîte situé sur l'axe vert de Thiérache, itinéraire de randonnée pédestre, équestre et cyclotouristique. 2 chambres (9 lits). Cuisine équipée (vaisselle), salle de séjour avec cheminée insert. 2 douches, 2 wc, cabinets de toilette. Route touristique de la vallée de l'Oise (circuit des églises fortifiées). A proximité : château-fort de Guise et abbaye de Saint-Michel. Prix groupe 9 pers. : 630 F/nuit. Draps obligatoire : 30 F.

Prix : semaine **1500/2240 F** week-end **1260 F**

SP

MAISON DE LA THIERACHE – 43 rue du General de Gaulle – 02260 Lacapelle – Tél. : 03.23.97.51.64 – Fax : 03.23.97.21.44

Brecy *C.M. nº 56 — Pli nº 14*

E.C. NN 16 pers. Ouverture : toute l'année.

1 dortoir de 10 pers. 2 chambres 2 pers. Coin-cuisine. Salle commune, cheminée. 3 salles d'eau. Chevaux, stalles sur place. Forêt et randonnées pédestres sur place. A 1 h de Paris, accès par la A4, 15 km de Château-Thierry et 10 km de Fere-en-Tardenois. Anglais parlé.

Prix : pers.nuit **70 F** pension cheval **45 F**

10	3	15	10	10	15

GIBERT Anne-Marie – Route d'Epieds Nº 3 - Brecy – 02210 Oulchy-le-Chateau – Tél. : 03.23.71.22.15

Chamouille cv *C.M. nº 56 — Pli nº 5*

E.C. NN 35 pers. Ouverture : de février à novembre. Alt. : 80 m

Situé dans le Parc Nautique de l'Ailette. Bâtiment comprenant 9 chambres de 2 à 6 lits, sanitaires individuels et collectifs, salles de réunion et de repas, infirmerie, hangar activités, escalade. L'école des sports accueille des groupes pour une ou plusieures nuits à partir de 15 pers. de février à novembre. Possibilité de repas servis sur place, de nombreux équipements sportifs et ludiques sur place.

Prix : pers.nuit **70 F** pension **180 F** petit dejeuner **10 F** repas **53 F**

(TH)

SP	5	1	15	1	SP	SP	15	2

SYND. MIXTE DU PLAN D'EAU VALLEES AILETTE ET BIEVRE – Parc Nautique de l'Ailette – 02860 Chamouille – Tél. : 03.23.24.66.80 – Fax : 03.23.24.75.80

Coulonges-Cohan Ferme-de-Reddy *C.M. nº 56 — Pli nº 15*

E.C. NN 18 pers. Ouverture : toute l'année. Alt. : 217 m

1 dortoir de 7 pers., 2 chambres de 4 pers. et 1 chambre de 5 pers. Au rez-de-chaussée : salle commune avec cheminée. Cuisine (traiteur). Sanitaires. 20 boxes. Prix en fonction du nombre de personnes (voir avec le propriétaire). Accueil réunion et séminaires (forfait). Mixte : informatique et détente. Location VTT. Possibilité barbecue. Pension et accueil de 20 chevaux en boxes séparés. Randonnée équestre, pédestre et VTT. Stages équestres d'extérieur. Rallyes équestres. Initiation trec. Activités scolaires, suivi par moniteurs BEES 1.

Prix : pers.nuit **70 F** petit dejeuner **20 F** pension cheval **50 F**

2,5	SP	10	20	12	10	25	2,5

COMPLEXE DE TOURSIME DE REDDY – Ferme de Reddy – 02130 Coulonges-Cohan – Tél. : 03.23.69.43.47

Coyolles *C.M. nº 56 — Pli nº 13*

E.C. NN 15 pers. Ouverture : à partir du 3 avril.

1 gîte style refuge de montagne. 1 dortoir de 5 pers. 1 dortoir de 10 pers. Salle d'eau, wc. Cheminée. Pas de chauffage. Gîte de séjour situé dans la forêt domaniale de Retz et aménagé dans une ancienne maison forestière entre Ivors et Cuvergnon à proximité du GR 11.

Prix : pers.nuit **45 F**

GR : 11

RELAIS NATURE DU FOURNET – Route de Walligny – 02600 Coyolles – Tél. : 03.44.59.16.83 ou 03.44.87.17.50

Hargicourt *C.M. nº 53 — Pli nº 13*

E.C. NN 21 pers. Ouverture : toute l'année.

Rez-de-chaussée : salle à manger, cheminée, salle de repos, cuisine équipée. 6 chambres sur 2 étages, 2 ch. (4 lits) et 3 ch (3 lits), 2 douches et lavabos, wc à chaque niveau. Chauffage central. Location de draps. Lave-linge. Terrain attenant (2000 m^2). Eurodisney 120 km. Pays du Vermandois, Saint-Quentin 17 km, proximité des départements de la Somme (Péronne 19 km) et du Nord (Cambrai 25 km, Caudry 27 km).

Prix : pers.nuit **50/60 F**

8	5	15	17	SP

ASSO. AMIS LA MAISON D'HARGICOURT – 10 rue Caron – 02420 Hargicourt – Tél. : 03.23.09.58.58 – Fax : 03.23.09.58.58

Hirson La Neuve-Forge *C.M. n° 53 — Pli n° 16*

E.C. NN 21 pers. Ouverture : toute l'année. Alt. : 200 m

Gîte de séjour de 215 m^2 confortable et aménagé dans une ancienne ferme restaurée. 1 dortoir de 13 lits. Douches et wc communs. 2 chambres de 4 lits. Douches et wc privés. Salle d'accueil. Kitchenette. Hébergement propice à l'équitation, à l'écart du village dans un environnement de pleine nature. Piscine sur place (type zodiac). Musées et abbaye 6 km. Canoë et escalade 5 km. Pêche à la mouche nokill sportive, parcours de 2e catégorie sur place. 250 F/2 pers. 330 F/3 pers. 80 F/pers. suppl. Groupe : 60 F/pers. Agrément ferme pédagogique en cours.

Prix : pers.nuit **150 F**

SP	SP	SP	3	3

DEBIENNE Raymond – La Neuve Forge – 02500 Hirson – Tél. : 03.27.59.62.49 – Fax : 03.27.59.62.49

Laversine Le Moulin *C.M. n° 56 — Pli n° 5*

E.C. NN 22 pers. Ouverture : toute l'année.

Gîte de séjour équestre dans un moulin. R.d.c. : séjour, kitchenette, wc. 1er étage : 2 chambres avec salle d'eau (1 ch. 4 pers. 1 ch. 5 pers.), wc. 2e étage : 2 chambres avec salle d'eau (1 ch. 5 pers. 1 ch. 7 pers.). Chevaux disponibles sur place pour balades accompagnées en forêt de Rezt. Poss. accueil chevaux en boxes séparés ou stalles (tarifs sur place). Capacité d'accueil minimum : 12 pers. l'été, 18 pers. l'hiver. Mini-golf. Anglais parlé.

Prix : pers.nuit **70/80 F**

SP	1

FEREY Eugene – Le Moulin – 02600 Laversine – Tél. : 03.23.55.85.50 ou 03.23.55.31.76 – Fax : 03.23.55.34.88

Marly-Gomont *C.M. n° 53 — Pli n° 15*

E.C. NN 16 pers. Ouverture : de mai à septembre.

Gîte situé sur l'axe de Thiérache, itinéraires de randonnées pédestres, équestres et cyclotouristiques. 2 ch. 2 lits, 1 ch. 3 lits, 1 ch. 4 lits et 1 ch. 5 lits. Cabinets de toilette, 4 douches et 5 wc. Cuisine, séjour avec cheminée. Route touristique de la vallée de l'Oise (circuit des églises fortifiées). A proximité : château-fort de Guise et abbaye de St-Michel. Draps obligatoires : 30 F/pers.

Prix : semaine **2350/3300 F** week-end **2100 F**

SP

MAISON DE LA THIERACHE – 43 rue du General de Gaulle – 02260 Lacapelle – Tél. : 03.23.97.51.64 – Fax : 03.23.97.21.44

Monthenault *C.M. n° 56 — Pli n° 5*

E.C. NN 26 pers. Ouverture : toute l'année. Alt. : 180 m

Gîte de séjour sur 300 m^2, 7 chambres de 2 à 6 lits (dont 2 avec sanitaires individuels). Grande cuisine équipée, salle de vie avec coin-salon et TV. Possibilité de commander vos repas servis sur place. Aire de camping pour groupe. Mini-bus pour assurer les liaisons. Accueil de séminaire, stage clés en mains pour comité d'entreprise, groupe, particulier... Toutes activités VTT (centre F/F n° 92), location (centre d'essais Peugeot), randonnées accompagnées, activités parascolaires. Possibilité d'accueil du cavalier et de sa monture (4 box). Promenade en calèche avec l'âne. Point-phone n° 03.23.24.00.87. N° agrément Jeunesse et Sports en cours.

Prix : pers.nuit **63/95 F** petit dejeuner **25 F** repas **63 F**

TH

3	3	3	14	3	3	3	14	4

OXIG'AISNE EN PICARDIE – 15 rue de Chaumont – 02860 Monthenault – Tél. : 03.23.24.75.40 – Fax : 03.23.24.75.40

Nampteuil-sous-Muret *C.M. n° 56 — Pli n° 4*

E.C. NN 30 pers. Ouverture : toute l'année.

4 dortoirs (6, 5, 4 et 2 pers.), salle à manger. Cuisine équipée. 6 wc, 4 douches, 6 lavabos. 1 ch. (1 pers.), s. d'eau avec wc et lavabo accessible aux pers. hand. Tél. Barbecue. Le gîte de séjour de la ferme de la Berque est situé dans la vallée de la Crise (petite rivière affluente de l'Aisne, qui sillone le plateau du Soissonnais). Poss. loc. draps. Electricité en sus relevée au compteur. Ping-pong, location de VTT.

Prix : pers.nuit **55 F**

PHILBERT Sylvain – Ferme de la Berque – 02200 Nampteuil-sous-Muret – Tél. : 03.23.55.18.52

Nouvron-Vingre *C.M. n° 56 — Pli n° 3*

E.C. NN 16 pers. Ouverture : toute l'année.

Gîte de séjour. 2 dortoirs 8 pers. Coin-cuisine. Salle commune (cheminée). 2 salles d'eau, 3 wc. 6 boxes pour chevaux et 4 stalles.

Prix : pers.nuit **55/65 F**

GR : 12

8	16

CAVALIER Gerard – La Barbotiere - Nouvron Vingre – 02290 Vic-sur-Aisne – Tél. : 03.23.55.70.44

Rozoy-Bellevalle Les Maisons-Maquets *C.M. n° 56 — Pli n° 14*

E.C. NN 30 pers. Ouverture : toute l'année.

Gîte dans une ancienne ferme, idéal pour fêtes et rassemblements. R.d.c. : entrée, salle à manger, cuisine, wc et lavabos, cheminée. 1 ch. 3 pers. avec salle de bains et wc attenants. Etage : 3 ch. 4 pers. chacune, 1 ch. 3 pers. et 2 ch. individuelles, 2 wc, 2 s. d'eau avec 2 douches et 2 lavabos chacune. Tir à l'arc sur place. Tennis : 34 F/h., 310 F/forfait séjour. Tarifs indicatifs pour groupe de 10 à 30 pers. : 2530 F/w.e. et 3960 F/semaine chauffage et électricité compris. Loc. draps 35 F/paire. A 90 km de Paris et 18 km de Château-Thierry, gîte de séjour dans un ensemble de bâtiment avec 1 gîte rural 6 pers., à l'écart du village sur une propriété de 3 ha.

Prix : semaine **3960 F** week-end **2530 F**

SP	8	18	18	10

PEYRES – Les Maisons Maquets - 13 route d'Essises – 02540 Rozoy-Bellevalle – Tél. : 03.23.69.83.32

Saint-Michel Le Pre-Lorquin *C.M. n° 53 — Pli n° 16*

E.C. NN 30 pers. Ouverture : toute l'année.

Gîte situé en bordure de la forêt domaniale de Saint-Michel. 2 dortoirs (30 lits), 3 douches, 4 wc et 9 lavabos. Cuisine. Salle commune avec cheminée. Salle d'eau.

Prix : pers.nuit **55/65 F**

2	1	3

DE GRYSE Daniel – 20 rue Kinet - Saint-Michel – 02830 Hirson – Tél. : 03.23.58.04.76

Sorbais *C.M. n° 53 — Pli n° 16*

E.C. NN 9 pers. Ouverture : toute l'année.

Gîte situé sur l'axe vert de Thiérache, itinéraire de randonnée pédestre, équestre et cyclotouristique. 2 chambres (9 lits). Cuisine équipée. Salle de séjour avec cheminée insert. 2 douches, 2 wc et cabinets de toilette. Route touristique de la vallée de l'Oise (circuit des églises fortifiées). A proximité : château-fort de Guise et abbaye de Saint-Michel. Pour groupe 9 pers. : 630 F/nuit. Loc. draps obligatoire : 30 F.

Prix : semaine **1500/2240 F** week-end **1260 F**

SP

MAISON DE LA THIERACHE – 43 rue du General de Gaulle – 02260 Lacapelle – Tél. : 03.23.97.51.64 – Fax : 03.23.97.21.44

Trefcon *C.M. n° 53 — Pli n° 13*

E.C. NN 17 pers. Ouverture : toute l'année.

Gîte de séjour du « Val d'Omignon », au cœur du Vermondois. 17 lits en 2 dortoirs (7 pers.). 1 chambre 3 pers. Coin-cuisine. Salle commune, cheminée. 2 salles d'eau. Logements de chevaux : 10 boxes + place sous manège. Bourrellerie. Attelages touristiques. Canoë sur place (sorties accompagnées). Supplément pour chauffage (60 F/nuit). Loc. draps 20 F. Plats cuisinés. Randonnées équestres (14 chevaux). Box : 50 F. Randonnées pédestres et équestre. Terrain d'aviation à Saint-Quentin (parachutisme) à 5 km. Loc. VTT. Tir à l'arc et à l'arbalète (couvert). St-Quentin 15 km : réserve naturelle du Marais d'Isles. Musées Antoine Lecuyer, Quentin la Tour, d'enthomologie.

Prix : pers.nuit **50/60 F**

6	SP	2	15	17

WYNAND Hubert – Le Gîte du Val d'Omignon - 3 rue Principale – 02490 Trefcon – Tél. : 03.23.66.58.64

Verdilly Ferme-des-Loisirs *C.M. n° 56 — Pli n° 14*

E.C. NN 28 pers.

Gîte équestre. 1 dortoir 12 lits, 1 dortoir 10 lits, 1 dortoir 6 lits. Salle commune. Salle d'eau. Boxes et chevaux disponibles sur place. Location de bicyclettes, stages d'équitation et mini-golf sur place. Possibilité restauration sur place sur réservation. Agrément ferme pédagogique et ferme équestre. Près de Château-Thierry, gîte aménagé dans un ancien moulin reconverti en centre de loisirs : « La Ferme des Loisirs ».

Prix : pers.nuit **40 F** petit dejeuner **20 F** repas **52 F**

Ⓐ GR : 11A et 14

3	SP	3	3	3	3	3

MASSE Michel – Ferme des Loisirs - Verdilly – 02400 Chateau-Thierry – Tél. : 03.23.69.15.87

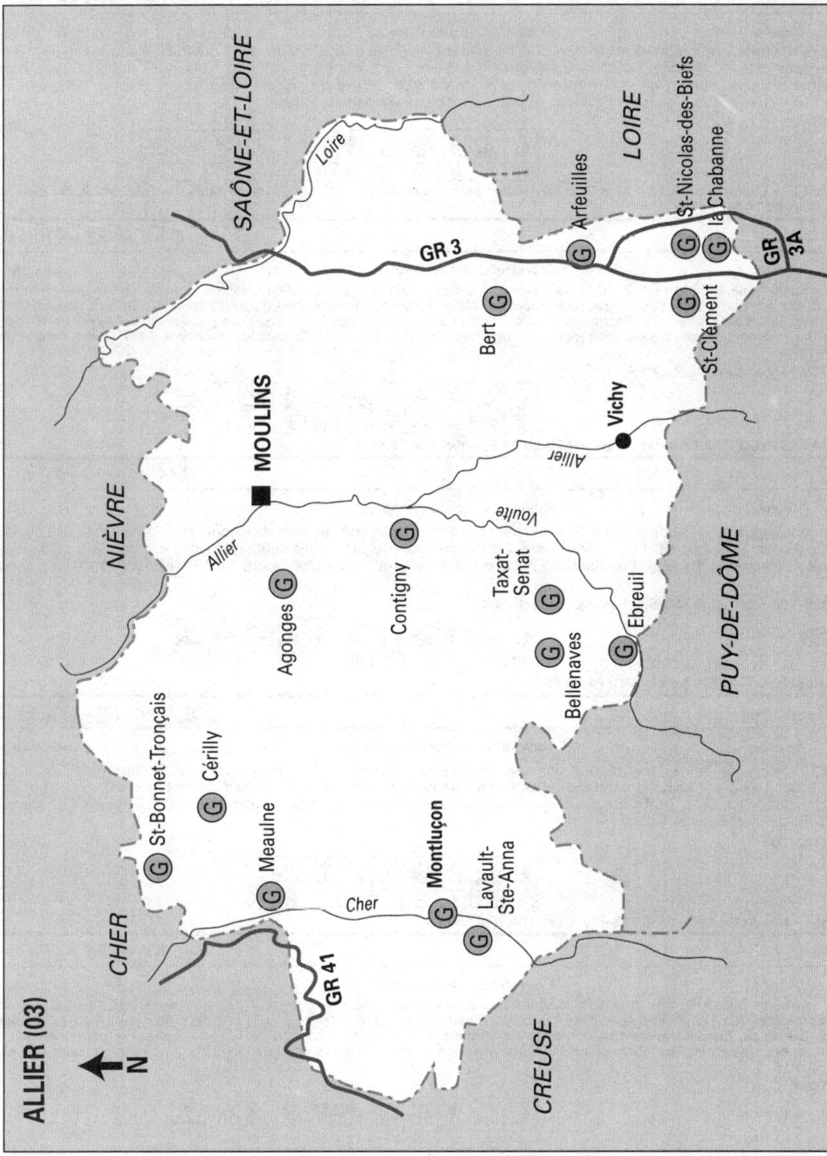

Agonges La Tuilerie

C.M. n° 69 — Pli n° 13

E.C. NN 18 pers. Ouverture : du 1er mai au 30 septembre. Alt. : 250 m

Gîte indépendant dans les communs d'une propriété en lisière de la forêt de Bagnolet : salle commune, coin-détente, coin-cuisine, 1 ch. (1 lit 2 pers. 2 lits 1 pers.), 1 ch. (6 lits 1 pers.), salle d'eau (1 douche, 2 lavabos), wc. 1 dortoir (8 lits 80 et 90), salle d'eau (1 douche, 2 lavabos), wc. Accueil de chevaux et VTT. Moulins 18 km. Bourbon l'Archambault 12 km.

Prix : pers.nuit **45 F** pension cheval **12 F**

10	12	SP	20	SP	18	25	18	17	2

MARTIN SAINT-LEON Alain – La Tuilerie – 03210 Agonges – Tél. : 04.70.43.93.65

Arfeuilles
C.M. n° 73 — Pli n° 6

E.C. NN 14 pers. Ouverture : toute l'année. Alt. : 420 m

Aménagé dans les batiments d'un ancien presbytère. Grand séjour/coin-cuisine avec cheminée. 2 grandes chambres (8 lits 1 pers. superposés dans l'une, 6 lits 1 pers. superposés dans l'autre). 2 s. d'eau, wc. Garage à vélos, abris cloisonnés pour chevaux. Proximité d'autres hébergements. Station de ski de fond et de descente 30 km. Taxe de séjour. Vichy 32 km. Sentier GR3, petite et moyenne randonnée. Prix : 5 F/vélo./jour. 10 F/cheval au pré/jour. Restaurant dans le village.

Prix : pers.nuit **45 F**

SP	15	SP	16	16	0,8	15	32	32	30	32	SP

MAIRIE ARFEUILLES. – Ouvert Lundi 13 h 30 à 16 h 30 - Mardi au samedi de 9 h à 12 h – 03640 Arfeuilles – Tél. : 04.70.55.52.00 ou 04.70.55.50.11 – Fax : 04.70.55.53.28

Bellenaves
C.M. n° 73 — Pli n° 4

E.C. NN 18 pers. Ouverture : toute l'année. Alt. : 387 m

Grande maison indépendante avec terrain. 2 ch. (8 lits 1 pers.), 1 dortoirs (10 lits 1 pers.), cuisine, salle à manger commune, cheminée. 4 douches. 3 wc. Boxes sur place, local pour vélos. Restaurant sur place. Produits fermiers. Plan d'eau d'Ebreuil 10 km. Prix groupe de 1 à 8 pers. : 40 F/jour/pers., de 8 à 18 pers. : 35 F/jour/pers. Séminaire : 500 à 700 F. Location 1 semaine pour groupe de 1 à 18 pers. : 35 F/jour/pers. Chauffage : 10 F/jour/pers. Location salle pour réception (matin au lendemain soir) : 500 F sans les chambres, 700 F avec les chambres. Electricité à 0,70 F.

Prix : pers.nuit **35/40 F** pension cheval **20 F**

SP	20	SP	10	40	16	10	30	10	20	SP

MAIRIE BELLENAVES – 03330 Bellenaves – Tél. : 04.70.58.30.32 – Fax : 04.70.58.37.59

Bert
C.M. n° 69 — Pli n° 15

E.C. NN 16 pers. Ouverture : toute l'année. Alt. : 315 m

Gîte indépendant mitoyen à une maison habitée. Rez-de-chaussée et 1er étage : cuisine, salle de séjour, 1 ch. (2 lits 1 pers.), 2 ch. (1 lit 2 pers.), 1 ch. (1 lit 2 pers. 2 lits 1 pers.), 1 ch. (2 lits 1 pers. 2 lits supperposés), 1 ch. (2 lits supperposés), 5 s. d'eau, 6 wc. Chauffage central au mazout et électrique. Parking. Possibilités 3 pers. suppl. Pour tout le gîte (750 F/nuit, 1300 F/week-end, 2900 F/semaine). Draps fournis.

Prix : pers.nuit **120/150 F** semaine **750/900 F** week-end **220/260 F**

SP	SP	SP	SP	10	SP	45	15	35	35	SP

MAIRIE BERT – Regisseur – 03130 Bert – Tél. : 04.70.99.61.92

Cerilly Les Assences
C.M. n° 69 — Pli n° 12

E.C. NN 12 pers. Ouverture : toute l'année. Alt. : 382 m

Gîte indépendant dans les communs d'une maison de caractère en forêt de Tronçais. Rez-de-chaussée : salle commune. Salon. Cuisine. 1 ch. (4 lits 1 pers.) avec s. d'eau, wc. 1er étage : 2 ch. (4 lits 1 pers. chacune). S. d'eau, wc. Espace vert (enclos). Accueil de chevaux possible (box, paddock). Centre équestre sur place. Prix nuitée de 1 à 3 pers. Chambre 4 pers. 220 F. 660 F pour le gîte complet de 12 personnes. Restaurant dans le village.

Prix : pers.nuit **130/190 F**

4	4	4	14	14	SP	14	4

CORELLOU Sylvie – Les Assences – 03350 Cerilly – Tél. : 04.70.67.52.69

La Chabanne
C.M. n° 73 — Pli n° 6

E.C. NN 34 pers. Ouverture : toute l'année. Alt. : 680 m

L'accueil « groupes » se compose de 4 ch. de 4 pers. chacune (lits superposés) et de 1 ch. 3 pers. (2 lits superposés, 1 lit 1 pers.). L'accueil « individuels » se compose : de 1 ch. (1 lit 2 pers. 3 lits 1 pers.), s. d'eau, wc privés. A l'étage : 3 ch. (1 lit 2 pers. chacune), 1 ch. (1 lit 2 pers. 2 lits superposés). 2 s. d'eau, 2 wc communs aux 4 ch. Salle commune avec coin-cuisine. Loc. draps. Taxe de séjour. Pré pour chevaux. 1 à 2 pers : 150 F/nuit. 3 pers : 220 F/nuit. Restaurant dans le village. Ancienne maison rénovée dans u village de montagne, pouvant accueillir groupes et individuels.

Prix : pers.nuit **150 F**

3	40	12	7	7	12	10	40	40	40	SP

MAIRIE LA CHABANNE – 03250 La Chabanne – Tél. : 04.70.56.42.87 – Fax : 04.70.59.78.69

Contigny Les Grands-Saulzets
C.M. n° 69 — Pli n° 14

E.C. NN 20 pers. Ouverture : toute l'année. Alt. : 240 m

La famille Lacroix loue à la semaine, le week-end une ancienne ferme entièrement rénovée : cuisine équipée, séjour, 5 ch. (2 lits 1 pers.), 1 ch. (1 lit 1 pers.), 1 ch. (3 lits 1 pers.), 1 ch. (6 lits 1 pers.), 4 douches, 3 wc. L-linge, l-vaisselle. Jardin clos, terrasse, possibilités de faire votre pain dans un grand four traditionnel, animations (contes). Gîte accessible aux personnes handicapées. Draps fournis. Publiphone. Exclusivité accueil de groupe. Tarif par personne et par nuit selon le groupe et la saison.

Prix : pers.nuit **50/80 F** petit dejeuner **25 F**

SP	4	7	20	9	5	5	5	20	5

LACROIX Dominique Elisa – Les Grands Saulzets – 03500 Contigny – Tél. : 04.70.45.95.31 – Fax : 04.70.45.95.31

Ebreuil *C.M. n° 73 — Pli n° 4*

E.C. NN 28 pers. Ouverture : toute l'année. Alt. : 450 m

Grande maison avec cour fermée. 2 dortoirs (28 lits 1 pers.). Salle à manger commune. Cuisine (sans vaisselle). 4 douches. 3 wc. 7 cabinets de toilette. Cheminée. Boxes et centre équestre, locaux pour entrepôt et réparation canoë, entrepôt pour vélos sur place. Forêt des Colettes 10 km. Proximité des Gorges de la Sioule. Restaurant dans le village. Prix indicatifs 96/nuit/personne : de 1 à 10 pers. avec chauffage 25 F, sans chauffage 20 F/11 pers. et plus avec chauffage 22 F, sans chauffage 17 F.

Prix : pers.nuit **17/25 F**

Ⓐ

SP	10	SP	SP	29	SP	SP	SP	10	SP

MAIRIE EBREUIL – 03450 Ebreuil – Tél. : 04.70.90.71.33

Lavault-Sainte-Anne *C.M. n° 69 — Pli n° 11/12*

E.C. NN 22 pers. Ouverture : toute l'année.

Centre d'accueil et d'animation surplombant la vallée du Cher. R.d.c./1er étage : séjour/coin-cuisine, salle de réunion, 5 ch. (18 lits 1 pers. superposés, 4 lits 1 pers.), 5 douches/wc. Draps fournis. Prix nuitée selon le groupe. 6 nuits : 3000 F à 6560 F selon le groupe. Chauffage 5 F/pers./jour. Taxe de séjour. Restaurant dans le village. Anglais parlé. Sur place, activités sportives encadrées : canoë-kayak, VTT, course d'orientation.

Prix : pers.nuit **50/120 F** 1/2 pension **115 F** pension **160 F** repas **45 F**

Ⓐ

SP	3	3	8	35	9	SP	5	SP	120	4	4

ASSOCIATION DU MOULIN DE CHAUVIERE – Rue du Cher – 03310 Lavault-Saint-Anne – Tél. : 06.08.96.10.39 ou 04.70.04.00.98 – Fax : 04.70.05.71.80

Meaulne *C.M. n° 69 — Pli n° 12*

E.C. NN 20 pers. Ouverture : toute l'année. Alt. : 180 m

Dans le village d'inspiration du « Grand Meaulne » d'Alain Fournier, au bord de l'Aumance et à proximité du bourg, d'un camping et de la RN144. Gîte d'étape en rez-de-chaussée et 1er étage : cuisine, salle à manger, cheminée, 4 chambres (20 lits 1 pers.), 4 douches, 6 wc. Espace vert, parking. Montluçon 30 km, Saint-Bonnet-Tronçais base de loisirs 10 km. Chauffage 10 F/nuit/pers. Restaurant dans le village.

Prix : pers.nuit **52 F**

Ⓐ

SP	20	SP	15	15	10	15	15	SP	40	10	SP

MAIRIE MEAULNE – Mme Sylvie Coustenoble – 03360 Meaulne – Tél. : 04.70.06.91.13

Montlucon Ferme-des-Reaux *C.M. n° 69 — Pli n° 12*

E.C. NN 16 pers. Ouverture : du 15 juin au 15 septembre. Groupe sur réservation toute l'année. Alt. : 300 m

Aux portes de Montluçon, à 4 km du centre ville, dans une ancienne ferme rénovée : 4 ch. avec chacune, 4 lits 1 pers., 2 blocs sanitaires communs. Salle à manger/coin-cuisine équipée, salle commune. Sur place : sentiers randonnées VTT. Prix groupe jusqu'à 10 pers. : 475 F, plus de 10 pers. 47 F/pers./nuit, 90 F/pers./2 nuits. Taxe de séjour 3,30 F/pers./nuit. Restaurant dans la ville. Base de canoë-kayak et rocher d'escalade à 7 km.

Prix : pers.nuit **47/52 F**

Ⓐ

2	2	2	5	5	7	10	2	7	6	2	2

MAIRIE MONTLUCON – Ferme des Reaux - Mission Tourisme B.P. 3249 – 03106 Montlucon-Cedex – Tél. : 04.70.05.66.80

Saint-Bonnet-Troncais La Ferme-de-l'Etang *C.M. n° 69 — Pli n° 12*

E.C. NN 28 pers. Ouverture : toute l'année. Alt. : 230 m

Situé près du centre d'Animation « La Ferme de l'étang », ce gîte peut accueillir 28 personnes. Idéal pour accueillir les groupes, les réunions de famille. Une grande cuisine (avec vaisselle), une salle à manger, des sanitaires (6 douches, 4 wc, 4 lavabos). Au 1er étage : 4 chambres (2 de 6 et 2 de 7), 1 chambre (2 lits, lavabo), wc, cabinet de toilette. Chambre de 6 pers : 1848 F la semaine, chambre de 7 pers. : 2156 F la semaine, chambre de 2 pers. : 616 F la semaine. Chauffage en plus : de 10 à 140 F. Tarif dégressif selon le nombre de nuits. Restaurant dans le village.

Ⓐ

SP	45	SP	SP	SP	13	SP	25	18	0,2

ASSOCIATION PAYS TRONCAIS – Place du Champ de Foire – 03350 Cerilly – Tél. : 04.70.06.11.30 ou 04.70.67.55.89 – Fax : 04.70.06.15.01

Saint-Clement Les Vignauds *C.M. n° 73 — Pli n° 6*

E.C. NN 23 pers. Ouverture : toute l'année. Alt. : 550 m

Grande maison indépendante avec grand espace vert fermé. Grand séjour avec cheminée. Cuisine aménagée. 5 chambres : 2 avec 6 lits 1 pers. superposés, 2 avec 4 lits 1 pers. superposés, 1 avec 2 lits 1 pers. superposés + 1 lit. 2 douches. 2 wc. 5 lavabos. 2 cabinets de toilette. Chauffage en supplément. Caution demandée. Taxe de séjour. Centre équestre 1 km.

Prix : pers.nuit **37 F**

Ⓐ

1	25	3	1	1	5	3	35	1	15	30	3

FUMOUX Christian – Les Vignauds – 03250 Saint-Clement – Tél. : 04.70.59.76.56 ou 04.70.59.70.84

Saint-Nicolas-des-Biefs

c v *C.M. n° 73 — Pli n° 16*

E.C. NN 42 pers. Ouverture : toute l'année. Alt. : 900 m

Gîte indépendant. R.d.c./1er étage : 2 dortoirs (10 et 12 lits 1 pers. superposés), 2 salles d'eau (4 douches, 4 lavabos, 4 wc). 4 appart. 4 pers. : 2 ch. (1 lit 2 pers. 2 lits 1 pers. superposés), douche, wc, coin- cuisine. 2 ch. composées (2 lits 1 pers.), 2 salles d'eau, wc communs. Taxe de Séjour. Caution. Loc. en chambre individuelle. Prix : appt 270 F/nuit, 520 F/2 nuits, 1550 F/semaine. Studio 2 pers. + s. d'eau commune : 140 F/nuit, ch. 2 pers. + s. d'eau 130 F/nuit. Groupe en dortoirs 3 à 12 pers. : 55 F/nuit/pers. Groupe en ch. 60 F/nuit/pers. Roanne 30 km. Poss. restauration, loc. draps. Escalade et escal'arbre sur place.

SP	30	8	14	14	15	15	38	12	8	30	SP

AUTOUR AUVERGNE TOURISME – 03250 Saint-Nicolas-des-Biefs – Tél. : 04.70.56.46.73 – Fax : 04.70.56.46.74

Taxat-Senat La Boule

c v *C.M. n° 73 — Pli n° 4*

E.C. NN 9 pers. Ouverture : du 15 avril au 15 novembre. Alt. : 273 m

Ferme restaurée avec terrain clos et cour ombragée. Dortoir (9 lits 1 pers.). Douche, wc, cabinet de toilette. Possibilité repas midi, soir, petits déjeuners, pique nique à emporter. 3 boxes et un pré pour chevaux. Loisirs sur place : tir à l'arc, escalade sur mur artificiel, VTT, randonnée (cheval et chariot), travaux manuels. Saint-Pourçain-sur-Sioule 18 km. Possibilité de 9 places sous tentes, 2 douches, 1 wc, 1 lavabo et coin-cuisine.

Prix : pers.nuit **50 F** repas **55 F**

(TH)

SP	20	4	15	30	SP	20	20	SP	30	4

LOUBAT Monique et Jean-Paul – La Boule – 03140 Taxat-Senat – Tél. : 04.70.56.66.06

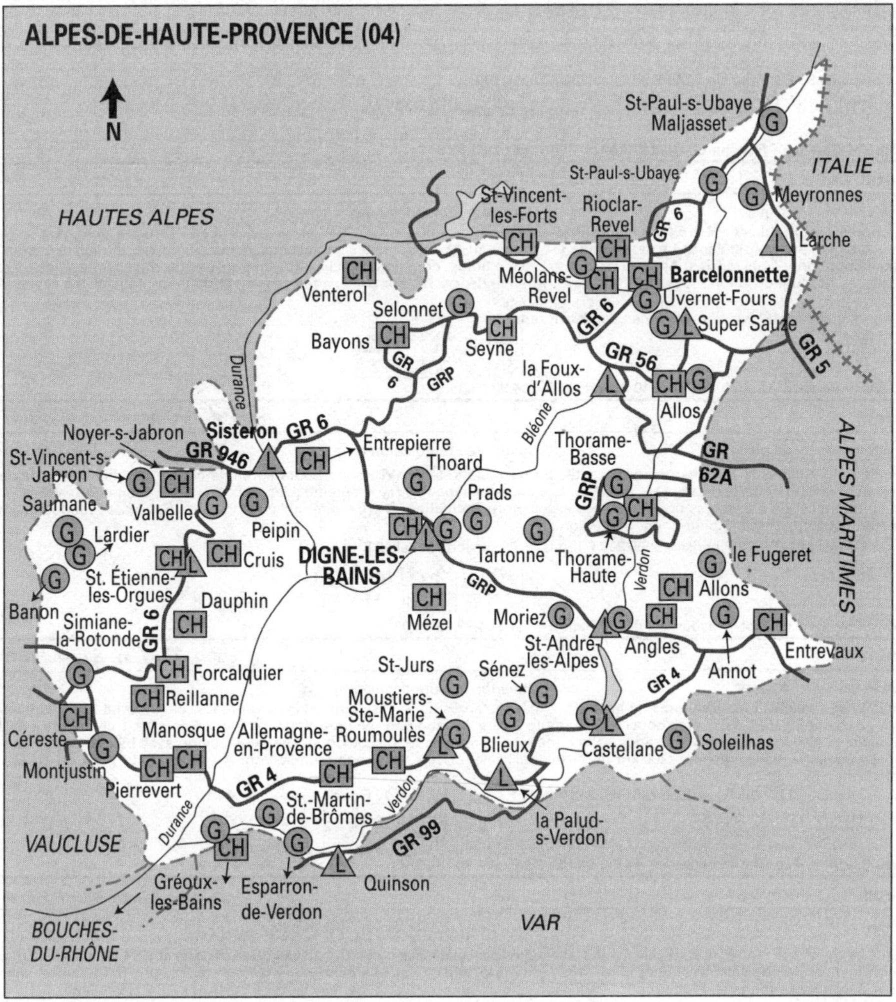

CH Chambre d'hôte G Gîte d'étape, de séjour L Logis de France

Allos L'Autapie *C.M. n° 81 — Pli n° 8*

18 pers. Ouverture : toute l'année. Alt. : 1450 m

Situé dans le village, au pied des pistes et des remontées mécaniques. 3 chambres de 4 à 6 pers. Salle à manger. Véranda. Douches. Chauffage électrique. Accueil de groupe de 12 à 18 pers. Base de loisirs à Allos, plan d'eau. Garderie. M. Béchet est moniteur de ski de fond et de piste, et accompagnateur de moyenne montagne.

Prix : pers.nuit **85 F** 1/2 pension **165 F** pension **239 F** petit dejeuner **25 F** repas **75 F**

Ⓐ GR : 56

SP	7	SP	SP	SP	SP	SP	20	SP

BECHET Jean-Louis – L'Autapie – 04260 Allos – Tél. : 04.92.83.06.31

Annot

E.C. NN 32 pers. Ouverture : toute l'année. Alt. : 708 m

8 chambres confortables de 2 à 5 pers., chaleureuses, avec mezzanine, salle d'eau et wc particuliers. Terrasse dominant la vallée. Salle à manger, bar, coin-détente. Le propriétaire est animateur de pays : visites, projections. Accueil groupes, séminaires, tarifs spéciaux. Point-phone. Tous loisirs à Annot 5 km. A 1471 m d'altitude, dominant la vallée d'Annot et ses grès millénaires, dans un cadre superbe, en bordure de la forêt. Sur un GR de Pays, variante de la GTA. Sur place nombreuses randonnées, raquettes à neige, ski de fond.

Prix : pers.nuit **80 F** 1/2 pension **180 F** pension **230 F** repas **70 F**

TH

5	5	5	5	5

AUDIBERT Bernard – Roncharel – 04240 Annot – Tél. : 04.92.83.35.35

Annot

E.C. NN 32 pers. Ouverture : toute l'année. Alt. : 708 m

8 chambres confortables de 2 à 5 pers., chaleureuses, avec mezzanine, salle d'eau et wc particuliers. Terrasse dominant la vallée. Salle à manger, bar, coin-détente. Le propriétaire est animateur de pays : visites, projections. Accueil groupes, séminaires, tarifs spéciaux. Point-phone. Tous loisirs à Annot 5 km. A 1471 m d'altitude, dominant la vallée d'Annot et ses grès millénaires, dans un cadre superbe, en bordure de la forêt. Sur un GR de Pays, variante de la GTA. Sur place, nombreuses randonnées, raquettes à neige, ski de fond.

Prix : pers.nuit **80 F** 1/2 pension **180 F** pension **230 F** repas **70 F**

TH

5	5	5	5	5

AUDIBERT Bernard – Roncharel – 04240 Annot – Tél. : 04.92.83.35.35

Banon *C.M. n° 81 — Pli n° 15*

E.C. NN 40 pers. Ouverture : toute l'année. Alt. : 792 m

Au milieu des collines et des champs de lavande, 2 mas restaurés du XVIe siècle, cadre agréable et confortable. Chambres de 2 à 6 pers. avec lavabo ou salle d'eau et wc privatifs. Grande salle à manger, coin-détente avec discothèque et cheminée, salon avec billard. Point-phone. En été, stages poterie, peinture, sculpture, équitation. A proximité du Lubéron, Lure. Sur place : randonnées VTT, pédestre, équestre, piscine, ping-pong, équitation...

Prix : 1/2 pension **175/280 F** pension **255/360 F** repas **95 F** pension cheval **40 F**

TH

SP	SP	SP	SP	30	1

DEVIC Blandine – Le Vial - Puyharas – 04150 Banon – Tél. : 04.92.73.23.09

Banon *C.M. n° 81 — Pli n° 15*

E.C. NN 40 pers. Ouverture : toute l'année. Alt. : 792 m

Au milieu des collines et des champs de lavande, 2 mas restaurés du XVIe s. dans un cadre agréable et confortable. 2 chambres de 4 pers., 2 chambres de 6 pers. avec douche, 1 chambre 2 pers. Lavabo dans chaque chambre. 2 wc, 1 douche. 6 chambres avec bain ou douche dont 4 avec wc privés. Grande salle à manger, coin-détente, discothèque, cheminée, salon avec billard. Sur place : randonnées pédestre, VTT, équestre (200 km de pistes balisées), piscine, ping-pong, équitation. A proximité du Lubéron et de Lure. Point-phone.

Prix : 1/2 pension **175/280 F** pension **255/360 F** repas **95 F** pension cheval **40 F**

TH

SP	SP	SP	SP	30	1

DEVIC Blandine – Le Vial - Puyharas – 04150 Banon – Tél. : 04.92.73.23.09

Blieux *C.M. n° 81 — Pli n° 17*

E.C. NN 28 pers. Ouverture : du 15 février au 3 janvier. Alt. : 1000 m

2 maisons de village rénovées sur trois niveaux et réunies par un espace commun. 28 places en chambres de 4 pers. Salle à manger avec cheminée. Grande salle d'activités. 4 wc, 4 douches, 7 lavabos. Cuisine aménagée. Chauffage électrique. Randonnées balisées, sentier découverte aménagé. Pique-nique : 35 F. Abri et parc pour chevaux. Sentier balisé à partir du GR4, Castellane.

Prix : pers.nuit **50 F** 1/2 pension **150 F** petit dejeuner **20 F**

TH GR : 4

43	22	22	12	27	SP	33	60	22	15	15

ASSOCIATION BLIEUXOISE – Mme G. Esteve – 04330 Blieux – Tél. : 04.92.34.24.04

Castellane

36 pers. Alt. : 732 m

Gîte d'étape situé en bordure du Verdon sur le parcours du GR4. R.d.c. : salle de restauration, sanitaires collectifs : 4 lavabos, 3 urinoirs, 5 douches, 3 wc, 1 dortoir 8 pers., 1 ch. 6 pers., 1 ch. 4 pers., 1 ch. 2 pers. grand confort avec s.d.b./wc : 200 F. 1er étage : 4 ch. 4 pers. Terrain à disposition. Salle de sauna, squash, table de ping-pong. Location de draps : 15 F.

Prix : pers.nuit **65/70 F** 1/2 pension **160 F** petit dejeuner **25 F** repas **75 F**

TH GR : 4

4	SP	3	3	4	SP

SARL ROC AND SQUASH L'OUSTAOU – Chemin des Listes – 04120 Castellane – Tél. : 04.92.83.77.27 – Fax : 04.92.83.78.02

Castellane La Baume *C.M. n° 81 — Pli n° 18*

E.C. NN 24 pers. Ouverture : du 1er février au 22 décembre. Alt. : 1140 m

Accueil en dortoirs très confortables (1 de 8 lits et 1 de 12 lits cloisonné en chambrettes de 2 ou 4 lits) ou en 2 ch. 2 pers. avec salle d'eau et wc privés. Dans le calme du hameau de la Baume, nous vous ferons découvrir notre cuisine régionale, et vous profiterez du magnifique panorama. Toutes activités à Castellane. Gorges du Verdon à proximité. Anglais parlé. Pique-nique : 40 F. Chambre double avec s.d.b. : nuitée 180 F/2 pers., 1/2 pension 370 F/2 pers.

Prix : pers.nuit **60 F** 1/2 pension **150 F** petit dejeuner **30 F** repas **70 F**

(TH) GR : 4

20	8	8	5	8	SP	10	60	20	20	8

GALLEANO Pierre et Christine – Au Soleil Gourmand - La Baume – 04120 Castellane – Tél. : 04.92.83.70.82

Digne-les-Bains *C.M. n° 81 — Pli n° 17*

E.C. NN 50 pers. Ouverture : toute l'année. Alt. : 700 m

Le gîte des 3 Vallées accueille des familles et des groupes pour des séjours sportifs et culturels au sein d'un centre équestre, poney-club. 50 lits en chambres de 2 à 7 pers. Cuisine familiale. Situé sur la route des clues de Barles. Petit déjeuner compris. Séjours multi-activités : équitation, escalade, rando., géologie, astronomie, etc.

Prix : pers.nuit **80 F** 1/2 pension **140 F** pension **190 F** repas **55 F**

(A) GR : GTPA

3	SP	2	2	2	SP	40	45	2	4	4

THIOLLIER Manfred – L'Etrier - Gîte des 3 Vallees – 04000 Digne-les-Bains – Tél. : 04.92.32.12.96 – Fax : 04.92.32.12.96

Digne-les-Bains Chateau-des-Sieyes *C.M. n° 81 — Pli n° 17*

E.C. NN 22 pers. Ouverture : toute l'année. Alt. : 600 m

Chambres et dortoirs. Restauration à proximité. Parapente, VTT, vol libre. Groupes sur réservation. Location de draps : 10 F. A 1,5 km du centre ville.

Prix : pers.nuit **55 F**

6	6	3	3	4	4	30	40	3	1	SP

NAY – Chateau-de-Sieyes - 8 avenue Georges Pompidou – 04000 Digne-les-Bains – Tél. : 04.92.31.20.30 ou 04.92.31.42.73

Esparron-de-Verdon *C.M. n° 81 — Pli n° 16*

12 pers. Ouverture : de Pâques à la Toussaint. Alt. : 397 m

5 ch. dans bâtiment avec résidence du propriétaire. En r.d.c. surélevé donnant sur une cour. 6 lavabos, 5 douches, 2 wc. 2 ch. 3 pers., 3 ch. 2 pers. Salle de vie et espace repas avec cheminée. Espace cuisine et restauration indépendant des chambres. Parc ombragé, jeux d'enfants. Point-phone. Dans une pinède, à 10 mn à pied du lac d'Esparron, voile, pêche, baignade, bâteaux électriques. Gréoux les Bains 6 km, thermes troglodytes gallo-romains. Sur le Verdon, proximité truffières et champs de lavande, plateau de Valensole, Riez, Moustier-Sainte-Marie.

Prix : pers.nuit **90 F** 1/2 pension **195 F** petit dejeuner **30 F** repas **75 F**

(TH)

6	6	SP	2	20	6

KRIKORIAN Daniel – Les Cades – 04800 Esparron-de-Verdon – Tél. : 04.92.78.04.33

Le Fugeret

21 pers. Alt. : 708 m

Gîte d'étape et de séjour situé à l'entrée du Fugeret. R.d.c. : salle d'accueil et salle de restauration. 1er étage : salle de détente. 2e étage : 6 ch. de 2 à 3 lits, 1 ch. de 6 lits. Sanitaires collectifs : 8 lavabos, 4 douches, 4 wc. Chauffage central. TV + magnétoscope. Terrasse pour repas. Rafting, kayak, escalade, rando., balades. Pens. complète enfant : 170 F.

Prix : pers.nuit **90 F** pension **210 F** repas **78 F**

(TH)

8	8	SP	40	4

SARL GITE SAINT-PIERRE – Place de la Mairie – 04240 Le Fugeret – Tél. : 04.92.83.34.36

Greoux-les-Bains *C.M. n° 81 — Pli n° 15*

E.C. NN 40 pers. Ouverture : du 1er avril au 30 septembre, sur demande pour les groupes. Alt. : 400 m

Gîte spécialisé dans l'accueil de groupes, dans la vallée du Verdon, calme complet sous l'ombre de chênes centenaires. Accessible aux pers. handicapées. 6 ch. de 4/6 pers. et 2 ch. 2 pers. Sanitaires privatifs. Grande salle à manger, coin-détente avec cheminée. Sur place : piscine, volley, ping-pong, basket, boules, terrain de jeux. Prix nuitée petit déjeuner compris. A proximité : vol à voile, lac d'Esparron, thermes. Téléphone avec compteur.

Prix : pers.nuit **100 F** 1/2 pension **165 F** pension **210 F** repas **65 F**

(TH)

SP	SP	5	12	10	20	5

DEWEERDT Jan – Eurl le Pavillon d'Aurabelle – 04800 Greoux-les-Bains – Tél. : 04.92.78.99.53 – Fax : 04.92.78.16.34

Lardiers Le Moulin

E.C. NN 16 pers. Alt. : 764 m

Gîte de séjour mitoyen au logement du propriétaire, en campagne, à 800 m du village. Gîte 5 pers. + 1 ch. 4 pers. avec entrée mitoyenne au gîte avec lavabo, wc et 2 ch. 3 et 5 pers. avec s. d'eau, wc privés et entrées indépendantes. Salle de restauration et de détente. Poss. table d'hôtes et transports bagages sur site pour les randonneurs. Accueil équestre. Nuit en chambre : 115/200 F/pers.

Prix : pers.nuit **70 F** petit dejeuner **20 F**

2	8	8	SP	8

FEDELE Marlene – Le Moulin – 04230 Lardiers – Tél. : 04.92.73.38.54

Meolans-Revel *C.M. n° 81 — Pli n° 6*

E.C. NN 22 pers. Ouverture : toute l'année. Alt. : 1080 m

Gîte situé dans l'ancienne école de Meolans, accroché à un piton rocheux surplombé par un clocher. Très calme, une terrasse vous permet d'admirer la vue. 1 dortoir de 18 lits et 1 ch. de 4 lits avec kitchenette et s.d.b. 2 douches, 2 wc, 3 lavabos. Cuisine aménagée. Sports d'eau vive en Ubaye. A proximité : VTT, escalade, karting, vol à voile, parapente.

Prix : pers.nuit **50 F** 1/2 pension **130 F** petit dejeuner **25 F** repas **55 F**

(A) GR : 56

8	10	10	2	SP	18	20	8	10	10

HELBO Marc – 04340 Meolans-Revel – Tél. : 04.92.81.26.27

Montjustin Les Courbons *C.M. n° 81 — Pli n° 15*

E.C. NN 14 pers. Ouverture : du 15 mars au 15 novembre. Alt. : 594 m

Gîte d'étape équestre, pédestre et VTT comprenant : 1 dortoir de 4 lits, 1 dortoir de 6 lits et 2 ch. de 2 lits 2 pers. Stalles + box (poss. pension chevaux). Forfait randonneurs pédestres et VTT : 150 F. Forfait cavalier : 200 F. Elevage ovin sur place. Parc Naturel Régional du Luberon.

Prix : pers.nuit **40 F** petit dejeuner **25 F** repas **85 F**

(TH) GR : 4

15	SP	7	3	3	SP

BOUFFIER Andre – Les Courbons – 04110 Montjustin – Tél. : 04.92.76.41.01

Moriez *C.M. n° 81 — Pli n° 18*

48 pers. Ouverture : du 01/03 au 15/11 et du 15/11 au 28/02 pour groupes sur réservation. Alt. : 930 m

Ancienne demeure du XVe siècle rénovée, située au cœur du village. Gîte d'étape avec 28 lits en chambres de 2 à 6 lits et 19 lits en dortoir. Salle à manger, salle de réunion, TV. Location de draps. Restauration sur place. Repas à emporter. Deltaplane, parapente, sports d'eau vive, base nautique, randonnée, tennis, stations de ski à proximité, Gorges du Verdon. Carte d'abonnement 10 nuits : 39 F/nuit. Bibliothèque. Exposition, composition fleurs séchées. Point d'information de la Réserve Géologique.

Prix : pers.nuit **60 F** 1/2 pension **150 F** petit dejeuner **25 F** repas **70 F**

(A)

3	SP

DUPONT Jacqueline – Le Village – 04170 Moriez – Tél. : 04.92.89.13.20 – Fax : 04.92.89.13.20

Moustiers-Sainte-Marie Hameau-de-Venascle

E.C. NN 20 pers. Alt. : 631 m

Gîte d'étape et de séjour situé au pied du Mont Denier sur le site de vol libre. Accès par route (7 km goudron et 4 km terre). 2 ch. 4 pers., 1 ch. 6 pers., sanitaires pour chacune (douche, lavabo), 1 dortoir 8 pers. avec 2 wc, 2 douches. Salon avec TV/vidéo. Lave-linge. Location de draps. Point-phone.

Prix : pers.nuit **60/180 F** 1/2 pension **155 F** petit dejeuner **25 F**

(TH)

30	SP	SP	11

SCIPION Pascal – Hameau de Venascle – 04360 Moustiers-Sainte-Marie – Tél. : 04.92.74.67.36

Peipin *C.M. n° 81 — Pli n° 16*

E.C. NN 27 pers. Ouverture : toute l'année. Alt. : 500 m

4 chambres et 2 dortoirs. 2 wc. 3 douches. 4 lavabos. Salle commune pour repas et petits déjeuners. Situé au pied de la montagne de Lure, versant sud-est. A 7 km au sud de Sisteron. A 1 km sortie Aubignosc de l'A51. Sur place, centre équestre, accueil tous randonneurs. Sentiers balisés. Itinéraire du tour de Lure.

Prix : pers.nuit **45/55 F** 1/2 pension **140/150 F** petit dejeuner **25 F** repas **85 F**

(TH)

SP	7	7	7	SP	7	1

IMBERT Raymond – La Feniere - Quartier Champarlaud – 04200 Peipin – Tél. : 04.92.62.44.02

Prads-Haute-Bleone

C.M. n° 81 — Pli n° 7

E.C. NN 20 pers. Ouverture : toute l'année. Alt. : 1048 m

Gîte d'étape et de séjour. 4 chambres de 4 à 8 pers. 1 dortoir 8 pers. (4 lits superposés), 3 ch. (1 lit 2 pers. 1 lit superposé 2 pers. chacune), lavabo et bidet, 1 wc, 1 douche. Situé au cœur d'un petit village, au pied du massif des 3 évêchés. Sur place ou à proximité : circuits VTT et pédestres, vol libre, tir à l'arc, pêche. Vente de produits fermiers sur place.

Prix : pers.nuit **80 F** 1/2 pension **170 F** pension **220 F** repas **80 F**

TH

35	30	30	30	35	SP	SP	35	30

GOUSSET Eric – 04420 Prads-Haute-Bleone – Tél. : 04.92.34.91.49

Saint-Andre-les-Alpes

18 pers. Alt. : 900 m

Gîte d'étape situé en face du terrain d'atterissage de parapente de Saint-André, véritable carrefour touristique du pays du Verdon. Lac de Castillon sur place. R.d.c. : salle de restauration et de vie, cuisine, poss. de salle hors-sac. 1er étage : 3 ch. 4 pers., 1 ch. 6 pers., sanitaires : 5 douches, 4 wc, 8 lavabos. 1/2 pension pour 6 jours : 850 F/pers. Forfait pension complète sur demande. Canoë, raft, sports en eau vive sur place.

Prix : pers.nuit **65 F** 1/2 pension **155 F** petit dejeuner **25 F** repas **65 F**

TH

30	SP	SP	30	SP	SP

LES COUGNAS – Route de Nice – 04170 Saint-Andre-les-Alpes – Tél. : 04.92.89.18.78

Saint-Geniez

C.M. n° 81 — Pli n° 6

18 pers. Ouverture : toute l'année. Alt. : 1100 m

Gîte d'étape et de séjour situé sur la place du village. Hébergement en dortoir ou en chambres. 2 douches. 2 wc. Restauration sur place ou salle à manger avec cuisine aménagée. Panier repas : 35 F. A 15 km de Sisteron, sur la D3 en direction du col de Fontbelle. Vol libre sur la commune. Circuit botanique 7 km. A l'entrée nord de la réserve géologique de Digne. A l'intersection du GR6 et du GTPA (Grande Traversée des Préalpes). Point d'information sur la Réserve Géologique de Haute Provence.

Prix : pers.nuit **60 F** 1/2 pension **155 F** pension **215 F** petit dejeuner **25 F** repas **75 F**

TH GR : 6

SP	15	15	15	SP	SP	15	15

LORENZIO Michel – Le Dromon – 04200 Saint-Geniez – Tél. : 04.92.61.02.02

Saint-Jurs

12 pers. Ouverture : toute l'année. Alt. : 830 m

Situé sur le plateau de Valensole, exploitation agricole avec vue sur les champs de lavande. R.d.c. : cuisine, salle à manger, séjour 2 lits 1 pers. S. d'eau, wc. 2 ch. (1 lit 2 pers. 1 lit 1 pers.), s. d'eau chacune. 1er étage : salle à manger, salon 1 lit 1 pers., coin-cuisine, s. d'eau, wc, 1 ch. (1 lit 2 pers. 1 lit 1 pers.). Anglais, allemand, hollandais parlés. Sentiers de randonnées, circuits VTT à proximité : col de Saint-Jurs, forêt domaniale, montagne du Serre de Mont-Denier, lac de Sainte-Croix 18 km. Point-phone.

Prix : pers.nuit **100 F** petit dejeuner **30 F**

20	10	SP	18	5	5

SAUVAIRE Christian – Vauvenieres – 04410 Saint-Jurs – Tél. : 04.92.74.44.18

Saint-Martin-de-Bromes

C.M. n° 81 — Pli n° 16

E.C. NN 30 pers. Ouverture : toute l'année. Alt. : 358 m

2 structures : lieu de vie maison en pierre rénovée. R.d.c. et 1er étage avec salon. Vidéo, point-phone, jeux, mezzanine, biblio., sauna. Structure bois : chambres, sanitaires, cuisine, salle à manger, sur niveaux différents. 6 ch. de 3 pers. 2 ch. de 6 pers. 2 blocs sanitaires, 4 wc, 8 vasques, 4 douches, rangement. Cuisine, salle à manger (18 à 20 pers.). Terrasse. Chauffage solaire direct. Ventilation mécanique. Gîte implanté à 500 m du centre équestre, en pleine colline. Tranquillité, dépaysement, proximité des loisirs. St-Martin 2,5 km. Lac d'Esparron 6 km. Gréoux-les-Bains 6 km. Accueil randonneurs pédestres, équestres et cyclo.

Prix : pers.nuit **80 F** petit dejeuner **30 F** repas **70 F**

TH

0,5	15	SP	15	20	6

BURLE Rene – Le Palhanet – 04800 Saint-Martin-de-Bromes – Tél. : 04.92.78.07.45 – Fax : 04.92.77.60.26

Saint-Ours-Meyronnes

C.M. n° 81 — Pli n° 8

30 pers. Ouverture : toute l'année. Alt. : 1780 m

Maison comprenant : 6 chambres dont 1 chambre avec lavabo. 1 chambre 6 pers. + 2 chambres de 3 pers. avec wc + salle de bains communs. Salle de restauration. Gare 90 km. Commerces 15 km. Elevage de chevaux sur place. Via Ferata à 5 mn. Très nombreuses possibilités de randonnées.

Prix : pers.nuit **85 F** 1/2 pension **180 F** pension **255 F** petit dejeuner **25 F** repas **75/95 F**

TH GR : 5

15	25	15	15	SP	7	SP	90	15

ORTEGA Michel – Les Valmy - Saint-Ours – 04540 Meyronnes – Tél. : 04.92.84.37.03

Saint-Paul-sur-Ubaye *C.M. n° 81 — Pli n° 8*

E.C. NN 30 pers. Ouverture : toute l'année sur réservation. Alt. : 1500 m

Gîte situé dans le village. 2 chambres (6 pers.), 2 chambres (8 pers.) et 3 chambres doubles. Salle à manger, cuisine. 5 douches, 4 lavabos, wc. Restauration sur place. Ski de fond, ski de randonnée. Station de ski de Vars 12 km.

Prix : pers.nuit **55 F** 1/2 pension **155 F** petit dejeuner **30 F** repas **80 F**

(A) GR : 5

12	12	12	12	SP	12	22	30	SP

CHARLES Brigitte – 04530 Saint-Paul-sur-Ubaye – Tél. : 04.92.84.32.99

Saint-Paul-sur-Ubaye *C.M. n° 81*

E.C. NN 16 pers. Ouverture : du 1/01 au 20/10 et du 26/12 au 31/12. Alt. : 1470 m

Au cœur de la vallée de l'Ubaye, au pied du col de Vars, gîte de séjour dans une ancienne ferme rénovée. 3 ch. (1 lit 2 pers. 2 lits 80 superposés), 2 ch. (1 lit 2 pers.). Sanitaires privés avec douche, lavabo, wc + 1 wc commun. Salle de restauration, salle de loisirs, coin-détente. 1/2 pension sur la base de 2 pers. Nombreuses randonnées pédestres : GR5, GR6, GR56, sports de montagne en été et hiver. Tennis 200 m. Possibilité de soirées à thème sur les barcelonnettes.

Prix : pers.nuit **200 F** 1/2 pension **400 F** petit dejeuner **30 F** repas **80 F**

(TH) GR : 6 et 5

17	22	SP	17	SP	45	10	22	30	11

SIGNORET Gilbert – Pont de l'Estrech – 04530 Saint-Paul-sur-Ubaye – Tél. : 04.92.84.37.07

Saint-Paul-sur-Ubaye Maljasset *C.M. n° 77 — Pli n° 19*

E.C. NN 30 pers. Ouverture : congés scolaires-01/02 au 01/05-25/06 au 15/09. Hors (sur réservation) Alt. : 1900 m

Gîte d'étape dans un hameau de montagne, point de départ de nombreuses randonnées à pied, à ski. Entouré de montagnes de 3000 m de cols qui permettent d'aller en Italie et dans le Queyras. 2 dortoirs 6 pers., 1 dortoir 18 pers. 3 salles d'eau. Pêche dans l'Ubaye, visites des forts.

Prix : 1/2 pension **175 F**

(A) GR : 5 et PR

29	37	14	SP	60	25	37	47	13

LONGERON Michel et Marie-Rose – Gîte Auberge de la Cure - Maljasset – 04530 Saint-Paul-sur-Ubaye – Tél. : 04.92.84.31.15 – Fax : 04.92.84.34.87

Saint-Vincent-sur-Jabron

E.C. NN 25 pers. Ouverture : toute l'année. Alt. : 630 m

Gîte d'étape sur 2 niveaux, aménagé dans une maison mitoyenne située dans le village. R.d.c. : salle de restauration et de vie avec cheminée, salle hors-sac, cuisine gestion libre. 1 dortoir avec mezzanine, sanitaires (2 lavabos, 2 douches et 2 wc + chambres). Accès cour intérieure commune, barbecue. Sur le GR46 : Serres-Sisteron et sur le Tour de la montagne de Lure. Accueil randonneurs pédestres, cyclistes et VTT. Raquettes neige, parapente.

Prix : pers.nuit **60 F** 1/2 pension **155 F** pension **205 F**

(TH) GR : 46

20	17	SP	7	20	20

RENON Isabelle – Village – 04200 Saint-Vincent-sur-Jabron – Tél. : 04.92.62.02.15

Saumane

E.C. NN 12 pers. Alt. : 870 m

Gîte de séjour aménagé dans une demeure provençale du XVIIe située dans le village de Saumane. 5 chambres de 2 et 3 pers. dont 3 avec sanitaires particuliers. Salon avec cheminée, bibliothèque. Restauration sur place. Terrain ombragé, jeu de boules. Environnement collines boisées, champ de lavande. Séjour à thème selon saison. Prix indiqué pour 2 pers. Au pied de la montagne de Lure et proche du Contadour (pays de Giono). Banon 7 km. Site médiéval XVe et XVIe siècles.

Prix : pers.nuit **200 F**

7	12	7	SP	7

SEGUIN Sophie – Village – 04150 Saumane – Tél. : 04.92.73.35.56 – Fax : 04.92.73.30.92

Selonnet Surville

35 pers. Ouverture : toute l'année. Alt. : 1000 m

Gîte de séjour comprenant : 1 ch. (1 lit 2 pers. 1 lit 1 pers.), sanitaires privés, 1 ch. (1 lit 2 pers. 2 lits 70), sanitaires privés, 2 ch. (1 lit 2 pers. 2 lits 1 pers.), sanitaires communs, 1 dortoir de 22 pers. avec sanitaires collectifs. Restauration sur place dans une belle salle avec cheminée. Terrasse. Solarium. Parking. Chambre/2 pers. : 220 F. A 7 km de la station de ski de Chabanon. 15 km du Lac de Serre-Ponçon.

Prix : pers.nuit **60/140 F** 1/2 pension **180 F** repas **70 F**

(TH)

5	SP	SP	7	5	5

STORDEUR Alain – Surville – 04120 Selonnet – Tél. : 04.92.35.00.81

Senez

C.M. nº 81 — Pli nº 17

E.C. NN 13 pers. Ouverture : du 15 mars au 15 novembre et les vacances de Noël et février. Alt. : 950 m

Dans un espace boisé, à 14 km de Castellane, dans les Gorges du Verdon. Dortoir de 13 pers. Accueil en particulier des enfants de 8 à 18 ans pour initiation au VTT et à la moto. A 4 km du hameau de Senez, au pied de la Clue de Taulane, cathédrale classée monument historique. Sentier Napoléon. Auberge sur place. Cabine téléphonique à carte. Agrément Jeunesse et Sports.

Prix : pers.nuit **50 F**

SP	0,8	8	14	SP	14	SP	10	10

FERAUD Patrick – Espace Loisirs Boade – 04330 Senez – Tél. : 04.92.34.22.94 ou 04.92.34.27.15 – Fax : 04.92.34.26.82

Senez

C.M. nº 81 — Pli nº 17

E.C. NN 28 pers. Ouverture : toute l'année. Alt. : 750 m

Sur les routes des Gorges du Verdon. Dortoir divisé en 2 parties (2 et 4 pers.). 4 chambres de 4 pers. équipées de douches et de wc (250 F/nuit/2 pers.). 2 chalets de 3 pers. (160 F/nuit/chalet), sanitaires communs avec le camping. Possibilité de stages moto, trial, enduro, cross, VTT, 4x4. Agrément Jeunesse et Sports. Cabine téléphonique à carte. Castellane 14 km. A 4 km du hameau de Senez au pied de la Clue de Taulanne, cathédrale classée monument historique. Sentier Napoléon.

Prix : pers.nuit **70 F**

SP	0,8	8	14	SP	14	SP	10	10

FERAUD Patrick – Espace Loisirs Boade – 04330 Senez – Tél. : 04.92.34.22.94 ou 04.92.34.27.15 – Fax : 04.92.34.26.82

Senez

24 pers. Alt. : 800 m

Gîte d'étape sur 2 niveaux, aménagé dans une maison indépendante. R.d.c. : hall, salle hors-sac, poss. cuisine, séjour, wc. 2 étages : 2 dortoirs de 12 pers., 2 sanitaires : 2 lavabos, 2 douches, 2 wc. Nombreuses randonnées à proximité. Route des gorges du Verdon.

Prix : pers.nuit **60 F**

5	SP	15	5

COMMUNE DE SENEZ – Mairie – 04330 Senez – Tél. : 04.92.34.21.04 – Fax : 04.92.34.27.17

Simiane-la-Rotonde Chaloux

C.M. nº 81 — Pli nº 14

E.C. NN 31 pers. Ouverture : du 15 mars au 31 décembre. Alt. : 600 m

Accueil de marcheurs, cavaliers, cyclos, groupes. Chambres de 3 à 4 lits et dortoirs. Salle d'activité pour stages : danse, yoga. Rocher d'escalade. Nombreuses randonnées au départ du gîte. Tour de Lure. Colorado Provençal, gorges d'Oppedette. Documentation sur demande. Cheval 40 F. Prix chambre 2 pers. : 280 F. Restauration sur place.

Prix : pers.nuit **70 F** 1/2 pension **170 F** petit dejeuner **30 F** repas **80 F**

(TH) GR : 4 et 6

13	10	13	SP	20	30

RIDER Gilles – Gîte d'Etape de Chaloux – 04150 Simiane-la-Rotonde – Tél. : 04.92.75.99.13

Soleilhas

C.M. nº 81 — Pli nº 18

E.C. NN 15 pers. Ouverture : du 18/12 au 15/11 et week-ends et jours fériés. Alt. : 1145 m

Gîte d'étape situé à l'entrée sud du village de Soleihas au cœur d'un cadre rural authentique. 3 dortoirs (4 pers. 5 pers. 6 pers.). 3 wc, 3 lavabos, 2 douches. 2 salles à manger (15 pers. 5 pers.). Cuisine. Accueil de chevaux au pré. A 7 km, site d'escalade et de canyoning. Epicerie sur place.

Prix : pers.nuit **60 F** 1/2 pension **140 F** pension **195 F** petit dejeuner **20 F** repas **70 F**

(A)

7	20	SP	15	SP	20	SP	30	30	20

DUFOUR J.M – Gîte d'Etape des Bayles – 04120 Soleilhas – Tél. : 04.93.60.40.17

Thoard

C.M. nº 81 — Pli nº 6

E.C. NN 20 pers. Ouverture : toute l'année. Alt. : 765 m

Gîte pédestre en plein cœur du village. 1 dortoir de 16 pers. 2 chambres de 2 pers. (lits superposés). Cuisine, salle commune. 2 salles d'eau. Jardinet. Location de draps : 10 F. Grande traversée des Pré-Alpes. Tous services et restaurants au village. Anglais, allemand et espagnol parlés. Enfant 28 F.

Prix : pers.nuit **48 F**

23	23	25	SP	25	SP	40	60	25	25	SP

COMMUNE DE THOARD – Mme Bregou – 04380 Thoard – Tél. : 04.92.34.72.62 ou 04.92.34.63.74 – Fax : 04.92.34.80.54

Thorame-Basse Chateau-Garnier

48 pers. Ouverture : toute l'année. Alt. : 1138 m

Gîte d'étape et de séjour au milieu d'arbres et des champs à l'écart du village. R.d.c. : grande salle de restauration avec cheminée, salle hors-sac à disposition tout équipée, sanitaires complets : 6 wc, 7 douches, 16 lavabos. 1er étage : 48 places en 10 ch. de 4 lits et dortoir de 8 lits. Terrain de jeux et parc devant le gîte. Groupe : 55 F/nuit. Accueil d'individuels, de groupes, de classes à thème, de stages toute l'année. Dans la vallée du Haut Verdon, sur les sentiers de grande randonnée GTPA et Tour du Haut Verdon. Rando pédestre, VTT, cyclotourisme, sports nautiques, vol libre. Hiver : raquettes, ski de rando, de fond, de piste à prox.

Prix : pers.nuit **60 F** 1/2 pension **150 F** pension **190 F**

(TH) GR : GTPA

12	12	SP	19	12

TYRAN – Chateau Garnier – 04170 Thorame-Basse – Tél. : 04.92.83.92.80 – Fax : 04.92.83.92.80

Thorame-Haute

E.C. NN 56 pers. Alt. : 1130 m

Gîte d'étape comprenant : 10 chambres de 2 à 6 pers. + salle d'eau. 2 dortoirs. Salle de détente (TV, magnétoscope, karaoké, jeux divers). Centre d'activité de la Colle, site unique à 1430 m d'altitude. 60 km de pistes de ski de fond. Séjour à thème, classes vertes et de neige. Loc. Tarifs groupe et groupe enfants variable suivant le nombre. Luge, raquettes, salle de remise en forme, sauna, jacuzzi, loc. de VTT, tir à l'arc, rollers, ping-pong, randos sur le GTPA.

Prix : pers.nuit **100 F** 1/2 pension **155 F** pension **210 F**

(TH)

15	11	SP	23	11

BIENNASSEZ Fabrice – La Colle Saint-Michel – 04170 Thorame-Haute – Tél. : 04.92.83.30.78 ou 04.92.83.27.72

Uvernet-Fours Bayasse

E.C. NN 50 pers. Ouverture : toute l'année.

Gîte d'étape situé dans le Parc National de Mercantour. Dortoirs de 4 à 14 lits, sanitaires collectifs à chaque niveau. Salle à manger avec cheminée, salle de reunion et de détente à disposition. Randonnée, ski, animations, découverte du Parc, étude faune et flore. Adapté aux scolaires, familles et stages. Pique-nique 54 F. Salle hors-sac 5 F.

Prix : pers.nuit **58 F** 1/2 pension **165 F** petit dejeuner **27 F** repas **80 F**

(TH)

20	20	SP	20	20

GUINDE Olivier – Bayasse – 04400 Uvernet-Fours – Tél. : 04.92.81.07.31

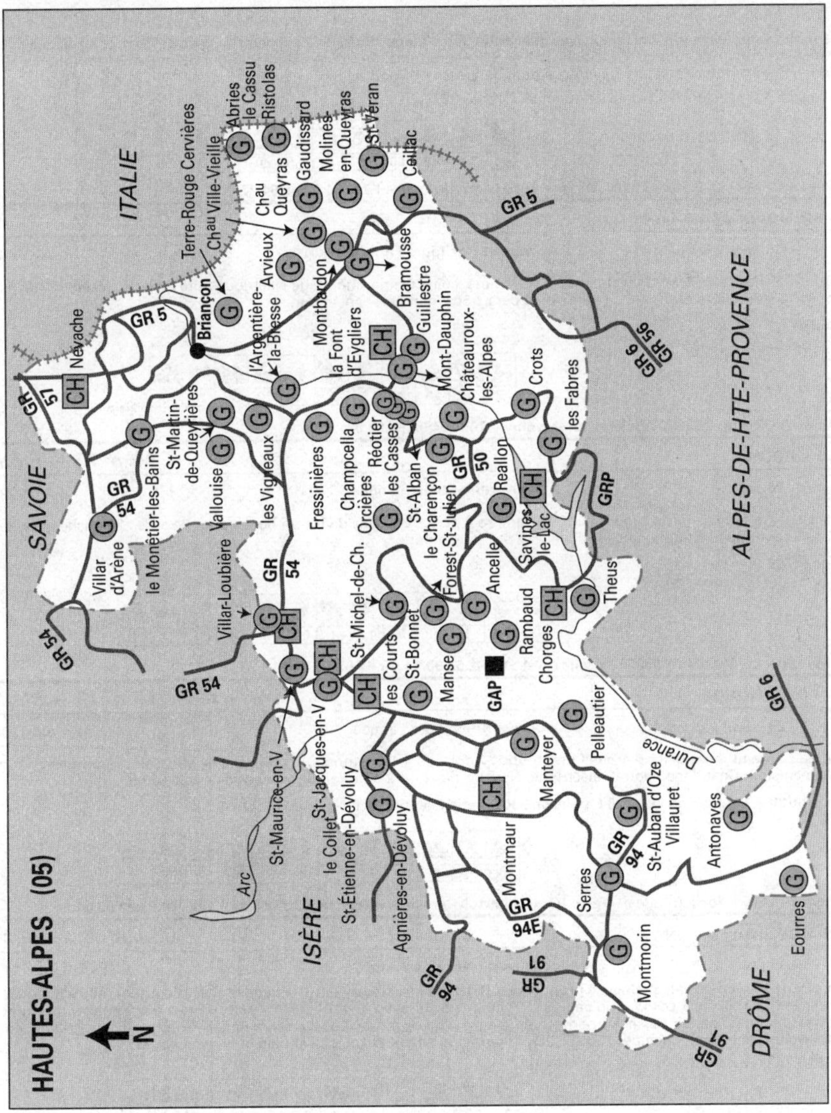

Abries Le Roux

C.M. n° 77 — Pli n° 19

E.C. NN 49 pers. Ouverture : toute l'année. Alt. : 1760 m

Dans la maison du propriétaire sur 2 niveaux : 4 ch. de 2 à 4 pers., 5 dortoirs de 5 à 8 pers., 5 douches, 5 wc, 4 lavabos collectifs, chauffage électrique, sauna. Salle commune avec coin-détente autour du poêle. Coin-cuisine. Restauration sur place. Local à matériel. Petit terrain. Parking public.

Prix : pers.nuit **65 F** 1/2 pension **155 F** petit dejeuner **35 F** repas **75 F**

Ⓐ GR : 58

4	4	49	60	4	4	0,5	50	4	SP	35	4

ROYERE Eric – Le Cassu - Le Roux – 05460 Abries – Tél. : 04.92.46.74.30 – Fax : 04.92.46.84.27

Abries Le Roux

c✗v *C.M. n° 77 — Pli n° 19*

E.C. NN 19 pers. Alt. : 1760 m

Dans la maison du propriétaire sur 2 niveaux avec une partie gîte d'étape : 5 ch. de 2 à 5 pers., 5 douches, 5 wc et 4 lavabos collectifs (communs au gîte d'étape), chauffage électrique, sauna. Salle commune avec coin-détente autour du poêle. Restauration sur place. Local à matériel. Petit terrain. Parking public. Agrément Jeunesse et Sports.

Prix : pers.nuit **65 F** 1/2 pension **155 F** petit dejeuner **35 F** repas **75 F**

Ⓐ GR : 58

4	4	49	60	4	4	0,5	50	4	SP	35	4

ROYERE Eric – Le Cassu - Le Roux – 05460 Abries – Tél. : 04.92.46.74.30 – Fax : 04.92.46.84.27

Agnieres-en-Devoluy La Chaup

c✗v *C.M. n° 77 — Pli n° 15*

E.C. NN 10 pers. Ouverture : toute l'année. Alt. : 1400 m

3 dortoirs 10 pers. Salle d'eau, 2 wc, 2 lavabos, salle commune, coin-cuisine, chauffage électrique. Aire de jeux. Possibilité de gestion libre. Promo : en gestion libre 60 F/pers., à partir de 5 pers. : 50 F/nuit/pers. en séjour.

Prix : pers.nuit **60 F**

3	0,2	20	20	3	3	1	20	SP	23	3

LAURENS Abel – La Chaup – 05250 Agnieres-en-Devoluy – Tél. : 04.92.58.80.08

Ancelle Le Chateau

C.M. n° 77 — Pli n° 16

E.C. NN 28 pers. Ouverture : toute l'année. Alt. : 1350 m

En rez-de-chaussée de la maison du propriétaire, 1 chambre 4 pers., 1 dortoir divisé en boxes pour 24 pers., 2 douches, 3 wc, lavabos, cuisine, salle commune, chauffage central, local à ski. Italien parlé.

Prix : pers.nuit **51/63 F**

0,2	1	0,3	8	0,3	1	0,3	8	4	0,2	17	1

MENONNA Matteo – Le Chateau – 05260 Ancelle – Tél. : 04.92.53.90.14 ou 04.92.50.82.13

Cervieres Terre-Rouge

c✗v *C.M. n° 77 — Pli n° 18*

E.C. NN 24 pers. Ouverture : toute l'année. Alt. : 1600 m

Dans maison du hameau, possibilité d'accueil de groupe : 2 dortoirs + 5 chambres, 2 salles d'eau, wc. Salle commune/coin-salon, cheminée. Coin-cuisine. Chauffage central, électrique. Navette de la gare à la demande. Escalade à proximité.

Prix : pers.nuit **70/80 F** 1/2 pension **180/190 F** pension **230 F** petit dejeuner **30 F** repas **80 F**

(TH)

6	6	6	6	6	0,1	0,1	50	6	SP	6	6

MOUGEL Brigitte – Gîte « Terre Rouge » - Terre Rouge – 05100 Cervieres – Tél. : 04.92.21.00.37 – Fax : 04.92.20.03.04

Champcella La Ville

C.M. n° 77 — Pli n° 18

14 pers. Ouverture : toute l'année. Alt. : 1170 m

Dans ex-ferme de 1667 rénovée, au 3e étage le propriétaire. R.d.c. voûté : séjour-bar. 1er étage, terrasse : cuisine, salle à manger/coin-détente, cheminée, 1 ch. (4 lits 1 pers.), s. d'eau, wc. 2e étage : 5 ch. avec lavabo (3 lits 2 pers. 4 lits 1 pers. superp. ou jumelés), 2 douches, 1 wc. Chauffage par air pulsé. Terrain non attenant, salon de jardin. Local pour matériel. Promo : navette gratuite entre la gare et le gîte. Nuit/pers. + petit déjeuner : 100 F. Draps fournis gracieusement. Hollandais et anglais parlés.

Prix : 1/2 pension **190 F** pension **210 F**

(TH) GR : 54 et 541

20	SP	5	7	3	5	3	20	6	SP	8	8

KLEVERWAL Jos – La Bergerie - La Ville – 05310 Champcella – Tél. : 04.92.20.96.69 – Fax : 04.92.20.96.69

Chateau-Ville-Vieille Chateau-Queyras

C.M. n° 77 — Pli n° 18

E.C. NN 14 pers. Ouverture : toute l'année. Alt. : 1380 m

Dans village maison du propriétaire avec 2 gîtes ruraux. 1 dortoir (4 lits 2 pers. 7 lits 1 pers.), 1 douche, 1 lavabo, wc, salle hors-sac. Terrasse et salon de jardin communs. Gîte dans maison proche du château-fort Queyras (visite possible). Kayak.

Prix : pers.nuit **44 F**

GR : 5 et 58

2,5	7	7	SP	7	SP	40	0,2	23	2

PELLISSIER Roger – La Halte du Randonneur - Chateau Queyras – 05350 Chateau-Ville-Vieille – Tél. : 04.92.46.76.36

Chateau-Ville-Vieille Montbardon

C.M. n° 77 — Pli n° 18

E.C. NN 19 pers. Ouverture : toute l'année sauf octobre. Alt. : 1500 m

2 dortoirs 19 pers. 2 salles d'eau, wc, salle commune. Repas possible à l'auberge. Produits fermiers sur place. Dans même bâtiment, chambres d'hôtes. Artisanat sur bois. Canoë-kayak. Anglais et italien parlés. Gîtes + : randonnées en raquettes tous les jours entre décembre et mars, randonnées à pied de juin à septembre, pique-nique en alpage en septembre.

Prix : pers.nuit **60 F** 1/2 pension **160 F** pension **200 F**

(TH) (A) GR : 5 et 58

15	7	45	7	15	5	45	15	SP	30	4

LAURANS Marc et Claudine – Le Cadran Solaire - Montbardon – 05350 Chateau-Ville-Vieille – Tél. : 04.92.46.70.78

Chateau-Ville-Vieille

C.M. n° 77 — Pli n° 18

E.C. NN 26 pers. Ouverture : toute l'année sur réservation. Alt. : 1400 m

Dans une ancienne ferme du village, avec gîte et chambres d'hôtes, gîte comprenant : 1 dortoir 12 pers., 1 dortoir 8 pers., 3 dortoirs 5 pers., salles d'eau (8 douches, 6 lavabos, 5 wc), salle commune voûtée, coin-cuisine, coin-salon avec cheminée et bibliothèque. Chauffage central, sauna, local à vélo. Kayak sur place.

Prix : pers.nuit **75 F** 1/2 pension **162/210 F**

(TH) GR : 5 et 58

5	5	45	5	SP	45	SP	26	SP

ANTOINE Roger – « Les Astragales » – 05350 Ville-Vieille – Tél. : 04.92.46.70.82

Chateauroux-les-Alpes Charencon

C.M. n° 77 — Pli n° 18

E.C. NN 29 pers. Ouverture : de mi-juin à septembre. Alt. : 1600 m

2 chambres de 2 pers., 1 chambre de 4 pers., 2 dortoirs de 6 et 15 pers., 1 salle commune, 4 douches, lavabos, 3 wc, chauffage par poêle à bois. Gestion libre en hors saison. Gîte + : garderie pour chien.

Prix : pers.nuit **60 F** 1/2 pension **150 F** pension **180 F** repas **80 F**

(TH)

17	17	8	17	SP	17	17	SP	17	10

RICHARD Eric – Les Gensuls – 05380 Chateauroux-les-Alpes – Tél. : 04.92.43.23.52 ou 04.92.43.12.76 – Fax : 04.92.43.23.52

Chateauroux-les-Alpes Saint-Alban

C.M. n° 77 — Pli n° 18

E.C. NN 30 pers. Ouverture : toute l'année. Alt. : 1100 m

Dans ex-ferme restaurée dominant la vallée de la Durance. 2 dortoirs (5 et 7 pers.), 1 ch. (1 pers.), 2 ch. (2 pers.), 3 ch. (4 pers.), 6 wc, 5 douches, lavabos. Cuisine, salle commune coin-salon/bibliothèque, poêle cheminée. Salle polyvalente (réunion, relaxation). Chauffage central. Terrasse plein sud. Possibilité de gestion libre (agrément J.S. et E.N.). Promo : draps fournis. Réductions pour groupe de 13 ou 30 pers. en gestion libre en hors vacances du 1er/10 au 1er/05. Prix en demi-pension. Gîte + : rando pédestre, raquettes à neige, télémark + encadrement diplômé. Séjours équitation.

Prix : pers.nuit **60/85 F** 1/2 pension **160 F** pension **220 F** petit dejeuner **30 F** repas **70 F**

(TH)

25	33	15	14	7	3	2	15	7	SP	10	7

MIGNOT Annick et Daniel – Saint-Alban – 05380 Chateauroux-les-Alpes – Tél. : 04.92.45.10.40

Crots La Montagne

C.M. n° 81 — Pli n° 7

E.C. NN 36 pers. Ouverture : toute l'année. Alt. : 1500 m

Dans une très grande bâtisse avec l'auberge et 1 gîte d'étape, 1 gîte de séjour au 1er étage : 1 dortoir 10 pers. (bas-flancs), 1 ch. 4 pers., 3 ch. (4 lits 1 pers. 1 lit 2 pers.), salles d'eau communes, 2 ch. 2 pers., salle d'eau commune. Au r.d.c. : cuisine, salle à manger, coin-salon, cheminée. Chauffage au gaz par radiateurs à ventouse. Terrain commun non clos.

Prix : pers.nuit **70/90 F** 1/2 pension **145/175 F** pension **205/235 F** petit dejeuner **26 F** repas **65 F**

(A)

25	SP	10	13	13	10	10	10	SP	SP	13	10

ROUSSEL Michel – « La Draye » - La Montagne – 05200 Crots – Tél. : 04.92.43.31.78

Crots La Montagne

C.M. n° 81 — Pli n° 7

E.C. NN 15 pers. Ouverture : toute l'année. Alt. : 1500 m

Dans une très grande bâtisse avec l'auberge et 1 gîte de séjour : 1 gîte d'étape en combles : 1 dortoir 10 pers. avec couchages à bas-flancs, 1 dortoir 5 pers., salles d'eau communes. Salle à manger, coin-cuisine. Au r.d.c. : auberge avec coin-salon, cheminée. Chauffage au gaz par radiateurs à ventouse et électrique. Terrain commun non clos.

Prix : pers.nuit **70/90 F** 1/2 pension **145/175 F** pension **205/235 F** petit dejeuner **26 F** repas **65 F**

(A)

25	SP	10	13	13	10	10	10	SP	SP	13	10

ROUSSEL Michel – « La Draye » - La Montagne – 05200 Crots – Tél. : 04.92.43.31.78

Eourres Les Damias

C.M. n° 81 — Pli n° 5

E.C. NN — 15 pers. — Ouverture : toute l'année. — Alt. : 1000 m

Dans une ex-bergerie, 2 dortoirs de 6 et 8 pers., des sanitaires (2 wc, 2 douches, 4 lavabos), 1 cuisine, 1 salle à manger, 1 salle de 25 m² pour activités. Chauffage central. Agréé Jeunesse et Sports. A promixité d'un camping à la ferme. Escalade 15 km. Anglais et allemand parlés.

Prix : pers.nuit **65 F** 1/2 pension **145 F** pension **180 F**

TH — GR : 94

15	50	7	7	SP	10	0,2	25	7

YAFFEE Francoise – Les Damias – 26560 Eourres – Tél. : 04.92.65.20.50 – Fax : 04.92.65.20.50

Forest-Saint-Julien Manse

C.M. n° 77 — Pli n° 16

24 pers. — Ouverture : toute l'année. — Alt. : 1100 m

1 dortoir 16 pers., 1 dortoir 8 pers., 2 salles d'eau, wc, lavabo. Salle commune avec bar, 2 cuisines, 1 réfectoire, chauffage au propane. Foyer de ski de fond à proximité. Produits fermiers au village. Gîte + : draps fournis gracieusement.

Prix : pers.nuit **45 F**

8	8	4	5	5	5	SP	15	6	SP	10	SP

COMMUNE DE FOREST SAINT-JULIEN – Mairie – 05260 Forest-Saint-Julien – Tél. : 04.92.50.43.84 ou 04.92.50.42.91

Freissinieres

C.M. n° 77 — Pli n° 18

E.C. NN — 15 pers. — Ouverture : toute l'année. — Alt. : 1200 m

Dans une maison très ensoleillée (ex-cure), sur 2 niveaux. R.d.c. : cuisine, salle à manger commune, coin-salon avec cheminée, bibliothèque (salle voûtée). A l'étage : 5 ch. dont 3 de 2 pers. avec lavabo et 2 de 4 pers., 2 salles d'eau. Salle d'activité. Chauffage électrique dans les chambres et bois dans les pièces communes. Repas possible en table d'hôtes. Promo : du 10 au 31/01/98 : - 8 %, du 15/04/98 au 15/06/98 (sauf WE) : -10 %. Gîtes + : draps fournis. Gîte de neige (fond) + matériel, encadrement.

Prix : pers.nuit **85/95 F** 1/2 pension **205/230 F** pension **270/295 F**

TH

20	SP	6	12,5	3	12	8	25	15	1	12	0,4

CONDEMINE Lionel et Micheline – Les 5 Saisons – 05310 Freissinieres – Tél. : 04.92.20.94.40

Guillestre Le Villard

C.M. n° 77 — Pli n° 18

E.C. NN — 17 pers. — Ouverture : toute l'année. — Alt. : 1000 m

Dans ex-ferme du XVIIe siècle, un gîte de séjour. En rez-de-chaussée par terrasse : 1 salon, TV couleur, salle à manger, cheminée, cuisine, 1 dortoir 6 pers., 2 ch. de 4 pers et 1 ch. de 3 pers. ayant chacun douche et lavabo, 5 wc. Chauffage central. Point-phone. Terrain non clos, salon de jardin. Accès par camping à : piscine, mini-golf, halfcourts. Promo : gestion libre possible 17 pers., week-end : 4000 F et 11000 F/sem. Eté pour 2 pers. : 280 F, 3 pers. : 380 F, 4 pers. : 440 F. Tarifs préférentiels sur remontées mécaniques de Risoul, Vars, Puy-Saint-Vincent et Serre-Chevalier.

Prix : pers.nuit **80/140 F** 1/2 pension **120/195 F**

TH

12	12	1,5	17	SP	2	0,1	15	2	SP	2	0,6

PACTEAU Guy et Micheline – Le Villard – 05600 Guillestre – Tél. : 04.92.45.06.54 – Fax : 04.92.45.06.54

Guillestre Bramousse

C.M. n° 77 — Pli n° 18

E.C. NN — 30 pers. — Ouverture : du 1er mai au 30 septembre. Pour autres périodes sur réservation. — Alt. : 1450 m

Dans une maison sur plusieurs niveaux avec 1 gîte de séjour : 3 dortoirs de 7, 8 et 9 pers. et 1 chambre de 4 pers., 2 salles d'eau, wc. Salle à manger/coin-cuisine. Chauffage central.

Prix : pers.nuit **70/80 F** 1/2 pension **160/170 F** pension **230 F** petit dejeuner **22 F** repas **75/90 F**

A — GR : 58

15	15	15	15	3	0,2	16	15

TONDA Maurice et Eliane – Combe Rousset – 05470 Aiguilles – Tél. : 04.92.46.72.45

Guillestre Bramousse

C.M. n° 77 — Pli n° 18

E.C. NN — 30 pers. — Ouverture : du 1er mai au 30 septembre. Pour autres périodes sur réservation. — Alt. : 1450 m

Dans maison sur plusieurs niveaux avec 1 gîte d'étape : 5 chambres de 2, 3 et 4 pers., 3 douches, 4 lavabos, 3 wc. Salle commune. Chauffage central. Possibilités de repas sur place.

Prix : pers.nuit **70/80 F** 1/2 pension **160/170 F** pension **230 F** petit dejeuner **22 F** repas **75/90 F**

A — GR : 58

15	15	15	15	3	0,2	16	15

TONDA Maurice et Eliane – Combe Rousset – 05470 Aiguilles – Tél. : 04.92.46.72.45

Manteyer Le Clos-de-Saigne

C.M. n° 81 — Pli n° 6

E.C. NN 48 pers. Ouverture : toute l'année. Alt. : 980 m

Gîte de séjour dans une ex-ferme, 1 ch. 4 pers. 3 ch. de 6 pers. 2 duplex de 9 pers., 1 mezzanine de 7 pers., salles d'eau, salon avec cheminée. Chambres d'hôtes sur place. Produits fermiers, plats cuisinés. Chevaux disponible sur place, logement pour chevaux. Gîtes + : draps fournis gracieusement. Accueil de groupe pour des séjours sportifs et de loisirs, VTT, équitation, rando lama, escalade, camping, raft...

Prix : 1/2 pension **155/180 F** pension **180/220 F**

(TH)

7	0,2	5	8	0,2	SP	10	1	15	1,5

RATTO Marie-Christine – L'Agapanthe - Le Clos de Saigne – 05400 Manteyer – Tél. : 04.92.57.91.51 – Fax : 04.92.57.85.68

Molines-en-Queyras Le Serre

C.M. n° 77 — Pli n° 19

E.C. NN 20 pers. Ouverture : toute l'année. Alt. : 1760 m

Dans une maison de village : 2 chambres de 10 et 8 lits (25 et 15 m^2). 2 wc, 2 douches, 2 lavabos, salle commune, cuisine, chauffage électrique. Restauration sur place. Accueil possible de groupe. Promo : d'avril au 15 juin, de septembre au 20 décembre : - 20 %. Nuit/pers. en séjour : 85 F. Gîte + : stage de musique (week-end et semaine), escalade (naturelle et artificielle), parapente, VTT et cheval.

Prix : pers.nuit **75 F** 1/2 pension **185 F** pension **240 F**

(A) GR : 58

0,8	0,8	28	5,5	0,5	5,5	5	0,2	32	0,1

VAIR-PIOVA Sixte – « Lou Barmiane » - Le Serre – 05350 Molines-en-Queyras – Tél. : 04.92.45.81.16 – Fax : 04.92.45.86.81

Molines-en-Queyras Pierre-Grosse

C.M. n° 77 — Pli n° 19

E.C. NN 19 pers. Ouverture : toute l'année sur réservation. Alt. : 1930 m

Grand chalet (à louer en gestion libre) sur 2 étages, séjour, cuisine (lave-vaisselle), 7 ch. (2, 3 et 5 lits), 2 douches, 2 wc, chauffage électrique dans les chambres et bois dans la pièce à vivre. Terrasse plein sud face aux pistes. Promo : pour 2 semaines consécutives : 11500 F, 4 semaines : 20000 F.

Prix : semaine **6100/9550 F**

0,5	SP	SP	2	5	SP	55	2	SP	35	0,5

CANET PUTELAT Martine – Peyre Belle - Pierre-Grosse – 05350 Molines-en-Queyras – Tél. : 04.92.45.85.82 – Fax : 04.92.45.86.43

Molines-en-Queyras Gaudissard

C.M. n° 77 — Pli n° 19

E.C. NN 13 pers. Ouverture : toute l'année. Alt. : 1800 m

Chambres (14 pers.) de 2, 4, 6 pers. Salle de bains, douches, wc, sauna. Chauffage central. Possibilité de restauration sur place. Toute l'année gîte de 12 pers. en gestion libre (cuisine, lave-linge, lave-vaisselle), téléphone, salon. Nuit/pers. en séjour : 80 F. Dans le Parc Régional du Queyras, stages de ski de fond tous niveaux, randonnées en peau de phoque (navettes gratuites).

Prix : pers.nuit **72 F** 1/2 pension **185 F** pension **232 F**

(A)

1,5	SP	SP	3	2	45	1,5	0,1	30	0,6

GENTIL Michele – La Maison de Gaudissard - Gaudissard – 05350 Molines-en-Queyras – Tél. : 04.92.45.83.29

Le Monetier-les-Bains Les Guibertes

C.M. n° 77 — Pli n° 7

E.C. NN 55 pers. Ouverture : toute l'année. Alt. : 1500 m

Dans village maison ayant au r.d.c. : salle d'accueil, coin-salon, salle à manger voûtée, cuisine. 1er étage : 4 ch. de 2 à 5 pers. avec lavabo, 2 dortoirs (6 et 10 pers.). 2e étage mansardé : 3 ch. de 4 pers, 1 dortoir de 14 pers. Sanitaires : 6 wc, 6 douches et lavabos collectifs. Chauffage central. 2 terrains non clos, barbecue. Local à ski. Parking d'été. Promo : 1 gratuité pour chaque groupe d'au moins 20 pers. En janvier et fin mars : séjour promo 5 jours 1400 F/personne. Gîte + : draps fournis gracieusement. Séjour à la carte : gîte, forfait ski, moniteur, matériel. Anglais et italien parlés.

Prix : 1/2 pension **150/195 F** pension **185/225 F** repas **65 F**

(TH) GR : 54 et 57

1	SP	1	2	1	2	0,1	50	0,5	0,2	8	1

BRUN Nicolas – Vers Les Cimes - Les Guibertes – 05220 Le Monetier-les-Bains – Tél. : 04.92.24.41.11 ou 04.92.24.71.19 – Fax : 04.92.24.55.44

Montdauphin Le Fort

C.M. n° 77 — Pli n° 18

E.C. NN 14 pers. Ouverture : toute l'année. Alt. : 1040 m

Dans village fortifié, maison du XVIIIe siècle, avec l'auberge, le gîte de séjour. En rez-de-chaussée : la salle commune, wc. A l'étage : 2 dortoirs de 5 pers. et 1 chambre de 4 pers. avec chacun salle d'eau et wc. Chauffage central. Cour fermée. Anglais et allemand parlés. Gîte + : draps fournis. Promo : lit suppl. 50 F. Réduction famille - 10 %. Menu enfant : 45 F. Nuit/pers. en séjour : 70 à 220 F, repas soir + petit déjeuner : + 105 F la nuitée.

Prix : pers.nuit **85/250 F** 1/2 pension **175/230 F** pension **230/285 F** petit dejeuner **30 F** repas **95 F**

(A) GR : 541

18	18	4	18	8	8	3	20	10	2	3	8

BONFORT Olivier et Laure – Le Glacier Bleu - Le Fort – 05600 Montdauphin – Tél. : 04.92.45.18.47

Pelleautier La Montagne

C.M. n° 81 — Pli n° 6

E.C. NN 8 pers. Ouverture : toute l'année. Alt. : 1100 m

Au pied de la falaise de Céüze, dans une ferme élevant des chevaux : 1 dortoir de 8 pers., 2 salles d'eau avec wc, salle commune avec coin-cuisine, chauffage électrique. Possibilité d'héberger des chevaux : 2 boxes, 8 stalles et prairie. Produits de la ferme. Possibilité de gestion libre. Gîte + : draps fournis gracieusement en hors vacances seulement.

Prix : pers.nuit **50/70 F** 1/2 pension **165 F**

TH GR : 94

15	25	4	15	15	5	4	4	10	1	15	15

GANGUET Martine – « La Grabilone » - La Montagne – 05000 Pelleautier – Tél. : 04.92.57.86.02

Rambaud Les Girons

C.M. n° 77 — Pli n° 16

E.C. NN 12 pers. Ouverture : le week-end de novembre à avril sur réservation. Alt. : 850 m

A la ferme, comportant également 3 chambres d'hôtes. Le gîte de séjour : 1 dortoir 6 pers., 1 dortoir 4 pers., 1 chambre 2 pers., 2 salles d'eau. Rez-de-chaussée : salle commune sous voûte avec cheminée.

Prix : pers.nuit **98 F** 1/2 pension **176 F** repas **78 F**

TH

20	10	2,5	6	6	6	25	25	10	2	5	5

ORCIERE Marie Jeanne – Les Girons – 05000 Rambaud – Tél. : 04.92.51.24.62 – Fax : 04.92.51.24.62

Reallon Les Gourniers

C.M. n° 77 — Pli n° 17

35 pers. Ouverture : du 15 décembre au 15 novembre. Alt. : 1500 m

Dans construction (1984) style chalet (1 lavabo, wc à l'ext.). En r.d.c. terrasse avec vélums, salle à manger, coin-café, 1 wc/lavabo. A l'étage mansardé, 3 dortoirs communicants (35 pers. bas flanc), 3 wc dont 1 avec lavabo, 2 douches, 4 lavabos. Au 1/2 niveau inférieur : 1 cuisine équipée. Ch. élect. Terrain non clos. Parking. Poss. gestion libre, accueil en séjour. Gîte + : Robert vous conseillera pour des rando pédestres, circuits VTT, promenade en raquettes. Possibilité de navettes, d'étape équestre. Ski de rando. Location de VTT, de raquettes à neige. Sentier botanique à 500 m. Anglais et italien parlés.

Ⓐ GR : 50

13	SP	0,5	23	0,5	10	SP	18	13	SP	23	18

VIAL Robert et Cathy – Les 3 Cols - Les Gourniers – 05160 Reallon – Tél. : 04.92.44.23.51 – Fax : 04.92.44.23.51

Reotier Pinfol

C.M. n° 77 — Pli n° 18

24 pers. Ouverture : du 15 décembre au 30 septembre. Pour autres périodes sur réservation. Alt. : 1400 m

Dans une grande bâtisse avec auberge : 1 dortoir 6 pers., 6 chambres 2 pers., 2 ch. 3 pers., 5 salles d'eau-wc. Salle commune, salon, cheminée, coin-cuisine, chauffage central. Possibilité de plats cuisinés et de location de draps. Produits fermiers au hameau. Ecole d'escalade à 500 m. Canyoning, VTT, parapente. Accueil de groupe. Promo : pour enfant -10 ans en 1/2 pension : 110 F, repas : 45 F et petit déjeuner : 15 F.

Prix : pers.nuit **50/70 F** 1/2 pension **140/170 F** pension **210/240 F** petit dejeuner **25 F** repas **80 F**

Ⓐ GR : 50 et 54

15	SP	15	20	12	8	10	20	10	SP	10	10

GARRIGUES Martine – Pinfol – 05600 Reotier – Tél. : 04.92.45.01.58

Ristolas

C.M. n° 77 — Pli n° 19

28 pers. Ouverture : toute l'année. Alt. : 1590 m

Dans ex-ferme, bâtiment mitoyen au gîte de séjour. Au r.d.c. dans couloir, rangement pour chaussures. 1er étage : salle commune, coin-cuisine, 2 dortoirs 6 pers., 1 dortoir 8 pers., 2 ch. 4 pers., 3 wc, 3 douches, 5 lavabos. Ch. élect. Local à skis ou VTT, local technique. Poss. repas sur place et accueil randonneurs équestres. Expo découverte nature. Gîte + : découverte attelage chiens de traîneaux. Tour du Queyras en raquettes, en VTT. Randonnée curieuse au printemps et en automne.

Prix : pers.nuit **70 F** 1/2 pension **160/190 F** petit dejeuner **30 F** repas **70 F**

Ⓐ GR : 58 et PR

SP	SP	SP	9	0,2	3	SP	SP	SP	40	3

LE MOEL Luc et Frederique – 05460 Ristolas – Tél. : 04.92.46.76.07 – Fax : 04.92.46.82.58

Ristolas

C.M. n° 77 — Pli n° 19

26 pers. Ouverture : toute l'année. Alt. : 1590 m

Dans ex-ferme, bâtiment mitoyen au gîte d'étape. R.d.c. : salle à manger, salle commune, cheminée. Sur 3 niveaux : 6 ch. de 4 pers., 2 ch. doubles 2 x 4 pers., 1 ch. 2 pers., s. d'eau/wc particuliers, 1 ch. double de 4 pers. s.d.b./wc, salon. Ch. élect. Local à skis ou VTT, local technique. Poss. repas sur place et accueil randonneurs équestres. Mur d'escalade. Expo. Gîte + : découverte attelage chiens de traîneaux. Rando en raquettes, en VTT. Randonnée curieuse au printemps et en automne.

Prix : pers.nuit **70 F** 1/2 pension **160/190 F** petit dejeuner **30 F** repas **70 F**

Ⓐ GR : 58 et PR

SP	SP	0,2	3	SP	SP	SP	40	3

LE MOEL Luc et Frederique – 05460 Ristolas – Tél. : 04.92.46.76.07 – Fax : 04.92.46.82.58

Saint-Auban-d'Oze Villauret
C.M. n° 81 — Pli n° 5

E.C. NN 18 pers. Ouverture : toute l'année. Alt. : 1000 m

Dans bâtiment annexe à la maison de la propriétaire : 2 dortoirs de 8 et 10 personnes, 2 douches, 3 lavabos, 2 wc, salle commune, cuisine, chauffage électrique et bois. Logement de chevaux possible. Produits de la ferme.

Prix : pers.nuit **50/55 F** 1/2 pension **150 F** pension **200 F**

TH GR : 94D

25	20	12	35	12	10	SP	12	12	SP	12	12

SALLES Sylvie – Villauret – 05400 Saint-Auban-d'Oze – Tél. : 04.92.58.18.78

Saint-Bonnet Le Ga
C.M. n° 77 — Pli n° 16

E.C. NN 18 pers. Ouverture : toute l'année. Alt. : 1000 m

A proximité de l'aire naturelle de camping à la ferme le gîte de séjour. 1 salle à manger avec coin détente, cuisine. 2 dortoirs (7 et 8 pers.). 1 chambre de 3 personnes, 2 douches, 3 wc, 4 lavabos dont 1 en cabine. Chauffage par le sol. Terrain non clos. Parking. Gestion libre possible. Promo : vacances scolaires, groupe + 10 pers : 50 F/pers. Hors vacances scolaires, groupe de + 10 pers : 45 F/pers.

Prix : pers.nuit **50/55 F** petit dejeuner **20 F** repas **60 F**

TH GR : TDEP

8	8	2,5	11	1	4	0,1	2,5	15	4	18	1,5

MOTTE Jean-Michel – A.N.C. « Les Rives du Drac » - Le Ga – 05500 Saint-Bonnet – Tél. : 04.92.50.19.73

Saint-Etienne-en-Devoluy
C.M. n° 77 — Pli n° 15

36 pers. Ouverture : toute l'année. Alt. : 1265 m

Dans maison en pierres près du logement du propriétaire. R.d.c. : hall d'entrée, local matériel, salle à manger, cuisine, réserve, 3 wc, 2 lavabos. 1er étage : 7 ch. de 2 à 6 pers. (chacune 1 lavabo), 2 wc, 3 douches. Niveau supérieur mansardé : 1 dortoir 10 pers., 3 lavabos, 2 douches, 1 wc, salle de détente. Ch. central. Terrain non clos. Parking. Possibilité de gestion libre. Promo : 1/2 pension 120/135 F/enfant, pension 150/165 F/enfant.

Prix : pers.nuit **60/75 F** 1/2 pension **145/160 F** pension **175/190 F** petit dejeuner **30 F** repas **75 F**

TH

4	4	28	4	0,6	4	0,1	28	2	0,2	28	0,1

CECILLE Joelle – Le Lieraver - Quartier de l'Eglise – 05250 Saint-Etienne-en-Devoluy – Tél. : 04.92.58.91.87 – Fax : 04.92.58.91.87

Saint-Etienne-en-Devoluy Le Collet
C.M. n° 77 — Pli n° 15

E.C. NN 20 pers. Ouverture : toute l'année. Alt. : 1294 m

Dans ex-ferme sur 3 étages avec logement du propriétaire : 3 dortoirs de 9, 6 et 4 pers., 3 ch. (2 à 3 pers.), 1 cabinet de toilette/wc, 1 s.d.b., 2 wc, 3 douches, 2 lavabos, salle commune voûtée (90 m²), coin-salon avec cheminée, salle à manger, coin-cuisine, chauffage électrique et bois. Local pour matériel. Possibilité de stages. Possibilité de gestion libre. Possibilité de table d'hôtes.

Prix : pers.nuit **80 F**

GR : 94

7	7	20	7	5	7	0,3	20	1	SP	25	5

RODRIGUES Martinho – Les Miloux - Le Collet – 05250 Saint-Etienne-en-Devoluy – Tél. : 04.92.58.85.63 – Fax : 04.92.58.87.24

Saint-Etienne-en-Devoluy Le Collet
C.M. n° 77 — Pli n° 15-16

E.C. NN 19 pers. Ouverture : toute l'année. Alt. : 1294 m

4 chambres de 6, 5 et 4 pers. 3 douches, 2 wc, 2 lavabos fermés, 1 collectif. Salle commune, coin-cuisine. Chauffage central. Possibilité d'accueil de groupe.

Prix : pers.nuit **70 F**

GR : 94

8	8	15	8	3	8	1	15	3	SP	25	5

GILLET Hubert – La Ruche - Le Collet – 05250 Saint-Etienne-en-Devoluy – Tél. : 04.92.58.83.94 ou 04.92.58.82.32

Saint-Jacques-en-Valgaudemar Les Paris
C.M. n° 77 — Pli n° 16

E.C. NN 19 pers. Ouverture : toute l'année. Alt. : 980 m

2 dortoirs 19 pers. 2 salles d'eau, wc, salle commune avec cheminée, coin-cuisine, chauffage central. Sentier de pays : Tour du Vieux Chaillol.

Prix : pers.nuit **48/55 F** 1/2 pension **144 F** pension **189 F** petit dejeuner **26 F** repas **70 F**

TH

8	8	11	3	3	8	1,5	15	45	SP	30	3

DECOURTOIS Denis – Les Paris – 05800 Saint-Jacques-en-Valgaudemar – Tél. : 04.92.55.30.07 – Fax : 04.92.55.24.72

Saint-Martin-de-Queyrieres Le Bouchier
cXv C.M. n° 77 — Pli n° 18

E.C. NN 12 pers. Ouverture : toute l'année. Alt. : 1500 m

Dans hameau accessible par route de montagne, ex-école (1888) rénovée. Entrée en r.d.c. surélevé (3 marches) : salle à manger (cheminée), wc. Niveau supérieur : 2 douches, 1 wc, 4 ch. avec lavabo (2 à 4 pers). Chauffage central. Local à matériel. Terrain, salon de jardin, barbecue. Parking. Escalade, circuit équestre, ski rando. Promo : prix dégressifs pour séjour long, pour enfant - de 10 ans. Gîtes + : draps fournis gracieusement pour tous longs séjours.

Prix : pers.nuit **50/60 F** 1/2 pension **150/160 F** pension **220/230 F**

(A) GR : 50

12	14	10,5	12	9	8	6	29	SP	SP	9	9

DERYCKER Herve – Le Pas du Loup - Le Bouchier – 05120 Saint-Martin-de-Queyrieres – Tél. : 04.92.23.09.27

Saint-Maurice-en-Valgaudemar Les Barrengeards
cXv C.M. n° 77 — Pli n° 16

E.C. NN 6 pers. Ouverture : de Pâques à fin octobre. Alt. : 900 m

3 chambres au 1er étage, chacune pour 2 pers. avec un cabinet de toilette. Salle de bains, wc. Terrain de jeux, parc détente.

Prix : pers.nuit **80 F** petit dejeuner **40 F** repas **95 F** pension cheval **45 F**

(TH)

25	SP	18	8	3	SP	0,2	18	SP	39	5

GUEYDAN Claude – Le Val des Sources – 05800 Saint-Maurice-en-Valgaudemar – Tél. : 04.92.55.23.75

Saint-Michel-de-Chaillol Les Marrons
C.M. n° 77 — Pli n° 16

E.C. NN 28 pers. Ouverture : toute l'année. Alt. : 1150 m

3 dortoirs pour 25 pers. 2 salles d'eau. wc. Salle commune. Sentier de pays : Tour du Vieux Chaillol. Canoë-kayak

Prix : pers.nuit **55 F** 1/2 pension **135 F**

(TH) GR : 54

0,5	0,5	6	1	25	2

BERNARD Brigitte – Les Marrons – 05260 Saint-Michel-de-Chaillol – Tél. : 04.92.50.49.20 – Fax : 04.92.50.49.20

Saint-Veran Les Gabelous
cXv C.M. n° 77 — Pli n° 19

E.C. NN 54 pers. Ouverture : de Noël à fin avril et du 1er juin au 10 septembre. Alt. : 2040 m

Dans ancienne douane de 1858 restaurée : 6 dortoirs de 5 et 6 pers., 6 chambres de 2, 3 et 4 pers., 1 salle de restauration avec coin-salon et cheminée, 1 cuisine avec office, 5 douches, 13 lavabos, 8 wc, chauffage central. Local de séchage.

Prix : pers.nuit **58/87 F** 1/2 pension **161/179 F** petit dejeuner **30 F** repas **73 F**

(TH) GR : 58

0,3	0,3	15	8	0,5	37	0,2	0,8	38	SP

MEYNET Jocelyne – Les Gabelous – 05350 Saint-Veran – Tél. : 04.92.45.81.39 – Fax : 04.92.45.86.36

Vallouise
cXv C.M. n° 77 — Pli n° 17

47 pers. Ouverture : toute l'année. Alt. : 1150 m

Dans village, maison avec le logement des propriétaires, entrée au 1er étage par terrasse avec salon de jardin. Sur 2 niveaux : 10 chambres de 2 à 4 pers. et 3 dortoirs de 6 pers., 6 salles d'eau-wc, 4 douches communes, 4 wc, salle commune, coin-cuisine. Chauffage central. Local à matériel. Service d'autocar depuis la gare.

Prix : pers.nuit **55 F** 1/2 pension **145 F** pension **180 F** petit dejeuner **25 F** repas **65 F**

(TH) GR : 54

3	SP	3	3	SP	SP	SP	40	SP	SP	10	SP

ENGILBERGE Nathalie – Gîte le Baouti – 05290 Vallouise – Tél. : 04.92.23.46.50 – Fax : 04.92.23.46.52

Vallouise Le Grand-Parcher
cXv C.M. n° 77 — Pli n° 17

19 pers. Ouverture : toute l'année. Alt. : 1150 m

Dans ex-ferme de 1672, rénovée, en rez-de-chaussée : salle à manger, cheminée, cuisine, wc, local à matériel. Au 1er étage avec terrasse et balcon : coin-détente, 4 ch. de 2 à 5 pers., 3 wc, 4 douches, 4 lavabos. Au 2e étage : 1 ch. de 4 pers. avec salle d'eau-wc. Chauffage central. Point-phone. Terrain non clos, ping-pong. Anglais et espagnol parlés. Gîte + : draps fournis. Stage multi-activités en juin et septembre : eaux vives, parapente, VTT, montagne. WE à partir de 975 F, semaine : 2330 F tout compris. Possibilité programme à la carte à partir de 5 personnes.

Prix : pers.nuit **65/80 F** 1/2 pension **170/185 F** petit dejeuner **25 F** repas **85 F**

(A) GR : 5 et 54

5	1	5	1	1	1	40	1	0,5	5	1

LEMOUTON Gilles – La Tete d'Aval - Le Grand Parcher – 05290 Vallouise – Tél. : 04.92.23.55.55 – Fax : 04.92.23.55.56

Les Vigneaux

cXv *C.M. n° 77 — Pli n° 18*

E.C. NN 40 pers. Ouverture : toute l'année. Alt. : 1130 m

Dans une ex-ferme du XVIIe siècle, rénovée, chez des guides de haute montagne : 3 dortoirs, 6 salles d'eau, 4 wc. 2 salles communes dont une pour gestion libre. Chauffage électrique. Gîte + : raquettes, ski, randonnée, escalade, randonnée glaciaire et pédestre.

Prix : pers.nuit **65 F** 1/2 pension **160 F**

TH GR : 54

4	0,5	1	15	1	4	0,5	60	SP	SP	5	0,5

ESTIENNE J.Michel – Gîte le Montbrison – 05120 Les Vigneaux – Tél. : 04.92.23.10.99 – Fax : 04.92.23.02.64

Villar-d'Arene

cXv *C.M. n° 77 — Pli n° 7*

E.C. NN 45 pers. Ouverture : toute l'année. Alt. : 1650 m

Dans une maison de village restaurée, chambres et dortoirs de 2 à 6 personnes, salles d'eau, wc, cuisine, salle à manger voûtée, salon avec musique et bibliothèque à disposition, en été coin-terrasse. Sauna. Point-phone. Possibilité de prestations à la carte. A 3 km : ski hors piste, escalade. VTT. Promo : semaine en pension adulte : 1000 F/pers. Réduction hors vacances scolaires (novembre, décembre et janvier). Draps fournis gracieusement.

Prix : pers.nuit **67 F** 1/2 pension **96/167 F** pension **126/212 F** petit dejeuner **15/25 F** repas **40/75 F**

TH

3	SP	2	10	1	5	10	10	3	30	SP

BIGNON Alain – Gîte « La Breche » - rue du Serre – 05480 Villar-d'Arene – Tél. : 04.76.79.92.06 – Fax : 04.76.79.96.05

Villard-Loubiere

cXv *C.M. n° 77 — Pli n° 16*

E.C. NN 9 pers. Alt. : 1000 m

Entrée en r.d.c. surélevé (8 marches) par l'arrière de la maison du propriétaire avec 3 ch. d'hôtes. Séjour/coin-cuisine, l-linge, 2 douches, 2 lavabos, 2 wc. 1/2 étage en dessous : 1 ch. (1 lit 2 pers. 1 lit 1 pers.), 1 grande ch. avec mezzanine (2 lits 1 pers. jumelés, 2 lits 1 pers. superp., 2 lits 1 pers.). Ch. élect. Petit terrain non clos, salon de jardin. Promo : nuit/pers. en séjour : 45 F. Réduction à partir de Pâques jusqu'à la 1ere semaine de juillet, du 10 juillet au 20 août : 2000 F la semaine, pour 3 semaines consécutives en haute saison : 4800 F, pour 4 semaines : 5200 F. Draps fournis gracieusement en hors vacances seulement.

Prix : pers.nuit **62 F**

GR : 54

12	SP	12	SP	3	0,2	20	SP	SP	40	3

LAUGIER Jean – Le Relais de la Vaurze – 05800 Villard-Loubiere – Tél. : 04.92.55.23.61 ou 04.92.51.06.50

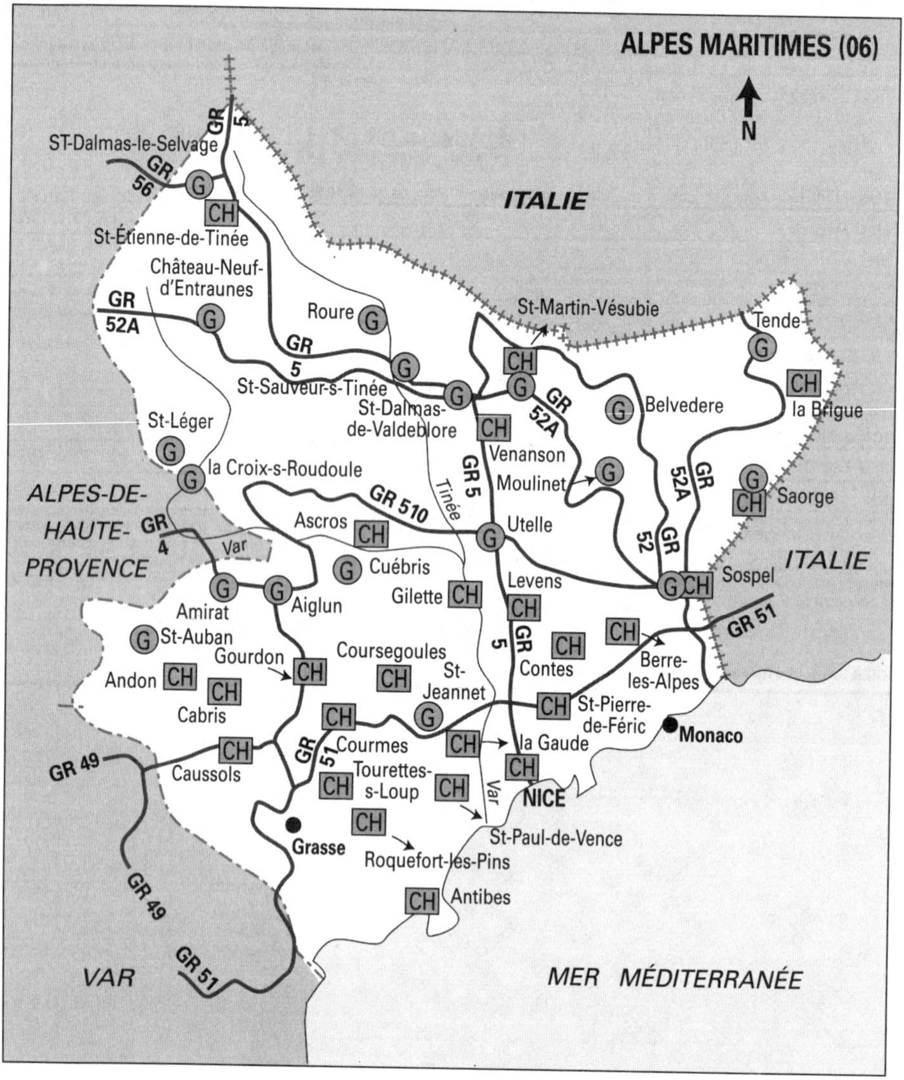

CH Chambre d'hôte G Gîte d'étape, de séjour L Logis de France

Aiglun Le Calendal *C.M. n° 195 — Pli n° 14*

E.C. NN 21 pers. Ouverture : toute l'année. Alt. : 624 m

Auberge communale au rez-de-chaussée et 1er étage. 2e étage : 2 chambres (6 lits), bloc sanitaires, 1 chambre (9 lits).

Prix : pers.nuit **55 F** 1/2 pension **155 F**

Ⓐ GR : 4 et 510

64	SP	0,5	SP	42	27	0,5	35	SP	62	64	11

MAIRIE D'AIGLUN – Accueil M. Lauvergnier Jean-Jacques – 06910 Aiglun – Tél. : 04.93.05.82.32 ou 04.93.05.85.35 – Fax : 04.93.05.85.35

Amirat L'Estelle
C.M. n° 195 — Pli n° 13

E.C. NN 12 pers. Ouverture : toute l'année. Alt. : 850 m

1 dortoir pour 12 pers. Coin-cuisine, cheminée, 2 salles d'eau. Produits fermiers sur place. Chauffage : 5 F (bois). Collongues à 6 km.

Prix : pers.nuit **50 F**

GR : 4 et 510

85	SP	2	SP	58	42	4	15	15	74	85	15

MAIRIE D'AMIRAT – 06910 Amirat – Tél. : 04.93.05.80.53

Belvedere Les Condamines
C.M. n° 195

E.C. NN 6 pers. Ouverture : toute l'année. Alt. : 962 m

Gîte d'étape et gîte équestre. 1 chambre (6 lits 1 pers. superposés), salle d'eau, wc indépendants. Circuit VTT. Ecuries. Accès au gîte par piste de montagne non carrossable. Allemand et italien parlés.

Prix : pers.nuit **80 F** 1/2 pension **160 F** repas **80 F**

TH GR : 52A

52	SP	2	SP	25	10	2	SP	5	15	26	5

BOIS Guy – Les Condamines – 06450 Belvedere – Tél. : 04.93.03.55.46

Chateauneuf-d'Entraunes Le Carre-du-Mercantour
C.M. n° 195 — Pli n° 3

14 pers. Ouverture : toute l'année. Alt. : 1280 m

« Gîte et Couvert ». Le Carré du Mercantour. 1 dortoir de 14 places individualisées. 2 salles de bains, wc. Lave-linge. Salle de restaurant. Cheminée. Cuisine équipée (lave-vaisselle). Repas : Secca d'Entrevaux. Boissons, sandwiches. Petits animaux acceptés. Promenades aux alentours : musée au village, excursion au moulin (2 heures), proximité cîme de Pal (2818 m.).

Prix : pers.nuit **60 F** 1/2 pension **150 F** petit dejeuner **23 F** repas **80 F**

TH GR : 52A et 5

108	SP	10	SP	23	23	10	10	10	10	30	10

DELAVOIX Marc – « Gîte et Couvert » - Le Carre du Mercantour – 06470 Chateauneuf-d'Entraunes – Tél. : 04.93.05.54.42

La Croix-sur-Roudoule Leouve
C.M. n° 195 — Pli n° 3

36 pers. Alt. : 850 m

Gîte d'étape dans la « Maison de la Mine » (expositions, animations). 6 ch. de 6 pers. chacune avec sanitaires (lavabo, wc, douche). Salle commune (56 m²). Coin-cuisine à la disposition des randonneurs. Chauffage électrique. Terrasse sur le torrent « Roudoule ». Terrain, parking. Restaurant à proximité. Totalité du gîte : 50 F/nuit/pers. Groupe : 60 F.

Prix : pers.nuit **70 F**

GR : 510

72	SP	SP	SP	40	40	3	14	7	7	7	7

MAIRIE DE LA CROIX-SUR-ROUDOULE – 06260 La Croix-sur-Roudoule – Tél. : 04.93.05.14.64 ou 04.93.05.07.58

Cuebris
C.M. n° 195 — Pli n° 4

8 pers. Ouverture : toute l'année. Alt. : 525 m

Gîte d'étape ou de séjour de Cuebris. Salle commune avec coin-cuisine. 1 dortoir de 8 personnes. Sanitaires : 2 douches, 2 lavabos, 2 wc. Prix groupe : 30 à 40 F. Anglais parlé.

Prix : pers.nuit **30/40 F**

GR : 510

60	SP	5	SP	76	76	5	25	4	25	32	4

MAIRIE DE CUEBRIS – Mairie – 06910 Cuebris – Tél. : 04.93.05.90.77

Moulinet
C.M. n° 195 — Pli n° 17

E.C. NN 16 pers. Ouverture : toute l'année. Alt. : 800 m

Bâtiment communal entièrement rénové. 2e étage : grande salle à manger avec cuisine équipée, 2 dortoirs (8 pers. chacun), 2 blocs sanitaires avec 2 douches et 2 wc. Tarif groupe à partir de 5 pers. 70 F.

Prix : pers.nuit **80 F**

GR : 52A

30	SP	3	SP	12	12	3	12	SP	12	12	SP

MAIRIE DE MOULINET – 06380 Moulinet – Tél. : 04.93.04.80.07

Roure La Chevrerie

C.M. n° 195 — Pli n° 5

E.C. NN 20 pers. Ouverture : toute l'année. Alt. : 1100 m

3 dortoirs (10, 8 et 2 places). Salle commune. Blocs sanitaires. Cuisine équipée. Tarifs spéciaux pour groupes et stages. Repas possibles à l'auberge « le Robur » ou au snack-bar-épicerie « les Mélèzes ». Epicerie au village. 1/2 pension possible en table d'hôtes chez le régisseur, sur réservation uniquement, Mme Masson Patricia au 04.93.02.08.70.

Prix : pers.nuit **35/40 F**

GR : 5 et 52A

70	SP	9	SP	16	16	9	32	9	32	70	9

MAIRIE DE ROURE – Accueil Mme Roussillon - Christiane – 06420 Roure – Tél. : 04.93.02.09.13 ou 04.93.02.00.70

Saint-Auban

C.M. n° 195 — Pli n° 12

44 pers. Ouverture : toute l'année. Alt. : 1025 m

Gîte équestre ouvert toute l'année. 3 dortoirs, 3 chambres. Cuisine équipée (lave-linge et lave-vaisselle). Salle commune, cheminée. TV couleur. 5 douches, 5 wc. Terrasse (50 m²). Chevaux disponibles sur place. Volley. Téléphone en service restreint. Réservation 3 jours avant, auprès de M. Chollet François (04.93.60.41.23). Pers./nuit + petit déjeuner : 80 F. Le tarif pension : cheval et tennis 1 heure compris.

Prix : 1/2 pension **150 F** pension **180 F**

(TH) GR : 510

77	SP	0,5	SP	15	15	0,5	SP	0,5	35	70	0,5

MAIRIE DE SAINT-AUBAN – Accueil M. Chollet – 06850 Saint-Auban – Tél. : 04.93.60.41.23 ou 04.93.60.43.20 – Fax : 04.93.60.43.72

Saint-Dalmas-le-Selvage

E.C. NN 25 pers. Ouverture : toute l'année. Alt. : 1500 m

Gîte en rez-de-chaussée chauffé pour 25 personnes. 2 chambres dortoirs (12 et 13 pers.). Bloc sanitaires (4 douches, 3 wc), cuisine équipée (lave-linge). Possibilité matériel bébé sur demande. Salle commune. Terrasse (50 m²). Possibilité accueil ânes et chevaux. Tarif spécial groupes adultes et enfants. Anglais et allemand parlés.

Prix : pers.nuit **55 F**

GR : 5

100	SP	1	SP	14	SP	1	14	SP	14	100	8

ISSAUTIER Philippe et Anne-Marie – 06660 Saint-Dalmas-le-Selvage – Tél. : 04.93.02.44.61 ou 04.93.02.47.97 – Fax : 04.93.02.44.61

Saint-Jeannet

C.M. n° 195 — Pli n° 25

E.C. NN 18 pers. Ouverture : toute l'année. Alt. : 407 m

3 mezzanines dortoirs de 6 places. Coin-cuisine. Machine à laver le linge. 2 salles communes. Cheminée. Poêles à bois. 2 salles d'eau, balcon. Terrasse panoramique exposition plein sud. Tarifs spéciaux pour groupes et stages. Vue mer. Taxe de séjour (renseignements auprès du propriétaire). Autres loisirs : randonnée, parapente, escalade sur place. Anglais et espagnol parlés.

Prix : pers.nuit **51 F**

GR : 51

15	SP	3	SP	45	45	3	10	2	8	14	SP

RASSE Jerome – 101 rue de la Ferrage – 06640 Saint-Jeannet – Tél. : 04.93.24.87.11

Saint-Leger Le Village

C.M. n° 195 — Pli n° 3

E.C. NN 20 pers. Ouverture : toute l'année. Alt. : 1000 m

2 dortoirs au rez-de-jardin d'un bâtiment communal. dortoir n° 1 : 55 m², 14 pers. Sanitaires : 3 douches, 3 wc, 3 lavabos, sanitaires accessibles aux pers. handicapées. Dortoir n° 2 : 20 m², 10 pers. Sanitaires : 2 douches, 2 wc, 2 lavabos. Espace rangement commun : 3 m². Chauffage électrique. Groupe : 50 F. 1/2 pension pour groupe : 150 F. Anglais et espagnol parlés.

Prix : pers.nuit **70 F** 1/2 pension **165 F**

(A) GR : 510

80	3	44	44	3	14	14	14	14	14

MAIRIE DE SAINT-LEGER – 06260 Saint-Leger – Tél. : 04.93.05.11.90 – Fax : 04.93.05.10.00

Saint-Martin-Vesubie

C.M. n° 195 — Pli n° 6

E.C. NN 16 pers. Ouverture : toute l'année. Alt. : 950 m

« Le Touron ». 1 dortoir 16 lits. Possibilité de cuisiner. Salle commune, bloc sanitaires, jeux d'enfants. Chauffage en supplément. Jardin. Parking. Taxe de séjour 1 F, incluse dans le tarif. Prix pour groupes dès 10 pers. Cabine téléphonique à proximité.

Prix : pers.nuit **64 F**

GR : 52A et 5

60	SP	3	SP	8	8	3	8	1,2	1,2	1,2	1,2

INGIGLIARDI Jeannette – Route de Nice - Camping du Touron – 06450 Saint-Martin-Vesubie – Tél. : 04.93.03.21.32

Saint-Martin-Vesubie

C.M. n° 195 — Pli n° 6

E.C. NN 14 pers. Ouverture : toute l'année. Alt. : 960 m

Table d'hôte sur réservation. Niveau 0 : sas d'entrée, local pour rangement/séchage matériel montagne. Salle commune : séjour/coin-détente, cuisine équipée, wc, lave-mains, cheminée. Niveau 1 : 1 ch. (3 lits), 1 ch. (4 lits), 1 ch. (5 lits). 2 mezzanines (2 lits 1 pers.), 2 douches, 2 lavabos. Chauffage électrique et bois. Tarifs spéciaux pour groupes. Supplément chauffage électrique en hiver : 5 F/nuit. Taxe de séjour et eau chaude incluses dans le tarif. Autres loisirs : escalade, VTT, parapente, deltaplane, canyoning, pêche, lacs de montagne.

Prix : pers.nuit **62 F**

GR : 52 et 5

60	SP	0,4	SP	8	8	0,4	8	0,4	0,4	64	SP

JAUFFRET Helene – 6 avenue Kellerman Serrurier – 06450 Saint-Martin-Vesubie – Tél. : 04.93.03.29.19

Saint-Sauveur-sur-Tinee

C.M. n° 195 — Pli n° 5

E.C. NN 18 pers. Ouverture : de mai à octobre inclus. Alt. : 500 m

Gîte dans le village. Dortoir pour 18 pers. Cuisine. 2 douches. Salle commune. Prix pour groupe avec carte CAF : 33 F.

Prix : pers.nuit **39 F**

GR : 5 et 52A

55	SP	1	SP	18	18	SP	30	1	14	60	SP

MAIRIE DE SAINT-SAUVEUR-SUR-TINEE – 06420 Saint-Sauveur-sur-Tinee – Tél. : 04.93.02.00.22

Saorge Derriere-le-Couvent

C.M. n° 195 — Pli n° 18

E.C. NN 15 pers. Ouverture : toute l'année. Alt. : 600 m

1 dortoir 15 pers. Bloc sanitaires, wc, cuisine indépendante. Cheminée. Accès pédestre par sentier de montagne (20 mn). Téléphone. Terrain. Autres loisirs : kayak, canyoning, parapente.

Prix : pers.nuit **52 F** 1/2 pension **150 F**

(TH) GR : 52A

30	SP	3	SP	35	15	3	18	1,5	8	1,5	0,5

CHIMENES Franques – Quartier « Derriere le Couvent » – 06540 Saorge – Tél. : 04.93.04.55.49

Sospel La Vasta

C.M. n° 195 — Pli n° 7

19 pers. Ouverture : toute l'année. Alt. : 360 m

Grande maison traditionnelle. Accès 1er étage, 2 salles (repas et séjour). Grande cuisine. 2e étage : 1 ch. 4 pers., 1 dortoir 9 pers. (wc indépendants avec lave mains), 1 dortoir 6 pers. Bloc sanitaires (8 lavabos, 3 douches, 3 wc). Accueil de groupes et stages. Prix spéciaux pour groupes à voir avec le propriétaire. Anglais et italien parlés.

Prix : pers.nuit **80/90 F** 1/2 pension **150/170 F** pension **220/250 F** repas **70/80 F**

(TH) GR : 52 et 510

18	SP	3	SP	22	22	3	3	3	3	5	3

TARDIVO Jean-Francois – La Vasta - La Frighiera Saint Dominique – 06380 Sospel – Tél. : 04.93.04.12.33 – Fax : 04.93.04.12.33

Tende Speggi

C.M. n° 195 — Pli n° 8

E.C. NN 8 pers. Ouverture : de Pâques à la Toussaint. Alt. : 1333 m

Piste de montagne goudronnée. Entrée dans sas, salon commun avec coin-cuisine aménagé (réfrigérateur à gaz), 2 chambres avec 2 lits superposés (4 pers.) dans chaque chambre. 2 lavabos, 2 wc et 1 douche communs aux 2 chambres. Terrain. Poêle à bois. Chauffe-eau à gaz. Electricité photovoltaïque 12 V. Anglais parlé.

Prix : pers.nuit **66 F**

GR : 52A

45	SP	6	SP	24	17	6	6	6	25	6	6

FAUCONNIER Nicole – Speggi – 06430 Tende – Tél. : 04.93.04.68.60 ou 04.93.04.75.09

Tende

C.M. n° 195 — Pli n° 8

E.C. NN 16 pers. Ouverture : toute l'année.

Gîte dans le village, près du camping. Accueil en chambres particulières. 8 chambres avec salle d'eau particulière et wc communs. Accueil de 16 pers. au total avec possibilité de lit supplémentaire. Prix spéciaux pour groupe, dès 10 pers. 58 F.

Prix : pers.nuit **75/138 F**

GR : 52A

43	SP	1	SP	18	16	1	SP	SP	21	SP	SP

MAIRIE DE TENDE – 06430 Tende – Tél. : 04.93.04.35.00 – Fax : 04.93.04.35.09

Tende

C.M. n° 195 — Pli n° 8

E.C. NN 33 pers. Ouverture : de mi-avril à fin sept. en permanence. Autres : week-ends et vac. scol Alt. : 850 m

Cuisine. Salle commune. 2 dortoirs (6 pers.), 1 dortoir (10 pers.), 2 ch. (4 pers.), 1 ch. (2 pers.), 1 ch. (1 pers.). Tarifs spéciaux pour groupes et stages. Loisirs à proximité : escalade, canyoning, randonnées, parapente et VTT. Anglais et allemand parlés. Gîte à thèmes : gîte de neige (station de ski de piste à 12 km et station de ski de fond à 10 km). Gîte de pêche (pêche en rivière à 4 km).

Prix : pers.nuit **64 F** petit dejeuner **26 F** repas **71 F**

TH GR : 52A

48	SP	0,5	SP	18	16	1	4	1	SP	1	1

GOBBI Catherine – Chemin Sainte Catherine - Les Carlines – 06430 Tende – Tél. : 04.93.04.62.74

Utelle

C.M. n° 195 — Pli n° 16

E.C. NN 12 pers. Ouverture : toute l'année. Alt. : 800 m

1 dortoir 12 pers. Cuisine, salle d'eau, produits fermiers sur place. Possibilité de préparer ses repas dans le gîte. 2 restaurants et 1 épicerie dans le village fermés le mercredi. Journée supplémentaire : 12 F.

Prix : pers.nuit **54 F**

GR : 5

42	SP	9	SP	41	41	9	22	18	29	21	SP

MAIRIE D'UTELLE – 06450 Utelle – Tél. : 04.93.03.17.01

Valdeblore Saint-Dalmas

C.M. n° 195 — Pli n° 5

E.C. NN 32 pers. Ouverture : toute l'année. Alt. : 1300 m

Gîte dans le hameau de Saint-Dalmas. 4 dortoirs (32 pers.). Bloc sanitaires. 3 douches. 3 wc. Cuisine équipée avec four à micro-ondes et réfrigérateur. Réfectoire. Chauffage électrique, eau chaude. Groupe : 36 F.

Prix : pers.nuit **40 F**

GR : 5 et 52

65	SP	8	SP	5	5	8	5	2	4	36	SP

MAIRIE DE VALDEBLORE – La Bolline – 06420 Valdeblore – Tél. : 04.93.02.81.06 – Fax : 04.93.02.85.26

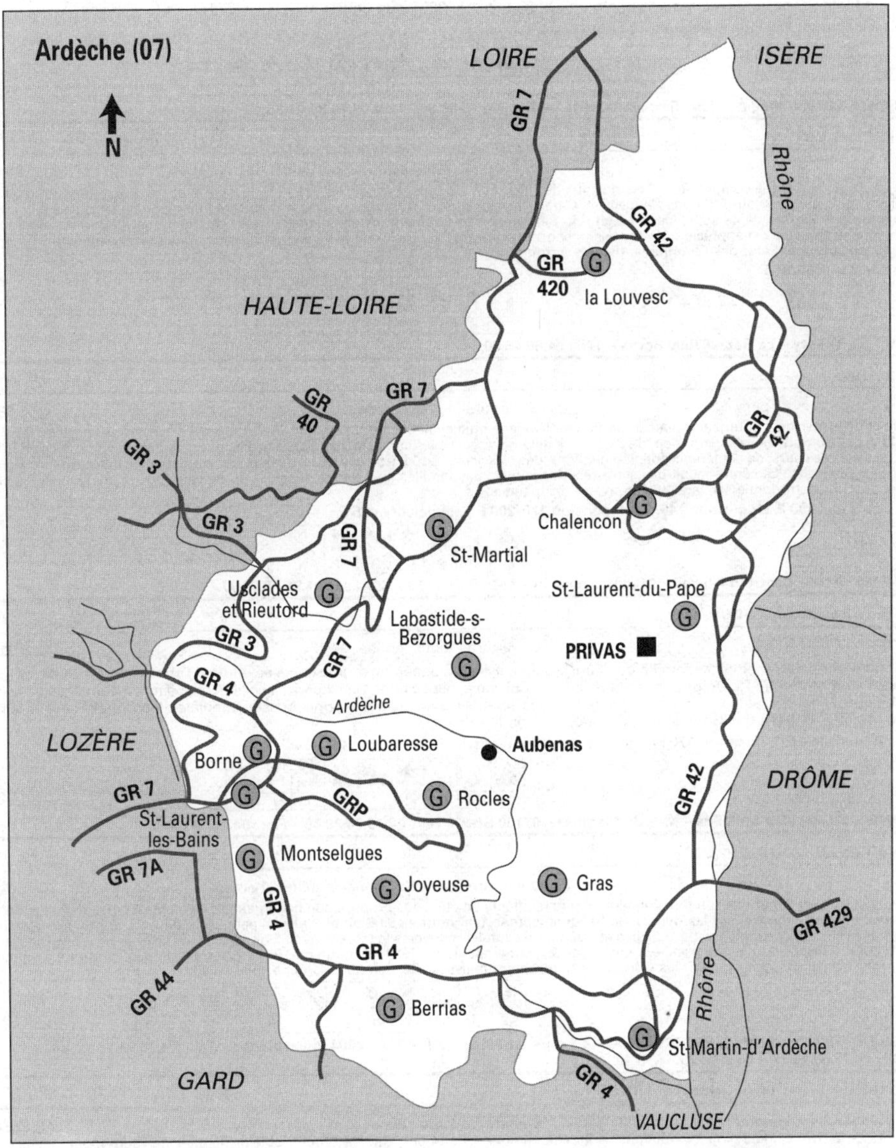

CH Chambre d'hôte G Gîte d'étape, de séjour L Logis de France

Berrias-Casteljau Chaulet-Plage — *C.M. n° 80 — Pli n° 8*

36 pers. Ouverture : du 1er avril aux vacances de la Toussaint. Alt. : 200 m

Gîte de séjour situé au bord des gorges du Chassezac. 6 appartements identiques : séjour/coin-cuisine, 2 ch. (6 lits 1 pers.), salle d'eau, wc, balcon. 1 bloc sanitaires comprenant : 5 wc, 5 douches, 5 lavabos, dont 1 douche, 1 wc, 1 lavabo accessibles aux pers. handicapées. 1 salle de 30 m² avec coin-cuisine, prise TV. Pique-nique 35 F. Salle polyvalente à disposition. Sur place : VTT, spéléologie, randonnées (carte orientation), descente en canoë et kayak. 300 F/nuit pour 1 ou 2 nuits. 270 F/nuit la semaine.

Prix : 1/2 pension **150 F** petit dejeuner **20 F** repas **55 F**

SP	SP	1	1	SP	SP	SP	SP	15	5

ROBERT – Chaulet Plage – 07460 Berrias-Casteljau – Tél. : 04.75.39.30.27 ou 04.75.39.01.36

Borne Le Bez — *C.M. n° 76 — Pli n° 17*

30 pers. Ouverture : toute l'année sauf du 1er au 20 octobre. Alt. : 1230 m

Gîte de séjour et d'étape comprenant : 2 ch. dortoirs de 7 lits, 1 ch. de 5 lits, 1 ch. de 3 lits et 1 ch. de 8 lits avec wc, 3 douches. R.d.c. : 1 salle de 80 m², coin-cuisine, coin-TV, 2 wc. Ch. central. Garage à vélos et skis. Auberge ouverte le midi (produits naturels fabriqués à la ferme). Draps fournis. Groupe de 45 à 50 F/pers. Le gîte du Bez est confortablement installé dans le massif du Tanargue. Ce terroir au sud de la montagne ardéchoise est apprécié pour les loisirs sportifs proposés, et passionne par ses grands espaces naturels : plateau du Tanargue, Gorges de la Borne, Forêt des Chambons, rivières à truites,..

Prix : pers.nuit **50/60 F**

GR : 7 et 4

2	4	10	SP	SP	3	15	8

CHAMPEL Thierry – Le Bez – 07590 Borne – Tél. : 04.66.46.60.54

Chalencon — *C.M. n° 76 — Pli n° 19*

65 pers. Ouverture : toute l'année. Alt. : 650 m

Vaste et belle maison « bourgeoise » au cœur d'un petit village médiéval. Chambres ou dortoirs confortables avec douches et wc. 23 ch. de 1 à 4 pers., 2 dortoirs de 6 à 8 pers. 2 ch. de 2 pers. + sanitaires accessibles aux pers. handicapées. Les groupes disposent de 2 salles à manger, de salles de cours, de conférence, de détente. Pour des classes vertes, des stages de formation, des séminaires d'entreprise, rencontres amicales, familiales. Le centre reçoit des scolaires, des jeunes, des familles, des retraités valides en pension ou 1/2 pension. Week-end à thèmes : VTT, gastronomie sauvage et découverte des plantes...

Prix : pers.nuit **100 F** 1/2 pension **140/170 F** pension **170/200 F** petit dejeuner **25 F**

TH

SP	SP	9	SP	9	SP

LES BLES D'OR – Centre d'Accueil – 07240 Chalencon – Tél. : 04.75.58.15.92 – Fax : 04.75.58.03.77

Gras Mas-de-Marquet — cv *C.M. n° 80 — Pli n° 9*

15 pers. Ouverture : toute l'année. Alt. : 320 m

Gîte de séjour pour réunions de famille ou d'amis. Salon, salle à manger (90 m²) réservés aux hôtes. Terrasse couverte (80 m²). Jardin clos pour motos, VTT... Draps et serviettes fournis. Cuisine à disposition. 3 ch. 2 pers., 1 ch. 4 pers. (50 m²), 1 suite 5 pers. (50 m²). Chauffage central. TV, vidéo, piano, ping-pong. Pour les enfants : animaux de la ferme. Maison familiale du propriétaire dans le pays de la lavande, à 10 km des Gorges de l'Ardèche. Gestion libre.

Prix : pers.nuit **90 F** 1/2 pension **170 F** petit dejeuner **10 F** repas **70 F**

TH

13	13	2	2	2	SP	7	7	7

GRANIER CHAUTARD Mathilde – Mas de Marquet – 07700 Gras – Tél. : 04.75.04.39.56 – Fax : 04.75.04.39.56

Joyeuse Le Double « L » — cv *C.M. n° 80 — Pli n° 8*

12 pers. Ouverture : toute l'année sauf juillet et août. Alt. : 150 m

Le Double « L » en dehors de son fonctionnement gîte d'enfants en été, vous propose son hébergement de 12 lits 1 pers. aménagé dans le bâtiment en pierre rénové, sur les rives de la Beaume, comportant notre habitation et 2 gîtes 4 pers. 3 ch. de 4 lits dont 1 en mezzanine. Chauffage central. 4 lavabos, 2 wc, 2 douches et 1 sanitaire complet mitoyen à la pièce à vivre. 2 terrasses couvertes avec TV. Cuisine (accès par la cour) à disposition avec vaisselle. Lave-vaisselle, réfrigérateur, congélateur, gazinière. Piscine, terrain de jeux, portique, ping-pong, baby-foot, flipper. Descente canoë des Gorges de l'Ardèche organisée... Gestion libre. Groupe 1568 à 5600 F.

SP	SP	SP	1	SP	SP	25	SP	2	15	0,8	0,8

GITES DE FRANCE-SERVICE RESERVATION – 4 Cours du Palais - B.P. 402 – 07004 Privas-Cedex – Tél. : 04.75.64.70.70 ou PROP :.04.75.39.49.77 – Fax : 04.75.64.75.40

Labastide-sur-Besorgues Le Chateau — cv *C.M. n° 76 — Pli n° 18*

15 pers. Ouverture : toute l'année. Alt. : 650 m

Au bord de la rivière, idéal pour les réunions de famille ou pour les groupes. Gîte très confortable niché dans un cadre montagneux d'une grande beautée (tout en r.d.c.). Cuisine, séjour, coin-salon, cheminée, 5 ch. 3 pers. toute avec s. d'eau et wc privés. L-linge, l-vaiss., chauffage central. Terrasse, salon de jardin, barbecue. Toutes charges comprises. Nombreuses activités sportives et de loisirs à proximité. Itinéraire pédestre, VTT, canyonning, pêche à la truite... Poss. de promenades avec des jeunes ânes non bâtés. Pour les repas, nous pouvons vous proposer les services d'une cuisinière. Anglais, allemand et néerlandais parlés.

Prix : semaine **9000 F** week-end **2800 F**

SP	SP	11	0,6	15	SP	12	5	11	11	4

GITES DE FRANCE-SERVICE RESERVATION – 4 Cours du Palais - B.P. 402 – 07004 Privas-Cedex – Tél. : 04.75.64.70.70 – Fax : 04.75.64.75.40

Lalouvesc La Valette

C.M. n° 76 — Pli n° 9

50 pers. Alt. : 1000 m

Gîte de séjour dans un parc de 30 ha., en pleine nature, domaine bâti en pierre de taille avec de nombreuses activités de loisirs et de découvertes sur place. 15 ch. de 2 à 6 pers., toutes avec s. d'eau et wc privés. Salles de travail, salons, terrasses, médiathèque et supports pédagogiques sont à votre disposition. Restauration traditionnelle ou à thèmes. Activités proposées : VTT, accrobranche, escalade, tir à l'arc, ski de fond, raquettes, équitation, mais aussi ateliers tels que : cirque, théatre, musique et organisation de soirées selon vos souhaits. Repas enfant : 40 F.

Prix : pers.nuit **70/160 F** 1/2 pension **165 F** pension **150/235 F** petit dejeuner **25 F** repas **80 F** pension cheval **55 F** semaine **450 F** week-end **150 F**

(TH)

15	15	8	2	SP	SP	SP	10	20	2

MILAGRO – La Valette – 07520 Lalouvesc – Tél. : 04.75.67.84.55 – Fax : 04.75.67.84.57

Loubaresse

C.M. n° 76 — Pli n° 17

10 pers. Ouverture : toute l'année. Alt. : 1220 m

Au contact du plateau ardéchois et d'une vallée cévenole dans un lieu propice aux activités de plein air, gîte de séjour et d'étape aménagé dans un ancien presbytère. Chauffage électrique. R.d.c. : salle de 80 m², coin-cuisine, coin-détente, prise TV et tél., wc. A l'étage : 1 ch. (2 lits superp.), 2 ch. (1 lit 2 pers.), 1 ch. (4 lits superp.). 2 salles d'eau dont 1 accessible aux personnes handicapées, 2 wc. Groupe : 600 F.

(A)

12	0,5	12	SP	SP	SP	SP

MAIRIE DE LOUBARESSE – 07110 Loubaresse – Tél. : 04.75.88.98.84 ou 04.75.88.96.93

Montselgues

C.M. n° 80 — Pli n° 7

12 pers. Ouverture : toute l'année. Alt. : 1000 m

Gîte de séjour. Aux confins du Haut Plateau Ardéchois et des Cévennes, l'association La Fage vous accueille dans sa solide bâtisse villageoise au pied de l'église. 1 dortoir 6 pers., 1 chambre 4 pers., 2 chambres moniteurs 1 ou 2 pers. Sanitaires communs. Base de départ, été comme hiver, pour de nombreuses activités de pleine nature, à la semaine ou au week-end, vous pourrez venir en groupe, en famille, en classe de découverte ou en accueil d'enfants.

Prix : pers.nuit **65 F**

(A)

10	10	10	10	SP	SP	SP	10	25	SP

ASSOCIATION LA FAGE – Le Village – 07140 Montselgues – Tél. : 04.75.36.94.60 – Fax : 04.75.36.95.38

Rocles Hameau-le-Jal

C.M. n° 80 — Pli n° 8

19 pers. Ouverture : toute l'année. Alt. : 450 m

Gîte d'étape aménagé dans un petit hameau de caractère sur le tour du Tanargue (GR de pays), possibilité de relais équestre (5 box ou 10 stalles + parc). 2 dortoirs 8 pers. (12 lits 1 pers. 2 lits 2 pers.), 2 wc, 2 douches, 2 lavabos. 1 ch. 3 pers. individuelle avec salle d'eau et wc privatifs. Salle commune, coin-cuisine à disposition.

Prix : pers.nuit **60 F** 1/2 pension **145 F** petit dejeuner **20 F** repas **75 F**

(TH)

2	4	11	4	SP	25	12	0,2

GIBERT Alain – Hameau le Jal – 07110 Rocles – Tél. : 04.75.88.31.51 – Fax : 04.75.88.31.51

Saint-Laurent-du-Pape Vesseaux

C.M. n° 76 — Pli n° 10

18 pers. Ouverture : toute l'année. Alt. : 400 m

En pleine nature, dominant la vallée de l'Eyrieux, gîte d'étape mitoyen à 1 gîte rural de 2/4 pers. Ici, la vie s'organise autour de la ferme au rythme des saisons. 2 dortoirs 6/8 pers. (10 lits 1 pers. 2 lits 2 pers.), 1 ch. 4 pers. (1 lit 2 pers. 2 lits 1 pers.). Salle commune avec coin-cuisine à dispo. Poss. restauration à l'auberge (50 m), produits naturels. Vente de produits fermiers. Nombreux chemins de pays à proximité. Accès au gîte d'étape par une piste de 1,7 km.

Prix : pers.nuit **50/60 F** 1/2 pension **140/150 F** petit dejeuner **25 F** repas **68 F** pension cheval **18 F**

(A) GR : 42 et 427

2	2	8	4	8	SP	25	10	14	23	4

RAGU Joel et Genevieve – Ferme Auberge « Vesseaux » – 07800 Saint-Laurent-du-Pape – Tél. : 04.75.85.15.24 – Fax : 04.75.85.15.24

Saint-Laurent-les-Bains

C.M. n° 76 — Pli n° 17

21 pers. Alt. : 800 m

Gîte d'étape et de séjour sur 3 niveaux, dans une ancienne bâtisse traditionnelle, au cœur du village thermal. Niveau du bas : dortoir 6 pers., 2 wc, 2 douches, 2 lavabos communs. Niveau intermédiaire : 1 ch. accompagnateur 1 pers. avec douche, 2 dortoirs de 4 pers., 2 wc, 2 douches, 2 lavabos communs. Niveau du haut : 1 ch. accompagnateur avec douche. 2 ch. 2 pers., avec douches privatives et wc communs. Prix groupe pour la semaine : 1470 F.

Prix : pers.nuit **50 F** 1/2 pension **135 F** pension **175 F** petit dejeuner **20 F** repas **65 F**

(TH) (A) GR : 4

6	6	6	SP	10	10

MAIRIE DE SAINT-LAURENT-LES-BAINS – Mme Balme - Gîte de Séjour – 07590 Saint-Laurent-les-Bains – Tél. : 04.66.46.08.60

Saint-Martial Cros-la-Planche *C.M. n° 76 — Pli n° 18*

20 pers. Ouverture : toute l'année. Alt. : 800 m

Gîte de séjour dans une maison de caractère (1709). Ch. central. 4 ch. avec wc, douche, lavabo (1 de 2 pers. 3 de 4 pers.), 2 ch. 2 pers. avec lavabo, s.d.b. commune. Salon, biblio. Salle à manger, coin-cuisine avec l-vaiss., l-linge, sèche-linge, cheminée. Parking, cour, jardin, jeux enfants, portique. Anglais et espagnol parlés. Prix enfants, nous consulter. Pays des sources, dans un beau cadre, au calme, dans une maison de pays restaurée de façon personnalisée. Gîte idéal pour réunions de familles, fêtes, séjours entre amis. Claire et Roger vous feront partager leur amour pour ce petit coin-sauvage et pittoresque... Mt-Gerbier 9 km.

Prix : 1/2 pension **190 F** pension **240 F** semaine **9000 F** week-end **2800 F**

TH

2	0,5	2	10	SP	10	2

GELIBERT Claire – Cros la Planche – 07310 Saint-Martial – Tél. : 04.75.29.27.60 ou SR : 04.75.64.70.70

Saint-Martin-d'Ardeche *C.M. n° 80 — Pli n° 9*

20 pers. Ouverture : toute l'année. Alt. : 40 m

Dans une demeure typique de la Basse Ardèche, au débouché des Gorges, gîte « Chez Anna » modulable, en fonction de la capacité, en 2 corps de bât. 1ère partie séparable 10 pers., séjour, cuisine, salon, 4 ch. 2 à 4 pers., 2 s. d'eau, wc. 2e partie communicante, 2 ch. 2 à 4 pers. chacune avec s. d'eau et wc, mezzanine (4 pers.). Grande salle dans magnanerie, lit suppl. Cuisine d'été sous auvent. Tous loisirs et sports sur place. Baignade (l'Ardèche longe la propriété). Descente en canoë, loc. VTT, club équestre, visite de grottes. Avignon et Orange à 2 pas. Poss. repas 1er jour sur sésa. Hors saison, tarif préférentiel. Prix semaine et w.e. pour groupe.

Prix : pers.nuit **70/85 F** petit dejeuner **25/30 F** repas **50/90 F** semaine **5200/10000 F** week-end **1800/2500 F**

TH GR : 4

0,5	0,5	10	0,2	10	SP	SP	15	15	1

TERRAZZONI Michele – Atelier des Granges – 07700 Saint-Martin-d'Ardeche – Tél. : 04.75.04.68.33 – Fax : 04.75.98.70.72

Usclades-et-Rieutord La Besse *C.M. n° 76 — Pli n° 18*

45 pers. Alt. : 1200 m

Gîte de séjour dans le chalet de la Besse et situé au cœur de Rieutord, un petit village de montagne baigné par la Loire (Mont Gerbier des Joncs à 12 km). Cadre très calme et très boisé. 18 ch. de 2 à 3 pers. avec pour chacune salle d'eau et wc. Ch. central. Gestion libre : salle à manger, salon, cuisine professionnelle à disposition. Pré de 5 ha. disponible. Base de départ, été comme hiver, pour de nombreuses activités de pleine nature. Possibilité de location de matériel sur place.

Prix : pers.nuit **55/65 F**

0,5	0,1	6	5	SP	4	2	6

MEJEAN Gerard – La Ferme de la Besse – 07510 Usclades-et-Rieutord – Tél. : 04.75.38.80.64

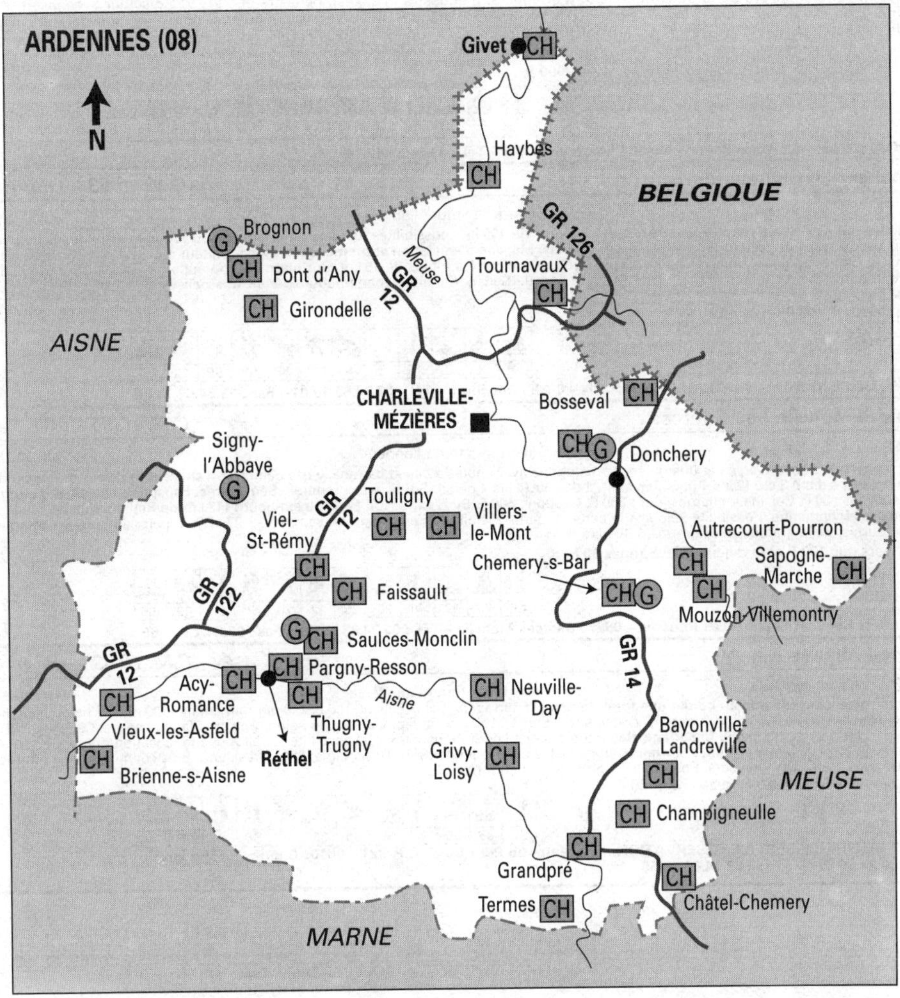

CH Chambre d'hôte G Gîte d'étape, de séjour L Logis de France

Brognon L'Escaille c✗v *C.M. nº 53 — Pli nº 17*

19 pers. Ouverture : toute l'année. Alt. : 250 m

Maison indépendante avec terrain, terrasse et parking clos (1500 m²). R.d.c. : séjour (salon, cheminée), cuisine (l-linge, l-vaiss., congél.). S. d'eau (2 douches), 3 lavabos, 2 wc. 1er étage : 1 ch. (1 lit 1 pers.), 1 ch. (5 lits 1 pers.). 1 ch. (4 lits 1 pers.), wc, lavabo. 2e étage : 1 ch. (5 lits 1 pers.). 1 ch. (4 lits 1 pers.). Chauffage central. Salon de jardin, barbecue. Commerces ambulants et à 5 km. Maison restaurée en pierres du pays, aménagement rustique. Vue sur forêts et étangs, grande terrasse. Etangs, plage 4 km. Abbaye 10 km. Centre sportif 18 km (tennis, mini-golf, billard). Cabine téléphonique 1 km.

Prix : semaine **2260/4260 F** week-end **1860 F**

SP	4	17	25	25	18	5	SP	18	5

GITES DE FRANCE-SERVICE RESERVATION – 1 avenue du Petit Bois - B.P. 331 – 08105 Charleville-Mezieres –
Tél. : 03.24.56.89.65 – Fax : 03.24.56.89.66

Chemery-sur-Bar La Noire-Pierre *C.M. n° 56 — Pli n° 9*

8 pers. Ouverture : toute l'année. Alt. : 224 m

Gîte champêtre en lisière de forêt, situé le long d'un itinéraire équestre (8 boxes), pédestre et VTT. Vaste séjour avec insert, coin-cuisine, salle d'eau, wc, 2 ch. (2 lits 1 pers.). 2 ch. (1 lit 2 pers.). Draps fournis. Terrasse couverte, barbecue, aire de pique-nique. Route des Forêts, Lacs et Abbayes. Poss. lessive. Prise téléphone. Groupe 500 à 2000 F. Gîte indépendant, isolé à 2,5 km de Connage et à 5 km de Chémery sur Bar. Louable par jour, week-end ou séjour. Alimentation eau et électricité autonome et privée.

Prix : pers.nuit **70 F** pension cheval **40 F** semaine **2000 F**

GR : 14

SP	12	12	30	15	15	12	8	SP	1,5	12	12

AUBOIN Michel – La Noire Pierre – 08450 Chemery-sur-Bar – Tél. : 03.24.35.42.74

Donchery Le Chateau-du-Faucon *C.M. n° 53 — Pli n° 19*

27 pers. Ouverture : toute l'année. Alt. : 151 m

Dans château XVIIe, avec ferme équestre sur un domaine de 100 ha., possibilités de gîtes pour familles ou groupes. Parc de loisirs privés 34 ha., avec 2 types de restauration et chambres d'hôtes. Manège d'équitation et promenades avec moniteur diplomé. Nombreuses activités sur le site, excursions, minicroisières, piscine, golf, pisciculture à moins de 15 km. Sur place grill ou auberge. Tennis sur terre battue, pêche à la mouche, tir à l'arc, VTT... Visite Château-Fort de Sedan. Circuits départementaux équestres balisés avec cartoguides. Anglais parlé.

Prix : pers.nuit **100 F** repas **49 F**

Ⓐ

SP	8	8	15	8	8	SP	SP	SP	SP	12	1,5

FERME DE SEJOUR AU CHATEAU DU FAUCON – 08350 Donchery – Tél. : 03.24.52.10.01 – Fax : 03.24.52.71.56

Saulces-Monclin Les Sources cV *C.M. n° 56 — Pli n° 18*

25 pers. Ouverture : toute l'année. Alt. : 152 m

Dans un parc de 5 ha. traversé par une rivière 1ere catégorie avec chutes d'eau et barrage, vaste demeure. 4 ch. (3 lits 1 pers. s.d.b., wc). 1 ch. (3 lits 1 pers., s.d.b.). 3 ch. (2 lits 1 pers., lavabo). 1 dortoir (4 lits 1 pers.). S.d.b., wc communs. Séminaires. Espagnol, anglais et portugais parlés. Draps : 30 F. Cuisine + charges/jour : 300 F. Caution : 500 F. Sur l'axe SNCF Paris-Luxembourg (12 km de Rethel). Cuisine familiale, régionale, végétarienne. Possibilité séjour à la carte. A partir 2e nuit : 50 F/lit. Stage ou séminaire : 270 F/jour/pers. en pension complète, draps fournis. Salle gratuite pour groupe > 10 pers.

Prix : pers.nuit **100 F** petit dejeuner **25 F** repas **80 F**

(TH)

SP	25	12	40	25	25	12	20	SP	SP	12	0,5

GOULDEN Regis et Sylvie – Les Sources – 08270 Saulces-Monclin – Tél. : 03.24.38.59.71 – Fax : 03.24.72.74.60

Signy-l'Abbaye Maimby cV *C.M. n° 53 — Pli n° 17*

22 pers. Ouverture : toute l'année. Alt. : 155 m

Maison isolée indépendante au bord d'une forêt domaniale, terrain non clos 600 m^{2}. R.d.c. : séjour mezzanine (100 m^{2}, TV parabole, point-phone), salon (âtre-bar), cuisine, 2 wc, 2 s. d'eau, s.d.b. Etage : 4 ch., wc indép. via escalier salon, 2 ch., s. d'eau avec wc. Couchage : 6 lits 2 pers., 10 lits 1 pers., lits bébé. Chauffage électrique et bois. Local attenant 25 m^{2}. Possibilité forfait ménage. Location draps. Gîte situé à 500 m de la forêt de Signy l'Abbaye. Forfait charges inclus dans la limite de 700 F/semaine, 350 F/week-end. Bois cheminée non compris. 3 divans convertibles sur 2 palliers. Poss. chasse gros gibiers en forêt.

Prix : semaine **3160/3360 F** week-end **2160 F**

SP	35	35	30	35	45	35	10	SP	1	35	4

GITES DE FRANCE-SERVICE RESERVATION – 1 avenue du Petit Bois - B.P. 331 – 08105 Charleville-Mezieres – Tél. : 03.24.56.89.65 – Fax : 03.24.56.89.66

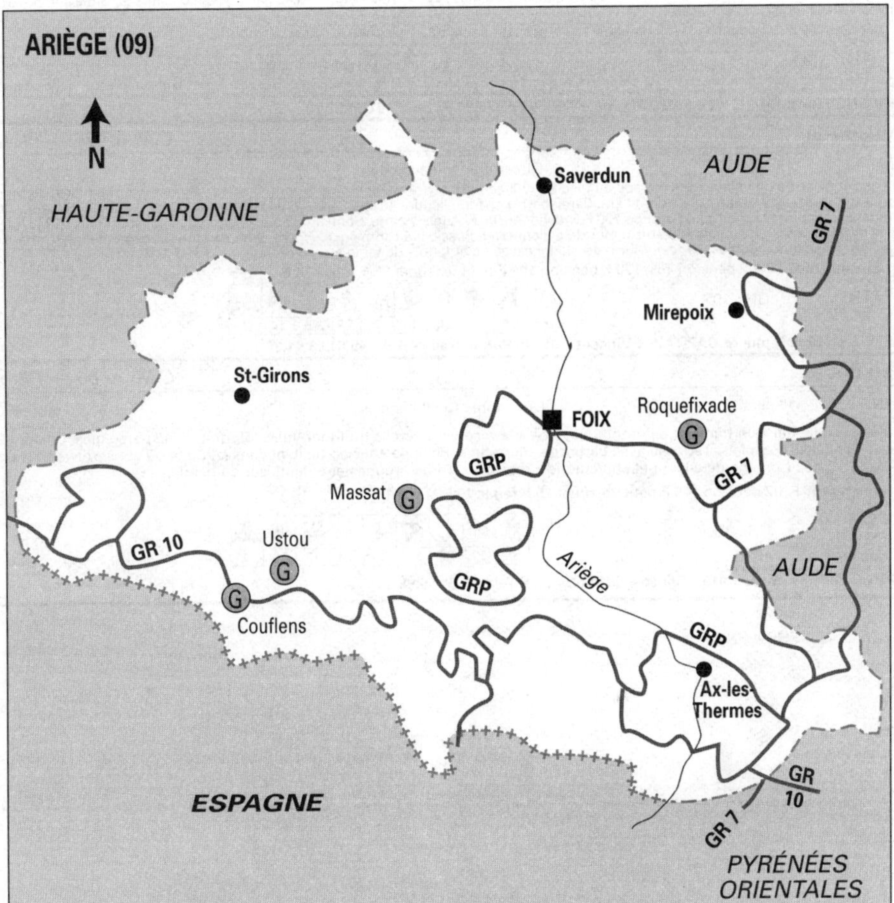

CH Chambre d'hôte G Gîte d'étape, de séjour L Logis de France

Couflens Salau *C.M. n° 86 — Pli n° 3*

E.C. NN 15 pers. Ouverture : toute l'année. Alt. : 850 m

Gîte de la Fourque à Salau, au pied du Mont Rouch (2868 m) au départ d'une randonnée sur la Catalogne (Esterri de Aneou) par le Port de Salau. 15 couchages sur 2 niveaux. Douches, cuisine équipée, séjour, cheminée, wc. Ferme-auberge sur place.

Prix : pers.nuit **50 F**

SP	15	15	15	35	SP	35	15

COMMUNE DE COUFLENS Benvenuto Christine – Salau - Chemin du Col – 09140 Couflens – Tél. : 05.61.96.52.34 ou 05.61.66.83.02 – Fax : 05.61.66.96.21

Massat Liers

c✗v *C.M. n° 86 — Pli n° 3*

E.C. NN 18 pers. Ouverture : toute l'année. Alt. : 900 m

Françoise vous accueille dans un ancien presbytère aménagé en gîte d'étape, tout en respectant son caractère architectural traditionnel. 2 dortoirs (6 et 8 places). 1 chambre de 4 places. 1 bloc sanitaires. R.d.c. : cuisine, séjour avec cheminée. Poss. salle d'animation de 50 m². Espagnol parlé. Panier pique-nique : 45 F. Charges comprises en hiver pour groupe. Situé sur un itinéraire de grande randonnée (Tour des 3 Seigneurs), dans le Haut-Couserans, sur un versant ensoleillé du massif des Trois-Seigneurs, le gîte d'étape de Liers est situé sur une de ces multiples vallées au départ de Massat.

Prix : pers.nuit **55 F** 1/2 pension **140 F** pension **180 F** petit dejeuner **18 F** repas **75 F**

TH

SP	4	14	4	9	SP	28	7

AVERSAING Francoise – Liers – 09320 Massat – Tél. : 05.61.96.94.67 ou 05.61.04.92.70

Roquefixade

C.M. n° 86 — Pli n° 5

E.C. NN 15 pers. Ouverture : toute l'année. Alt. : 760 m

Dans l'ancienne école du village, gîte d'étape au pied du château cathare. 4 ch. de 3, 4 et 5 pers. Cuisine, séjour avec cheminée. 3 salles de bains, 2 wc à l'étage et 3 wc au r.d.c. Foix 14 km. Carelanet 7 km. Montségure 10 km. Séjour d'une semaine - 10 %. Groupe > 10 pers. - 10 %. Accompagnement montagne (D.E.) : groupe 750 F, individuel 100 F. Anglais parlé. Sentier cathare, chemin des bonshommes (GR107), Tour du pays d'Olmes. Escalade (falaise 60 voies, mur de découverte). Possibilité camping 15 F/pers. Bibliothèque. Documentation (catharisme, Ariège, Pyrénées, topos guides, cartes). Mur d'escalade, escalade et tennis de table sur place.

Prix : pers.nuit **55/70 F** 1/2 pension **155/170 F** pension **190 F** petit dejeuner **25 F** repas **75 F**

TH GR : 107

SP	4	SP	10	7	SP	20	14	7

COUSIN Jean-Christophe et CAPITAINE Vincent – 09300 Roquefixade – Tél. : 05.61.03.01.36

Ustou Rouze

C.M. n° 86 — Pli n° 3

E.C. NN 18 pers. Ouverture : toute l'année. Alt. : 960 m

Gîte d'étape situé dans un hameau de montagne, face à la réserve naturelle du Mont-Valier. Dortoir de 12 personnes. Chambre de 6 places. Sanitaires complets. Terrasse avec barbecue. Pierrette et Philippe vous accueillent dans leur gîte où vous trouverez les produits de la ferme : fromage de chèvre et charcuterie « maison ». Tarifs groupes et enfants sur demande.

Prix : pers.nuit **56 F** 1/2 pension **145 F** petit dejeuner **25 F** repas **70 F**

TH GR : 10

SP	12	SP	20	20	12	12	30	12

ASSEMAT Philippe et Pierrette – Rouze – 09140 Ustou – Tél. : 05.61.66.95.45

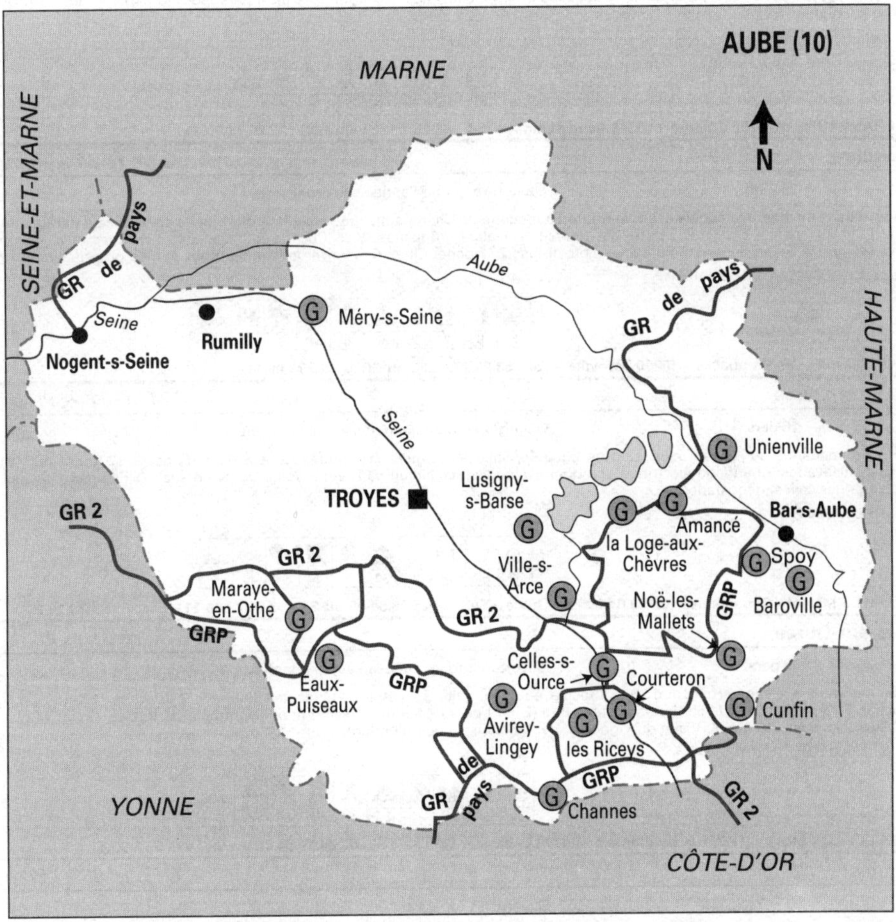

Amance

C.M. n° 61 — Pli n° 18

12 pers. Ouverture : du 1er avril au 15 novembre.

Gîte d'étape de 12 places. Cuisine équipée. Cheminée. Sanitaires. Douches. Couvertures. GR 24 et autres circuits pédestres à proximité de même que la voile, l'équitation, le tennis, la pêche, la baignade et le motonautisme. Réduction de 20 % pour les groupes de plus de 6 pers.

Prix : pers.nuit **42 F**

28	7	1	23	7	7	SP	8	8	7

MAISON DU PARC – 10220 Piney – Tél. : 03.25.43.81.90 ou SR : 03.25.73.00.11

Avirey-Lingey

C.M. n° 61 — Pli n° 17

18 pers. — Ouverture : toute l'année sauf pendant les vendages.

Dans charmant village de vignoble, sur la Route Tourtisque du Champagne, gîte de séjour dans une propriété viticole. R.d.c. : grande salle commune de 50 m², cuisine équipée, 4 douches et 4 wc, 6 lavabos, 3 chambres (6 lits 1 pers.), grand parking, prise TV. Du 15 octobre au 15 mai : 60 F/nuit. Autres périodes : 55 F/nuit. Anglais parlé.

Prix : pers.nuit **55/60 F**

SP	SP	25	25	8	SP	SP	35	8

SCE CHAMPAGNE MATHIEU Serge – 10340 Avirey-Lingey – Tél. : 03.25.29.32.58 ou SR : 03.25.73.00.11

Baroville

C.M. n° 61 — Pli n° 9

20 pers. — Ouverture : toute l'année sauf vendanges.

Dans un village du vignoble aubois et sur la Route Touristique du Champagne, gîte aux pieds des vignes sur un vaste terrain arboré. 1 dortoir (14 lits 1 pers.), 2 ch. (1 lit 2 pers. 1 lit 1 pers.). 3 lavabos, 2 douches, 2 wc. Cuisine équipée, salle à manger avec cheminée, lave-vaisselle, TV. Salon de jardin, barbecue. Loc. draps : 25 F/paire. Chien 5 F. Verre de l'amitié offert par les propriétaires.

Prix : pers.nuit **60 F** petit dejeuner **20 F**

6	3	2	35	35	6	SP	9	6	6

URBAIN Michel – Les Combelles – 10200 Baroville – Tél. : 03.25.27.00.36 ou SR : 03.25.73.00.11

Celles-sur-Ource

C.M. n° 61 — Pli n° 18

18 pers. — Ouverture : toute l'année sauf vendanges.

Maison de vendange sur terrain clos. Cuisine équipée, salle à manger, 3 chambres de 4 à 6 lits d'une pers. Sanitaires : 2 wc, 2 douches, 6 lavabos. Chauffage électrique. Randonnées pédestres, circuit VTT, vol à voile. Draps en sus : 25 F/la paire. Visites du vignoble et des caves, dégustation.

Prix : pers.nuit **60 F**

30	SP	SP	30	30	5	5	SP	40	5

DEHEURLES Marcel – 3 rue Ecole – 10110 Celles-sur-Ource – Tél. : 03.25.38.55.06 ou SR : 03.25.73.00.11 – Fax : 03.25.29.13.00

Celles-sur-Ource

C.M. n° 61 — Pli n° 18

18 pers. — Ouverture : toute l'année sauf vendanges.

Maison de vendange sur terrain non clos. Cuisine équipée, salle à manger. Au rez-de-chaussée : 2 douches, 1 wc. A l'étage : 2 douches, 1 wc, 4 chambres (4 lits 1 pers.), 1 chambre (2 lits 1 pers.). Chauffage électrique. Randonnées pédestres, circuit VTT, vol à voile. Draps en sus : 25 F/paire. Visite du vignoble, dégustation. Circuit d'enduro.

Prix : pers.nuit **60 F**

30	SP	SP	30	30	5	SP	SP	40	5

SIMON-DEVAUX Monique – 2, rue du Clamart – 10110 Celles-sur-Ource – Tél. : 03.25.38.54.08 ou SR : 03.25.73.00.11

Channes

C.M. n° 65 — Pli n° 7

12 pers. — Ouverture : toute l'année.

Gîtes de séjours et d'étapes. 12 places en 1 dortoir, sanitaires complets (wc, douche, lavabos), cuisine aménagée, salle commune avec cheminée. Cour fermée. Village viticole et agricole. Plan d'eau à 15 km. Supplément de 20 F/jour si utilisation du chauffage. 50 % d'acompte demandé à la réservation.

Prix : pers.nuit **40 F**

SP	SP	20	20	SP

COMMUNE DE CHANNES – 10340 Channes – Tél. : 03.25.29.36.20 ou SR : 03.25.73.00.11

Courteron

C.M. n° 61 — Pli n° 18

24 pers.

Ancienne auberge rénovée, située en bordure de Seine. Terrain clos attenant de 4000 m². Accès autoroute A5 sortie Magnant ou RN71 Troyes/Dijon. Cuisine équipée, salle à manger de caractère avec cheminée, salle de détente. Chambres de 2, 5 et 6 lits 1 pers. Sanitaires (4 douches, 10 lavabos 5 wc). Forfait week-end simple pour le gîte : 1500 F. Excursions à proximité, lac et forêt d'Orient et Marcenay, Essoyes, Troyes. Abbaye de Clairvaux et Fontenay. Route touristique du Champagne. Chatillon-sur-Seine (trésor de Vix). Chaource. Randonnées pedestres, circuit VTT. Anglais parlé.

Prix : pers.nuit **75 F**

24	SP	SP	35	SP	2	SP	4	2

SA CHAMPAGNE FLEURY – 10250 Courteron – Tél. : 03.25.38.20.28 ou SR : 03.25.73.00.11

Cunfin
C.M. n° 61 — Pli n° 18

E.C. NN 10 pers.

Au centre du village, gîte communal à l'étage de la salle des fêtes. Séjour avec coin-cuisine, 2 chambres (5 lits 1 pers.). 2 douches et wc au rez-de-chaussée. Pour les groupes 10 % de réduction. Supplément chauffage : 20 F.

Prix : pers.nuit **40 F**

28	SP	SP	35	8	SP	SP	4

MAIRIE DE CUNFIN – Grande Rue – 10360 Cunfin – Tél. : 03.25.29.62.08 ou SR : 03.25.73.00.11

Lagesse
C.M. n° 61 — Pli n° 17

E.C. NN 11 pers. Ouverture : toute l'année.

Dans un corps de ferme en pierre de taille. 4 appartements équipés totalisant 20 lits en chambres de 4 pers. maximum vous permettrons de découvrir une superbe région : le Chaourçois et le vignoble du Barrois. Ferme-équestre et poney club sur place. Tarif pour groupe. Anglais parlé.

Prix : pers.nuit **70 F**

25	SP	2	40	5	SP	SP	30	5

SARL FERME EQUESTRE LAGESSE – 1 Chemin de Montigny - Chateau de Montigny – 10210 Lagesse – Tél. : 03.25.40.13.06 ou SR : 03.25.73.00.11 – Fax : 03.25.40.03.77

La Loge-aux-Chevres
C.M. n° 61 — Pli n° 18

26 pers. Ouverture : du 15 mars au 15 novembre.

Gîte de séjour et d'étape au cœur du Parc Naturel Régional de la Forêt d'Orient. 1 dortoir de 20 places et 6 places en mezzanine. Cuisine équipée. Réfectoire avec cheminée. Sanitaires : 2 douches, 3 lavabos, 2 wc, chauffage. Possibilité d'accueil des cavaliers : 8 boxes à chevaux. Pêche, baignade, voile, tennis, motonautisme, équitation à proximité. Location box : 14 F/nuit/cheval (sous réserve de modification), moins 20 % pour groupes de + 10 pers. Au moment de la réservation, un règlement d'arrhes de 50 % du coût du séjour sera exigé. Point-phone.

Prix : pers.nuit **45 F**

30	SP	8	8	8	8	SP	7	7	7

MAISON DU PARC – 10220 Piney – Tél. : 03.25.43.81.90 ou SR : 03.25.73.00.11

La Loge-aux-Chevres
C.M. n° 61 — Pli n° 18

E.C. NN 8 pers.

Au cœur du Parc de la Forêt d'Orient, la Bulle de vert vous accueille pour un séjour riche en sensations et découvertes. Maison indépendante sur terrain non clos avec cuisine, 2 salles d'eau, 2 wc, séjour avec cheminée 1 ch. (5 lits 1 pers.), 1 ch. (3 lits 1 pers.), 1 ch. (1 lit 1 pers.). Salon de jardin, terrasse, barbecue.

Prix : pers.nuit **55 F**

35	3	SP	6	6	6	SP	10	7

PEROU – 10140 La Loge-aux-Chevres – Tél. : 03.25.41.35.92

Lusigny-sur-Barse
C.M. n° 61 — Pli n° 17

65 pers. Ouverture : toute l'année.

Gîte de séjour divisé en 2 bâtiments. 1er bât. : 40 pers. en chambres de 4/5 pers. et 4 ch. de 2 pers. aménagées pour pers. handicapées. Sanitaires particuliers à toutes. Chauffage électrique. 2e bât. à l'étage : 25 places en ch. de 4/5 pers. avec sanitaires communs. 3 wc, 3 s. d'eau. R.d.c. : salle à manger avec cheminée, cuisine équipée, sanitaires. Chauffage central bois. Grand parking, ping-pong, portiques, baby-foot, barbecue, loc. vélos, point-phone, court tennis (45 F/h.) espaces verts. Repas traiteur sur demande. Loc. draps 25 F/pers. Forêt Orient et lac à proximité, vous serez accueillis dans un cadre rustique.

Prix : pers.nuit **50/55 F** petit dejeuner **20 F**

15	6	6	6	6	SP	SP	15	3

GUAQUIERE Maurice – Ferme des Prairies – 10270 Lusigny-sur-Barse – Tél. : 03.25.41.23.29 ou SR : 03.25.73.00.11 – Fax : 03.25.41.23.29

Maraye-en-Othe
C.M. n° 61 — Pli n° 16

28 pers. Ouverture : toute l'année.

Il était une fois au cœur de la forêt d'Othe dans un gentil petit village, un gîte charmant et fort sympathique où Pierre et Any vous accueillent toute l'année. Dans ce lieu composé de 2 dortoirs et 3 chambres avec sanitaires, salle commune, équipée d'un coin-cuisine complet, d'une mezzanine avec TV et magnétoscope, une grande véranda et terrasse. Elevage et fabrication de fromage. Location de draps et couettes : 25 F. Le GR24 passe dans le village, circuits VTT, randonneurs, chevaux, Quad.

Prix : pers.nuit **60 F** petit dejeuner **25 F** repas **60/80 F**

(TH)

13	13	SP	13	SP

BROUILLET Pierre – 9 rue Saint-Jacques – 10160 Maraye-en-Othe – Tél. : 03.25.70.11.61 – Fax : 03.25.70.16.09

Mery-sur-Seine
C.M. n° 61 — Pli n° 6

13 pers. Ouverture : toute l'année. Alt. : 84 m

Gîte de séjour situé dans la ferme équestre du village traversé par la Seine et bordé par son canal. Grande salle à manger, 1 ch. (9 lits 1 pers.), 1 ch. (4 lits 1 pers.). Nombreuses activités possibles : équitation, poneys, VTT, tir à l'arc, promenade le long des riants chemins de halage. C'est le calme, le royaume des eaux. Gîte géré par une association (adhésion).

Prix : pers.nuit **60 F** petit dejeuner **26 F** repas **60 F** week-end **86 F**

15	SP	SP	50	SP	SP	SP	15	SP

GITE LOISIRS MERY – Route de Soissons – 10170 Mery-sur-Seine – Tél. : 03.25.21.24.33 ou SR : 03.25.73.00.11 – Fax : 03.25.21.15.03

Mery-sur-Seine
C.M. n° 61 — Pli n° 6

53 pers. Ouverture : toute l'année.

Cette ancienne ferme champenoise restaurée fait face au bassin du canal, la Seine coule à quelques mètres. C'est le calme, le royaume des eaux. Chambres 2 à 8 places, salle à manger de caractère. Espaces verts. Gestion libre ou pension complète. Salle de réunion, salle polyvalente, point-phone. Accueil de classes, tout groupe constitué pour stage. Activités sur place : équitation, kayak, VTT, tir à l'arc, ping-pong, balades le long des anciens chemins de halage.

Prix : pers.nuit **60 F** petit dejeuner **26 F** repas **60 F** week-end **86 F**

TH

15	SP	SP	50	SP	SP	15	SP

GITE LOISIRS MERY – Route de Soissons – 10170 Mery-sur-Seine – Tél. : 03.25.21.24.33 ou SR : 03.25.73.00.11 – Fax : 03.25.21.15.03

Noe-les-Mallets
C.M. n° 61 — Pli n° 18

6 pers. Ouverture : toute l'année.

Dans un village du vignoble traversé par de nombreux chemins de randonnée comme le GR24, le circuit des 2 Bar..., gîte de séjour avec un dortoir de 6 personnes en lits superposés, sanitaires, salle commune aménagée avec un coin-cuisine. Commerces ambulants dans le village. Groupe : 260 F.

Prix : pers.nuit **50 F**

4	25	SP

MAIRIE DE NOE – 10360 Noe-les-Mallets – Tél. : 03.25.29.67.91 ou SR : 03.25.73.00.11

Les Riceys
C.M. n° 61 — Pli n° 17

25 pers. Ouverture : toute l'année.

Dans un village prestigieux, gîte de séjour installé dans le Parc du Château Saint-Louis. 8 chambres de 1 à 5 lits 1 pers. Couvertures, chauffage électrique, sanitaires, cuisine équipée. Caution : 1000 F.

Prix : pers.nuit **50 F**

SP	SP	30	SP	SP	SP

MAIRIE DES RICEYS – 10340 Les Riceys – Tél. : 03.25.29.30.32 ou SR : 03.25.73.00.11

Spoy
C.M. n° 61 — Pli n° 18

16 pers. Ouverture : du 1er mars au 30 octobre.

Dans un village de vignoble, beau gîte de séjour donnant sur une grande cour. Cuisine, salle à manger, salon avec cheminée. A l'étage : 2 ch. (4 lits 1 pers.), 1 ch. (8 lits 1 pers., douche, wc, 2 lavabos). Dans couloir 1 douche, wc, 2 lavabos. Accueil chaleureux des propriétaires avec du Champagne. Draps fournis. Repas sur commande.

Prix : pers.nuit **50/70 F** petit dejeuner **20 F**

12	SP	SP	20	15	12	SP	12	12

DUBOIS Claude – Voie Romaine – 10200 Spoy – Tél. : 03.25.27.44.14 ou SR : 03.25.73.00.11 – Fax : 03.25.27.45.15

Thuisy
C.M. n° 61 — Pli n° 16

4 pers. Ouverture : toute l'année.

A l'étage de la crêperie, petit gîte d'étape. Une chambre (4 lits 1 pers.). Salon détente, restauration sur place. Douche, wc, lavabo réservé aux hôtes. Aire de jeux, promenade à cheval, location VTT sur place.

Prix : pers.nuit **80 F** petit dejeuner **22/25 F**

9	SP	SP	50	6	2	SP	27	2

VAN MELLE Jean et Marie Agnes – Ferme de la Renaissance – 10190 Thuisy – Tél. : 03.25.40.45.81 ou SR : 03.25.73.00.11 – Fax : 03.25.40.45.81

Unienville

C.M. n° 61 — Pli n° 18

12 pers. Ouverture : toute l'année.

Gîte communal au centre du village à 3 km des lacs Aube, Temple. Une pièce commune, cheminée centrale. Dortoir 12 places, cuisine équipée, 2 douches, 1 lavabo, 1 wc. Rivière Aube, pêche 1ère catégorie. Chauffage en supplément. Agrément CAF.

Prix : pers.nuit **35 F**

GR : 24

15	SP	SP	5	SP	3	SP	3	8	8

MAIRIE D'UNIENVILLE – 6 rue Saint-Antoine – 10140 Unienville – Tél. : 03.25.92.71.39 ou SR : 03.25.73.00.11

Ville-sur-Arce

C.M. n° 61 — Pli n° 18

17 pers. Ouverture : toute l'année sauf vendanges.

Située dans un village de vignoble, maison de vendange avec cour et terrain non clos. R.d.c. : séjour/coin-cuisine,. 2 ch. dont 1 (1 lit 2 pers. 1 lit 1 pers.), 1 ch. (3 lits 1 pers. 1 lit 2 pers.) et à l'étage 2 ch. (9 lits 1 pers.). 3 douches, 3 wc, 1 lavabo. Chauffage électrique, location de draps : 25 F/paire. Visite et dégustation. Prix en fontion de la période. Anglais parlé.

Prix : pers.nuit **55/65 F**

30	SP	SP	25	7	SP	SP	20	7	7

JOLLY Yves – Rue Lelieur – 10110 Ville-sur-Arce – Tél. : 03.25.38.78.57 ou SR : 03.25.73.00.11

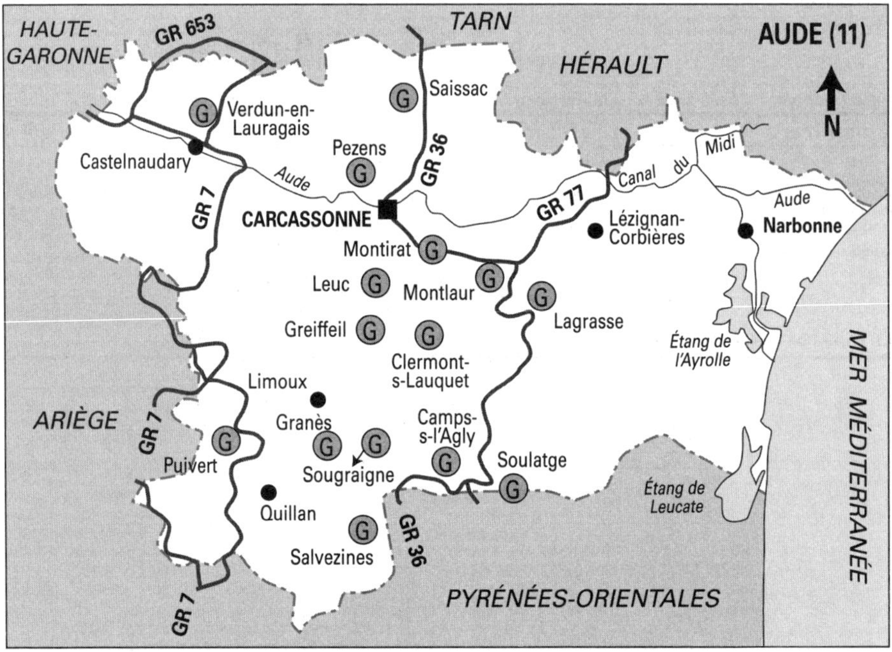

CH Chambre d'hôte G Gîte d'étape, de séjour L Logis de France

Belvis La Gineste *C.M. n° 86 — Pli n° 6*

E.C. NN 22 pers. Ouverture : toute l'année. Alt. : 800 m

Gîte d'étape accessible aux pers. handicapées comprenant 3 grandes ch. en dortoirs de 4, 8 et 10 pers. avec 4 douches, 5 wc et 8 lavabos, 1 grande salle de séjour 115 m² avec cheminée. Cuisine et salle à manger à disposition. Possibilité de repas à base de produits issus de l'agriculture biologique. Chauffage central. Anglais et espagnol parlés. Gîte d'étape aménagé sur un domaine aux abords du village de Belvis sur le GR7 et en départ du tour du Pays de Sault. Randonnées accompagnées, promenades équestres (calèches, roulottes) à partir du village. Station de ski de Camurac à 15 km.

Prix : pers.nuit **65 F** 1/2 pension **160 F** pension **220 F** petit dejeuner **30 F** repas **70 F** pension cheval **15 F**

(TH)

100	12	35	2	12	17	12	20	17	16	1

POMA Raymond – « La Gineste » – 11340 Belvis – Tél. : 04.68.20.76.31 – Fax : 04.68.20.76.31

Camps-sur-Agly Hameau-de-Labastide *C.M. n° 86 — Pli n° 8*

E.C. NN 50 pers. Ouverture : toute l'année sur réservation. Alt. : 580 m

Au cœur du Pays Cathare, sur la route des Gorges de Galamus et des sites de Quéribus et Peyrepertuse, ce gîte est situé dans le Hameau de Labastide, près de Camps sur Agly, sur le sentier Cathare et près du Pic de Bugarach. Chambres dortoirs avec mezzanine pour 42 pers. Salle, sanitaires et wc communs. 6 ch. indépendantes avec sanitaires et wc privés. Chauffage sur l'ensemble de la structure. Prix en chambre 2 pers. 230 et 250 F (avec petit déjeuner). Anglais et allemand parlés.

Prix : pers.nuit **53 F** 1/2 pension **170 F** pension **206 F** petit dejeuner **32 F** repas **85 F** pension cheval **45/60 F**

(TH) GR : 36

55	20	25	10	0,5	20	10	20	45	20

G.A.E.C. DE LABASTIDE – 11190 Camps-sur-Agly – Tél. : 04.68.69.87.57 – Fax : 04.68.69.81.11

Granes — *C.M. nº 86 — Pli nº 7*

E.C. NN 22 pers. Ouverture : toute l'année sur réservation. Alt. : 400 m

Gîte d'étape et de séjour équestre situé dans un village tout près de Quillan. Accueil de randonneurs pédestres et équestres, VTT, dans un site sauvage de pleine nature, proche de Rennes le Château. Boucles et sentiers de randonnées balisés. 1 dortoir 10 pers., 1 dortoir 6 pers. et 1 chambre 4 pers. avec sanitaires privatifs, 1 chambre 2 pers. Randonnées et séjour enseignement à l'équitation sur réservation. Randonnée de 7 jours 3900 F, la journée 250 F avec 10 chevaux disponibles. Anglais et espagnol parlés.

Prix : pers.nuit **50 F** 1/2 pension **150 F** petit dejeuner **25 F** repas **77 F**

TH

10	30	SP	12	12	10	51	12	12	12

LELIEVRE Nicole – 11500 Granes – Tél. : 04.68.20.95.65 – Fax : 04.68.20.19.98

Greffeil Le Puits-Fleuri — *C.M. nº 86 — Pli nº 7*

E.C. NN 10 pers. Ouverture : du 1er mars au 31 janvier sauf le mercredi. Alt. : 260 m

Au cœur du Pays Cathare, dans les gorges du lauquet, gîte d'étape comprenant 1 chambre en suite pour 10 pers., aménagée à l'étage de l'auberge rurale de Greffeil, avec sanitaires. Loisirs : baignade et pêche dans le Lauquet. Visite de l'Abbaye de Saint Hilaire, balade sur les sentiers et boucles du pays. Prix nuitée à partir de 3 pers. 40 F. Pont du Lauquet du XIIIe. Découverte de l'Abbaye de Rieunette (réhabilitée par les sœurs cisterciennes), située dans la forêt de Greffeil. Découverte de la cuisine locale à l'auberge. Spécialité : cuisine au vin des Corbières, légumes du jardin. VTT à disposition dans le gîte.

Prix : pers.nuit **40/120 F** 1/2 pension **120 F** pension **180 F** petit dejeuner **20 F** repas **60/140 F**

(A)

85	12	40	8	SP	30	SP	100	25	25	SP

ESCANDE Jean-Paul – Le Puits Fleuri – 11250 Greffeil – Tél. : 04.68.69.40.40 – Fax : 04.68.69.46.66

Leuc Domaine-de-Fraisse — *C.M. nº 86 — Pli nº 7*

E.C. NN 36 pers. Ouverture : toute l'année sur réservation. Alt. : 280 m

Hebergements en 2 dortoirs avec sanitaires privés pour 15 pers. et 4 ch. individuelles avec sanitaires privés et communs pour 8 pers. Salle commune et terrasse. Accueil équestre en box, stalle ou pré. En chambre : 177 F/pers. petit-déj. compris. Une semaine d'équitation tout compris : 3000 F en dortoir, 3440 à 3735 F en chambre. Allemand et anglais parlés. Gîte de séjour sur un domaine de 86 ha. aux portes de Carcassonne, pour goûter aux plaisirs du tourisme équestre dans un environnement de taillis, de pâturages vallonnés et de vignobles en côteaux. Location de VTT, salle de billard, et acc. équestre à la demande.

Prix : pers.nuit **85 F** 1/2 pension **200/262 F** pension **285 F** petit dejeuner **30 F** repas **55/85 F**

TH

75	4	15	SP	3	30	5	15	15	2

HAEFLIGER Beat – Domaine de Fraisse – 11250 Leuc – Tél. : 04.68.79.63.63 – Fax : 04.68.79.71.71

Montirat Le Joug — *C.M. nº 86 — Pli nº 8*

E.C. NN 6 pers. Ouverture : toute l'année sur réservation. Alt. : 220 m

Gîte d'étape situé au village, près des sentiers VTT et pédestres du Lac de la Cavayère, à proximité de Carcassonne et des Monts Alaric. Sentiers de randonnée GR36 vers Lagrasse passant au village. Petit gîte comprenant 2 chambres indépendantes 2 et 4 pers. Salle de bains et wc. Cuisine, salle commune avec cheminée. Sellerie et accueil au pré pour chevaux. Location de VTT. Espagnol parlé.

Prix : pers.nuit **60 F** 1/2 pension **140 F** pension **200 F** petit dejeuner **20 F** repas **60 F**

TH GR : 36

65	3	2	SP	2	20	2	3	12	3

DE CASTRO Gerard – Pelouze – 11800 Montirat – Tél. : 04.68.78.73.78 ou 04.68.78.72.20

Pezens Le Peyrou — *C.M. nº 83 — Pli nº 11*

E.C. NN 9 pers. Alt. : 150 m

Gîte de séjour dans la maison familiale au cœur du village. Il est situé à proximité du Canal du Midi, à 8 km de Carcassonne au pied de la Montagne Noire. Hébergements : 2 chambres de 6 et 3 personnes donnant accès à des sanitaires comprenant 3 lavabos, 2 douches et wc. Repas dans la salle à manger familiale devant la cheminée. Draps : 20 F. Pique-nique : 40 F. Sellerie et accueil des chevaux au pré.

Prix : pers.nuit **50 F** petit dejeuner **25 F** repas **75 F** pension cheval **30 F**

TH

80	7	30	1	30	1	7	8	SP

DIVIEZ Olivier et Evelyne – Le Peyrou - 1 rue Francois Villon – 11170 Pezens – Tél. : 04.68.24.93.28 – Fax : 04.68.24.93.28

Puivert Metairie-d'En-Bor — *C.M. nº 86 — Pli nº 6*

E.C. NN 24 pers. Ouverture : toute l'année sur réservation, sauf octobre. Alt. : 520 m

Gîte d'étape situé dans une ferme, face au château Cathare de Puivert, sur le sentier Cathare Montségur-la-Mer. Possibilité de petites randonnées, pédestres équestres ou en VTT, à la journée autour des lacs de Puivert et de Montbel, près de Chalabre. 2 dortoirs collectifs de 15 pers. et 3 petites chambres individuelles pour 3 pers. Sanitaires communs. Visite du musée instrumental de musiques anciennes de Puivert, et musée du Quercorb. Anglais parlé.

Prix : pers.nuit **75 F** 1/2 pension **195 F**

TH GR : 7

80	1	1	SP	1	17	1	SP	16	1

DELAVAQUERIE Yves – Metairie d'En Bor – 11230 Puivert – Tél. : 04.68.20.11.75

Saissac L'Albejot — *C.M. nº 83 — Pli nº 11*

E.C. NN 13 pers. Ouverture : toute l'année sur réservation. Alt. : 600 m

Gîte de séjour situé sur une ferme d'élevage des environs de Saissac. L'ensemble est aménagé à l'étage, accessible par l'extérieur au-dessus de la salle à manger et de la cuisine, une grande terrasse est disponible avec point de vue sur les Pyrénées et les prairies environnantes. 2 ch. 2 pers. 2 dortoirs 4 à 5 pers., salle de détente. 2 douches, 2 wc, 2 lavabos. Promenades à cheval avec moniteur diplômé agréé. A 2 km par les forêts et sentiers du Lac du Lampy. Espagnol et anglais parlés. Prix nuit sur la base de 2 pers. Groupe en dortoir : 50 F.

Prix : pers.nuit **140 F** petit dejeuner **20 F** repas **70 F** pension cheval **15 F**

(TH) GR : 7

100	3	2	SP	2	2	2	2	27	2

ARREDONDO Andre – L'Albejot – 11310 Saissac – Tél. : 04.68.24.44.03 ou SR : 04.68.11.40.70

Salvezines Prat-d'Aille — *C.M. nº 86 — Pli nº 7*

E.C. NN 12 pers. Ouverture : de juin à octobre. Alt. : 1000 m

Gîte situé sur un domaine, dans un cadre sauvage de forêts entre le Pic d'Estable et le Pic Dormidou. Site dominant la vallée de la Boulzane et le Château cathare de Puilaurens. Chambre individuelle ou double, sanitaires et salle communs. Tarifs : 1 semaine équestre en chambre pour 2 pers. : 3300 F. Autres prestations, tarifs à la demande. Anglais et allemand parlés.

Prix : pers.nuit **80 F** 1/2 pension **152/186 F** petit dejeuner **29 F** repas **90 F**

(TH)

80	12	80	SP	8	17	15	28	30	7

REINHEIMER-TSCHERRIG Hans et Anna – Prat d'Aille - Le Caunil – 11140 Salvezines – Tél. : 04.68.20.59.71 – Fax : 04.68.20.63.79

Sougraigne L'Ecluse-Au-Soleil — *C.M. nº 86 — Pli nº 7*

E.C. NN 18 pers. Ouverture : de février à décembre sur réservation. Alt. : 400 m

Gîte situé dans le petit village de Sougraine, près de la station thermale de Rennes les Bains, au cœur d'un pays sauvage composé de prairies et de forêts. Gîte d'étape, avec sanitaires communs, dans un ensemble touristique comprenant également des chambres d'hôtes. Taxe de séjour du 15 mai au 15 octobre : 2 F/adulte et 1 F/enfant. Anglais et hollandais parlés. Possibilité de prestation : VTT, équestres (hébergement cheval 40 F, en stalle 50 F.), piscine.

Prix : pers.nuit **55/69 F** 1/2 pension **170 F** petit dejeuner **25 F** repas **89 F** pension cheval **40/50 F**

(TH)

80	SP	SP	15	10	10	SP	35	8

VAN DER SLUIS Marcel – Ecluse au Soleil – 11190 Sougraigne – Tél. : 04.68.69.88.44 – Fax : 04.68.69.81.57

Tuchan Saint-Roch — *C.M. nº 86 — Pli nº 9*

E.C. NN 12 pers. Ouverture : du 15 avril au 15 octobre. Alt. : 120 m

Gîte d'étape aménagé sur 1 domaine équestre de pleine nature sur le sentier cathare. La structure est sur les pentes du Mont Tauch qui dominent la plaine viticole de Tuchan (électricité par capteur solaire). Gîte comprenant 3 ch. individuelles et petit dortoir en mezzanine avec sanitaires, wc attenants privatifs, salle à manger, cuisine (cheminée), terrasse plein sud. Promenade équestre à la demande (1/2 journée, journée) avec guide touristique équestre. Hébergement en formule chambre : 190 F/2 pers. Hébergement en formule dortoir : 60 F.

Prix : 1/2 pension **155 F** petit dejeuner **20 F** repas **75 F** pension cheval **35 F**

(TH)

40	2	40	SP	2	5	2	40	2

LAYRAL Michel – Saint Roch – 11350 Tuchan – Tél. : 04.68.45.47.91

Verdun-en-Lauragais Le Bout-du-Monde — *C.M. nº 82 — Pli nº 20*

E.C. NN 13 pers. Ouverture : toute l'année sur réservation. Alt. : 600 m

Gîte d'étape dans une ferme de la Montagne Noire, à 5 km du village, à proximité du GR7 avec vue panoramique sur la plaine audoise et les Pyrénées. Visite de la ferme et animation permanente en période estivale. Vente de produits fermiers. Possibilité d'accueil en aire naturelle de camping. Piscine et lac sur place. Anglais et allemand parlés. Pension et hébergement du cheval : en stalle 25 F, en box 50 F, au pré cloturé 15 F. Chauffage en supplément l'hiver.

Prix : pers.nuit **50 F** petit dejeuner **25 F** repas **100 F**

(A) GR : 7

100	SP	10	SP	SP	SP	SP	18	17

TRINQUELLE Marc – Le Bout du Monde - Rhodes – 11400 Verdun-en-Lauragais – Tél. : 04.68.94.20.92 ou 04.68.94.95.96 – Fax : 04.68.94.96.02

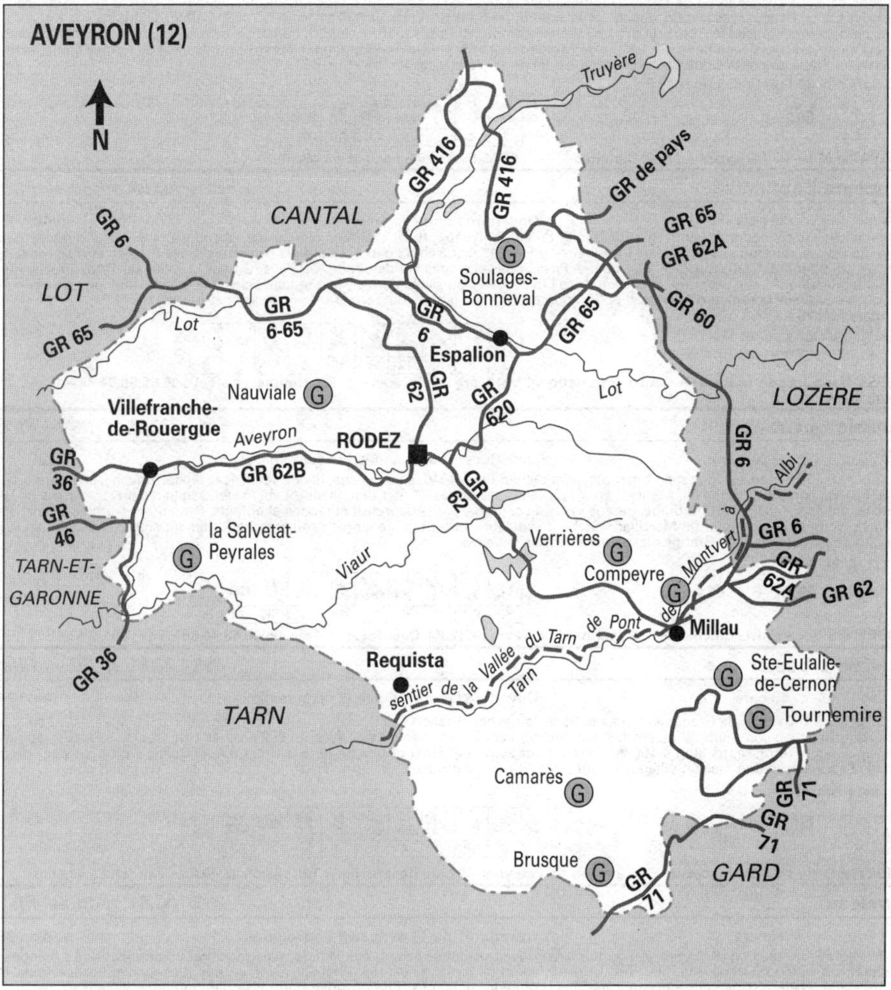

CH Chambre d'hôte   G Gîte d'étape, de séjour   L Logis de France

---

Brusque La Bouyssiere-de-Blanc *C.M. nº 83 — Pli nº 3/4*

21 pers. Alt. : 730 m

Gîte d'étape dans une ancienne ferme près du hameau. R.d.c. : salle commune (cheminée). 1 studio 6 pers. avec coin-cuisine et espace repas, 6 lavabos, 3 douches, 2 wc communs, cuisine. 1er ét. : 3 ch. (2 de 6 pers. 1 de 3 pers.), cabinet de toilette commun (lavabo, wc). Loc. de draps. Grande terrasse dallée, salons de jardin, espaces verts, piscine privée (13 x 7). Aux confins de l'Aveyron, près du Tarn et de l'Hérault, ce gîte d'étape et de séjour se blottit à l'abri de montagnes marquant les premiers contreforts des monts de Lacaune et de l'Espinouse. C'est bel et bien dans un univers contrasté que se situe ce havre de paix. Tél. gîte : 05.65.49.55.17.

Prix : pers.nuit **50 F** petit dejeuner **15 F** semaine **3500/4500 F** week-end **850/1000 F**

GR : 71

6	6	18	SP	6	SP	40	6

BAURAIND Emile – 1 rue des Pres – 5530 Spontin-Belgique – Tél. : 00.32.83.69.98.16 ou 05.65.49.55.17

Camares Faragous

C.M. n° 80 — Pli n° 13

16 pers. Ouverture : toute l'année (4 pers. minimum). Alt. : 415 m

2 maisons dans un ancien corps de ferme. Gîte de séjour (2 niveaux) : salle à manger/coin-cuisine, cheminée, 2 ch. 2 et 4 pers. avec sanitaires privés, 1 ch. 6 pers. avec lavabo, douche et wc communs. Salle de danse de 130 m², coin-salon, TV, biblio. La Maison de Brigitte : 1 ch. 2 pers., coin-cuisine, couchage 2 pers. (mezz.), sanitaires communs. Draps fournis. Jardin, barbecue, salons de jardin, jeux enfants/adultes, local technique. L-linge, sèche-linge, tél. Le gîte de Faragous est attaché à un pays étonnant de terres rouges, fait de formes étranges taillées par l'érosion. Dans ce confort douillet, votre hôte est fervente d'expr. corporelle et de danse.

Prix : pers.nuit **80 F** petit dejeuner **20 F**

7	4	7	7	7	SP	40	7

MIGAYRON Muriel – Faragous – 12360 Camares – Tél. : 05.65.99.85.78 – Fax : 05.65.49.50.87

Compeyre Cabrieres

C.M. n° 80 — Pli n° 4

18 pers. Ouverture : toute l'année. Alt. : 550 m

Gîte de séjour indépendant d'architecture caussenarde sur 2 niveaux. R.d.c. : séjour/coin-cuisine, cheminée, accès à la terrasse panoramique. Sanitaires communs. 3 ch. (4 pers.), sanitaires privés. 1er ét. : 3 ch. (2 pers.), sanitaires communs. Salle de gym et d'activités. Lave-linge. Terrain attenant. Draps fournis. Point-phone. Poss. repas et stages sur demande. GR Pays (Gorges et vallée du Tarn). Proche du château de Cabrières qui fut la propriété de la cantatrice Emma Calvé au siècle dernier, le gîte bénéficie de la même situation : un vaste panorama qui s'ouvre sur la région d'Aguessac et Compeyre et sur les gorges du Tarn. Tarifs dégressifs et enfant.

Prix : pers.nuit **75 F**

3	5	15	12	3	15	3	SP	3	3

DEWESS Hans-Jurgen et Ruthe – Centre International Vol Libre - Cabrieres – 12520 Compeyre – Tél. : 05.65.59.84.44 – Fax : 05.65.59.72.55

Nauviale La Grange

C.M. n° 80 — Pli n° 2

22 pers. Ouverture : toute l'année (14 pers. minimum). Alt. : 270 m

Gîte de séjour. Plain-pied sur rue : salle à manger/séjour (cheminée et TV), coin-cuisine, divan, salon avec biblio., douche, lavabo, wc, cellier, l-linge, l-vaiss., congél. 1er ét. : 4 ch. à 2 lits, 1 ch. 4 lits, sanitaires privés. 2e ét. : 1 ch. (4 lits), 1 ch. (6 lits), sanitaires privés. Salons de jardin, barbecue, parking, espace vert ombragé, garage vélos. Loc. draps. Tarifs dégressif et jeunes et enfants. Restaurant sur place. Nauviale est un village typique du « Rougier de Marcillac », riche de couleurs surtout grâce au grès rouge qui a fortement coloré la terre et servi pour toutes les constructions. « La Grange » est légèrement en retrait du village.

Prix : pers.nuit **80 F**

GR : 62 et 65

SP	SP	2	4	18	14	4	SP	24	SP

RANDEYNES Yves et M.Francoise – 536 avenue de Fareyres – 12300 Decazeville – Tél. : 05.65.43.40.28 – Fax : 05.65.43.40.28

Nauviale L'Oustal

C.M. n° 80 — Pli n° 2

E.C. NN 13 pers. Ouverture : toute l'année (8 pers. minimum). Alt. : 270 m

Gîte de séjour à 100 m de « la Grange ». 1er ét. (accès de la rue par escalier) : hall, cuisine, salle à manger/salon (cheminée, TV), 2 ch. 2 pers., lavabo, douche et wc communs. 2e ét. : coin-salon, biblio., 1 ch. 2 pers., sanitaires privés, 2 ch. 2 pers. et 1 ch. 3 pers., sanitaires communs, wc indép. Grande terrasse, parking à 100 m. Terrain pour activités, tél. Tout proche de « la Grange », « l'Oustal » propose pour de petits groupes, l'agrément d'une maison villageoise, ou pour de grands groupes, un complément de capacité avec un grand gîte.

Prix : pers.nuit **70 F**

GR : 62 et 65

SP	SP	2	4	15	4	SP	24	SP

RANDEYNES Yves et M.Francoise – 536 avenue de Fareyres – 12300 Decazeville – Tél. : 05.65.43.40.28 – Fax : 05.65.43.40.28

Peyreleau

C.M. n° 80 — Pli n° 4

30 pers. Ouverture : du 1er avril au 11 novembre. Alt. : 390 m

Gîte de séjour (3 niveaux). 4 ch. 4 pers. et 1 dortoir 6 pers. avec sanitaires privés, 2 ch. 4 pers. avec sanitaires communs. Salle à manger avec bar, cheminée, vidéo. Salon avec biblio. Tél. Terrasse, salon de jardin. Local (matériel activités), séchoir. Loc. draps. Poss. séjours rand., VTT, escalade, spéléo, canyoning encadrés par des moniteurs diplômés. Piscine privée, terrasse panoramique. Peyreleau, petit village médiéval classé, surplombant la Jonte et proche des Grands Causses, bénéficie d'un environnement d'eau, de verdure et d'espace. Du gîte « Evolutions » dans une maison accrochée au rocher, large vue sur les Gorges et les Causses.

Prix : 1/2 pension **160 F** pension **210 F** semaine **1900/2200 F** week-end **780/860 F**

(TH) GR : 62 et 6

SP	SP	5	SP	SP	SP	SP	SP	20	SP

DUFFAU Serge – 12720 Peyreleau – Tél. : 05.65.62.60.93 – Fax : 05.65.62.64.15

Sainte-Eulalie-de-Cernon La Tour-Garnier

C.M. n° 80 — Pli n° 14

19 pers. Ouverture : du 1er avril au 30 novembre. Alt. : 635 m

Gîte de séjour dans 2 tours des remparts de Ste-Eulalie. Tour Garnier, r.d.c. : salle à manger (cheminée). Cuisine. Sur 3 ét. : 2 ch. 2 pers., 2 ch. 4 pers., 1 ch. 3 pers. (enfants), sanitaires privés, 1 ch. communicante 4 pers. (mezz.), sanitaires privés. Terrasse panoramique. Tour Carrée : 1 ch. communicante 4 pers. sur 2 niveaux, sanitaires privés. Loc. draps. Terrasse. Point-phone. Salons de jardin. Ste-Eulalie-de-Cernon, au creux d'une vallée, sur le Causse du Larzac, fût la capitale des Templiers et une étape sur les chemins de St-Jacques-de-Compostelle. Au cœur de cette petite cité fortifiée, 2 tours des remparts abritent 1 gîte de caractère.

Prix : pers.nuit **75 F** 1/2 pension **145 F** pension **190 F** petit dejeuner **25 F**

(TH) GR : 71C

SP	SP	3	6	20	35	6	SP	35	SP

BOUNIORT Marie-Christine – Rue Cote Vieille – 12250 Sainte-Eulalie-de-Cernon – Tél. : 05.65.62.79.84

La Salvetat-Peyrales Les Tronques
c v *C.M. n° 80 — Pli n° 1*

E.C. NN 26 pers. Ouverture : petites vacances scolaires (Toussaint, février, Pâques). Alt. : 450 m

Gîte de séjour sur 2 niveaux dans une ferme traditionnelle du Ségala avec cour intérieure en « U ». R.d.c. : 5 ch. 2 pers. avec sanitaires privatifs, salle commune avec cheminée et baies vitrées. 1er étage : 2 dortoirs (5/6 pers.) avec sanitaires privatifs. Espaces verts, salons de jardin. Local technique. L-linge. Draps fournis. Sentier GR de pays : vallée du Viaur. Au pays des Cents vallées, dans un coin du Ségala, une authentique ferme aveyronnaise propose des séjours loin des sentiers battus. La simplicité de cet accueil chez l'habitant alliée aux menus du terroir, vous introduira dans l'intimité de l'Aveyron profond.

Prix : pers.nuit **70 F** 1/2 pension **165 F** pension **240 F** petit dejeuner **15 F**

Ⓐ

2	SP	2	10	10	SP	27	2

FOULQUIER Regine et Marc – Les Tronques – 12440 La Salvetat-Peyrales – Tél. : 05.65.81.81.34

Soulages-Bonneval Cabels
c v *C.M. n° 76 — Pli n° 13*

E.C. NN 16 pers. Ouverture : toute l'année. Alt. : 850 m

Gîte sur 3 niveaux dont 2 d'accès indép. Rez-de-cour : salle commune avec cheminée, cuisine. 1er ét. : 2 ch. 4 et 6 pers. avec sanitaires privés. 1er ét. (accès par cour) : salle à manger/séjour avec cheminée et coin-cuisine, 1 ch. 2 pers. avec sanitaires privés. 2e ét. (combles) : 2 ch. 2 pers. avec douche/lavabo privés et wc communs. Salon de jardin, jeux d'enfants. Aux portes de l'Aubrac, la famille Gyselinck vous accueille dans un hameau où l'on est toujours tout de suite saisi par la sobriété et la beauté des bâtiments traditionnels. Le gîte est aménagé dans une aile de l'ancien corps de ferme et accueille randonneurs de passage, cavaliers et groupes.

Prix : pers.nuit **50/90 F** petit dejeuner **25 F**

4	SP	SP	9	27	23	9	SP	60	4

GYSELINCK Monique et Michel – Cabels – 12210 Soulages-Bonneval – Tél. : 05.65.44.42.18 – Fax : 05.65.44.42.80

Tournemire Le Mas-Allegre
c v *C.M. n° 80 — Pli n° 14*

E.C. NN 12 pers. Ouverture : toute l'année. Alt. : 650 m

Gîte de séjour sur 2 niveaux. R.d.c. : perron avec four à pain, salon avec fauteuils et cheminée. 2 s. d'eau/wc communes. Salle à manger. Salon avec canapé, vue panoramique. 1er ét. (combles) : 2 ch. de 3 pers. et 1 ch. 6 pers. Jeux de société, biblio., salons de jardin et bassin à poissons. Espaces verts. Draps et linge de maison fournis. Etape pour cavaliers. Au pied du Causse du Larzac et non loin de Roquefort, village d'origine du célèbre fromage, votre hôte vous ouvre les portes de sa ferme demeurée authentique. Sa passion des vieilles pierres alliée à un goût prononcé pour la nature font de ce lieu une halte incontournable sur votre circuits.

Prix : pers.nuit **60/72 F** 1/2 pension **160/180 F** petit dejeuner **20/25 F** pension cheval **20/25 F**

(TH)

2	10	SP	16	14	16	16	SP	2	6

BARBARO Bertrand – Le Mas Allegre – 12250 Tournemire – Tél. : 05.65.58.90.83

Verrieres Larquinel
C.M. n° 80 — Pli n° 4

24 pers. Ouverture : toute l'année (8 pers. minimum). Alt. : 850 m

Gîte de séjour dans un ancien corps de ferme caussenard. La tour : terrasse panoramique, 1 ch. 2 pers., 1 ch. 3 pers., sanitaires privés, cuisine. La maison : vaste séjour/coin-cuisine, cheminée. 1 ch. 4 pers. en mezz., sanitaires privés. La bergerie : 2 ch. 4 pers., 1 dortoir 7 pers., sanitaires privés access. pers. hand. Salle commune en voûte. TV. Tél. Barbecue. Tarif étape 85 F/pers./nuit. Espace vert, cour intérieure dallée. Draps fournis. Rando. à dromadaire et loc. VTT. Tarifs dégressifs pour séjours et enfts. Sur une avancée du Causse de Sévérac, au dessus des Gorges du tarn, superbe panorama. Sa situation exceptionnelle lui confère calme et sérénité.

Prix : pers.nuit **75 F** 1/2 pension **155 F** pension **210 F** petit dejeuner **20 F**

(TH) GR : 62

13	3	8	13	15	15	SP	SP	13	13

CASTANIER J-Baptiste et Dominique – La Blaquiere – 12520 Verrieres – Tél. : 05.65.47.69.66 – Fax : 05.65.47.69.93

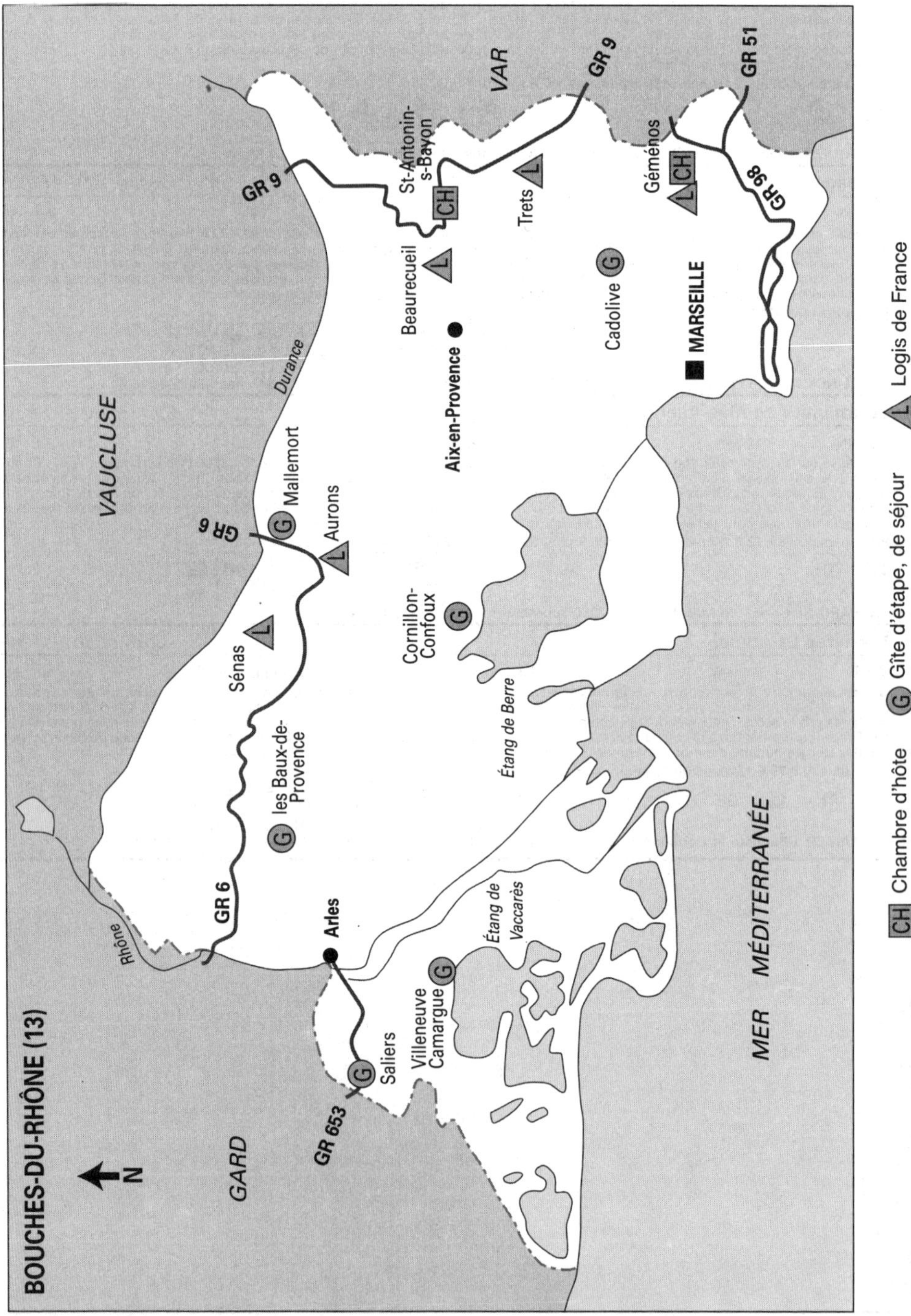
BOUCHES-DU-RHÔNE (13)
N
GARD
VAUCLUSE
VAR
MER MÉDITERRANÉE
Rhône
Durance
GR 653
GR 6
GR 9
GR 51
GR 98
Saliers
Villeneuve Camargue
Arles
Étang de Vaccarès
les Baux-de-Provence
Sénas
Aurons
Mallemort
Cornillon-Confoux
Étang de Berre
Aix-en-Provence
Beaurecueil
St-Antonin-s-Bayon
Trets
Cadolive
Gémenos
MARSEILLE
CH Chambre d'hôte
G Gîte d'étape, de séjour
L Logis de France

Les Baux-de-Provence
C.M. n° 84 — Pli n° 1

18 pers. Ouverture : toute l'année sauf de novembre à février inclus.

Dortoir 16 pers. 1 ch. (2 lits 1 pers.). 2 douches, 2 wc, 2 lavabos. Cuisine/salle avec insert. Cour ombragée avec salon de jardin, barbecue, parking privé (véhicule en sécurité). Cadre naturel exposé sud, en campagne. Logement minimum 6 personnes. Anglais parlé.

Prix : pers.nuit **80 F**

1,5	40	2	1,5	SP	2	18	5

PARADAS Manuel – Mas de la Source – 13520 Les Baux-de-Provence – Tél. : 04.90.54.40.96

Cadolive
C.M. n° 84 — Pli n° 13

13 pers. Ouverture : du 1er avril au 1er novembre.

2 dortoirs 8 et 5 personnes. Salle d'eau (2 douches, 2 lavabos, 1 wc). Salle de séjour avec cheminée. Salle polyvalente (réunions, formation). Sur place, chevaux et poneys. Initiation, promenades, stages, randonnées. Accueil de groupes pour séjours avec ou sans activités équestres. Pinède, parking, point-phone. Agrément Jeunesse et Sports. Anglais parlé. Accueil cavalier en 1/2 pension : 200 F.

Prix : pers.nuit **65 F** 1/2 pension **155 F** pension **220 F** petit dejeuner **25 F** repas **75 F** pension cheval **45 F**

TH

10	25	SP	0,5	SP	10	1

DEWAVRIN Francoise – La Provence à Cheval, 5 Chemin des Ecureuils, Qu. St Joseph – 13950 Cadolive – Tél. : 04.42.72.41.05 – Fax : 04.42.04.66.76

Cornillon
C.M. n° 84 — Pli n° 2

7 pers. Ouverture : toute l'année.

Centre équestre sur la colline. Coin-cuisine. Salle commune. Dortoir de 7 personnes. 4 douches. 2 wc. Parking. Organisation de stages et de randonnées équestres.

Prix : pers.nuit **50 F**

0,5	SP	SP	7	2

RIVERA Maurice – Les Ecuries du Riboulan – 13250 Cornillon – Tél. : 04.90.50.43.27

Mallemort
C.M. n° 84 — Pli n° 2

12 pers. Ouverture : toute l'année.

Grand séjour avec coin-cuisine. Salon. 1 ch. (2 lits 1 pers. 1 lit 2 pers.). 2 douches, 2 wc. Etage : 1 ch. (4 lits 1 pers). 1 ch. (2 lits 1 pers. 1 lit 2 pers.). Chambres donnant sur une véranda fermée. Cheminée avec insert. Terrasse privée avec salon de jardin, barbecue, terrain non clos, parking. Boxes à chevaux. Buanderie commune avec lave-linge payant. Mitoyen à deux autres gîtes ruraux sur une exploitation agricole en campagne. Piscine close sur place, commune et ouverte du 15/06 au 15/09 (accès règlementé). Le propriétaire gère également un camping à la ferme. Anglais parlé.

Prix : pers.nuit **105 F** repas **75 F**

TH

SP	7	12	15	6

GITES DE FRANCE-LOISIRS ACCUEIL – Domaine du Vergon – 13370 Mallemort – Tél. : 04.90.59.49.40 – Fax : 04.90.59.16.75

Saliers-Arles
C.M. n° 83 — Pli n° 10

30 pers. Ouverture : toute l'année.

1er module pour 9/11 pers. : 1 ch. (4 lits 1 pers.), 1 ch. (1 lit 1 pers. 1 lit 2 pers.), 1 ch. (1 lit 2 pers. 2 lits 1 pers.), douche, 1 wc, 3 lavabos. 2e module pour 20 pers. : cuisine, séjour avec cheminée, 5 ch. (4 lits 1 pers.), 2 douches, 5 lavabos, 2 wc (1 exterieur). Chauffage électrique. Parking, abri couvert, barbecue, boulodromme, téléphone. Sur une manade en Camargue. Organisation de stages et de randonnées équestres. Chevaux disponibles sur place. Logement des chevaux (écuries, boxes, stalles, pâture). Anglais parlé.

Prix : pers.nuit **60 F** 1/2 pension **170 F** petit dejeuner **25 F** repas **90 F** pension cheval **35 F**

TH

3	30	SP	3	SP	15	15	3

PEYTAVIN Francoise – Mas de Capellane - Manade Salierene – 13123 Saliers-Albaron – Tél. : 04.66.87.45.57 – Fax : 04.66.87.27.12

Villeneuve-Camargue--Arles
C.M. n° 83 — Pli n° 10

11 pers. Ouverture : toute l'année.

R.d.c. : belle salle avec grande table de ferme. Coin-cuisine. Coin-salon. Etage : 1 dortoir (6 lits 1 pers. superp.), 1 ch. (1 lit 2 pers.). Mezzanine (1 lit 2 pers. 1 lit 1 pers.). Salle d'eau (2 douches, 2 lavabos). 2 wc. Espace exterieur privatif. Lave-linge. Point-phone. Abri couvert. Parking. Aire de jeux. Salon de jardin. Barbecue. Anglais et allemand parlés. Ce gîte est l'ancien four à pain attenant au Mas du XVIIe. Possibilité de visiter ce mas typiquement carmarguais à cheval et de participer au soin des taureaux en hiver. Possibilité de réserver pour des groupes à partir de 6 pers. Prix semaine : 6 à 8 pers. : 380 F et 8 à 11 pers. : 350 F.

Prix : pers.nuit **70 F** petit dejeuner **15 F** repas **80 F** pension cheval **35 F** week-end **90 F**

TH

20	30	SP	20	SP	40	20	20

VADON Monique et Pierre – Mas Saint Germain – 13200 Villeneuve-Camargue-Arles – Tél. : 04.90.97.00.60 – Fax : 04.90.97.01.85

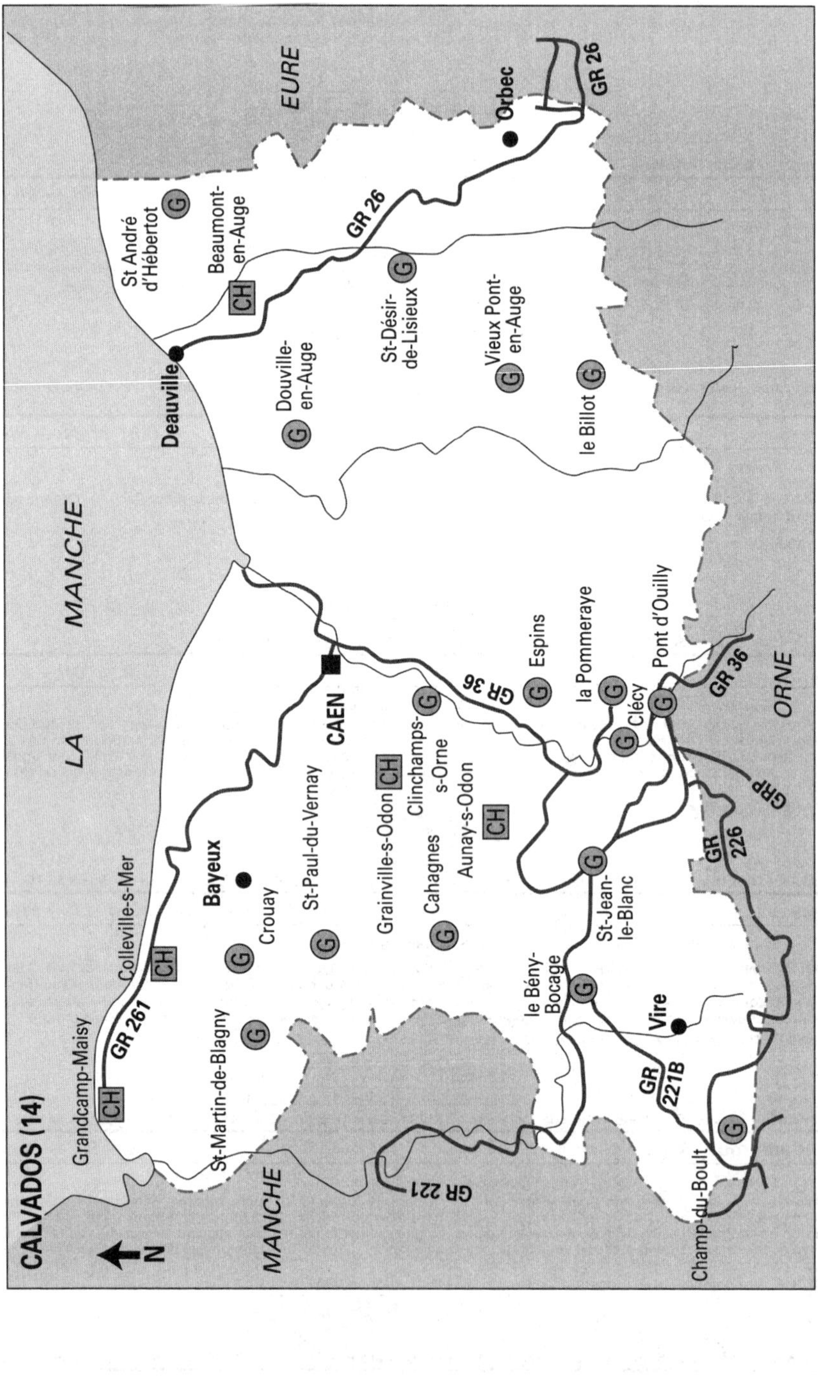

CH Chambre d'hôte   G Gîte d'étape, de séjour   L Logis de France

Le Beny-Bocage Les Fieffes *C.M. n° 59 — Pli n° 10*

19 pers. Ouverture : toute l'année.

Gîte comprenant au rez-de-chaussée : séjour, salle à manger, coin-cuisine, 1 canapé-lit 2 pers., 1 chambre (4 lits 1 pers.), accessible aux pers. hand., sanitaires. A l'étage : 3 chambres (4 ou 6 lits 1 pers.), sanitaires (douches, lavabos, wc). Lave-linge. Parking. Poss. loc. salle de réunion. Supplément pour chauffage : 5 F. Tél. heures de bureaux. Au cœur du bocage normand avec ses collines boisées, ses vallées encaissées, entrecoupées de nombreux ruisseaux (gorges de la Vire) et sillonnées par de nombreux sentiers pédestres balisés. Centre de saut à l'élastique 5 km.

Prix : pers.nuit **50 F**

GR : 221

12	2	2	SP	SP	20	20	12	2

SYNDICAT AMENAGEMENT ET DEVELOPPEMENT – Mairie de la Graverie – 14350 La Graverie – Tél. : 02.31.67.89.17

Le Billot-l'Oudon Le Billot *C.M. n° 55 — Pli n° 13*

E.C. NN 13 pers. Ouverture : toute l'année sauf du 5 janvier au 20 mars.

Dans un environnemant calme et reposant, le site offre un panorama exceptionnel sur le Pays d'Auge. Gîte d'étape et de séjour dans une maison indépendante. R.d.c. : salle à manger, cuisine, 1 ch. 1 pers., 2 wc, 2 douches, 5 lavabos. Etage : 3 ch. 3, 4 et 5 lits. Chauffage électrique. 1 ch. et 1 wc accessibles aux pers. handicapées. Parking. C'est aussi le point de départ de nombreuses randonnées.

Prix : pers.nuit **60 F**

40	13	40	10	13	SP	24	SP

GITES DE FRANCE-SERVICE RESERVATION – 6 Promenade Madame de Sevigne – 14050 Caen-Cedex – Tél. : 02.31.82.71.65 – Fax : 02.31.83.57.64

Cahagnes Ferme-du-Loterot *C.M. n° 54 — Pli n° 4*

18 pers. Ouverture : toute l'année.

« Runes », gîte d'étape et de séjour. R.d.c. : salle commune avec coin-salon, cuisine, 1 ch. (6 lits), salle d'eau, wc. A l'étage : 4 ch. (3 et 4 lits), salle de bains, wc, salle d'eau, wc. Salle de réunion. Buanderie avec lave-linge, 1 lave-vaisselle. Accueil classes de découverte. Possibilité de repas à emporter. Enclos et abri pour chevaux. Situé dans le bocage offrant sur place de nombreuses activités tels que le swing-golf, la randonnée, le tir à l'arc, un échiquier géant. Loc. VTT. 3 gîtes d'étape et de séjour d'une capacité totale de 44 lits, pouvant se louer indépendamment ou en complément.

Prix : pers.nuit **62 F** petit dejeuner **20 F** repas **75 F** pension cheval **15 F**

TH

40	12	2	40	10	3	SP	30	2

LEVEQUE Georges et Claire-France – Ferme du Loterot – 14240 Cahagnes – Tél. : 02.31.77.57.27 – Fax : 02.31.77.54.08

Cahagnes Ferme-du-Loterot *C.M. n° 54 — Pli n° 4*

19 pers. Ouverture : toute l'année.

« Valhalla », gîte d'étape et de séjour. 1 dortoir de 6 lits, 1 dortoir de 13 lits avec séparations. Douches, wc, lavabos, salle commune avec cheminée (insert), véranda, cuisine, chauffage. Swin-golf et mini-golf sur place. Tir à l'arc. Echiquier géant. Circuits de randonnées. Possibilité de repas à emporter. Enclos et abri pour chevaux. Gîte en pays de bocage offrant sur place de nombreuses activités de loisirs tels que stage de swin-golf. Location VTT. 3 gîtes d'étape et de séjour d'une capacité totale de 44 pers. pouvant se louer indépendamment ou en complément.

Prix : pers.nuit **62 F** petit dejeuner **20 F** repas **75 F** pension cheval **15 F**

TH

40	12	2	40	10	3	SP	SP	30	2

LEVEQUE Georges et Claire-France – Ferme du Loterot – 14240 Cahagnes – Tél. : 02.31.77.57.27 – Fax : 02.31.77.54.08

Cahagnes Ferme-du-Loterot *C.M. n° 54 — Pli n° 4*

7 pers. Ouverture : toute l'année.

« Viking », gîte d'étape et de séjour. Salle commune avec coin-salon, cuisine, salle d'eau, wc. 3 ch. (1 lit 2 pers. 5 lits 1 pers.). Chauffage, lave-linge, lave-vaisselle. Terrasse. Point-phone. Possibilité de repas à emporter. Situé dans le bocage offrant sur place de nombreuses activités tels que le swing-golf, la randonnée, le tir à l'arc, un échiquier géant. Loc. VTT. 3 gîtes d'étape et de séjour d'une capacité totale de 44 lits, pouvant se louer indépendamment ou en complément.

Prix : pers.nuit **62 F** petit dejeuner **20 F** repas **75 F** pension cheval **15 F**

TH

40	12	2	40	10	3	SP	SP	30	2

LEVEQUE Georges et Claire-France – Ferme du Loterot – 14240 Cahagnes – Tél. : 02.31.77.57.27 – Fax : 02.31.77.54.08

Champ-du-Boult *C.M. n° 59 — Pli n° 9*

20 pers. Ouverture : toute l'année.

Gîte d'étape et de séjour situé à proximité de nombreux sentiers de randonnées, Tour du Bocage, Balcon du sud-Manche. Cuisine, salle à manger, 5 ch. 5 pers. (dont 1 pour pers. handicapée). Sanitaires, douches, wc. Chauffage électrique. Téléphone. Hébergement cheval. Location de draps. Restaurant à 100 m.

Prix : pers.nuit **55 F**

SP	9	SP	15	8

MAIRIE DE CHAMP DU BOULT – 14380 Champ-du-Boult – Tél. : 02.31.66.02.96

Clecy Cantelou *C.M. n° 55 — Pli n° 11*

18 pers. Ouverture : toute l'année.

Gîte de séjour situé à flanc de vallon, d'où l'on découvre toute la vallée de Clécy (station verte et sportive de Suisse Normande). 4 ch. 4 pers. (lits superposés). 1 ch. 2 pers. Douches, lavabos, wc. Chauffage. Golf et practice sur place, après midi ou matinée « découverte du golf » (100 F). Petit déjeuner compris. Repas sur réservation.

Prix : pers.nuit **68 F**

GR : 36

11	4	2	4	SP	SP

RACLOZ Guy et Maryvonne – Cantelou – 14570 Clecy – Tél. : 02.31.69.72.72 – Fax : 02.31.69.70.22

Clecy *C.M. n° 55 — Pli n° 11*

45 pers. Ouverture : toute l'année.

Gîte de séjour. 2 salles à manger. 2 dortoirs (10 et 15 pers.), douches, lavabos, wc. 2 ch. (4 et 5 pers.). 5 ch. (2 pers.) avec sanitaires particuliers. WC. Chauffage central. Salle de réunion, salle de détente. Au cœur de la suisse normande où se pratiquent de nombreuses activités sportives. Sur place, au gîte : parkage cheval, canoë-kayak, VTT, randonnées pédestres. A proximité : escalade, deltaplane, parapente, golf.

Prix : pers.nuit **60/170 F** petit dejeuner **20 F** repas **65 F** pension cheval **30 F**

(TH) GR : 36

11	1	1	1	SP	2	35	1

LEFORESTIER J-Claude et Florence – Le Vieux Grand Camp – 14570 Clecy – Tél. : 02.31.69.69.06 – Fax : 02.31.69.96.97

Clecy-le-Vey *C.M. n° 55 — Pli n° 11*

22 pers. Ouverture : toute l'année.

Gîte d'étape et de séjour de très bon confort, situé au cœur de la Suisse Normande. Rez-de-chaussée : grand séjour, cheminée. Cuisine, sanitaires. A l'étage : 6 chambres, salles d'eau particulières, wc communs. Téléphone. Ecuries, herbages pour chevaux. Salle de jeux, terrain de volley. Possibilité de pratiquer de multiples activités sportives et de nature.

Prix : pers.nuit **60 F** petit dejeuner **20 F** pension cheval **20 F** week-end **2100 F**

GR : 36

12	2	1	1	SP	1	20	1

S.C.S. LEBOUCHER-BRISSET – La Ferme le Vey – 14570 Clecy-le-Vey – Tél. : 02.31.69.71.02 – Fax : 02.31.69.69.33

Clecy-le-Vey La Ferme-du-Vey *C.M. n° 55 — Pli n° 11*

20 pers. Ouverture : toute l'année.

Gîte d'étape et de séjour situé dans la vallée verte de Clécy, à proximité de bases de loisirs (canoë-kayak, pêche). 2 ch. et dortoirs (20 pers.). Salle commune avec cheminée et cuisine. Salle de jeux. Douches, wc, lavabos. Téléphone. Varappe, deltaplane 2 km. Terrain de moto-cross et d'aviation 3 km. Chauffage en supplément. Herbage chevaux.

Prix : pers.nuit **48 F** petit dejeuner **20 F** pension cheval **20 F** week-end **1400 F**

GR : 36

2	1	SP	3	20	1

S.C.S. LEBOUCHER-BRISSET – La Ferme le Vey – 14570 Clecy-le-Vey – Tél. : 02.31.69.71.02 – Fax : 02.31.69.69.33

Clinchamps-sur-Orne La Colinerie *C.M. n° 54 — Pli n° 15*

40 pers. Ouverture : toute l'année.

Gîte d'étape et de séjour comprenant : 2 salles à manger avec cheminée, chambres et 2 dortoirs, salle d'activités, 2 cuisines équipées, sanitaires (douches, lavabos, wc). Terrain de jeux. Table d'hôtes sur réservation. Prix groupe sur demande. Situé sur la GR36 à l'entrée de la Suisse Normande, dans la belle vallée de l'Orne. Accueil classes vertes, agrément Education Nationale.

Prix : pers.nuit **50/60 F** petit dejeuner **18 F** repas **55 F**

(TH) GR : 36

27	12	7	4	1	SP	6	15	SP

COLIN Pierre et Jacqueline – La Colinerie – 14320 Clinchamps-sur-Orne – Tél. : 02.31.79.82.33 – Fax : 02.31.79.84.00

Crouay *C.M. n° 54 — Pli n° 14*

18 pers. Ouverture : toute l'année.

Gîte de séjour situé dans une petite vallée proche de Bayeux géré par une commune dynamique passionnée par l'accueil. 5 chambres et dortoirs (18 pers.). Salle commune. Cuisine. Douches, wc, lavabos, salle de détente, TV. Lave-linge/sèche-linge, téléphone. Jardin avec agrés. Prix pour 10 pers. minimum et 24 h. 1ère nuit : 80 F, à partir de la 2e nuit : 45 F.

12	9	5	12	9	SP	SP	10	9	5

COMMUNE DE CROUAY – Mairie – 14400 Crouay – Tél. : 02.31.92.41.16 ou 02.31.22.93.14 – Fax : 02.31.92.73.38

Douville-en-Auge Le Lieu-Roussel — *C.M. n° 54 — Pli n° 17*

11 pers. Ouverture : toute l'année.

Gîte d'étape et de séjour sur 2 niveaux situé dans une ferme de découverte. R.d.c. : séjour/coin-cuisine (1 convertible 2 pers.), sanitaires (douches, wc, lavabos). A l'étage : 2 chambres (9 lits 1 pers.). Chauffage. Terrain avec table de pique-nique. Location de draps : 20 F. Herbage ou boxes pour chevaux. Sur le Tour du Pays d'Auge.

Prix : pers.nuit **55 F** petit dejeuner **20 F** pension cheval **15 F**

8	8	3	3	SP	4	9	3

MAERTENS Eric et Regine – Le Lieu Roussel - Douville-en-Auge – 14430 Dozule – Tél. : 02.31.23.71.15 – Fax : 02.31.23.71.15

Espins La Grange-d'Espins — *C.M. n° 54 — Pli n° 15/16*

40 pers. Ouverture : toute l'année.

Gîte d'étape et de séjour comprenant : salle à manger (90 m²), cuisine professionnelle, salle d'activités, sanitaires particuliers. 11 chambres de 2 à 4 pers. Chauffage. Terrains de foot et de volley. Canoë-kayak et VTT sur place. En Suisse Normande, pays de vallons et de promontoires, sillonné par l'Orne. Accueil classes de découverte et séminaires. Nombreux sentiers pédestres à proximité du GR36. Dans un ancien prieuré du XIVᵉ siècle.

Prix : pers.nuit **60 F** petit dejeuner **20 F** repas **80 F** pension cheval **15 F**

(TH) GR : 36

6	6	3	6	SP	16	30	6

ROUILLIER Alain et Isabelle – La Grange d'Espins – 14220 Espins – Tél. : 02.31.39.53.90 – Fax : 02.31.79.15.39

Espins La Grange-d'Espins — *C.M. n° 54 — Pli n° 15/16*

7 pers. Ouverture : toute l'année.

Gîte d'étape et de séjour dans un prieuré du XIVᵉ siècle : salle de séjour, coin-cuisine, cheminée, sanitaires, chauffage, 3 chambres (7 lits 1 pers.). Dans la vallée de l'Orne, à proximité du GR36, nombreuses possibilités de randonnées et d'activités sportives (VTT, canoë-kayak).

Prix : pers.nuit **60 F** petit dejeuner **20 F** repas **80 F** pension cheval **15 F**

(TH) GR : 36

6	6	3	SP	30	6

ROUILLIER Alain et Isabelle – La Grange d'Espins – 14220 Espins – Tél. : 02.31.39.53.90 – Fax : 02.31.79.15.39

La Pommeraye — *C.M. n° 55 — Pli n° 11*

14 pers. Ouverture : toute l'année.

Gîte d'étape et de séjour à proximité du GR36, en Suisse Normande dans un hameau typique. 2 ch. 4 pers. 1 dortoir 6 pers. Cuisine, l-vaisselle. Salle commune, salle de repas, salle d'eau. Chevaux et logement sur place. Randonnées équestres accompagnées, âne de bat pour accompagner les randonnées pédestres. Possibilité repas et location draps. Circuit de découverte de la ferme. Ferme auberge à 800 m. Restaurant, escalade, varappe, canoë-kayak 6 km. Activités à la ferme. Initiation au poney. Location VTT. Tir à l'arc.

Prix : pers.nuit **49/61 F** petit dejeuner **20 F** pension cheval **30 F**

GR : 36

13	6	SP	SP	SP	7	35	5

CASTILLON Sophie – 14690 La Pommeraye – Tél. : 02.31.69.40.94 – Fax : 02.31.69.94.71

La Pommeraye La Couture — *C.M. n° 55 — Pli n° 11*

28 pers. Ouverture : toute l'année.

Gîte d'étape et de séjour aménagé dans un très beau corps de bâtiment, au cœur de la Suisse Normande, à proximité du GR36. Rez-de-chaussée : salle à manger, cuisine, sanitaires, salle de jeux. A l'étage : 2 dortoirs (15 et 10 lits), 1 chambre (3 lits), sanitaires. Chauffage. Circuits de randonnées. Canoë-kayak, varappe.

Prix : pers.nuit **48 F** petit dejeuner **20 F** pension cheval **15 F**

(A) GR : 36

13	6	SP	SP	SP	7	25	5

SYSZKA Andre et Jeanne – La Couture – 14690 La Pommeraye – Tél. : 02.31.69.02.44 – Fax : 02.31.69.44.50

Pont-d'Ouilly — *C.M. n° 55 — Pli n° 11*

32 pers. Ouverture : toute l'année.

Gîte de séjour composé de 6 chambres (32 pers.), sanitaires, cuisine, salle à manger. En option : salle TV, salle de jeux. Club de canoë-kayak. Location de matériel. Base de plein-air permanente. Sentiers pédestres. Mur d'escalade, location VTT. 2 courts de tennis, tennis de table, tir à l'arc, pétanque, badminton. Prix groupe sur demande. Gîte de séjour situé dans un très beau cadre où coule la rivière « Le Noireau ». A proximité de la base de canoë-kayak et des GR36 et 221.

Prix : pers.nuit **52 F** week-end **65 F**

GR : 36 et 221

12	0,5	2	SP	SP

FOYER RURAL – M. Volard - la Potiche - route de Pont Erambourg – 14690 Pont-d'Ouilly – Tél. : 02.31.69.86.02 – Fax : 02.31.69.86.02

Saint-Andre-d'Hebertot Ferme-de-la-Garenne
C.M. nº 54 — Pli nº 18

16 pers. Ouverture : toute l'année.

Gîte d'étape situé sur une exploitation cidricole. A l'étage : séjour avec coin-cuisine. 3 chambres de 3, 4 et 9 pers. Sanitaires. Chauffage. Parking. Point-phone. Herbage pour chevaux. Location de draps. Environnement campagnard et tranquille. Etape sur le pays d'Auge, situé sur un GR « Tour du Pays d'Auge ».

Prix : pers.nuit **60 F** petit dejeuner **20 F**

20	10	10	SP	10	5	7

BOISSEL Michel et Yvonne – Ferme de la Garenne – 14130 Saint-Andre-d'Hebertot – Tél. : 02.31.65.40.79

Saint-Desir-de-Lisieux Ferme-des-Belles-Croix
C.M. nº 55 — Pli nº 13

19 pers. Ouverture : toute l'année.

Gîte d'étape et de séjour situé dans le cadre très agréable du site gallo-romain de Saint-Désir. 1 dortoir (12 pers.), 2 ch. (3 et 4 lits). Salle commune avec cheminée. Coin-cuisine. Sanitaires, douches, wc, lavabos. Lave-linge. Loc. de vélos et de draps sur demande. Herbage pour chevaux. Toutes activités à Lisieux. Terrain de volley. Pêche dans « La Touques » à 1,2 km.

Prix : pers.nuit **52 F** pension cheval **20 F**

GR : 26

30	SP	SP	SP	SP	1	0,5

COMMUNE DE SAINT-DESIR DE LISIEUX – Ferme des Belles Croix - route du Pre d'Auge – 14100 Lisieux – Tél. : 02.31.31.26.86

Saint-Jean-le-Blanc Escures
C.M. nº 59 — Pli nº 10

31 pers. Ouverture : toute l'année.

Gîte d'étape et de séjour. 2 bâtiments séparés de 12 et 19 pers. 3 dortoirs (15, 6, 6 pers.) et 2 chambres de 2 lits. Cuisine, salle commune avec cheminée, salle d'eau. Salle d'activités. 10 stalles pour chevaux. Parcours santé dans les bois. Terrain de volley ball. Tir à l'arc. Produits fermiers. Accueil de classes de découverte. Agréé DDJS. Situé aux portes de la Suisse Normande, dans un petit village vallonné et boisé, sillonné par le GR221 et le Tour du Bocage Virois. Nombreux sentiers de découverte (Tour de la Suisse Normande).

Prix : pers.nuit **48 F** petit dejeuner **18 F** repas **60 F** pension cheval **20 F**

TH GR : 221 et 221B

18	3	SP	SP	15

VALLEE Yves-Marie – Escures – 14770 Saint-Jean-le-Blanc – Tél. : 02.31.69.62.95

Saint-Martin-de-Blagny Fumichon
C.M. nº 54 — Pli nº 14

22 pers. Ouverture : toute l'année.

« Le Pressoir », gîte d'étape et de séjour situé dans les dépendances d'une ferme typique de la région. R.d.c. : salle commune (80 m²) avec cheminée, cuisine. A l'étage : 4 chambres et 1 mezzanine, sanitaires (douches, lavabos, wc), l-linge. Salle d'activité, téléphone. Herbages et stalles pour chevaux. Terrain de jeux (volley, tennis), visite de la ferme. Ping-pong. Possibilité de camping. Grande cour fermée commune avec un autre gîte de séjour. Nombreuses possibilités de départs pour des randonnées. Ferme-auberge à 800 m. Accueil de classes de découverte.

Prix : pers.nuit **50 F** pension cheval **10 F**

12	SP	10	7

VALLEE Jacques et Michele – Fumichon – 14710 Saint-Martin-de-Blagny – Tél. : 02.31.22.50.15

Saint-Martin-de-Blagny Fumichon
C.M. nº 54 — Pli nº 14

18 pers. Ouverture : toute l'année.

Gîte d'étape et séjour « Le Jardin » comprenant : 2 dortoirs avec séparation (de 10 à 8 lits). Coin-cuisine. Salle d'eau. Salle de détente (50 m²) avec cheminée, téléphone. Possibilité camping. Ferme-auberge 800 m. Herbage ou stalles pour chevaux. Gîte d'étape et camping situés dans une imposante ferme typique du Bessin, en pleine campagne, à proximité d'un autre gîte de séjour cour fermée, d'un bois dans un cadre agréable, entre mer et forêt. Accueil de classe de découverte.

Prix : pers.nuit **40 F** pension cheval **10 F**

12	12	SP	SP	10	7

VALLEE Jacques et Michele – Fumichon – 14710 Saint-Martin-de-Blagny – Tél. : 02.31.22.50.15

Saint-Paul-du-Vernay La Ferme-du-Bois
C.M. nº 54 — Pli nº 14

12 pers. Ouverture : toute l'année.

Dans un des bâtiments d'une ancienne ferme typique du Bessin du XVIIIe siècle, gîte d'étape et de séjour. Rez-de-chaussée : salle à manger, cuisine, sanitaires (3 wc, 3 douches), 1 chambre 2 pers. Etage : dortoir en boxes de 2 ou 3 pers. Chauffage. Possibilité de repas sur demande.

Prix : pers.nuit **65 F** petit dejeuner **20 F**

18	5	5	18	5	SP	12	3

LANDAIS Pierrette – La Ferme du Bois – 14490 Saint-Paul-du-Vernay – Tél. : 02.31.21.42.01

Vieux-Pont-en-Auge *C.M. n° 54 — Pli n° 17*

19 pers. Ouverture : de mars à novembre.

Gîte d'étape comprenant : grande salle commune (cheminée insert), coin-cuisine, 3 chambres, sanitaires, douches, lavabos. Prix groupe sur demande. Repas sur réservation. Possibilité randonnées pédestres accompagnées. Herbage pour chevaux. Etape sur le Tour du pays d'Auge (GR de pays) pour toutes les randonnées. Pressoir du XVIe siècle à colombages, typique de la région pour tout groupe désireux d'organiser des activités « nature ».

Prix : pers.nuit **45 F** petit dejeuner **20 F** pension cheval **15 F**

40	7	3	8	SP	18	4

SADY Michel et Catherine – Les Coutures – 14140 Vieux-Pont-en-Auge – Tél. : 02.31.20.21.54

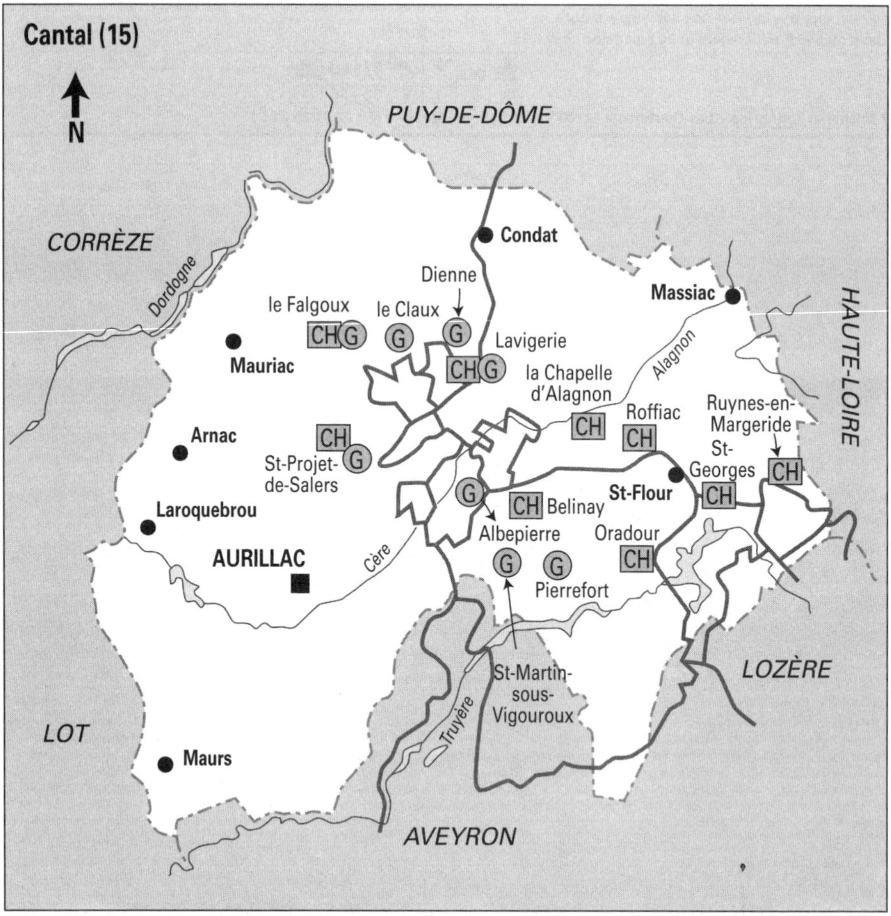

CH Chambre d'hôte G Gîte d'étape, de séjour L Logis de France

Albepierre Col-de-Prat-de-Bouc — *C.M. n° 76 — Pli n° 3*

32 pers. — Ouverture : toute l'année. — Alt. : 1392 m

3 ch. 2 lits, 2 ch. 4 lits, 3 ch. 6 lits. 13 lavabos, 5 douches, 6 wc, 2 cuisines. Salle à manger. Salle hors sac. Sèchoir, lave-linge. Point-phone. Bar. Coin-détente avec cheminée. Jardin. Tarifs hébergement majorés de 5 F l'hiver. Possibilité de randonnées avec accompagnateur diplômé. Au cœur du Parc Régional des Volcans d'Auvergne, au croisement du GR4 et GR400, dominé par le Plomb de Cantal (1858 m), le gîte de Col de Prat de Bouc dispose d'une multitude d'atouts naturels. Burons témoin du pasé, flore de montagne très variée, marmottes, mouflons... éveilleront votre curiosité.

Prix : pers.nuit **55 F** 1/2 pension **133 F** pension **178 F**

(TH) GR : 4 et 400

10	10	1	4	SP	SP	SP	8	4

AMARGER Didier – Col de Prat de Bouc – 15300 Albepierre – Tél. : 04.71.20.20.92 – Fax : 04.71.73.26.35

Le Claux Lascout

C.M. n° 76 — Pli n° 3

12 pers. Ouverture : du 1er avril au 30 novembre. Alt. : 1250 m

Gîte situé au calme, 1 dortoir de 12 lits à l'étage, salle à manger avec cheminée. Coin-cuisine. 2 wc, 2 lavabos, 2 douches. Chauffage électrique. Point-phone. Location week-end. Riom-Es-Montagnes 22 km. Puy Mary, Parc des Volcans. Ecole de parapente, foyer de ski de fond, randonnées.

Prix : pers.nuit **45 F**

4	21	6	6	SP	36	SP	29	4

COMMUNE DE CLAUX – Foyer de Ski de Fond - Lascout – 15400 Le Claux – Tél. : 04.71.78.93.11 ou 04.71.78.93.88

Le Claux Lavialle

C.M. n° 76 — Pli n° 3

19 pers. Ouverture : toute l'année. Alt. : 1100 m

Gîte d'étape et de séjour avec vue panoramique sur la vallée. 19 lits répartis dans 6 ch. de 2, 3 et 4 lits et 1 ch. accessible aux personnes handicapées. Cuisine, lave-vaisselle, congélateur. Salle à manger. Salon avec cheminée. Local hors sac. Terrasse. Chauffage central. Au pied du Puy Mary (1787 m). Parc des Volcans. VTT sur place. Ecole de vol libre. Domaine nordique du Haut Cantal. Possibilité randonnées avec accompagnateur diplômé. Canyonning 10 km. Escalade 5 km.

Prix : pers.nuit **67 F** 1/2 pension **162 F** petit dejeuner **28 F**

(TH) GR : 4

1,5	15	20	20	SP	15	SP	25	SP	16	1

AGUILERA Christian – Lavialle – 15400 Le Claux – Tél. : 04.71.78.34.84

Dienne

C.M. n° 76 — Pli n° 3

50 pers. Ouverture : toute l'année. Alt. : 1050 m

Gîte de séjour dans une grande bâtisse ancienne. 5 ch. et 2 dortoirs à l'étage (50 lits 1 pers.). Sanitaires : 5 wc, 14 lavabos, 6 douches. Grande salle à manger. Cuisine. L-linge, sèche-linge. Cour fermée. 12 pers. minimum pour 1 nuit. Chauffage central compris dans le prix. Possibilité de location de draps. Réduction possible. Sentiers pédestres. Murat 10 km. Puy-Mary - Super Lioran. Parc des Volcans d'Auvergne.

Prix : 1/2 pension **105 F** pension **155 F**

(TH) GR : 4

10	10	5	10	SP	SP	15	SP	10	10

COMMUNE DE DIENNE – Mairie – 15300 Dienne – Tél. : 04.71.20.80.11

Dienne

C.M. n° 76 — Pli n° 3

12 pers. Ouverture : toute l'année. Alt. : 1050 m

Gîte de séjour comprenant 1 chambre (2x2 lits superposés) et 1 dortoir (4x2 lits superposés). Salle d'eau. Salle à manger, coin-cuisine. Chauffage électrique. Téléphone. Location week-end. Murat 10 km. Maison de la Faune à Murat. Super Lioran station de ski. Randonnées pédestres. Eglises du XIIe siècle. Saint-Flour 30 km.

Prix : pers.nuit **70 F**

GR : 4

10	10	5	10	SP	SP	15	SP	10	10

COMMUNE DE DIENNE – Mairie – 15300 Dienne – Tél. : 04.71.20.80.11

Le Falgoux Le Tahoul

C.M. n° 76 — Pli n° 2

9 pers. Ouverture : toute l'année. Alt. : 1100 m

Gîte d'étape et de séjour. 1 dortoir (9 lits 1 pers.), 4 lavabos, 1 douche, 1 wc. 2 ch. (2 lits 1 pers.), douche et lavabo privatifs. 1 ch. (3 lits 1 pers.), lavabo, baignoire et wc communs aux 3 ch. Coin-détente avec bibliothèque. Séjour, cheminée. Salle à manger. Cuisine, lave-linge, sèche-linge. Chauffage central. Téléphone. Terrain. Gîte aménagé avec des matériaux naturels. Réduction tarifs séjours de + de 3 jours. Possibilité accueil de stages. Vue panoramique sur la vallée du Mars. Parc des Volcans. Monts du Cantal. Réduction tarifs séjours 3 jours et plus. Chambres d'hôtes sur place.

Prix : pers.nuit **75 F** 1/2 pension **155 F** pension **210 F** petit dejeuner **25 F**

(TH) GR : 4

4	35	35	35	2	18	4	3	SP	30	4

LANNEAU Gilles – Le Tahoul – 15380 Le Falgoux – Tél. : 04.71.69.51.67

Pierrefort La Grange-Salat

C.M. n° 76 — Pli n° 13

26 pers. Ouverture : toute l'année. Alt. : 1000 m

12 chambres de 1 à 3 lits avec lavabo réparties sur 2 niveaux. 6 douches, 4 wc. Buanderie avec lave-linge. Au rez-de-chaussée : salle d'activités/salle à manger. Cuisine : lave-vaisselle. Coin-détente avec bibliothèque. Chauffage électrique. Terrasse avec salon de jardin. Anglais et allemand parlés. Réductions pour enfants de 4 à 16 ans, gratuit pour les - de 4 ans. Grange de caractère rénovée en 1995 à 500 m du centre bourg. Tous commerces sur place. Possibilité séjours randonnées accompagnées et multi-activités : escalade, parapente (moniteur brevet d'état). A Pierrefort : mur d'escalade, tir à l'arc, location de VTT. Musée des vieux métiers.

Prix : pers.nuit **55 F** 1/2 pension **140 F** pension **190 F**

(TH)

SP	SP	10	10	1	20	4	20	SP	30	SP

DUSSUELLE Dominique – La Grange Salat - 8 Impasse des 4 Vents – 15230 Pierrefort – Tél. : 04.71.23.91.28 – Fax : 04.71.23.39.87

Saint-Martin-sous-Vigouroux *C.M. n° 76 — Pli n° 13*

27 pers. Ouverture : toute l'année. Alt. : 1050 m

Gîte de séjour comprenant au r.d.c. (accès par l'extérieur) : cuisine, salle à manger. 1er étage : salle d'activités de 40 m^2. 2e étage : 3 ch. (2 lits 1 pers. superp.), 1 ch. (4 lits 1 pers. superp.), 1 ch. (6 lits 1 pers. superp.). 3 lavabos, 2 salles d'eau, 1 wc. 3e étage : 1 dortoir (6 lits 1 pers.), 1 dortoir (4 lits 1 pers.), 1 ch. (1 lit 1 pers.). 6 lavabos, 2 wc, 2 salles d'eau. Chauffage électrique. Possibilité de location de draps (20 F la paire). Foyer de ski de fond et VTT sur place. Ecole de vol libre à 5 mn. Vallée du Brezons, châteaux, églises romanes, Pierrefort 10 km. Restauration dans le bourg.

Prix : pers.nuit **44 F**

5	10	10	10	0,5	18	SP	20	SP	5

COMMUNE SAINT-MARTIN-SOUS-VIGOUROUX – Vigouroux – 15230 Saint-Martin-sous-Vigouroux – Tél. : 04.71.23.33.61 ou 04.71.23.33.16 – Fax : 04.71.23.39.23

Saint-Projet-de-Salers Col-de-Legal *C.M. n° 76 — Pli n° 2*

25 pers. Ouverture : toute l'année. Alt. : 1229 m

6 chambres et 2 dortoirs comprenants 25 lits 1 pers. 10 lavabos, 4 douches, 7 wc. Salle à manger, coin-cuisine. Cheminée. Salle d'activités. Salle de rangement de matériel. Chauffage électrique. Terrain. Puy Chavaroche. Fouer de ski de fond sur place. 10 % de réduction pour groupe de 15 pers.

Prix : pers.nuit **45 F**

GR : 400

17	2	10	SP	SP	40	10

SYNDIC. TOURISTIQUE DU COL DE LEGAL – Col de Legal – 15140 Saint-Projet-de-Salers – Tél. : 04.71.67.30.66 ou 04.71.47.60.09

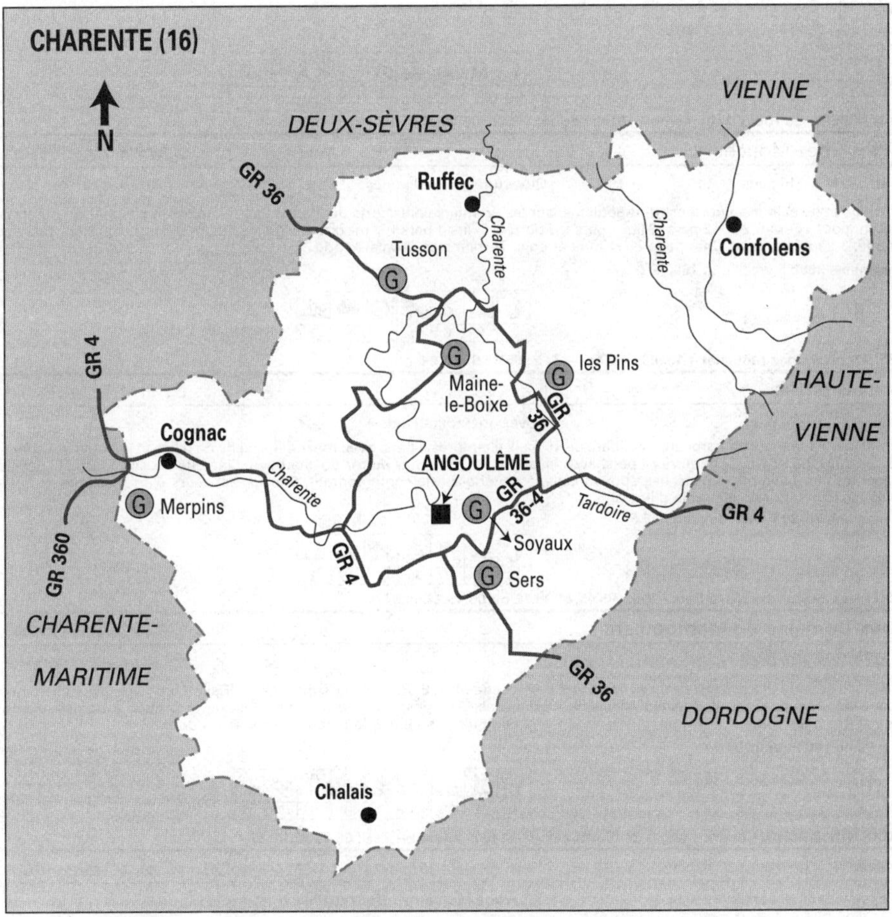

CH Chambre d'hôte   G Gîte d'étape, de séjour   L Logis de France

Maine-de-Boixe Le Couraud *C.M. n° 72 — Pli n° 13*

E.C. NN   16 pers.   Ouverture : toute l'année.

Gîte de séjour indépendant dans une ancienne commanderie du XVIe siècle situé dans un hameau à 20 km au nord d'Angoulême. 6 ch. (2 lits 2 pers. 12 lits 1 pers.). 2 cuisines, salon, salle à manger, cheminée, salle d'activité. 2 salles d'eau. 2 wc. Ch. électrique, l-linge, tél., prise TV. Prix semaine + charges. Prix week-end par jour selon nombre de pers. + charges. Cour close. Visite des musées et du jardin monastique médiéval. Anglais parlé.

Prix : semaine **4200 F** week-end **40/50 F**

4	SP	4	4	4	18	SP	4	10	4

CLUB MARPEN – 53 rue d'Angouleme – 16100 Cognac – Tél. : 05.45.82.87.95

Merpins Vieux-Bourg *C.M. nº 72 — Pli nº 12*

E.C. NN 12 pers. Ouverture : toute l'année.

Gîte de séjour indépendant dans un village à 5 km à l'ouest de Cognac. 3 chambres (12 lits 1 pers.). Cuisine, salle de séjour. Cheminée. Chauffage électrique. Téléphone. 3 douches, wc. Prix semaine + charges. Prix week-end par jour selon nombre de pers. + charges. Visite des musées et du jardin monastique médiéval. Anglais parlé.

Prix : semaine **2600 F** week-end **40/50 F**

0,5	SP	6	6	6	10	7	7	7

CLUB MARPEN – 53 rue d'Angouleme – 16100 Cognac – Tél. : 05.45.82.87.95

Les Pins Chez-Mouchet *C.M. nº 72 — Pli nº 14*

E.C. NN 15 pers. Ouverture : toute l'année.

Gîte d'étape et de séjour au nord-est d'Angoulême, sur les premiers contreforts du Massif Central, mitoyen à la maison du propriétaire. 3 ch. pour couple (2 lits 2 pers. 3 lits 1 pers.). 1 dortoir (5 lits 1 pers.). 2 mezzanines (4 lits 1 pers.). Séjour, cuisine, vaste salle commune. 3 douches, 4 wc. Chauffage électrique et bois. Terrain clos. Anglais parlé.

Prix : semaine **3000 F** week-end **1600 F**

TH

2	8	8	5	8	10	3

BOYES Dennis – Chez Mouchet – 16260 Les Pins – Tél. : 05.45.63.97.04

Sers La Brousse *C.M. nº 72 — Pli nº 14*

E.C. NN 19 pers. Ouverture : toute l'année.

Gîte de séjour situé dans un hameau, avec parc de 10 ha. 2 chambres 4 pers. avec mezzanine, salle de bains et wc privés. 1 chambre 3 pers. avec lavabo et wc. 2 chambres 4 pers. avec lavabo et wc. Douches au rez-de-chaussée. Linge de maison fourni. Expositions permanentes : en plein air la piste des épouvantails, à l'intérieur arts contemporain. Spectacles, cours d'art plastique, tir à l'arc. Angoulême 15 km. Possibilité table d'hôtes.

Prix : pers.nuit **70/80 F** petit dejeuner **15 F**

10	10	7	20	7	15	3

GAYOUT – La Brousse – 16410 Sers – Tél. : 05.45.24.95.72 ou 05.45.24.90.97

Soyaux Domaine-de-Montboulard *C.M. nº 72 — Pli nº 14*

E.C. NN 16 pers.

1 chambre 6 pers. (3 lits superposés), 1 chambre 2 pers. 1 chambre 8 pers. (4 lits superposés). Salle commune avec cheminée, 1 bureau. 2 wc, 2 salles d'eau (3 douches/3 lavabos - 3 douches/4 lavabos). Petit terrain clos. Piscine commune avec des chambres d'hôtes et des gîtes ruraux, VTT, jeux d'enfants. Le prix comprend la nuitée, le petit-déjeuner et les draps.

Prix : pers.nuit **95 F** repas **95 F**

TH

6	SP	SP	3	7	SP	5	7	0,5

MADIGOUT-BLANCHON Andre – Logis de Montboulard – 16800 Soyaux – Tél. : 05.45.92.07.35

Tusson *C.M. nº 72 — Pli nº 3*

E.C. NN 20 pers. Ouverture : toute l'année.

Gîte indépendant dans un village protégé à 35 km au nord d'Angoulême. 4 chambres (20 lits 1 pers.). Cuisine, salle de séjour, salon, cheminée. Salle d'eau, wc. Chauffage électrique, lave-linge, tél. sur demande. Terrain clos. Prix semaine + charges. Prix week-end par jour selon nombre de pers. + charges. Anglais parlé. Visite des musées et du jardin monastique médiéval.

Prix : semaine **4200 F** week-end **40/50 F**

6	2	12	0,5	12	18	SP	0,3

CLUB MARPEN – 53 rue d'Angouleme – 16100 Cognac – Tél. : 05.45.82.87.95

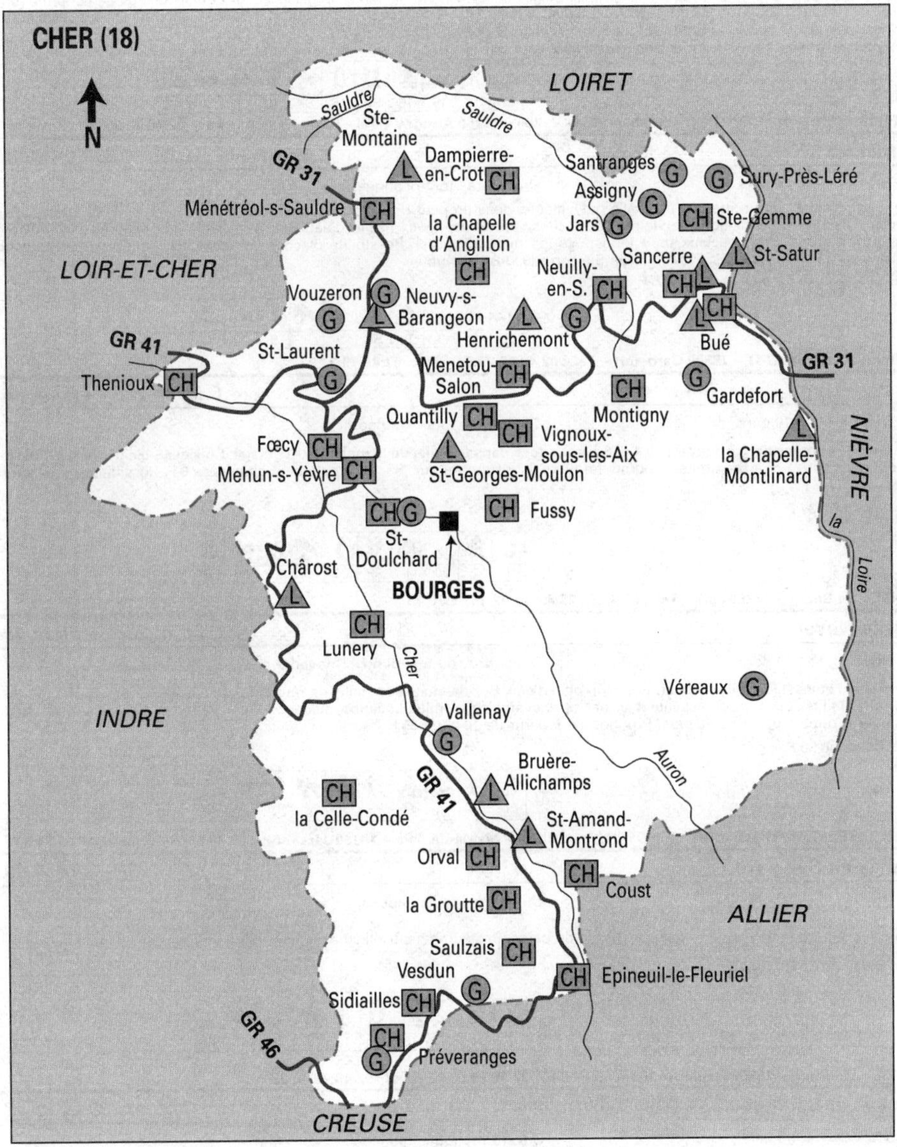

CH Chambre d'hôte G Gîte d'étape, de séjour L Logis de France

Assigny Chateau-de-la-Vallee *C.M. n° 238 — Pli n° 20*

29 pers. Ouverture : toute l'année.

Gîte de séjour : 5 ch. modulables sur demande, douche ou baignoire et wc chacune. 2 dortoirs (9 lits superp.), douche, wc et 2 lavabos chacun. 2 grandes salles à manger/salon. Cheminée. TV. Tél. Ping-pong. Baby-foot. Accueil de chevaux, manège couvert, carrière olympique, parcours extérieurs et promenades. Boxes et prés. Stages équestres. Forfait semaine. Relais équestre dans une partie de ferme fortifiée classée du XVIe au cœur du Pays Fort Sancerrois. Grand parc de 100 ha. avec château du XVIIe et 3 étangs. Canoë sur la Loire. Activités sportives avec moniteur diplômé. Agrément Education Nationale. Table d'hôtes sur résa.

Prix : pers.nuit **150 F** repas **80 F** pension cheval **40 F**

TH

SP	16	16	16	SP	16	SP	16	19	20	15

DE FUMICHON Ivan et Elisabeth – Chateau de la Vallee – 18260 Assigny – Tél. : 02.48.73.84.88 – Fax : 02.48.73.85.63

Gardefort *C.M. n° 238 — Pli n° 20*

E.C. NN 10 pers. Ouverture : toute l'année.

Gîte d'étape et de séjour attenant à la salle polyvalente, dans un petit bourg calme. 2 dortoirs (6 lits 1 pers. et 4 lits 1 pers.). Salle à manger. Cuisine à disposition. Sanitaires (2 douches, 4 lavabos, 1 wc, 1 salle d'eau/wc). Accessible aux personnes handicapées. Location de draps. Prix spéciaux pour longs séjours (mini. 15 jours). Possibilité d'accueil de chevaux. Randonnées pédestres et cyclistes sur chemins balisés. Proximité de Sancerre (9 km) : vignobles.

Prix : pers.nuit **45 F** pension cheval **15 F**

9	9	9	9	SP	9	5	9	20	5

MAIRIE DE GARDEFORT – 18300 Gardefort – Tél. : 02.48.79.27.91 – Fax : 02.48.79.27.91

Jars *C.M. n° 238 — Pli n° 19-20*

E.C. NN 10 pers. Ouverture : toute l'année.

Gîte d'étape comportant : 2 dortoirs de 4 et 6 pers., situés dans une aile de la mairie, au 1er étage. Cuisine. Salle d'eau, wc. Possibilité accueil pour chevaux à proximité. Produits fermiers et restaurant sur place. Supplément chauffage 9 F. Possibilité de location de draps.

Prix : pers.nuit **37 F**

1	1	20	1	SP	20	5	SP	20	SP

MAIRIE – Le Bourg – 18260 Jars – Tél. : 02.48.58.73.89 ou 02.48.58.70.15

Jars-le-Noyer *C.M. n° 238 — Pli n° 19-20*

E.C. NN 14 pers. Ouverture : du 5 avril au 11 novembre.

Gîte d'étape et de séjour situé aux abords d'un plan d'eau. Rez-de-chaussée : salle de réunion avec cuisine. Douches. WC. 1er étage : 2 dortoirs (14 lits). Lavabos. Possibilité d'accueil de chevaux à proximité. Location cuisine : 7 F/pers./2 repas, 13 F/pers./3 repas, 130 F/jour pour groupe à partir de 10 pers. Prix groupe à partir de 10 pers. 25 F.

Prix : pers.nuit **30 F**

SP	SP	20	SP	SP	20	5	SP	20	SP

SYND. INTERCOMMUNAL JARS LE NOYER Mme Nizou – Mairie de Jars – 18260 Jars – Tél. : 02.48.58.70.99 ou 02.48.58.74.50

Neuilly-en-Sancerre *C.M. n° 238 — Pli n° 19-20*

E.C. NN 8 pers. Ouverture : toute l'année.

1 dortoir pour 8 personnes. Coin-cuisine. 1 salle de bains. Restaurants sur place avec possibilité de repas sur demande.

Prix : pers.nuit **30 F**

2	10	16	16	SP	16	8	16	30	SP

MAIRIE – Le Bourg – 18250 Neuilly-en-Sancerre – Tél. : 02.48.79.05.22 – Fax : 02.48.79.05.22

Neuvy-sur-Barangeon Le Bas-Guilly *C.M. n° 238 — Pli n° 18*

E.C. NN 16 pers. Ouverture : toute l'année.

Gîte d'étape et de séjour installé dans un bâtiment Solognot indépendant sur une grande propriété. 1er étage : 8 chambres 2 pers. avec cabinet de toilette. 3 salles de bains et 4 wc communs. Rez-de-chaussée : salle commune avec cheminée/coin-cuisine, télévision. Location de VTT sur place. Location de salles. Prix groupe à partir de 10 pers. Anglais parlé. Forfait 2 pers., petit-déjeuner compris : 200/240 F. Accueil cavaliers et chevaux (uniquement au pré). Mise à disposition sellerie et écurie.

Prix : repas **100/180 F**

TH GR : 31

SP	5	23	5	SP	11	5	5	23	5

JUNES Guy et Sigi – Le Bas-Guilly – 18330 Neuvy-sur-Barangeon – Tél. : 02.48.51.64.46 – Fax : 02.48.51.64.46

Preveranges *C.M. n° 238 — Pli n° 42*

E.C. NN 56 pers. Ouverture : toute l'année.

Gîte d'étape : 1er bâtiment, 1er ét. : 4 ch. (1 lit 2 pers. 1 lit 1 pers.). 1 ch. (2 lits 1 pers.). Cuisine, s. d'eau. (2 lavabos + 2 douches), wc. 2e ét. : 2 ch. (8 lits 1 pers.). Cuisine, s.d.b. (1 baignoire, 2 lavabos), wc. 2e bâtiment, r.d.c. : 2 ch. 3 pers. 3 ch. 2 pers. 2 s.d.b., wc. Salle à manger, cuisine. Et. : 2 ch. 4 pers. 2 ch. 3 pers. s.d.b., douches, wc. Gîte d'étape et de séjour aménagé dans un ancien presbytère.

Prix : pers.nuit **55 F**

GR : 41

SP	SP	10	10	SP	25	SP	10	10	SP

MAIRIE – 18370 Preveranges – Tél. : 02.48.56.46.77 ou 02.48.56.41.62

Saint-Doulchard Varye *C.M. n° 238 — Pli n° 30*

16 pers. Ouverture : toute l'année.

Gîte d'étape et de séjour dans un bâtiment rénové dans le cadre agréable d'un parc ombragé de 5 ha. à 4 km de Bourges. R.d.c. : grande salle à manger avec cuisine à l'américaine. 1 ch. 4 pers. 1 salle d'eau, 3 douches, 3 lavabos, 2 wc. 1er ét. : 1 dortoir (10 lits 1 pers.). 1 ch. 2 pers. WC. Point-phone. Barbecue. Salons de jardin. Petit déjeuner et linge compris. Chevaux et poneys sur la propriété : carrière, promenades accompagnées ou non, attelage. Accueil chevaux et cavaliers de passage.

Prix : pers.nuit **85 F** pension cheval **25/50 F**

5	0,1	2	5	SP	5	SP	4	4	2

DE GOURNAY Marie-Therese – Chateau de Varye – 18230 Saint-Doulchard – Tél. : 02.48.24.25.53

Saint-Laurent Les Vigneaux *C.M. n° 238 — Pli n° 18*

E.C. NN 13 pers. Ouverture : toute l'année.

Gîte d'étape au r.d.c. : 7 ch. simples et 3 ch. doubles (dont 4 accessibles aux personnes handicapées), salle d'eau/wc chacune. Grand séjour/salon avec cuisine américaine. Salons de jardin. Agréé Jeunesse et Sports. Point-phone. Possibilité accueil chevaux et baignade. Prix pour groupes, forfait à la semaine. En Sologne, grand bâtiment de ferme rénové entouré d'un terrain (10 ha.) traversé par 2 rivières, ouvert à la rencontre entre de jeunes enfants et des personnes agées qui choisiront ensemble leurs activités : découverte nature, vie de la ferme, pêche, initiation à la peinture, poterie, au théatre...

Prix : pers.nuit **100 F** pension **200 F** repas **50/70 F** pension cheval **30 F**

TH GR : 41

SP	3	11	SP	SP	11	11	11	11	3

ASSOCIATION DE 7 A 97 ANS – Les Vigneaux – 18330 Saint-Laurent – Tél. : 02.48.51.53.42

Santranges Le Vannereau *C.M. n° 238 — Pli n° 20*

E.C. NN 16 pers. Ouverture : toute l'année.

Gîte d'étape et de séjour : r.d.c. : salon/club house (cheminées), TV, bibliothèque, billards. 1er ét. : 5 ch. (2 pers.), s. d'eau et wc chacune. 1 dortoir (6 pers.), salle d'eau et wc. Poss. lits suppl. Parking. Terrasses. Salons de jardin. Barbecue. Poss. : accueil chevaux, baptème ULM, loc. de salle avec traiteur. Forfait loisirs selon activités choisies. Prix pour groupes. D'anciens bâtiments de ferme reconstitués dans le style « hacienda » de village avec une rue, une place, une ambiance musicale, c'est le dépaysament qu'offre ce gîte, relais équestre. Nombreuses activités : équitation (carrière, randonnées), tir à l'arc, VTT,...

Prix : pension **220 F** pension cheval **50/70 F**

TH

4	4	20	20	SP	20	SP	SP	27	4

RELAIS LOISIRS CAMPO VITAL – Le Vannereau – 18240 Santranges – Tél. : 02.48.72.62.71

Sury-Pres-Lere La Grande-Borne *C.M. n° 238 — Pli n° 20*

E.C. NN 20 pers. Ouverture : du 1er mars au 15 décembre.

Gîte d'étape et de séjour, relais équestre. Au r.d.c. : salle à manger/coin-cuisine (15 F/pers./jour, 150/200 F/groupes), salle de bains, douche, wc. 1er étage : 2 dortoirs avec alcôves (9 lits 1 pers. 6 lits 1 pers.), s. d'eau (2 lavabos, 1 douche), wc. 2e étage : 2 ch. 2 pers. et mezzanine 1 pers. Chauffage électrique. Extérieur : 1 wc + 1 lavabo. Accueil de chevaux (4 boxes, 7 ha. de prés). Supplément chauffage : 10 F/pers. Randonnées pédestres, équestres et VTT (circuits balisés). Loisirs : piscines gratuites (petit et grand bassins), ping-pong, basket, balançoires.

Prix : pers.nuit **60 F** 1/2 pension **145 F** petit dejeuner **25 F** repas **70/90 F** pension cheval **30/50 F**

TH

2	5	SP	25	SP	25	SP	25	15	4

HERBAUT Francoise – La Grande Borne – 18240 Sury-Pres-Lere – Tél. : 02.48.72.65.27

Vallenay Le Preuil *C.M. n° 238 — Pli n° 30*

45 pers. Ouverture : toute l'année.

Hébergement dans 3 maisons. Maison à vivre avec séjour/salon, cuisine et salle d'eau/wc. Maison indépendante avec 1 chambre 2 pers. et 2 chambres 4 pers., 3 lavabos, 2 douches, wc. Anciens boxes rénovés avec 9 chambres 4 pers., 4 lavabos, 2 douches, 3 wc. Petit déjeuner compris dans le prix. Supplément chauffage : 5 F/pers. Gîte d'étape et de séjour, agréé Jeunesse et Sports, dans une propriété de 21 ha., au milieu d'un élevage de poneys. Accueil de chevaux (6 boxes, sellerie, prés). Equitation sur poneys.

Prix : pers.nuit **75 F** pension cheval **30/50 F**

SP	2	12	30	SP	35	SP	12	12	2

DE SEVIN Yvonne – Chateau du Preuil – 18190 Vallenay – Tél. : 02.48.63.63.60 – Fax : 02.48.63.66.32

Vereaux Les Turaux *C.M. n° 238 — Pli n° 32*

E.C. NN 40 pers. Ouverture : de mai à octobre.

Gîte d'étape et de séjour. 3 dortoirs pour 40 personnes. Cuisine. Salle commune. 1 salle de bains, douches, 8 lavabos, wc. Sur place : basket, ping-pong, circuits à bicyclette. Poss. de louer des vélos et une grande salle. Tennis (location à l'heure). Auberge à 200 m.

Prix : pers.nuit **70/100 F** petit dejeuner **25 F**

5	SP	45	10	SP	50	SP	10	30	5

D'ARGENT Yves – Domaine des Turaux – 18600 Vereaux – Tél. : 02.48.74.10.51 ou 01.45.55.76.78

Vesdun *C.M. n° 238 — Pli n° 43*

52 pers. Ouverture : toute l'année.

24 chambres de 1, 2 ou 3 lits avec sanitaires privés par chambre. Salons (cheminée, TV). TV, téléphone sur demande. Jardin. Salon de jardin. Restaurant sur place. Possibilité location de vélos. Randonnées pédestres sur circuits balisés. 4 chambres accessibles aux personnes handicapées. Possibilité location d'une grande salle. Animaux admis (au chenil). Prix groupe. Forfait semaine et week-end. Tarifs scolaires. Petit-déjeuner compris.

Prix : pers.nuit **120 F**

GR : 41

SP	SP	30	12	SP	20	1	12	SP	30	SP

MAIRIE – 18360 Vesdun – Tél. : 02.48.63.06.94 – Fax : 02.48.63.06.95

Vouzeron La Feuillarderie *C.M. n° 238 — Pli n° 18*

E.C. NN 21 pers. Ouverture : toute l'année.

Gîte d'étape et de séjour : 6 ch. dont 1 accessible aux pers. handicapées, salle d'eau/wc pour chacune. Salle commune et coin-détente (cheminée, prêt de livres, TV) dans un bâtiment séparé. Cuisine à disposition. Draps et linge de toilette fournis. Salons de jardin, barbecue. Prix pour groupe, forfait à la semaine et tarifs scolaires. En sologne (région de chasse), gîte d'étape et de séjour aménagé dans un bâtiment solognot rénové dans un petit bourg calme. Cour et grand terrain clos. Terrasse avec vue sur une pièce d'eau. Sur le site, musée de la chasse et de la nature.

Prix : pers.nuit **100 F**

GR : 41

SP	SP	15	25	SP	15	10	25	15	15	SP

LOUYOT Patrick ou Mme Vivier – La Feuillarderie – 18330 Vouzeron – Tél. : 02.48.51.12.15

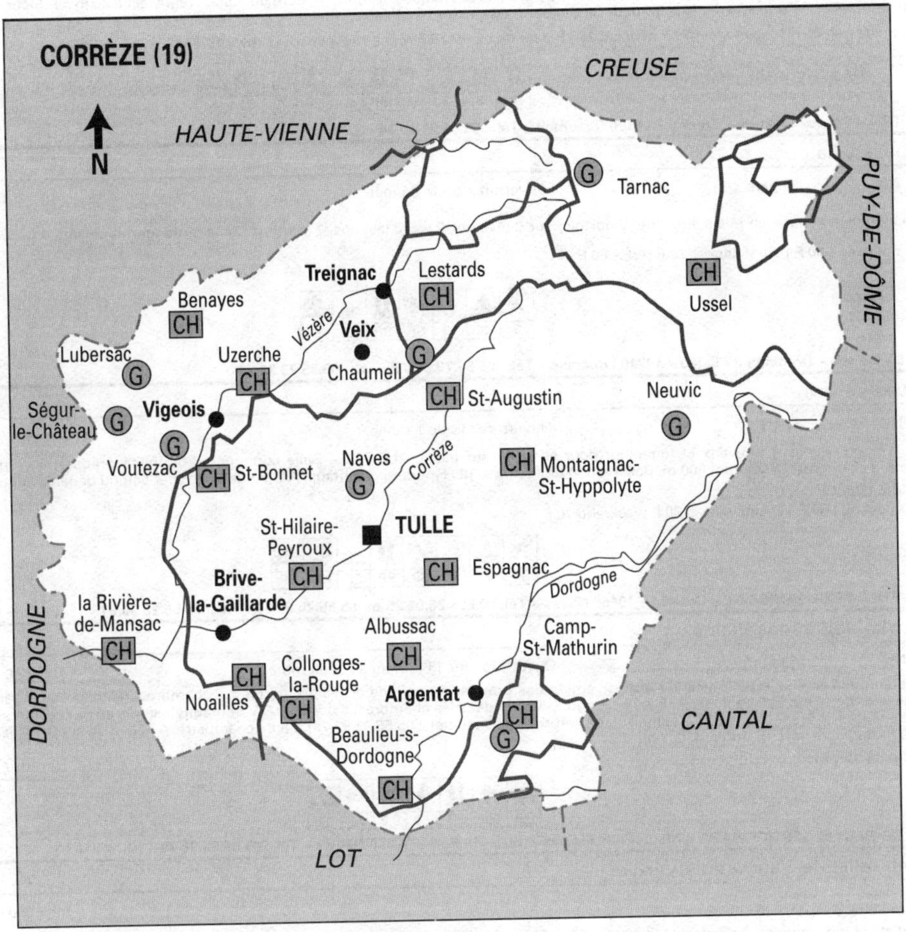

CH Chambre d'hôte G Gîte d'étape, de séjour L Logis de France

---

Camps-Saint-Mathurin-Leobazel Mialaret *C.M. n° 75*

E.C. NN 8 pers. Ouverture : toute l'année. Alt. : 520 m

Gîte mitoyen. Chevaux sur place. 2 chambres (8 lits 1 pers.), salle d'eau, wc, kitchenette. Forfait pers. + cheval : 65 F. Anglais parlé.

Prix : pers.nuit **50 F** petit dejeuner **20 F** repas **60 F** pension cheval **15 F**

(TH) GR : 480

5	5	SP	SP	SP	15	20	5

SEGOL Guy – Mialaret – 19430 Camps-Saint-Mathurin – Tél. : 05.55.28.50.09 – Fax : 05.55.28.54.00

Chaumeil Trephy

E.C. NN 8 pers. Ouverture : toute l'année. Alt. : 750 m

Gîte d'étape indépendant. 2 chambres (8 lits 1 pers.). Salle d'eau, wc, cuisine équipée, salle d'accueil. Location de draps (20 F). Anglais et hollandais parlés. Chaumeil est situé entre Egletons et Treignac, à 30 km au nord de Tulle. Trèphy est à 3 km de Chaumeil, dans le massif des Monédières, sur la route de Bugeat (D32) et sur le GR440.

Prix : pers.nuit **65 F** 1/2 pension **160 F** pension **230 F** petit dejeuner **25 F** repas **75 F** pension cheval **15/35 F**

TH GR : 440

6	3	2	SP	SP	20	25	20	20	8

BARGEAU Patrice et Anita – Trephy – 19390 Chaumeil – Tél. : 05.55.21.40.34

Lubersac Laleu

E.C. NN 24 pers. Ouverture : toute l'année. Alt. : 420 m

Gîte d'étape aménagé en relais équestre. 2 dortoirs sur 2 niveaux. 2 wc, 2 lavabos, 2 douches. Salle à manger et cuisine équipée.

Prix : pers.nuit **60 F** petit dejeuner **20 F** repas **60 F**

TH

3	10	15	SP	SP	3	3

FAYET Francis – Domaine de Laleu – 19210 Lubersac – Tél. : 05.55.73.32.70 – Fax : 05.55.73.32.70

Naves Cesarin

E.C. NN 8 pers. Ouverture : toute l'année.

Gîte d'étape équestre. Chevaux et logement pour chevaux sur place. Abri vélos. Salle commune. Possibilité préparation repas simple. 3 chambres. Restaurant 500 m. Réservation obligatoire. 100 F/pers. si chauffage. A 7 km de Tulle chef-lieu du département. A 8 km de Seilhac.

Prix : pers.nuit **80 F** pension cheval **80 F** week-end **70 F**

SP	8	8	SP	SP	SP	8	SP

SOCIETE HIPPIQUE URBAINE – Cesarin – 19460 Naves – Tél. : 05.55.26.02.25 ou 05.55.26.64.56 – Fax : 05.55.26.50.91

Neuvic Moulin-des-Plaines

E.C. NN 20 pers. Ouverture : du 15 juin au 30 septembre. Alt. : 650 m

Ancien moulin aménagé pour recevoir exclusivement des groupes en période estivale. 4 dortoirs. 2 chambres individuelles. 1 salle d'activités. 1 cuisine. Salle à manger. 5 wc à l'étage. Lavabos dans les chambres. 6 douches. TV et magnétoscope en juillet/août sur demande. Les clefs sont a prendre à la maison de l'arbre et de l'eau (tél. : 05.55.95.93.79). Cadre champêtre. A 500 m du centre ville et à 600 m du lac de la Triouzoune (300 ha).

Prix : pers.nuit **48 F**

0,8	0,8	SP	0,5	0,8	22	0,5

CPIE DE NEUVIC GESTIONNAIRE – Moulin des Plaines - route de Bort – 19160 Neuvic – Tél. : 05.55.95.93.79

Saint-Julien-le-Vendomois Verdier

13 pers. Alt. : 350 m

Gîte d'étape indépendant. 2 dortoirs (1 lit 1 pers. 6 lits 2 pers.), cuisine, salon, boule à laver, terrasse, salon de jardin, barbecue, terrain.

Prix : semaine **1800/2200 F** week-end **1000 F**

5	13	SP	13	SP	13	13	4	4

MAGNOUX Jean-Pierre – 19230 Segur-le-Chateau – Tél. : 05.55.73.55.05

Tarnac Larfeuil

E.C. NN 7 pers. Ouverture : toute l'année. Alt. : 800 m

Gîte d'étape comprenant : 1 dortoir (7 lits 1 pers.), salle de séjour, cheminée, barbecue, salon de jardin, parasol. Chauffage central électrique. Loisirs sur place : jeux d'enfants, bibliothèque, attelage, boxes et stalles pour les chevaux ou prés. GR 8 km. Prix par pers. et par nuit avec ou sans chauffage.

Prix : pers.nuit **60/70 F** petit dejeuner **15 F** pension cheval **5 F**

5	5	SP	SP	30	5

JAGAILLOUX Jean-Luc – Larfeuil – 19170 Tarnac – Tél. : 05.55.95.51.66

Veix Pommier

Alt. : 700 m

E.C. NN 10 pers.

Gîte d'étape mitoyen à une autre maison. 1 chambre + 2 dortoirs (8 lits 1 pers. 1 convertible), cuisine. Terrain. Chauffage électrique. A 500 m du bourg.

Prix : pers.nuit **35 F** petit dejeuner **25 F** repas **55 F** pension cheval **15 F**

5	5	2	3	SP	5	4

JAGU Jean-Louis – Le Vieux Logis – 19470 Le Lonzac – Tél. : 05.55.98.17.76

Vigeois Vieux-Pont

C.M. n° 75 — Pli n° 8

Alt. : 300 m

19 pers. Ouverture : toute l'année.

Belle grange limousine rénovée en gîte d'étape et de séjour. R.d.c. : cuisine aux normes, séjour de 50 m² avec cheminée, wc, salle d'eau, rangement, séchage. Etage : 4 chambres avec salle d'eau et wc pour chacune. Chauffage électrique, isolation. Terrain de 4546 m² en bordure de rivière. Chambre 4 pers. : 220 F. Prix spéciaux pour groupe et 2e semaine. Bord de Vézère (pêche, parcours canoë catégorie III), près d'un pont classé M.H., sur le chemin du GR46. Bourg voisin, chef-lieu de canton avec tous services. A 3 km, camping 3* et lac de 15 ha. avec baignade surveillée. Voie ferrée Paris-Toulouse. A20, sortie n° 45 à 5 km.

Prix : semaine **1600/1900 F**

GR : 46

1	3	SP	9	SP	3	1	1

COMMUNE DE VIGEOIS – Mairie – 19410 Vigeois – Tél. : 05.55.98.91.10 ou 05.55.98.91.93 – Fax : 05.55.73.77.30

Voutezac La Bontat

Alt. : 100 m

E.C. NN 20 pers. Ouverture : à partir de mai.

Situé dans les gorges de la Vézère, sur un site inscrit, près du château et du pont médiéval. Cuisine aménagée. Salle de séjour. 5 chambres + 1 dortoir (lits superposés). 2 wc, 2 douches, 3 lavabos (équipement pers. handicapées). Activités de plein-air à proximité : kayak, tir à l'arc, spéléo, VTT, escalade. Anglais parlé.

Prix : pers.nuit **55 F** pension cheval **140 F**

4	4	10	12	SP	4	15	15	4	4

ROUHAUD Pierre – La Bontat - Le Pont du Saillant – 19240 Allassac – Tél. : 05.55.84.73.94 ou 05.55.84.76.98

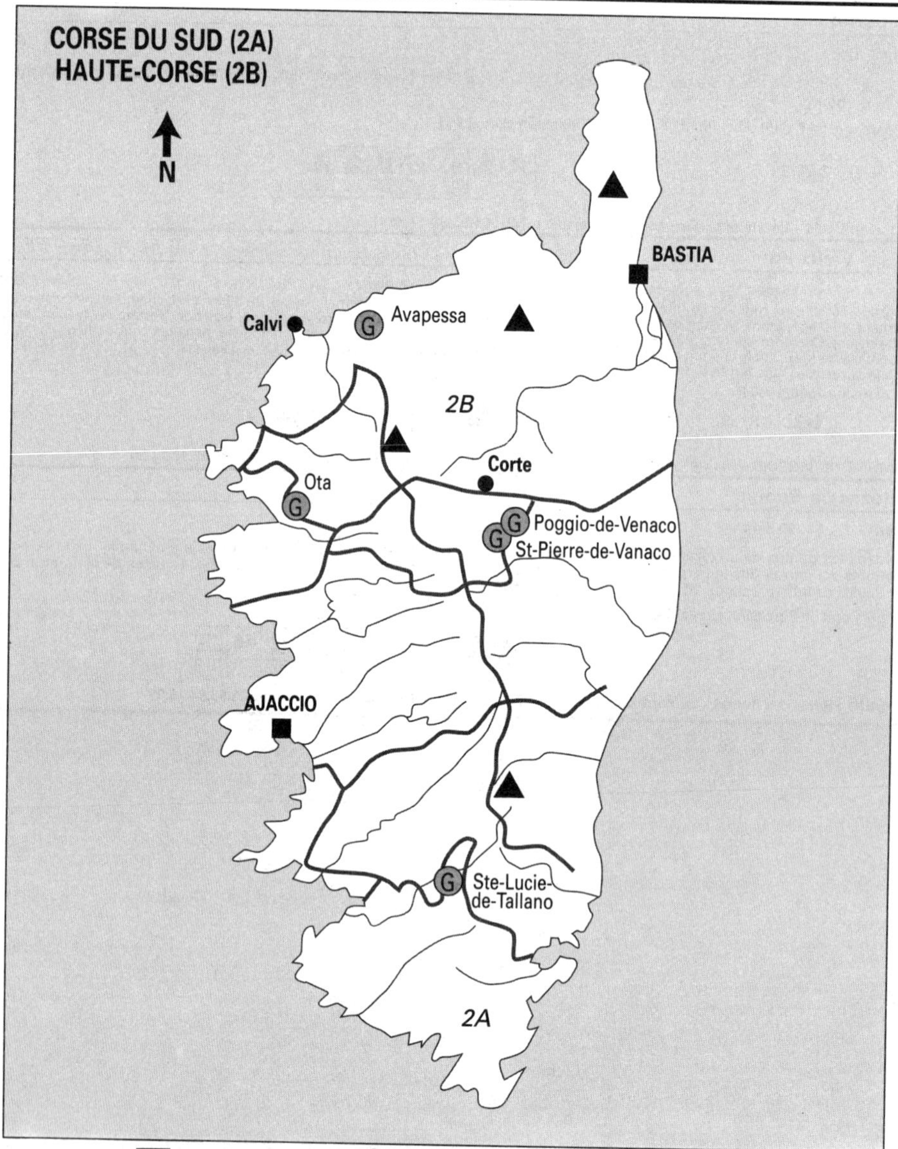

CH Chambre d'hôte — G Gîte d'étape, de séjour — L Logis de France

Avapessa

E.C. NN 16 pers. Ouverture : toute l'année. Alt. : 250 m

1 dortoirs de 6 lits, 2 ch. de 4 lits, 1 ch. de 2 lits, 6 lavabos, 3 douches, 3 wc, cuisine entièrement équipée. Séjour avec TV, terrasse avec salon de jardin. Loc. draps (25 F/nuit). Chauffage electrique. Bâtiment de caractère, grand confort. Poss. pension ou 1/2 pension au restaurant communal. Agrément Jeunesse et Sports. Poss. gratuités pour les randonnées.

Prix : pers.nuit **65 F** 1/2 pension **170/195 F** petit dejeuner **30 F** repas **75 F**

TH

12	12	8	8	8	12	SP

MAIRIE D'AVAPESSA – 20225 Avapessa – Tél. : 04.95.32.21.68 ou 04.95.61.74.10

Ota

Alt. : 320 m

30 pers.

2 dortoirs de 6 lits, 1 ch. de 4 lits, 2 ch. de 3 lits, 1 dortoir de 8 lits, 3 douches, 3 wc, 6 lavabos. Cuisine commune (cuisinière, réfrigérateur). Chauffage. Taxe de séjour 2 F/pers. Possibilité canoë kayak.

Prix : pers.nuit **50 F**

5	5	0,8	0,8	0,8	0,8	SP

CECCALDI Felix – Bar-Snack Chez Felix – 20150 Ota – Tél. : 04.95.26.12.92

Ota

Alt. : 330 m

22 pers.

1 dortoir de 12 lits, 1 dortoir de 8 lits, 1 chambre de 2 pers. 3 douches, 3 lavabos, 2 wc. Cuisine commune : 2 cuisinières, 2 éviers, four, réfrigérateur. Taxe de séjour : 2 F/pers.

Prix : pers.nuit **60 F** 1/2 pension **160 F** repas **110 F**

TH

5	5	0,8	0,8	0,8	SP

FRANCHI Marie – 20150 Ota – Tél. : 04.95.26.11.37

Poggio-de-Venaco

Alt. : 900 m

E.C. NN 16 pers.

2 dortoirs (8 lits 1 pers. chacun), 2 douches, 2 wc, 2 lavabos. Cuisine commune avec réfrigérateur. Supplément draps : 15 F. Chasse, pêche et escalade sur place.

Prix : pers.nuit **50 F**

40	5	8	SP	5	8	SP

MAIRIE DE POGGIO DE VENACO – 20250 Corte – Tél. : 04.95.47.07.45 ou 04.95.47.02.29

Saint-Pierre-de-Venaco

Alt. : 800 m

E.C. NN 21 pers. Ouverture : toute l'année.

1 dortoir (5 lits 1 pers.). 4 dortoirs (4 lits 1 pers.). 4 salles d'eau avec wc, 1 wc indépendant. Cuisine commune avec réfrigérateur. Chasse, mur d'escalade sur place, école d'escalade à proximité.

Prix : pers.nuit **65 F** 1/2 pension **160 F**

TH

3	7	SP	7	3	3	5	1

HIVER Charles – 20250 Saint-Pierre-de-Venaco – Tél. : 04.95.47.02.80 ou 04.95.47.07.29

Sainte-Lucie-de-Tallano

Alt. : 450 m

32 pers. Ouverture : toute l'année.

A la sortie du village dans une belle batisse en pierres. 1er étage : 3 chambres de 4 lits avec salle d'eau et wc privatifs. 2e étage : 4 chambres de 4 lits et 1 chambre de 2 lits avec salle d'eau et wc privatifs. A l'arrière du bâtiment 1 chambre de 2 lits avec salle d'eau et wc privatifs. Cuisine entièrement équipée, salle commune.

Prix : pers.nuit **60 F** 1/2 pension **165 F** petit dejeuner **30 F**

TH

25	5	SP	2	7	30	SP

MAIRIE DE SAINTE-LUCIE-DE-TALLANO – 20112 Sainte-Lucie-de-Tallano – Tél. : 04.95.78.82.56 ou 04.95.78.82.67

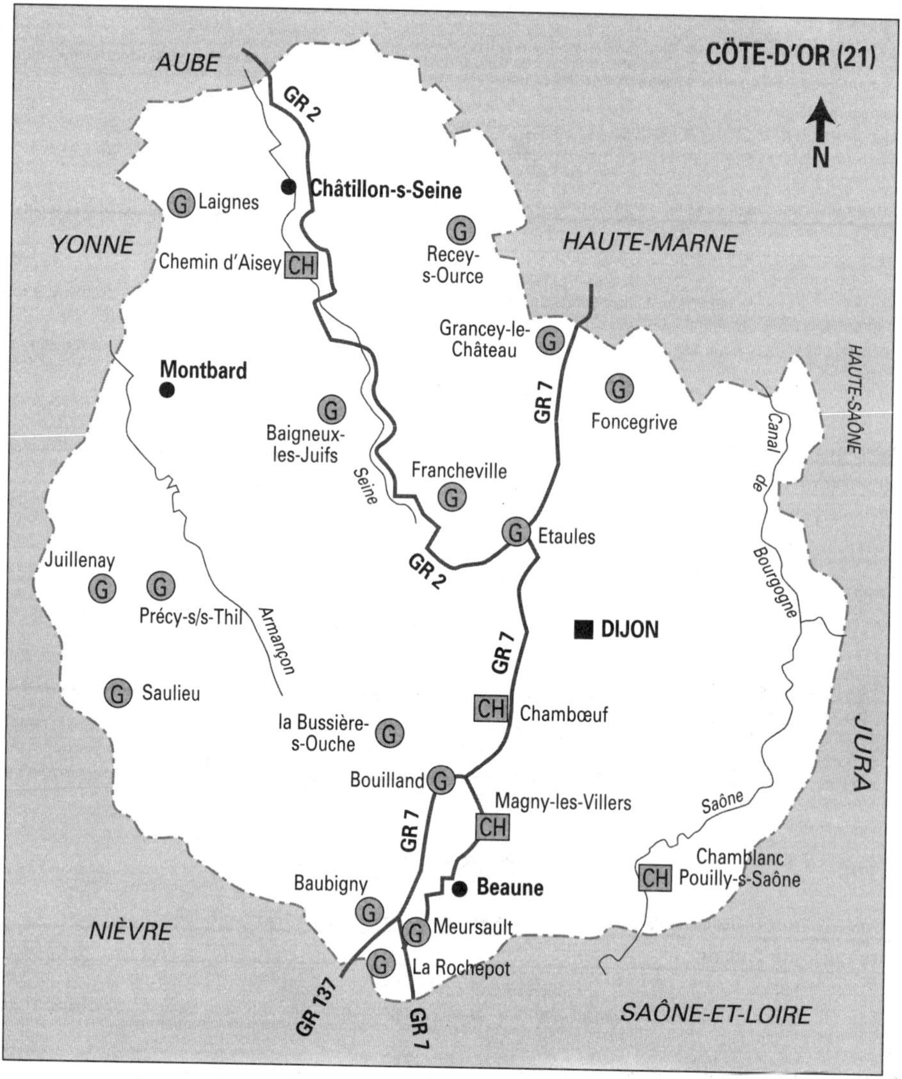

CH Chambre d'hôte G Gîte d'étape, de séjour L Logis de France

Baigneux-les-Juifs

C.M. n° 243 — Pli n° 2

36 pers. Ouverture : toute l'année. Alt. : 450 m

Gîte de séjour confortable dans la maison familiale. Coin-cuisine. Salle commune. 2 chambres de 6 lits avec 3 douches et sanitaires. 6 chambres de 4 lits, chacune avec douche et sanitaires. 1 sanitaire accessible aux personnes handicapées. Tarifs pour enfants -12 ans. Possibilité produits fermiers sur demande. Possibilité long séjour sur demande. Réveillon pour les fêtes de fin d'année. Commerces à proximité.

Prix : pers.nuit **50 F** 1/2 pension **100 F** pension **150 F** petit dejeuner **25 F** repas **50 F**

TH GR : 2

ASSOCIATION MAISON FAMILIALE RURALE – Rue de l'Eglise – 21450 Baigneux-les-Juifs – Tél. : 03.80.96.50.89 – Fax : 03.80.96.52.88

Baubigny Orches

C.M. n° 243 — Pli n° 27

38 pers. Ouverture : toute l'année. Alt. : 600 m

Gîte d'étape et de séjour situé à 15 km de Beaune. Coin-cuisine. Salle commune. 4 dortoirs et 4 chambres (38 lits). 4 salles d'eau et salles de bains, 6 wc. Chevaux et boxes sur place. Possibilité petit-déjeuner et plats cuisinés. Site archéologique. Vins des Hautes-Côtes. Prix du gîte : 1500 F/jour. Pension cheval : 1400 F/mois. Point-phone : 03.80.21.80.86.

Prix : pers.nuit **50 F** 1/2 pension **120 F** pension **170 F** petit dejeuner **20 F** repas **50 F**

TH GR : 54 et 7

7	SP	6	SP	SP	SP	13	13	13	7

LAFORET Patrice – Orches – 21340 Baubigny – Tél. : 03.80.21.79.66 – Fax : 03.80.21.88.03

Bouilland La Trentiniere

C.M. n° 66 — Pli n° 11

12 pers. Ouverture : du 15 mars au 15 novembre. Alt. : 600 m

Gîte d'étape équestre, pédestre et cycliste. Coin-cuisine. Salle commune. 3 chambres (12 pers.). 2 salles d'eau, 2 wc. Supplément chauffage. Logement chevaux sur place. Produits fermiers. Plats cuisinés sur demande. Elevage de chèvres et fabrication du fromage. Beaune 15 km. Anglais et allemand parlés. Organisation de circuits de découverte des Hautes-Côtes avec dégustation de vins et de produits locaux.

Prix : pers.nuit **50 F** petit dejeuner **25 F** pension cheval **20 F**

GR : 7

4	5	4	SP	8	6	20	15	SP	15	10

JOUQUET Marie-Jeanne – Ferme de la Trentiniere – 21420 Bouilland – Tél. : 03.80.61.42.64

La Bussiere-sur-Ouche La Volte

C.M. n° 243 — Pli n° 15

36 pers. Ouverture : toute l'année. Alt. : 300 m

Gîte d'étape équestre et de séjour situé dans la vallée de l'Ouche à 30 km de Beaune et de Dijon. Coin-cuisine. Salle commune. 8 chambres de 4 lits et 2 chambres de 2 lits. 6 douches et 8 wc. Chevaux et boxes sur place. Visites accompagnées des caves et des châteaux. Classe verte et centre de vacances. Bligny-sur-Ouche 15 km.

Prix : pers.nuit **60 F** 1/2 pension **135 F** pension **200 F** petit dejeuner **18 F** repas **65 F** pension cheval **50 F**

TH

10	SP	SP	SP	10	25	30	25	33	SP

SARL LA VOLTE – 21360 La Bussiere-sur-Ouche – Tél. : 03.80.49.04.73 – Fax : 03.80.49.04.60

Etaules

C.M. n° 66 — Pli n° 12

E.C. NN 10 pers. Ouverture : toute l'année. Alt. : 520 m

Gîte d'étape communal situé à 2 km de Darois. Cuisine. Salle commune avec cheminée. 1 dortoir de 10 lits. Salle d'eau et wc. Dijon à 12 km.

Prix : pers.nuit **45 F**

GR : 2 et 7

3	0,3

COMMUNE D'ETAULES – 21121 Fontaine-les-Dijon – Tél. : 03.80.35.63.45

Foncegrive

C.M. n° 243 — Pli n° 4

8 pers. Ouverture : toute l'année. Alt. : 370 m

Gîte d'étape communal situé à 4 km de Selongey. Cuisine. Salle commune. 2 dortoirs (8 lits). 1 douche, 2 lavabos, 2 wc. Supplément chauffage en hiver. Logement de chevaux sur place. Sentier pédestre, circuit VTT et circuit équestre de la Côte-d'Or sur place. Location de salle. Is-sur-Tille 18 km.

Prix : pers.nuit **20/25 F**

SP	SP	4	15	4	18	4

COMMUNE DE FONCEGRIVE – Mairie – 21260 Foncegrive – Tél. : 03.80.75.75.15 – Fax : 03.80.75.54.24

Francheville

C.M. n° 65 — Pli n° 19

E.C. NN 35 pers. Alt. : 500 m

Gîte d'étape équestre, pédestre et spéléo. Salle commune. 2 dortoirs pour 32 pers. et 1 chambre 3 pers. 3 salles d'eau, 4 wc. Repas, restaurant et logement de chevaux sur place. Dijon 20 km.

Prix : pers.nuit **52 F** 1/2 pension **110 F** pension **145 F** petit dejeuner **20 F** repas **50 F**

TH GR : 7

1

RICHARD Olivier – La Clairiere – 21440 Saint-Seine-l'Abbaye – Tél. : 03.80.35.05.11

Grancey-le-Chateau Ferme-de-Borgirault *C.M. n° 243 — Pli n° 16*

30 pers. Ouverture : toute l'année. Alt. : 480 m

Gîte d'étape et de séjour aménagé dans une ferme en pleine campagne. Cuisine. Grande salle commune. 1 dortoir de 10 lits et 6 chambres de 20 lits au total. 5 salles d'eau et wc. Cour. Terrain. Agréé Jeunesse et Sports. Accessible aux personnes handicapées. Randonnée à cheval (poss. logement chevaux). Salle de jeux. Vélos en location (10 VTT). Anglais et allemand parlés.

Prix : pers.nuit **50 F** 1/2 pension **115 F** pension **165 F** petit dejeuner **20 F** repas **40/65 F** pension cheval **105 F**

TH GR : 7

14	SP	SP	18	25	25	3,5

LENZ Christopher – La Ferme de Borgirault – 21580 Grancey-le-Chateau – Tél. : 03.80.75.66.24

Grancey-le-Chateau *C.M. n° 243 — Pli n° 16*

E.C. NN 12 pers. Alt. : 450 m

Gîte d'étape communal. Coin-cuisine. 2 dortoirs (12 lits). 1 salle d'eau. Chauffage avec supplément l'hiver. Visites guidées en juillet et août. Restaurant à 100 m. Eté musical. Is-sur-tille 20 km.

Prix : pers.nuit **40 F**

GR : 7

1	0,3	0,2

MAIRIE DE GRANCEY-LE-CHATEAU – 21580 Grancey-le-Chateau – Tél. : 03.80.75.60.30 ou 03.80.75.63.45 – Fax : 03.80.75.64.60

Juillenay La Bergerie *C.M. n° 243 — Pli n° 13*

25 pers. Ouverture : toute l'année.

Gîte de séjour et d'étape équestre, pédestre et cycliste. Salle commune avec cuisine à disposition (équipée en vaisselle). Vestiaire. Chambres de 3 à 7 lits dont 2 chambres à 3 lits avec douche, lavabo et wc. 5 douches, wc. Accueil multi-randonnées. Accueil chevaux : attache, douche, pré, alimentation, sellerie. Réservation par téléphone ou fax. Repas sur réservation. GR de pays et Bibracte-Alésia.

Prix : pers.nuit **60/70 F** petit dejeuner **20 F** repas **70 F**

TH

10	3	2	3	SP	7	10	40	3

PUCCINELLI Bernard et Anita – La Bergerie – 21210 Juillenay – Tél. : 03.80.64.41.26 – Fax : 03.80.64.41.26

Laignes *C.M. n° 243 — Pli n° 1*

7 pers. Ouverture : toute l'année.

Gîte d'étape communal. Coin-cuisine. Salle commune. 1 dortoir de 7 pers. Salle d'eau. WC. Supplément chauffage en hiver. Restaurant 500 m. Centre équestre 3 km. Châtillon-sur-Seine 17 km.

Prix : pers.nuit **40 F**

3	1	2	0,5	3	17	20	0,5

COMMUNE DE LAIGNES – 21330 Laignes – Tél. : 03.80.81.43.03 ou 03.80.81.42.01 – Fax : 03.80.81.45.19

Meursault *C.M. n° 243 — Pli n° 27*

18 pers. Ouverture : du 1er février au 30 novembre.

Au bourg, gîte d'étape situé sur une exploitation viticole, à 7 km de Beaune. Réfectoire. Salle commune avec cheminée. 3 dortoirs (18 lits). 2 salles d'eau et wc. Dégustation de vins sur place. Poss. bicyclettes, VTT et repas sur demande pour groupe. Barbecue. Piscine privée, commune aux propriétaires et au gîte rural.

Prix : pers.nuit **60 F**

GR : 7 et 76

0,1	6	SP	10	7	0,5

DARVIOT Bertrand – 17 rue de la Velle – 21190 Meursault – Tél. : 03.80.21.22.83 – Fax : 03.80.21.65.60

Precy-sous-Thil *C.M. n° 243 — Pli n° 13*

30 pers. Ouverture : toute l'année.

Gîte d'étape communal situé à 13 km de Saulieu. Cuisine. Salle à manger. 3 chambres de 6 lits, 1 chambre de 8 lits et 2 chambres de 2 lits. 5 douches, 7 wc. Plats cuisinés. Possibilité de logement de chevaux à 300. Location de vélos. Randonnées équestres, pédestres et cyclistes.

Prix : pers.nuit **45 F**

15	0,2	3	3	35	0,5

COMMUNE DE PRECY-SOUS-THIL – 21390 Precy-sous-Thil – Tél. : 03.80.64.57.18 – Fax : 03.80.64.43.37

Precy-sous-Thil
C.M. n° 243 — Pli n° 3

E.C. NN 6 pers. Ouverture : toute l'année.

Gîte de séjour communal aménagé dans la salle polyvalente. Cuisine. Salle commune. Dortoir de 6 lits. 2 salles d'eau et wc. Terrain. Possibilité location de vélos. Randonnées pédestres, équestres et cyclistes.

Prix : pers.nuit **33 F**

15	0,2	3	3	35	0,5

COMMUNE DE PRECY-SOUS-THIL – 21390 Precy-sous-Thil – Tél. : 03.80.64.57.18 – Fax : 03.80.64.43.37

Recey-sur-Ource La Ferme-Creuse
C.M. n° 65 — Pli n° 9

¥¥¥ 60 pers. Ouverture : toute l'année. Alt. : 350 m

Gîte de séjour à 28 km de Châtillon-sur-Seine. Cuisine. Salle commune. Cheminées. 16 chambres (60 lits). 9 douches. WC. Lavabo dans chaque chambre + 4 chambres avec salle de bains-wc. Chauffage électrique. Possibilité logement chevaux. Plats cuisinés sur demande. Produits fermiers. Barbecue. Location bicyclettes. Accueil permanent sur place. Activités : piscine, mur d'escalade.

Prix : pers.nuit **80/180 F** 1/2 pension **150 F** pension **220 F** petit dejeuner **20 F** repas **70 F**

(TH) (A) GR : 5

3	0,3	3	10	20	3

LA FERME CREUSE – 21290 Recey-sur-Ource – Tél. : 03.80.81.06.51 – Fax : 03.80.81.04.63

La Rochepot
C.M. n° 243 — Pli n° 27

¥ 19 pers. Ouverture : toute l'année sauf l'hiver.

Au bourg, gîte d'étape situé sur une exploitation vitivole, à 3 km de Nolay. Coin-cuisine. Salle commune. 1 dortoir de 19 pers. 3 douches et 3 lavabos. Cour et jardin. Dégustation de vins sur place. Auberge et restaurant au village.

Prix : pers.nuit **50 F**

GR : 7 et 74

3	SP	3	3	15	6	3

MASSON Nadine – Rue Haute – 21340 La Rochepot – Tél. : 03.80.21.72.42

Saulieu
C.M. n° 65 — Pli n° 17

E.C. NN 12 pers. Ouverture : toute l'année. Alt. : 550 m

Gîte d'étape communal situé en centre ville, place Charles de Gaulle, au 1er étage de la Maison de Pays. Cuisine. Salle commune. 2 dortoirs (12 lits). 2 douches, 4 lavabos, 2 wc. Chauffage compris dans le tarif. Location VTT à Saulieu. Taxe de séjour : 2 F/pers./nuit du 1er juin au 30 septembre. Anglais et allemand parlés. Il faut réserver ou tout au moins prévenir de son passage à l'Office de Tourisme qui se charge des réservations et de l'accueil de la clientèle.

Prix : pers.nuit **40 F**

4	0,5	2	0,1	2	15	0,2	25	SP	SP

COMMUNE DE SAULIEU – 21210 Saulieu – Tél. : 03.80.64.00.21 – Fax : 03.80.64.21.96

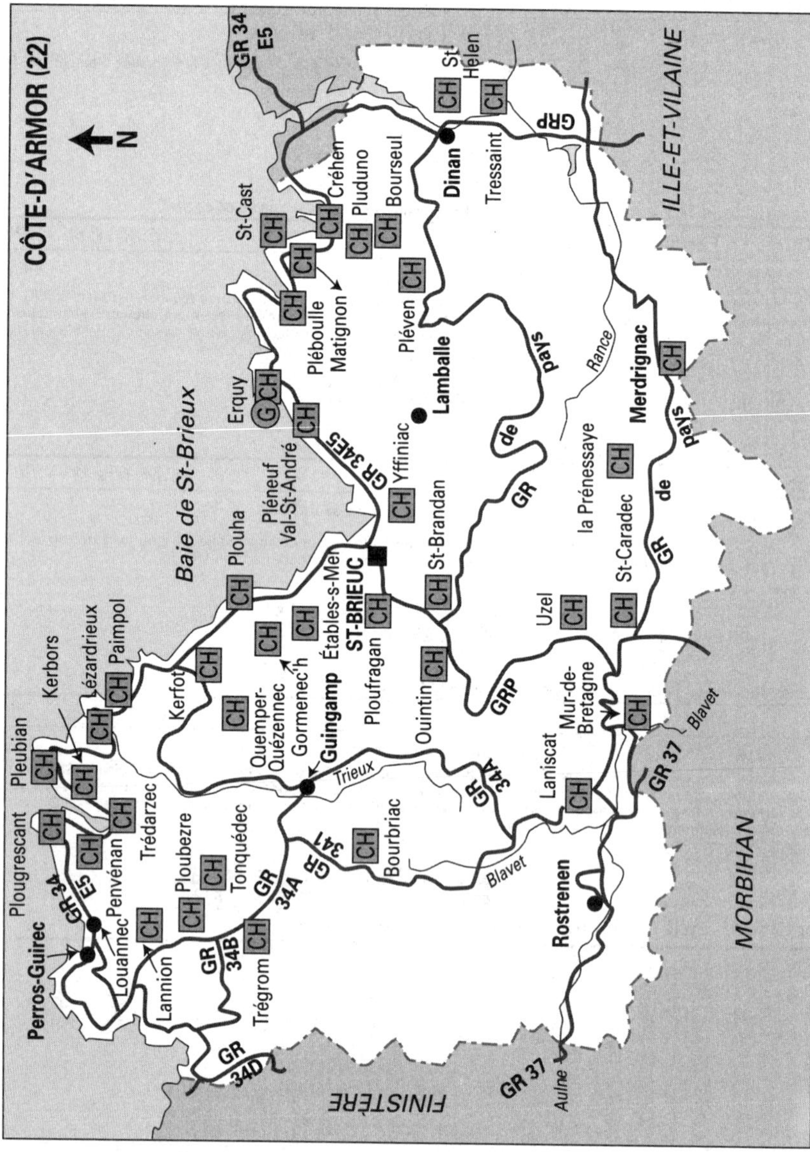

Erquy Les Bruyeres

E.C. NN 45 pers. Ouverture : toute l'année.

Gîte de séjour comprenant : 10 ch. de 2/3 pers., salle d'eau, wc, 5 ch. familiales 4/6 pers. avec salle d'eau, wc. Téléphone direct. Salle à manger, salon de repos avec cheminée, TV, coin-documentation. Possibilité de cuisiner. Traîteur pour groupes. Panier pique-nique 30 F. Grand espace vert, terrasse, salon de jardin, barbecue, pique-nique, prairie pour chevaux. Gîte situé à 20 mn du GR34 avec sentier de liaison (C1015), possibilité de 4 ou 5 randonnées à partir de gîte et navette pour randonnées en étoile. Activités nautiques (école de plongée) et sports à proximité. Poss. week-end pour groupe. Petit déjeuner compris dans les prix.

Prix : pers.nuit **135/145 F** 1/2 pension **220/240 F** pension cheval **20 F**

TH

1,5	5	3	10	1,5	1,5	2	10	25	1,5

DUTEMPLE Aline – Les Bruyeres - Les Ruaux – 22430 Erquy – Tél. : 02.96.72.31.59 – Fax : 02.96.72.04.68

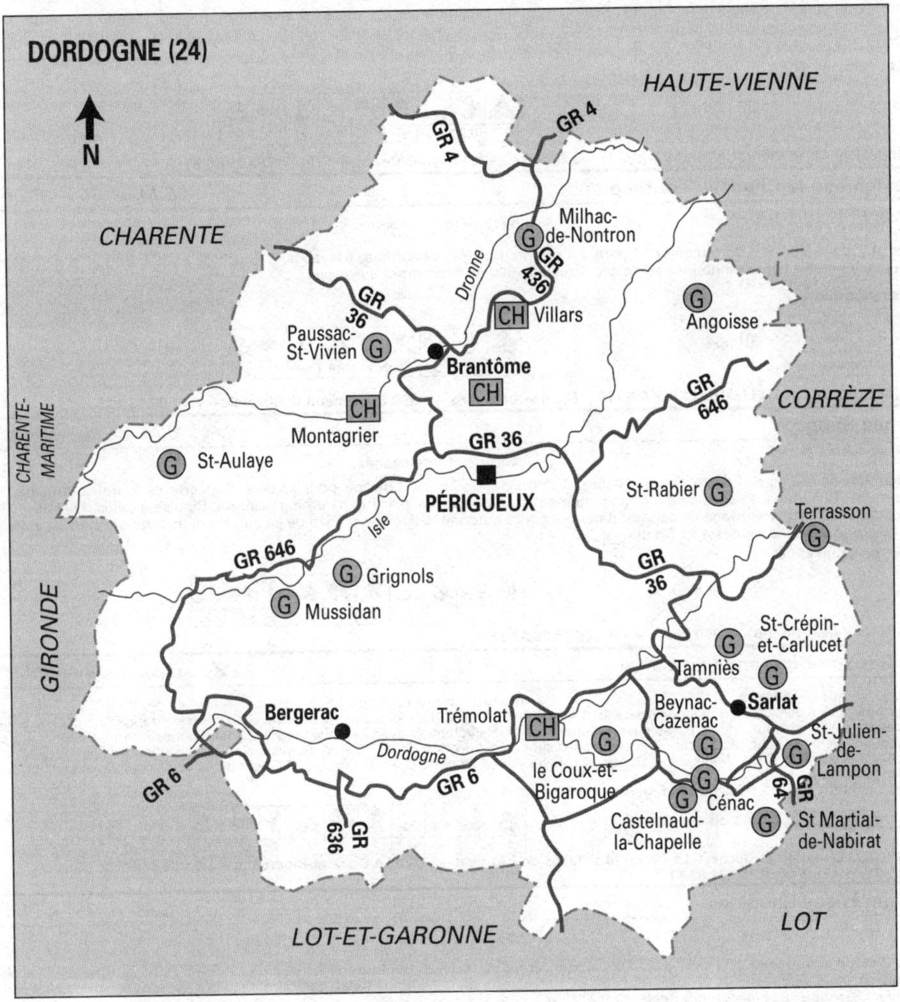

CH Chambre d'hôte — G Gîte d'étape, de séjour — L Logis de France

Angoisse Rouffiac — *C.M. n° 75 — Pli n° 7*

E.C. NN — 66 pers. — Ouverture : toute l'année.

5 chambres pour 2 pers. 5 chambres pour 4 pers. et 6 chambres pour 6 pers. Cuisine. Salle commune. Chauffage. 8 salles d'eau et 8 salles de bains. 7 wc. Accueil de classes de découvertes, centres de vacances, stages sportifs : escalade voile, tir à l'arc, spéléo., course d'orientation, pont de singe, etc. Séjour à thème : l'eau et la rivière, faune et flore... Agrément DDASS, DDJS et EN. Tarifs groupes : 50 F/pers. Restaurant sur place.

Prix : pers.nuit **50 F** pension **155/168 F** petit dejeuner **15/18 F**

(TH) — GR : 646

SP	SP	5	12	SP	SP	SP	50	50	4

SIDET – Centre de Tourisme de Rouffiac – 24270 Lanouaille – Tél. : 05.53.52.68.79 – Fax : 05.53.62.55.83

Beynac-Cazenac La Grange *C.M. n° 75 — Pli n° 17*

E.C. NN 19 pers. Ouverture : toute l'année.

1 dortoir 10 pers. 1 dortoir 9 pers. Cuisine. Salle commune, bibliothèque. Cheminée. Couvertures fournies. Location de draps. Chauffage. Remise à vélos. Barbecue. Location de vélos à 200 m. Location de canoës à 800 m. Itinéraire petite randonnée sur place. Restaurant 100 m. Produits fermiers 800 m. Taxe de séjour 1,50 F. Enfant - de 10 ans/nuit 30 F.

Prix : pers.nuit **42 F**

GR : 36 et 6

0,2	0,2	10	SP	5	0,8	12	9	SP

COMMUNE DE BEYNAC-CAZENAC – Mairie - le Bourg – 24220 Beynac-Cazenac – Tél. : 05.53.29.40.93

Castelnaud-la-Chapelle Tournepique *C.M. n° 75 — Pli n° 17*

E.C. NN 19 pers. Ouverture : toute l'année.

1 dortoir pour 8 pers. 1 dortoir pour 11 pers. Infirmerie. Cuisine. Chauffage. 6 lavabos, 3 douches, 3 wc. Location et remisage de canoës. Itinéraire petite randonnée sur place. Escalade 500 m. Restaurant sur place.

Prix : pers.nuit **42 F**

GR : 64

SP	SP	3	3	2	SP	15	10	3

COMMUNE DE CASTELNAUD LA CHAPELLE – Mairie - Le Bourg – 24250 Castelnaud-la-Chapelle – Tél. : 05.53.29.51.21

Cenac Simon cv *C.M. n° 75 — Pli n° 17*

E.C. NN 25 pers. Ouverture : toute l'année.

1 chambre pour 2 pers. 1 chambre pour 4 pers. 1 dortoir pour 7 pers. 1 dortoir pour 12 pers. Couvertures fournies. Cuisine. Salle commune. Chauffage. 2 salles d'eau, 4 wc. Logement de chevaux sur place dans un parc clôturé. Remise à vélos. Location VTT et vélos à Cenac 2 km. Remisage de canoës. Itinéraire petite randonnée sur place. Taxe de séjour. Produits fermiers sur place. Restaurant 3 km. Agrément Jeunesse et Sports.

Prix : pers.nuit **45/55 F**

GR : 64 et 6

20	1	1	6	3	6	1	6	13	2

SARDAN Yves – Simon – 24250 Cenac – Tél. : 05.53.28.32.77

Le Coux-et-Bigaroque La Carral cv *C.M. n° 75 — Pli n° 16*

E.C. NN 50 pers. Ouverture : toute l'année.

6 dortoirs pour 6 pers., 2 studios pour 6 pers. et 1 studio pour 2 pers. Salle d'eau et wc chacun. Salle de restauration. 2 cuisines. Salle de conférence avec tableaux, vidéo, passe-vues et écran photos. Hall d'entrée avec 2 lavabos et 2 wc. 2 téléphones à carte. Chauffage. Soirée animation (vielle, guitare, acordéon). Boxes et stalles sur place. Location de VTT 800 m. Remisage de canoës. Itinéraire petite randonnées sur place. Agrément IDEN, Jeunesse et Sports et IDEN. Groupe 35 pers. et + : 75 F/pers., 15 F/petit-déj., 140 F/pers./1/2 pens., 158 F/pers./pens. complète.

Prix : pers.nuit **75 F** 1/2 pension **170 F** pension **195 F** petit dejeuner **25 F**

(TH) GR : 36

1	1	1	2	1	2	1	2	28	1

BOURGES Christine et Michel – La Carral - Le Relais de l'Aurival – 24220 Le Coux-et-Bigaroque – Tél. : 05.53.31.62.77 ou 05.53.31.61.49 – Fax : 05.53.31.62.77

Grignols Les Chaulnes *C.M. n° 75 — Pli n° 5*

E.C. NN 26 pers. Ouverture : toute l'année.

Gîte d'étape comprenant : 1 ch. 2 pers., 8 ch. 3 pers. Draps et couvertures fournis. 9 salles d'eau, 9 wc. Salle commune. Chauffage. Remise à vélos. Remisage de canoës. Activités de découverte du patrimoine local. Itinéraire de petite randonnée sur place. Produits fermiers. Groupe : 80 F/pers./nuit. Restaurant à 3 km.

Prix : pers.nuit **90 F** petit dejeuner **20 F**

GR : 646

6	3	SP	4	13	6	17	6	6

LYCEE AGRICOLE DE PERIGUEUX – Domaine des Chaulnes – 24110 Grignols – Tél. : 05.53.03.68.68 – Fax : 05.53.03.68.69

Milhac-de-Nontron La Greliere *C.M. n° 72 — Pli n° 16*

E.C. NN 31 pers. Ouverture : toute l'année.

Gîte d'étape comprenant : 1 ch. 1 pers., 1 ch. 2 pers., 2 ch. 4 pers., 4 ch. 5 pers. Draps et couvertures fournis. Cuisine. Salle commune. 6 douches en 2 s. d'eau, 8 wc. Logement de chevaux sur place : 4 boxes. Chevaux disponibles sur place. Plats cuisinés sur place. Restaurant 500 m. Supplément de 10 F pour le chauffage. Itinéraire petite randonnée sur place. Agrément Jeunesse et Sports et E.N.

Prix : pers.nuit **40 F** 1/2 pension **100 F** pension **120 F** petit dejeuner **20 F** repas **40 F** pension cheval **20 F**

(TH) GR : 436

0,5	2	SP	15	15	5

ASSOCIATION DOMAINE DE GRELIERE – La Greliere – 24470 Milhac-de-Nontron – Tél. : 05.53.56.55.95

Mussidan
C.M. n° 75 — Pli n° 4

E.C. NN 66 pers. Ouverture : toute l'année.

13 chambres 2 pers. (lit 1 pers.). 1 chambre 2 pers. (lit 2 pers.). 6 chambres 4 pers. 1 dortoir 14 pers. Couvertures et draps fournis. Cuisine. Salle commune. 30 salles d'eau. 30 wc. Gare et commerces sur place. Tarifs spéciaux pour enfants de moins de 12 ans. Prix indicatifs 1997. Loueur d'équidés. Remisage de canoës. Itinéraire petite randonnée à 2 km. Restaurant sur place. Tarifs groupes : 51 F/pers. Petit-déjeuner : 18 F/pers. 1/2 pension : 113 F/pers. Pension : 138 F/pers. Agrément Jeunesse et Sports.

Prix : pers.nuit **66 F** 1/2 pension **138 F** pension **170 F** petit dejeuner **23 F**

(TH) GR : 646

SP	0,5	0,5	8	SP	35	SP	SP

COMMUNE DE MUSSIDAN – Mairie - Place Victor Hugo – 24400 Mussidan – Tél. : 05.53.81.04.07 ou 05.53.81.12.70

Paussac-Saint-Vivien
C.M. n° 75 — Pli n° 5

E.C. NN 16 pers. Ouverture : toute l'année.

2 dortoirs pour 8 pers. Location de draps. Couvertures fournies. 2 salles d'eau, 3 wc. Salle commune avec coin-cuisine. Falaises d'escalade sur place. Itinéraire petite randonnée sur place. Restaurant sur place. Réservation par téléphone chez Mme Blanchard Nadine au 05.53.54.89.14.

Prix : pers.nuit **37 F**

GR : 36

6	2	5	6	6	6	30	30	8

COMMUNE DE PAUSSAC SAINT-VIVIEN – Mairie - Le Bourg – 24310 Paussac-Saint-Vivien – Tél. : 05.53.04.54.82

Saint-Aulaye Le Vieux-Chene
C.M. n° 75 — Pli n° 3

E.C. NN 21 pers. Ouverture : du 1er mai au 31 octobre.

1 dortoir 10 pers., 1 dortoir 11 pers. Draps et couvertures fournis. Salle commune. Chauffage. 6 lavabos. 4 salles d'eau. 4 wc. Tarifs groupes 11 pers. et plus : 35 F/pers. Location et remisage de canoës. Itinéraire petite randonnée sur place. Produits fermiers sur place. Restaurant sur place. Mini-golf à 500 m.

Prix : pers.nuit **35 F**

GR : 646

10	0,5	0,5	12	0,5	9	0,5	50	13,5	SP

COMMUNE DE SAINT-AULAYE – Le Bourg - le Vieux Chene - Mairie – 24410 Saint-Aulaye – Tél. : 05.53.90.81.33

Saint-Crepin-Carlucet Le Chene-Vert
cV *C.M. n° 75 — Pli n° 17*

E.C. NN 18 pers. Ouverture : toute l'année.

2 ch. 2 pers., 1 ch. 3 pers., 1 ch. 4 pers. et 1 ch. 7 pers., toutes avec lavabo. Cuisine. Salle commune. Cheminée. Chauffage. 2 douches individuelles, 1 salle d'eau et 2 wc. Tél. à carte. Location VTT. Itinéraire petite randonnée sur place. Cuisine traditionnelle et familiale. Poss. séjours à thème. Taxe de séjour. Tarifs groupe : 85 F/pers. + petit-dejeuner, 1/2 pension : 145 F/jour/pers., pension : 185 F/jour/pers.

Prix : pers.nuit **95 F** 1/2 pension **160 F** pension **200 F**

(TH) GR : 6

10	10	SP	SP	10	17	20	10	5

HERMES Gilles – S.A.R.L Oustal du Chene Vert – 24590 Saint-Crepin-Carlucet – Tél. : 05.53.29.31.31 – Fax : 05.53.30.29.65

Saint-Julien-de-Lampon L'Ilot
C.M. n° 75 — Pli n° 18

E.C. NN 20 pers. Ouverture : du 15 mars au 30 novembre.

2 chambres pour 2 pers. 1 dortoir pour 16 pers. Couvertures fournies. Location de draps. Cuisine. Salle commune. Cheminée. 8 lavabos. 3 salles d'eau. 3 wc. 1 salle d'eau et 1 wc pour pers. handicapées. Taxe de séjour : 1 F/jour/pers. Tarif groupe : 37 F/pers. Location de canoës (du 15/6 au 15/9). Remisase de canoës. Itinéraire petite Randonnées à 500 m. Plats cuisinés du 15 juin au 15 septembre. Restaurant à 200 m.

Prix : pers.nuit **37 F**

GR : 6 et 64

SP	SP	6	0,5	10	SP	12	16,5	3,5

MAIRIE DE SAINT-JULIEN DE LAMPON – L'Ilot – 24370 Saint-Julien-de-Lampon – Tél. : 05.53.29.73.58

Saint-Martial-de-Nabirat Le Carbonnier
C.M. n° 75 — Pli n° 17

E.C. NN 93 pers. Ouverture : toute l'année.

12 ch. 2 pers. 2 ch. 3 pers. 7 ch. 4 pers. 1 ch. 5 pers. 5 ch. 6 pers. Couvertures/draps fournis. Cuisine. Salle commune. Cheminée. Chauffage. 2 sanitaires collectifs (6 lavabos, 4 douches et 4 wc). 20 s. d'eau avec wc. Remise à vélo. Loc. canoës. Itinéraire petite randonnée à 2 km. Piscine couverte et chauffée d'avril à octobre. Spéléo et escalade sur place. Pédalos, tennis, tir à l'arc, mini-golf. Service suppl. payant : piscine avec maître nageur pour groupes d'enfants. Espace aquatique avec 1 toboggan et 4 glissières. Restaurant sur place. Prix minimum pour les scolaires, prix maximum pour les groupes d'adultes. Agrément Jeunesse et Sports.

Prix : pers.nuit **70/87 F** 1/2 pension **130/167 F** pension **160/197 F** petit dejeuner **20/25 F**

(TH) GR : 64

SP	SP	10	10	8	10	10

LAGARDE Albert – Le Carbonnier – 24250 Saint-Martial-de-Nabirat – Tél. : 05.53.28.42.53

Saint-Rabier *C.M. n° 75 — Pli n° 7*

E.C. NN 18 pers. Ouverture : toute l'année.

1 chambre 2 pers. 2 dortoirs de 8 pers. Couvertures fournies. Cuisine. Chauffage. 2 salles d'eau. 3 wc. Itinéraire petite randonnée sur place. Restaurant sur place.

Prix : pers.nuit **35 F**

GR : 461 et 36

10	2	2	3	SP	15	45	8	3

COMMUNE DE SAINT-RABIER – Le Bourg – 24210 Saint-Rabier – Tél. : 05.53.50.61.15 ou 05.53.50.60.51

Tamnies Le Gîte-de-Favard *C.M. n° 75 — Pli n° 17*

E.C. NN 35 pers. Ouverture : toute l'année.

3 ch. 2 pers. 1 ch. 4 pers. 2 dortoirs 5 pers., 1 dortoir 7 pers., 1 dortoir 8 pers. Couvertures fournies. Cuisine prof. 2 salles à manger. 1 salle d'activités. Chauffage. 7 lavabos + wc, 6 douches. Itinéraire petite randonnée 800 m. Prix minimum pour les scolaires, prix maximum pour les groupes adultes et les individuels. Agrément DDASS, DDJS et IDEN. Gîte cheval : logement de chevaux sur place : 12 boxes et 12 stalles. Stages chevaux et poneys. Producteur de canards gras et vente directe de foie gras. Accueil de groupes, CE, colonies de vacances, classes de découvertes, en gestion libre ou pension.

Prix : pers.nuit **55/70 F** 1/2 pension **125/150 F** pension **150/180 F** petit dejeuner **15 F** pension cheval **60 F**

(TH) GR : 6

0,8	1	1	SP	1	SP	8	25	12	12

BATAILLON Karine – Ferme de Favard – 24620 Tamnies – Tél. : 05.53.29.68.62 – Fax : 05.53.31.13.19

Terrasson-Lavilledieu La Vergne *C.M. n° 75 — Pli n° 7*

E.C. NN 18 pers. Ouverture : du 15 mars au 30 octobre.

1 dortoir 4 pers. 1 dortoir 6 pers. 1 dortoir 8 pers. Cuisine, bloc sanitaires. Itinéraire petite randonnée à 1 km. Restaurant 500 m. Patinoire 20 km.

Prix : pers.nuit **42 F** petit dejeuner **25 F**

GR : 461

10	SP	0,5	0,5	5	SP	SP

COMMUNE DE TERRASSON - LAVILLEDIEU – 24120 Terrasson – Tél. : 05.53.50.08.82 ou 05.53.51.47.00

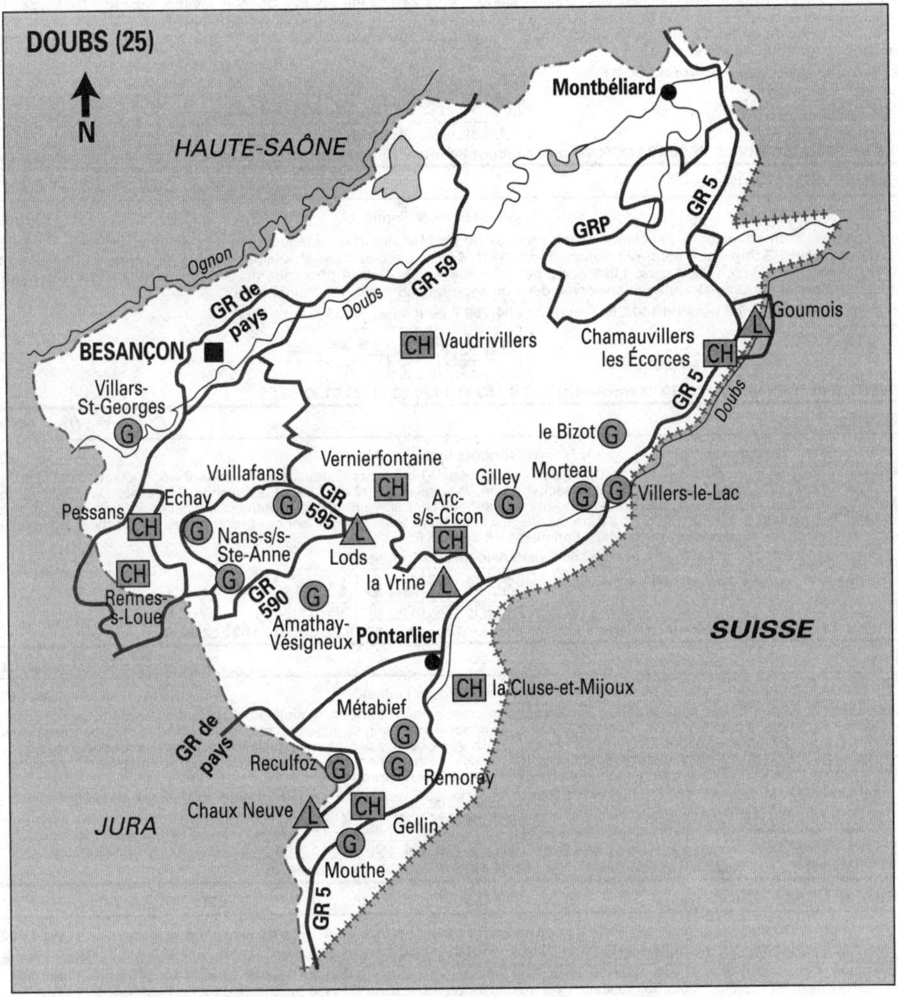

CH Chambre d'hôte   G Gîte d'étape, de séjour   L Logis de France

---

Amathay-Vesigneux L'Escapade *C.M. n° 70 — Pli n° 6*

12 pers. Ouverture : toute l'année. Alt. : 750 m

Gîte d'étape et de séjour dans une maison mitoyenne à celle des propriétaires, sur un vaste terrain, dans un petit village calme. Entrée indépendante. R.d.c. : hall, cuisine, séjour/salle à manger, 1 ch. 4 pers. A l'étage : 2 ch. 4 pers., 2 wc, 2 douches, 4 lavabos, wc. Chauffage électrique + fourneau bois. Salle pour matériel. Garage. Allemand parlé. Ferme rénovée située à proximité de la vallée de la Loue et du Lison. Nombreux circuits VTT, 7 sites d'escalade dans un rayon de 15 km. Kayak 6 km. Week-end : 40 F/pers./nuit.

Prix : pers.nuit **40 F** semaine **2800/3000 F**

GR : 590

6	40	3	15	12	6	25	4

TROUILLOT Gerard – L'Escapade – 25330 Amathay-Vesigneux – Tél. : 03.81.86.52.88 ou 03.81.82.80.48

Le Bizot Le Verdage

C.M. n° 66 — Pli n° 17

17 pers. Ouverture : toute l'année. Alt. : 975 m

Gîte de séjour sur 2 niveaux. Rez-de-chaussée : cuisine, séjour/salon. 2 ch. (2 lits 2 pers.). Douche, lavabo, wc. Prise TV. Etage : 1 dortoir (8 lits 1 pers. 2 lavabos). 2 ch. (1 lit 2 pers. 3 lits 1 pers.), coin-salon en mezz. Douche, wc. Ch. électrique + bois. L-linge. Garage. Terrain avec salon de jardin. Chauffage en supplément. Maison individuelle à proximité de la scierie des propriétaires. Belle vue sur campagne et forêt environnantes.

Prix : semaine **1600/3300 F** week-end **1450 F**

GR : 5

4	15	4	9	24	10	SP	17	5

GITES DE FRANCE-SERVICE RESERVATION – 4 ter Faubourg Rivotte – 25000 Besancon – Tél. : 03.81.82.80.48 – Fax : 03.81.82.38.72

Charmauvillers Vanney

C.M. n° 66 — Pli n° 18

E.C. NN 23 pers. Ouverture : toute l'année. Alt. : 830 m

Gîte d'étape isolé aménagé dans l'ancienne ferme rénovée du propriétaire. R.d.c. : séjour/coin-cuisine, bloc sanitaires : 3 douches, 2 wc, 1 lave-mains, 2 dortoirs 6 pers. (2 lavabos, 1 wc), 1 ch. 4 pers. avec lavabo. 1er étage : 1 ch. (1 lit 2 pers. 2 lits 1 pers.) avec douche, lavabo, wc + 1 ch. (1 lit 2 pers. 1 lit 1 pers.) avec douche, lavabo, wc. A proximité du GR5, de circuits VTT, de parcours de pêche exceptionnel (Goumois) et de slalom-kayak dans un superbe cadre naturel. Panier repas : 30 F.

Prix : pers.nuit **60/100 F** 1/2 pension **140/200 F** pension **200/260 F** petit dejeuner **25 F** repas **60 F**

TH GR : 5

4,5	11,5	11,5	7	SP	40,5	4,5

PROVENT Gerard – Vanney – 25470 Charmauvillers – Tél. : 03.81.44.27.92 ou 03.81.37.58.34

Echay La Pierre

C.M. n° 70 — Pli n° 5

22 pers. Ouverture : toute l'année. Alt. : 420 m

Gîte de séjour sur 2 niveaux. R.d.c. : hall, 2 ch. (1 lit 2 pers. 4 lits 1 pers.), 1 baignoire, 2 douches, 2 lavabos, 3 wc. 1er étage : 5 ch. (1 lit 2 pers. 12 lits 1 pers.), 2 lavabos, 2 wc, séjour/cuisine (l.vaisselle), salon. 2e étage : 1 ch. (2 lits 1 pers.), 2 douches, 2 lavabos, 1 wc. Salle de travail (120 m²). Vaste terrain, terrasse avec équipement de jardin. Chauffage central. Point-phone. Agrément Jeunesse et Sports pour 15 enfants. Vaste habitation, isolée, en bordure de forêt à 2 km du village, comprenant aussi le logement des propriétaires. Centre d'hébergement pour groupes de thérapie et d'expression corporelles. Enfanfants - 8 ans : 45 F.

Prix : pers.nuit **55 F** 1/2 pension **160 F** pension **190 F** petit dejeuner **20 F** repas **60 F**

TH GR : 59 et 590

16	16	10	25	SP	SP	20	10

REBEYROL Christian et Josette – « La Pierre » – 25440 Echay – Tél. : 03.81.63.78.22 ou SR : 03.81.82.80.48

Gilley

C.M. n° 70 — Pli n° 7

13 pers. Ouverture : toute l'année. Alt. : 900 m

Gîte d'étape et de séjour. R.d.c. : hall d'entrée, cuisine, salle à manger, salon (TV, vidéo, bibliothèque), 1 lavabo, 2 wc. 1er étage : 5 ch. dont 3 avec cabinet de toilette, 3 douches, 1 wc, 1 lavabo. Chauffage central. Terrasse avec équipement de jardin, terrain clos, barbecue. Anglais, allemand, néerlandais et italien parlés. Draps et serviettes fournis. Vaste bâtisse comprenant aussi le logement des propriétaires. Au centre d'un village typique du Haut-Doubs, dans la république du Saugeais. Visite d'une ferme à tuyé au village. Le propriétaire, 1ere catégorie aux échecs, propose initiation ou perfectionnement. Chauffage et taxe de séjour compris.

Prix : pers.nuit **80 F** 1/2 pension **180 F** pension **250 F** petit dejeuner **30 F** repas **75 F** semaine **4000/5000 F** week-end **2000 F**

(A) GR : 5 et 590

SP	5	SP	4	20	SP	SP	SP

MARTRE Michel – 4 rue Pasteur – 25650 Gilley – Tél. : 03.81.43.30.72 ou SR : 03.81.82.80.48

Metabief Chez-Cousin

C.M. n° 70 — Pli n° 6

10 pers. Ouverture : toute l'année sauf 15 jours en juin et octobre. Alt. : 1000 m

Gîte d'étape équestre situé au cœur du village de Métabief. Entresol + étage : hall d'entrée, pièce de vie avec coin-cuisine, coin-repas et coin-salon. 4 ch. dont 2 en partie mansardée de 2, 3 ou 4 pers. avec chacune douche, lavabo et wc. 1 wc commun. Chauffage central. Local à skis et VTT, sellerie, écurie, 10 stalles + 4 boxes. Métabief, station classée de sports d'hiver, haut lieu du VTT. A 7 km de la Suisse et du lac de Saint-Point.

Prix : pers.nuit **60/90 F** petit dejeuner **25 F** repas **70/140 F** pension cheval **20/40 F**

TH GR : 5 et GTJ

SP	SP	SP	SP	2	17	SP

COUSIN Andre – Auberge « Au Galop » - 27 rue du Village – 25370 Metabief – Tél. : 03.81.49.10.06 – Fax : 03.81.49.10.06

Morteau

C.M. n° 70 — Pli n° 7

12 pers. Ouverture : toute l'année. Alt. : 750 m

Gîte d'étape et de séjour. Rez-de-chaussée : hall d'entrée, séjour/cuisine, 2 lavabos, 2 douches, 2 wc. 1er étage : 3 ch. (12 lits 1 pers.), 2 lavabos et 2 wc. Chauffage électrique. Accès à la piscine extérieure chauffée. Taxe de séjour en sus. Location de draps : 22 F. Gîte indépendant attenant à 1 centre de vacances proposant stages et activités encadrées : tennis, VTT, escalade, randonnée, canoë-kayak, tir à l'arc, spéléologie, ski de fond et de piste, raquettes. Loc. de skis, kayaks et VTT sur place. En bordure de la rivière Doubs, au pied des crêtes du Jura.

Prix : pers.nuit **63/68 F** 1/2 pension **168/174 F** pension **241/247 F** petit dejeuner **33 F** repas **73 F**

(A) GR : 5 et GTJ

2	5	SP	6	SP	SP	1	1

ESPACE MORTEAU – 10 Chemin du Breuille - BP 77 – 25502 Morteau-Cedex – Tél. : 03.81.67.48.72 ou SR : 03.81.82.80.48 – Fax : 03.81.67.58.59

Mouthe

C.M. n° 70 — Pli n° 6

19 pers. Ouverture : toute l'année. Alt. : 920 m

R.d.c. : sas d'entrée, hall d'accueil, salle de vie (coin-cuisine, coin-repos), salle d'activités (atelier, galerie), wc, 2 lavabos. 1er étage : 1 salle de détente/salle à manger, 5 ch. (1 lit 2 pers. 11 lits 1 pers.), 1 dortoir (6 lits), 3 wc, 3 douches, 4 lavabos. Salle de sèchage (l-linge, sèche-linge). Local à skis + vélos. Chauffage électrique. Petite terrasse. Vieille ferme comtoise rénovée, pleine de charme, située sur le GRJ et la GTJ, à Mouthe où le Doubs prend sa source. Possibilité de stage Aquarelle et autres activités artistiques. Gîte de caractère.

Prix : pers.nuit **75/120 F** petit dejeuner **25 F** repas **65 F**

TH GR : GRJ et GTJ

SP	SP	SP	SP	SP	25	SP

BERNARD-MICHEL Marie-Josephe – 23 rue de la Varee - Art et Randonnée – 25240 Mouthe – Tél. : 03.81.69.21.69

Nans-sous-Sainte-Anne

C.M. n° 70 — Pli n° 5

30 pers. Ouverture : toute l'année. Alt. : 860 m

Gîte d'étape et de séjour au centre du village. R.d.c. : hall d'accueil, cuisine, 2 salles à manger dont 1 avec cheminée, séchoir, bloc sanitaires. Etage : 2 dortoirs 6 lits, 6 ch. 2 à 4 pers. dont 2 avec sanitaires, salon, 5 lavabos, 4 douches, 4 wc. Ch. élect. Terrain avec équipement de jardin. Tarif enfant : 50 F. Agrément Jeunesse et Sports (25 enfants). Agrément Ecole Française de spéléologie. De Pâques à la Toussaint, uniquement pension ou 1/2 pension. Au village : la source du Lison, la taillanderie, fromagerie... A proximité : Ornans et la vallée de la Loue, Salins-les-Bains. Stages et activités à la journée encadrées. Loc. kayak, canoë.

Prix : pers.nuit **55/60 F** 1/2 pension **140/150 F** pension **195/205 F** petit dejeuner **25 F** repas **65 F**

TH GR : 590

5	8	5	25	SP	23	SP

LISON ACCUEIL – Faivre Michel - 7 Grande Rue – 25330 Nans-sous-Sainte-Anne – Tél. : 03.81.86.50.79 ou SR : 03.81.82.80.48 – Fax : 03.81.82.38.72

Reculfoz

C.M. n° 70 — Pli n° 6

22 pers. Ouverture : toute l'année. Alt. : 1400 m

Gîte de séjour complètement indépendant en rez-de-chaussée + étage, dans la maison des propriétaires. Cuisine, salon avec cheminée et téléphone. 1 dortoir 14 lits. 2 lits en mezzanine. 1 ch. (4 lits), 1 ch. (2 lits), 3 douches, 6 lavabos, 2 wc. Chauffage électrique. Agrément Jeunesse et Sports pour 20 enfants. Tarif groupe, nous consulter. Ferme rénovée située sur la Grande Traversée du Jura (randonnées pédestres, cyclistes ou à skis de fond). Location de skis et de vélos à proximité. Terrasse avec équipement de jardin, terrain d'agrément.

Prix : pers.nuit **58 F**

GR : GTJ

SP	3	5	5	21	3	18	6

BOUVERET Jean-Luc – 25240 Reculfoz – Tél. : 03.81.69.25.83 ou SR : 03.81.82.80.48 – Fax : 03.81.82.38.72

Remoray La Reserve

C.M. n° 70 — Pli n° 6

36 pers. Ouverture : toute l'année. Alt. : 910 m

Gîte d'étape et de séjour. R.d.c. : locaux pour matériel (ski, vélo, pêche), hall. Salle à manger/séjour (cheminée, lecture). Coin-cuisine doublement équipé. 1er ét. : 1 dortoir 10 pers. 4 ch. 4 pers. 1 ch. 2 pers. 2e ét. : 2 ch. 4 pers. 1 baignoire, 4 douches, 5 wc, 12 lavabos. Parc, terrasse (tables de jardin, barbecue). Réductions enfants, groupes et basse-saison. Vaste bâtisse (gîte et logement des prop.), dans petit village calme, perché sur les hauteurs du lac de Remoray (classé Réserve Naturelle), à 5 km du lac Saint-Point (3e lac naturel de France). Activités à la carte avec ou sans encadrement. Agrément DDJS (29 enfants). Loc. VTT et raquettes neige.

Prix : pers.nuit **50/60 F** petit dejeuner **25 F**

GR : 5

SP	10	3	10	7	3	20	5

DELCEY Daniel et Christine – La Reserve – 25160 Remoray – Tél. : 03.81.69.31.97 ou SR : 03.81.82.80.48 – Fax : 03.81.69.38.50

Villars-Saint-Georges

C.M. n° 66 — Pli n° 15

E.C. NN 19 pers. Ouverture : du 1er mai au 30 septembre. Alt. : 275 m

Rez-de-chaussée : hall d'entrée, cuisine, salle à manger et réunion, sanitaires (wc, douche, cabine lavage). Couloir vestiaire, salle polyvalente (conférence, séminaires). 1er étage : 3 ch. (3 x 3 lits 1 pers.), 1 dortoir (10 lits 1 pers.). Chauffage par air pulsé. Garage, VTT, terrain de détente. Belle maison individuelle en pierre (ancienne cure) dans un petit village à proximité de la vallée de la Loue et de la forêt de Chaux. Vue imprenable, environnement rural très calme. Nombreux loisirs et sites touristiques de 1er ordre dans les environs (Saline Royale d'Arc-et-Senans...).

Prix : pers.nuit **50 F**

8	SP	1	3	8

ASSOCIATION CULTURE ET PATRIMOINE – « Ancienne Cure » - rue de l'Eglise – 25410 Villars-Saint-Georges – Tél. : 03.81.63.66.63

Villers-le-Lac Le Pissoux

C.M. n° 70 — Pli n° 7

20 pers. Ouverture : toute l'année. Alt. : 1000 m

Gîte d'étape et de séjour tout en rez-de-chaussée. Hall, cuisine équipée, salle à manger/salon. 2 dortoirs 8 lits. 1 chambre 3/4 pers. 2 douches, 4 lavabos, 2 wc. Vaste terrain. Ecurie pour 10 chevaux. Piscine. Tarifs enfants - de 10 ans : 45 F, 1/2 pension 120 F. Groupe + 12 pers. : 55 F/pers. 1/2 pension 140 F. Agrément DDJS pour 14 enfants. Dans une ferme comtoise typique du Haut Doubs, au calme, à 30 mn de marche du Saut du Doubs et du barrage du Châtelot (frontière suisse).

Prix : pers.nuit **60 F** 1/2 pension **150 F** petit dejeuner **30 F** pension cheval **20/40 F**

TH GR : 5

SP	14	6	13	12	6	12	6

LAMY Marin et Christine – Le Pissoux – 25130 Villers-le-Lac – Tél. : 03.81.43.76.74 ou SR : 03.81.82.80.48 – Fax : 03.81.43.83.89

Villers-le-Lac Clos-Rondot *C.M. n° 70 — Pli n° 7*

12 pers. Ouverture : toute l'année. Alt. : 1000 m

Gîte d'étape et de séjour dans une maison rénovée sur 1 terrain gazonné, avec vue sur le Doubs. R.d.c. : local matériel. Cuisine. Salon/salle à manger. Etage : 1 dortoir 5 pers. 1 ch. 4 pers. 1 ch. 3 pers. 2 douches, 2 wc, 4 lavabos. Ch. électrique. Parking. Préau couvert. Terrasse. Barbecue. Groupe : adultes 40/50 F, enfant 30/37 F. Nuitée enfant : 30/37 F. Tél. Ping-pong, balançoires. Taxe de séjour en sus. Gîte à 400 m du centre de Villers le Lac, site touristique classé, passage obligé des randonneurs du GR5 (Saut du Doubs, barrage du Châtelot...). Nombreux circuits balisés et VTT, aile-delta...

Prix : pers.nuit **50/60 F**

GR : 5

3	14	SP	12	9	SP	6	SP

FRANTZ Yvonne – Ass. « Accueil des Randonneurs » - « 4 Vents » rue Leclerc – 25130 Villers-le-Lac – Tél. : 03.81.68.08.33 ou SR : 03.81.82.80.48 – Fax : 03.81.82.38.72

Villers-le-Lac Cerneux-Billard *C.M. n° 66 — Pli n° 18*

30 pers. Ouverture : toute l'année. Alt. : 1000 m

Chambres et appartements meublés, avec sanitaires complets, aménagés dans belle ferme comtoise rénovée. Superbe cadre de verdure. A prox. du Saut du Doubs et du lac de Moran. Salles et cuisines communes à disposition. Restauration possible 6 km à l'Auberge Franc-comtoise. Tarif groupe à partir de 12 pers. Prix groupe : 69 F. Taxe de séjour en sus. A 6 km de Villers le Lac, sur domaine du Meix Foncin, découvrez le panorama sur les Gorges du Doubs, les Monts du Jura franco-suisse. Repos assuré dans chambres et appartements confortables où l'odeur du bois et la chaleur qui s'en dégage vous apporteront le bien-être des fermes franc-comtoises.

Prix : pers.nuit **79 F** 1/2 pension **207/250 F** pension **270/290 F** petit dejeuner **30 F** repas **50/160 F**

(TH) GR : 5

SP	14	4	18	12	4	10	5

MARGUET Jean-Paul – Le Cernembert - Mont Genevrier – 25130 Villers-le-Lac – Tél. : 03.81.68.01.85 ou SR : 03.81.82.80.48 – Fax : 03.81.68.16.49

Vuillafans La Tuffiere *C.M. n° 66 — Pli n° 16*

37 pers. Ouverture : toute l'année. Alt. : 350 m

R.d.c. : hall, bureau d'accueil, salon, salle à manger, wc, cuisine, salle d'activités, chambre 2 pers. accessible aux pers. handicapées avec sanitaires complets. 1er étage : 1 ch. 2 lits avec sanitaires, 7 ch. de 4 lits avec sanitaires, 1 dortoir de 5 lits avec sanitaires, coin-détente. Terrasse ombragée, terrain de jeux (boulodrome, volley, balançoires...). Gîte situé au cœur de la vallée de la Loué, à 200 m de la rivière, en pleine nature sur la passage du GR59. Les propriétaires, animateurs, accompagnateurs « Gens de Pays » vous proposent des séjours évasion, peinture et découverte, pêche... Cuisine régionale. Taxe de séjour en sus.

Prix : pers.nuit **75 F** 1/2 pension **155 F** pension **215 F** petit dejeuner **20 F** repas **60 F** semaine **1400 F** week-end **430 F**

(TH)

15	15	SP	SP	SP	35	1

MOREL Patrick et Angele – Chemin de Montgesoye - La Tuffiere – 25840 Vuillafans – Tél. : 03.81.60.96.76 ou 03.81.60.96.92 – Fax : 03.81.60.96.76

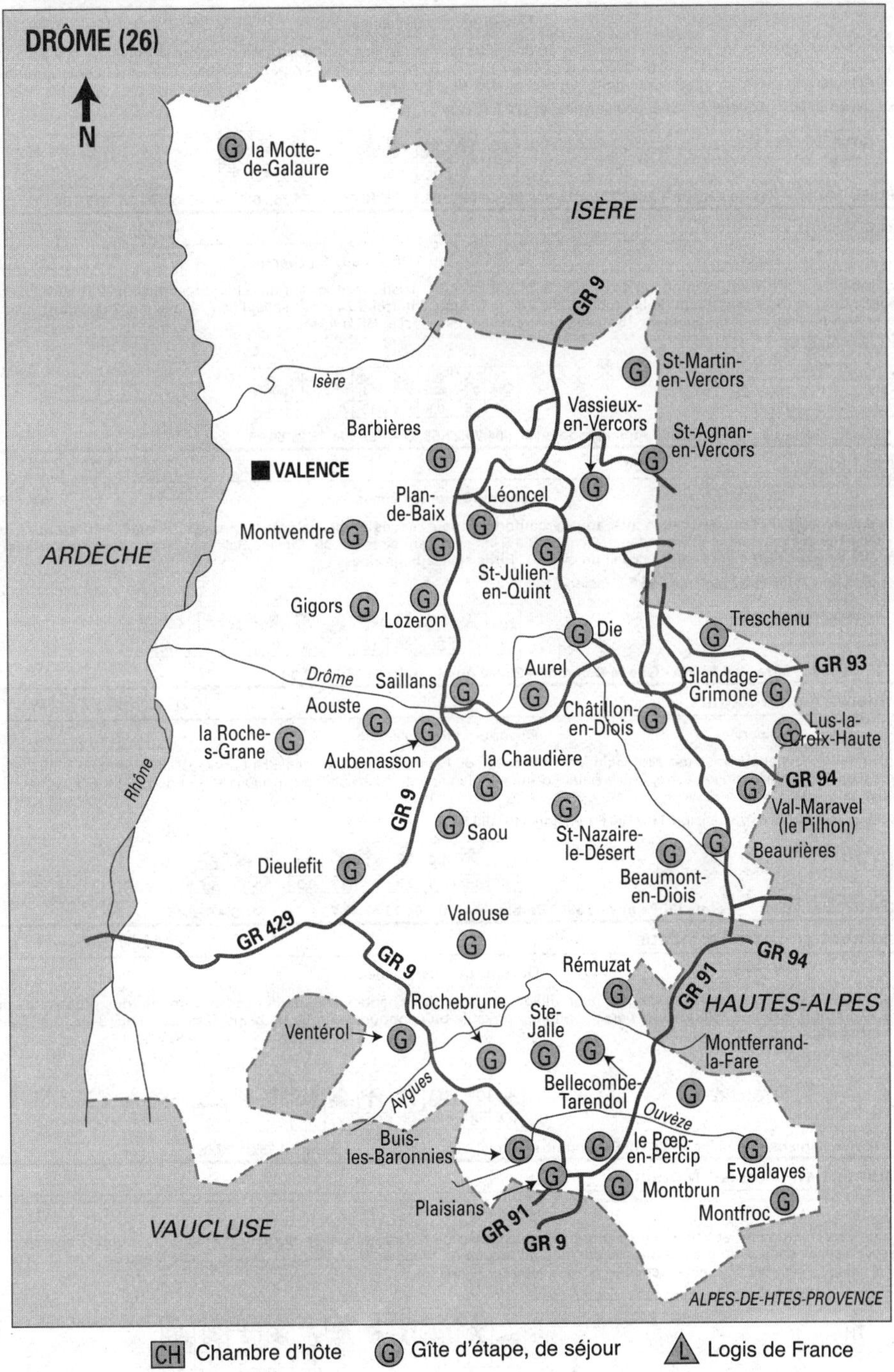

CH Chambre d'hôte G Gîte d'étape, de séjour L Logis de France

Aouste-sur-Sye Pas-de-Lauzens

46 pers. Ouverture : toute l'année. Alt. : 320 m

Sur une ferme équestre, les gîtes sont aménagés en plusieurs parties distinctes dans la maison restaurée (34 pers.) et à 200 m de là dans l'habitation du propriétaire (12 pers.). 1 dortoir 16 pers., 8 ch. 30 pers., sanitaires répartis, cuisine, 2 salles à manger, séjour. Parking. Activités sur place ou à proximité dont l'équitation. Ecurie 11 places.

Prix : pers.nuit **80 F** 1/2 pension **150 F** pension cheval **170 F**

TH

5	5	SP	5	5	SP	6	5	5

TARDIEU Michel – Pas du Lauzun – 26400 Aouste-sur-Sye – Tél. : 04.75.25.10.54 ou 04.75.76.76.64 – Fax : 04.75.76.76.64

Aubenasson La Plaine *C.M. n° 77 — Pli n° 13*

24 pers. Ouverture : du 1er mars au 1er novembre. Alt. : 260 m

Ancien bâtiment d'élevage réaménagé proche de la ferme, grande maison comportant des chambres individuelles avec sanitaires privatifs, dans le cadre verdoyant de la proche vallée de la Drôme. 3 dortoirs 24 pers., salle d'eau : 4 lavabos, 3 douches, 3 wc. Cuisine et coin-cuisine, séjour. Logement 16 stalles pour chevaux, sur place. GR à 4 km.

Prix : pers.nuit **65 F**

13	5	0,5	0,3	13	0,5	0,3	4

DE CHIVRE Yvan – La Plaine – 26340 Aubenasson – Tél. : 04.75.21.53.81 – Fax : 04.75.21.56.35

Aurel La Faurie *C.M. n° 77 — Pli n° 13*

35 pers. Ouverture : toute l'année. Alt. : 340 m

Bâtiments récents en bois aménagés avec tout le confort intérieur, situés en pleine nature, pouvant accueillir en groupes ou en familles dans des logements indépendants. 9 ch. de 2 à 5 lits avec sanitaires par ch. Cuisine Salle à manger. Salles d'activités. Parking, aire de jeux. Agrément DDJS (accueil de classe). Tarifs spéciaux groupes.

Prix : pers.nuit **75/95 F** 1/2 pension **165 F** pension **210 F**

TH GR : 95

2	7	SP	SP	10	2	40	SP	SP	7	18	7

CORDEAU Jean-Pierre – La Faurie - Gîte la Colombe – 26340 Aurel – Tél. : 04.75.21.72.08

Barbieres Ferme-Pejoux *C.M. n° 77 — Pli n° 13*

23 pers. Ouverture : toute l'année. Alt. : 550 m

Au pied du Vercors et au creux des Monts du Matin, la ferme du Péjoux est un lieu accueillant agrée DDJS réparti en 5 ch. 2 à 8 lits. Ferme d'animation, activité équestre, four à pain. Le site est bien adapté à l'accueil des groupes et à la découverte de la nature (sur réservation). GR à 6 km.

Prix : pers.nuit **60/70 F** 1/2 pension **110/150 F** pension **140/190 F**

TH GR : 9

4	1,5	0,5	0,5	SP	15	0,3	1,5	15	1,5

GOUIRAND Jean-Pierre – Ferme du Pejoux – 26300 Barbieres – Tél. : 04.75.47.47.25 – Fax : 04.75.47.20.45

Beaumont-en-Diois Le Village *C.M. n° 77 — Pli n° 14*

19 pers. Ouverture : toute l'année. Alt. : 650 m

Dans grande maison indépendante dans le petit village, au cœur de la haute vallée de la Drôme, Bernard vous propose de nombreuses activités. 6 ch. et 2 dortoirs 19 pers., sanitaires privatifs ou communs : 1 salle de bains, 3 salles d'eau, 3 wc, coin-cuisine, séjour. Parking.

Prix : pers.nuit **70 F**

GR : GTA

0,4	5	5	SP	SP	1	SP	SP	SP	5

DUQUESNE Bernard – Le Village – 26310 Beaumont-en-Diois – Tél. : 04.75.21.37.35 ou 04.75.21.33.09

Beaumont-en-Diois Le Moulin

25 pers. Ouverture : toute l'année. Alt. : 650 m

Dans un cadre verdoyant et calme, au cœur de la haute vallée de la Drôme, sur un terrain de 2 ha., vous pourrez apprécier des vacances actives dans cette grande maison adaptée à l'accueil de groupes. 5 ch. dortoirs 25 pers., salle d'eau, wc par ch., cuisine, salle à manger, coin-salon. Salle d'activités. Stages à thème. Parking.

Prix : pers.nuit **50/70 F** 1/2 pension **140 F** pension **195 F**

TH

6	6	SP	SP	12	2	25	SP	2	2	6

ASS. AUTRE ESPACE – Isabelle Rochette - Le Moulin – 26310 Beaumont-en-Diois – Tél. : 04.75.21.36.21 ou 04.75.21.35.58

Beaurieres Les Marguerites
C.M. n° 77 — Pli n° 14

19 pers. Ouverture : de mai à octobre. Alt. : 890 m

Grand gîte isolé en pleine nature, dans le site montagneux de la haute vallée de la Drôme. 8 ch. 19 pers. dont 6 avec lavabos, 2 salles d'eau : 4 douches, 2 wc, cuisine, grand séjour (100 m^2), four à pizza, convient pour stages. Draps et couettes fournis. Point phone.

Prix : pers.nuit **79 F**

GR : 91 et 94

12	12	9	SP	23	9	12	4	12	12

AURIBAULT Patrick et Lydie – Les Marguerites – 26310 Beaurieres – Tél. : 04.75.21.45.23 ou 03.21.59.01.63

Bellecombe-Tarendol Hameau-Tarendol
C.M. n° 81 — Pli n° 3

10 pers. Ouverture : du 1er mars au 31 décembre. Alt. : 750 m

Au col de Soubeyrand, avec le magnifique panorama sur la vallée, Brigitte et Patrice vous accueillent dans l'ambiance sympathique et familiale de leur auberge, des chambres d'hôtes et de l'exploitation d'élevage caprin. 1 dortoir 10 pers., 2 lavabos, douches, wc, salle à manger de l'auberge, coin-salon. Abri chevaux (stalles, boxes) à proximité.

Prix : pers.nuit **60 F** 1/2 pension **165 F** pension **225 F**

(A)

SP	20	6	0,3	7	4	1	10

PEROTTI Brigitte – Hameau de Tarendol – 26110 Bellecombe-Tarendol – Tél. : 04.75.27.32.01 – Fax : 04.75.27.32.01

Buis-les-Baronnies Saint-Julien
C.M. n° 81 — Pli n° 3

22 pers. Ouverture : toute l'année. Alt. : 530 m

Au cœur du site des rochers de Saint-Julien, dans une grande maison restaurée proche de la ferme, Xavier et sa famille vous accueillent. 4 ch. 12 pers., 1 dortoir 6 pers. et mezzanine 4 pers., sanitaires : 6 lavabos, 3 douches, 4 wc communs, coin-cuisine, grand séjour. Parking.

Prix : pers.nuit **85 F** 1/2 pension **140 F** pension **200 F**

(TH) GR : 9

2	2	2	0,5	SP	15	0,5	2

AUMAGE Xavier – Gîte du Saint-Julien – 26170 Buis-les-Baronnies – Tél. : 04.75.28.05.64 – Fax : 04.75.28.05.64

Chatillon-en-Diois Le Suel
C.M. n° 77 — Pli n° 14

16 pers. Ouverture : toute l'année. Alt. : 570 m

Au pied du site exceptionnel du massif du Glandasse en bordure du village médiéval de Châtillon, Pierre et Annie vous accueillent dans leur gîte mitoyen à leur habitation en pierres du pays. 1 dortoir 8 pers., 2 ch. 4 pers. Coin-cuisine, séjour. 4 lavabos, 2 douches, 2 wc. Stalles chevaux, parc. Parking. Vélos. GTA sur place.

Prix : pers.nuit **70 F** 1/2 pension **150 F**

(TH) GR : 91 et 94

0,2	0,2	0,5	SP	8	35	SP	20	0,5	0,2

PERES Pierre et Annie – Montee du Tricot - Gîte du Suel – 26410 Chatillon-en-Diois – Tél. : 04.75.21.13.49

Chaudiere La Bougeonne

18 pers. Ouverture : toute l'année. Alt. : 900 m

Au cœur des montagnes du Diois, proche de la vallée de la Drôme, au pied des 3 Becs, Luc vous fera apprécier le calme du site et son accueil orienté vers les activités équestres, promenades, randonnée, circuits. Dortoirs 6 et 8 pers., 1 ch. 4 pers., 3 lavabos, 3 douches, 2 wc, coin-cuisine, salle à manger. Abri chevaux. Relais équestre. GR9 à 1 km.

Prix : pers.nuit **70 F** 1/2 pension **165 F** pension **220 F**

(TH)

27	14	12	SP	SP	12	2	12

FERRER Luc – La Bougeonne – 26340 La Chaudiere – Tél. : 04.75.21.54.09

Die Ferme-de-Truchart
C.M. n° 77 — Pli n° 13

10 pers. Ouverture : toute l'année. Alt. : 500 m

En pleine nature, ancien relais épiscopal du XVIIe siècle, mitoyen à la ferme (plantes aromatiques, vigne en agriculture biologique) où Pierre et Claire vous accueillent pour un séjour dépaysant. 3 ch. à l'étage avec lavabos, 2 douches, 2 wc, coin-cuisine, séjour. Aire de jeux. Possibilité logement chevaux. Groupes : 1800 F/semaine sauf été.

Prix : pers.nuit **65 F**

GR : 95

2	1,5	2,5	SP	9	2,5	25	2	2

GARABIOL Pierre et Claire – Ferme de Truchard – 26150 Die – Tél. : 04.75.22.01.12

Die Abbaye-de-Valcroissant — *C.M. n° 77 — Pli n° 14*

16 pers. Ouverture : du 1er avril au 1er novembre. Alt. : 640 m

Dans le site prestigieux et grandiose de l'ancienne abbaye du XIIe siècle, monument classé, au pied des falaises du massif du Glandasse, Rémy et Martine vous feront découvrir leur région. 1 dortoir en mezzanine 10 pers., 1 dortoir 6 pers., sanitaires : 3 lavabos, 3 douches, 3 wc. Coin-cuisine, salle à manger, salon. GTA à 500 m.

Prix : pers.nuit **55 F** 1/2 pension **145 F** petit dejeuner **25 F**

TH GR : 95

7	7	5	SP	12	5	35	20	0,5	7	7

LEGAUT Remy et Martine – Abbaye de Valcroissant – 26150 Die – Tél. : 04.75.22.12.70

Die Sallieres — *C.M. n° 77 — Pli n° 14*

14 pers. Ouverture : toute l'année. Alt. : 420 m

Gîte aménagé dans une ferme restaurée, isolée, proche des falaises du Glandasse. 1 dortoir 14 pers., sanitaires communs : 3 lavabos, 3 wc, 3 douches, coin-cuisine, salle à manger. Randonneurs pédestres ou cyclos-motos. GR95 à 3 km, GTA à 6 km. Réservation souhaitée.

Prix : pers.nuit **62 F**

GR : 95 et GTA

3	3	2	SP	3	3

PALAYER Elise – Sallieres – 26150 Die – Tél. : 04.75.22.22.41 ou 04.75.22.18.16

Dieulefit La Ferme-de-Veyret — *C.M. n° 81 — Pli n° 2*

25 pers. Ouverture : toute l'année. Alt. : 480 m

Dans cette ancienne ferme restaurée, dans un site campagnard et boisé, Christian et Danielle vous proposent leurs différents hébergements : 4 ch. d'hôtes, 1 gîte studio, le gîte d'étape, et la table d'hôtes commune. 2 dortoirs 25 pers., 3 salles d'eau, wc communs, salle à manger. Librairie livres régionaux. Parking.

Prix : pers.nuit **69 F** 1/2 pension **143 F**

TH GR : 9

SP	3	3	SP	SP	SP	1,5

MINGASSON Danielle – Ferme le Veyret - route de Comps – 26220 Dieulefit – Tél. : 04.75.46.36.21 – Fax : 04.75.46.34.78

Eygalayes Le Casage — *C.M. n° 81 — Pli n° 4*

34 pers. Ouverture : toute l'année. Alt. : 850 m

Au sein d'une ferme écologique de montagne dans une grande maison ancienne chaleureusement restaurée, Josette et François vous proposent des séjours libres à thème en pleine nature. 2 ch. 2 pers., 4 dortoirs 15 pers., 6 lavabos, 4 douches, 3 wc, grande salle d'activité, salle à manger avec véranda, 2 unités indép. 16 pers. avec chacune 1 cuisine. Tarifs groupe.

Prix : 1/2 pension **165 F** pension **200 F**

TH

12	12	4	SP	SP	12

FOURNIE CAUNES Francois et Josette – Le Casage – 26560 Eygalayes – Tél. : 04.75.28.41.94 – Fax : 04.75.28.42.73

Gigors-et-Lozeron La Riviere — *C.M. n° 77 — Pli n° 13*

19 pers. Ouverture : toute l'année. Alt. : 450 m

Dans le Parc Naturel Régional du Vercors, aux confins d'une nature verdoyante et préservée, grand gîte adossé à la colline, dans le petit hameau, où M. Noëlle vous propose : 6 ch. 10 pers., 1 dortoir 9 pers., 2 salles d'eau, 3 wc, cuisine, séjour. Salle d'activités. GR à 8 km. Forfait groupe : 50 F/pers.

Prix : pers.nuit **90 F** 1/2 pension **150 F** pension **195 F**

TH

15	15	10	SP	15	10	15	15

VILLAIN Marie-Noelle – Gîte la Riviere – 26400 Gigors-et-Lozeron – Tél. : 04.75.25.30.78

Gigors-et-Lozeron Les Peupliers — *C.M. n° 77 — Pli n° 13*

21 pers. Ouverture : toute l'année. Alt. : 500 m

A l'entrée Sud du Parc Régional du Vercors, maison mitoyenne à l'exploitation. Logement chevaux sur place. 11 stalles. GR9 à 2 km. Pistes équestres et pédestres sur place. 1er étage : 1 dortoir 6 pers. 1 ch. 2 pers. 2 ch. 4 pers. 2e étage : 3 ch. 5 pers. Sanitaires privés et communs aux 2 étages. Cavaliers : 1/2 pension 187 F.

Prix : pers.nuit **67/110 F** 1/2 pension **152/195 F** pension cheval **187 F**

TH

16	16	2	SP	6	30	2	22	16	16	2

XUEREF Anne France – Lozeron Les Peupliers – 26400 Gigors-et-Lozeron – Tél. : 04.75.76.40.90 – Fax : 04.75.76.46.47

Glandage La Sauvagine - Grimone *C.M. n° 77 — Pli n° 14*

24 pers. Ouverture : de Pâques au 11 novembre. Alt. : 1100 m

Sur l'itinéraire du GR93 et du tour du Haut Diois, Dominique vous accueille pour une étape ou un séjour dans sa maison au cœur du hameau. 1 gîte indépendant : coin-cuisine, salle à manger, dortoir 8 pers., mezzanine 2 pers., 2 lavabos, 2 douches, 2 wc, séjour commun, 3 ch. 7 pers., sanitaires communs. 2 ch. indépendantes 7 pers., sanitaires privés.

Prix : pers.nuit **60/70 F** 1/2 pension **155/165 F** pension **190/200 F**

TH GR : 93

12	12	10	SP	12	12	8	12

ALLES Dominique – La Sauvagine - Grimone – 26410 Glandage – Tél. : 04.75.21.10.06 – Fax : 04.75.21.10.06

Leoncel Le Village *C.M. n° 77 — Pli n° 13*

15 pers. Ouverture : toute l'année. Alt. : 965 m

Près de l'abbaye cistercienne et dans les dépendances restaurées, mitoyen avec d'autres logements, dont 2 gîtes ruraux, 1 gîte d'étape simple mais spacieux. 1 dortoir 15 pers., salle d'eau, wc, cuisine, salle à manger.

Prix : pers.nuit **60 F**

GR : 93 et 94

18	18	SP	SP	18

MAIRIE DE LEONCEL – 26190 Leoncel – Tél. : 04.75.41.69.73 ou 04.75.41.04.68 – Fax : 04.75.41.04.68

Lus-la-Croix-Haute Le Village *C.M. n° 77 — Pli n° 15*

22 pers. Ouverture : du 1er septembre au 30 juin. Alt. : 1050 m

Grande maison indépendante sur 2 niveaux, en limite de village, orientée vers les hautes cîmes et les aiguilles de Lus. 2 ch. 12 pers., salle de bains, wc, cuisine, séjour, au rez-de-chaussée. 3 ch. 10 pers. 3 salles de bains, 3 wc. GR93 et 94 à 1 km. Groupes : 2 nuits 1750 F, 1 semaine 5350 F.

0,2	0,2	0,2	0,2	0,2	0,2	5	SP

ESCOUBAS Jacques – Ass. Saint-Augustin - 14 rue Arnoud – 69005 Lyon – Tél. : 04.72.38.29.07

Lus-la-Croix-Haute *C.M. n° 77 — Pli n° 15*

17 pers. Ouverture : toute l'année. Alt. : 1000 m

Maison mitoyenne restaurée en bordure du village, au calme. Mur d'escalade couvert à 300 m, encadrement à la demande (randos pédestres, ski fond et piste). 2 ch. 4 pers., 2 dortoirs 13 pers., 2 salles d'eau, wc, coin-cuisine, salle à manger, séjour. Accueil chevaux avec stalles, boxes et parc.

Prix : pers.nuit **65 F** 1/2 pension **140 F** pension **175 F**

TH GR : 94

0,1	SP	SP	SP	SP	SP

ASS. POINT VIRGULE – Sommet du Village – 26620 Lus-la-Croix-Haute – Tél. : 04.92.58.52.79

Montbrun-les-Bains La Villette *C.M. n° 81 — Pli n° 4*

22 pers. Ouverture : toute l'année. Alt. : 700 m

Grande maison ancienne réaménagée en pleine campagne, proche du Mont Ventoux, Monique et Matthieu vous accueillent sur leur exploitation d'élévage caprins, ils vous feront goûter aux produits de leur ferme. 2 dortoirs 14 pers., 3 lavabos, 3 douches, 3 wc. 2 ch. 8 pers., sanitaires privatifs, coin-cuisine, salle de séjour.

Prix : pers.nuit **60 F** 1/2 pension **150 F**

TH

3	3	SP	SP	SP	SP	3

HOUSSIN Matthieu et Monique – La Villette – 26570 Montbrun-les-Bains – Tél. : 04.75.28.82.09

Montbrun-les-Bains Vergol *C.M. n° 81 — Pli n° 4*

19 pers. Ouverture : toute l'année sauf Noël. Alt. : 820 m

Dans cette ancienne ferme restaurée, face au Mont Ventoux, en pleine campagne, Eric, guide de haute montagne, et sa famille vous proposent des vacances actives (agrément DDJS) dans des sites exceptionnels. 3 ch. 6 pers., 2 dortoirs 13 pers., 4 lavabos, 2 douches, 2 wc, coin-cuisine, séjour. GR91 à 3 km. Stages activités de pleine nature sur demande.

Prix : pers.nuit **50/60 F** 1/2 pension **150 F**

TH GR : 91

7	7	0,5	SP	5	SP	7

LEININGER Eric – Vergol – 26570 Montbrun-les-Bains – Tél. : 04.75.28.83.71

Montferrand-la-Fare Les Viarrands-La Chevre Verte *C.M. n° 81 — Pli n° 4*

30 pers. Ouverture : de Pâques à décembre. Alt. : 700 m

Gîte au pied du GR91 et de Vanige (mont à 1400 m), en pleine nature, vue superbe sur la Vallée du Rosannais, endroit authentique et accueillant. 2 dortoirs 22 pers., 2 ch. indépendantes 8 pers., 2 sanitaires communs et privatifs, petite cuisine, séjour.

Prix : pers.nuit **100/125 F** 1/2 pension **180/240 F**

(A) GR : 91

11	11	SP	SP	15

KISSLER Michel et Chantal – Les Viarrands-La Chevre Verte – 26510 Montferrand-la-Fare – Tél. : 04.75.27.80.53 – Fax : 04.75.27.80.53

Montfroc Les Ricoux *C.M. n° 81 — Pli n° 5*

50 pers. Ouverture : du 31 mars au 31 novembre. Alt. : 850 m

Dans un environnement équestre au-dessus du petit village et de la vallée, dans un ensemble de bâtiments mitoyens à la ferme, Claudette, Félix et leurs enfants vous feront partager leur passion du cheval. 7 dortoirs 44 pers., sanitaires communs, 4 ch. 12 à 16 pers., sanitaires privés, séjour. Logement et chevaux disponibles sur place.

Prix : 1/2 pension **190 F** pension **285 F**

(A)

SP	SP	SP	SP	SP

LOPEZ Felix et Claudette – Les Ricoux - Les Asnieres – 26560 Montfroc – Tél. : 04.92.62.08.33

La Motte-de-Galaure Les Liattes *C.M. n° 77 — Pli n° 2*

12 pers. Ouverture : toute l'année. Alt. : 330 m

Dans cette région vallonnée et calme, proche de la vallée du Rhône, Monique et Pierre vous accueillent dans le gîte indépendant, mitoyen à l'habitation où existent 5 ch. d'hôtes. 2 ch. 5 pers., 1 dortoir 7 pers., 3 wc, 4 lavabos, 3 douches, cuisine, salle à manger, séjour. Abri chevaux 8 boxes, un parc. Parking.

Prix : pers.nuit **60 F** 1/2 pension **140 F** pension **190 F**

(TH)

11	5	2	0,3	25	2	5	10	4,5

DELHOME Monique et Pierre – Bruthias – 26240 La Motte-de-Galaure – Tél. : 04.75.68.41.72

Plaisians Les Girards *C.M. n° 81 — Pli n° 3*

25 pers. Ouverture : toute l'année. Alt. : 700 m

Sur un belvédère, face au Mont Ventoux, dans une ferme du XVIIIe siècle, Jean-Pierre et Jacqueline vous reçoivent dans un décor raffiné qui sent bon le thym et le tilleul, pour un séjour en liberté ou à thème. 1 dortoir 7 pers., 4 ch. 18 pers. avec sanitaires privatifs. 2 cuisines. Salle d'activités. Poss. repas végétariens. Ecurie 9 chevaux. Agrément DDJS.

Prix : pers.nuit **65 F** 1/2 pension **165 F** pension **210 F**

(TH)

12	12	12	SP	12	12	12	3	12

DELARUELLE Jean-Pierre – Gîte de l'Erable - Les Girard – 26170 Plaisians – Tél. : 04.75.28.10.40

Plan-de-Baix *C.M. n° 77 — Pli n° 13*

12 pers. Ouverture : toute l'année. Alt. : 730 m

Maison ancienne restaurée indépendante, dans le village, près des itinéraires du Vercors Sud. Restaurant et épicerie à proximité. 2 ch. 2 et 4 pers., 1 dortoir 6 pers., sanitaires : 3 lavabos, 2 wc, 2 douches, coin-cuisine, salle à manger.

Prix : pers.nuit **40/45 F** 1/2 pension **140 F** pension **200 F**

(A) GR : 9

22	22	8	SP	8	15	8	5	22

MAIRIE DE PLAN DE BAIX – M. Descy Alain - Auberge de Brudoux – 26400 Plan-de-Baix – Tél. : 04.75.76.44.99 – Fax : 04.75.76.40.88

Poet-en-Percip *C.M. n° 81 — Pli n° 4*

10 pers. Ouverture : du 1er mars au 30 novembre. Alt. : 1000 m

Petit gîte au village avec vue panoramique sur les montagnes. Mezzanine 10 pers., coin-cuisine, salle de séjour, salle d'eau, wc.

Prix : pers.nuit **35/42 F**

GR : 91

14	14	SP	16

MAIRIE POET EN PERCIP – Aline Esteve – 26170 Le Poet-en-Percip – Tél. : 04.75.28.07.96 ou 04.75.28.01.00

Remuzat Gîte-des-Curebiasses

E.C. NN 19 pers. Ouverture : d'avril à octobre. Alt. : 450 m

Maison de style XVIIIe siècle et son petit parc, au pied du Montrond, où Emmanuel vous fera apprécier cette halte, au calme. 8 ch. 19 pers. en lit simple ou double, sanitaires : 7 lavabos, 2 salles d'eau, 3 wc, cuisine, 2 salles à manger, bibliothèque familiale, ping-pong, aire de jeux.

Prix : pers.nuit **60/70 F** petit dejeuner **25 F**

9	9	SP	SP	SP	3	SP	10	30

RICHARDIER Emmanuel et Fabienne – Gîte des Curebiasses – 26510 Remuzat – Tél. : 04.75.27.84.89 ou 04.78.62.68.51 – Fax : 04.78.62.68.51

Roche-sur-Grane La Magerie *C.M. n° 77 — Pli n° 12*

9 pers. Ouverture : toute l'année. Alt. : 287 m

Dans ce site d'accueil touristique, ancienne bergerie restaurée avec vue sur le vieux village et le Vercors, Roger et Pierrette vous proposent leurs hébergements : gîte d'étape, 5 ch. d'hôtes, l'aire naturelle de camping et la table d'hôtes commune. 1 dortoir 9 pers., 4 lavabos, 3 wc, 3 douches, cuisine, séjour. Logement chevaux. Tarifs groupes. Allemand parlé.

Prix : pers.nuit **60 F** 1/2 pension **160 F** pension **210 F**

TH

SP	5	SP	SP	12	SP	12	12	12

BOHLER Roger et Pierrette – La Magerie – 26400 La Roche-sur-Grane – Tél. : 04.75.62.71.77

Rochebrune Le Villard *C.M. n° 81 — Pli n° 3*

20 pers. Ouverture : toute l'année. Alt. : 660 m

En pleine nature, au cœur des montagnes des Baronnies, Toni, diplomé d'équitation, vous fera partager sa passion du cheval, et apprécier les multiples prestations du centre équestre. 2 ch. 6 pers., 3 dortoirs 14 pers., sanitaires privatifs, coin-cuisine, salle à manger. Logement des chevaux en boxes. GR9 à 800 m. Pique-nique à emporter le midi.

Prix : pers.nuit **90 F** 1/2 pension **165 F** pension **200 F**

TH GR : 9

SP	12	SP	8	12	12

DEL ROSSO Toni – Le Villard – 26110 Rochebrune – Tél. : 04.75.27.30.38 – Fax : 04.75.27.30.38

Rochebrune Ferme-Rolland

21 pers. Ouverture : toute l'année. Alt. : 450 m

Dans cette ancienne ferme restaurée, bastide provençale du XIXe siècle, René vous accueille pour un séjour à thème (salle d'activités de 120 m²), au cœur de la vallée de Sainte-Jalle. 2 ch. 4 pers., sanitaires, 3 ch. 17 pers. dont 1 avac sanitaires privés, cabines 1 pers., sanitaires communs, coin-cuisine, salle à manger, séjour. Alimentation saine, biologique. GTA à 2 km.

Prix : pers.nuit **90 F** 1/2 pension **170 F** pension **220 F**

TH

14	14	2	SP	3	2	2	8	2

DEJOUX Rene – Ferme Rolland – 26110 Rochebrune – Tél. : 04.75.27.32.20 ou 04.75.27.33.83

Saillans Tourtoiron *C.M. n° 77 — Pli n° 13*

30 pers. Ouverture : toute l'année. Alt. : 230 m

En bordure de la rivière Drôme, avec grand espace, au calme, avec vue sur les Trois Becs, grand bâtiment communal réaménagé, en limite du village. 8 ch. 16 pers. salle d'eau, wc privatifs, 2 dortoirs 14 pers., salles d'eau, wc communs, cuisine, salle à manger. Parking. Canoë-kayak sur place.

Prix : pers.nuit **75 F** 1/2 pension **150 F** pension **200 F** petit dejeuner **25 F**

TH GR : 9

15	0,2	SP	SP	10	SP	0,2

MAIRIE DE SAILLANS – Gîte de la Roche – 26340 Saillans – Tél. : 04.75.21.53.53

Saint-Agnan-en-Vercors *C.M. n° 77 — Pli n° 14*

30 pers. Ouverture : toute l'année. Alt. : 900 m

Dans cette maison indépendante, au cœur du village, gîte communal pouvant accueillir 10, 20 ou 30 pers. et un petit refuge. R.d.c. : coin-cuisine, salle à manger, séjour ou salle d'activités, wc. 1er niveau : coin-cuisine, salle à manger, 2 ch. 6 pers., s.d.b., wc. 2e niveau : 3 ch. 12 pers., s. d'eau, wc. Parking. Agrément DDJS. Refuge : 40 F/nuitée. GR à 300 m.

Prix : pers.nuit **52/55 F**

4	0,4	SP	6	SP	8	2	4

MAIRIE DE SAINT-AGNAN – 26420 Saint-Agnan-en-Vercors – Tél. : 04.75.48.20.67 – Fax : 04.75.48.12.75

Saint-Agnan-en-Vercors Les Liottards *C.M. n° 77 — Pli n° 14*

18 pers. Ouverture : toute l'année. Alt. : 980 m

Dans la maison mitoyenne à la ferme, comportant également 4 chambres d'hôtes, Eva et Jean-Louis vous accueillent au pied de hauts plateaux du Vercors Sud et au départ de nombreuses randonnées. 2 ch. 8 pers., 1 dortoir 10 pers., lavabos, douches privatifs, wc communs, coin-cuisine, séjour. Table d'hôtes sur réservation. Accueil possible groupes en séjour.

Prix : pers.nuit **56 F** 1/2 pension **158 F**

TH

13	2	SP	14	6	6

FARAUD Jean-Louis et Eva – Rousset en Vercors - Les Liotards – 26420 Saint-Agnan-en-Vercors – Tél. : 04.75.48.21.18

Saint-Agnan-en-Vercors Les Faures

16 pers. Ouverture : du 1er mai au 1er novembre. Alt. : 850 m

Dans le petit hameau, proche des grands espaces de nature et de forêts, Pascal et Valérie vous feront découvrir la région, le Parc Naturel Régional, et de nombreuses activités tout en appréciant leur gîte récemment aménagé avec goût. 1 dortoir 6 pers., 3 ch. 10 pers., sanitaires privatifs, coin-cuisine, séjour. Aire de jeux. Parking. Groupe : 75 F.

Prix : pers.nuit **80 F** 1/2 pension **180 F**

TH GR : 9

6	2	SP	SP	8	SP	8	10	6	4

EYMARD Pascal et Valerie – La Fournache - Les Faures – 26420 Saint-Agnan-en-Vercors – Tél. : 04.75.48.25.22

Saint-Julien-en-Quint Le Moulin-du-Rivet *C.M. n° 77 — Pli n° 13*

12 pers. Ouverture : toute l'année. Alt. : 600 m

Dans le parc Régional du Vercors, en famille ou en groupe, vous goûterez au charme de cette ancienne chapelle restaurée, avec vue sur les montagnes. Charly propose également près de sa maison une aire naturelle de camping. 1 ch. 2 pers., 1 dortoir 10 pers., 3 lavabos, douche, wc, coin-cuisine, séjour. Cabine tél. sur place. Abri chevaux. Gestion libre.

Prix : pers.nuit **60/70 F** 1/2 pension **150 F** pension **190 F** petit dejeuner **25 F**

TH

13	13	SP	SP	10	4	40	13	13

SZARVAS Charly – Le Moulin du Rivet - La Juliana – 26150 Saint-Julien-en-Quint – Tél. : 04.75.21.20.43

Saint-Martin-en-Vercors Les Berthonets *C.M. n° 77 — Pli n° 4*

35 pers. Ouverture : toute l'année. Alt. : 850 m

Dans la grande maison rénovée au pied des falaises, dominant village et vallée, votre hôte vous fera apprécier un séjour actif dans ses installations adaptées. 3 modules gîtes distincts ou communs. 3 coins-cuisine, séjour, 4 dortoirs 24 pers., 6 ch. 20 pers., sanitaires répartis : 13 lavabos, 8 douches, 10 wc, salle polyvalente. Parking. GR, GTA à 2 km. Grande Traversée du Vercors.

Prix : pers.nuit **85 F** 1/2 pension **160 F** pension **196 F**

TH

10	0,5	2	SP	10	2	SP	SP	0,4	1

RIAS Pierre – Les Berthonnets - La Batteuse – 26420 Saint-Martin-en-Vercors – Tél. : 04.75.45.51.69 – Fax : 04.75.45.53.39

Sainte-Jalle La Condamine *C.M. n° 81 — Pli n° 3*

18 pers. Ouverture : toute l'année sauf février. Alt. : 450 m

Au calme, dans cette vallée entourée par les montagnes du Sud Drômois, Fabien et Régine vous proposent cette maison indépendante en gestion libre, ou repas en table d'hôtes à leur ferme proche. 1 ch. 2 pers., 4 dortoirs 16 pers., sanitaires : 2 lavabos, 2 douches, 2 wc, coin-cuisine, séjour. GR à 10 km, GTA à 500 m.

Prix : pers.nuit **75 F** 1/2 pension **155 F** petit dejeuner **25 F**

TH

15	15	SP	1	SP	6	15	SP

BEGNIS Fabien – La Condamine – 26110 Sainte-Jalle – Tél. : 04.75.27.30.77

Saou L'Estang *C.M. n° 77 — Pli n° 12*

18 pers. Ouverture : toute l'année. Alt. : 300 m

Au cœur du pays de Saoû, proche de sa forêt et de ses rochers aux multiples activités, dans une ancienne ferme restaurée, Patrice vous propose : 3 dortoirs 18 pers., 3 salles d'eau privatives, 2 wc, coin-cuisine, séjour. GR9 à 6 km. Auberge à proximité. Tarifs groupes : 52 F.

Prix : pers.nuit **60 F**

GR : 9

7	4	SP	SP	5	SP	SP	15	7

VIGNE Patrice – L'Estang – 26400 Saou – Tél. : 04.75.76.03.15 ou 04.75.76.00.43

Treschenu-Creyers Benevise

24 pers. Ouverture : toute l'année. Alt. : 1000 m

Sur le GR93, entre le Cirque d'Archiane et le Vallon de Combeau, dans le Parc du Vercors, dans cette maison restaurée adossée à la montagne, Dominique et Denise vous proposent de multiples activités. R.d.c. : 1 dortoir 6 pers., salle d'eau, wc, cuisine, séjour. Etages : 2 gîtes indépendant, cuisine, salle à manger, 4 ch. 18 pers., 2 s. d'eau, 2 wc. Parking.

Prix : pers.nuit **70 F** 1/2 pension **165 F**

TH GR : 93

13	13	3	SP	13	10	6	25	2	13

BENARD Dominique – Gîte de Benevise – 26410 Treschenu-Creyers – Tél. : 04.75.21.16.14 – Fax : 04.75.21.16.14

Val-Maravel Le Pilhon *C.M. n° 77 — Pli n° 14*

18 pers. Ouverture : toute l'année. Alt. : 1000 m

Dans le petit hameau perché au cœur des montagnes du Haut-Diois le gîte est réparti dans l'ancien corps de ferme où se trouve l'habitation du propriétaire : 3 ch. 10 pers., 1 dortoir 8 pers., 5 lavabos, 2 salles d'eau, 2 wc communs, cuisine, salle à manger. Parc pour chevaux. Sur réservation. Draps fournis. Commande épicerie possible. Groupe : 62 F.

Prix : pers.nuit **72 F**

GR : 91 et 94

23	23	SP	SP	0,5

MUGUET Jean-Claude – Le Pilhon – 26310 Val-Maravel – Tél. : 04.75.21.46.16 – Fax : 04.75.21.46.16

Vassieux-en-Vercors Rochebonne *C.M. n° 77 — Pli n° 13*

16 pers. Ouverture : toute l'année. Alt. : 1050 m

Maison mitoyenne à l'habitation et à la ferme, en pleine nature, aux confins de la forêt, gîte à entrée indépendante : 3 ch., dortoirs 16 pers., 2 salles d'eau, 2 wc, coin-cuisine, salle de séjour, prise TV, produits fermiers, ambiance familiale. Parking. GR95 à 1 km. Grande Traversée du Vercors 5 km. Tarifs spécial enfants (jusqu'à 13 ans).

Prix : pers.nuit **67 F** 1/2 pension **145/155 F** pension **175/185 F**

TH

10	4,5	14	SP	7	SP	SP	4,5

CALLET Maryse – Rochebonne – 26420 Vassieux-en-Vercors – Tél. : 04.75.48.28.56

Vassieux-en-Vercors Le Pre *C.M. n° 77 — Pli n° 14*

25 pers. Ouverture : toute l'année. Alt. : 1100 m

Proche de la nature et de la forêt, ce gîte indépendant complète une structure d'accueil gérée par Yolaine et agréée DDJS et Education Nationale. 8 ch. 25 pers., salles d'eau : 10 lavabos, 8 douches, 4 wc, cuisine équipée, salle à manger, séjour. 2 salles polyvalentes. Raquettes, chiens traîneaux. GR95 et GTA à 3,5 km, GR93 à 5 km.

Prix : pers.nuit **62 F** 1/2 pension **165 F** pension **195 F**

TH GR : 93 et 95

10	10	SP	5	SP	5

CHAPAYS Yolaine – La Ferme du Pre – 26420 Vassieux-en-Vercors – Tél. : 04.75.48.27.66 – Fax : 04.75.48.27.66

Vassieux-en-Vercors Rochebonne *C.M. n° 77 — Pli n° 13*

71 pers. Ouverture : toute l'année. Alt. : 1050 m

Aux confins de la nature et de la forêt, cette grande maison et un 2e gîte indépendant vous permettront de passer un séjour actif et de détente. Gîte 1 : 3 dortoirs 18 pers., 8 ch. 38 pers., cuisine, salle à manger, séjour, sanitaires communs. Gîte 2 : 2 dortoirs 12 pers., 1 ch. 3 pers., sanitaires communs, cuisine, salle à manger.

Prix : pers.nuit **54 F** petit dejeuner **30 F**

GR : 95

10	5	SP	6	SP	5

CHAPAYS Marie-Louise – Ferme de Rochebonne – 26420 Vassieux-en-Vercors – Tél. : 04.75.48.28.18

Venterol La Ferme-des-Auches *C.M. n° 81 — Pli n° 3*

15 pers. Ouverture : toute l'année sauf janvier et février. Alt. : 400 m

Dans leur ferme ancienne du XVIIe siècle et dans un studio pour 3 pers., au cœur des vignobles et oliveraies du Nyonsais, Christian et Joëlle vous accueillent. 2 dortoirs 12 pers., sanitaires communs : 4 lavabos, 2 douches, 2 wc, séjour. Logement chevaux sur place. GR9 à 3 km.

Prix : pers.nuit **75 F** 1/2 pension **155 F**

TH GR : 9

5	5	2	0,5	5	5

IMBERT Christian et Joelle – La Ferme des Auches – 26110 Venterol – Tél. : 04.75.27.92.85 – Fax : 04.75.27.92.85

Villeperdrix *C.M. n° 81 — Pli n° 3*

24 pers. Ouverture : toute l'année. Alt. : 475 m

Dans cette ancienne bergerie réaménagée avec goût, au dessus de la vallée de l'Aygues et au calme dans le petit village, Jacky et Dominique vous font partager la passion de leur région. 4 ch. 16 pers., sanitaires privatifs, 2 ch. studios 8 pers. attenants, cuisine, séjour. Abri chevaux. GR91 à 20 km. Ferme auberge à proximité..

Prix : pers.nuit **80/90 F** 1/2 pension **160/170 F** pension **195/205 F**

(TH) GR : GTA

SP	10	1,5	SP	20	1,5	10

DONZET Jacky – Sahune – 26510 Villeperdrix – Tél. : 04.75.27.42.30 – Fax : 04.75.27.42.30

Villeperdrix Combe-de-Leoux *C.M. n° 81 — Pli n° 3*

19 pers. Ouverture : du 1er mars au 31 décembre. Alt. : 800 m

Dans la vieille ferme restaurée, entourée de champs de lavande, proche de la GTA (à 30 m) de la Montagne d'Angèle et des boucles provençales, Noël vous propose son gîte : 3 dortoirs 19 pers., sanitaires communs, coin-cuisine, séjour. Point de vente des produits de la ferme et boutique spécialisée sur la lavande.

Prix : pers.nuit **100 F**

GR : GTA

16	16	7	0,5	7	6

EGLIGEAUD Noel – Combe de Leoux – 26510 Villeperdrix – Tél. : 04.75.27.40.22 – Fax : 04.75.27.43.84

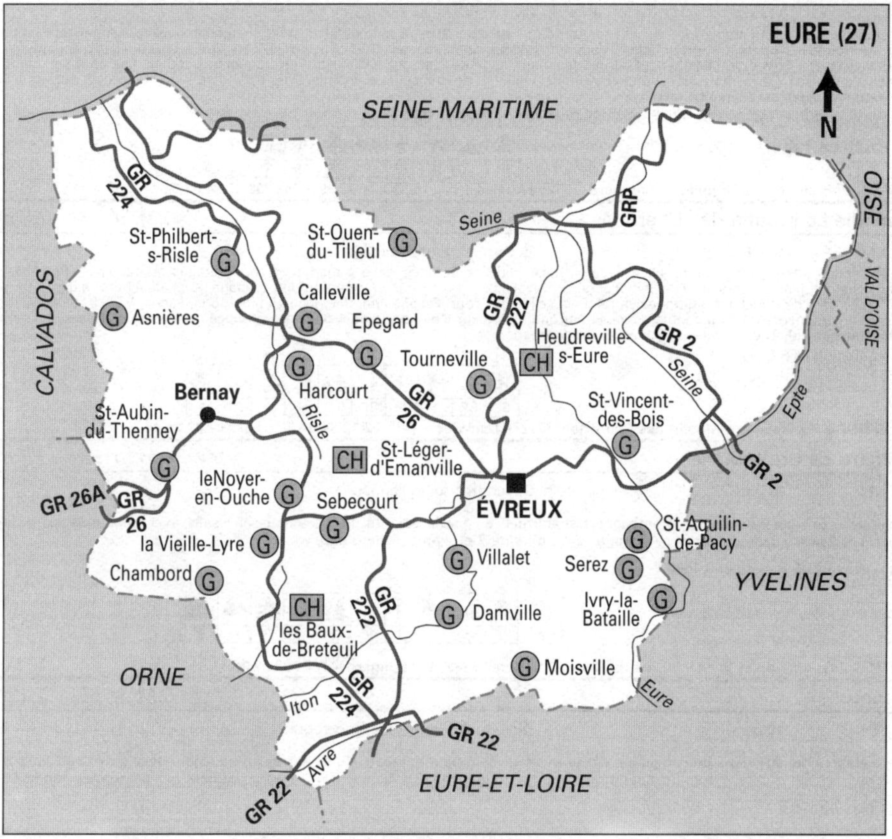

CH Chambre d'hôte G Gîte d'étape, de séjour L Logis de France

Asnieres Le Pensionnat
cv *C.M. n° 55 — Pli n° 14*

E.C. NN 14 pers. Ouverture : toute l'année.

Gîte de séjour dans un ancien pensionnat fin de siècle dernier. A l'étage : cuisine/salle/salon, 5 chambres de 2, 3 et 4 lits, 2 wc, 3 douches, 2 lavabos. Location de draps possible. Coin-champêtre avec barbecues et salons de jardin. Stages d'initiation peinture sur soie, aquarelle et photos. Moyaux 3 km. Midweek : 2600 F.

Prix : semaine **3400 F** week-end **1900 F**

7	15	11	15	1	2	20	35	16	3

BENSI Dominique et Agnes – Le Pensionnat - Les Vaux Bellenger – 27260 Asnieres – Tél. : 02.32.46.42.10 – Fax : 02.32.46.26.69

Calleville
cv *C.M. n° 55 — Pli n° 15*

E.C. NN 20 pers. Ouverture : toute l'année.

Grange normande à pans de bois entièrement rénovée conçue pour l'accueil de groupes. Cuisine aménagée pour traiteur avec matériel collectivité (l-vaisselle). Salle de 100 m² avec cheminée. Vestiaire. 2 wc dont 1 accessible à tous, 3 douches, 1 lavabo. A l'étage : 4 ch. (4 lits 2 pers.), lavabo. 1 ch. 6 pers., 1 dortoir 9 pers., 2 wc, 4 lavabos. Grande terrasse aménagée. Locations de draps et de vaisselle à la demande.

Prix : week-end **3200/4300 F**

GR : 224

2,5	2,5	5	15	2,5	1	2,5	60	5	3

LE MOINE Huguette – 2 rue Saint-Thaurin des Ifs – 27800 Calleville – Tél. : 02.32.44.89.32

Chambord La Hugoire
C.M. n° 55 — Pli n° 15

E.C. NN 30 pers. Ouverture : toute l'année.

Gîte situé dans un grand parc à 1 km du village. Au r.d.c : 1 salle de 70 m². 1 salle de 27 m² avec cheminée. Cuisine. Sanitaires. Vestibule. A l'ét. : 1 dortoir (8 lits 1 pers.), 1 dortoir (2 lits 2 pers. 1 lit 1 pers.), sanitaires, wc. 3 ch. (1 lit 2 pers. 2 lits 1 pers. chacune), s. d'eau privée. 1 ch. 5 pers. avec s.d.b. privée. Anglais parlé. Endroit idéal pour les fêtes et stages à thèmes. Aires de volley, football, basket et pétanque, jeux d'enfants sur place. Canoë en juillet/août. Point-phone. Location de draps à la demande. Possibilité d'un buffet d'accueil. Activité VTT sur réservation. Accueil cavaliers et chevaux.

Prix : pers.nuit **75 F** 1/2 pension **170 F** petit dejeuner **20 F** week-end **4000 F**

(TH) GR : 224 et 22

1	12	12	17	1	75	15	3

SAMAIN Veronique – La Hugoire - Chambord – 27250 Rugles – Tél. : 02.33.34.82.55 – Fax : 02.33.34.82.55

Damville Le Moulin-des-Cherottes
C.M. n° 55 — Pli n° 16

E.C. NN 40 pers. Ouverture : toute l'année.

Ancien moulin totalement restauré sur 4 niveaux. R.d.c. : cuisine équipée, salle à manger. 3 ch. 1er étage : grande salle climatisée avec estrade, sono et piano. 2e étage : 7 ch. 2 et 3 pers., 5 avec s.d.b., 1 avec s.d.b. et wc communs. 3e étage : 2 ch. de 4 pers., s.d.b. 1 dortoir de 40 m² avec salle de douche. Chauffage central. Loc. salle 250 F/jour. Piscine chauffée, jacuzzi, ping-pong, canoë, VTT, 8 boxes, barbecue. Dans un environnement très agréable, traversé par une rivière sur 6 ha., convenant pour des groupes partageant une passion commune (danse, musique...). Tous services à Damville. Anglais parlé.

Prix : pers.nuit **85 F**

GR : 222

SP	SP	1	20	SP	0,5	3	110	21	1

BOUD'HORS Francois – Le Moulin des Cherottes – 27240 Damville – Tél. : 02.32.34.44.38 – Fax : 02.32.34.44.38

Epegard La Croix-Blanche
C.M. n° 55 — Pli n° 16

E.C. NN 13 pers. Ouverture : toute l'année.

Ancienne écurie en briques et colombages transformée en partie en gîte. Rez-de-chaussée : salle avec cheminée, coin-cuisine, 1 chambre 2 pers., salle d'eau, wc. A l'étage : 2 dortoirs de 7 et 4 pers. salle d'eau, wc.

Prix : pers.nuit **45 F** week-end **1600 F**

GR : 26

3	1	1	3	15	2	15	75	25	5

LOTHON Jean-Claude et Ilona – 10 rue du Champ de Bataille – 27110 Epegard – Tél. : 02.32.35.11.51

Harcourt
C.M. n° 55 — Pli n° 15

E.C. NN 15 pers. Ouverture : de mars à fin octobre.

Gîte d'étape aménagé dans une ancienne église au cœur d'un petit hameau. Cuisine, très grand séjour avec cheminée, salle d'eau, 2 lavabos, wc. En duplex 4 grandes chambres (15 pers.), 3 lavabos, 2 douches, 2 wc, 1 wc accessible aux personnes handicapées.

Prix : pers.nuit **50 F**

GR : 26

7	7	10	11	7	5	7	70	8

MAIRIE D'HARCOURT – 27800 Harcourt – Tél. : 02.32.45.02.01 – Fax : 02.32.45.42.09

Ivry-la-Bataille
C.M. n° 55 — Pli n° 17

E.C. NN 18 pers. Ouverture : toute l'année.

Au rez-de-chaussée : 1 salle commune avec cheminée, coin-cuisine. 1 chambre 4 pers., salle d'eau. 1er étage : 1 dortoir 10 personnes. 1 chambre 4 pers. Salle d'eau. Gîte situé dans une ancienne manufacture d'instruments de musique, sur une île accessible par un pont privé dans la commune.

Prix : pers.nuit **55 F** petit dejeuner **20 F** week-end **2000/2500 F**

GR : 22

14	16	10	30	1	5	30	130	7	SP

CAMBOULIVE Francois et Helene – 21 rue Henri IV – 27540 Ivry-la-Bataille – Tél. : 02.32.36.48.39 – Fax : 02.32.26.42.81

Moisville L'Ere-d'Antan
C.M. n° 55 — Pli n° 16

E.C. NN 15 pers. Ouverture : toute l'année.

Maison normande spacieuse avec une grande salle de 80 m², cheminée, wc, 2 salles de bains, 3 chambres (2 lits 2 pers. 6 lits 1 pers.). A l'étage : 2 chambres (2 lits 2 pers. 4 lits 1 pers.), 1 lavabo dans chaque chambre. Chauffage électrique. Salon de jardin.

Prix : week-end **2200/2500 F**

GR : 5

4	12	1	25	4	26	30	100	8	8

GOY Nicole – L'Ere d'Antan – 27320 Moisville – Tél. : 02.32.60.06.10 – Fax : 02.32.34.38.30

Le Noyer-en-Ouche Le Long-Bois — *C.M. n° 55 — Pli n° 15*

E.C. NN 14 pers. Ouverture : toute l'année.

Maison normande. Rez-de-chaussée : salle commune avec cheminée, coin-cuisine, salle d'eau, wc. A l'étage : 2 dortoirs de 12 lits et 1 chambre de 2 pers., salle d'eau. 8 boxes ou herbage pour chevaux. Gîte d'étape face à la forêt de Beaumont-le-Roger.

Prix : pers.nuit **55 F** petit dejeuner **20 F** repas **60/80 F** pension cheval **15/35 F** week-end **1200/1500 F**

TH GR : 224

15	15	SP	6	3	SP	5	75	15	6

KHAZINE Anne-Marie – Le Long Bois – 27410 Le Noyer-en-Ouche – Tél. : 02.32.30.74.13

Saint-Aquilin-de-Pacy Les Preaux — *C.M. n° 55 — Pli n° 17*

E.C. NN 24 pers. Ouverture : toute l'année.

Gîte aménagé dans une propriété dominant une vallée. Au rez-de-chaussée (200 m^2) : salle à manger, salon, bibliothèque, 3 cheminées, cuisine équipée, 1 douche et 2 wc. A l'étage : 1 ch. 5 pers., 3 ch. 4 pers., 1 suite 3 pers., 1 suite 4 pers., 2 s.d.b. et 5 wc. Lave-vaisselle. Ping-pong, location VTT. Week-end de novembre à février : 3000 F. Gîte de séjour aménagé dans une maison de maître située sur une colline dominant la vallée, dans un grand parc clos et à proximité de la RN13 (Paris 75 km). Terrain de volley sur place.

Prix : week-end **3900 F**

2	1	6	4	0,3	15	1,5

MATRAS-SCHACK – Les Preaux – 27120 Saint-Aquilin-de-Pacy – Tél. : 02.32.36.78.08

Saint-Aubin-du-Thenney Le Bois-Dame — *C.M. n° 55 — Pli n° 14*

E.C. NN 30 pers. Ouverture : toute l'année sauf congés scolaires.

Accueil de groupes ou de réception le week-end (sauf congés scolaires). Au rez-de-chaussée : 2 grandes salles de 65 m^2 chacune, cuisine aménagée avec lave-vaisselle. 1 ch. (6 pers.). 6 ch. à l'étage (2 à 7 pers.). 4 s.d.b. et 2 wc. Centre de Vacances à la ferme en période de vacances scolaires, agrément Inspection Académique et DDJS pour 22 enfants de 6 à 14 ans. Grange normande à colombages entièrement rénovée comprenant 2 salles de réception de 65 m^2 chacune et 8 chambres avec sanitaires. Possibilité de louer des draps à la demande. Baby-foot, ping-pong. Château de Beaumesnil 25 km, Bernay 12 km.

Prix : week-end **3500 F**

6	13	6	SP	60	12	5

VREL – Le Bois Dame – 27270 Saint-Aubin-du-Thenney – Tél. : 02.32.44.61.34 – Fax : 02.32.44.06.33

Saint-Ouen-du-Tilleul — *C.M. n° 55 — Pli n° 6*

E.C. NN 30 pers. Ouverture : toute l'année.

Gîte dans un club équestre sur un terrain clos. Salle à manger et grand séjour séparés par une cloison mobile (100 m^2). Cuisine, vestiaire, sanitaires. 1er étage : 3 dortoirs (6, 7 et 8 pers.). 2 ch. 2 pers. dont 1 avec sanitaires privés. 1 ch. 2 pers. 1 ch. 3 pers. avec s.d.b., 5 douches, 1 baignoire, 7 lavabos, 7 wc. TV. Prix week-end suivant le nombre de pers. Jeux de société. VTT sur place.

Prix : pers.nuit **55/70 F** petit dejeuner **17 F** week-end **3800/4250 F**

GR : 2

2	10	SP	30	5	0,5	30	60	6	1

BOSS Dominique – 5 rue des Deserts – 27670 Saint-Ouen-du-Tilleul – Tél. : 02.35.78.62.64 – Fax : 02.35.87.77.83

Saint-Philbert-sur-Risle — *C.M. n° 55 — Pli n° 5*

E.C. NN 12 pers. Ouverture : toute l'année.

Gîte situé dans un superbe bâtiment normand dans un cadre campagnard. Rez-de-chaussée : salle commune, sanitaires, douche, vestiaire, coin-cuisine. A l'étage : 1 dortoir de 12 lits. Lavabos. wc.

Prix : pers.nuit **44 F**

GR : 224

8	8	9	30	2	0,5	14	41	14	1

DURAND Veronique – Mairie de Saint-Philbert/Risle – 27290 Saint-Philbert – Tél. : 02.32.56.00.23 ou 02.32.56.10.57

Saint-Vincent-des-Bois — *C.M. n° 55 — Pli n° 17*

E.C. NN 20 pers. Ouverture : toute l'année sauf en janvier.

Gîte de séjour aménagé dans une ancienne grange. 2 dortoirs (20 pers.). Cuisine. 2 salles de 70 et 49 m^2. Salle d'eau, 4 lavabos, 5 douches (dont 1 douche et 1 wc accessibles à tous), 3 wc. Salle chauffée pour reception. En suppl. : véranda de 42 m^2 (+ 800 F). Salle de jeux. Produits fermiers sur place. Prix enfants : 40 F.

Prix : pers.nuit **60 F** week-end **2900/3900 F**

GR : 26

6	6	6	6	6	110	6	6

DELBEKE Pierre – 27200 Saint-Vincent-des-Bois – Tél. : 02.32.52.40.02

Sebecourt La Grande-Ferme
C.M. n° 55 — Pli n° 15

E.C. NN 22 pers. Ouverture : toute l'année.

Ancienne grange du XVIIIe siècle à colombages restaurée, sur un terrain de 2000 m^2. Rez-de-chaussée : salle de 136 m^2 avec cheminée, cuisine équipée, 2 chambres dont 1 accessible aux pers. handicapées avec salle d'eau et wc. 2 wc. A l'étage : 7 chambres, 2 salles d'eau, 1 salle de bains, 3 wc.

Prix : pers.nuit **90 F** week-end **3900 F**

8	8	10	26	3	SP	12	8	3

LEMIEGRE Michel et Jacqueline – 1 rue de la Digue – 27190 Faverolles-la-Campagne – Tél. : 02.32.30.04.77 – Fax : 02.32.60.27.06

Serez
C.M. n° 55 — Pli n° 17

E.C. NN 28 pers. Ouverture : toute l'année.

Ancienne écurie aménagée sur une exploitation agricole, avec une annexe. Séjour 80 m^2. Coin-cuisine, salle d'eau. 1 dortoir, 2 ch. avec salle d'eau (19 pers.). En annexe : 1 dortoir et 1 chambre (9 pers.), sanitaires, séjour. Accès et jardin indépendants. Circuit PR à pied, vélos et cheval. Vallée de l'Eure à 2 km. Attellage d'un âne et d'un percheron sur place.

Prix : pers.nuit **50 F** week-end **2000/2800 F**

5	12	3	17	4	1	35	120	8	4

FRANCOIS Isabelle – 27220 Serez – Tél. : 02.32.36.87.01

Tourneville
C.M. n° 55 — Pli n° 16

E.C. NN 10 pers. Ouverture : toute l'année.

Gîte d'étape situé dans une ferme équestre pouvant recevoir des cavaliers. Dans un bâtiment annexe : coin-cuisine, salle commune avec salle à manger, salon. 1er étage de la maison de maître construite en pierre de Pays, 1 dortoir 10 pers., salle de bains et wc au rez-de-chaussée.

Prix : pers.nuit **50 F** petit dejeuner **20 F** repas **60 F**

(TH) GR : 222

10	10	SP	10	10	0,5	25	110	10	1

DROUARD Rozelenn – Rue des Jardins – 27930 Tourneville – Tél. : 02.32.34.77.76

La Vieille-Lyre
C.M. n° 55 — Pli n° 15

E.C. NN 21 pers. Ouverture : toute l'année.

Maison en briques du XIXe entièrement restaurée, indépendante sur l'exploitation (élevage de lapins). R.d.c. : salle de 34 m^2, véranda de 60 m^2, cuisine, entrée, salon. 1 ch. 2 pers. avec douche accessible aux pers. handicapées. 2 wc dont 1 accessible aux pers. hand. A l'étage : 1 ch. 3 pers. 4 ch. 4 pers. avec douche et lavabo dans chacune, 2 wc, 2 lavabos. Vente de produits fermiers sur place. Nombreuses randonnées possibles sur place. Chauffage en sus. Midweek : 2500 F.

Prix : pers.nuit **70 F** week-end **2900 F**

SP	8	5	40	SP	SP	15	20	SP

DORCHIES Philippe et Odile – 9 Bis rue de la Ronce – 27330 La Vieille-Lyre – Tél. : 02.32.30.65.55 – Fax : 02.32.30.54.76

Villalet
C.M. n° 55 — Pli n° 16

E.C. NN 12 pers. Ouverture : toute l'année.

Gîte d'étape dans une maison à colombages, rénovée. Rez-de-chaussée : salle commune, cuisine, wc. A l'étage : 2 chambres (4 pers.). 1 dortoir (8 pers.). Blocs sanitaires, wc. Randonnées découverte de la rivière souterraine de l'Iton avec le propriétaire (matériel nécessaire fourni).

Prix : pers.nuit **45/50 F** petit dejeuner **15 F**

GR : 222

15	15	10	15	12	0,5	12	100	15

FAREU Regis – L'Eglise – 27240 Villalet – Tél. : 02.32.67.42.92

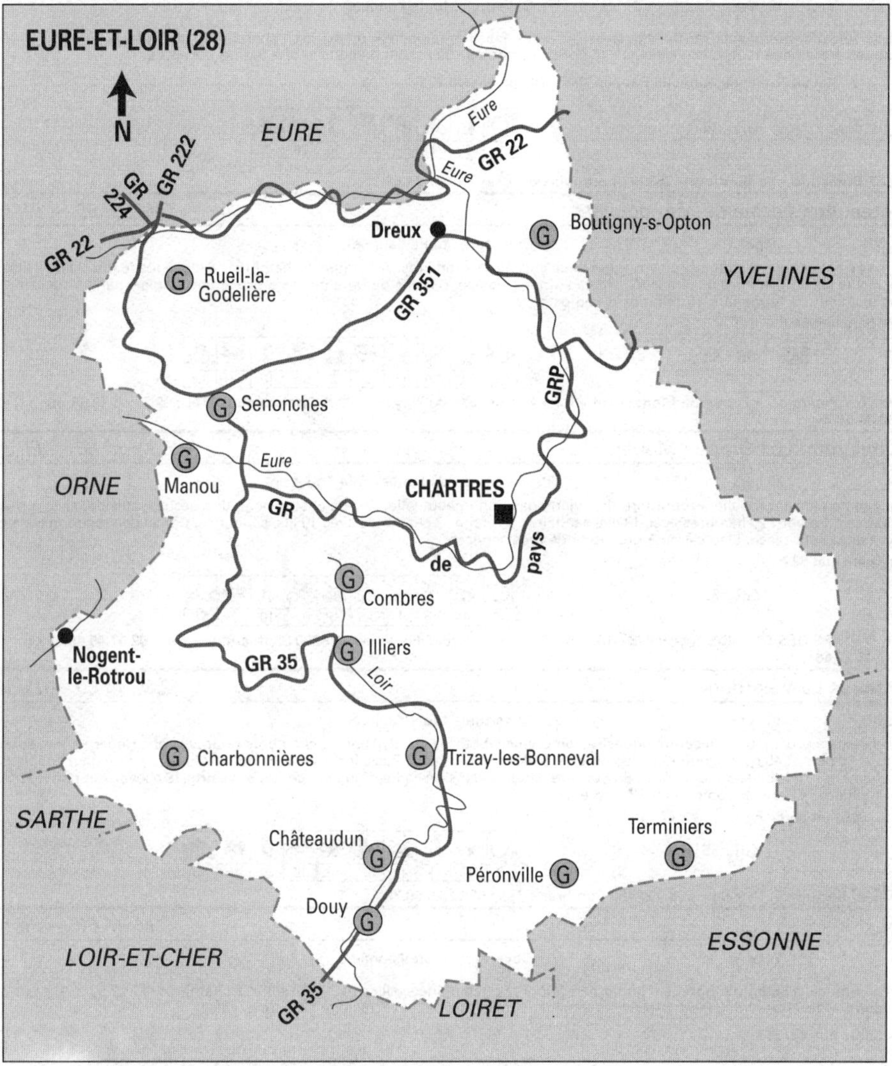

CH Chambre d'hôte G Gîte d'étape, de séjour L Logis de France

Boutigny-sur-Opton *C.M. n° 60 — Pli n° 08*

E.C. NN 15 pers. Ouverture : toute l'année.

Gîte d'étape chez un agriculteur, dans un grand hameau. Au rez-de-chaussée : cuisine, séjour/salle à manger avec cheminée. A l'étage : 3 chambres (1 lit 2 pers. 4 lits 1 pers.), 1 chambre (1 lit 2 pers. 3 lits 1 pers.), 1 chambre (4 lits 1 pers.). Douche, lavabo et wc pour chaque chambre. Draps fournis, location à partir de 4 pers. minimum. Gîte dans le cadre d'une ferme en bordure d'Ile de France. Le calme à 1 heure de Paris. Prix pour groupes. 1 chambre d'hôtes 3 épis à proximité.

Prix : pers.nuit **70 F** 1/2 pension **165 F** petit dejeuner **20 F** repas **75 F** pension cheval **18 F**

TH GR : 35

3	10	7	11	7	10	8	16	8	7

MARECHAL Serge et Jeanne-Marie – La Musse - 11 rue des Tourelles – 28410 Boutigny-sur-Opton – Tél. : 02.37.65.18.74 – Fax : 02.37.65.18.74

Charbonnieres La Blottiere — *C.M. n° 60 — Pli n° 16*

16 pers. Ouverture : toute l'année.

Gîte de séjour comprenant : rez-de-chaussée avec salle, cuisine, sanitaires. A l'étage : 1 chambre (2 lits 1 pers.), 1 dortoir 14 places, sanitaires. Possibilité d'utiliser la cuisine : 15 F. Repas enfants : 50 F. Gîte au cœur d'une région bocagère.

Prix : pers.nuit **50 F** petit dejeuner **25 F** repas **70 F** pension cheval **40 F**

TH GR : 35

1	5	1	SP	10	10	20	1

BILLET Catherine – La Blottiere – 28330 Charbonnieres – Tél. : 02.37.49.03.37

Chateaudun Ferme-de-Mondoucet — *C.M. n° 60 — Pli n° 17*

E.C. NN 19 pers. Ouverture : toute l'année.

Au rez-de-chaussée : grande salle commune avec cuisine et sanitaires. A l'étage : 5 chambres (4 lits, 5 lits, 6 lits, 2 lits, 2 lits) avec douches et sanitaires. Possibilité accueil chevaux (pré + boxes). Circuits de randonnées à proximité. Anglais parlé. A la campagne, dans une cour de ferme et à 15 minutes d'une petite ville.

Prix : pers.nuit **54 F**

GR : 35

0,5	0,5	0,5	0,5	3	2	0,5	10	2	0,5

PEYRET Veronique – « Ferme de Mondoucet » B.P.64 - Chapelle du Noyer – 28202 Chateaudun – Tél. : 02.37.45.19.65 ou 06.80.32.56.74

Chateaudun Les Grands-Moulins — *C.M. n° 60 — Pli n° 17*

20 pers. Ouverture : de Pâques à la Toussaint.

Gîte dans un ancien moulin, en bordure de rivière, dans une petite ville. Rez-de-chaussée : hall d'accueil, cuisine, salle à manger, sanitaires. 1er étage : 2 chambres avec 10 lits, sanitaires. 2e étage : 3 chambres avec 10 lits, sanitaires. Circuits de randonnées à proximité. Canoës sur place. Lieu calme à proximité de tous services.

Prix : pers.nuit **62 F**

GR : 35

0,5	SP	0,5	1	0,5	SP	0,5	10	2	SP

GITE D'ETAPE DES GRANDS MOULINS – M. Guy Galerne - rue des Fouleries – 28200 Chateaudun – Tél. : 02.37.45.40.08 ou 02.37.45.22.46

Combres La Velarderie — *C.M. n° 60 — Pli n° 16*

E.C. NN 16 pers. Ouverture : toute l'année.

Gîte d'étape à proximité d'un centre équestre comprenant 1 dortoir de 8/10 pers. 2 chambres pour 2/3 pers. Hébergement sous tipis (groupe 10 pers.) : 45 F/pers./nuit. Salle commune. Salle d'eau. Cuisine. Poss. loc. salle club house (35 pers.). Prix pour couple : 120 F (en chambre). Possibilité table d'hôtes. En bordure de forêt, dans un cadre d'un petit centre équestre (18 chevaux et poneys). Ouvert aux adultes et enfants accompagnés des parents.

Prix : pers.nuit **55/80 F**

GR : 35

3	12	3	12	SP	18	15	20	15	10

DAREAU Bertrand – La Velarderie – 28480 Combres – Tél. : 02.37.29.50.76

Douy — *C.M. n° 60 — Pli n° 17*

19 pers. Ouverture : toute l'année.

Gîte communal à l'étage comprenant : un grand séjour avec cheminée/salle à manger/séjour. 5 chambres (1 lit 2 pers. 17 lits 1 pers.). Sanitaires (4 lavabos. 2 douches. 2 wc). Gîte situé dans une jolie vallée. Proximité de petites villes.

Prix : pers.nuit **53/65 F**

GR : 35

2	SP	5	5	5	5	5	5	5	5

DEBALLON – Gîte de Sejour – 28220 Douy – Tél. : 02.37.45.07.16 ou 02.37.96.80.97

Illiers — *C.M. n° 60 — Pli n° 17*

10 pers. Ouverture : toute l'année.

Gîte communal de séjour de plain-pied près d'un camping comprenant : salle commune/coin-cuisine. 10 lits en 3 chambres. Sanitaires. Piscine à proximité. Cadre calme et agréable en bordure de rivière, près du GR35 à 3 km.

Prix : pers.nuit **60 F**

GR : 35

2	SP	10	SP	10	10	10	SP	35	2	2

GITE DE SEJOUR DE MONJOUVIN – Route de Brou – 28120 Illiers – Tél. : 02.37.24.03.04 ou 02.37.24.00.05 – Fax : 02.37.24.16.21

Manou Haras-du-Moulin-A-Vent *C.M. n° 60 — Pli n° 6*

14 pers. Ouverture : toute l'année.

Gîte confortable à l'étage comprenant : cuisine/salle à manger et sanitaires. 3 chambres avec douche et wc privés chacune, pouvant accueillir 14 personnes. Draps fournis. GR35 à 10 km. Gîte dans un cadre très agréable. Possibilité équitation sur place. En bordure de forêt.

Prix : pers.nuit **70 F**

GR : 35

4	1	6	6	SP	6	6	6

SANTARROMANA Julio – Le Haras du Moulin à Vent – 28240 Manou – Tél. : 02.37.81.85.48

Peronville Loupille *C.M. n° 60 — Pli n° 18*

15 pers. Ouverture : toute l'année. Alt. : 100 m

Gîte de séjour situé dans un hameau tranquille. Rez-de-chaussée : cuisine, salle de repas et sanitaires. Etage : dortoir (8 lits 80). 4 chambres (2 et 3 lits 80). 1 chambre d'hôtes (2 pers.) avec sanitaires particuliers. Suppl. draps : 20 F. Possibilité d'accueil stages et séminaires. Prix pour groupes. Point-phone. Gîte dans le cadre d'une ferme céréalière avec animaux.

Prix : pers.nuit **60/90 F** 1/2 pension **150 F** pension **200 F** petit dejeuner **20 F** repas **60 F**

TH

9	16	9	16	20	SP	30	8	8

ILE D'EMERAUDE – Loupille – 28140 Peronville – Tél. : 02.37.22.02.00

Rueil-la-Gadeliere *C.M. n° 60 — Pli n° 6*

E.C. NN 8 pers. Ouverture : du 1er mai au 30 septembre.

Gîte d'étape et de séjour situé entre Beauce et Normandie, dans un cadre calme et agréable. 1 dortoir de 8 pers. Coin-cuisine. Salle commune. Salle d'eau. Jusqu'à 3 pers. : 60 F. Pers. suppl. : 25 F.

GR : 35

3	3	3	5

MAIRIE DE RUEIL LA GADELIERE – Rueil la Gadeliere – 28270 Brezolles – Tél. : 02.37.62.40.35

Senonches *C.M. n° 60 — Pli n° 6*

12 pers. Ouverture : toute l'année.

Gîte équestre situé dans un cadre agréable. R.d.c. : salle à manger, cuisine, sanitaires. Etage : 2 ch. (1 lit 2 pers. 2 lits 1 pers.), 2 dortoirs (8 lits 1 pers. 2 lits superposés), 2 douches, 2 lavabos, wc. Hébergement possible pour chevaux de passage ou permanents, affiliation F.F.E. Suppl. : 20 F pour les draps en dortoir. A proximité d'une petite ville offrant tous les services.

Prix : pers.nuit **50/80 F** petit dejeuner **20 F** repas **50 F**

TH GR : 35 et 351

1	2	2	SP	12	1

CENTRE EQUESTRE Monsieur Grolier – Ferme de la Hutte - route de Pontgouin – 28500 Senonches – Tél. : 02.37.37.74.04

Terminiers La Paternelle *C.M. n° 60 — Pli n° 18*

20 pers. Ouverture : toute l'année.

Gîte de séjour aménagé dans une ancienne ferme. 2 chambres (lits 2 pers. lits 1 pers.). Kitchenette et sanitaires pour chaque chambre. 3 autres chambres (14 lits 1 pers.), sanitaires pour chaque chambre. GR35 à 20 km.

Prix : pers.nuit **60 F** petit dejeuner **25 F**

5	11	6	12	25	11	25	SP	25

POITRIMOULT Paulin – La Paternelle - 22 rue de Charette – 28140 Terminiers – Tél. : 02.37.32.14.01

Trizay-les-Bonneval Le Girault *C.M. n° 60 — Pli n° 17*

18 pers. Ouverture : toute l'année.

Gîte dans une ancienne étable avec poutres apparentes. A l'étage : 4 ch. (6 lits 1 pers.), sanitaires. Au r.d.c. : 1 dortoir (10 pers.), sanitaires. Grande salle commune avec cheminée, coin-cuisine, lave-vaisselle. Possibilité de réception jusqu'à 35 pers. Local complémentaire. Piscine, ping-pong, pêche, baby-foot... sur place. GR35 à 10 km.

Prix : pers.nuit **63 F** semaine **2500 F** week-end **1250 F**

GR : 35

6	SP	6	6	2	6	SP	6	30	6	1

GAUTRON Henri et Odile – Le Girault – 28800 Trizay-les-Bonneval – Tél. : 02.37.47.23.51 – Fax : 02.37.47.23.51

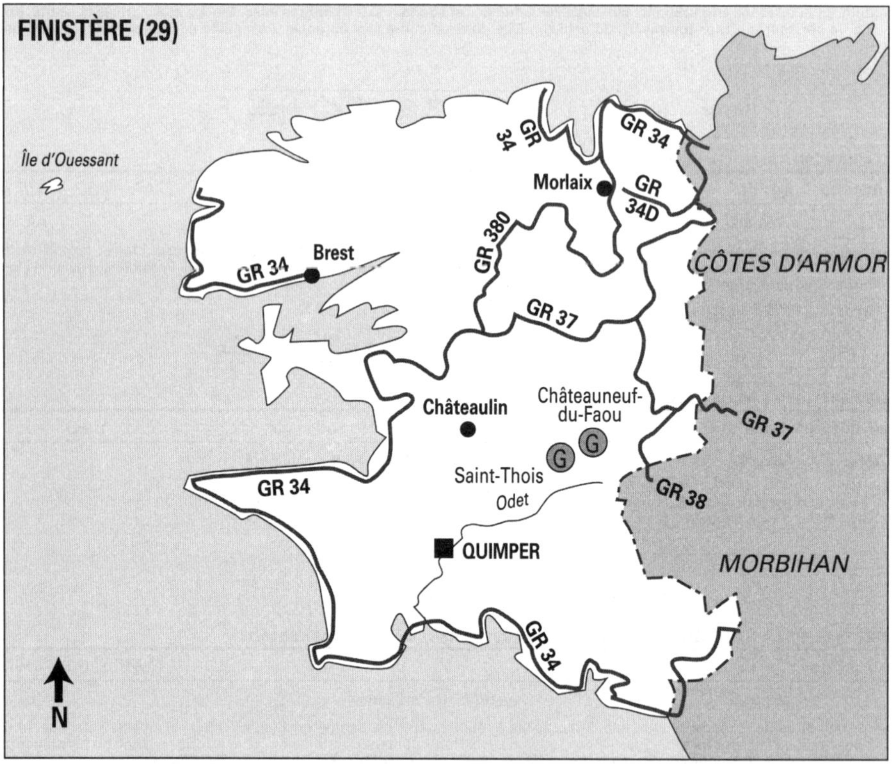

CH Chambre d'hôte   G Gîte d'étape, de séjour   L Logis de France

Chateauneuf-du-Faou Maison-Eclusiere-du-Gwaker

E.C. NN   27 pers.   Ouverture : toute l'année.   Alt. : 119 m

Gîte de séjour : 12 ch. 2 pers. et 1 ch. 3 pers. Cette maison éclusière est située en bordure du canal de Nantes à Brest. Une beauté débordante vous éblouit à l'ouverture de ses volets. Vous participerez au comptage des passages de saumons sur cette rivière canalisée. Cet hébergement bénéficie d'un encerclement propise aux visites. Des activités de plein air vous seront proposées : canaoë-kayak, 4e tir à l'arc, escalade, VTT, orientation, découverte de l'environnement et de la culture bretonne très présente. Salle de 50 m^2 indép. offrant aux pers. hand. une poss. de circulation intérieure sans difficulté. Séjours à thème.

Prix : pers.nuit **65 F** pension **189 F** week-end **1745/2990 F**

TH

35	35	15	SP	5	11	SP	2	20	SP	30	0,5

RIQUIER Dominique – Ulamir Aulne - 13 rue du General de Gaulle – 29520 Chateauneuf-du-Faou – Tél. : 02.98.73.20.76 – Fax : 02.98.81.82.62

Saint-Thois Ti-Forn

E.C. NN   42 pers.   Ouverture : toute l'année.   Alt. : 124 m

Vous serez hébergés dans 3 ch. 6 pers., 2 ch. 4 pers., 8 ch. 2 pers. Au cœur des Montagnes Noires, dans une Bretagne légendaire, ce centre bâti en centre bourg est une grande maison nouvellement réhabilitée. 2 salles polyvalentes, 1 salle de jeux, 1 salle de restaurant et 1 cuisine équipée professionnellement. Des séjours à thème de type « week-end foie gras », randonnées, classes de découverte, environnement, rivière, sportif sont étudiés et adaptés à votre demande. Activités avec encadrement qualifié (50 F la demi-journée) : canoë-kayak, VTT, escalade, tir à l'arc, orientation et randonnée.

Prix : pers.nuit **65 F** pension **189 F** week-end **2655/4810 F**

TH

30	30	15	SP	7	SP	SP	2	14	0,5	30	0,5

RIQUIER Dominique – Ulamir Aulne - 13 rue du General de Gaulle – 29520 Chateauneuf-du-Faou – Tél. : 02.98.73.20.76 – Fax : 02.98.81.82.62

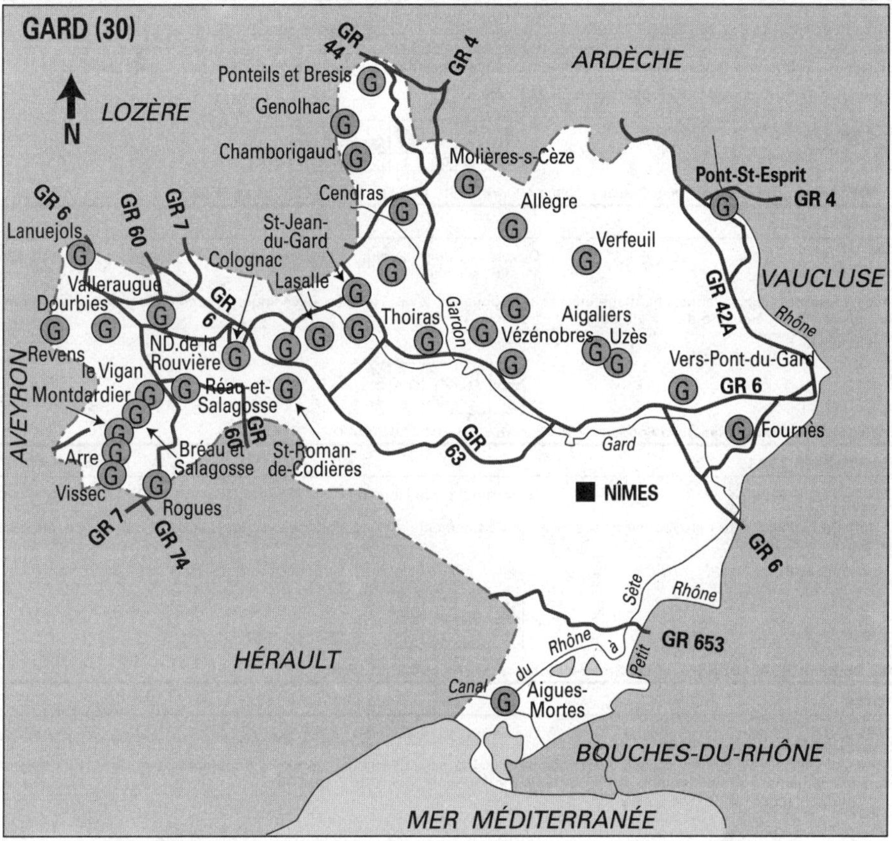

CH Chambre d'hôte G Gîte d'étape, de séjour L Logis de France

Aigaliers Mas-Garel

8 pers. Ouverture : toute l'année. Alt. : 140 m

Séjour/cuisine, 1 chambre, 1 coin-coucher, 1 dortoir, chauffage électrique, salle d'eau. Accueil chevaux et cavaliers. Autobus proche. Enfants moins de 7 ans : 40 F.

Prix : pers.nuit **60 F**

0,1	SP	SP	75

FAMILLE STOFKOOPER – Mas Garel - Foussargues – 30700 Aigaliers – Tél. : 04.66.22.28.75

Aigues-Mortes

30 pers. Ouverture : toute l'année.

Environnement de mas, totalement indépendant. Cuisine, salle de séjour, 10 chambres, 2 coin-repos. 10 salles d'eau. TV, téléphone. Chauffage électrique. Terrain attenant. Abri voiture. Autobus proche. Location de draps. Accueil de groupe 10 pers. minimum. Groupe : 65 F/pers./nuit.

Prix : pers.nuit **80 F**

4	4	0,3	1	4	4	0,3

ASSOCIATION MARETTE – Chemin du Mole - B.P 65 – 30220 Aigues-Mortes – Tél. : 04.66.53.83.21 ou 04.66.53.79.71

Allegre

C.M. n° 80 — Pli n° 8

13 pers. Ouverture : toute l'année. Alt. : 150 m

Environnement de mas, gîte totalement indépendant. Cuisine. 4 dortoirs. Chauffage électrique. Rez-de-chaussée : salle d'eau. Terrain, terrasse. Location de draps. Téléphone. Salle pour séminaires. Stages de poterie. Abri chevaux. Anglais parlé.

Prix : pers.nuit **47 F** 1/2 pension **145 F** petit dejeuner **23 F** repas **75 F**

TH

4	1,5	0,5	1	7	85	7

SIMONOT Michel et Francoise – Mas Cassac – 30500 Allegre – Tél. : 04.66.24.85.65 – Fax : 04.66.24.80.55

Arre

19 pers. Ouverture : du 1er avril au 1er novembre et du 1er novembre au 1er avril sur résa. Alt. : 350 m

Cuisine, 8 chambres avec lavabos, chauffage électrique, 2 douches, 2 wc. Terrasse. Lavo lingc, TV. Ecole d'équitation et de randonnée sur place. Circuit équestre de 1 à 10 jours.

Prix : pers.nuit **60 F**

SP	1	SP	10	80	30

GUEHENNEL Christinne – Mas de la Fouzette – 30120 Arre – Tél. : 04.67.82.07.49

Breau-et-Salagosse

C.M. n° 80 — Pli n° 16

E.C. NN 10 pers. Ouverture : toute l'année. Alt. : 300 m

A proximité du village. Gîte mitoyen dans un ensemble de bâtiments. Rez-de-chaussée : séjour/cuisine. 1 dortoir. Chauffage électrique. Salle d'eau. Terrain.

Prix : pers.nuit **35 F**

1	1	5	70

MAIRIE DE BREAU-SALAGOSSE – 30120 Breau-et-Salagosse – Tél. : 04.67.81.02.16

Cendras

E.C. NN 24 pers. Ouverture : toute l'année. Alt. : 200 m

Gîte situé au cœur des Cévennes, maison indépendante. Cuisine, salle de séjour, cheminée. 4 chambres. 2 dortoirs. Chauffage électrique. Salle de bains. Terrain attenant. TV. Téléphone. Tarif enfants moins de 7 ans : 35 F.

Prix : pers.nuit **50/60 F**

0,5	2	0,1	SP	2	75	30	20	8	2

CENTRE EQUESTRE GALEIZON – La Baume – 30480 Cendras – Tél. : 04.66.78.77.98

Chamborigaud

12 pers. Ouverture : toute l'année. Alt. : 500 m

Château des XIe et XIIIe siècles en plein cœur des Cévennes. Séjour/cuisine, cheminée, 2 chambres, 1 dortoir, 1 salle de bains, 1 salle d'eau. Terrain attenant. Lave-linge, location de draps.

Prix : pers.nuit **65/85 F**

1,5	1,2	15	6	60	25

PAILLONCY Marie-Francoise – Ferme du Chateau de Crouzas – 30530 Chamborigaud – Tél. : 04.66.61.42.93

Colognac

C.M. n° 80

E.C. NN 12 pers. Ouverture : toute l'année sur réservation. Alt. : 600 m

A proximité du village. Gîte mitoyen à un ensemble de bâtiments, dans la maison du propriétaire. Cuisine. Salle de séjour. Cheminée. 3 chambres. Chauffage électrique. Salle d'eau. Téléphone. Autobus à proximité. Location de draps. Anglais parlé.

Prix : pers.nuit **60/80 F** 1/2 pension **175 F** pension **220 F** petit dejeuner **30 F** repas **85 F** pension cheval **25 F**

TH

5	0,2	1	5	6	60	25	60	0,1

CHARTREUX Anne – Place de la Mairie – 30460 Colognac – Tél. : 04.66.85.28.84 – Fax : 04.66.85.48.77

Dourbies

E.C. NN 20 pers. Ouverture : toute l'année. Alt. : 900 m

A proximité du village. Gîte totalement indépendant. Rez-de-chaussée : cheminée. 1 dortoir. Salle d'eau. Terre-plein.

Prix : pers.nuit **40 F**

1	0,1	1	2	21	100	20

MAIRIE DE DOURBIES – Mme Sanch Lydia – 30750 Dourbies – Tél. : 04.67.82.74.49

Fournes

C.M. n° 80 — Pli n° 20

E.C. NN 10 pers. Ouverture : toute l'année.

A proximité du village. Gîte semi-indépendant dans un ensemble de bâtiments, dans la maison du propriétaire. 2 dortoirs. Salle d'eau. Entrée du gîte face à la cave coopérative vinicole.

Prix : pers.nuit **50 F**

2	0,5	2

BOUDINAUD Bernard – 30210 Fournes – Tél. : 04.66.37.20.28

Genolhac Toureves

C.M. n° 80 — Pli n° 7

¥¥¥ 18 pers. Ouverture : toute l'année. Alt. : 885 m

Gîte dans les Cévennes, sur le Mont Lozère, dans la maison des propriétaires. Séjour, cuisine, cheminée. 3 chambres, 3 dortoirs. Chauffage central. Salles d'eau. Terrain attenant. Terrasse. Location de draps et lave-linge. 1 chambre (2 pers.) : 200 F. Enfant - 7 ans : 55 F. Anglais et espagnol parlés.

Prix : pers.nuit **55/100 F** 1/2 pension **170 F** pension **220 F** petit dejeuner **30 F** repas **85 F** pension cheval **30 F**

(TH) GR : 68

SP	5	0,1	5	13	120	SP	SP	5	5

POSTEL-VINAY Michele et LEMAIRE Jacques – Toureves – 30450 Genolhac – Tél. : 04.66.61.10.01

Lanuejols

E.C. NN 18 pers. Alt. : 900 m

A proximité du village. Gîte mitoyen à un ensemble de bâtiments. 1 coin-repos. Séjour/cuisine. Salle d'eau. Cheminée. 3 dortoirs. Réservation chez M. Maillé (hôtel Bel Air).

Prix : pers.nuit **45 F**

5	5	5	10

MAIRIE DE LANUEJOLS – 30750 Treves – Tél. : 04.67.82.72.78 ou 04.67.82.70.83

Lanuejols

¥¥ 14 pers. Ouverture : toute l'année. Alt. : 740 m

A proximité du hameau. Gîte mitoyen à un ensemble de bâtiments, dans la maison du propriétaire. Séjour/cuisine. Cheminée. 1 dortoir et 2 ch. (2 lits 2 pers. 6 lits 1 pers.). Salle d'eau. Ecurie. Possibilité table d'hôtes sur réservation. Enfant - 7 ans : 35 F. 1 pers. en chambre/dortoir (4 places) : 45/60 F/adulte, 30/40 F/enfant. Chambre 1 ou 2 pers. : 150 F.

Prix : pers.nuit **45 F**

0,1	10	0,2	10	10

JAILLET Denis – Aiguebonne – 30750 Treves – Tél. : 04.67.82.71.15

Lussan

E.C. NN 11 pers. Ouverture : toute l'année sauf janvier et février. Alt. : 300 m

Environnement de mas, dans gîte indépendant, 2 logements dans la maison du propriétaire. Rez-de-chaussée : séjour/cuisine. Cheminée. 1 mezzanine. Salle d'eau. Abri pour chevaux. Chambre : 180 F/pers. et 200 F/2 pers. Sur réservation uniquement.

Prix : pers.nuit **60 F** 1/2 pension **150 F** pension **200 F** petit dejeuner **80 F** pension cheval **50 F** semaine **400 F** week-end **100 F**

(TH)

10	10	10	0,1	10	10	4

CAILAR Maurice et Nicole – Mas de Rossiere – 30580 Lussan – Tél. : 04.66.72.96.57

Lussan La Leque

C.M. n° 80 — Pli n° 9

E.C. NN 9 pers. Ouverture : toute l'année. Alt. : 250 m

Maison isolée, très bien réstaurée, en garrigues. Cuisine. 1 dortoir. Rez-de-chaussée : salles d'eau. Terrain attenant. Location de draps. Accueil de cavaliers et de chevaux (en box ou en paddock). Accueil par Mme Dollfus. Possibilité table d'hôtes. Allemand parlé.

Prix : pers.nuit **60 F** petit dejeuner **30 F** pension cheval **50 F** semaine **350 F**

Ⓐ

10	SP	10	SP	SP	80	10	50	4

DOLLFUS Heideline – Hameau de la Leque - Mas des Garrigues – 30580 Lussan – Tél. : 04.66.72.91.18

Molieres-sur-Ceze Les Brousses

E.C. NN 15 pers. Ouverture : toute l'année. Alt. : 200 m

Gîte d'étape dans un petit hameau au cœur des Cévennes. En rez-de-chaussée : 2 dortoirs, séjour/cuisine, cheminée, chauffage électrique. Salle d'eau, wc. Terrain attenant. Prix de la quinzaine : 2800 F. 3 semaines : 3600 F. 1 mois : 4200 F.

Prix : pers.nuit **30 F** semaine **2000 F**

2	0,3	3	20	2	90	7	SP	4	4

MAIRIE DE MOLIERES-SUR-CEZE – Hameau des Brousses – 30500 Molieres-sur-Ceze – Tél. : 04.66.24.05.06

Montdardier

C.M. n° 80

E.C. NN 14 pers. Ouverture : toute l'année. Alt. : 630 m

A proximité du village, dans maison indépendante, 3 logements. Séjour/cuisine. Cheminée. 1 dortoir. Salle d'eau. Pour réservation : mairie le mardi et le vendredi après-midi au 05.67.81.52.46 ou Mme Virely le soir et heures repas au 05.67.81.52.16. Enfant - 7 ans : 15 F.

Prix : pers.nuit **30 F**

GR : 7

15	0,1	10	9	9	70	20	0,1	9

MAIRIE DE MONTDARDIER – 30120 Montdardier – Tél. : 04.67.81.52.46

Notre-Dame-de-la-Rouviere

E.C. NN 15 pers. Ouverture : de mai à octobre, sur réservation les autres mois. Alt. : 450 m

Gîte indépendant isolé, 2 logements, dans la maison du propriétaire. Rez-de-chaussée : salle d'eau. Séjour/cuisine. 2 dortoirs. Chauffage au bois. Terrasse. Téléphone. Tarif enfant : 38 F.

Prix : pers.nuit **38 F**

0,1	6	0,1	25	20	80	25	0,8

SZUCS Rodolphe – La Maison Blanche – 30570 Notre-Dame-de-la-Rouviere – Tél. : 04.67.82.47.30

Notre-Dame-de-la-Rouviere Mas-de-Corbieres

E.C. NN 16 pers. Ouverture : toute l'année sur réservation. Alt. : 600 m

Au pied du Mont-Aigoual, gîte d'étape situé au cœur des Cévennes dans un mas totalement indépendant. Séjour, cuisine, cheminée. 1 chambre. 1 mezzanine. 1 dortoir. Chauffage électrique. Salle d'eau. Terrain attenant. Terrasse. Lave-linge. Location de draps. Suppl. chauffage : 10 F. Tarif enfant - 6 ans : 35 F. Location d'ânes. Organisation de randonnée libre ou accompagnée avec un âne bâté.

Prix : pers.nuit **50 F** 1/2 pension **150 F** pension **185 F** petit dejeuner **25 F** repas **75 F** pension cheval **40 F**

(TH)

0,1	6	0,1	25	8	100	25	SP	60	8

BRUMELOT Antoine – Mas de Corbieres – 30570 Notre-Dame-de-la-Rouviere – Tél. : 04.67.82.48.10 – Fax : 04.67.82.48.10

Pont-Saint-Esprit Pont-d'Ardeche

E.C. NN 20 pers. Ouverture : toute l'année.

Gîte semi-indépendant, situé dans une plaine viticole. Cuisine. 1 mezzanine. 1 dortoir. Chauffage central. Terrain attenant. Balcon. Lave-linge. Location de draps. Piscine privée. Tarif enfants - 7 ans : 30 F.

Prix : pers.nuit **60/100 F** petit dejeuner **25 F**

0,1	3	0,1	3	0,1	100	6	3	3

DE VERDUZAN Ghyslaine – Pont-d'Ardeche – 30130 Pont-Saint-Esprit – Tél. : 04.66.39.29.80 – Fax : 04.66.39.51.80

Ponteils-et-Bresis

E.C. NN 12 pers. Ouverture : toute l'année. Alt. : 565 m

Gîte totalement indépendant au cœur du Parc National des Cévennes. Séjour/cuisine, cheminée. 1 dortoir (8 lits 1 pers.), 1 ch. (5 lits 1 pers.). Salle d'eau. Chauffage central. Possibilité de location de draps. Terrain attenant, terrasse. Enfants : 60 F. Anglais parlé.

Prix : pers.nuit **90 F** petit dejeuner **25 F**

GR : 4 et 44A

0,2	10	0,2	SP	10	100	25	SP	10	10

COUSTES Jean-Marie – Village – 30450 Ponteils-et-Bresis – Tél. : 04.66.61.21.62

Revens

E.C. NN 14 pers. Ouverture : toute l'année.

Gîte dans un petit village caussenard typique. Séjour/cuisine. 2 dortoirs. Chauffage central. Rez-de-chaussée : salle d'eau. Terrasse. Possibilité table d'hôtes.

Prix : pers.nuit **45 F**

7	7	7	25	15	SP	10

CARCY Daniel – Village – 30750 Revens – Tél. : 04.67.82.71.02

Rogues

C.M. n° 80 — Pli n° 16

E.C. NN 9 pers. Ouverture : toute l'année. Alt. : 560 m

Environnement de mas, semi-indépendant dans un ensemble de bâtiments, dans la maison du propriétaire. Rez-de-chaussée : séjour/cuisine. Cheminée. 1 chambre. 1 coin-repos. 1 mezzanine. 2 dortoirs (9 lits 1 pers.). Chauffage au mazout. Salle d'eau. Location de draps. Repas végétariens sur demande. Enfant - 7 ans : 25 F.

Prix : pers.nuit **55 F**

10	0,2	14	14	70	20

SALAVERT Daniel et Francoise – Le Revel – 30120 Rogues – Tél. : 04.67.81.50.89

Saint-Jean-du-Gard

E.C. NN 15 pers. Ouverture : toute l'année. Alt. : 200 m

Environnement de ferme. Gîte mitoyen à un ensemble de bâtiments, dans la maison du propriétaire. Séjour/cuisine. Cheminée. 1 dortoir. Chauffage à gaz. Salle d'eau. Terrasse. Poss. repas végétarien.

Prix : pers.nuit **43 F** pension **128 F** petit dejeuner **25 F**

(TH) GR : 61 et 70

0,5	1	1

LAUNAY Michel – Le Moulinet – 30270 Saint-Jean-du-Gard – Tél. : 04.66.85.10.98

Saint-Roman-de-Codieres La Coste

E.C. NN 20 pers. Ouverture : toute l'année sur réservation. Alt. : 600 m

Gîte isolé, semi-indépendant dans un ensemble de bâtiments, dans la maison du propriétaire. Séjour/cuisine. Cheminée. 1 coin-repos. 2 dortoirs et 2 ch. (2 lits 2 pers. 16 lits 1 pers.). 3 wc. 3 salles d'eau. Lave-linge. Terrain attenant. Terrasse. Repas sur demande. Randonnées pédestres avec accompagnateur et assistance bagages. Enfant - 7 ans : 40 F.

Prix : pers.nuit **60 F**

12	8	12	15	15	60	15

DE HAYNIN Sylvie – La Coste – 30440 Saint-Roman-de-Codieres – Tél. : 04.67.81.38.01 – Fax : 04.67.81.38.59

Uzes L'Oregon

E.C. NN 12 pers. Ouverture : toute l'année. Alt. : 300 m

Gîte semi-indépendant, dans un ensemble de bât., dans la maison du prop. Séjour, cuisine, cheminée. 1 dortoir (11 lits 1 pers.), 1 ch. (1 lit 2 pers. 1 lit enfant). S.d.b., s. d'eau. Terrain attenant. TV, tél. Gîte en région garriques, à 30 km de Nîme. Nombreuses curiosités à découvrir, le Pont du Gard, activité Montgolfière à 8 km. Pension cheval : 1700 F/mois.

Prix : pers.nuit **85/100 F** pension cheval **100 F** semaine **600 F**

1	1	8	SP	1	8	30	1,5

TOURNAYRE Philippe – L'Oregon – 30700 Uzes – Tél. : 04.66.22.16.25

Valleraugue L'Esperou

E.C. NN 12 pers. Ouverture : toute l'année. Alt. : 1280 m

Gîte situé à proximité des stations de ski, au pied du Mont-Aigoual. Séjour-cuisine, salle d'agrément avec cheminée. 1 ch. 4 pers., 1 dortoir 8 pers. Chauffage central. Rez-de-chaussée : salle de bains/wc. Terrain attenant. Terrasse. Accueil de cavaliers (5 stalles, sellerie, 3 parcs électrifiés, foin, granules).

Prix : pers.nuit **50 F** pension cheval **15/50 F**

3	0,4	1	1	100	SP	SP

MONZO Guy – Draille du Languedoc – 30570 L'Esperou – Tél. : 04.67.82.64.69

Valleraugue Ardaillers

E.C. NN 15 pers. Ouverture : de mars à fin novembre. Alt. : 515 m

Gîte cévenol isolé, mitoyen à un ensemble de bâtiments, dans la maison des propriétaires en bord de rivière. Séjour-cuisine, cheminée. 7 chambres. 1 mezzanine. Terrain attenant. 2 douches, 2 wc. Location de draps. Tarif enfants moins de 7 ans : 35 F. Anglais parlé.

Prix : pers.nuit **50 F** 1/2 pension **140 F** petit dejeuner **20 F** repas **70 F**

(TH)

4	8	4	25	70	SP	8

PATRINOS Gilles et Renee – Ardaillers - Le Monna – 30570 Valleraugue – Tél. : 04.67.82.44.59

Valleraugue L'Esperou

E.C. NN 14 pers. Ouverture : toute l'année. Alt. : 1260 m

Gîte dans un petit village de l'Esperou, au cœur du Parc National des Cévennes. 1 chambre, 2 dortoirs (14 lits 1 pers.). Séjour/cuisine. 3 salles d'eau, 3 wc. Locations de draps et de ski. Enfant - 7 ans : 45 F. Possibilité accueil randonneurs et chevaux.

Prix : pers.nuit **50 F**

7	1	7	0,8	SP	30	SP

CARAYON Raymonde – L'Esperou - Chalet Chantemerle – 30570 Valleraugue – Tél. : 04.67.82.60.14

Valleraugue Mas-le-Cagnel

¥¥¥ 10 pers. Ouverture : toute l'année. Alt. : 300 m

Rez-de-chaussée : cuisine, dortoir, salle d'eau, terrasse. Location de draps. Abri voiture. Autobus proche. Possibilité de repas sur place et petit déjeuner à 500 m. Départ pour les 4000 marches du mont Aigoual (pour bon randonneur). Tous sentiers de randonnées.

Prix : pers.nuit **60 F**

6	0,1	20	2	60	20

NEEL Jean-Claude – Le Cagnel – 30570 Valleraugue – Tél. : 04.67.82.24.12

Verfeuil

¥¥ 9 pers. Ouverture : toute l'année. Alt. : 180 m

Séjour/cuisine, cheminée, 2 chambres, chauffage central, wc dans la salle d'eau. Terrain attenant, terrasse, abri voiture. Lave-linge, TV. Promenades an calèche.

Prix : pers.nuit **70 F**

2	2	20	20	100	8

ROMAN Jacques – Hameau de Monteze – 30630 Verfeuil – Tél. : 04.66.72.91.27

Vers-Pont-du-Gard

E.C. NN 10 pers. Ouverture : de mai à septembre.

A proximité du hameau. Gîte mitoyen à un ensemble de bâtiments, dans la maison du propriétaire. Salle de séjour. Cuisine. Cheminée. 3 chambres. 1 coin-repos. 1 mezzanine. Chauffage central. 2 salles d'eau/wc. TV. Terrain. Possibilité de repas le soir. Golf, Pont du Gard.

Prix : pers.nuit **70 F**

0,1	1	0,1	0,8	13	50	1

TURION P.Jean et Jacqueline – La Begude - Rive Gauche – 30210 Vers-Pont-du-Gard – Tél. : 04.66.37.18.11

Vezenobres

C.M. n° 80 — Pli n° 18

E.C. NN 18 pers. Ouverture : toute l'année. Alt. : 190 m

Dans le village. Gîte semi-indépendant dans un ensemble de bâtiments. 2 séjours/cuisines. Cheminée. 3 chambres. 1 mezzanine. 1 dortoir. Chauffage électrique. 2 salles d'eau. Terrasse. Location de draps. Garage vélos et motos. Sentiers balisés à proximité. Escalade 15 km.

Prix : pers.nuit **55/60 F**

GR : 6

15	1	3	4	2	70	25	0,5	0,5	3

GUIMELLI Monique – Quartier Cantemerle – 30360 Vezenobres – Tél. : 04.66.83.52.04

Le Vigan

E.C. NN 15 pers. Alt. : 250 m

A proximité du village. Gîte mitoyen dans un ensemble de bâtiments. 1 dortoir. Salle de séjour. Cuisine. 4 salles d'eau. Cheminée. Chauffage électrique. Terrain. Réservation auprès de M. Jean-Bernard Ducros, régisseur (1 rue de la Carrierrasse - 30120 Le Vigan).

Prix : pers.nuit **39 F**

0,1	70

MAIRIE DU VIGAN – Maison de Pays - Place Triaire – 30120 Le Vigan – Tél. : 04.67.81.01.71

Vissec

15 pers. Ouverture : toute l'année. Alt. : 400 m

Séjour/cuisine, cheminée, 2 chambres, dortoir, chauffage électrique, wc dans la salle d'eau. Location de draps. Proche de la route. Randonnées, balades familiales dans Gorges de la Vis, cirque de Navacelles.

Prix : pers.nuit **50 F**

10	6	20

MAIRIE DE VISSEC – 30770 Vissec – Tél. : 04.67.81.50.58

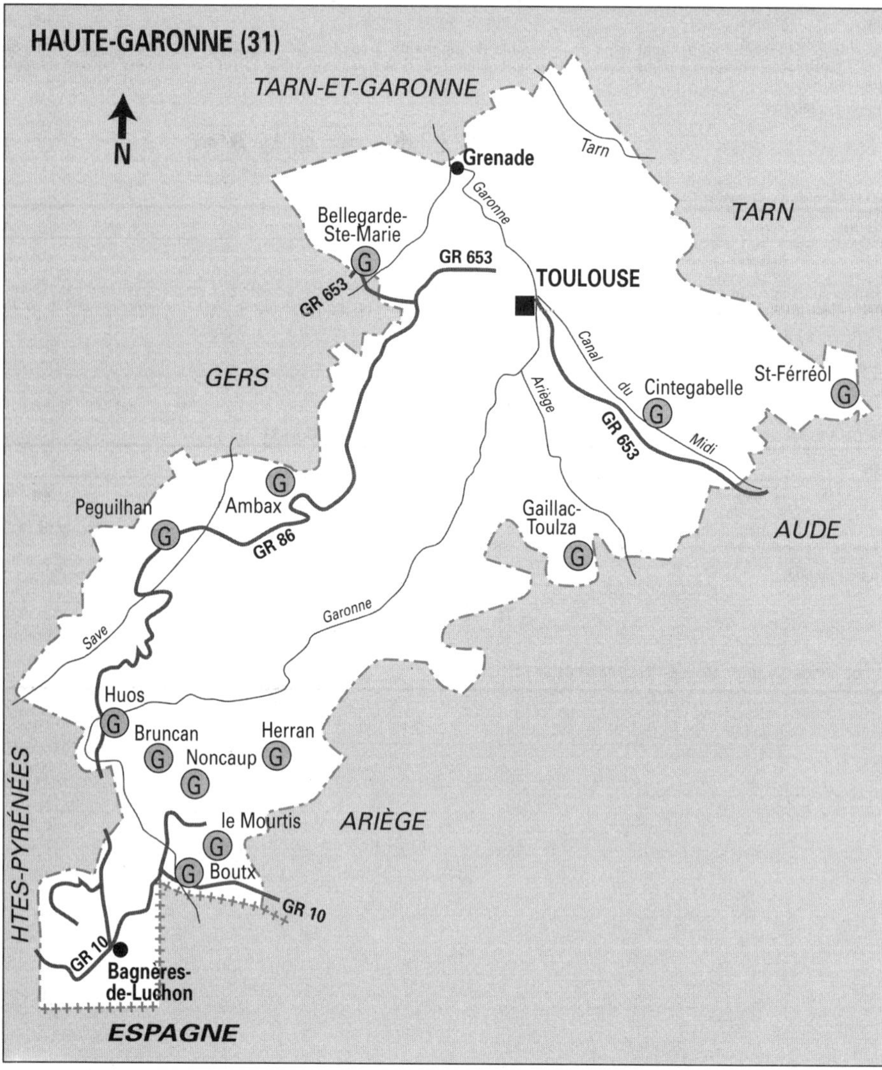

CH Chambre d'hôte   G Gîte d'étape, de séjour   L Logis de France

Ambax Le Pigeonnier   *C.M. n° 82 — Pli n° 16*

18 pers.   Ouverture : toute l'année.   Alt. : 300 m

Au rez-de-chaussée : coin-cuisine, salle polyvalente avec cheminée et bar (50 pers.), 5 convertibles, 3 douches, 1 wc. A l'étage : 3 chambres (4 lits 1 pers. 8 lits 1 pers. 1 lit 2 pers. 4 lits 1 pers. 1 lit d'appoint). Loggia. WC, lavabos, douche, salle de bains. TV, bibliothèque, billard, chaîne Hi-Fi. L'Isle-en-Dodon 12 km. Dans un site calme, en pleine nature, entouré de prés et de côteaux, le Pigeonnier est aménagé dans une ancienne ferme mitoyenne à la maison du propriétaire. Terrasse avec salon de jardin et grand barbecue.

Prix : semaine **3200 F** week-end **1900 F**

10	3	20	10	SP	10	10	60	12

MAISONNEUVE Chantal – « Le Pigeonnier » – 31230 Ambax – Tél. : 05.61.94.08.80

Bellegarde-Sainte-Marie

C.M. n° 82 — Pli n° 7

30 pers. Alt. : 280 m

Gîte indépendant aménagé dans une maison de maîtres toulousaine, site calme et environnement boisé, région des coteaux de la Save. Accueil en chambres de 3 ou 6 lits. Salle de réunion, sanitaires à l'étage. Accès direct, aire de jeux. Salle à manger. Plus particulièrement réservé à l'accueil de randonneurs équestres. Réductions pour enfant - 12 ans et groupes de + de 10 pers. Gratuit pour enfant - 3 ans. 70 F/jour/pers. en gestion libre.

Prix : pers.nuit **50 F** 1/2 pension **130/150 F**

TH

7	7	7	10	SP	7	SP	7	30	10

BOURCEY Alain – Centre Equestre de Bel Air - Route de l'Abbaye – 31530 Bellegarde-Sainte-Marie – Tél. : 05.61.85.66.69 – Fax : 05.61.85.66.69

Boutx-le-Mourtis Equi'Boutx

C.M. n° 86 — Pli n° 1

15 pers. Ouverture : toute l'année. Alt. : 650 m

R.d.c. : cuisine pour groupe, salle à manger, bar, séjour avec vue sur la vallée, douche/wc. A l'ét. : 1 ch. (1 lit 2 pers.) avec s. d'eau et wc privés, 3 ch. (3 lits 80. 6 lits 80. 6 lits 80), 2 s. d'eau et 2 wc communs. Poss. loc. draps/linge de maison. Salon lecture et repos (TV, cheminée). L-linge commun. Micro-ondes, congélateur, lave-vaisselle industriel. Salon de jardin, terrasse aménagée, portique pour enfants, barbecue. Gîte situé à 300 m du centre du village, proche du GR10. Terrasse avec vue sur la vallée de Boutx. Escalade, parapente 7 km. Tarifs spéciaux pour enfants et groupes. Piscine sur place.

Prix : pers.nuit **70 F** 1/2 pension **145 F** pension **210 F** petit dejeuner **20 F** repas **65 F**

TH GR : 10

SP	2,5	SP	2,5	SP	7	2,5	2,5

MEDAN Nicole – Equi'Boutx – 31440 Boutx – Tél. : 05.61.79.44.66 ou 05.61.79.44.69 – Fax : 05.61.79.44.66

Bruncan

C.M. n° 82 — Pli n° 1

12 pers. Alt. : 450 m

Gîte aménagé dans l'ancienne mairie. Terrain clos et cour fermée. Au rez-de-chaussée : salle de séjour avec cheminée, cuisine, salle d'eau (2 douches, 2 lavabos), wc indépendants. A l'étage : 1 pièce dortoir (12 lits 1 pers.). Salon de jardin. Dare 10 km. Commerces 8 km.

Prix : semaine **1200/1400 F**

10	1	15	9	SP	10	5	33	10	10	8

LOISIRS-ACCUEIL HAUTE-GARONNE – 14 rue Bayard - B.P. 845 – 31015 Toulouse-Cedex-06 – Tél. : 05.61.99.44.00 – Fax : 05.61.99.44.19

Cintegabelle Les Ecuries-d'Escoutils

C.M. n° 82 — Pli n° 18

E.C. NN 22 pers. Alt. : 203 m

Gîte de séjour dans une ancienne dépendance de ferme, proche de l'habitation de la propriétaire. A l'étage : chambres et dortoirs équipés de lits 1 pers. superposés (2 dortoirs de 6 lits, 2 ch. de 4 lits, 1 ch. de 2 lits). Bloc sanitaires : 5 douches, 4 wc, 3 lavabos-bacs. Salle commune dans la maison de la propriétaire. Grand parc ombragé avec terrasse. Gîte dans un centre équestre surplombant l'Hers, à 2 km du village.

Prix : pers.nuit **50 F** petit dejeuner **10 F** repas **80 F**

TH

7	16	16	SP	2	SP	8	8

DE GRAMONT Martine – Les Ecuries d'Escoutils – 31550 Cintegabelle – Tél. : 05.61.08.08.60

Gaillac-Toulza Passerou

C.M. n° 82 — Pli n° 18

19 pers. Ouverture : toute l'année. Alt. : 230 m

Gîte de séjour. R.d.c. : coin-détente avec bar, labo photo noir et blanc, salle de restauration, cuisine, 3 douches, 3 lavabos, 3 wc, buanderie avec l-linge, terrasse. A l'étage : salle polyvalente avec baie vitrée et petit dortoir (4 lits 1 pers.), 3 ch. (15 lits 1 pers.). 1 douche. Ch. élect. et cheminée. Réductions pour groupe. Gratuit pour enfant de - de 3 ans. Ferme du XVIIIe siècle, restaurée, mitoyenne avec la maison du propriétaire, située sur les coteaux du Volvestre, en pleine nature, face à la chaine des Pyrénées. Possibilité table d'hôtes. Week-end et séjours en pen. complète en gestion libre avec animation équestre.

Prix : pers.nuit **40/50 F**

6	3	SP	3	SP	9	9

MILLET Lyse – Ferme Equestre de Passerou – 31550 Gaillac-Toulza – Tél. : 05.61.08.43.02 ou 05.61.08.86.69

Herran-Labaderque

C.M. n° 86 — Pli n° 2

40 pers. Ouverture : toute l'année. Alt. : 800 m

Gîte de séjour comprenant au r.d.c. : accueil, salle à manger (cheminée), salle de conférence avec matériel audiovisuel, bar, terrasse, 3 wc. A l'étage : 10 chambres de 4 lits dont 2 avec chacune douche et lavabo, 2 blocs sanitaires (2 douches, 3 lavabos chacun), 2 wc. Chauffage électrique. Prix week-end par nuit/pers. Situé dans un village de moyenne montagne, dans le massif de Paloumère, plus grand réseau souterrain français. Restauration proposée uniquement pour groupes de 30 pers. minimum.

Prix : pers.nuit **55/70 F** 1/2 pension **110/135 F** pension **150/175 F** petit dejeuner **19 F** repas **60 F** week-end **260/395 F**

TH

15	SP	5	25	5

CHALET DE PALOUMERE – 31160 Herran-Labaderque – Tél. : 05.61.97.53.30 – Fax : 05.61.62.38.87

Huos

C.M. nº 85 — Pli nº 20

12 pers. Ouverture : toute l'année. Alt. : 430 m

R.d.c. : une grande pièce de 35 m² avec coin-cuisine servant de salle à manger (cheminée). A l'étage : 1 dortoir (12 lits 1 pers.), 2 salles d'eau avec wc. Salle de 40 m² permettant l'installation éventuelle de couchages suppl. Chauffage au gaz + chauffage électrique. Enfant - 6 ans gratuit, de 6 à 12 ans 50 %. Poss. stages escalade, alpinisme par guide breveté. Gîte aménagé au cœur du vieux village d'Huos, dans les dépendances d'une bâtisse centenaire. Espace clos arboré et fleuri de 500 m², grande cour de 250 m². Prix groupe 12 pers. : 500 F/1 nuit, 850 F/2 nuits, 1150 F/3 nuits, 1400 F/4 nuits, 1660 F/5 nuits, 1800 F/6 nuits, 2000 F/7 nuits.

Prix : pers.nuit **48/56 F** petit dejeuner **10 F**

3	SP	3	SP	3	3	30	2	3

LUBIN Marc – 1, rue de la Grotte – 31210 Huos – Tél. : 05.61.95.68.01

Moncaup

C.M. nº 86 — Pli nº 1

22 pers. Ouverture : toute l'année. Alt. : 571 m

R.d.c. : dépendances, cuisine, salle à manger (TV, bibliothèque, magnéto.). Lavabos, douches, wc. Infirmerie (ou ch. dépannage 2 lits 1 pers.). Local technique. Etage : 3 ch. (6 lits 1 pers., 4 lits 1 pers., 4 lits 1 pers.). Lavabo et wc sur palier. 2ᵉ étage : dortoir mansardé (8 lits 1 pers.)., lavabo, wc palier. L-vais., l-linge, sèche-linge, congélateur, m-ondes. Salon de jardin. Jardin, aire de loisirs pour enfants (entièrement clos), cour, terrasse. Enclos pour chevaux. Ancienne école rénovée avec vaste terrain clos située au cœur du Piémont Pyrénéen face aux sommets du Gar et du Cagire. Réductions pour groupes.

Prix : pers.nuit **70 F** 1/2 pension **130/150 F** pension **200/220 F**

(TH)

10	SP	SP	25	28

ASSOCIATION LE BERGEROT – 31160 Moncaup – Tél. : 05.61.88.83.41

Le Mourtis

C.M. nº 86 — Pli nº 1

51 pers. Ouverture : toute l'année. Alt. : 1400 m

R.d.c. : cuisine pour groupes en gestion libre (30 pers. maximum), salle à manger commune. Salle de repos avec cheminée, lecture, petite salle de réunion. Auberge (46 places). Salle de rangement pour matériel. Salles d'eau communes (4 lavabos, 4 douches, 4 wc). A l'étage : 7 ch. 4 pers., 5 ch. 4/5 pers. avec coin-toilette pour chacune. Point-phone, bibliothèque, fax. Réduction pour groupes. Agrément Jeunesse et Sports. Centre d'accueil situé au sommet du col de Mente, en bordure de la forêt de Boutx au pied des pistes (ski de fond). Parking aménagé. Animaux admis sous conditions. Réductions pour enfants et groupes.

Prix : pers.nuit **80/90 F** 1/2 pension **150/160 F** pension **200/210 F** petit dejeuner **25 F** repas **65 F**

(A)

9	8	8	SP	15	9

LA SOULAN – Col de Mente – 31440 Le Mourtis – Tél. : 05.61.79.10.65 – Fax : 05.61.79.76.31

Peguilhan

C.M. nº 82 — Pli nº 15

29 pers. Ouverture : toute l'année. Alt. : 335 m

Au rez-de-chaussée : kitchenette, salle de séjour et d'activités de 90 m², salon avec cheminée, cuisine, 1 lavabo, wc, s. d'eau avec wc. A l'étage : 2 douches, 2 lavabos doubles, 2 wc, 6 ch. avec quelques lits superposés (29 lits 1 pers.). Tarifs groupes sur demande, réduction si séjour de plus de 5 jours, réduction enfant. Gîte modulable de 8 à 29 pers. Maison de caractère entourée de 10 ha. de coteaux et de prés face à la chaine des Pyrénées. 2 chambres d'hôtes, 1 gîte et 1 ferme auberge sur place. Animaux admis sous conditions.

Prix : pers.nuit **60 F** 1/2 pension **140 F** pension **200 F** petit dejeuner **25 F**

(A)

5	1	5	5	SP	0,8	SP	40	25	5

FAMILLE CASTEX – Ferme Auberge – 31350 Peguilhan – Tél. : 05.61.88.75.78

Saint-Ferreol

C.M. nº 82 — Pli nº 20

20 pers. Alt. : 330 m

Au bord du lac de Saint-Ferréol, bâtiment doté de 2 murs d'escalade. Grande pièce avec coin-salon (cheminée, canapé), coin-cuisine. 1 dortoir de 13 lits superposés, 2 dortoirs de 4 lits superposés, 1 chambre avec 1 lit 2 pers. L'ensemble du gîte : de 700 à 1000 F/groupe période hors vacances scolaires, 800 à 1000 F/groupe période vacances scolaires.

Prix : pers.nuit **60/70 F** pension **155 F**

(TH)

3	SP	SP	SP	SP	SP	SP	SP	25	SP

CABIRO Patrick – Le Bivouac – 31250 Revel – Tél. : 05.61.27.53.94

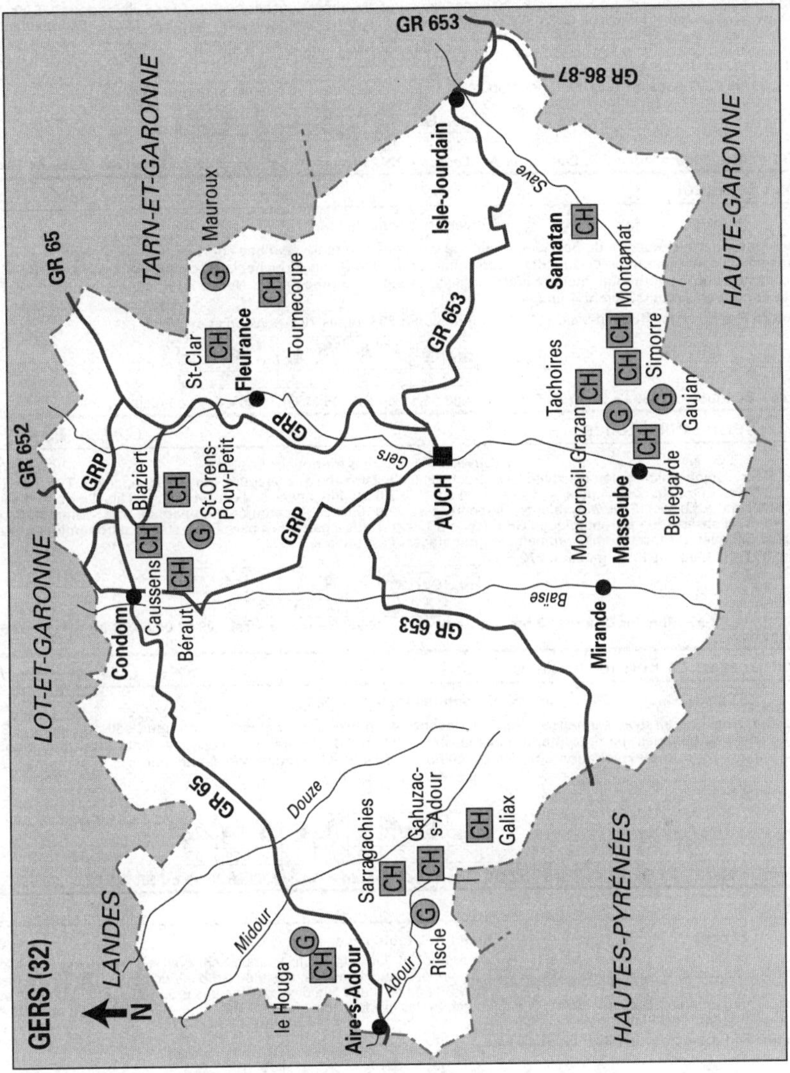

Fleurance Chateau-de-Brechan — *C.M. n° 82 — Pli n° 5*

12 pers. — Ouverture : toute l'année. — Alt. : 148 m

7 ch. à l'étage : 4 ch. (1 lit 2 pers., s. d'eau, wc), 2 ch. (1 lit 1 pers., s. d'eau, wc), 1 ch. (2 lits 1 pers., s. d'eau, wc). Séjour (cheminée), salon (TV, bibliothèque). Chauffage. Téléphone, fax. Médecins à proximité. Prix pension et 1/2 pension sur la base d'une semaine et par personne. Anglais et espagnol parlés. Une sélection gersoise : accueil « Séniors » (individuels ou groupes). Dans les annexes du châteaux (19e), maison campagnarde confortable, terrasse (salon de jardin, ping-pong, piscine), parc de 5 ha., bois de 17 ha.

Prix : pers.nuit **350 F** 1/2 pension **1980 F** pension **2580 F** repas **95 F**

TH

SP	13	3	13	3	8	5	3	3

WILHEM Ursula – Chateau de Brechan – 32500 Fleurance – Tél. : 05.62.06.07.50 ou SR : 05.62.61.79.00 – Fax : 05.62.06.07.50

Gaujan Lacaze

C.M. n° 82 — Pli n° 15

16 pers. Ouverture : toute l'année.

Rez-de-chaussée : pièce de jour, salle à manger, kitchenette, sanitaires (lavabos, douches, wc). Etage : 3 ch./dortoirs (16 lits 1 pers. dont 5 superposés), wc avec lavabo. 1 infirmerie (3 lits). Prix journée : 55/65 F, tarifs spéciaux enfants : pension : 120/130 F/jour/enfant. Réduction - 5 à - 10 % selon les groupes. Gîte de séjour confortable et convivial avec salle d'activité (120 m²) en plancher. Un lieu pour le plaisir d'inventer ses vacances, de pratiquer son art, un espace de rencontre et de création pour vacanciers. Stages théatre, danse, arts martiaux... Résidences d'artistes, accueil cavaliers.

Prix : pers.nuit **55/65 F** 1/2 pension **155/165 F** pension **205/215 F** petit dejeuner **20 F** pension cheval **40 F**

TH

9	20	30	12	9	0,5	40	43	8

ASSOCIATION YOHO – Spereandeo J.P. Scribanne A. - Lacaze – 32420 Gaujan – Tél. : 05.62.65.34.51 ou SR : 05.62.61.79.00

Le Houga A Benquet

C.M. n° 82

17 pers. Ouverture : toute l'année. Alt. : 150 m

Gîte de séjour dans la ferme équestre de Benquet, aménagé dans une aile rénovée d'une chartreuse du XIXe, avec parc et forêt. 5 ch. indépendantes en r.d.c. et mezzanine (1 ou 4 lits 1 pers./chambre), salle d'eau (douche, lavabo, wc) pour chacune. Salle à manger, salle de jeux, kitchenette, bibliothèque, atelier vidéo. Anglais, espagnol et grec parlés. Nuitée en lit supplémentaire : 40 F. Enfants - de 2 ans : gîte et couvert gratuits. Avant 4 ans : repas 50 %.

Prix : pers.nuit **80 F** 1/2 pension **180 F** pension **250 F** petit dejeuner **30 F** repas **70 F** pension cheval **70 F**

TH GR : 65

7	25	SP	25	3	3	35	8	2

PERRON Paule – Benquet – 32460 Le Houga – Tél. : 05.62.08.96.11 ou SR : 05.62.61.79.00 – Fax : 05.62.08.97.69

Mauroux La Ferme-des-Etoiles

C.M. n° 82 — Pli n° 5/6

15 pers. Ouverture : d'avril à mi-novembre. Alt. : 200 m

Gîte de séjour. R.d.c. : séjour/salon, salon d'activités avec rochelle (coin-astrolabe, planétarium, bibliothèque, piano, TV), 1 ch. (1 lit 2 pers. 2 lits 1 pers.), s.d.b./wc. Et. : 1 ch. (2 lits 1 pers. s. d'eau/wc), 1 ch. (1 lit 2 pers. 1 lit 1 pers. s. d'eau/wc), 1 ch. (3 lits 1 pers. s. d'eau/wc), 1 ch. (1 lit 2 pers. 1 lit 1 pers. s.d.b./wc). Salle polyvalente. Demeure gasconne rénovée et entourée d'un parc de 2 ha. arboré et fleuri (piscine, coupole, plate-forme d'observation astronomique). GR de pays à 15 km. Tarifs à partir de 4 pers. Poss. stages astronomiques, w.end : 850 F/ pers. en pension. Chèques vacances admis uniquement pour stages d'astronomie.

Prix : pers.nuit **95 F** 1/2 pension **185 F** pension **270 F**

TH

SP	4	15	15	4	4	15	32	4

ASS. « A CIEL OUVERT » - Monflier Bruno – 60 bis rue Gambetta – 32500 Fleurance – Tél. : 05.62.06.09.76 ou SR : 05.62.61.79.00 – Fax : 05.62.06.24.99

Moncorneil-Grazan La Ferme-du-Tuco

C.M. n° 82 — Pli n° 15

51 pers. Ouverture : toute l'année. Alt. : 200 m

7 ch./dortoirs (6 à 8 lits 1 pers.) avec sanitaires (douches, lavabo, wc privés chacune), salle à manger, salle de lecture, 5 ateliers à thème : découverte des élevages, jardin, poterie, cuisine, bois. W.E. : 960 F/4 pers. 2 adultes, 2 enfants (hors juillet-août). Ferme d'animation « enfants » sur une exploitation agricole de 40 ha. de bois et de champs. Week-end séjour à la semaine. Sentiers sur place. Poss. TH.

Prix : semaine **1700 F**

8	13	20	10	8	1	8	20	8

BERNARD Pierre et Marie – La Ferme du Tuco – 32260 Moncorneil-Grazan – Tél. : 05.62.65.30.49 ou SR : 05.62.61.79.00

Riscle Bidouze

C.M. n° 82 — Pli n° 2

27 pers. Ouverture : toute l'année. Alt. : 150 m

7 ch. et 2 studios avec kitchenette pour 2 à 5 pers. (6 lits 2 pers. 1 lit 130, 1 lit 120, 12 lits 1 pers.), 1 ch. avec s. d'eau et wc, 4 ch. avec s. d'eau, sanitaires communs : s.d.b. et wc, 2 ch. avec s.d.b. et wc communs. 2 studios avec s. d'eau ou s.d.b. et wc privés. Ch. central élect. Séjour/ salon (TV), kitchenette à dispo. Poss. 3 TV, 3 lits 1 pers. suppl. Gîte à l'ét. d'une aile de la maison des propriétaires. Sur place : restauration, point-phone, local pour animaux. Séjour initiation à la dégustation des produits locaux. Etape gastronomique. Poss. 1/2 pension et pension. Anglais et allemand parlés. Loc. l-linge, s-linge.

Prix : pers.nuit **70/80 F** petit dejeuner **30 F** repas **70 F**

Ⓐ

2	2	15	18	2	0,3	35	50	2

DUBOS Georgette – Bidouze – 32400 Riscle – Tél. : 05.62.69.86.56 ou SR : 05.62.61.79.00 – Fax : 05.62.69.75.20

Saint-Orens-Pouy-Petit Aux Comps

C.M. n° 82 — Pli n° 4

35 pers. Ouverture : toute l'année. Alt. : 150 m

Gîte de séjour comprenant : r.d.c., 2 salles d'activités (tables, chaises, petits bureaux d'écolier), salle à manger (cheminée/insert), cuisine. Etage : 12 petites chambres (10 ch. avec 3 lits 1 pers. dont 1 superp. 2 ch. avec 4 lits 1 pers. dont 1 superp.). Sanitaires privés communicants avec chaque ch. (douche, lavabo, wc). GR de pays à 5 km, GR 65 à 5 km. Prix week-end comprenant la pension. Belle bâtisse en pierre, très ancienne entourée de prairies. Gîte adapté à l'accueil d'enfants. Sur place : VTT, ping-pong, point-phone. Chez le propriétaire à 5 km : piscine, ferme équestre.

Prix : pers.nuit **35/80 F** pension **180 F** week-end **400 F**

5	15	5	5	2	5	25	37	5

DEFRANCES Gerard – Le Haou – 32100 Condom – Tél. : 05.62.28.09.41 ou SR : 05.62.61.79.00 – Fax : 05.62.28.33.38

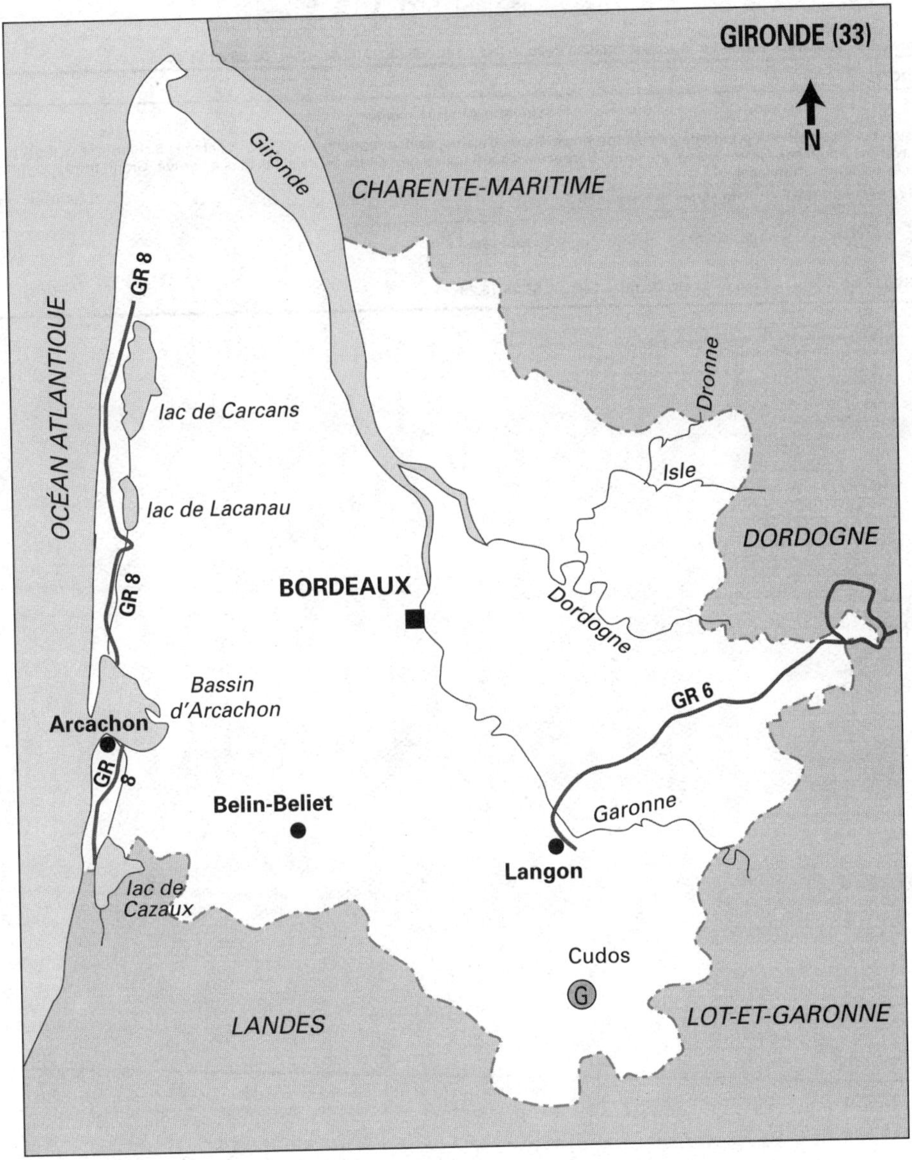

CH Chambre d'hôte G Gîte d'étape, de séjour L Logis de France

Belin-Beliet Joue

24 pers. Ouverture : toute l'année.

Gîte aménagé sur un centre équestre, au cœur d'un airial, dans la forêt des Landes de Gascogne. 6 chambres sitées dans un bâtiment annexe avec salle d'eau/wc privés (12 lits 1 pers. superposés). Chauffage central gaz. Salon/salle à manger, wc. Draps et linge de toilette fournis. Espace vert, parking. Prix nuitée de 1 à 3 pers.

Prix : pers.nuit **140 F** repas **95 F**

TH

6	15	SP	SP	6	6	55	6

SAN-JOSE Frédéric – Joue - Le Volcelest – 33830 Belin-Beliet – Tél. : 05.56.88.02.68 – Fax : 05.56.88.11.34

Cudos Brana

E.C. NN 9 pers. Ouverture : toute l'année.

Maison indépendante à proximité de celle du propriétaire. Cuisine, salle à manger, salon, wc. A l'étage : 5 chambres (9 lits 1 pers.). 4 lavabos, 2 douches fermées, 2 wc. Prise TV. Barbecue. Chauffage au gaz. Draps fournis, lits faits à l'arrivé. Grand terrain semi-clos. Accès au tennis municipal.

Prix : pers.nuit **100 F** petit dejeuner **15 F** repas **55 F**

TH

20	6	6	5

SCHELLENS Marcel – Brana – 33430 Cudos – Tél. : 05.56.25.16.28

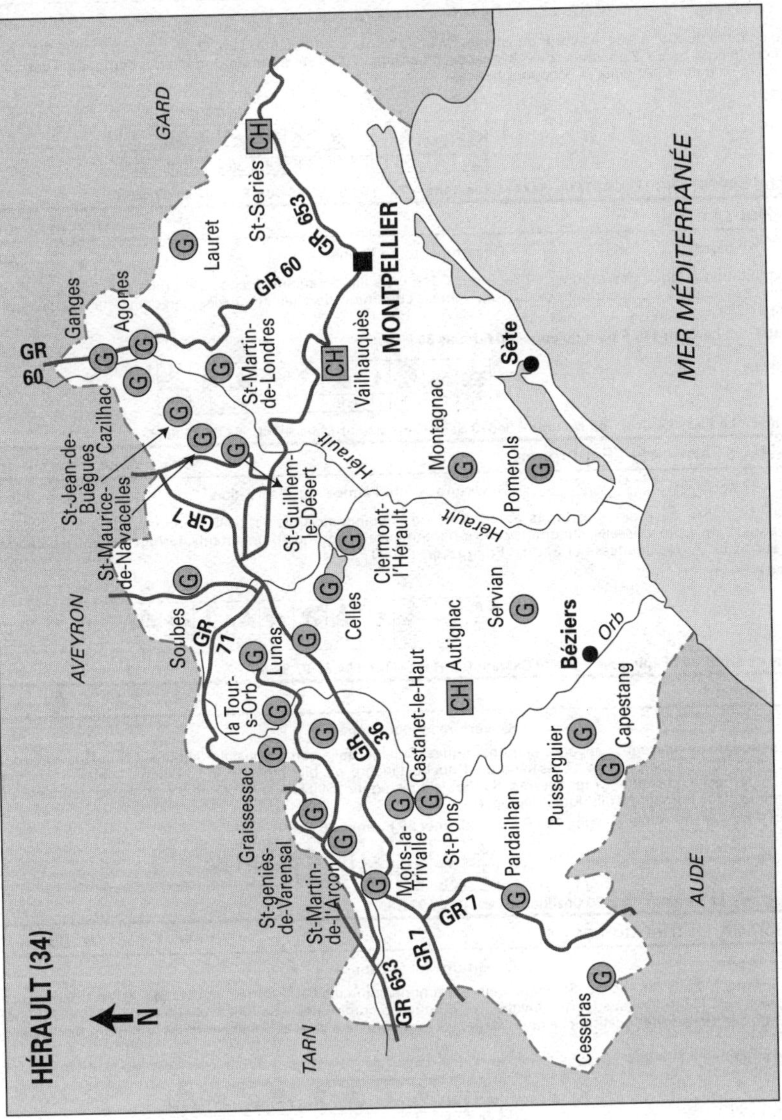

Camplong

c✗v *C.M. n° 83 — Pli n° 4*

18 pers. Ouverture : toute l'année. Alt. : 300 m

Maison au cœur du village, face au parc communal. Pièce principale, coin-cuisine. 3 chambres de 4, 6 et 8 lits. Blocs sanitaires : 4 douches, 4 lavabos, 2 wc, lave-linge, lave-vaisselle, téléphone, cheminée, chauffage. Terrasse, aire de jeux. Accessible personnes handicapées accompagnées. Location draps : 15 F.

Prix : pers.nuit **65 F** 1/2 pension **160 F** pension **230 F** petit dejeuner **30 F** repas **70 F**

TH

50	10	30	SP	SP	SP	10	10	12	9	SP

ASSOCIATION VALLON D'ESPAZE – Richard RODHAIN – 34260 Camplong – Tél. : 04.67.23.95.15

Capestang

C.M. n° 83 — Pli n° 14

19 pers. Ouverture : toute l'année. Alt. : 45 m

Gîte mitoyen au château du XIVe siècle, au cœur du village. Salle de séjour/coin-détente. 2 ch. (2 lits 1 pers.), 2 ch. (3 lits 1 pers.), 1 ch. (4 lits 1 pers.), 1 ch. (5 lits 1 pers.), 2 douches, 3 wc, 3 lavabos, chauffage. Tarifs selon groupes, devis sur demande. Possibilité de restauration libre ou avec traiteur. Anglais et espagnol parlés.

Prix : pers.nuit **70 F**

20	4	20	SP	20	SP	5	30	20	15	SP

FOYER RURAL DE CAPESTANG LO CASTEL – 34310 Capestang – Tél. : 04.67.93.40.90 – Fax : 04.67.93.40.90

Castanet-le-Haut Le Fau

C.M. n° 83 — Pli n° 4

E.C. NN 25 pers. Ouverture : toute l'année. Alt. : 800 m

Gîte sur une exploitation typique des monts de l'Espinouse. R.d.c. : salle de séjour. Etage : 2 dortoirs (18 châlits, 6 châlits). Sanitaires : 2 douches, 2 lavabos, 2 wc, chauffage central, cheminée. Logement de chevaux. Accès personnes handicapées physiques. Location de draps : 20 F.

Prix : pers.nuit **45 F** 1/2 pension **145 F** petit dejeuner **20 F** repas **80 F**

(A)

60	25	15	7	15	6	10	25	23	10

BOUSQUET Daniel – Le Fau - La Croix de Mounis – 34610 Saint-Gervais-sur-Mare – Tél. : 04.67.23.60.93

Castanet-le-Haut Ferme-de-l'Espinouse

C.M. n° 83 — Pli n° 4

12 pers. Ouverture : toute l'année sur réservation. Alt. : 1124 m

Grange restaurée au milieu de prairies et forêts au sommet de l'Espinouse. Cuisine, salle à manger, 2 dortoirs (6 lits 1 pers.), 2 douches, 2 lavabos, 2 wc. Lave-vaisselle, chauffage central. Grand terrain, portique pour enfants, terrain de tennis, pataugeoire. Ski de fond et VTT sur place. Agréé Jeunesse et Sports. Prix groupe : 1000 F.

Prix : pers.nuit **60 F**

85	15	15	SP	15	SP	15	25	25	35	10

FAGES Jean-Guy – Ferme de l'Espinouse – 34610 Castanet-le-Haut – Tél. : 04.67.97.54.89

Cazilhac Le Fesquet

C.M. n° 83 — Pli n° 6

30 pers. Ouverture : toute l'année. Alt. : 167 m

Gîte dominant une région de paysages sauvages et authentiques. Cuisine, salle commune/coin-détente. 1 ch. (4 lits superp.), mezzanine (1 lit 1 pers.), 3 ch. (6 lits superp.), 1 ch. (7 lits superp.). Douche, lavabo, wc, bibliothèque, jeux. L-linge, l-vaiss. Point-phone. Terrain, salle de jeux, barbecue, portique. Draps fournis. Rando., stages équit. 2000 F/sem. Diplôme d'état. Agréé Jeunesse et Sports. Randonnées à thèmes (Art Roman, Néolithique, géologie).

Prix : pers.nuit **80 F** 1/2 pension **170 F** pension **220 F** petit dejeuner **25 F** repas **70 F**

TH

57	15	0,5	0,5	2	SP	1	50	2

GHISALBERTI Regine – Le Fesquet – 34190 Cazilhac – Tél. : 04.67.73.98.91

Clermont-l'Herault L'Etrier-du-Lac

C.M. n° 83 — Pli n° 5

18 pers. Ouverture : toute l'année. Alt. : 97 m

Gîte et centre équestre à 2 km du Lac du Salagou. Salle commune/coin-cuisine. 1 dortoir mezzanine (9 lits 1 pers. 2 lits 2 pers. superp.), lavabo, wc, 1 ch. (5 lits 1 pers. superp.), lavabo, wc, 2 douches communes, cheminée, chauffage central, point-phone. Terrasse, piscine. 11 boxes. Possibilité location chevaux, stages et randonnées à cheval. Découverte de la région. Agréé Jeunesse et Sports.

Prix : pers.nuit **50 F** petit dejeuner **25 F** repas **95 F**

TH

40	SP	2	2	2	2	SP	2	45	2

BONNET Jean-Christophe – L'Etrier du Lac - route du Lac – 34800 Clermont-l'Herault – Tél. : 04.67.96.37.10

Ganges Relais-du-Pont-Vieux

C.M. n° 83 — Pli n° 6

30 pers. Ouverture : toute l'année. Alt. : 167 m

En bordure de l'Hérault, bâtiment à la périphérie du village. Salle de séjour (70 m²), coin-salon, cheminée. 4 ch. (2 à 4 lits), douche, lavabo, wc privatifs. 5 ch. (2 à 4 pers.), douche, lavabos privatifs, 2 wc communs. Terrasse, parking. Accès à la rivière, ping-pong. Consulter le propriétaire pour tarif moins de 12 personnes.

Prix : pers.nuit **80 F** 1/2 pension **174 F** petit dejeuner **27 F** repas **67 F**

TH

45	14	SP	SP	1	1	1	45	0,5

GOUJON Marie-Evelyne – Relais du Pont Vieux - route du Vigan – 34190 Ganges – Tél. : 04.67.73.62.79

Graissessac

C.M. n° 83 — Pli n° 4

18 pers. Alt. : 357 m

Gîte au centre du village sur 2 niveaux. R.d.c. : grande salle commune/coin-détente, cheminée, cuisine. 1er ét. : 3 ch. (4 lits 1 pers. dont 2 superp.), douche, lavabo privatifs, 3 wc communs, 1 ch. (4 lits 1 pers. dont 2 superp.), 1 ch. (2 lits 1 pers.), douche, lavabo, wc privés, l-linge. Petit jardin intérieur, terrasse. Location de draps : 20 F. Groupe : 900 F.

Prix : pers.nuit **60 F**

50	20	25	SP	SP	15	20	10

MAIRIE DE GRAISSESSAC – 34260 Graissessac – Tél. : 04.67.23.90.00 – Fax : 04.67.23.95.40

Lauret Domaine-de-Cazeneuve

C.M. n° 83 — Pli n° 7

50 pers. Ouverture : d'avril à décembre. Alt. : 100 m

Gîte dans maison de maître et ancienne orangerie. R.d.c. : salon, coin-bibliothèque, salles de travail, cheminée. 18 ch. (2, 3, 4 lits). 9 salles de bains, 6 wc, draps et linge fournis. Parc, terrasses, piscine commune. Terrain attenant (camping). Loc. salle (150 m²), VTT. Prix spéciaux enfants et hors saison. Agréé Jeunesse et Sports. Anglais et allemand parlés.

Prix : pers.nuit **95 F** 1/2 pension **195 F** pension **235 F** petit dejeuner **30 F** repas **70 F**

SP	SP	5	15	5	35	1

AUBERGE DU CEDRE – Domaine de Cazeneuve – 34270 Lauret – Tél. : 04.67.59.02.02 – Fax : 04.67.59.03.44

Lunas Briandes

C.M. n° 83 — Pli n° 4

28 pers. Ouverture : toute l'année. Alt. : 560 m

Sur les monts de l'Escandorgues, bâtiment indépendant dans hameau très calme. Cuisine, salles pour activités. 2 ch., douche, wc. 3 ch., s. d'eau, wc communs. Dortoir, 2 douches, 2 wc, 2 lavabos, l-linge, cheminée. Agréé Jeunesse et Sports. Animation poney. Ferme pédagogique. Pension chevaux, escalade, VTT, spéléo, canyoning avec accompagnateur, randonnées pédestres. Location de draps : 20 F. Tarif groupe pour 18 pers. 60 F/pers. suplémentaire. Groupe : 1080 à 1260 F. Anglais et allemand parlés.

Prix : pers.nuit **65 F** 1/2 pension **145 F** pension **190/210 F** petit dejeuner **22 F** repas **70 F**

GR : 7

60	20	20	5	5	5	5	20	23	8	5

THARAUD Didier – Briandes – 34650 Lunas – Tél. : 04.67.23.73.91 – Fax : 04.67.23.79.67

Mons-la-Trivalle Interlude

C.M. n° 83 — Pli n° 4

20 pers. Ouverture : toute l'année. Alt. : 160 m

Gîte au pied du Caroux, près des Gorges d'Héric. Cuisine, séjour spacieux, salon, cheminée. 8 ch. doubles, lavabo privatif, 4 douches, s.d.b., wc communs, 2 ch., s. d'eau, wc privatifs. Terrain ombragé, parking. Forfait groupe sur demande. Gîte en gestion libre ou possibilité repas sur place. Escalades, randonnées pédestres. Location de draps : 20 F.

Prix : pers.nuit **65/75 F** petit dejeuner **20 F**

40	12	30	1	1	1	0,5	1	12	47	10

FOURES Yvette – Interlude - route des Gorges d'Heric – 34390 Mons-la-Trivalle – Tél. : 04.67.97.75.56

Mons-la-Trivalle Hameau-d'Heric

C.M. n° 83 — Pli n° 4

12 pers. Ouverture : toute l'année. Alt. : 500 m

Dans le Parc régional du Haut Languedoc, en pleine nature, 2 gîtes d'étape mitoyens dans le hameau, au cœur du Massif du Caroux et des gorges d'Héric. 2 coins-cuisine/séjour. 1 ch. (4 lits 1 pers.), 1 ch. (1 lits 2 pers. 2 lits 1 pers.), 1 ch. (2 lits 1 pers.), 1 ch. (1 lit 2 pers.), 2 salles d'eau, 2 wc, chauffage, cheminée, terrain, terrasse. Très belles randonnées pédestres (GR 7), escalades, baignade. Observation grande faune. Tarif spéciaux pour familles.

Prix : pers.nuit **60 F**

GR : 7

50	20	50	SP	SP	5	20	5	20	25	5

SAUSSOL Roger – 34390 Mons-la-Trivalle – Tél. : 04.67.97.80.43

Montagnac Domaine-de-la-Grangette

C.M. n° 83 — Pli n° 16

40 pers. Ouverture : toute l'année. Alt. : 45 m

Dans cadre typiquement languedocien (vignes et garrigue), en dehors de toute agglomération, « la Grangette » vous apporte détente et charme de la promenade. Cuisine, salle commune, 3 dortoirs (8 lits), 1 dortoir (6 lits), 2 ch. (2, 4 lits), 1 ch. (4 lits), 4 douches, 10 lavabos, 4 wc, chauffage. Lave-linge. Salle d'activités (50 m²). Gîte en gestion libre. Agréé Jeunesse et Sports. Musée agricole sur place.

Prix : pers.nuit **55/60 F**

25	1,5	9	4	4	1,5	SP	4	3	20	4

DESSALLES Andre – Domaine de la Grangette – 34530 Montagnac – Tél. : 04.67.24.07.56

Pardailhan La Garrigue

C.M. nº 83 — Pli nº 13

20 pers. Ouverture : toute l'année. Alt. : 550 m

Ferme de style languedocien entre le Haut-Languedoc et le Minervois. Cuisine, salle de séjour, coin-détente, biblio./vidéo, salle polyvalente, cheminée. 1 ch. (1 lit 2 pers.), lavabo, 3 ch. (4 lits 1 pers.), 1 ch. (6 lits 1 pers.), 5 lavabos, 3 douches, 3 wc, chauffage électrique. Piscine. Location de draps : 26 F. Groupe : 1170 à 1265 F. Anglais et espagnol parlés. Attelage, randonnées pédestre, VTT, découverte faune/flore. Patrimoine, diaporama/région, sentier botanique. Week-end à thème : promenade en attelage, découverte milieu naturel et humain par guide du pays.

Prix : pers.nuit **49/72 F** 1/2 pension **140/154 F** pension **205/220 F** petit dejeuner **22 F** repas **65 F**

TH GR : 77

57	SP	30	15	15	10	12	15	40	12

VERRIER-COMPAIN Dominique – Bouvaou - La Garrigue – 34360 Pardailhan – Tél. : 04.67.97.11.96 – Fax : 04.67.97.11.96

Puisserguier Domaine-de-la-Baume

C.M. nº 83 — Pli nº 14

14 pers. Ouverture : toute l'année. Alt. : 40 m

Entouré de garrigues, gîte dans un corps de ferme. Cuisine, grande salle de séjour, cheminée. 1 ch. (2 lits 1 pers.), 2 ch. (3 lits 1 pers.), 1 ch. (6 lits 1 pers.), 4 douches, 8 lavabos, 4 wc, chauffage central, cheminée, lave-vaisselle, lave-linge commun. Terrasse, salon de jardin, barbecue. Location de draps : 30 F. Anglais parlé.

Prix : pers.nuit **65/70 F** petit dejeuner **25 F**

25	5	25	7	5	5	5	15	25	15	5

KOCH Jean-Francois – Domaine de la Baume – 34620 Puisserguier – Tél. : 04.67.38.16.22

Saint-Genies-de-Varensal Les Sagnes

C.M. nº 83 — Pli nº 4

18 pers. Ouverture : toute l'année. Alt. : 400 m

Gîte en bordure de rivière, sur 3 ha. de bois et prairies. R.d.c. : cuisine, salle commune, cheminée. 1 ch. (5 lits 1 pers.), s.d.b., wc, 2 douches. Etage : 2 ch. (5 lits 1 pers.), s. d'eau, wc, douche, 1 ch. (3 lits 1 pers.), s. d'eau, chauffage, cheminée, téléphone. Possibilité repas livrés sur place. Gratuité enfant - 2 ans. Escalade, randonnée, spéléo., VTT, volley, basket, handball.

Prix : pers.nuit **46 F**

60	18	30	SP	SP	SP	1	20	20	20	SP

MAIRIE DE SAINT-GENIES-DE-VARENSAL ou M. Ligonnet – 34610 Saint-Genies-de-Varensal – Tél. : 04.67.23.60.95 ou 04.67.23.64.86 – Fax : 04.67.23.60.95

Saint-Guilhem-le-Desert Gîte-de-la-Tour

C.M. nº 83 — Pli nº 6

18 pers. Ouverture : du 1er avril au 31 décembre Alt. : 90 m

Gîte au cœur du village typique de Saint-Guilhem-le-Désert. Salle de séjour/coin-cuisine, 1 dortoir (6 lits 1 pers.), mezzanine (2 lits 1 pers.), 1 dortoir (5 lits 1 pers.), mezzanine (3 lits 1 pers.), 1 ch. (2 lits 1 pers.), 2 sanitaires : 7 lavabos, 4 douches, 4 wc, chauffage électrique. Petite cour. Table d'hôte sur réservation pour groupes. Anglais parlé. Sentiers de randonnées et chemin de Saint-Jacques de Compostelle sur place.

Prix : pers.nuit **60 F** 1/2 pension **150 F**

TH GR : 74

40	20	25	SP	SP	9	5	SP	35	5

PELTIER Laurent – 38, rue Font de Portal – 34150 Saint-Guilhem-le-Desert – Tél. : 04.67.57.34.00

Saint-Jean-de-Bueges

C.M. nº 83 — Pli nº 6

E.C. NN 18 pers. Ouverture : toute l'année. Alt. : 150 m

Gîte au centre du village. Cuisine, salle de séjour et de cours. 18 lits 1 pers. en ch. de 2 à 6 pers. 4 douches, 4 wc, chauffage central, cheminée. Terrasse couverte, ping-pong. Forfait groupes. Soirées Contes et Légendes, séminaires civilisation régionale, stages artisanat, cuisine. Sorties à thème (archéol., histoire, géologie, flore, faune, spéléo.). Découverte du milieu. Location de draps : 15 F. Anglais et allemand parlés.

Prix : pers.nuit **50/70 F** 1/2 pension **140/160 F** pension **200 F** petit dejeuner **25 F** repas **75 F**

TH

55	SP	SP	SP	3	10	50	SP

BAADE Konstanze – Rue du Pre du Prieur – 34380 Saint-Jean-de-Bueges – Tél. : 04.67.73.11.19 – Fax : 04.67.73.10.84

Saint-Jean-de-Bueges

C.M. nº 83 — Pli nº 6

12 pers. Ouverture : toute l'année. Alt. : 150 m

Gîte dans une ancienne filature, devenue magnanerie puis bergerie. Grand séjour/coin-détente, cheminée, cuisine, 3 chambres (4 lits 1 pers.), salle d'eau privative, 3 wc communs, l-linge, l-vaiss. Terrasse, terrain. Possibilité restauration à emporter ou auberge. Randonnées avec ânes de bât, escalades, spéléo, parapente 12 km. Location de draps : 15 F. Tarif week-end 3 nuits 1300 F.

Prix : pers.nuit **60 F** petit dejeuner **20 F** semaine **2400/4000 F** week-end **750 F**

GR : 72

60	20	60	SP	SP	SP	18	15	30	45	SP

SICA GITES DES HAUTES GARRIGUES Sicard Joseph – Mairie – 34380 Saint-Jean-de-Bueges – Tél. : 04.67.73.10.04 – Fax : 04.67.73.12.38

Saint-Martin-de-l'Arcon La Pomarede

C.M. n° 83 — Pli n° 4

13 pers. Ouverture : toute l'année. Alt. : 200 m

Ferme au pied du Caroux. Salle commune, coin-cuisine, cheminée. Dortoir (4 pers.), dortoir (3 pers.), 1 ch. (4 pers.), 3 ch. (2 pers.), 4 salles d'eau, 3 wc. Draps et couvertures fournis, cheminée. Possibilité d'accompagnement escalade, randonnées pédestres avec guide de haute montagne, VTT, canyonning. Agréé Jeunesse et Sports.

Prix : pers.nuit **60 F** 1/2 pension **150 F** pension **185 F** petit dejeuner **25 F** repas **35/70 F**

(TH)

60	7	30	SP	1	2	2	SP	9	17	1,5

RAYNAL Marie-Pierre – La Pomarede – 34390 Olargues – Tél. : 04.67.95.80.42

Saint-Martin-de-Londres Le Frouzet

C.M. n° 83 — Pli n° 17

29 pers. Ouverture : toute l'année sauf du 15 décembre au 31 janvier. Alt. : 225 m

Ancienne bergerie au cœur de la garrigue. Cuisine, salle de séjour, salon au coin du feu, salle polyvalente (50 m²), 8 ch. (29 lits), 2 blocs sanitaires (5 douches, 5 wc, 6 lavabos, 1 bac à laver). Jeux intérieurs et extérieurs. Conditions spéciales pour groupes, étudiants, enfants. Location de draps 20 F pour séjour. Agréé Jeunesse et Sports. Anglais parlé. Tarif enfant demi-pension : 150 F, enfant moins de 7 ans : 1/2 tarif.

Prix : pers.nuit **60 F** 1/2 pension **160 F** petit dejeuner **25 F** repas **75 F**

(TH)

30	6	30	5	5	5	5	5	15	30	6

GUERRY Michel – Bergerie du Bayle - Le Frouzet – 34380 Saint-Martin-de-Londres – Tél. : 04.67.55.72.16 – Fax : 04.67.55.72.16

Saint-Maurice-de-Navacelles Hameau-le-Coulet

C.M. n° 83 — Pli n° 6

E.C. NN 10 pers. Ouverture : toute l'année. Alt. : 580 m

Gîte dans l'ancienne école du Coulet sur le GR 74 entre Saint-Guilhem-Le-Désert et Saint-Maurice-de-Navacelles. Salle commune, coin-cuisine. 1 dortoir (2 châlits 3 pers. 2 lits 1 pers. superposés), 1 ch. (2 pers.), 2 douches, 3 lavabos, 2 wc. Vente de produits fermiers. VTT et chevaux sur demande. Groupe : 800 F.

Prix : pers.nuit **60 F**

60	25	30	8	10	9	SP	20	25	50	5

PONS Lucien – Le Coulet – 34520 Saint-Maurice-de-Navacelles – Tél. : 04.67.44.60.60

Saint-Maurice-de-Navacelles

C.M. n° 83 — Pli n° 6

16 pers. Ouverture : toute l'année. Alt. : 580 m

Gîte dans grange restaurée. R.d.c. : salle commune/coin-cuisine (55 m²), cheminée. 1 ch. (2 lits 2 pers. superp., 2 lits 1 pers. superp.), lavabo, wc. Etage : 2 ch. (4 lits 1 pers. superp.), lavabo, 1 ch. (2 lits 1 pers. superp.), s. d'eau commune (2 douches, 2 lavabos), 2 wc, chauffage électrique. Tarifs selon séjour. Gîte complet/jour/pers. 50 F (3 nuitées). Panier à emporter 35 F. Location de draps : 20 F. Restaurant à proximité. Location VTT, escalade, spéléo. Agréé Jeunesse et Sports. Attraits touristiques : Plateau du larzac, pays des mégalithes, proximité du Cirque de Navacelles. Loisirs : randonnées pédestres. Anglais et allemand parlés.

Prix : pers.nuit **60/70 F** petit dejeuner **25 F**

GR : 7 et 74

75	20	30	5	5	SP	5	30	30	65	SP

PONS Sylvie et CANAUD Pierre – Route de Ganges - Les Asphodeles – 34520 Saint-Maurice-de-Navacelles – Tél. : 04.67.44.62.55 ou 04.67.44.61.60

Saint-Pons-de-Thomieres Ferme-Tailhos

C.M. n° 83 — Pli n° 13

16 pers. Ouverture : toute l'année. Alt. : 550 m

Dans le Haut-Languedoc, ferme au flanc des Monts du Somail entre sapins, chataîgniers et landes de bruyère. Salle commune, coin-cuisine. 2 ch. (4 lits 1 pers.), 2 ch. (1 lit 2 pers. 2 lits 1 pers.), douche, lavabo privatifs. 2 douches, 2 lavabos, 3 wc communs. Lave-linge, salle de jeux, point-phone. Vente de produits fermiers, rando. à cheval, location VTT. Location de draps : 20 F. Anglais et allemand parlés.

Prix : pers.nuit **65 F** petit dejeuner **20 F** repas **50/80 F**

(TH) (A)

65	5	12	SP	10	5	SP	12	40	30	5

DRUON Christian – Ferme Tailhos – 34220 Saint-Pons-de-Thomieres – Tél. : 04.67.97.27.62

La Tour-sur-Orb Mas-de-Riols

C.M. n° 83 — Pli n° 4

26 pers. Ouverture : toute l'année. Alt. : 220 m

Dans ferme de caractère, à l'écart du village, le gîte vous accueille toute l'année. 2 salles, cheminée, cuisine, 4 ch. (2, 6 lits), douches, lavabos, dortoir 8 lits (douches, lavabos, wc), 4 wc, chauffage central. Terrasse ombragée, bois 1 ha., accueil classes natures. Elevage ânes, lamas (rando.), cheval, escalade. Agrément Jeunesse et Sports, Education Nationale. Week-end : 1850 F (gîte complet), 85 à 100 F par pers. selon nombre. Groupe : 1300 F. Allemand parlé.

Prix : pers.nuit **55/65 F** 1/2 pension **145/155 F** petit dejeuner **25 F** repas **70/90 F**

(TH) GR : 7

55	6	2	2	2	5	6	10	5	6

FONTENELLE Pascal – Ferme du Mas de Riols – 34260 Latour-sur-Orb – Tél. : 04.67.23.10.53 ou 04.67.23.20.05 – Fax : 04.67.95.31.29

La Tour-sur-Orb Montbarri c✗v *C.M. n° 83 — Pli n° 4*

18 pers. Ouverture : toute l'année. Alt. : 220 m

Gîte au cœur de 200 ha. de nature. Cuisine, salle de séjour (60 m²). 2 dortoirs (8 pers.), 1 ch. (2 pers.). 4 douches, 2 lavabos, 2 wc, chauffage central, cheminée, tél. Possibilité camping. Randonnées à cheval en chariot et à pied sur place. Tarif groupe de 10 h. au lendemain 10 h. Groupe : 900 F. Anglais et italien parlés.

Prix : 1/2 pension **160 F** pension **200 F** petit dejeuner **20 F** repas **80 F**

(TH) GR : 7

55	7	12	12	12	7	SP	7	10	7	7

BEC Roland – Montbarri – 34260 Latour-sur-Orb – Tél. : 04.67.95.09.97 – Fax : 04.67.95.40.97

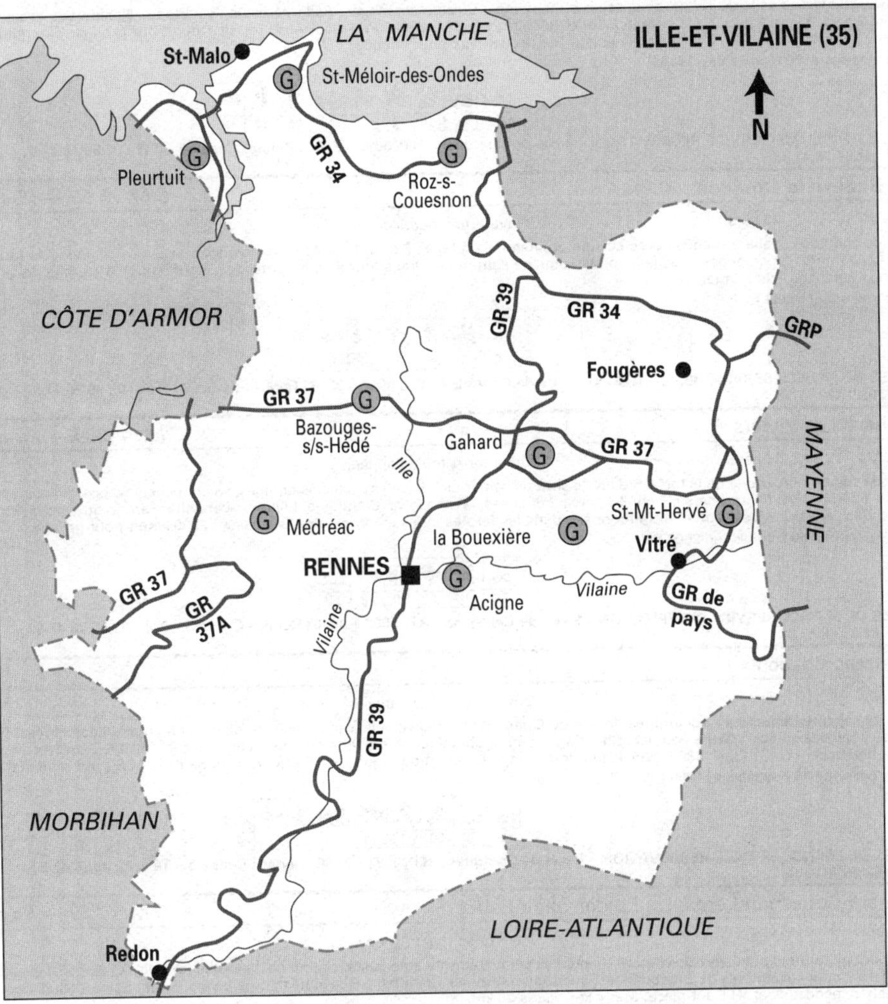

CH Chambre d'hôte G Gîte d'étape, de séjour L Logis de France

Acigne Le Chemin-Rochu *C.M. n° 230 — Pli n° 27*

E.C. NN 11 pers. Ouverture : toute l'année.

Grande salle de 80 m² avec cheminée, cuisine équipée. R.d.c. : 1 ch. avec sanitaires accessibles aux pers. handicapées (2 lits 1 pers.). Etage : 3 ch. (1 lit 2 pers. 7 lits 1 pers.), chacune avec sanitaires. Chauffage central. Location de salle : 1300 F/24 h. En milieu rural sur grand terrain attenant (plan d'eau protégé), gîte indépendant. Reims 12 km. Accueil sympathique des propriétaires, calme et confort assurés.

Prix : pers.nuit **70 F** week-end **2100 F**

10	5	10	10	10	10	3

GITES DE FRANCE-SERVICE RESERVATION – 8 rue de Coetquen - B.P. 5093 – 35061 Rennes-Cedex-3 – Tél. : 02.99.78.47.57 – Fax : 02.99.78.47.53

Bazouges-sous-Hede Hameau-de-la-Villeneuve *C.M. n° 59 — Pli n° 16*

E.C. NN 17 pers. Ouverture : toute l'année.

Rez-de-chaussée : salle de séjour avec salon et cheminée. Cuisine aménagée. Salle de bains, wc. Etage : 5 chambres avec lavabo (3 lits 2 pers. 11 lits 1 pers. 2 lits enfants). Salle de bains, wc. Chauffage. Prix week-end : forfait 1 nuit pour groupe. Gîte mitoyen à d'autres locations. Terrain individuel aménagé (barbecue, jeux pour enfants).

Prix : pers.nuit **70 F** week-end **1800 F**

12	10	10	2	10	12	25	12	12

GITES DE FRANCE-SERVICE RESERVATION – 8 rue de Coetquen - B.P. 5093 – 35061 Rennes-Cedex-3 – Tél. : 02.99.78.47.57 – Fax : 02.99.78.47.53

La Bouexiere Drugeon *C.M. n° 59 — Pli n° 17*

E.C. NN 16 pers. Ouverture : toute l'année.

Rez-de-chaussée : salle à manger avec cuisine et cheminée. Etage : 3 chambres 4 personnes, avec sanitaires individuels (douche, wc). 2 chambres 2 personnes avec lavabo, wc, douche commune. Draps fournis sur demande. Chauffage. A proximité de la forêt. Terrain aménagé. Vie à la ferme.

Prix : pers.nuit **55/67 F**

5	3	5	2	SP	15

GITES DE FRANCE-SERVICE RESERVATION – 8 rue de Coetquen - B.P. 5093 – 35061 Rennes-Cedex-3 – Tél. : 02.99.78.47.57 – Fax : 02.99.78.47.53

Gahard Les Viviers *C.M. n° 230 — Pli n° 27*

E.C. NN 14 pers. Ouverture : toute l'année.

Gîte de séjour à proximité de la forêt. R.d.c. : 2 salles de séjour de 36 et 40 m², cuisine équipée, wc, douche, lavabos. A l'étage : 1 ch. (4 lits 1 pers.), 1 ch. (6 lits 1 pers.), 1 ch. 3/4 pers., 2 douches, lavabos, wc. Chauffage. L-linge, l-vaisselle. Terrain attenant avec jeux. Poss. découverte environnement et randonnées dans les fermes et les environs. Prix week-end : 2500 F/nuit pour groupe.

Prix : pers.nuit **65 F** week-end **2500 F**

28	1	1	SP	28	0,8

GITES DE FRANCE-SERVICE RESERVATION – 8 rue de Coetquen - B.P. 5093 – 35061 Rennes-Cedex-3 – Tél. : 02.99.78.47.57 – Fax : 02.99.78.47.53

Medreac Chauchix

E.C. NN 19 pers. Ouverture : toute l'année.

Gîte de séjour comprenant : 3 chambres de 3, 4 ou 6 pers. en lits individuels, sanitaires pour chaque chambre, 1 dortoir de 11 couchettes, salle de séjour, cuisine équipée. Chauffage central. Cheminée (1 brouette de bois à l'arrivée est offerte). Grand terrain attenant, barbecue. Prix groupe : 1800 F/week-end pour 1 nuit. Location de draps : 570 F/séjour. Agrément DDASS pour mineurs.

Prix : pers.nuit **70 F** week-end **1800 F**

6	SP	20	2	14	2	2	7	2

GITES DE FRANCE-SERVICE RESERVATION – 8 rue de Coetquen - B.P. 5093 – 35061 Rennes-Cedex-3 – Tél. : 02.99.78.47.57 – Fax : 02.99.78.47.53

Roz-sur-Couesnon Ferme-du-Polder-Saint-Louis *C.M. n° 59 — Pli n° 7*

E.C. NN 32 pers. Ouverture : toute l'année.

Bâtiment de ferme rénové. Rez-de-chaussée : salle de séjour, cuisine aménagée, cheminée. Vaisselle fournie. A l'étage : 4 chambres de 6 personnes, 4 chambres de 2 personnes. Sanitaires communs. Chauffage. Gîte situé dans la baie du Mont Saint-Michel. Activités équestres, pédestres et VTT sur place. Mer 4 km. Plage 20 km.

Prix : pers.nuit **70 F**

GR : 34

7	4	SP	5	15	10	1

GITES DE FRANCE-SERVICE RESERVATION – 8 rue de Coetquen - B.P. 5093 – 35061 Rennes-Cedex-3 – Tél. : 02.99.78.47.57 – Fax : 02.99.78.47.53

Saint-M'Herve La Haute-Hairie *C.M. n° 230*

E.C. NN 29 pers. Ouverture : toute l'année.

Ferme équestre pédagogique et de découverte. Accueil de classe verte et de groupe. Vacances à la ferme pour les enfants. Location de salles (2 salles qui communiquent entre elles, la petite (20 pers.) est pourvue d'une cheminée, la grande (80 pers.) s'adapte pour vos réunions de familles ou séminaires). 2 cuisines équipées. Forfait : 2000 F/nuit/30 lits. Activités cheval et poney, roulottes, parc animalier des animaux de la ferme. A proximité : plan d'eau avec activités nautiques. Vitre, ville touristique à 10 mn.

Prix : pers.nuit **68/75 F**

5	1	7	SP	10

GITES DE FRANCE-SERVICE RESERVATION – 8 rue de Coetquen - B.P. 5093 – 35061 Rennes-Cedex-3 – Tél. : 02.99.78.47.57 – Fax : 02.99.78.47.53

Saint-Meloir-des-Ondes Le Pont-Prin *C.M. n° 230 — Pli n° 12*

E.C. NN 22 pers. Ouverture : toute l'année.

Gîte de séjour sur une exploitation (orientation maraîchère). R.d.c. : séjour avec salon et cheminée (récupérateur de chaleur), cuisine aménagée, cabinet de toilette. A l'étage : 4 ch. de 5 à 6 pers. avec mezzanine, 4 s. d'eau, 4 wc. L-linge, l-vaisselle, TV. Chauffage. Grand terrain de jeux avec barbecue, salon de jardin. Petit déjeuner compris. A 4 km de la Côte d'Emeraude (mer et plage). Equitation sur place (promenades à poneys). Groupe : 2500 F/week-end pour 1 nuit (forfait salle + hébergement).

Prix : pers.nuit **60/80 F** week-end **2500 F**

4	4	4	0,3	SP	10	6	10	1	2

GITES DE FRANCE-SERVICE RESERVATION – 8 rue de Coetquen - B.P. 5093 – 35061 Rennes-Cedex-3 – Tél. : 02.99.78.47.57 – Fax : 02.99.78.47.53

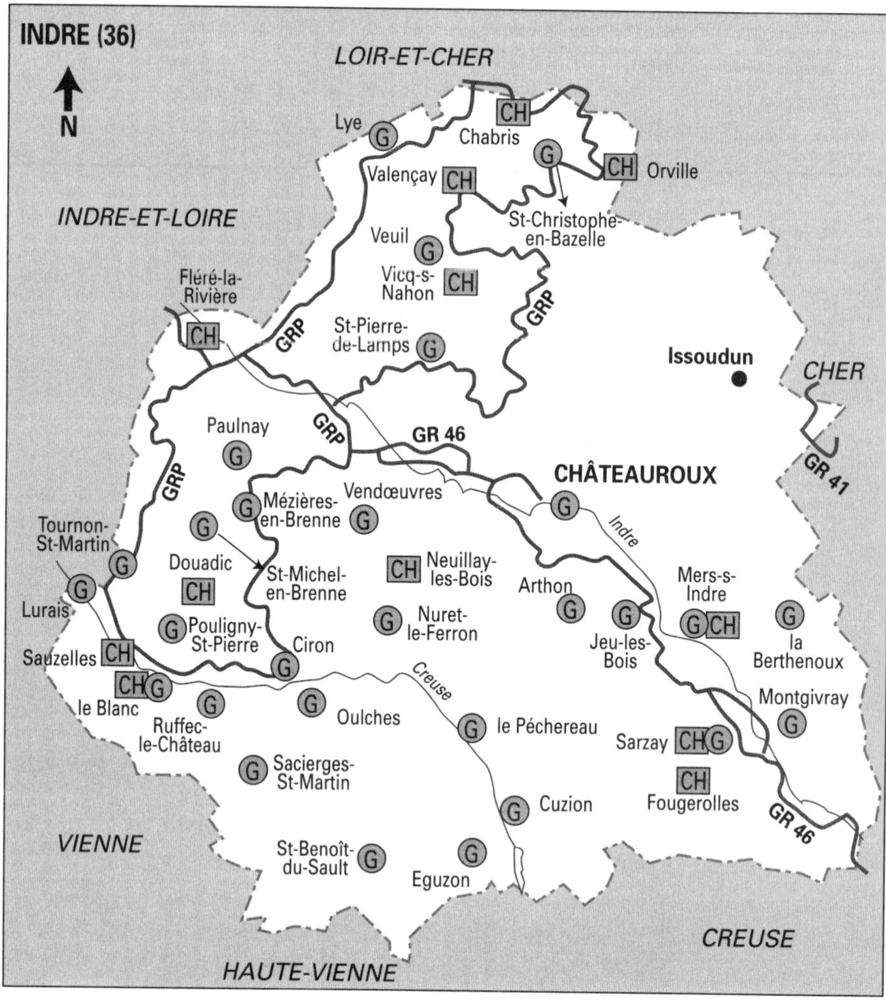

CH Chambre d'hôte G Gîte d'étape, de séjour L Logis de France

Arthon Le Breuil c✈v *C.M. n° 68 — Pli n° 18*

18 pers. Ouverture : toute l'année.

Gîte d'étape dans une ferme équestre. Entrée, coin-cuisine, grand séjour/salon avec cheminée. 1 wc, 1 lavabo. Chauffage air pulsé. Etage : 1 ch. (3 lits superposés), 2 ch. (1 lit 2 pers. 1 lit 1 pers.). 1 ch. (2 lits 1 pers. 1 lit superposé). 2 wc, 3 douches. Dégagement 2 lits 1 pers. 1 lavabo par chambre. Chauffage par convecteurs électriques. Agrément DDJS. Possibilité location attelages et chevaux (hébergement). Chambre pour 2 pers. : 120 F. Location de draps : 15 F.

Prix : pers.nuit **50 F** petit dejeuner **15 F** repas **60 F**

(TH)

11	1	SP	SP	11	20	12	1

FOUCHET Christian – Le Breuil – 36330 Arthon – Tél. : 02.54.36.14.25 – Fax : 02.54.36.73.25

La Berthenoux
c✗v *C.M. n° 68 — Pli n° 19*

36 pers. Ouverture : toute l'année sur réservation.

Gîte dans ancien presbytère. R.d.c. : entrée avec point-phone. Séjour avec cheminée et coin-cuisine (micro-ondes, l-vaiss., lave et sèche-linge). 1 ch. (1 lit 1 pers. superp.) avec sanitaires access. aux pers. hand. Salle d'activités de 54 m^2 avec cheminée (réunions, repas). 1er et 2e ét. : salon TV coul., 6 ch. (13 lits 1 pers. superp. + 8 lits 1 pers.), sanitaires. En annexe, gîte 4 pers. : séjour avec kitchenette, TV, 1 ch. (1 lit 2 pers.), sanitaires, 2 lits 1 pers. en mezzanine. Chauffage électrique et gaz. Cour fermée. Jardin avec jeux. Loc. draps 20 F/paire. A proximité des sites de G. Sand, sentiers GR et PR « sur les pas des maîtres Sonneurs ».

Prix : pers.nuit **50 F**

12	3	19	20	36	SP

COMMUNE DE LA BERTHENOUX – Mairie – 36400 La Berthenoux – Tél. : 02.54.30.01.85 – Fax : 02.54.30.08.03

Le Blanc
c✗v *C.M. n° 68 — Pli n° 16*

10 pers. Ouverture : toute l'année (uniquement sur réservation).

Gîte d'étape : salle à manger/cuisine. 1 chambre (6 lits superposés), 1 chambre (2 lits superposés, 1 lit simple et 1 lavabo), 1 chambre individuelle comportant 1 lit 1 pers. et 1 lavabo. 2 lavabos communs, 2 douches, 2 wc. Chauffage électrique. Loc. draps : 35 F/paire. Groupe : 50 F/pers. Agrément Education Nationale et DDJS. Complexe sportif à 200 m : stade, gymnase, piscine couverte. Vol à voile, parachutisme et pilotage à Le Blanc. Animations de plein-air pour groupe de 8 pers. minimum : VTT, escalade, spéléologie, kayak.

Prix : pers.nuit **60 F**

SP	SP	10	SP	SP	13	40	SP

COMMUNE DE LE BLANC Monsieur Goizel – Base de Plein Air - 75 rue Villebois Mareuil – 36300 Le Blanc – Tél. : 02.54.37.36.85 – Fax : 02.54.28.62.12

Ciron
c✗v *C.M. n° 68 — Pli n° 17*

14 pers. Ouverture : toute l'année.

Gîte d'étape et de séjour au bourg. Au rez-de-chaussée : entrée avec lave-mains, 1 chambre (2 lits 1 pers.), 3 douches, 5 lavabos, 1 wc, coin-cuisine/salle à manger, salon. A l'étage : 1 chambre (2 lits 1 pers. superposés), 1 dortoir (4 lits 1 pers. superposés), 1 wc/lavabo, salle à manger/kitchenette aménagée. Chauffage électrique. 70 à 90 F/2 pers./2 jours, 35 à 45 F/pers./jour pour les groupes à partir de 10 pers. (à partir de la 9e nuit). Dépendances. Garage. Grand jardin à l'avant et à l'arrière du gîte. Circuit de petite randonnée à proximité. Châteaux de la Loire.

Prix : pers.nuit **35/45 F**

15	SP	8	15	SP	8	25	SP

COMMUNE DE CIRON Monsieur Perot – Mairie – 36300 Ciron – Tél. : 02.54.37.96.66 ou 02.54.37.95.92 – Fax : 02.54.28.56.84

Cuzion
c✗v *C.M. n° 68 — Pli n° 18*

28 pers. Ouverture : toute l'année.

Gîte d'étape au rez-de-chaussée : 1 grande pièce avec coin-cuisine. Grande salle à manger/salon avec cheminée. 3 douches, 2 wc, 2 lavabos. A l'étage : 1 dortoir (8 lits 1 pers.). 1 dortoir (5 lits 1 pers.). Mezzanine avec canapé. 4 ch. avec cabinet de toilette et wc (5 lits superposés, 2 lits jumeaux et 1 lit 1 pers.). Chauffage électrique. Sur place : barques, tir à l'arc. Ski nautique sur le lac d'Eguzon à 3 km. Animations estivales à Gargilesse (village d'artistes) à 15 km. Accueil établissements scolaires : 35 à 50 F/nuit. Agrément DDJS.

Prix : pers.nuit **50/60 F**

20	3	SP	20	3

SYND. DU SITE DU LAC & DE SA VALLEE – 36270 Eguzon-Chantome – Tél. : 02.54.47.46.40 ou 02.54.47.47.20

Eguzon-Chantome Lac-de-Chambon
c✗v *C.M. n° 68 — Pli n° 18*

11 pers. Ouverture : toute l'année sauf vac. scolaires de Noël (sur résa. uniquement).

Gîte d'étape comprenant : salle commune de 30 m^2 avec coin-cuisine et coin-salon (TV couleur). 2 blocs sanitaires (2 douches, 2 lavabos, 1 wc). 1 wc extérieur. Dortoir (5 lits 1 pers.). 2 chambres (6 lits 1 pers.). Chauffage électrique. Parking. Table de pique-nique. Agrément DDJS et Education Nationale. Loc. draps : 35 F/paire. Proposition de stages sportifs multi-activités (groupes et individuels). Sur place : prairies pour chevaux, escalade, randonnées, baignade... et possibilité de location de matériel nautique (voile, canoë, kayak). Maison des Arts et Traditions Populaires à Eguzon à 3 km.

Prix : pers.nuit **56 F**

20	3	18	SP	3

BASE DEPARTEMENTALE DE PLEIN AIR – Lac de Chambon – 36270 Eguzon-Chantome – Tél. : 02.54.47.46.13 – Fax : 02.54.47.42.04

Jeu-les-Bois
c✗v *C.M. n° 68 — Pli n° 18*

20 pers. Ouverture : toute l'année sur réservation.

Gîte d'étape et de séjour entièrement à l'étage. Grande salle commune. Coin-cuisine (l-linge). Ch. 1 (3 lits 1 pers. superposés, 2 lavabos). Ch. 2 (2 lits 1 pers. superposés, 2 lavabos). Ch. 3 (3 lits 1 pers. superposés, 2 lavabos). Ch. 4 (2 lits 1 pers. superposés, 2 lavabos). 3 wc. 3 douches et petit lavabo. Loc. draps : 15 F. 110 F/2 pers. Grande salle (130 pers.) pour réunion et séminaires. 45 F/pers./jour pour les groupes à partir de 20 pers. Accueil établissements scolaires. Agrément DDJS.

Prix : pers.nuit **55 F**

8	8	7	20	8

COMMUNE DE JEU-LES-BOIS – Mairie – 36120 Jeu-les-Bois – Tél. : 02.54.36.21.65 ou 02.54.36.34.24 – Fax : 02.54.36.10.47

Lurais

c✗v *C.M. n° 68 — Pli n° 16*

28 pers. — Ouverture : du 1er mars au 30 octobre.

R.d.c. : grande salle repas. Salon/foyer, tél. service restreint. Cuisine (lave-vaisselle). Bureau. Ch. accessible aux pers. handicapées (2 lits 1 pers. superposés, sanitaires complets). 2 blocs sanitaires (« garçons » : 2 wc, 2 douches, 3 urinoirs, 4 lavabos, « filles » : 3 wc, 2 douches, 4 lavabos). Etage : 2 ch. (2 lits 1 pers., lavabo). 6 ch. (4 lits superp. chacune). Ch. électrique. Salle réunion. Gîte de séjour aménagé dans une ancienne école. Cour fermée (salon de jardin, tennis de table, basket). Poss. pens. pour groupe de 12 pers. mini. en gestion libre, groupe 10 pers. 50 F/j./pers., 11 à 20 pers. 45 F/j./pers., 21 à 48 pers. 100 F/j. Loc. draps 35 F/paire.

TH

13	3	4	13	SP	4	40	SP

COMMUNE DE LURAIS – Mairie – 36220 Lurais – Tél. : 02.54.37.36.85 – Fax : 02.54.28.62.12

Lye

c✗v *C.M. n° 64 — Pli n° 17*

19 pers. — Ouverture : toute l'année.

Gîte indépendant aménagé dans une partie de la salle des fêtes à l'étage, dans le bourg. 1 dortoir (9 lits 1 pers.), 1 dortoir (5 lits 1 pers. superposés). Cuisine, salle commune. 2 douches, 3 lavabos, 2 wc. Chauffage électrique. Restaurant sur place. Prix selon la saison. Prix groupe : 35 F à partir de 3 pers. du 1er octobre au 30 avril. Proposition de circuits de randonnée pédestre, cyclotouriste, moto verte.

Prix : pers.nuit **25/40 F**

10	SP	6	10	12	8	SP

RIAUTE – Commune de Lye - Mairie – 36600 Lye – Tél. : 02.54.41.02.90 ou 02.54.41.05.13 – Fax : 02.54.41.02.24

Mers-sur-Indre

c✗v *C.M. n° 68 — Pli n° 19*

12 pers. — Ouverture : toute l'année sur réservation.

Gîte de séjour entièrement à l'étage, situé dans le bourg. Grand séjour/coin-cuisine (lave-vaisselle). Coin-salon, TV. Tél. à carte. 4 ch. chacune avec 1 lavabo (3 lits 2 pers. dont 1 en mezzanine, 6 lits 1 pers. dont 2 superposés). 3 wc, 2 douches, 1 bac à laver. Lave-linge, sèche-linge. Table et fer à repasser à disposition. Terrain de pétanque et pêche sur place. Possibilité de location de VTT. Circuit de Petite Randonnée balisé à proximité. Loc. draps : 15 F/paire. Accueil : M. Pichon au 02.54.31.09.96. Ferme-auberge sur place. Plan d'eau (pêche avec carte à la journée). Agrément Centre Vacances et Loisirs pour mineurs (DDJS).

Prix : pers.nuit **45 F**

8	SP	16	20	25	SP

COMMUNE DE MERS-SUR-INDRE – Mairie – 36230 Mers-sur-Indre – Tél. : 02.54.31.09.96 ou 02.54.31.06.52 – Fax : 02.54.31.06.52

Mezieres-en-Brenne

c✗v *C.M. n° 68 — Pli n° 6*

24 pers. — Ouverture : toute l'année.

Gîte de séjour en étages. 1er étage : 1 ch. (2 lits 1 pers.). 1 ch. (3 lits 1 pers. superposés). 1 ch. (2 lits 1 pers. superposés). 2 douches, 2 wc, 3 lavabos. Coin-cuisine (2 tables, 4 bancs). 2e étage : identique au 1er avec en + l-linge et sèche-linge. 3e étage : salle de conférence pour réunions et séminaires. Draps fournis. Agrément DDJS. Possibilité location cheval, VTT, attelage à l'office de Tourisme. Circuit de petite randonnée à proximité. Groupes scolaires (en dehors des week-ends, jours fériés et vacances scolaires) : 50 F/pers. à partir de 24 pers. 55 F/pers. à partir de 30 pers. hors-scolaires. Anglais et espagnol parlés.

Prix : pers.nuit **57 F**

18	SP	6	SP	10	40	SP

OFFICE DE TOURISME / SYNDICAT – Melle Boutet et Mme Portrait - 1 rue du Nord – 36290 Mezieres-en-Brenne – Tél. : 02.54.38.12.24 – Fax : 02.54.38.13.76

Mezieres-en-Brenne

c✗v *C.M. n° 68 — Pli n° 6*

12 pers. — Ouverture : toute l'année.

Gîte mitoyen et communicant avec le 1er gîte de Mézieres, dans le bourg. R.d.c. : cuisine, cheminée. 1er étage : 4 ch. (6 lits 1 pers.), sanitaires attenants à chacune (douche, lavabo, wc). 2e étage : salle de conférences pour réunions et séminaires commune aux 2 gîtes. Infirmerie. Draps fournis. Groupe 55 F/pers. à partir de 30 pers. hors scolaires. Possibilité location de cheval, d'attelage, de VTT à l'Office de Tourisme. Base de loisirs à Bellebouche à 10 km : baignade, planche à voile, pédalos, jeux pour enfants, parcours de santé, pêche. Restaurant sur place. Agrément DDJS.

Prix : pers.nuit **67 F**

18	SP	6	SP	10	40	SP

OFFICE DU TOURISME Le Moulin – 1 rue de Nord – 36290 Mezieres-en-Brenne – Tél. : 02.54.38.12.24 – Fax : 02.54.38.13.76

Montgivray Chavigner

c✗v *C.M. n° 68 — Pli n° 19*

30 pers. — Ouverture : toute l'année sur réservation uniquement.

Bât. 1 : r.d.c., séjour (TV, conv. 2 pers.)/cuisinette. S. d'eau/wc. 1 ch. (3 lits 1 pers.). Salle à manger (cheminée, tél. à carte). Cuisine équipée. Sanitaires (3 douches, 5 lavabos, 3 wc, lave-linge). Etage : dortoirs (8 lits 1 pers.), salle de jeux. Bât. 2 : r.d.c., s. de réunion (80 m²), 2 ch. (3 lits 1 pers.), sanitaires (2 douches, 2 wc, 4 lavabos). Etage : 1 ch. (4 lits 1 pers.), dortoirs (8 lits 1 pers.). Parking. Salons de jardin, barbecue, prairies. Accueil : Mme Clary (tél. 02.54.48.29.44), « Chavigner », 36400 Montgivray. Ancien corps de ferme entouré d'1 ha. de terrain. Draps fournis. 65 F/pers./nuit. En chambre : 195/260 F selon nombre.

Prix : pers.nuit **55/65 F** petit dejeuner **35 F**

3	3	3	10	35	3

CHERVONAZ Daniel – Chavigner – 36400 Montgivray – Tél. : 02.54.22.72.26 – Fax : 02.54.22.85.67

Nuret-le-Ferron
C.M. n° 68 — Pli n° 17

18 pers. Ouverture : toute l'année.

Gîte d'étape entièrement à l'étage dans le bourg. Grande salle à manger, tél. en service restreint. Coin-cuisine (micro-ondes). Dégagement avec placards et l-linge. 3 douches, 3 lavabos, 3 wc. Sèche-linge. 5 ch. (5 lits superposés 1 pers. 8 lits 1 pers.). Loc. draps : 15 F. Réservations à la Mairie de Nuret-le-Ferron le matin. Forfait séjour à partir de 5 et 10 pers. VTT adultes et enfants à disposition. Accueil : Mme Champagne au 02.54.47.15.35.

Prix : pers.nuit **60 F**

13	7	18	16	7	13	5

COMMUNE DE NURET-LE-FERRON – Mairie – 36800 Nuret-le-Ferron – Tél. : 02.54.47.05.05 ou 02.54.47.15.35

Oulches
C.M. n° 68 — Pli n° 17

35 pers. Ouverture : toute l'année.

R.d.c. : salle à manger/coin-cuisine, lave et sèche-linge. L-vaisselle, micro-ondes, TV, magnéto. 1 ch. acc. pers. hand. avec sanitaires. 2 douches, 2 wc, 1 lavabo. 1er étage : 4 ch. (16 lits superposés), 3 lavabos, dont 1 commun. 2 wc. 2e étage : 2 ch. (2 lits 1 pers.) douche et lavabo. 3e étage : 3 ch. (8 lits superposés, 7 lits 1 pers.), 4 lavabos, 1 douche. Ancien presbytère. Téléphone en service restreint. Groupe + 10 pers. : 50 F/jour/pers. Gîte entier 1400 F. Pens. complète enfant 95 F. Résa. à la Mairie au 02.54.37.95.10 ou Mme Desbont (accueil) au 02.54.37.98.85. Loc. draps 20 F. Pêche sur place en étang. Agrément DDJS.

Prix : pers.nuit **60 F** pension **95/145 F**

TH

21	SP	13	21	15	20	SP

COMMUNE DE OULCHES – Mairie - Accueil Mme Desbont – 36800 Oulches – Tél. : 02.54.37.95.10 ou 02.54.37.98.85

Paulnay L'Oasis
C.M. n° 68 — Pli n° 6

18 pers. Ouverture : toute l'année sur réservation.

7 ch. dont 2 avec s.d.b. et wc attenants (lit 2 pers.). 4 ch. avec s.d.b. attenantes (lit 2 pers.). 1 ch. commune (3 lits 120), douche et wc sur le palier. De 170 à 220 F pour la ch. double (petit déjeuner compris pour 1 pers., 30 F/2 pers.). 85 F/lit/ch. commune (petit déjeuner compris). Au cœur du Parc Naturel Régional de la Brenne, le domaine de l'Oasis (l'un des toits de la Brenne) donnera au touriste, qu'il soit observateur de la nature ou chasseur, le plaisir d'admirer 1 nature calme et sauvage (5 étangs sur le domaine) et de bénéficier d'un confort dans notre gîte de séjour.

Prix : repas **100 F**

TH

18	8	18	6	35	40	8

GIRAUDON Moise – G.F.A. de l'Oasis – 36290 Saulnay – Tél. : 02.54.38.12.93

Le Pechereau Le Courbat
C.M. n° 68 — Pli n° 18

15 pers. Ouverture : toute l'année.

Gîte d'étape et de séjour aménagé à l'étage d'une ancienne métairie. Coin-cuisine/salle à manger/coin-salon (canapé). 5 ch. (1 lit superposé, 1 lit 1 pers. 1 lavabo). 2 lavabos, 2 douches, 2 wc. Chauffage central au gaz. Enfants moins de 14 ans : 35 F. Location de draps : 35 F. Poss. accès à la salle comportant le four à pain. Accueil : M. Brachet au 02.54.24.36.21. Agrément DDJS.

Prix : pers.nuit **45 F**

5	5	17,5	SP	5	5	5

COMMUNE DE LE PECHEREAU – Mairie – 36200 Le Pechereau – Tél. : 02.54.24.04.97 ou 02.54.24.36.21 – Fax : 02.54.24.19.82

Pouligny-Saint-Pierre
C.M. n° 68 — Pli n° 16

18 pers. Ouverture : toute l'année.

Gîte de séjour, sur une exploitation agricole, entièrement rénovée, de plain-pied. Cuisine avec four à pain, lave-vaisselle. Salle commune avec coin-détente. 2 ch. (1 lit 1 pers.). 5 ch. (2 lits 1 pers.). 2 ch. (3 lits 1 pers.). 3 lavabos, 2 wc, 2 douches, salle de bains. Chauffage électrique et gaz. Lave-linge. Gîte communicant avec 1 autre gîte de séjour. Possibilité de location de draps et de repas pour les groupes sur réservation. Location du gîte complet : 590/650 F/jour. Agrément DDJS.

Prix : pers.nuit **33/40 F**

6	6	4	6	6	9	50	6

LACOTE Dominique – Pied-Marteau – 36300 Pouligny-Saint-Pierre – Tél. : 02.54.37.08.19

Pouligny-Saint-Pierre Pied-Marteau
C.M. n° 68 — Pli n° 16

24 pers. Ouverture : toute l'année.

Gîte de séjour. R.d.c. : grande salle à manger/coin-cuisine (l-vaiss., l-linge), grande salle de séjour/détente (80 m²) avec antenne TV. Etage : 1 ch. (2 lits 1 pers., lavabo), 4 ch. (4 lits 1 pers. dont 1 superposé), 1 ch. divisée en 2 petites ch. (3 lits 1 pers. dont 1 superposé), s.d.b. (5 lavabos), 4 douches, 3 wc. Parachutisme, vol à voile, musée des Oiseaux à La Blanc 6 km. Parc de la Haute Touche à Obterre 23 km. Réserve de Chérine 15 km. Futuroscope à Poitiers 60 km. Gîte entier : 790/850 F/jour.

Prix : pers.nuit **33/40 F**

6	6	4	6	6	9	50	6

LACOTE Dominique – Pied-Marteau – 36300 Pouligny-Saint-Pierre – Tél. : 02.54.37.08.19

Ruffec-le-Chateau Le Grand-Tremble

C.M. n° 68 — Pli n° 16

12 pers. Ouverture : toute l'année.

Gîte de séjour entièrement rénové, situé à l'étage d'un centre équestre. Salle commune avec coin-cuisine. Bloc sanitaires (2 wc, 2 douches, 2 lavabos). 1 chambre (4 lits 1 pers.). 1 chambre (5 lits 1 pers.). Mezzanine (3 lits 1 pers.). Chauffage électrique. Forfait chauffage pour tout le gîte : 100 F/jour. Agrément DDJS. Grande cour et prés alentours. Possibilité hébergement chevaux (prés et écuries).

Prix : pers.nuit **50 F**

8	8	SP	8	8	0,5	25	8

MACE Philippe – Le Grand Tremble – 36300 Ruffec-le-Chateau – Tél. : 02.54.37.72.63 – Fax : 02.54.37.11.66

Sacierges-Saint-Martin

C.M. n° 68 — Pli n° 17

20 pers. Ouverture : toute l'année.

Gîte de séjour aménagé dans une ancienne écurie rénovée, dans le bourg. R.d.c. : 4 lavabos, 4 wc, 1 douche. 1 ch. (2 pers.) aménagée pour pers. hand. Grande salle à manger, cheminée, TV. Cuisine. 1er étage : 4 ch. (10 lits 1 pers.), 2 avec douche et lavabo. Sanitaires communs. 2e étage : 1 dortoir (8 lits 80), douche, lavabo, wc. Tél à carte. Cour à l'avant et parking. Jardin clos à l'arrière (salon de jardin). Groupe : 35 F à partir de 10 pers. Location de draps : 17 F. Accueil : Mme Marsat Gilberte au 02.54.47.52.34.

Prix : pers.nuit **45 F**

6	10	10	6

COMMUNE DE SACIERGES-SAINT-MARTIN – Mairie – 36170 Sacierges-Saint-Martin – Tél. : 02.54.47.52.34 ou 02.54.47.55.04

Saint-Benoit-du-Sault

C.M. n° 68 — Pli n° 17

15 pers. Ouverture : toute l'année (2e quinzaine d'octobre et de novembre sur résa.).

Gîte d'étape. Coin-cuisine. 1 ch. (1 lit 2 pers. 2 lits appoint 1 pers.) avec douche/lavabo, 1 évier, prise TV. 1 ch. (2 lits 2 pers. 1 lavabo) avec salle d'eau, wc communs sur le palier. Pièce commune avec évier. 1 ch. (1 lit 2 pers. 1 lit 1 pers. lavabo). 1 annexe (1 lit 2 pers. 2 lits appoint 1 pers.) avec 1 douche, 1 lavabo, 1 wc. Jardin botanique de 4000 m² ombragé, musée (expositions diverses). Châteaux de la Loire. Draps, couvertures, serviettes de toilette et chauffage compris. Réduction 10 % si linge apporté par le locataire. 30/35 F/pers. suppl.

Prix : pers.nuit **95/120 F** petit dejeuner **25 F**

0,5	10	0,5

REMO Jean – Le Jardin des Merveilles – 36170 Saint-Benoit-du-Sault – Tél. : 02.54.47.56.63 ou 02.54.47.52.80

Saint-Christophe-en-Bazelle

C.M. n° 68 — Pli n° 8

20 pers. Ouverture : toute l'année.

Gîte d'étape en 2 bâtiments, situé dans le bourg face à l'église, avec terrain clos. A l'étage : 6 ch. (1 lit 2 pers.), 2 ch. (2 lits 1 pers.), 1 ch. pour 1 famille de 4 pers. (1 lit 2 pers. 2 lits 1 pers.). 2 cuisines. Grande salle à manger. Grand salon avec bar. Bureau d'accueil. 3 douches, 5 lavabos, 5 wc. Réservation : M. Ramier au 02.54.40.61.19 du lundi au vendredi et M. Girault au 02.54.40.65.95 samedi et dimanche. Accueil Mme Chevallier au 02.54.40.65.95. Prix 2 pers. : 130 F. Location VTT : 25 F. Draps fournis gratuitement. Lit suppl. 40 F. Groupe : 1400 F.

Prix : pers.nuit **65 F** petit dejeuner **25 F**

10	10	10	18	10	14	SP

COMMUNE SAINT-CHRISTOPHE-EN-BAZELLE – Mairie – 36210 Saint-Christophe-en-Bazelle – Tél. : 02.54.40.61.19 ou 02.54.40.60.83 – Fax : 02.54.40.69.78

Saint-Michel-en-Brenne Claise

C.M. n° 68 — Pli n° 17

E.C. NN 12 pers. Ouverture : du 1er avril au 1er novembre sur réservation.

Gîte dans une ferme d'élevage de chevaux, en bordure de rivière. R.d.c. : 30 m², salle à manger/cuisine aménagée (l-vaiss.). Etage : 250 m² : tél. et fax. 02.54.38.13.20. Poêle danois (bois fourni). Grand salon, biblio. 3 ch. communicantes (2 lits 2 pers. 3 lits 1 pers. 2 futons 1 pers.). S.d.b., s. d'eau, 2 wc. 1 ch. indép. (2 lits 120) avec balcon, s. d'eau et wc. Gîte complet 700 F/jour. Grande prairie descendant à la rivière au sud du bâtiment. Salon de jardin, ping-pong. Pêche en rivière et en étang. Hébergement chevaux. Entre la réserve naturelle de Chérine à St-Michel-en-Brenne et le Parc Animalier de la Haute-Touche à Obterre. Loc. draps 35 F/paire.

Prix : pers.nuit **60 F** petit dejeuner **25 F** repas **100 F**

TH

15	5	12	25	25	20	40	1

MENETREY Francoise – Claise – 36290 Saint-Michel-en-Brenne – Tél. : 02.54.38.14.45 – Fax : 02.54.38.14.45

Saint-Pierre-de-Lamps Le Chateau/Le Marchais

C.M. n° 68 — Pli n° 8

18 pers. Ouverture : toute l'année.

R.d.c. : entrée, séjour (50 m²), salle à manger/salon avec cheminée (25 m²), cuisine américaine (13 m², micro-ondes, congélateur, etc.), laverie (l-linge, l-vaiss.). S.d.b. et wc, 2 lavabos. Etage : 8 ch. mansardées. 1 ch. (1 lit 2 pers.), 5 ch. (2 lits dont 1 avec lavabo), et 2 ch. (3 lits). Lits enfants à dispo. 2 douches, 2 lavabos, 2 wc. Loc. draps 23 F. Bois gratuit. Tarifs pour scolaires et séjour. Forfait ménage. Forfait chaufage : 15 F/pers. Table d'hôtes sur commande pour groupes. Gîte de séjour et d'étape aménagé dans les communs du château, situé en lisière du parc (5 ha.). Accueil chevaux sur place, écurie, prairies, cross, manège couvert.

Prix : pers.nuit **61 F**

GR : 46

7	3	SP	8	25	10	25	7

DUMANOIR Fanny – Le Chateau – 36110 Saint-Pierre-de-Lamps – Tél. : 02.54.35.84.21

Sarzay Fragne
C.M. n° 68 — Pli n° 19

14 pers. Ouverture : toute l'année sur réservation.

Gîte de séjour dans une ferme de cultures biologiques (55 ha.) et d'élevage. R.d.c. : grande salle commune, cheminée. Grande cuisine. 2 wc, 1 lavabo. Etage : salle d'eau, lave-linge. WC. 3 chambres (2 lits 2 pers. 1 lit 120, 8 lits 1 pers. 1 lit bébé) dont 2 avec lavabo et 1 avec douche attenante. Salon de jardin. Groupe : 50 F à partir de 10 pers. Grange aménagée pour activités diverses. Vente produits fermiers. Possibilité loc draps. 110 F/nuit/2 pers. Animations pour groupes d'enfants. Loc. VTT. Poss. de camping sur place. Hébergement chevaux. Poss. transport en mini-bus pour visites du département. Table d'hôtes sur résa.

Prix : pers.nuit **60 F** petit dejeuner **25 F** repas **65 F**

(TH)

8	11	23	25	19	7	2

DUMOUTET Michel – Fragne – 36230 Sarzay – Tél. : 02.54.31.32.30 – Fax : 02.54.31.33.43

Tournon-Saint-Martin
C.M. n° 68 — Pli n° 6

12 pers. Ouverture : toute l'année.

Gîte de séjour sur une exploitation agricole dans le parc de la Brenne. Grande pièce commune, coin-cuisine. Four à pain (animations). 2 douches, 3 lavabos, 2 wc. A l'étage : 1 dortoir (11 lits 1 pers.). 1 coin-chambre (1 lit 125). Cour de ferme non close. Chauffage par air chaud. Forfait groupe pour une semaine. Gîte complet 450 F/jour. Agrément DDJS. Forfait chauffage : 70 F/jour. Circuit de petite randonnée à proximité. Terrain de volley-ball à l'arrière. Hébergement de chevaux. Ping-pong, vol à voile. Séjour « Vacances à la Ferme » pour les enfants de 6 à 12 ans. Châteaux de la Loire.

Prix : pers.nuit **40 F** petit dejeuner **15/20 F** repas **65/95 F**

(TH)

7	4	7	20	7	12	40	4

GAGNOT Jean – La Charite - route de Martizay – 36220 Tournon-Saint-Martin – Tél. : 02.54.37.52.77 – Fax : 02.54.37.52.77

Tournon-Saint-Martin
C.M. n° 68 — Pli n° 6

28 pers. Ouverture : toute l'année.

Gîte de séjour : 2 ch. (3 lits 1 pers.), 1 ch. (2 lits 1 pers.), chacune avec sanitaires complets attenants. 2 dortoirs (4 lits 1 pers.), 2 dortoirs (5 lits 1 pers.), sanitaires complets particuliers à chacun. Cuisine équipée. Grande salle à manger. Grande salle de réunion et annexe (classe équipée). 1500 F/groupe à partir de 25 pers. 1600 F/jour/groupes avec classe. Terrain de jeux, aire de pique-nique. Location de draps 20 F/paire. Agrément DDJS pour 25 mineurs. Gîte aménagé dans un ancien moulin sur les rives de la Creuse (rivière). Sentiers balisés de Petite Randonnée aux alentours de Tournon-Saint-Martin.

Prix : pers.nuit **60 F**

4	SP	4	20	SP	9	35	SP

COMMUNE DE TOURNON-SAINT-MARTIN – Mairie – 36220 Tournon-Saint-Martin – Tél. : 02.54.37.50.60 ou 02.54.37.03.33 – Fax : 02.54.37.53.38

Vendœuvres Moulin-des-Chezeaux
C.M. n° 68 — Pli n° 7

18 pers. Ouverture : toute l'année.

Gîte d'étape entièrement rénové, dans les dépendances d'un moulin. R.d.c. : grande salle commune/coin-cuisine. Cheminée avec récupérateur de chaleur. L-linge, l-vaisselle. 3 lavabos, 2 douches, 2 wc. Etage : 2 ch. (6 lits 1 pers.). 1 ch. (3 lits 1 pers. 2 lits 1 pers. en mezzanine). 1 ch. (4 lits 1 pers. 3 lits 1 pers. en mezzanine). 1 douche, 1 lavabo, 1 wc. Grande cour et prés alentours (hébergement pour chevaux). Salons de jardin. Panneau de basket, table de ping-pong. Location de draps 15 F. 150 F/2 pers. en chambre individuelle. Agrément DDJS.

Prix : pers.nuit **50 F** petit dejeuner **18 F**

10	10	2	16	5	10	25	0,3

SCOT Pierre – Moulin des Chezeaux – 36500 Vendœuvres – Tél. : 02.54.38.34.14

Vendœuvres Chateau-Robert
C.M. n° 68 — Pli n° 7

11 pers. Ouverture : toute l'année.

Gîte de séjour dans le domaine de Lancosme. 5 ch. dont 4 avec lavabo. 4 ch. (2 lits 1 pers.). 1 ch. (1 lit 2 pers. 1 lit 1 pers.). 2 douches, 2 wc au r.d.c. et 2 wc à l'étage. Salle à manger familiale, salon et cheminée (TV couleur, bibliothèque cynégétique, magnétoscope et cassettes) et cuisine. Grande salle avec cheminée, bar et cuisine attenante. Possibilité chasse, pêche dans les périodes légales d'ouverture. Photographies animalières. VTT. Possibilité de 1/2 pension sur demande. Forfait 2 pers. : 200 F, draps fournis. Forfait séjour : 100 F/1 pers., 150 F/2 pers.

Prix : pers.nuit **150 F** petit dejeuner **22 F**

10	10	5	18	15	30	5

AINE Didier – Chateau-Robert – 36500 Vendœuvres – Tél. : 02.54.38.32.48

Veuil
C.M. n° 64 — Pli n° 18

11 pers. Ouverture : toute l'année.

Gîte d'étape et de séjour situé sur une base d'H.L.M. R.d.c. : entrée, 2 chambres (2 lits 2 pers.), douche, lavabo, wc. Grand séjour/salon, cheminée. Coin-cuisine (lave-vaisselle). Etage : coin-détente, canapé, TV coul. 1 chambre (1 lit 2 pers.), 1 dortoir (5 lits 1 pers.). Sanitaires complets (douche, wc, lavabos). Point-phone. Location de draps 35 F/paire. Forfait groupe (11 pers.) : 770 F. Chambre individuelle 170 F/2 pers. Forfait ménage (sur demande) 250 F/séjour. Stages d'initiaion et de formation au pilotage des U.L.M. Location VTT adultes, char à voile, U.L.M. Piscine 11 x 5 à disposition.

Prix : pers.nuit **70 F** petit dejeuner **25 F** repas **65 F**

(TH)

SP	6	2	SP	14	6	2

COLIN Stephane – Les Rotis – 36600 Veuil – Tél. : 02.54.40.35.87

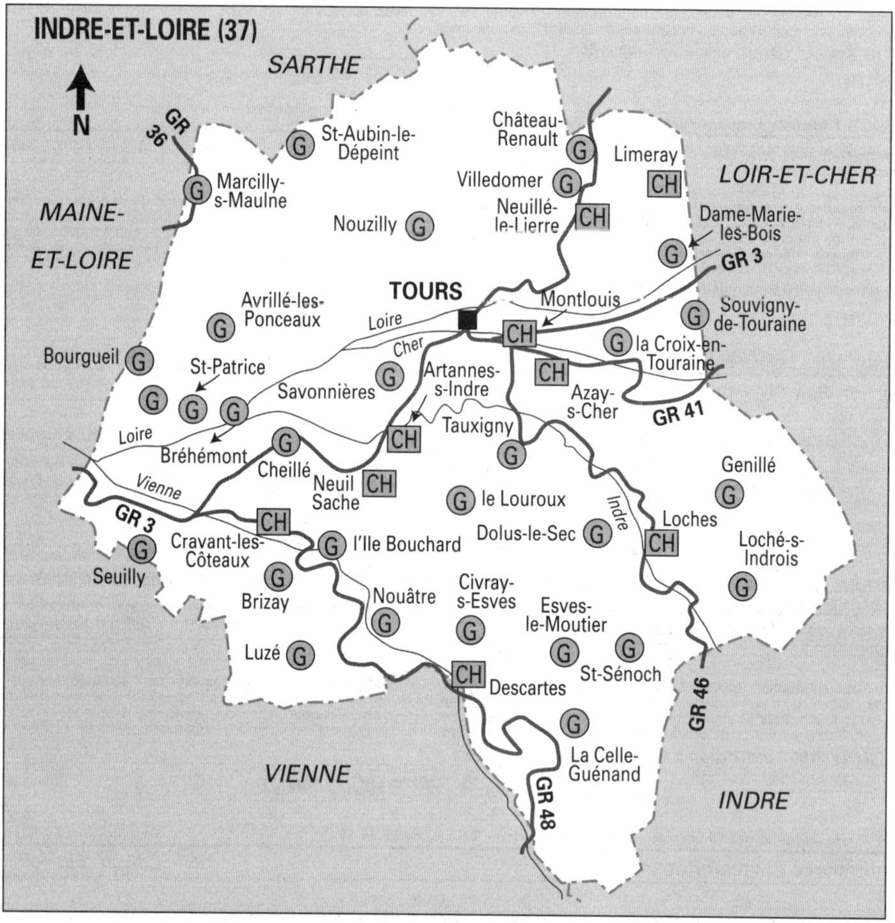

CH Chambre d'hôte (G) Gîte d'étape, de séjour (L) Logis de France

Avrille-les-Ponceaux

C.M. nº 64 — Pli nº 13

E.C. NN 35 pers.

Gîte d'étape situé dans une ancienne maison de bourg du XVIIIe entièrement restaurée. 1 ch. pour handicapés avec douche et wc privés (1 lit 2 pers. 2 lits 1 pers.), salon (cheminée, TV couleur, jeux, tèl.), réfectoire avec coin-cuisine, salle pour réunion ou séminaire. Etage : 7 ch. de 4 à 6 pers. dont 5 avec wc et douche privés. S. d'eau et wc supplémentaires. Location de vélos. Petit-déjeuner inclus dans le prix. Possibilité table d'hôtes.

Prix : pers.nuit **70 F**

14	14	SP	14	14

ASSOCIATION PAUSE GATINES – Rue des Tilleuls – 37340 Avrille-les-Ponceaux – Tél. : 02.47.24.96.00 – Fax : 02.47.24.97.54

Bourgueil Fontaine-de-Malitourne — *C.M. n° 64 — Pli n° 13*

12 pers.

Gîte d'étape dans une forêt au bord d'un étang. 2 dortoirs, 1 salle de bains, 1 salle d'eau (douche et lavabo), 2 wc. Accueil de chevaux. Produits locaux. Possibilité d'équitation sans location de chevaux. Petit-déjeuner inclus dans le prix.

Prix : pers.nuit **70 F** repas **70 F** pension cheval **40 F**

TH

10	7	SP	SP	SP	5

ROUSSIER-FERNAGUT – Fontaine de Malitourne – 37140 Bourgueil – Tél. : 02.47.97.80.89

Bourgueil Le Grand-Gibet — *C.M. n° 64 — Pli n° 13*

54 pers.

Gîte d'étape dans un cadre verdoyant au cœur du vignoble de Bourgueil. R.d.c. : salle à manger, sanitaires, point-phone. 1er étage : 9 ch. de 2, 3 ou 4 pers., toutes avec lavabo. 3 douches et 2 wc sur le palier. 2e étage : 7 ch. de 2, 3 ou 4 pers., toutes avec lavabo. 1 dortoir de 6 pers. avec lavabos. 3 douches et 2 wc sur le palier. Jardin. Tarif de la nuitée draps compris. Possibilité d'hébergement en gestion libre.

Prix : pers.nuit **75 F** petit dejeuner **15 F** repas **55 F**

TH

4	0,5	4	SP	0,5

MAISON FAMILIALE – Le Grand Gibet – 37140 Bourgueil – Tél. : 02.47.97.71.56

Brehemont — *C.M. n° 64 — Pli n° 14*

20 pers.

Gîte d'étape situé dans le bourg, une commune rurale en bord de Loire sur le circuit des châteaux. 1 dortoir pour 20 personnes. Cuisine. Douches, wc. Lavabos. Chauffage. Cour et parking privés. Prix du chauffage à prévoir en sus. Assurance : 20 F. Bords de Loire à 100 m.

Prix : pers.nuit **31 F**

5	SP	SP	5	SP	SP

MAIRIE DE BREHEMONT – 37130 Brehemont – Tél. : 02.47.96.84.71

Brizay-l'Ile-Bouchard La Commanderie — *C.M. n° 68 — Pli n° 4*

20 pers.

Gîte d'étape à l'étage d'une propriété de style directoire dominant la Vienne et situé à 500 m du centre de l'Ile-Bouchard. 20 lits individuels en ch. de 2/3 pers. avec salle d'eau privée, 3 wc au r.d.c., salle à manger. Parc boisé de 4 ha. avec tables et bancs pour pique-nique. Parking, abri vélos. Tarif incluant petit-dejeuner et draps. Anglais parlé.

Prix : pers.nuit **110 F** repas **110 F**

TH

0,5	0,5	0,5	10	0,7	0,5

VAURIE Christian – La Commanderie - Brizay – 37220 L'Ile-Bouchard – Tél. : 02.47.58.63.13 – Fax : 02.47.58.55.81

La Celle-Guenand Chateau-de-la-Celle-Guenand — *C.M. n° 68 — Pli n° 5*

18 pers.

Gîte d'étape équestre aménagé à l'étage d'une dépendance du Château de la Celle-Guenand. Salle réservée aux hôtes au rez-de-chaussée avec cheminée. 9 stalles pour chevaux. Parc de 3 ha. Garage pour bicyclettes.

Prix : pers.nuit **80 F** pension cheval **30 F**

10	6	10	SP	SP

DE L'AIGLE Jane – Chateau de la Celle Guenand – 37350 La Celle-Guenand – Tél. : 02.47.94.94.49

Chateau-Renault — *C.M. n° 64 — Pli n° 15*

E.C. NN 10 pers.

Gîte d'étape communal aménagé en bord de rivière et à proximité du parc de loisirs de Château-Renault (piscine, tennis). Salle commune, coin-cuisine, 1 dortoir (6 lits), salle d'eau, wc. A l'étage : un 2e dortoir en mezzanine (4/5 lits) avec douche et wc. Cheminée. Enfant de moins de 16 ans : 21 F/nuit.

Prix : pers.nuit **40 F**

0,2	0,2	SP	0,5	0,2

MAIRIE DE CHATEAU RENAULT – 37110 Chateau-Renault – Tél. : 02.47.29.85.50 ou 02.47.29.54.43

Cheille Bourg-Cocu

cv C.M. nº 64 — Pli nº 14

18 pers.

Gîte d'étape situé à l'orée de la forêt de Chinon sur le GR3, à proximité de l'Indre. Rez-de-chaussée : séjour, coin-cuisine, salon (cheminée, canapé, 1 douche, 1 wc, 3 lavabos). Etage : 1 ch. (4/8 pers.). 1 dortoir (6/10 pers.). 1 wc. 1 douche et 3 lavabos. Chauffage électrique. Jardin en pelouse. Terrasse (salon de jardin, barbecue, jeux).

Prix : pers.nuit **50 F** petit dejeuner **25 F**

3,5	3,5	1,5	15	15	SP	2

PATRIGEON Annick – Bourg Cocu - Cheille – 37190 Azay-le-Rideau – Tél. : 02.47.45.38.97 – Fax : 02.47.45.38.97

Civray-sur-Esves

cv C.M. nº 68 — Pli nº 5

15 pers.

Gîte d'étape communal pour 15 pers. aménagé à l'étage de la salle des fêtes au centre bourg. 1 dortoir alvéolé. Double-sanitaires. Commerces ambulants et produits fermiers. 3ᵉ possibilité de réservation au 02.47.59.63.40.

Prix : pers.nuit **50 F**

6	6	SP	6	SP	6

MAIRIE DE CIVRAY SUR ESVES – 37160 Civray-sur-Esves – Tél. : 02.47.59.72.67 ou 02.47.59.61.78

La Croix-en-Touraine Le Pressoir-de-Villefrault

cv C.M. nº 64 — Pli nº 16

20 pers.

Gîte d'étape et de séjour dans ferme équestre au centre d'une dizaine d'ha. Grande pièce à vivre rustique avec cheminée, coin-cuisine, point-phone, chaine hi-fi. Coin-salon autour de l'ancien pressoir. Etage : 4 ch. dont 2 avec mezzanine (1 lit 2 pers. 2 lits 1 pers. ou 5 et 6 lits 1 pers.), toutes avec s. d'eau et wc privés. Table d'hôtes sur réservation. Box, équitation. Réservation sur place kayak et montgolfière. Forfait week-end hors-saison pour l'ensemble du gîte : 2950 F draps et chauffage compris. Tarif/pers./nuit, petit déjeuner et draps inclus (80 F à partir de 2 nuits).

Prix : pers.nuit **95 F** repas **70/100 F** pension cheval **55 F**

TH

4	4	SP	SP	4	SP	22	2

PAILLAUD Jean-Marc – Villefrault – 37150 La Croix-en-Touraine – Tél. : 02.47.23.53.29

Dame-Marie-les-Bois

cv C.M. nº 64 — Pli nº 16

E.C. NN 20 pers. Ouverture : toute l'année.

Gîte de séjour situé à 5 mn de la sortie de l'autoroute A10 Amboise/Château-Renault. 6 chambres au total avec 9 lits 1 pers., 2 lits 2 pers. et 2 fois 2 lits superposés. 2 ch. équipées de salle d'eau et wc privés. 3 ch. équipées d'un lavabo et se partageant 1 salle d'eau et 2 wc. 1 ch. avec douche et lavabo. 1 dortoir 4/6 pers. Linge de toilette 15 F. Loc. draps 20 F. Cuisine équipée à disposition avec supplément. Grande salle à manger. Salon, bar. Chauffage central. Parking privé. Jardin d'agrément de 2500 m². Anglais parlé.

Prix : pers.nuit **70 F** petit dejeuner **20 F** repas **85 F**

TH

12	2	3,5	11	17	12

CORMIER Alain – Le Vanneau Huppe - 30 rue de Blemars – 37110 Dame-Marie-les-Bois – Tél. : 02.47.56.09.04

Dolus-le-Sec La Grand-Maison

cv C.M. nº 64 — Pli nº 15

E.C. NN 30 pers.

Gîte d'étape et de séjour équestre. R.d.c. : salon-salle à manger, cuisine, 5 sanitaires, 1 ch. (4 lits). Etage : 1 dortoir (14 lits), 2 ch. (4 lits), 1 ch. (3 lits), 1 ch. (1 lit 2 pers.), 1 sanitaire. Forfaits week-end et semaine suivant nombre de pers. Supplément chauffage. Sur place : équitation et VTT. Cour fermée avec salon de jardin et barbecue. Sur réservation. Agrément jeunesse et sports. Location de draps 30 F.

Prix : pers.nuit **55 F** petit dejeuner **15 F** repas **70 F** pension cheval **50 F**

TH

7	1,5	5	SP	0,5	7

Mme POROT M.F. et M. BOUREAU J.P. – La Grand Maison – 37310 Dolus-le-Sec – Tél. : 02.47.59.48.18

Esves-le-Moutier Le Presbytere

cv C.M. nº 68 — Pli nº 5

8 pers.

Maison de caractère datant du XVIIIᵉ siècle au centre du village. 1 ch. (4 lits 1 pers. 1 lit 2 pers.) ayant salle d'eau et wc communs. Séjour (2 lits 1 pers.) avec wc communs. Grande salle d'activité de 84 m² pouvant accueillir environ 80 personnes. Cuisine équipée à disposition. Petit restaurant de campagne au rez-de-chaussée. Parking et jardin.

Prix : pers.nuit **50 F**

A

7	7	SP	16	7

MAIRIE D'ESVES LE MOUTIER – 37240 Esves-le-Moutier – Tél. : 02.47.92.33.41

Genille

C.M. n° 64 — Pli n° 15

E.C. NN 20 pers.

Gîte d'étape et de séjour dans une maison attenante au château des XVe et XVIIIe siècles. Tranquillité totale dans un cadre forestier. Chambres 2 pers. avec lavabo. Salle de bains, douche, wc. Cuisine et salle à manger. Salle de séjour avec cheminée. Du 1er avril au 30 septembre (hors saison : sur réservation). Tennis privé. Ping-pong. Reçoit les cavaliers. Ecuries pour chevaux.

Prix : pers.nuit **100 F** pension cheval **40 F**

2,5	SP	8	SP	2,5

COUTURIE Alain – Chateau de Marolles – 37460 Genille – Tél. : 02.47.59.50.01

L'Ile-Bouchard La Fougetterie

C.M. n° 68 — Pli n° 4

¥¥ 16 pers.

Gîte d'étape communal situé près du camping municipal et comprenant 1 salle commune avec cheminée en service, 2 salles d'eau et 2 wc. 16 lits superposés pour les groupes. Garage pour bicyclettes. Restaurants à proximité. Enfants de moins de 16 ans : 30 F.

Prix : pers.nuit **50 F**

0,5	0,5	SP	8	0,5	SP	SP

MAIRIE DE L'ILE BOUCHARD – 37220 L'Ile-Bouchard – Tél. : 02.47.58.50.15 ou 02.47.95.23.59

Loche-sur-Indrois Le Coudray

C.M. n° 68 — Pli n° 7

E.C. NN 20 pers.

Gîte d'étape situé dans une ferme en pays Lochois. R.d.c. : pièce à vivre avec coin-cuisine (cheminée). Double-sanitaires. 1 ch. (4 lits avec coin-cuisine). Etage : 1er dortoir (10 lits 1 pers.), 2e dortoir (6 lits 1 pers.). Table d'hôtes (vin inclus). Box pour 20 chevaux.

Prix : pers.nuit **45 F** petit dejeuner **20 F** repas **50/70 F** pension cheval **35 F**

(TH)

12	12	12	12	SP	8

LEGIEN Karin – Le Coudray – 37460 Loche-sur-Indrois – Tél. : 02.47.94.73.07

Le Louroux La Raudiere

C.M. n° 64 — Pli n° 15

¥¥ 12 pers.

Gîte de séjour/d'étape dans dépendance restaurée, en pleine campagne (portique, volley, jeux de boules, VTT). Jardin reservé au gîte, barbecue, salon de jardin. Séjour-cuisine (l-vaiss.). 1 ch. (1 lit 2 pers.), 2 douches, wc. Etage : palier (1 lit 1 pers.), 1 ch. (1 lit 2 pers. 2 lits 1 pers.), 1 ch. (2 x 2 lits gigognes 1 pers. 1 lit 1 pers.), wc cabinet de toilette. Chauffage central gaz. Lave-linge commun. Intérieur rustique. 2 nuits minimum durant les congés scolaires. Pour locations d'une seule nuit contacter Mme Baron, tél. : 02.47.65.65.02, fax. : 02.47.65.46.63. Aire de vol à voile (planeurs) à proximité.

Prix : pers.nuit **60 F** petit dejeuner **20 F** repas **80 F** semaine **2360/2950 F** week-end **1250 F**

(TH)

10	6	SP	10	7	SP	10

GITES DE FRANCE-SERVICE RESERVATION – 38 rue Augustin Fresnel - B.P. 139 – 37171 Chambray-les-Tours-Cedex – Tél. : 02.47.27.56.10 – Fax : 02.47.48.13.39

Luze

C.M. n° 68 — Pli n° 4

¥¥¥ 15 pers.

Gîte de séjour tout confort sur ancienne ferme. R.d.c. : sas ouvrant sur 50 m^2 de séjour-coin-cuisine (l-linge, l-vaiss., micro-ondes, TV coul., convertible, frigo-congel.), 1 ch. (1 lit 160 poss. en 2 lits 80, 2 lits 1 pers. douche, lavabo), 1 ch. (4 lits 1 pers. douche, lavabo), 2 wc. Etage : 1 ch. (1 lit 2 pers. 1 lit 1 pers.), 1 ch. (4 lits 1 pers.), wc, s. d'eau. Location de draps : 20 F. Chauffage électrique compteur indèp. Barbecue, 2 salons jardin, terrain non clos 3000 m^2. Possibilité camper 17 à 24 pers. (40 F/pers.). Repas traiteur possible (55 F/pers.). Limite Poitou, à 40 km du Futuroscope au cœur des châteaux de la Loire.

Prix : pers.nuit **65 F** semaine **2500/3600 F** week-end **1400/2210 F**

12	SP	SP	5	SP	5

REZE Nathalie – 2 rue des Pechers – 37170 Chambray-les-Tours – Tél. : 02.47.28.19.82

Marcilly-sur-Maulne Le Coin-du-Bois

C.M. n° 64 — Pli n° 13

¥¥ 19 pers.

Gîte d'étape dans une ferme ancienne sur 27 ha. Salon, salle à manger, cuisine, 10 ch., 4 wc, 7 lavabos, 3 douches. Grange aménagée de 100 m^2. Chevaux et poneys à disposition. Tarifs dégressifs pour longs séjours. Supplément chauffage en hiver. Agréé Jeunesse et Sports, reçoit les centres aérés, clubs et associations diverses. Loc. draps : 25 F. Location de l'ensemble des lieux cuisine comprise : 3000 F/week-end et 6000 F/semaine. Grange aménagée : 900 F/jour. Week-end randonnée à cheval en pension complète : 1100 F/pers.

Prix : pers.nuit **70 F** petit dejeuner **25 F** repas **85/120 F** pension cheval **40 F**

(TH)

SP	8	SP	SP	8	SP	15	SP

LAURENT Nathalie – Le Chatelet – 37330 Marcilly-sur-Maulne – Tél. : 02.47.24.01.32

Nouatre Noyers

c✗v *C.M. n° 68 — Pli n° 4*

12 pers.

Gîte d'étape et de séjour dans propriété proche de la Vienne. 6 ch. au 1er étage avec 1 lit 2 pers. ou 2 lits 1 pers. Salle d'eau et salle de bains et cabinet de toilette à l'étage. WC à l'étage et au r.d.c. Salle réservée aux hôtes (très bel ameublement rustique) ainsi qu'une cuisine à disposition. Parking privé. Le prix inclus le petit déjeuner et les draps. Futuroscope à 30 minutes.

Prix : pers.nuit **90 F** repas **60 F**

TH

12	2	0,5	6	8	0,5	2	12	2

CHAZAL Jacques – Noyers - 1 rue Emile Champigny – 37800 Nouatre – Tél. : 02.47.65.26.57

Nouzilly Robinson

c✗v *C.M. n° 64 — Pli n° 15*

E.C. NN 13 pers.

Gîte de séjour : ancienne maison rénovée indépendante, à 500 m du bourg. R.d.c. : salon, cuisine (l-linge, l-vaiss., micro-ondes, frigo-congèl.), salle commune, wc pour handicapés. Etage : 1 ch. (3 lits 1 pers. dont 1 superposé), 2 ch. (chacune équipée de 3 lits 1 pers. dont 1 superp., 1 lit 2 pers.), 2 s. d'eau dont 1 avec wc, 1 wc séparé. Forfait 4 jours 2020 F. Chauffage électrique. Jardin clos (salon de jardin, barbecue), préau pour vélos. Accueil chevaux possible en exterieur. Vue sur étang (accès protégé), près d'une forêt. 1600 F/3 jours. Locations uniquement à la semaine en juillet/août.

Prix : pers.nuit **60 F** semaine **2945 F** week-end **1180 F**

18	0,5	0,5	0,5	SP	7	0,5

GITES DE FRANCE-SERVICE RESERVATION – 38 rue Augustin Fresnel - B.P. 139 – 37171 Chambray-les-Tours-Cedex – Tél. : 02.47.27.56.10 – Fax : 02.47.48.13.39

Perrusson La Cloutiere

C.M. n° 68 — Pli n° 6

28 pers.

Gîte d'étape dans une propriété romantique du XIXe siècle, ambiance rétro, sur 30 ha. avec bois, aux portes de Loches. Grand salon en rez-de-chaussée pour réceptions. 11 chambres de 2 à 5 pers. réparties aux 1er et 2e étages. 4 lavabos, 3 douches et 4 wc. Point-phone (à carte). Location de draps : 10 F.

Prix : pers.nuit **50/70 F** petit dejeuner **15 F**

1,5	1,5	1	6	16	SP	2	0,3

DEVAULX DE CHAMBORD Josette – La Cloutiere – 37600 Perrusson – Tél. : 02.47.59.00.62

Saint-Aubin-le-Depeint La Durandiere

c✗v *C.M. n° 64 — Pli n° 14*

19 pers.

Gîte d'étape et de séjour mitoyen au propriétaire sur une exploitation arboricole (vergers) située à 500 m du bourg. R.d.c. : séjour, cuisine (cheminée, TV couleur, l-vaisselle, l-linge), 1 ch. (1 lit 2 pers.), s. d'eau, wc. Etage : 1 ch. (5 lits et 2 lits superposés), 1 ch. (3 lits et 2 lits superposés), 1 ch. (4 lits et 2 lits superposés), s. d'eau et wc. Grande cour avec salon de jardin. Chauffage électrique. Forfait semaine sur demande. Location de draps : 20 F.

Prix : pers.nuit **60 F** petit dejeuner **20 F**

8	4	2	4	10	8

DURAND Jean-Luc – La Durandiere – 37370 Saint-Aubin-le-Depeint – Tél. : 02.47.29.25.41 – Fax : 02.47.29.22.20

Saint-Patrice

c✗v *C.M. n° 64 — Pli n° 13*

20 pers.

Gîte de séjour/d'étape à 1 km du bourg, dans ancienne forge fin XVIIIe entièrement restaurée. R.d.c. : séjour 50 m² (prise TV), cuisine (l-vaiss., l-linge, séche-linge), 4 ch. dont 2 en duplex, 2 s. d'eau, 2 wc dont 1 équipé pour pers. handicapées. Etage : 3 ch. dont 1 avec entrée indépendante, équipée d'1 kitchenette et s. d'eau, wc. Chauffage central fuel. 20 lits 1 pers. dont certains superposés ou gigognes. Possibilité repas traiteur. Cour close 150 m². Parking intérieur clos, manège couvert 800 m². Stage poney (moniteur qualifié) sur réservation. Prix forfaitaires chauffage compris. Location de draps : 10 F.

Prix : pers.nuit **65 F** petit dejeuner **15 F** semaine **4000 F** week-end **2500 F**

10	3	1	SP	10	25	1

GITES DE FRANCE-SERVICE RESERVATION – 38 rue Augustin Fresnel - B.P. 139 – 37171 Chambray-les-Tours-Cedex – Tél. : 02.47.27.56.10 ou PROP :.05.49.98.96.14 – Fax : 02.47.48.13.39

Saint-Senoch

c✗v *C.M. n° 68 — Pli n° 6*

16 pers.

Gîte d'étape communal aménagé dans une ancienne école à la sortie du bourg. Séjour-coin-cuisine, 1 ch. (2 lits et 2 lits superposés), 2 douches et 2 wc. Accessible aux pers. handicapées. Etage : 2 dortoirs avec 12 lits superposés au total, lavabos, 1 wc. Draps fournis.

Prix : pers.nuit **66 F** petit dejeuner **15 F**

10	8	SP	10	SP

MAIRIE DE SAINT-SENOCH – 37600 Saint-Senoch – Tél. : 02.47.59.11.17 ou 02.47.92.32.80

Savonnieres La Martiniere

c✗v *C.M. nº 64 — Pli nº 14*

E.C. NN 14 pers.

Au cœur des châteaux de la Loire dans une vieille ferme restaurée du XVIIe siècle, calme et repos. Pour arrêts d'un ou plusieurs jours, ou week-end entre amis. Sur place : tennis, ping-pong, piscine, location de vélos. Petit-déjeuners anglais compris dans le prix. Possibilité de location des locaux. Location de draps 10 F.

Prix : pers.nuit **90 F**

SP	SP	2	2	8	4	2

CHAINEAU Francoise – La Martiniere – 37510 Savonnieres – Tél. : 02.47.50.04.46 – Fax : 02.47.50.11.57

Seuilly L'Abbaye

c✗v *C.M. nº 64 — Pli nº 13*

43 pers. Ouverture : toute l'année.

Gîte d'étape dans cadre historique. Rez-de-chaussée : 2 dortoirs de 10 et 15 places, 5 douches, 4 wc. Etage : 7 chambres de 2 à 4 lits, 3 douches, 3 wc. Drap house et taie d'oreiller fournis. Supplément pour draps et couvertures : 20 F. Possibilité de repas pour groupes.

Prix : pers.nuit **50/75 F** petit dejeuner **25 F** repas **65 F**

TH

10	4	6	SP	9	SP

C.P.I.E. ABBAYE DE SEUILLY – Seuilly – 37500 Chinon – Tél. : 02.47.95.93.15 – Fax : 02.47.95.84.06

Souvigny-de-Touraine

c✗v *C.M. nº 64 — Pli nº 16*

E.C. NN 12 pers.

Gîte d'étape communal servant également de salle polyvalente. 1 coin-cuisine, 2 douches, 1 wc extérieur, 6 couchages sur mezzanine et en plus possibilité de 6 lits d'appoint. Supplément draps : 10 F.

Prix : pers.nuit **41 F**

9	9	0,3	9	6

MAIRIE DE SOUVIGNY DE TOURAINE – 37530 Souvigny-de-Touraine – Tél. : 02.47.57.27.06 ou 02.47.57.36.57

Tauxigny La Touche

c✗v *C.M. nº 64 — Pli nº 15*

16 pers.

Gîte d'étape sur exploitation agricole. R.d.c. : grand séjour-cuisine, coin-salon (canapé 2 pers., cheminée), 1 ch. (1 lit 2 pers. lit bébé), 2 salles d'eau, 2 wc. Etage : 1 ch. (3 lits 2 pers. 2 lits 1 pers.), 1 ch. (4 lits 1 pers. 1 lit 2 pers.). Chauffage électrique. Grande terrasse indépendante (salon de jardin, barbecue, portique, lave-linge). Possibilité de location en gîte rural : semaine 4 à 9 pers. : 1600 F, semaine 10 pers. et plus : 2000 F. Prix pour l'hébergement du cheval paille et fourrage fournis.

Prix : pers.nuit **60 F** petit dejeuner **15 F** repas **85 F** pension cheval **40 F** semaine **1600/2000 F**

TH

5	2	0,5	17	0,5	2

SALMON Dominique – La Touche – 37310 Tauxigny – Tél. : 02.47.92.19.26

Villedomer

c✗v *C.M. nº 64 — Pli nº 15*

E.C. NN 19 pers.

Gîte d'étape et de séjour à proximité de Chateau-Renault. 3 ch. (4/5 pers.) dans corps de ferme, toutes avec douche et wc. Chauffage électrique. Petite salle de séjour avec coin-cuisine. Dans une autre dépendance : grande salle/coin-cuisine pour réunion de familles, 1 dortoir indép. donnant sur le camping à la ferme (2 wc et 2 douches communs). Jeux de boules, ping-pong, balancoire, pêche sur place dans étang d'un ha. Table d'hôtes sur réservation. Ferme en activité (céréales, moutons). Location de draps 15 F.

Prix : pers.nuit **60 F** petit dejeuner **20 F** repas **65 F** pension cheval **40 F**

TH

5	SP	SP	12	SP	5	1

GOSSEAUME Gaetan – La Hemond – 37110 Villedomer – Tél. : 02.47.55.06.99 – Fax : 02.47.55.09.36

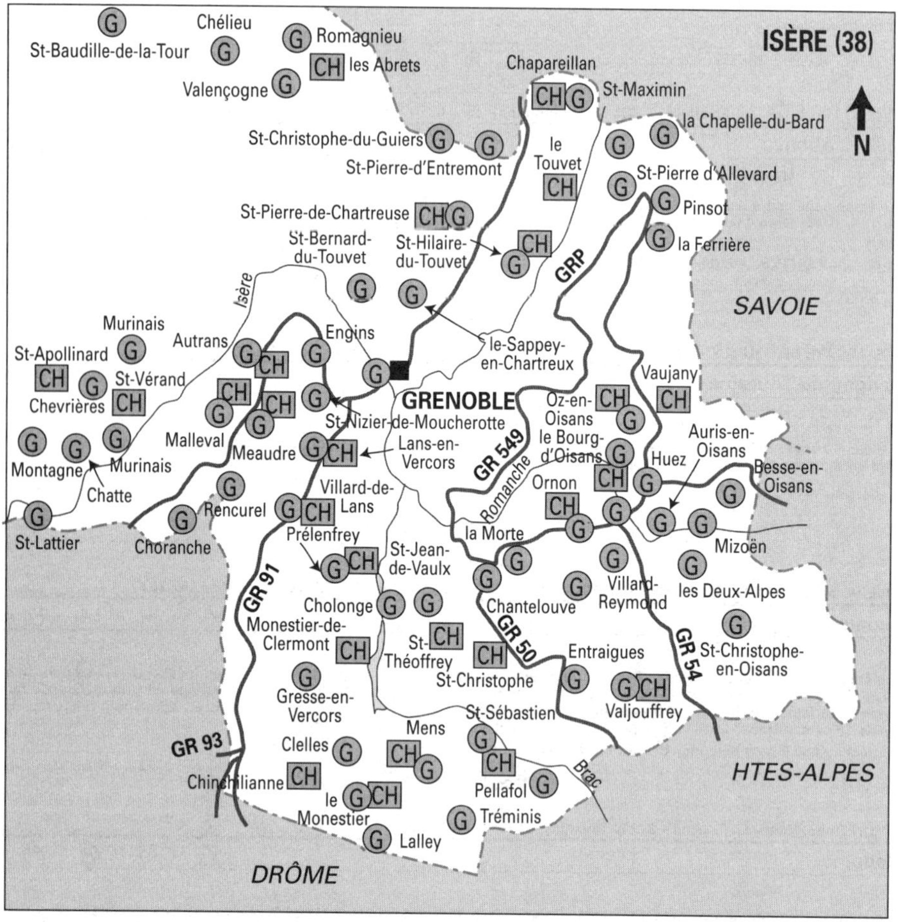

CH Chambre d'hôte G Gîte d'étape, de séjour L Logis de France

Auris-en-Oisans Les Cours *C.M. n° 77 — Pli n° 6*

33 pers. Ouverture : toute l'année. Alt. : 1360 m

Au cœur du vieux village, l'Aurienchon met à votre dispo. 2 ch. de 4 pers. avec s. d'eau part., 5 ch. de 2 à 4 pers. et 2 dortoirs de 5 et 6 pers. Sanitaires à chaque étage. Les repas sont pris à la table montagnarde, dans la salle à manger voûtée. Billard, ping-pong, détente dans la vaste salle panoramique du 3ᵉ. Local à skis. Liaison avec l'Alpe d'Huez à 3 km. Nombreuses animations Office du Tourisme (sorties raquettes, descente aux flambeaux, tennis de table...). Jardin d'enfants (3 km). Tarif enfant sur 1/2 pension. Anglais et italien parlés.

Prix : pers.nuit **100 F** 1/2 pension **180 F** pension **210 F** petit dejeuner **30 F** repas **80 F**

(TH) (A)

3	3	3	3	18	18	SP	18	25	70	3

GUYOT Bernard et Giuliana – L Aurienchon - Les Cours – 38142 Auris-en-Oisans – Tél. : 04.76.80.06.43

Autrans Le Bourg-de-Dessous

45 pers. Ouverture : toute l'année. Alt. : 1050 m

Grande maison du Vercors comportant au r.d.c. salle à manger, salle d'activité, et sur 2 étages : 2 dortoirs de 10 pers. et 8 ch. de 2 à 4 pers., s. d'eau et wc communs et particuliers. Local technique et de séchage. Tennis, tir à l'arc. 13 poneys, balades en calèche. Minibus. Agréé DDJS et Education Nationale. Accueil enfants ou adultes. Documentation sur demande.

Prix : pers.nuit **100/120 F** 1/2 pension **150/170 F** pension **135/250 F** repas **70 F**

(TH)

5	SP	0,3	SP	SP	SP	1	2	35	0,8

PERRET Brigitte et Daniel – Les Moineaux - Le Bourg de Dessous – 38880 Autrans – Tél. : 04.76.95.31.12 – Fax : 04.76.95.73.89

Besse-en-Oisans *C.M. n° 77 — Pli n° 6*

51 pers. Ouverture : toute l'année. Alt. : 1500 m

Vaste maison au caractère montagnard dans le village typique et classé de Besse. Vous disposerez de 3 chambres individuelles de 2 et 4 personnes avec salle d'eau et wc privés et de 6 dortoirs de 5 à 11 pers. avec chacun douches, lavabos et wc. Chauffage central, terrasse, local technique. Coin-cuisine équipé pour randonneurs. Anglais parlé. Pension ou 1/2 pension dans la salle du restaurant au rez-de-chaussée. Zone périphérique du Parc des Ecrins.

Prix : pers.nuit **70/80 F** 1/2 pension **160/180 F** pension **230/250 F** repas **75 F**

(TH) (A) GR : 54

0,1	13	16	5	7	7	SP	16	22	22

BARTHELEMY Marcel – Le Sarret – 38142 Besse-en-Oisans – Tél. : 04.76.80.06.22 – Fax : 04.76.80.14.01

Bourg-d'Oisans Le Paradis *C.M. n° 77 — Pli n° 6*

30 pers. Ouverture : toute l'année pour groupes. Fermé de mai à octobre pour individuels. Alt. : 730 m

Gîte de séjour et d'étape dans la M.J.C. du bourg (30 pers.), centre international de séjour. R.d.c. : cuisine/réfectoire. 1er étage : 2 dortoirs de 12 et 18 lits superposés 1 pers. Sanitaires (4 douches, 5 wc, 4 lavabos). Chauffage central. Bureau guide/école d'escalade. Randonnées pédestres (Tour Oisans), canoë-kayak sur place. Ski alpin Alpe d'Huez 10 km. Ski de fond 60 km de pistes. Liaison V.F.D. Grenoble Bourg d'Oisans. Agrément Jeunesse et Sports. Groupe : 7000 à 8000 F.

Prix : pers.nuit **55/65 F**

10	1	1,5	1,5	10	10	4	SP	SP	50	2

LE PARADIS M.J.C – Aufrere Pascal - B.P 29 – 38520 Bourg-d'Oisans – Tél. : 04.76.80.01.76

Bourg-d'Oisans Le Vert *C.M. n° 77 — Pli n° 6*

40 pers. Ouverture : toute l'année. Alt. : 720 m

Annette et Guy ont préparé pour accueillir petits et grands un lieu de séjour riant où vous disposerez de 40 lits répartis en 10 ch. de 2 à 6 lits avec sanitaires à l'étage. Vous apprécierez dans la salle à manger leur cuisine saine et colorée. Outre les diverses activités de l'Oisans (Alpe d'Huez 15 km), sur place, salle de théâtre, labo-photo, projecteur diapos. Salle de classe polyvalente et sur 3 ha. clos, aire de jeux, poneys, basse cour. Paradis des enfants mais aussi des adultes. Agréé Jeunesse et Sports, Inspection Académique, DDASS. Documentation détaillée sur demande.

Prix : pers.nuit **65 F** 1/2 pension **140/160 F** pension **160/180 F** repas **75 F**

(TH) (A)

15	SP	2	2	10	10	5	SP	0,5	2	50	2

BICAL HERTER Annette et Guy – Le Vert – 38520 Bourg-d'Oisans – Tél. : 04.76.80.03.62 – Fax : 04.76.80.03.62

Bourg-d'Oisans Le Ney *C.M. n° 77 — Pli n° 6*

99 pers. Alt. : 720 m

Situé sur une vaste prairie, accueil en gîtes de 4/6 pers. (capacité 126). Pavillon central avec bar, bibliothèque, salle d'activités, jeux et restaurant. Classes découverte et neige. Séjours à thème (centre de géologie alpine), séjours sportifs, fond, yoga, escalade, VTT, kayak, rando. Activités diverses, tir à l'arc, sports en eau vive sur Vénéon. Découverte du Parc des Ecrins. Pension complète à partir de 20 pers. minimum. Documentation complète sur demande. Réduction enfant, classes, groupes + de 25 pers. Hiver, réduction/forfait 10 à 20 %. Agrément DDJS, DDASS, Education National. Anglais parlé. Groupe : 1600 à 3150 F.

Prix : 1/2 pension **173/185 F** pension **190/203 F** repas **65 F**

(TH)

10	SP	0,5	1	10	10	3	SP	SP

SCIPION Corinne – Le Grand Renaud - Le Ney – 38520 Bourg-d'Oisans – Tél. : 04.76.80.02.03

Bourg-d'Oisans Rochetaillee *C.M. n° 77 — Pli n° 6*

11 pers. Ouverture : toute l'année. Alt. : 700 m

Ferme de 20 ha. aux croisées des vallées de l'Eau d'Olle et de la Romanche, avec une auberge et le gîte au 2e étage. Vous disposerez de 4 chambres très confortables (2 à 4 pers.) avec s.d.b. et wc particuliers. A 6 km Oz en Oisans, liaison par télécabine avec l'Alpe d'Huez. Cuisine traditionnelle et familiale, environnement verdoyant et calme. Anglais parlé.

Prix : pers.nuit **90/110 F** 1/2 pension **180/190 F** pension **240/250 F** repas **75 F**

(TH) (A) GR : 54

8	SP	3	3	3	3	3	SP	SP	15	3

MARTIN Chantal – Auberge du Boutheon - Rochetaillee – 38520 Bourg-d'Oisans – Tél. : 04.76.79.15.57

Chantelouve Le Chamois-Volant

C.M. n° 77 — Pli n° 6

¥ 32 pers. Ouverture : toute l'année. Alt. : 1370 m

Cadre de haute montagne au calme à proximité du Parc National des Ecrins. Randonnées lac Fourchu, lac du Vallon, Taillefer. Accueil personnalisé pour séjours individuels en groupe ou en famille. Hébergement en chambres avec douches (1 à 4 pers.) et dortoir (4 à 6 pers. sanitaires à l'étage). Cuisine familiale soignée. Prix étudiés pour groupes et familles. Possibilité gestion libre pour petits groupes à l'année ou location de l'ensemble du gîte suivant période et durée. Séjours à thème. Anglais parlé.

Prix : pers.nuit **50/80 F** 1/2 pension **145/189 F** pension **180/250 F** repas **55/90 F**

(TH) Ⓐ

SP	SP	13	10	20	20	12	SP	5	4	60	15

BRUET BRUNIE Isabelle et Philippe – Le Chamois Volant - Col d'Ornon – 38740 Chantelouve – Tél. : 04.76.80.40.61

Chantelouve Col-d'Ornon

C.M. n° 77 — Pli n° 6

¥ 18 pers. Ouverture : toute l'année. Alt. : 1400 m

Jolie contruction neuve au décor montagnard et chaleureux. Vous disposerez au 1er étage de 5 grandes chambres de 2 à 5 personnes avec couettes douillettes. Sanitaires à l'étage et au r.d.c. Ch. central. Vous pourrez prendre vos repas et vos petits déjeuners à l'Auberge au mobilier de bois clair ou sur la terrasse. Loc. de draps. Loc. de skis de fond sur place. Forfaits séjours ski de fond et randonnées (doc. sur demande). Zone périphérique du Parc des Ecrins. Réduction suivant périodes et durée. Anglais et italien parlés.

Prix : pers.nuit **60 F** 1/2 pension **150 F** pension **195 F** repas **70 F**

(TH) Ⓐ

0,5	SP	13	8	17	12	SP	3	2	55	13

FLAMANT Agnes – Le Chantelouve - Col d'Ornon – 38740 Chantelouve – Tél. : 04.76.80.44.82

Chapareillan L'Etraz

C.M. n° 74 — Pli n° 15

¥¥¥ 20 pers. Ouverture : toute l'année. Alt. : 280 m

Jean-Marc (moniteur de ski) et Gloria mettent à votre disposition : salle à manger, cuisine, 3 salles de séminaires, 6 grandes chambres de 2 à 4 pers. équipées chacune d'une salle d'eau et wc. TV par satellite (chaînes françaises et étrangères). Les propriétaires parlent anglais, allemand et espagnol. Gloria et Jean-Marc vous proposent également 4 chambres d'hôtes. Au pied de la chaîne de la Chartreuse, dans une ancienne ferme rénovée, au milieu de 2000 m² d'espace vert aménagé.

Prix : pers.nuit **80 F**

Ⓐ

25	25	4	0,3	3	1	0,5	SP	1	12	3	0,5

MONGELLAZ Jean-Marc et Gloria – L'Etraz – 38530 Chapareillan – Tél. : 04.76.45.25.57

La Chapelle-du-Bard Beauvoir

C.M. n° 74 — Pli n° 16

E.C. NN 35 pers. Ouverture : toute l'année. Alt. : 850 m

Bâtiment comprenant une auberge. R.d.c. : salle avec cheminée. 1er étage : 4 ch. (16 pers.), coin-toilette, séjour, cuisine, s.d.b., wc, salle d'animation, fonction. commun avec la ferme. Activités et produits agricols. 2e étage : 2 ch. (2 pers.), 2 ch. doubles (10 pers.), coin-toilette, s.d.b., 2 wc. Chauffage. Gestion libre possible, cuisines pro. équipées. Agrément DDJS et Education Nationale. Gare SNCF à Chambéry. Ski alpin (navettes), canoë-kayak, rando., VTT, tir à l'arc. 1ère étape sur le tour du Pays d'Allevard. Boulangerie Bio. sur place. Tarifs spéciaux inter-saison.

Prix : pers.nuit **55/60 F**

Ⓐ

9	9	9	9	9	9	9	SP	4	9	16	9

CASSAR Nadine et Herve – Auberge Les Bruyeres – 38580 La Chapelle-Bard – Tél. : 04.76.45.01.15

Chatte

C.M. n° 77 — Pli n° 3

¥ 64 pers. Ouverture : toute l'année. Alt. : 320 m

Bâtiments situés dans un parc de 1,5 ha. avec une partie ombragée, une partie en stade de foot-ball, voley-ball, hand-ball. Hébergement 22 ch. de 2 à 3 pers. avec lavabo, s. d'eau, wc communs, chauffage central. Agrément DDJS et Education Nationale, 4 salles d'activités à disposition. Anglais parlé. Centre composé de 2 bâtiments principaux : 1 ancienne maison et 1 ensemble de construction moderne. Seule l'ancienne maison est louée en gîte de séjour. Dans la région : découverte de la ferme et de la nature, séjours sportifs, visites de sites touristiques, poss. organisation « séjour clé en main ».

Prix : pers.nuit **45/80 F** 1/2 pension **100/150 F** pension **150/190 F**

(TH)

25	16	2	0,5	4	5	SP	4	16	2	0,5

MAISON FAMILIALE RURALE – Andre Roux & Bernadette Jany - Les Colombieres – 38160 Chatte – Tél. : 04.76.38.43.06 – Fax : 04.76.64.06.78

Chelieu Les Rivoires

C.M. n° 74 — Pli n° 14

¥¥ 16 pers. Ouverture : de mai à septembre et sur réservation d'octobre à avril. Alt. : 500 m

A la Sauvagère nous vous offrons un accueil douillet et confortable. 4 chambres de 2 et 3 pers. 1 dortoir de 6 pers., coin-toilette et douches particuliers ou communs à l'étage. WC à chaque niveau. Salle à manger-salon avec âtre. Cuisine à disposition. Table d'Hôtes sur demande. Circuits de randonnées, lac de Paladru 10 km, jardin fleuri et ombragé. Vue sur la Vallée de la Bourbre, le Château de Virieu et les montagnes environnantes. Groupe : 4000 F.

Prix : pers.nuit **60 F** 1/2 pension **150 F** repas **70 F**

(TH)

10	4	10	10	6	SP	10	4	4

DE BESSES Veronique et Emmanuel – Les Rivoires – 38730 Chelieu – Tél. : 04.74.88.27.49

Chevrieres Blagneux *C.M. n° 77 — Pli n° 3*

25 pers. Ouverture : toute l'année. Alt. : 450 m

Grande maison contemporaine indépendante comportant sur 3 niveaux : salle à manger avec terrasse, cuisine type collectivité, 3 studios de 2 à 4 pers., avec kichenette et sanitaires privés, 2 ch. 3 pers. s. d'eau-wc communs, 1 ch. 2 pers. et 1 dortoir 6 pers., s.d.b., douche, wc privés. Buanderie (l-linge), ch. central. Terrasse 60 m² couverte. TV, piscine. Agréé DDJS. A 150 m d'un 2ᵉ gîte de séjour de 35 pers. et des propriétaires. Loc. semaine, tarifs sur demande. Accueil de groupes de 20 à 60 pers. Salle festive de 170 m² en option d'avril à octobre. Forfait week-end 100 F/personne. Location de chevaux. Anglais et allemand parlés.

Prix : pers.nuit **69 F** pension **170 F**

(TH)

SP	6	10	10	SP	SP	3	3

GRIMA Gilles – Chateau de Blagneux – 38160 Chevrieres – Tél. : 04.76.38.62.83

Chevrieres Blagneux *C.M. n° 77 — Pli n° 3*

35 pers. Ouverture : toute l'année. Alt. : 450 m

Vaste maison de caractère à proximité du Château. Vous disposerez sur 2 niveaux de 2 salles d'activité (cheminée), d'une cuisine prof., salon avec cheminée, salle à manger. 2 appart. 4 et 10 pers., kichenette, sanitaires privés. 7 ch. de 2 à 5 pers. avec s. d'eau wc privés ou sanitaires communs. TV. Ch. central et élect. Point-Phone. Agréé DDJS. Location semaine, tarifs sur demande. A 150 m d'un 2ᵉ gîte de séjour de 22 pers. Salle festive de 170 m² (130 pers.) en option d'avril à octobre. Forfait week-end 100 F par personne. Anglais et allemand parlés.

Prix : pers.nuit **69 F** pension **170 F**

(TH)

0,2	6	10	10	SP	SP	3	3

GRIMA Gilles – Chateau de Blagneux – 38160 Chevrieres – Tél. : 04.76.38.62.83

Choranche Le Village *C.M. n° 77 — Pli n° 3/4*

E.C. NN 20 pers. Ouverture : toute l'année sauf en janvier. Alt. : 280 m

Dans le cadre exceptionnel du cirque de Choranche, au bord de la rivière, nous vous accueillons dans 2 gîtes, d'une capacité de 13 et 7 places, et vous proposons la table d'hôtes. Notre maison dauphinoise, restaurée en pierre/bois et notre jardin vous séduiront pour passer des séjours ou week-end. Activités pleine nature organisées. Groupe : 2300 à 8700 F. Escalade, spéléo, raquette, ski nordique, randonnées, VTT. Documentation sur demande. Agréé Jeunesse et Sports. Petit déjeuner compris dans tarif nuitée. Anglais et allemand parlés.

Prix : pers.nuit **60/85 F** 1/2 pension **120/150 F**

(TH) GR : 9

15	10	15	5	10	SP	SP	10	20	5

TAFFIN Sandrine et Francois – Le Village – 38680 Choranche – Tél. : 04.76.36.04.03

Clelles Mialaure *C.M. n° 77 — Pli n° 14*

E.C. NN 10 pers. Alt. : 900 m

Gîte de séjour en gestion libre. En pleine nature, ferme ancienne sur 10 ha. de prairie. Vue panoramique exceptionnelle. Accès chemin montagne. Electricité solaire. 2 bâtiments, 1 gîte 10 places, r.d.c., cuisine, wc, douche. A l'étage, 5 lits 2 pers. en chambrettes individuelles. Un bâtiment annexe salle à manger équipée, wc, douche. Dortoir 4 lits 1 pers. A l'extérieur, barbecue géant, matériel de repas champêtre. Location chevaux 250 F/jour. Promenades en attelage, roulotte, accueil chevaux, boxes, parcs. Groupe : 2000 à 3000 F.

Prix : pers.nuit **50/75 F** semaine **1000 F**

5	1,5	1	SP	SP	7	1,5	1

DESCOMBES Noel et Mireille – Le Gîte de l'Obiou - Pouillane – 38710 Mens – Tél. : 04.76.34.60.87

Les Deux-Alpes

16 pers. Ouverture : basse et haute saison d'été. Alt. : 1650 m

Très grand chalet individuel à l'entrée de la station comprenant l'appart. du prop. et le gîte en mitoyenneté. De plain-pied, vaste séjour, coin-feu et salon, cuisine pro., cellier. 7 ch. (2 lits 1 pers., lavabo), 1 ch. (2 lits 1 pers. s. d'eau/wc), 3 s.d.b., 3 wc. Ch. élect., l-vaiss., l-linge, tél. Local skis. Terrain arboré (2000 m²). Salon de jardin. Possibilité réduction. Capacité et tarif selon période. Toutes activités sport et loisirs sur place. Taxe séjour incluse. Groupe : 5000 à 8600 F. Anglais parlé.

SP	SP	SP	SP	11	11	SP	SP	5	SP	SP

GITES DE FRANCE-SERVICE RESERVATION – Maison des Agriculteurs - 40 Av. Marcelin Berthelot – 38100 Grenoble – Tél. : 04.76.40.79.40 ou PROP :.04.76.79.23.73 – Fax : 04.76.40.79.99

Engins La Moliere *C.M. n° 77 — Pli n° 4*

19 pers. Ouverture : de mai à octobre sur réservation. Alt. : 1630 m

A 1600 m d'alt. sur l'alpage de la Molière, les bergers Josy et Vincent vous accueillent dans leur gîte nature label. Panda. Salle à manger, cheminée, mezzanine, 1 ch. 8 lits bas-flancs, 2 wc, 1 douche, 2 lavabos. Au 1ᵉʳ : 1 panorama exceptionnel sur les Alpes et tranquilité des grands espaces. Sentier nature. Accès uniquement à pied (1/2 h.). Tarif nuit petit déjeuner compris. Anglais parlé.

Prix : pers.nuit **90 F** 1/2 pension **155 F** pension **225 F** repas **65 F**

(TH) (A)

SP	50

ROULLET Josy – Gîte d'Alpage - La Moliere – 38880 Autrans – Tél. : 04.76.95.39.25 ou 06.09.38.42.42

Entraigues Les Goulets *C.M. n° 77 — Pli n° 15*

12 pers. Ouverture : toute l'année. Alt. : 810 m

Maison indépendante comprenant au rez-de-chaussée : séjour, cuisine, sanitaires. Au 1er étage : 1 dortoir de 12 places, wc, chauffage électrique. Terrain. Parc national des Ecrins, randonnées pédestres, Tour de pays Valbonnais-Beaumont, delta, parapente. PLan d'eau 5 km, canoë possible dans les torrents. Elastic fun au Pont de Ponsonnas à 18 km.

Prix : pers.nuit **45/50 F**

GR : 54

15	15	18	0,3	5	25	SP	SP	SP	60	SP

LE MAIRE – Gîte de Sejour Communal – 38740 Entraigues – Tél. : 04.76.30.20.18 ou 04.76.30.20.01

La Ferriere-d'Allevard Les Fanges *C.M. n° 77 — Pli n° 6*

E.C. NN 19 pers. Ouverture : du 15 décembre au 15 avril et du 15 juin au 15 septembre. Alt. : 1622 m

Chalet d'alpage comprenant le gîte de séjour avec salle commune et l'auberge. 6 ch. (19 lits). Sanitaires, chauffage central. Animations. Les 7 Laux/Le Pleynet-Vallée du Haut Bréda. Tour du Pays d'Allevard et des 7 Laux. Accès en hiver à skis et en moto-neige, et à pied en été. Accueil de randonneurs équestres.

Prix : 1/2 pension **190/200 F** pension **240/250 F** repas **90 F**

(TH) (A)

SP	SP	8	SP	6	8	SP	6	40	1

BOUCHET BERT PEILLARD Rene – Les Fanges - Station du Pleynet – 38580 La Ferriere-d'Allevard – Tél. : 04.76.08.19.86

La Ferriere-d'Allevard La Martinette *C.M. n° 77 — Pli n° 6*

40 pers. Ouverture : toute l'année. Alt. : 1100 m

Gîte de séjour dans une grande maison en pierres avec terrasse sous les tilleuls. Terrain de 2000 m². 7 chambres de 2 à 4 pers. avec lavabo, 3 dortoirs de 6 à 8 pers. Salle à manger, salle de détente (utilisation possible en salle de classe ou séminaire). Sanitaires comprenant 5 douches, 5 wc. Cuisine équipée. Local skis. Station des 7 Laux à 6 km. Location de VTT, raquettes à 500 m. Groupe : 9500 à 11500 F. Anglais et russe parlés.

Prix : pers.nuit **55/65 F** 1/2 pension **155/165 F** pension **200/210 F** repas **75 F**

(TH)

6	0,2	17	5	SP	0,1	17	5

BIBOLLET Valerie et Michel – Gîte de la Martinette - La Martinette – 38580 La Ferriere-d'Allevard – Tél. : 04.76.45.08.17

Gresse-en-Vercors *C.M. n° 77 — Pli n° 14*

E.C. NN 18 pers. Ouverture : toute l'année. Alt. : 1200 m

Maison individuelle avec cuisine, salle de séjour, 4 chambres, salle d'activités, sanitaires, chauffage électrique. Groupe : 3430 à 4830 F.

1	SP	1	1	20	20	0,5	SP	0,5	3	15	1

LE MAIRE DE GRESSE EN VERCORS – Mairie – 38650 Gresse-en-Vercors – Tél. : 04.76.34.34.34

Gresse-en-Vercors Les Rivieres *C.M. n° 77 — Pli n° 14*

18 pers. Ouverture : sur réservation. Alt. : 1200 m

Gîte aménagé au rez-de-chaussée de la maison des propriétaires. Vous disposerez de 4 chambres de 4 pers., 1 chambre de 2 pers., comportant chacune douche et lavabo particulier. 2 wc et lavabo communs. Vaste salle à manger, cuisine équipée. Table d'hôtes sur demande. Terrasse ombragée avec salon de jardin. Rivière à proximité. Groupe : 5500 à 8000 F. Accueil de cavaliers et de leurs chevaux.

Prix : pers.nuit **70/90 F** 1/2 pension **160/165 F** pension **220/225 F**

(TH) (A)

3	0,5	3	3	17	17	3	SP	SP	3	11	3

PELISSARD Michelle – Relais du Grand Veymont - Les Rivieres – 38650 Gresse-en-Vercors – Tél. : 04.76.34.32.48

Huez La Combe-Haute *C.M. n° 77 — Pli n° 6*

14 pers. Ouverture : toute l'année. Alt. : 1550 m

Auberge montagnarde au carrefour de deux pistes (Alpe d'Huez et Auris) accessible à ski, en raquettes, à pieds, en VTT, à cheval, en voiture (4x4). Salle à manger, cheminée. Au 1er, 1 ch. (2 pers.) et 2 dortoirs de 6 pers. en bas-flancs. Chauffage, 2 douches, 3 wc, 3 lavabos. Formule pension complète avec casse-croûte pour midi. Alpe d'Huez 7 km.

Prix : 1/2 pension **165 F** repas **70 F**

(TH) GR : 54

SP	SP	7	3	7	SP	SP	7	63	7

FONTANEL Robert – Chemin du Rosay – 38750 Huez-en-Oisans – Tél. : 04.76.80.61.38

Huez *C.M. n° 77 — Pli n° 6*

18 pers. Ouverture : toute l'année. Alt. : 1450 m

Maison de caractère au cœur d'un petit village traditionnel à 4 km de l'Alpe d'Huez. Sylvie et Yves, moniteurs de ski, vous proposent 5 jolies chambres montagnardes de 2 à 4 pers. dont 2 avec s. d'eau et wc particulier. Sanitaires communs pour les 3 autres. Vaste séjour voûté, kitchenette à disposition. Chauffage central. 1/2 pension sur réservation. Jardin aménagé où sont pris les repas à la belle saison. Etape sur le GR54. Local à ski et à chaussures. La fourniture des draps est comprise dans le tarif. Groupe : 11000 à 13000 F. Anglais et italien parlés.

Prix : pers.nuit **60/110 F** 1/2 pension **160/210 F** repas **80 F**

TH GR : 54

0,2	0,1	4	0,2	14	14	6	SP	1,5	5	60	4

FORESTIER Sylvie et Yves – Le Florineige - Quartier de la Fruitiere – 38750 Huez-en-Oisans – Tél. : 04.76.80.94.89

Lalley Avers *C.M. n° 77 — Pli n° 15*

18 pers. Ouverture : toute l'année. Alt. : 800 m

Ferme du Trièves rénovée, avec grand séjour dans l'ancienne bergerie voûtée, 7 chambres de 2 et 4 pers. avec s. d'eau particulière et wc communs. Chauffage central. Salle de séminaire avec bibliothèque. Table d'hôtes avec légumes « bio » du jardin. Possibilité de stages rando. été-hiver (doc. sur demande). Anglais et allemand parlés.

Prix : 1/2 pension **175/210 F** pension **230/250 F**

TH

7	10	3	10	SP	15	10	3

KOPACZ GATELIER Bernadette et Patrick – Avers – 38930 Lalley – Tél. : 04.76.34.74.71 – Fax : 04.76.34.73.02

Lans-en-Vercors L'Aigle *C.M. n° 77 — Pli n° 4*

12 pers. Ouverture : toute l'année. Alt. : 1020 m

Dans un cadre de verdure, jolie maison contemporaine à proximité du village. 4 chambres de 2 à 4 pers. avec sanitaires collectifs. Joëlle organise sur demande des séjours sportifs (ski de fond, parapente, etc.) et propose également 2 chambres d'hôtes de 2 pers. avec sanitaires privés. Salon, TV, hifi, livres et salle à manger communs. Anglais parlé. Jardin ombragé et fleuri, chaises longues pour les après-midi de farniente.

Prix : pers.nuit **69/92 F** 1/2 pension **132/175 F** pension **170/210 F** repas **80 F**

TH A

4	SP	6	1	1	SP	SP	1	25	1

ROUSSET Joelle – Inouk - L'Aigle – 38250 Lans-en-Vercors – Tél. : 04.76.95.42.47 – Fax : 04.76.95.66.57

Lans-en-Vercors Les Allieres *C.M. n° 77 — Pli n° 4*

19 pers. Ouverture : tous les jours en haute saison, du jeudi au dimanche en basse saison. Alt. : 1426 m

Ancien chalet d'alpage aménagé avec une auberge accessible en 20 mn à pied ou en ski de fond. Bernard et Véronique vous accueillent dans une chaude ambiance montagnarde pour un séjour nature. Salle à manger avec cheminée (50 couv.). Gîte d'étape au r.d.c. 10 lits en bas-flancs. Au 1er, 4 ch. de 2 à 7 pers. avec s. d'eau et wc communs. Réservation conseillée. Spécialités : raclette au feu de bois et dîner aux chandelles.

Prix : pers.nuit **65 F** 1/2 pension **190 F** pension **250 F** repas **85/140 F**

TH A

2,5	SP	13	6	7	SP	6	6	29	6

MANIGLIER Bernard – Les Allieres - BP18 – 38250 Lans-en-Vercors – Tél. : 04.76.95.90.90

Malleval *C.M. n° 77 — Pli n° 4*

19 pers. Ouverture : toute l'année. Alt. : 950 m

Bâtiment composé d'un foyer de fond, d'une salle hors-sac, et d'un gîte d'étape. Cuisine. Grande salle commune. Un dortoir en mezzanine de 19 places en bas-flancs. Sanitaires (4 wc, 2 douches et 4 lavabos). Poêle à bois avec soufflerie + cheminée. Foyer de fond l'hiver et randonnées Nordiques. Ski de fond : 110 km de Pistes balisées. Randonnées pédestres et équestres. Ecole d'escalade, VTT. Réductions de tarifs groupes de 10 personnes.

Prix : pers.nuit **35/39 F**

SP	15	SP	15	SP	SP	SP	SP	17	9

REFUGE DU FOYER DE FOND – 38470 Malleval – Tél. : 04.76.64.01.89 ou 04.76.38.54.59

Malleval Railletiere *C.M. n° 77 — Pli n° 4*

22 pers. Ouverture : toute l'année. Alt. : 1000 m

Vaste demeure de caractère sur 1 ha. de terrain, aménagée sur 3 étages et 1200 m² habitable. Grande salle à manger (cheminée) ouvrant sur véranda 100 m², mezzanine (coin-détente), salon/bar, cuisine pro. 11 ch. de 2 lits 1 pers. (8 avec bains, wc privés, 3 avec s. d'eau et wc communs). Four à pain. Draps fournis. Groupe : 10000 à 15000 F. Location semaine et week-end. Le propriétaire, traiteur, peut sur demande, livrer des plats cuisinés.

35	SP	14	14	1	SP	14	14

GITES DE FRANCE-SERVICE RESERVATION – Maison des Agriculteurs - 40 Av. Marcelin Berthelot – 38100 Grenoble – Tél. : 04.76.40.79.40 – Fax : 04.76.40.79.99

Malleval La Gerlette *C.M. n° 77 — Pli n° 4*

65 pers. Ouverture : toute l'année. Alt. : 950 m

Dans le décor naturel du parc du Vercors, centre d'activités Nature et Sportives. Malleval, c'est toute la richesse d'une faune et d'une flore préservées. 2 salles de restaurant, coin-détente avec bar et cheminée, 8 ch. de 1 à 5 lits, 7 dortoirs de 6 à 10 lits, sanitaires privés. Agrément DDJS et Educ. Nationale. Documentation complète sur demande. Escalade, spéléo., randonnée, ski de fond (110 km pistes), raquettes, traineau à chevaux. Reçoit à la semaine ou au week-end familles, classes et groupes organisés.

Prix : 1/2 pension **155 F** pension **195 F** repas **75 F**

(TH) GR : GTA

SP	SP	SP	SP	SP	15	10

PLESSE Gerard – La Gerlette – 38470 Malleval – Tél. : 04.76.38.23.68 – Fax : 04.76.38.27.01

Meaudre Les Gaillardes *C.M. n° 77 — Pli n° 4*

28 pers. Ouverture : toute l'année. Alt. : 1050 m

Dans maison traditionnelle du Vercors spacieuse et rénovée. Accueil groupes et individuels : stages ski de fond, raquettes, rando., VTT, yoga, relaxation diététique. A votre disposition, 5 ch. dont 3 avec, s. d'eau, 3 wc. Vaste séjour cuisine, sauna, chauffage central. Dans maison annexe, 4 ch. 2 pers. et 2 ch. 3/4 pers. avec kitchenette, s. d'eau, wc privés chacune. Les tarifs comprennent les boissons et l'accès à l'espace détente. Groupe : 6500 F.

Prix : pers.nuit **90/130 F** 1/2 pension **185/230 F** pension **230/270 F** repas **85 F**

(TH) GR : GTA

2	2	2	2	4	SP	SP	3	30	2

DUTRIEVOZ Jean-Yves et Martine – Arcanson – 38112 Meaudre – Tél. : 04.76.95.23.51

Mens *C.M. n° 77 — Pli n° 15*

E.C. NN 12 pers. Ouverture : toute l'année. Alt. : 800 m

Dans le Trièves, cadre de verdure, spacieux, vaste maison avec au 1er niveau 3 ch. 2 pers., 1 ch. 3 pers., 2 séjours (coin-cuis.) dont 1 avec couchage 2 pers., 1 ch. mezzanine 2 pers., 2 salles de bain, 2 wc., chauffage électrique, poêle-cheminée. Grande terrasse avec salon de jardin. Groupe : 5000 F. Accueil possible avec aménagement adapté, indép. de 2 à 12 pers. Découverte nature, randonnées en moyenne montagne, massifs Obiou et Vercors balisés, VTT (tour du Trièves), départ du gîte. Superficie : 180 m^2.

Prix : pers.nuit **70/100 F**

30	15	1	1	20	20	1	SP	SP	5	15	1

DESCOMBES Noel et Mireille – Le Gîte de l'Obiou - Pouillane – 38710 Mens – Tél. : 04.76.34.60.87

Mizoen *C.M. n° 77 — Pli n° 6*

E.C. NN 40 pers. Ouverture : toute l'année. Alt. : 1200 m

Dans ce village fleuri de 124 habitants situé sous le Plateau d'Emparis (site classé), à 11 km des 2 Alpes, nous vous accueillons dans un gîte de 40 places aménagées en chambres de 2, 4, 6 lits, 1 salle de classe (découverte), 1 mur d'escalade, 1 sauna, 1 mini-bus, matériel de ski, d'alpinisme et VTT sont à disposition. Groupe : 14000 à 16800 F. Aire de bivouac avec sanitaires, douches, barbecue. Poss. restauration. Stages de ski, d'alpinisme, de randonnée et de parapente organisés. Agrément Jeunesse & Sports et Education Nationale. Gestion libre : 50 F/jour/pers.

Prix : pers.nuit **50/70 F** 1/2 pension **125/155 F** pension **150/180 F**

(TH)

11	11	11	11	4	4	11	SP	SP	SP	60	SP

ASSOCIATION ARTS ET JOIES – Auberge de Mizoen - Le Village – 38142 Mizoen – Tél. : 04.76.80.04.38

Monestier-du-Percy Domaine-du-Serrya *C.M. n° 77 — Pli n° 14/15*

E.C. NN 20 pers. Ouverture : toute l'année. Alt. : 750 m

A la limite de l'Isère et de la Drôme, au cœur du Trièves, Françoise (Accompagnatrice de Tourisme Equestre) vous accueille dans 3 ch. avec sanitaires privés et 2 petits dortoirs. Grande salle à manger avec cheminée, espace détente. Stage : 295 à 395 F/jour (hébergement + repas + 3 heures d'équitation). Anglais et italien parlés. Elle vous propose des stages d'équitation d'extérieur pour débutants et confirmés, des randonnées bivouac ou gîte, des séjours détentes pour non-cavaliers (découverte-nature, VTT...), enfants, adolescents, adultes.

Prix : pers.nuit **80/90 F** 1/2 pension **140/185 F** pension **170/215 F**

(TH) (A)

35	8	8	8	30	30	SP	SP	0,5	12	8	12

GUINOT Francoise – Domaine du Serrya – 38930 Monestier-du-Percy – Tél. : 04.76.34.43.16

La Morte Alpe-du-Grand-Serre *C.M. n° 77 — Pli n° 5*

E.C. NN 20 pers. Ouverture : toute l'année. Alt. : 1400 m

Gîte de séjour indépendant situé dans une auberge au pied des pistes de ski. Au r.d.c., salle de restaurant avec bar, où vous seront servis vos repas. A l'étage, hébergement familial et fonctionnel réparti en 5 ch. de 2 à 6 lits superposés avec confort sanitaire et chauffage électrique. Agrément DDJS. Randonnées pédestres, équitation, parapente, pêche, tennis et VTT.

Prix : 1/2 pension **140 F** pension **170 F**

(TH) GR : 50

SP	SP	20	SP	20	20	SP	SP	SP	SP	40	0,6

TERMIER Philippe – La Tartine - La Morte – 38350 L'Alpe-du-Grand-Serre – Tél. : 04.76.72.10.03 – Fax : 04.76.72.12.90

Murinais Le Village *C.M. n° 77 — Pli n° 3*

16 pers. Ouverture : toute l'année. Alt. : 600 m

Maison de pays avec auberge, au cœur du village. Gîte au 1er, accès indép. 5 ch. (avec lavabo) de 2 à 4 pers. dont 1 duplex (s. d'eau privée). Sanitaires communs. Chauffage électrique. Jardin, terrasse, jeux de boules, billard. Accueil stages ou séminaires (loc. salle et matériel). Centre équestre à 200 m. Location de draps. Groupe : 3850 F. Accueil groupes enfants (voir propriétaire). Anglais, italien, espagnol, allemand et portugais parlés.

Prix : pers.nuit **50/70 F** 1/2 pension **110/170 F** pension **160/240 F** repas **60/130 F**

(TH) (A)

35	20	9	9	9	9	SP	SP	9	6	6

VILLENEUVE Roland et Valerie – Le Relais de Murinais – 38160 Murinais – Tél. : 04.76.64.23.09 – Fax : 04.76.64.23.26

Ornon *C.M. n° 77 — Pli n° 6*

E.C. NN 40 pers. Ouverture : toute l'année. Alt. : 1470 m

Florence et Marc vous réservent un accueil chaleureux pour des vacances à votre rythme. De plain-pied, 20 lits répartis en ch. de 4 pers. avec chacune douche et lavabo, wc communs. En rez-de-jardin, 20 lits en 2 ch. de 2 pers. et 2 dortoirs de 8 lits, 4 douches et lavabos communs. Chauffage central. L-linge, sèche-linge et draps à dispo. Terrasse exposée plein sud. Face au Taillefer, le Schuss est un chalet au prid des pistes. Agrément DDJS et Inspection Académique. Classe de découverte neige et verte et rousse. Groupe : 12000 à 15400 F.

Prix : pers.nuit **50/60 F** 1/2 pension **140/150 F** pension **170/185 F** repas **60 F**

(TH) (A) GR : 50

SP	1	10	10	20	20	10	SP	SP	15	60	10

THEVENIEAU Marc et Florence – Le Schuss - Station du Col d'Ornon – 38520 Ornon – Tél. : 04.76.80.46.60

Ornon Les Filons *C.M. n° 77 — Pli n° 6*

18 pers. Ouverture : toute l'année. Alt. : 1300 m

Jean-René (guide de haute-montagne) et Marie-Odile (accomp. moyenne montagne) vous accueillent dans leur gîte de 18 pers. aménagé dans l'ancien presbytère du village d'Ornon. Grande terrasse plein-sud. Grande pièce commune avec cheminée. 1 ch. 2 pers., 4 ch. 4 pers. Sanitaires. Local technique avec salle. Accès 50 m à pied. Agréé DDJS. Stages montagne, ski, cascade de glace. Aux portes du Parc National des Ecrins.

Prix : pers.nuit **70 F** 1/2 pension **165 F** pension **185 F**

(TH) (A) GR : 50

5	5	10	10	20	20	10	SP	0,5	10	50	10

MINELLI Jean-Rene et M-Odile – Les Filons – 38520 Ornon – Tél. : 04.76.80.60.58

Oz-en-Oisans L'Enversin *C.M. n° 77 — Pli n° 6*

19 pers. Alt. : 1100 m

Bâtiment indépendant comprenant au rez-de-chaussée 2 chambres à 3 lits, cuisine, réfectoire, salle de bains, wc. Au 1er étage : 2 dortoirs de 14 et 5 lits, 3 lavabos, 3 douches, wc. Chauffage électrique. Ski Alpin sur place (accés direct par téléphérique au domaine skiable des Rousses). Plan d'eau de 70 ha. (planche à voile, pédalos). Randonnées pédestres. Agrément Jeunesse et Sports n° 38289374.

Prix : pers.nuit **60 F**

GR : 59

1	10	6	6	6	6	10	SP	6	45	3

LE MAIRE DE OZ EN OISANS – Mairie – 38114 Oz-en-Oisans – Tél. : 04.76.80.78.12

Oz-en-Oisans Sardonne *C.M. n° 77 — Pli n° 6*

18 pers. Ouverture : toute l'année. Alt. : 1050 m

Dans leur maison traditionnelle au cœur de l'Oisans, Gillian et Bernard vous accueillent et vous proposent au r.d.c. séjour-cuisine, sanitaires. 1er étage, 1 ch. 2 pers., 1 ch. 4 pers. (bas-flancs), 1 ch. 6 pers. (2 lits superp. 1 lit 2 pers.). 2e étage : 1 ch. 6 pers. (bas flancs). Chauffage électrique. Grande salle voutée de plain pied. Groupe : 10000 F. Gillian et Bernard (moniteur de ski et guide de haute montagne), diplomé d'état, vous accueillent et vous proposent plusieurs activités été et hiver sur demande. Ski alpin à Villard reculas 6 km, liaison avec l'Alpe d'Huez. Agrément Jeunesse et Sports. anglais parlé.

Prix : pers.nuit **80 F** 1/2 pension **160/180 F** pension **190/210 F**

(TH) (A)

6	6	6	6	6	6	10	SP	6	6

FABRE Bernard et Gillian – 38114 Oz-en-Oisans – Tél. : 04.76.80.76.93

Pellafol *C.M. n° 77 — Pli n° 15*

18 pers. Ouverture : toute l'année. Alt. : 925 m

Ancienne cure rénovée comprenant au rez-de-chaussée : salle à manger, cuisine, 4 lavabos, 1 douche, 2 wc. Au 1er étage : 3 chambres de 4, 6 et 8 pers., salle d'eau, wc, chauffage électrique. Terrain. Jonction avec Tour du Trièves, randonnées pédestres : Obiou, lac du Sautet. A 25 km de la station de Superdévoluy.

Prix : pers.nuit **50/60 F**

25	SP	SP	3	SP

LE MAIRE DE PELLAFOL – Mairie – 38970 Pellafol – Tél. : 04.76.30.03.12 ou 04.76.30.00.04

Pinsot Le Gleysin *C.M. n° 77 — Pli n° 6*

18 pers. Ouverture : toute l'année. Alt. : 1100 m

Monique et Marcel vous accueillent dans leur ferme auberge à proximité de la chèvrerie. Gîte dans une grange rénovée. Au r.d.c. salle à manger/cuisine. 1 dortoir (8 pers.), salle d'eau, wc. Au 1er : coin-détente, 2 ch. (7 pers.), salle d'eau, wc. Au 2e : dans les combles, 1 dortoir 5 pers., lavabo. Poss. location de draps. Randonnées sur le Tour du Pays. Ski alpin et de fond Le Pleynet 18 km, Le Collet-d'Allevard 20 km. Agriculteurs : élevage caprins.

Prix : pers.nuit **45/60 F** 1/2 pension **110/180 F** pension **145/240 F** repas **106 F**

TH A

18	9	10	10	10	10	10	SP	4

FERRIER TARIN Marcel et Monique – Le Gleyzin – 38580 Pinsot – Tél. : 04.76.97.53.64

Rencurel Les Rimets *C.M. n° 77 — Pli n° 4*

19 pers. Ouverture : toute l'année. Alt. : 1050 m

Dans leur vaste maison du Vercors aux pierres apparentes, Marie-Claude et Henri vous accueillent dans 4 jolies chambres de 3 et 4 pers. avec douche et lavabo chacune, wc à l'étage, un dortoir de 8 lits (sanitaires à l'étage). Chauffage central, draps fournis. Les repas sont pris dans la salle à manger près de la cheminée. Henri, accompagnateur de moyenne montagne vous proposera sur réservation de découvrir le sentier du Plateau des Coulmes ou vous conseillera dans vos activivités. Spéléo à 12 km. Réduction suivant période et durée, réduction pour enfants et groupes à partir de 10 pers.

Prix : pers.nuit **110 F** 1/2 pension **180 F** pension **220 F**

TH

4	1	15	3	3	SP	SP	15	30	5

VERNISSAC Marie-Claude et Henri – Les Rimets – 38680 Rencurel – Tél. : 04.76.38.98.48

Rencurel Le Chateau *C.M. n° 77 — Pli n° 4*

15 pers. Ouverture : Toute l'année. Alt. : 1000 m

Ancienne résidence de chasse du XVIIe, sur un domaine de 60 ha., comprenant l'appartement des propriétaires et le gîte mitoyen. Au r.d.c. : séjour, cuisine, wc. Au 1er : 3 ch. de 4 à 6 pers., s. d'eau et wc particuliers. Chauffage central. L-linge, l-vaiss., sèche-linge (équipé d'un monnayeur). Parking. Draps fournis. Loc. semaine et week-end. Groupe : 2650 à 5250 F. Propriétaire agriculteur : élevage de moutons, chèvres et poneys.

Prix : pers.nuit **65/75 F** 1/2 pension **175 F**

TH GR : 9

3	SP	3	3	15	SP	1

SALAZARD Marius – Gîte du Chateau – 38680 Rencurel – Tél. : 04.76.38.98.08 ou SR : 04.76.40.79.40

Rencurel La Valette *C.M. n° 77 — Pli n° 4*

12 pers. Ouverture : toute l'année. Alt. : 680 m

Dans les gorges de la Bourne, sur le GR du Tour des 4 montagnes, Jeanine et Robert vous accueillent dans leur maison entièrement rénovée et mettent à votre disposition 3 jolies ch. de 4 pers. avec douche et lavabos privés, toilettes sur le palier. Couettes et draps fournis. Chauffage central. Cuisine, hors-sac, salle à manger, salon avec cheminée, biblio. Local équipé pour matériel de pêche et spéléo, lave-linge, réfrigérateur, congélateur. Anglais parlé.

Prix : pers.nuit **60/65 F** 1/2 pension **160/165 F** pension **200/205 F**

TH

2	2	10	2	15	15	2	SP	SP	12	30	10

MAYOUSSE Jeanine et Robert – La Valette – 38680 La Balme-de-Rencurel – Tél. : 04.76.38.96.95

Romagnieu Malatrait *C.M. n° 74 — Pli n° 14*

18 pers. Ouverture : toute l'année. Alt. : 250 m

Ancienne ferme sur un terrain clos de 2000 m². Au r.d.c. : cuisine, salle à manger, salon avec cheminée, wc, lavabo. Au 1er : 1 dortoir 8 pers., 3 ch. de 2 à 4 pers. Sanitaires communs. Chauffage électrique. Prise TV, lave-linge. Salle d'activité, volley, ping-pong, basket. Barbecue. Groupe : 2750 à 5500 F.

Prix : week-end **1250/2500 F**

5	2	2	2	SP	2	3

GANDIA Antoine – 7 rue Jules Verne – 69003 Lyon – Tél. : 04.78.54.41.58

Saint-Baudille-de-la-Tour Ferme-des-Dames *C.M. n° 74 — Pli n° 13*

36 pers. Ouverture : toute l'année. Alt. : 400 m

Situé sur le plateau de L'Isle Crémieu, accueil en 6 gîtes de 6/8 pers. aménagés dans 3 maisons indiv. Chaque gîte dispose d'un bloc cuisine, coin-repas, 2 ch., s. d'eau, wc, ch. élect., terrasse abritée avec table et bancs. Une équipe dynamique vous accueille dans la ferme du XVe où se trouvent : salle à manger (cheminée), salle d'animation. Groupe 1500 à 2500 F. Balades en roulotte ou en carrioles possibles, initiation attelage : le pas tranquile du cheval de trait vous laissera le temps de puiser dans les richesses d'une région pleine de caractère. Etape cavaliers (mobil-home 8 pers.). Pension sur demande. Adhésion Association : 2 F/jour/pers.

Prix : pers.nuit **50/90 F** 1/2 pension **135/175 F**

TH

8	11	11	8	SP	8	22	5

LVT ROULOTTES DAUPHINE – Ferme des Dames – 38118 Saint-Baudille-de-la-Tour – Tél. : 04.74.83.86.13 – Fax : 04.74.83.87.51

Saint-Christophe-en-Oisans La Berarde *C.M. n° 77 — Pli n° 16*

16 pers. Ouverture : d'avril à octobre. Alt. : 1720 m

Dans ce haut lieu de l'alpinisme, berceau des grandes familles de guides de l'Oisans, Christiane perpétue la tradition en vous accueillant dans un vaste chalet. Hébergement en dortoir de 12 pers. et 1 ch. de 4 pers. sanitaires communs. Dans une aile mitoyenne, 4 chambres d'Hôtes (3 épis) 2/3 pers., s. d'eau, wc privées. Les repas peuvent être pris à l'Auberge. Parc des Ecrins. Randonnées accessibles à tous. Réductions pour groupes.

Prix : pers.nuit **70/190 F** 1/2 pension **180/270 F** repas **89 F**

(TH) Ⓐ

SP	SP	31

AMEVET Christiane – Le Champ de Pin - La Berarde – 38520 Saint-Christophe-en-Oisans – Tél. : 04.76.79.54.09 – Fax : 04.76.79.54.09

Saint-Christophe-en-Oisans Le Plan-du-Lac *C.M. n° 77 — Pli n° 16*

26 pers. Ouverture : toute l'année. Alt. : 1200 m

Chalet avec au r.d.c. une auberge de montagne. 1er étage : 2 dortoirs de 7 pers., et 3 ch. de 4 pers. Sanitaires au 1er et au r.d.c. Belle terrasse ombragée, aire de jeux pour enfants. Eaux vives à 400 m. Départ de nombreuses randonnées. Zone périphérique du Parc des Ecrins. Jonction par télécabine avec les 2 Alpes à 3 km. Réduc. sur forfaits ski été/hiver. Pêche à la truite dans le Vénéon. Draps et couettes fournis. Cuisine soignée, pain à l'ancienne.

Prix : pers.nuit **78 F** 1/2 pension **180 F** pension **260 F** repas **80 F**

(TH) Ⓐ GR : 54

4	4	4	4	40	40	15	SP	SP	15	SP	SP

SCHOPPHOVEN Danielle – Le Plan du Lac – 38520 Saint-Christophe-en-Oisans – Tél. : 04.76.80.19.19 – Fax : 04.76.80.26.13

Saint-Christophe-en-Oisans Pre-Clot *C.M. n° 77 — Pli n° 6*

20 pers. Ouverture : toute l'année. Alt. : 1550 m

Ancienne bergerie rénovée, avec une petite auberge montagnarde et le logement des propriétaires. Vous disposerez sur 2 niveaux de 4 ch. de 2 ou 4 pers., sanitaires particuliers et de 2 dortoirs de 6 pers. sanitaires communs. Salle à manger avec cheminée, terrasse. A 9 km de la Bérarde. Liaison avec les 2 Alpes par télécabine à 7 km. Location de draps.

Prix : pers.nuit **70/115 F** 1/2 pension **175/220 F** repas **65/110 F**

(TH) Ⓐ

7	7	7	9	SP	SP	25	25

TAIRRAZ Yolande et Charles – Les Arias - Pre Clot – 38520 Saint-Christophe-en-Oisans – Tél. : 04.76.79.27.41

Saint-Christophe-sur-Guiers La Ruchere *C.M. n° 74 — Pli n° 15*

19 pers. Ouverture : toute l'année. Alt. : 1170 m

La Ruchère, village traditionnel du Parc Régional de Chartreuse. Le plus haut site Nordique du Massif. Gîte avec accès indép. comportant 19 lits en bas-flancs, coin-cuisine et repas, sanitaires. Itinéraires raquettes, rando. accompagnées, situation panoramique. Le Centre Nordique de la Ruchère, site reculé et calme ainsi qu'un lieu d'activité et de détente privilégié. Forfaits week-end ou semaine. Agréé Jeunesse et Sports. Salles de séminaires et banquets. Delta, parapente, spéléo, VTT, tir à l'arc. Groupe : 4200 à 4600 F.

Prix : pers.nuit **46/57 F** 1/2 pension **140/158 F** pension **195/202 F** repas **73 F**

(TH) Ⓐ

20	SP	10	10	30	9	SP	6	SP	32	9

CENTRE NORDIQUE LA RUCHERE – Lebreton Luc - La Ruchere – 38380 Saint-Christophe-sur-Guiers – Tél. : 04.76.66.00.33 – Fax : 04.76.66.03.21

Saint-Christophe-sur-Guiers Le Cleyat *C.M. n° 74 — Pli n° 15*

10 pers. Ouverture : toute l'année. Alt. : 1100 m

Vaste chalet comportant le logement du propriétaire, un petit bar montagnard et 2 gîtes de séjour mitoyens. Ce gîte dispose d'un séjour/cuisine avec cheminée au rez-de-chaussée et de 3 ch. avec lavabo au 1er étage. Salle d'eau, 2 wc, lave-linge. Chauffage central. Etape sur le Tour de Chartreuse. Spéléologie, pêche à la truite, parapente, VTT, tir à l'arc, mini-golf. Deuxième gîte de 8 personnes. Groupe : 2500 à 4500 F.

Prix : pers.nuit **65/75 F**

GR : 9

10	1	15	10	20	20	10	SP	10	10	35	10

REVERDY Marc – La Ruchere – 38380 Saint-Christophe-sur-Guiers – Tél. : 04.76.66.00.11

Saint-Christophe-sur-Guiers Le Cleyat *C.M. n° 74 — Pli n° 15*

8 pers. Alt. : 1100 m

Vaste chalet comportant le logement du propriétaire, un petit bar montagnard et 2 gîtes de séjour mitoyens. Ce gîte dispose sur un seul niveau d'un séjour cuisine, de 3 chambres, 2 douches, 2 lavabos, wc. Lave-linge. Chauffage central. Etape sur le Tour de Chartreuse. Spéléologie, pêche à la truite, parapente, VTT, mini-golf, tir à l'arc. Groupe : 2000 à 3500 F. Deuxième gîte de 10 personnes.

Prix : pers.nuit **65/75 F**

GR : 9

10	1	15	10	20	20	10	SP	10	10	35	10

REVERDY Marc – La Ruchere – 38380 Saint-Christophe-sur-Guiers – Tél. : 04.76.66.00.11

Saint-Hilaire-du-Touvet Les Eyrauds *C.M. n° 77 — Pli n° 5*

10 pers. Ouverture : Gîte de séjour/toute l'année, gîte d'étape/de mai à octobre. Alt. : 1000 m

Equipement touristique communal avec 2 gîtes ruraux et 2 gîtes de séjour mitoyens pouvant accueillir chacun 10 personnes. Séjour, coin-cuisine, sanitaires, un dortoir (avec lits superposés). Chauffage électrique. Balcon. Local skis. Ski à 100 m station de Saint-Hilaire. Stade de vol libre (delta et parapente), funiculaire. Groupe : 1820 à 3080 F. Toutes activités de moyenne montagne : escalade, randonnées, spéléo, VTT... Possibilité location week-end.

0,1	SP	12	1,5	12	12	10	SP	SP	SP	25	SP

LE MAIRE DE SAINT-HILAIRE-DU-TOUVET – Mairie – 38660 Saint-Hilaire-du-Touvet – Tél. : 06.80.32.83.58

Saint-Hilaire-du-Touvet Les Eyrauds *C.M. n° 77 — Pli n° 5*

10 pers. Ouverture : toute l'année. Alt. : 1000 m

Equipement touristique communal avec 2 gîtes ruraux et 2 gîtes de séjour mitoyens pouvant accueillir chacun 10 personnes. Séjour, coin-cuisine, sanitaires, un dortoir (avec lits superposés). Chauffage électrique. Balcon. Local à skis. Ski à 100 m station de Saint-Hilaire. Stade de vol libre (delta et parapente), funiculaire. Groupe : 1820 à 3080 F. Toutes activités de moyenne montagne : escalade, randonnée, spéléo, VTT. Possibilité location week-end.

0,1	SP	12	1,5	12	12	10	SP	SP	SP	25	SP

LE MAIRE DE SAINT-HILAIRE-DU-TOUVET – Mairie – 38660 Saint-Hilaire-du-Touvet – Tél. : 06.80.32.83.58

Saint-Jean-de-Vaulx Le Villaret *C.M. n° 77 — Pli n° 5*

17 pers. Ouverture : toute l'année. Alt. : 1070 m

Aménagé dans une ancienne grange attenante à l'habitation des propriétaires, avec au 1er : 1 salle de jour/coin-cuisine, 1 ch. 4 pers. avec sanitaires. Au 2e : 5 ch. de 2 pers. à 3 pers. avec sanitaires privés chacune. Chauffage électrique. 1/2 pension ou pension sur demande (produits fermiers). Etape sur le circuit du Tour des Lacs. Gîte à la ferme. Groupe : 8000 F. Anglais parlé.

Prix : pers.nuit **75 F** 1/2 pension **150 F** pension **205 F**

TH

15	3	15	1	3	3	15	SP	3	1	35	1

REYNIER POETE Patrick – Le Villaret – 38220 Saint-Jean-de-Vaulx – Tél. : 04.76.73.13.97

Saint-Lattier Les Grands-Champs *C.M. n° 77 — Pli n° 3*

14 pers. Ouverture : toute l'année. Alt. : 270 m

Grand gîte au r.d.c. d'un séchoir à tabac, à prox. de la maison des propriétaires. Vaste séjour-cuis. aux baies ouvrant sur la campagne environnante, 2 jolies ch. (2 x 2 lits superp. 1 pers.), 1 dortoir (6 lits superp. 1 pers.), s. d'eau/wc dans chaque ch. Chauffage élect. TV coul. L-linge. Terrasse, terrain ombragé, étang de pêche. Groupe : 4500 à 5500 F. Labo-photo sur place, possibilité de stages (tarifs sur demande). Village médiéval de Saint-Antoine à proximité (Abbaye du XIIIe, musées, artisans), jardin ferroviaire de Chatte. Possibilité repas. Location de linge. Le propriétaire, est producteur de noix, tabac, asperges. Anglais parlé.

TH

35	25	15	2	10	15	4	SP	SP	7	2

EFFANTIN Richard et Patrick – Les Grands Champs – 38840 Saint-Lattier – Tél. : 04.76.64.59.64 ou SR : 04.76.40.79.40 – Fax : 04.76.64.32.97

Saint-Maximin *C.M. n° 74 — Pli n° 16*

E.C. NN 35 pers. Ouverture : toute l'année. Alt. : 450 m

Centre d'hébergement de vacances et de loisirs comprenant un camping et le gîte : au r.d.c. Hall d'accueil, cuisine entièrement équipée, 2 salles à manger, 1 salle d'activités (70 m²) avec cheminée. Au 1er : 2 grandes ch. avec mezzanine (14 et 13 lits), 4 ch. (2 lits), chauffage central. Equipement extér. de jeux (1 ha.), calèche, poney. Tir à l'arc : mise à disposion gracieusement. Accueil de classes découverte. Agrément Jeunesse et Sports, Education Nationale.

Prix : pers.nuit **55 F** 1/2 pension **120 F** pension **160 F**

TH

15	15	2	2	2	2	9	SP	2	20	2	2

LES PETITS CHEVALIERS – Le Chapelat – 38530 Saint-Maximin – Tél. : 04.76.97.60.18

Saint-Nizier-du-Moucherotte *C.M. n° 77 — Pli n° 4*

E.C. NN 18 pers. Ouverture : toute l'année. Alt. : 1162 m

Maison au cœur du village avec au r.d.c. 1 magasin de sports et 1 magasin presse-cadeaux. 1er étage, gîte de séjour de 18 pers. Salle à manger, coin-cuisine avec poêle à bois. 3 lavabos, 2 douches, 2 wc. 3 ch. (18 lits 1 pers.). Chauffage électrique. Terrasse. Salle polyvalente commune. Eté : luge, mini-golf. Ouverture Grande Traversée du Vercors week-end hor-saison. Accompagnement groupes en rando ou escalade ou spéléologie. Randonnées pédestres à dos de mulets. Agrément Jeunesse et Sports en cours.

Prix : pers.nuit **55/60 F** repas **65 F**

TH

10	SP	15	2	50	50	15	SP	15	10	19	SP

BLANC Jean-Claude – Le Refuge Blanc – 38250 Saint-Nizier-du-Moucherotte – Tél. : 04.76.53.42.06

Saint-Pierre-d'Allevard Le Voley *C.M. n° 77 — Pli n° 6*

12 pers. Alt. : 810 m

Gîte de séjour à la ferme aménagé aux 1er et 2e étages de la maison du propriétaire comprenant 2 logements indépendants avec 2 cuisines, 5 chambres, 2 salles d'eau, 2 wc. Lave-linge. Chauffage central au 1er étage et poêle à bois au 2e. Groupe : 2300 à 2750 F.

18	6	7	7	14	SP	2	12	4,5

DIDELLE Claude – Le Voley – 38830 Saint-Pierre-d'Allevard – Tél. : 04.76.97.57.26

Saint-Pierre-d'Entremont Le Pont-du-Lac *C.M. n° 74 — Pli n° 15*

30 pers. Alt. : 740 m

Michel vous accueille dans son gîte de séjour et vous propose un hébergement en chambres de 2 à 6 pers. avec coin-cuisine, salle à manger cheminée, salle de réunions. Accueil de groupes, stages sportifs, séjours ski, classes de découverte. Agréé DDJS. A 20 km de Chambéry et 45 de Grenoble. Possibilité gestion libre de 6800 à 12000 F. Groupe : 10800 à 13700 F. Réductions pour groupes et enfants de moins de 8 ans.

Prix : pers.nuit **70/75 F** 1/2 pension **160/165 F** pension **215/225 F** repas **75 F**

(TH) (A)

8	5	10	2,5	25	25	2,5	SP	SP	5	20	2,5

FOLIARD Michel – Le Pont du Lac – 73670 Saint-Pierre-d'Entremont – Tél. : 04.79.65.83.45

Saint-Pierre-de-Chartreuse La Diat *C.M. n° 77 — Pli n° 5*

18 pers. Ouverture : toute l'année. Alt. : 950 m

Maison montagnarde dans le village où vous disposerez sur 2 niveaux, d'un vaste séjour-cuisine, de 2 ch. de 2 pers., 1 ch. de 4 et d'un dortoir de 10 pers. 2 douches, 3 wc, lavabos, chauffage central, sauna. Cuisine, salle à manger 20 pers. Sur le tour de Chartreuse, rando. ski, raquettes, pédestres. Possibilité de séjours à thème. Groupe : 6000 à 6500 F. Forfait week-end ou semaine possible. Anglais parlé.

Prix : pers.nuit **55/60 F** 1/2 pension **145/150 F**

(TH) GR : 9

1	4	0,5	0,5	25	25	2	SP	SP	4	25	SP

KOCH Elisabeth et Marc – La Diat – 38380 Saint-Pierre-de-Chartreuse – Tél. : 04.76.88.64.73

Saint-Pierre-de-Chartreuse La Scia *C.M. n° 77 — Pli n° 5*

60 pers. Ouverture : toute l'année. Alt. : 1800 m

Gîte d'altitude, au sommet des pistes de St-Pierre de Chartreuse. Aux 1er et 2e étages : 12 ch. de 2 à 5 pers. avec douche lavabo, wc ou douche, lavabo seuls. Au r.d.c. : salle de restaurant, bar, coin-salon avec cheminée, billard, piano. Salle d'activité. Terrasse. Hiver : accès par télécabine et télésiège. Eté : accés en voiture, route de montagne carrossable. Réduction pour groupe suivant période et nombre. Possibilité de nuitée seule pour groupe seulement. Réservation VTT et matériel de ski. Anglais et allemand parlés.

Prix : 1/2 pension **165/200 F** pension **200/250 F**

(TH) (A) GR : 9

SP	5	8	8	8,5	SP	8	SP	35	7

DALLUNG Pascal – La Scia – 38380 Saint-Pierre-de-Chartreuse – Tél. : 04.76.88.62.50 – Fax : 04.76.88.68.24

Saint-Sebastien Les Caravelles *C.M. n° 77 — Pli n° 15*

18 pers. Alt. : 925 m

Nicole et Robert Gourgeau ont aménagé leur gîte dans une partie du bâtiment de ferme. Au r.d.c. verstiaire, séjour/coin-cuis., wc. 1er : sanitaires, l-linge. 2e : 2 mezzanines, 1 dortoir et 1 ch. 2 pers., wc. Chauffage bois et élect. Grande terrasse. Nicole et Robert pratiquent la culture bio. Site propice aux activités culturelles (danse, musique...). Etape du Tour du Trièves. Relais équestre (12 stalles). Groupe : 6500 F.

Prix : pers.nuit **70 F** 1/2 pension **170 F**

(TH)

28	SP	5	1	10	10	10	SP	2	5	18	5

GOURGEAU Robert et Nicole – « Ferme de Vacances » - Les Caravelles – 38710 Saint-Sebastien – Tél. : 04.76.34.92.09

Le Sappey-en-Chartreuse Les Charmettes *C.M. n° 77 — Pli n° 5*

35 pers. Ouverture : toute l'année. Alt. : 1000 m

Au r.d.c. la salle hors sac et centre de ski nordique. Au niveau 2 : 4 studios indépendants de 4 à 6 pers., avec sanitaires et coin-cuisine. Vaste salle à manger du gîte d'étape, commune avec baies ouvrant sur la forêt, cuisine équipée. Au niveau 3 : 1 ch. 2 pers., 2 dortoirs 6 et 10 pers., 1 studio 4 pers. avec coin-cuis. et sanitaires. Chauffage électrique. Gîte d'étape et de séjour dans un bâtiment comptemporain. Au départ du Tour de Chartreuse. Location de matériel ski de fond et raquettes. Tarifs studios semaine de 1200 à 2000 F, week-end de 600 à 800 F.

Prix : pers.nuit **60/65 F**

GR : 9

SP	SP	10	SP	12	SP	SP	12	12	SP

LE MAIRE DU SAPPEY EN CHARTREUSE – Mairie – 38700 Le Sappey-en-Chartreuse – Tél. : 04.76.88.80.51 ou SR. :.04.76.40.79.40 – Fax : 04.76.88.81.75

Seyssinet-Pariset La Tour-Sans-Venin *C.M. n° 77 — Pli n° 4*

E.C. NN 15 pers. Ouverture : toute l'année. Alt. : 700 m

Nous vous proposons un lieu d'accueil qui vous offrira calme, verdure, nourriture saine, ambiance familiale. Chantal et Jacques vous accueillent dans 2 maisons anciennes, situées dans un parc de 1 ha., avec piscine privée chauffée (10 x 5 m). Hébergement de qualité pour groupe ou individuels en ch. de 1 à 4 pers., 3 s. d'eau, wc, chauffage central. 2 coins-cheminée. Salles de détente dont une de 45 m² pour organisations de séminaires. A 10 mn de Grenoble, face à la chaîne de Bellecombe, sur les contreforts du Vercors.

Prix : pers.nuit **150 F** 1/2 pension **200 F** pension **250 F** repas **75 F**

(TH) Ⓐ GR : 9

5	5	3	10	40	40	SP	5	10	15	6

CHENAL LELIEVRE Jacques et Chantal – Rue des Bergers -Les Combelles - La Tour Sans Venin – 38170 Seyssinet-Pariset – Tél. : 04.76.21.93.66

Treminis *C.M. n° 77 — Pli n° 15*

18 pers. Ouverture : toute l'année. Alt. : 960 m

Dans une vieille grange rénovée, vous serez accueillis dans un cadre confortable et simple. Séjour, coin-salon, feu bois, terrasse. 5 ch. Chauffage élect. Vous serez conseillés par Cathy et Christian dans le choix de vos randonnées, promenades et activités. Mise à disposition d'une écurie. Repas préparés avec les produits de la ferme. Anglais parlé. Sentiers de randonnées pédestres au départ du gîte situé sur le circuit équestre du Tour du Trièves.

Prix : 1/2 pension **142 F** pension **200 F** repas **70 F**

(TH) Ⓐ

20	SP	13	1	20	20	8	SP	1	8	15	2

ZANARDI Christian et Cathy – L'Eglise – 38710 Treminis – Tél. : 04.76.34.71.96

Treminis Chateau-Bas *C.M. n° 77 — Pli n° 15*

39 pers. Ouverture : toute l'année. Alt. : 850 m

Entre Vercors et Dévoluy, au cœur du Trièves, ancienne maison traditionnelle avec 11 ch. de 2 à 6 pers. 2 salles voûtées pour les repas et la détente. A dispo. 2 très grandes salles de réunion ou d'activités. Cour ombragée et grand terrain. Agréé DDJS et Educ. Nat. Tarifs enfants et groupes. Anglais parlé. Stages à thèmes (rando raquettes, ânes, botanique...) documentation détaillée sur demande.

Prix : 1/2 pension **150 F** pension **195 F**

(TH)

2	17	1	37	37	18	SP	SP	8	12	17

MELMOUX Christine et Frederic – La Margeliere - Chateau Bas – 38710 Treminis – Tél. : 04.76.34.71.68 – Fax : 04.76.34.74.38

Valencogne Le Brocard *C.M. n° 74 — Pli n° 14*

16 pers. Ouverture : toute l'année. Alt. : 660 m

Etape sur le circuit de grande randonnée de Saint-Victor de Cessieu à Saint Geoire en Valdaine, mettant à dispo. : 1 dortoir de 10 lits, 3 ch. de 2 lits, douches, wc, lavabos au même étage. Au rez-de-chaussée : café-restaurant rural où vous prendrez petits déjeuners ou repas à la table d'hôtes. Gîte équipé pour recevoir les cavaliers et leur monture.

Prix : pers.nuit **80 F** 1/2 pension **145 F** pension **200 F**

(TH) Ⓐ

6	10	4	4	SP	SP	15	SP

DERAIL Damien – Le Brocard – 38730 Valencogne – Tél. : 04.74.88.20.02

Villard-de-Lans Bois-Barbu *C.M. n° 77 — Pli n° 4*

18 pers. Ouverture : toute l'année. Alt. : 1150 m

Vaste ensemble au cœur du Parc du vercors, comportant le centre et le foyer de fond, loc. matériel. Restauration en saison, grande salle à manger, coin-détente avec cheminée et piano. Terrasse. Gîte indép. au 1er, ambiance montagne. 3 ch. mezzanine 4 pers. avec s. d'eau, 2 ch. 2 pers. avec s. d'eau, wc communs. Cuisine et espace détente/repas privés au gîte. Chauffage électrique. Au départ des pistes de fond.

Prix : pers.nuit **86/132 F** 1/2 pension **195 F**

(TH) Ⓐ

6	SP	5	3	4	SP	2	4	35	3

FILOTTI Josette – Relais des Fondeurs - Bois Barbu – 38250 Villard-de-Lans – Tél. : 04.76.95.57.97 – Fax : 04.76.95.11.49

Villard-Reymond L'Eau-Blanche *C.M. n° 77 — Pli n° 6*

18 pers. Ouverture : toute l'année. Alt. : 1650 m

Dans cette commune de l'Oisans, la plus haute de l'Isère, l'ancienne école a été transformée en auberge de village, et vous propose sa table d'hôtes dans la grande salle à manger aux meubles rustiques, avec ses fenêtres ouvrant sur les massifs du Grand Renaud, du Taillefer et le signal du Pré-Gentil. 1er ét. : 3 ch. de 6 lits 1 pers. chacune, sanitaires. Coin-feu avec cheminée, chauffage électrique. Loc. draps sur demande. Le Four banal a été restauré et chaque semaine en haute saison, vous assisterez à la cuisson du pain. Salle polyvalente dans le village avec tennis de table et baby-foot.

Prix : pers.nuit **50/60 F** 1/2 pension **135/145 F** pension **175/185 F** repas **70/110 F**

(TH) GR : 50

15	15	15	15	15	SP

LE MAIRE DE VILLARD REYMOND – Mairie – 38520 Villard-Reymond

Villard-Saint-Christophe *C.M. n° 77 — Pli n° 15*

30 pers. Ouverture : toute l'année. Alt. : 1000 m

Ancienne ferme de caractère traditionnel dans un vallon isolé et rénovée avec goût. Vous disposerez au r.d.c. d'une cuisine avec équipement pro., d'une salle à manger rustique avec cheminée, d'une salle d'activité avec mezzanine, baie vitrée ouvrant sur la terrasse. Sanitaires. Au 1er : 3 dortoirs avec mezzanine, salle d'activité avec mezzanine. Chauffage élect. Four à pain. 5 ha. de prairies. Prix week-end suivant la saison. Groupe : 10000 à 12000 F. Anglais et espagnol parlés.

Prix : pers.nuit **70 F**

8	SP	10	1	4	4	1	SP	1	10	30	3

REBREYEND Jean-Pierre et Denis – 38220 Cholonge – Tél. : 04.76.83.09.26 ou SR : 04.76.40.79.40 – Fax : 04.76.30.82.97

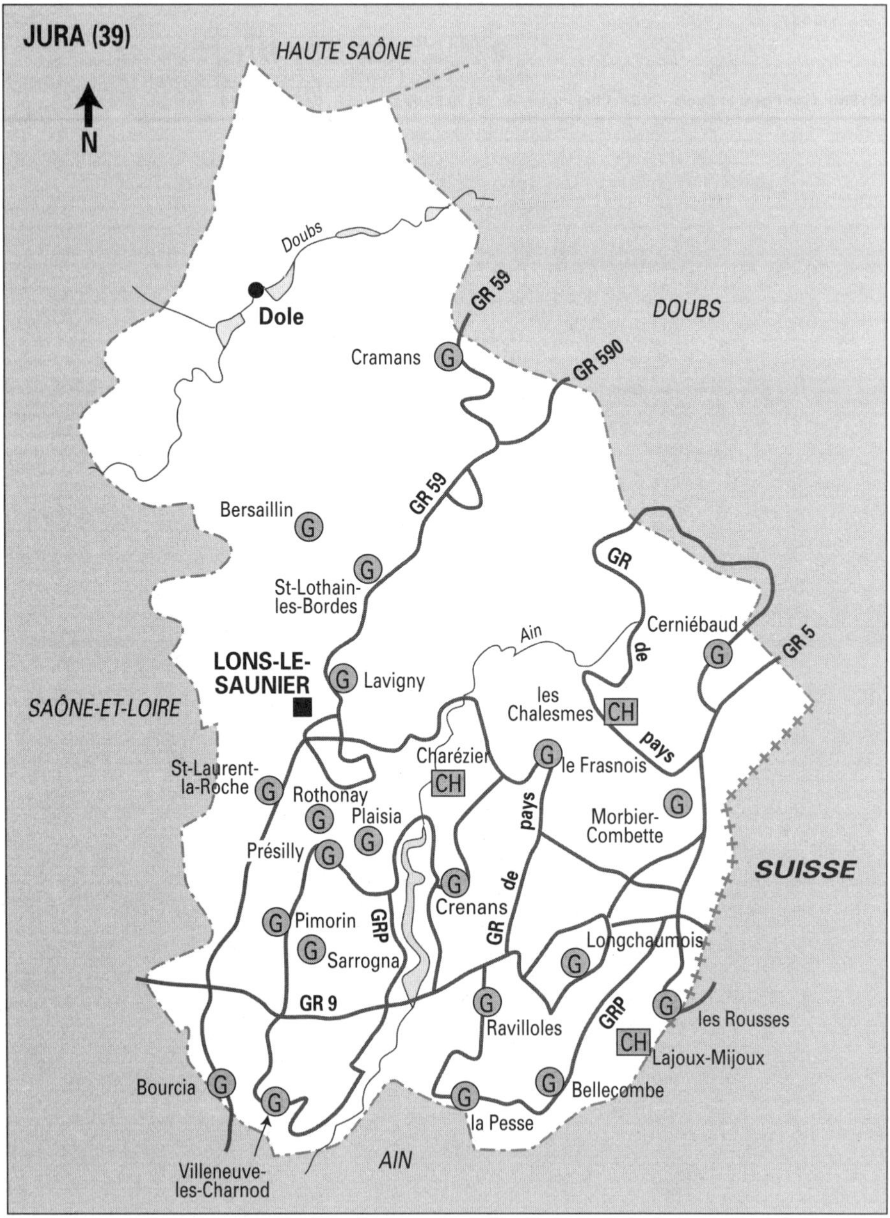

CH Chambre d'hôte G Gîte d'étape, de séjour L Logis de France

Bersaillin Ferme-du-Chateau *C.M. n° 70*

28 pers. Ouverture : toute l'année. Alt. : 250 m

9 chambres de caractère avec salles d'eau et wc privés, accueillantes et très confortables (chambres et suites de 2 à 5 pers.). Accueil de personnes handicapées. Téléphone. 2 grands salons. Salle à manger, bar, cuisine. Grand parc calme et fleuri. Salle de jeux. Salon de jardin. Prix nuitée de 1 à 3 pers. Anglais parlé. Construite en 1720, cette vaste ferme chargée d'histoire est inscrite à l'inventaire des Monuments Historiques. Très belle architecture extérieure et intérieure. Mini-musée. Programme culturel, expositions et concerts en été. GR59 à 10 km.

Prix : pers.nuit **230/280 F** petit dejeuner **30 F** repas **50/80 F**

(TH)

8	8	9	10	10

LA FERME DU CHATEAU – 39800 Bersaillin – Tél. : 03.84.25.91.31 – Fax : 03.84.25.93.62

Bourcia *C.M. n° 70 — Pli n° 13*

E.C. NN 7 pers. Ouverture : toute l'année. Alt. : 400 m

Gîte aménagé dans une maison indépendante en bordure du village. Salle commune avec coin-cuisine au rez-de-chaussée. 2 petits dortoirs à l'étage. Sur l'itinéraire équestre du Grand Huit. GR de pays « Tour de la Petite Montagne ». RN 83 à 7 km. Anglais et allemand parlés. GR59 à proximité.

Prix : pers.nuit **50 F**

GR : 59

25	25	6	SP	6	5	10	SP

BOUVARD Bernard – Civria – 39320 Bourcia – Tél. : 03.84.44.30.56

Cerniebaud *C.M. n° 70 — Pli n° 5*

E.C. NN 32 pers. Ouverture : toute l'année. Alt. : 1000 m

32 couchages : 1 dortoir 6 pers., 1 dortoir 8 pers., 2 dortoirs 9 pers. Cuisine. Salle commune. 4 salles d'eau. 1 salle de soins, 1 infirmerie. Centre équestre. Chevaux disponibles. Plats cuisinés. Vélo tout terrain. Randonnées équestres sur itinéraire du Grand Huit et pédestres. Stages de ski nordique. Séjour familial. Classes de neige. GR de Pays « Plateau de Nozeroy » et « Grande Traversée du Jura » à ski. Produits fermiers.

Prix : pers.nuit **42/60 F** 1/2 pension **135 F** pension **189 F** petit dejeuner **24 F** repas **54 F**

(TH)

SP	20	20	12	SP	10	25	SP

CENTRE NORDIQUE DE CERNIEBAUD – 39250 Nozeroy – Tél. : 03.84.51.10.39

Cramans *C.M. n° 70 — Pli n° 4*

E.C. NN 8 pers. Ouverture : d'avril à novembre. Alt. : 200 m

Gîte d'étape aménagé dans un village du Val d'Amour à 3 km de la Saline Royale d'Arc-et-Senans, classée au patrimoine mondial. 2 petits dortoirs avec un sanitaire et une petite cuisine. Accueil de chevaux. Allemand parlé.

Prix : pers.nuit **35 F** petit dejeuner **15 F**

GR : 59A

2	2	2	2	SP	15	6	5

C.A.T. « LES GLYCINES » – 39600 Cramans – Tél. : 03.84.37.64.92

Crenans *C.M. n° 70 — Pli n° 14*

E.C. NN 16 pers. Ouverture : toute l'année. Alt. : 700 m

4 chambres de 4 pers. Coin cuisine. 2 salles communes. 2 salles d'eau. 3 boxes à chevaux. Randonnées équestres sur l'itinéraire du Grand Huit et sur le GR 9. GR de Pays « Tour du Lac de Vouglans ». 1/2 pension (forfait étape). Location chevaux.

Prix : pers.nuit **75 F** 1/2 pension **190 F** pension **250 F** petit dejeuner **30 F**

(A) GR : 9

10	6	6	6	SP	6	20	SP

BARON Francis – 39260 Crenans – Tél. : 03.84.42.00.50 – Fax : 03.84.42.08.60

Le Frasnois La Fromagerie *C.M. n° 70 — Pli n° 15*

E.C. NN 20 pers. Ouverture : toute l'année sauf décembre. Alt. : 800 m

Gîte situé sur l'itinéraire équestre du « Grand Huit », le GR de pays « Tour des Lacs », composé d'un dortoir de 11 places et de 2 chambres de 4 et 5 pers. Salle commune avec coin-salon. Coin-repas et cheminée. Cuisine indépendante. 2 wc. 2 douches. 3 lavabos. 4 boxes ou 9 stalles pour chevaux. Barbecue. Forfait nuitée + petit-déjeuner : 85 F. Service restauration.

Prix : pers.nuit **60 F** 1/2 pension **175 F** pension **230 F** repas **45/120 F**

(TH) GR : 559

10	2	2	2	SP	SP	SP

MONNERET Christian – La Fromagerie – 39130 Le Frasnois – Tél. : 03.84.25.50.60 – Fax : 03.84.25.50.38

Lavigny Le Chateau

C.M. n° 70 — Pli n° 4

E.C. NN 16 pers. Ouverture : toute l'année. Alt. : 240 m

Le gîte d'étape est aménagé dans les communs du château, beaux bâtiments situés dans la cour. 1 ch. (5 pers.), 1 ch. (3 pers.) et 2 ch. (4 pers.). Salle à manger et salon au rez-de-chaussée. Grand parc ombragé sur place à la disposition des randonneurs. Gîte situé sur l'itinéraire équestre du Grand Huit. Sellerie. Parc et boxes pour chevaux.

Prix : pers.nuit **50 F** 1/2 pension **145 F** petit dejeuner **20 F** repas **75 F**

(TH) GR : 59

SP	2	7	3

DE DREUILLE Yves et Anne-Marie – Chateau de Lavigny – 39210 Lavigny – Tél. : 03.84.25.32.21

Longchaumois Le Rosset

C.M. n° 70 — Pli n° 15

E.C. NN 20 pers. Ouverture : toute l'année. Alt. : 1000 m

Gîte aménagé dans un petit hameau, sur les pistes de ski de fond et au pied d'une remontée mécanique. 3 douches, 3 wc. Une cuisine équipée. Sentier de pays « Tour de la Haute Bienne ». Charges non comprises (chauffage et electricité). N° agrément Jeunesse et Sports : 392971012 (20 pers.). Allemand parlé.

Prix : pers.nuit **45/60 F** week-end **110 F**

GR : 9

SP	10	10	SP	3	1	20	4

VANLAUWE Michel – Le Rosset – 39400 Longchaumois – Tél. : 03.84.60.65.32

Maynal La Petite-Loge

cv *C.M. n° 70*

35 pers. Ouverture : toute l'année. Alt. : 210 m

9 chambres avec sanitaires communs, dont 6 chambres de 5 pers. et 2 chambres de 2 pers. Grande salle à manger. Salles de jeux et de détente. Cuisine équipée. Grand terrain avec terrasses. Salons de jardin. Prix semaine avec ou sans activités. Agréments IME, EMP, DDJS et Educ. Nat. Tir à l'arc et escalade. Anglais parlé. Belle ferme située en pleine nature entre le vignoble et le bocage bressan. Site très calme au bord d'un étang. Point de départ d'innombrables randonnées (équestres, pédestres, VTT).

Prix : pers.nuit **50 F** 1/2 pension **160 F** pension **200 F** petit dejeuner **30 F** repas **60 F** pension cheval **50 F** semaine **1350/2150 F** week-end **380 F**

(TH)

8	3	SP	15	2

LA FERME DE LA LOGE – La Petite Loge – 39190 Maynal – Tél. : 03.85.74.05.06 – Fax : 03.85.74.09.37

Morbier

C.M. n° 70 — Pli n° 15

E.C. NN 45 pers. Ouverture : toute l'année. Alt. : 1000 m

10 ch./30 pers. (30 lits). 15 places en 2 dortoirs. 2 salles communes, cheminée. 2 blocs pour 5 douches. Bibliothèque. Loc. de skis sur place. 2 tennis privés. Grande Traversée du Jura à ski GTJ. Tour de La Haute Bienne. 1/2 pension : 160 F en dortoir, 210 F en chambre. Pension : 210 F en dortoir, 250 F en chambre. Nuitée à partir de 205 F en ch. et 75 F en dortoir.

(TH) GR : 5

SP	10	10	10	SP	SP	10	SP	SP

MICHELINI Michel – La Combette – 39400 Morbier – Tél. : 03.84.33.27.23 – Fax : 03.84.33.53.17

La Pesse La Semine

C.M. n° 70 — Pli n° 15

E.C. NN 32 pers. Ouverture : toute l'année. Alt. : 1130 m

Ancienne ferme de montagne au cœur d'une vallée isolée à 1,5 km du village. 7 chambres de 2 à 10 pers. 4 wc, 4 douches. Salle commune, cuisine équipée. Au village, nombreuses activités : tir à l'arc, escalade, VTT, équitation, ski de fond, raids en chiens de traineaux. Forfait semaine pour 32 pers. Saint-Claude 20 km. Bellegarde 30 km (TGV depuis Paris). Agrément Jeunesse et Sports. Gestion libre.

Prix : pers.nuit **35/75 F**

20

DURAFFOURG Michelle et Andre – 39270 La Pesse – Tél. : 03.84.42.72.78 – Fax : 03.84.42.71.03

La Pesse Boreal

cv *C.M. n° 70 — Pli n° 15*

18 pers. Ouverture : toute l'année sur réservation. Alt. : 1200 m

Ancienne ferme de montagne, située en pleine nature. 6 ch. dont : 2 de 2 pers. avec s.d.b. privée et wc communs. 2 avec mezzanine de 4 pers. avec s.d.b. privée et 2 de 2 pers. avec s.d.b. commune. 2 salons. 1 sauna. Salle de jeux et de gym. Forêt et pâturages constituent la toile de fond de ce pays de randonnées au cœur du parc Naturel Régional du Haut Jura. Anglais parlé.

Prix : pers.nuit **145 F** 1/2 pension **215 F** pension **275 F** repas **70 F**

(TH)

SP	7	6	4	30	2

PORTAL Annick – Boreal – 39370 La Pesse – Tél. : 03.84.42.70.99 – Fax : 03.84.42.72.08

Pimorin
C.M. n° 70 — Pli n° 14

E.C. NN 10 pers. Ouverture : toute l'année. Alt. : 400 m

Gîte de 10 places. 1 dortoir de 7 places. 1 chambre de 3 places. 1 pièce commune avec coin-cuisine. 1 douche, 2 lavabos, 1 wc, 1 vestiaire. Gîte d'étape pédestre aménagé dans une maison totalement indépendante, située sur un sentier de pays, à proximité GR 9. GR « Tour de la Petite Montagne ». Tour du Revermont.

Prix : pers.nuit **50 F**

GR : 9

20	20	10	SP	10	18	13

FILET Charles – 39270 Pimorin – Tél. : 03.84.44.51.83

Plaisia Merlu
C.M. n° 70 — Pli n° 14

E.C. NN 14 pers. Ouverture : toute l'année. Alt. : 500 m

Gîte aménagé dans une ancienne maison rénovée. Cuisine aménagée, salle à manger et pièce commune au rez-de-chaussée. A l'étage : chambres, wc et douches. Cour et terrain attenant. Auberge à 500 m. Sur les itinéraires de randonnées des sentiers de Pays « Tour des Lacs », « Tour de la Petite Montagne », « Tour du lac de Vouglans », à 2 pas du lac de Vouglans (5e lac de France).

Prix : pers.nuit **70 F** 1/2 pension **160 F**

TH

1	1	1	SP	5	15	5	3

MANCHE Claude – Merlu – 39270 Plaisia – Tél. : 03.84.35.55.63 – Fax : 03.84.35.55.63

Presilly La Baratte
C.M. n° 70 — Pli n° 14

14 pers. Ouverture : toute l'année. Alt. : 500 m

Gîte d'étape et de séjour comportant 4 ch. avec sanitaires complets et privés. Salle à manger et salon communs avec cheminée. Terrasse, salon de jardin. Une extansion dans une petite maison voisine, spécialement destinée aux randonneurs en cours d'aménagement. Prix nuitée de 1 à 2 pers., petit déjeuner compris. Ancienne maison de village entièrement rénovée entre le « Pays des Lacs » et la « Petite Montagne ». Situé sur le Jura du Grand Huit (équestre) et les sentiers de Pays « le Tour des Lacs » et « Tour de la Petite Montagne » (pédestre et VTT).

Prix : pers.nuit **260/320 F** 1/2 pension **250 F** repas **90 F**

TH

8	8	5	10	17	4

CHALET J-Francois et Regine – La Baratte – 39270 Presilly – Tél. : 03.84.25.40.90

Ravilloles
C.M. n° 70 — Pli n° 15

E.C. NN 16 pers. Ouverture : toute l'année. Alt. : 650 m

Gîte aménagé dans une maison ancienne rénovée, au centre du village. 2 chambres et 1 mezzanine (16 lits 1 pers.). 1 wc. 1 douche. 1 lavabo. Cuisine aménagée. Sur l'itinéraire du GR 9 et GR de Pays « Parc Naturel du Haut-Jura » et « Tour du Jura Sud ». Itinéraire équestre du Grand-Huit. Réseau de sentiers balisés. Epicerie. Possibilité de louer le gîte complet en hiver pour 600 F + l'électricité.

Prix : pers.nuit **40 F**

GR : 9

20	12	SP	12	5	25	10	12

BRUNEAU Raymond – 39170 Ravilloles – Tél. : 03.84.42.22.67

Rothonay
C.M. n° 70 — Pli n° 14

E.C. NN 12 pers. Ouverture : toute l'année. Alt. : 500 m

Gîte d'étape aménagé dans une maison rénovée en totalité dans le village. Au rez-de-chaussée : coin-cuisine et coin-séjour/repas. 2 salles d'eau, 1 wc, 3 lavabos. 3 chambres de 4 pers. Cour et terrain attenant. Terrasse avec salon de jardin. Nuitée/pers. draps fournis : 70 F. Lac de Vouglans 12 km. Agréé Jeunesse et Sports. Au cœur de la Petite Montagne sur les itinéraires équestres du Grand Huit et pédestres des sentiers de Pays, ancienne maison totalement rénovée.

Prix : pers.nuit **60 F** 1/2 pension **160 F**

TH

10	10	SP	SP	7

GAUTHIER Jean – 39270 Rothonay – Tél. : 03.84.35.53.98

Les Rousses La Grenotte
C.M. n° 70 — Pli n° 15

E.C. NN 38 pers. Ouverture : toute l'année. Alt. : 1100 m

Gîte d'étape et de séjour situé au calme, dans une grande et ancienne ferme rénovée en totalité. Grande salle commune, coin-salon avec cheminée et bibliothèque. 2 dortoirs de 6 à 10 pers., 7 chambres modulables de 2 à 6 pers. 4 salles d'eau. Couettes. Boxes pour chevaux. Gîte situé sur la Grande Traversée du Jura à ski (GTJ), et sur le circuit équestre du Grand Huit. Terrasse extérieure. Chambre pour 2 pers. : 140 F. Ski alpin 800 m, VTT sur place. Frontière suisse 2 km.

Prix : pers.nuit **65/90 F** 1/2 pension **180 F** pension **245 F** repas **70 F**

TH GR : GTJ et 5

SP	4	4	1,5	4	4	10	3

FEUGERE Jean-Claude – La Grenotte - Le Bief de la Chaille – 39220 Les Rousses – Tél. : 03.84.60.54.82 – Fax : 03.84.60.04.67

Saint-Laurent-la-Roche

C.M. n° 70 — Pli n° 14

E.C. NN 15 pers. Ouverture : toute l'année. Alt. : 400 m

1 dortoir 15 pers. Cuisine. Salle commune. 2 salles d'eau. Situé sur le GR 59 et sur l'itinéraire équestre du Grand-Huit. Produits fermiers.

Prix : pers.nuit **40 F**

GR : 59

20	20	SP	SP	8	10	10	10

GUILLOT Roger – 39570 Saint-Laurent-la-Roche – Tél. : 03.84.44.22.72 ou 03.84.43.01.60

Saint-Lothain Les Bordes

C.M. n° 70 — Pli n° 4

E.C. NN 18 pers. Ouverture : toute l'année. Alt. : 250 m

1 dortoir (6 pers.), 1 chambre (4 pers.), 2 ch. (3 pers.) et 1 ch. (2 pers.) aménagées dans un hameau du vignoble. Maison indépendante en pleine nature au cœur d'un vallon fait de prairies et de forêts. 4 salles d'eau, 4 wc. Salle commune avec coin-cuisine. Prix 2 pers. 110 F. Itinéraire équestre du Grand Huit. Cuisine régionale.

Prix : pers.nuit **50/80 F** 1/2 pension **150/180 F** pension **215/245 F** petit dejeuner **20 F** repas **65/85 F**

TH GR : 59

10	SP	10	7	25	SP	2

NICOD Sylvie – Les Bordes – 39230 Saint-Lothain – Tél. : 03.84.37.31.08 ou 03.84.37.35.19

Sarrogna Marangea

C.M. n° 70 — Pli n° 14

11 pers. Ouverture : toute l'année. Alt. : 500 m

Gîte aménagé dans un petit hameau au cœur de la région des lacs. 5 ch. de 2 ou 3 pers. 3 douches, 2 wc. Salle à manger et salon réservé aux hôtes. Terrasse et grand jardin fleuri. Salon de jardin. A proximité du lac de Vouglans (1600 ha.). Anglais, allemand et hollandais parlés. Pension complète : 1400 F/semaine, 1/2 pension : 1200 F/semaine. Lacs, forêts et larges vallées caractérisent cette région très touristique, paradis de la randonnée. Stages de peinture organisés durant l'été, essentiellement en extérieurs.

Prix : pers.nuit **120 F** 1/2 pension **230 F** petit dejeuner **30 F** repas **80 F**

TH

10	10	5	1	6

DE VOOGD Cornelis – Rue Tuffiere - Marangea – 39270 Sarrogna – Tél. : 03.84.35.53.70 – Fax : 03.84.35.53.70

Septmoncel La Vie-Neuve

C.M. n° 70

10 pers. Ouverture : toute l'année. Alt. : 1060 m

14 couchages répartis dans 1 dortoir de 6 pers., 1 de 4 pers. et 1 chambre avec mezzanine de 4 pers. Grande salle à manger. Salon avec cheminée. Petite cuisine équipée. Salon de jardin. Vaste parc fleuri et arboré alentour. Anglais, espagnol et allemand parlés. Au cœur du Parc Naturel Régional, ancienne ferme de montagne rénovée, située en pleine nature. Calme, tranquilité et authenticité caractèrisent ce lieu préservé. Cuisine au feu de bois à la table d'hôtes.

Prix : pers.nuit **70/100 F** 1/2 pension **160 F** pension **210 F** petit dejeuner **20 F** repas **70 F**

TH

2	7	7	5	12	1

BOURQUIN Francoise – Le Refuge des Maisons – 39310 Septmoncel – Tél. : 03.84.41.66.73 – Fax : 03.84.41.66.73

Villeneuve-les-Charnod

C.M. n° 70

E.C. NN 13 pers. Ouverture : toute l'année.

Gîte d'étape équestre. 2 dortoirs de 6 et 7 places. 2 douches, 2 wc, 2 lavabos. Salle commune avec coin-cuisine. Gîte situé sur l'itinéraire équestre du « Grand Huit » et le GR « Tour du Lac de Vouglans » et sur le « Tour de la Petite Montagne ».

Prix : pers.nuit **50 F** 1/2 pension **120 F** petit dejeuner **15 F** repas **60 F**

TH GR : 9

20	20	5	SP	5	SP

BRUN Serge – 39240 Villeneuve-les-Charnod – Tél. : 03.84.44.31.63

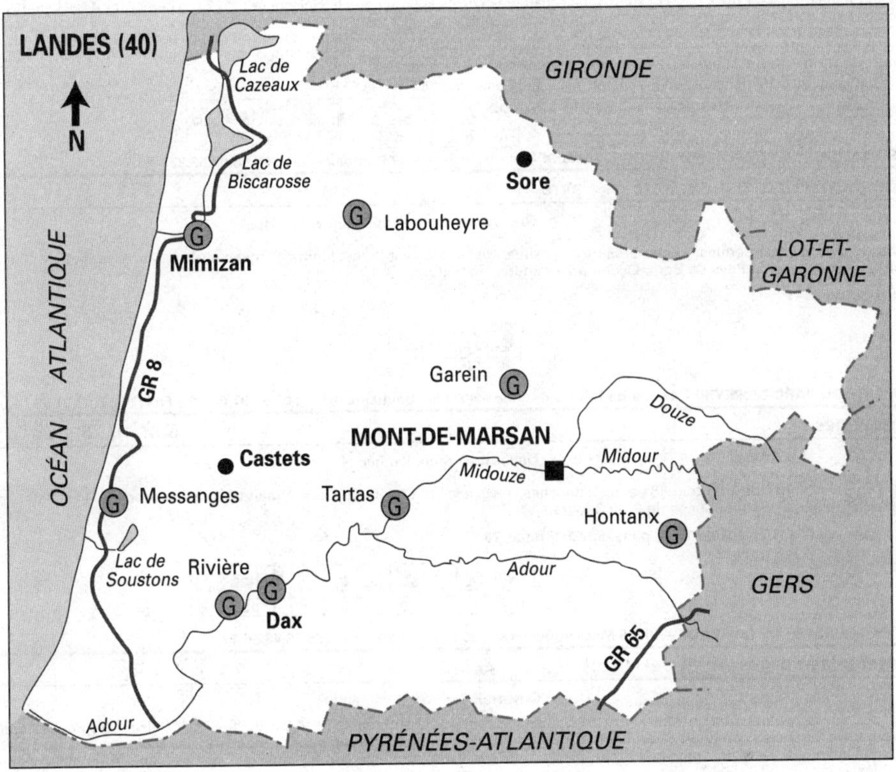

CH Chambre d'hôte G Gîte d'étape, de séjour L Logis de France

Dax

E.C. NN 30 pers. Ouverture : de mars à octobre.

Gîte situé à 5 mn du centre ville de Dax, en pleine zone boisée. Il se compose de dortoirs au 1er étage et d'une structure moderne et fonctionnelle attenant au club d'équitation. Grande salle (cheminée), cuisine aménagée. Hébergement chevaux en stalles, box ou pâture. Poss. de campement à proximité. Tarifs groupes. Féria de Dax au mois d'août. A 1 km du centre ville de Dax, gare TGV ligne Paris/Bordeaux, Dax-Biarritz. Aéroport de Biarritz Parme. RN10 sortie Dax à 19 km. Possibilité de réceptionner particuliers ou groupes dès leur arrivée à la gare ou à l'aéroport de Biarritz Parme. Toutes activités à Dax.

Prix : pers.nuit **50 F** repas **40/80 F**

TH

SP	4	1	2	4	3	1,8	1

CLUB HIPPIQUE DAX-BOULOGNE – Bois de Boulogne – 40100 Dax – Tél. : 05.58.74.09.14 – Fax : 05.58.74.33.16

Garein Moulin-Vieux

E.C. NN 17 pers. Ouverture : toute l'année.

Dans une ancienne maison de maître restaurée avec goût, sur airial de 3 ha., au grand calme. 3 confortables chambres 3 pers., douches, wc privés. 2 chambres-dortoir 5 lits sous le toit. Douches, lavabos, wc privés pour familles et petits groupes adultes en vacances ou stage. 1 salle de 40 m² pour pratiques douces (yogga, etc.), atelier arts (sculpture, déco.). Nuitée en chambre : 180 F/1 pers., 200 à 220 F/2 pers., 3e pers. 90 F, petit déjeuner compris. Nuitée en dortoir (lits individuels) 90 F/pers. petit déjeuner compris. Pour groupes ou stages (hors saison été) : 250 F/pension complète.

Prix : pers.nuit **200/220 F** repas **80 F**

TH

15	50	25	15	9	2	10	2

JEHL Liliane, Michel et Sandrine – Moulin Vieux – 40420 Garein – Tél. : 05.58.51.61.43 ou 05.58.51.49.31

Hontanx
C.M. nº 82 — Pli nº 1

E.C. NN 25 pers. Ouverture : toute l'année.

Maison de maître datant du XVIIIe, constituée de 3 chambres (25 lits superp.) en ch. cloisonnées de 3 à 4 pers. Au r.d.c. : 1 ch. (6 pers.), accessible aux pers. handicapées, salle de bains individuelle. A l'étage : 1 ch. (3 pers.), 1 ch. (10 pers.). Cuisine et salle de restauration avec cheminée. Restaurant. Poss. pension complète ou gestion libre. Salle d'activités. Programme d'animations particulières axées sur le plein air et la découverte régionale. Pratique d'activités artistiques, arts plastiques, arts graphiques, arts dramatiques. A 20 km de Mont-de-Marsan, 15 km d'Aire-sur-Adour et 9 km de Villeneuve. Forfait pour groupe.

Prix : pers.nuit **50 F** 1/2 pension **125 F** pension **150 F** petit dejeuner **18 F** repas **57 F**

Ⓐ

10	100	15	20	9	15	15	9	25	6

ASSOCIATION HOUNTANS ENTE BIBE – Chateau d'Aon - Bourg – 40190 Hontanx – Tél. : 05.58.03.83.22

Labouheyre Domaine-du-Parc-de-Peyre

E.C. NN 10 pers. Ouverture : toute l'année sur réservation.

Ouvert à partir de 7 personnes. 4 chambres de 2 lits superposés, 2 lits sur la mezzanine. Plaques électriques, réfrigérateur. Parcours sportif, cinéma, lacs du Pays de Bom. Océan à 20 minutes en voiture.

Prix : pers.nuit **54 F**

30	SP	1	1

DOMAINE DU PARC DE PEYRE – 42 rue de l'Hotel de Ville – 40210 Labouheyre – Tél. : 05.58.07.00.30 – Fax : 05.58.07.01.09

Messanges
C.M. nº 78 — Pli nº 16

E.C. NN 16 pers. Ouverture : toute l'année.

Gîte d'étape composé de 2 dortoirs (8 pers.). 2 douches, 1 wc, lavabo. Chauffage. Salle à manger, cuisine. 7 boxes, 14 stalles. Océan à 1 km, forêt landaise, randonnées de 2 ou 3 jours.

Prix : pers.nuit **70 F** 1/2 pension **160 F** pension **230 F** repas **70 F**

(TH)

SP	4	2	10	1	SP	SP	1	30	1,5

FERME EQUESTRE DE LA PRADE – 40660 Messanges – Tél. : 05.58.48.55.29 – Fax : 05.58.48.55.17

Pontenx-les-Forges Airial-de-Tastot

E.C. NN 16 pers. Ouverture : d'avril à septembre.

Gîte situé au cœur d'un airial de 3 ha. boisé de chênes, au calme. 4 chambres (6 lits, 4 lits, 3 lits, 3 lits). Cuisine commune équipée, micro-ondes. Sanitaires communs. Coin-lecture. Parc de 3 hectares. Tarif dégressif pour groupes de 8 pers. et plus. A 5 mn à pied de Pontenx-les-Forges. Activités proposées sur places : volley, badminton, pétanque, jeux de société, sentiers pédestres, pistes cyclables.

Prix : pers.nuit **55 F**

6	0,5	6	0,5	16	0,5

DISTRICT DE MIMIZAN – 3 avenue de la Gare – 40200 Mimizan – Tél. : 05.58.09.44.55 – Fax : 05.58.07.45.40

Riviere
C.M. nº 78 — Pli nº 17

E.C. NN 10 pers. Ouverture : de Pâques à la Toussaint.

Tente marabout de 8 places, pour l'été. 4 douches et 4 wc. Séjour équitation enfants de 7 à 14 ans, au sein d'un élevage de poneys landais. Hébergement sous tente, dortoir de 8 lits, oreillers, 8 lavabos, cuisine équipée, salle de séjour. Accessible aux personnes handicapées. Métairie du début du siècle au milieu des prairies, à proximité des barthes de l'Adour. Base nautique à Saint-Paul-les-Dax, tennis et fronton, pelote basque, initiation et perfectionnement à l'équitation sur poneys landais. Monitrice DE.

Prix : pers.nuit **50 F** 1/2 pension **130 F** repas **65 F**

(TH)

SP	10	10	15	10	SP	10	1	10	10

MONTEIL Veronique – Ferme Equestre de Peylin - Loustalot – 40180 Riviere – Tél. : 05.58.97.51.04 – Fax : 05.58.97.56.87

Tartas
C.M. nº 78 — Pli nº 6

E.C. NN 24 pers. Ouverture : toute l'année.

Chalet en bois dans un airial de chênes, propriété de 33 ha. Très beau site naturel au cœur de la forêt landaise. 6 ch. (4 lits superp. à chacune). Salle de bains, wc. 15 boxes, 1 manège couvert. Parcours d'obstacles et de cross. Possibilité d'équitation (cheval ou poney). Initiation, balade en forêt. Table d'hôtes sur demande. A 50 km de l'océan. A Tartas : piscine, tennis, pelote basque. Cinéma à 20 km. Tarifs dégressifs pour groupes. Stages pour groupes ou individuels.

Prix : pers.nuit **100 F** petit dejeuner **10 F** repas **50 F**

(TH)

SP	50	25	25	2	SP	50	SP	25	1

CE « OUS PINS » – Route de Rion – 40400 Tartas – Tél. : 05.58.73.40.61 – Fax : 05.58.73.57.65

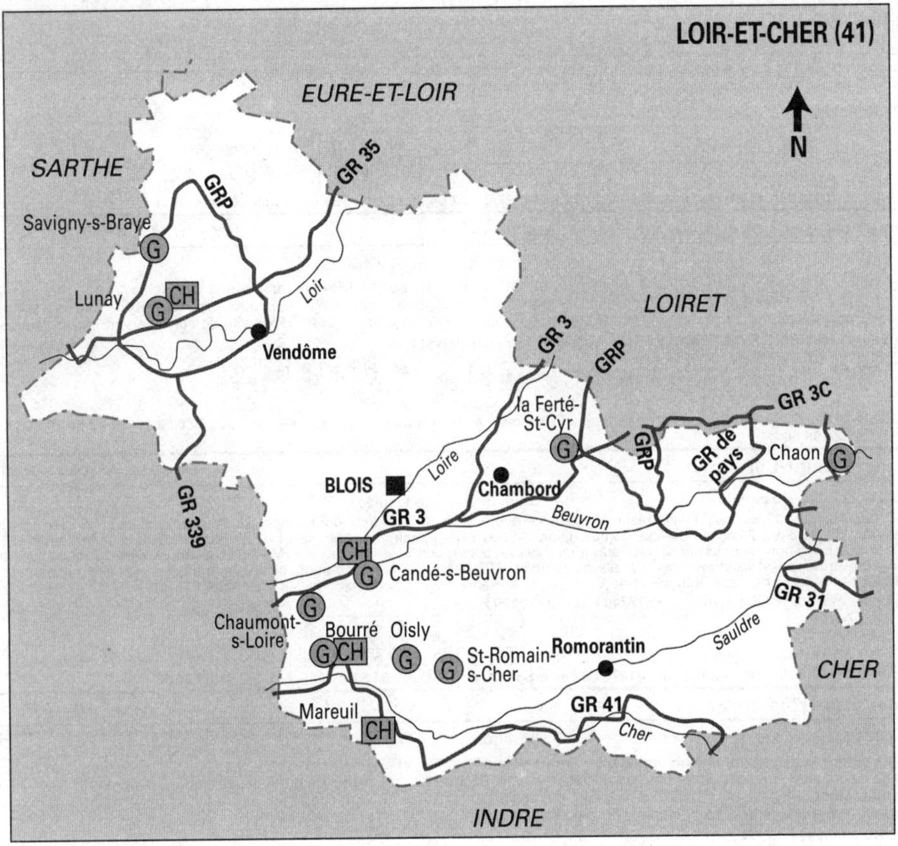

Bourre Vallagon

C.M. n° 64 — Pli n° 17

E.C. NN 12 pers. Ouverture : toute l'année.

Gîte mitoyen avec le logement de l'éclusier, en bordure du Cher canalisé. Rez-de-chaussée accessible aux pers. handicapées : séjour (convertible 2 pers.), cuisine, 2 wc et 2 salles d'eau. Etage : dortoir (10 pers.). Chauffage électrique. Location du gîte en entier : 600 F/nuit, 3300 F/semaine.

Prix : pers.nuit **65 F**

SP	3	6	SP	3	3	SP	3	1,5

THIBAULT Michel ou Isabelle HUARD – (DDE Saint-Aignans-sur-Cher) - Vallagon. Bourre – 41400 Montrichard – Tél. : 02.54.32.50.59 ou 02.54.75.08.51 – Fax : 02.54.75.20.96

Cande-sur-Beuvron

C.M. n° 64 — Pli n° 6

E.C. NN 19 pers. Ouverture : du 6 janvier au 19 décembre.

Situé dans le bourg d'un village des bords de la Loire, sur le circuit des châteaux de la Loire. R.d.c. : dortoir 10 lits 1 pers. Séjour, chambre d'accompagnateur, s.d.b. avec 2 douches, 3 lavabos et 2 wc. Cuisine. 1er étage : dortoir 8 lits 1 pers. Alimentation dans le bourg. Enfants - de 10 ans 1/2 tarif. Taxe de séjour 1 F/pers./nuit, 0,50 F/enf. de 4 à 10 ans. Caution : de 400 à 2000 F selon le nombre de pers. Prix enfant jusqu'à 10 ans : 22 F. Accès par la RD751 et la RD173 Blois-Tours. Tél. Téléséjour n° 02.54.44.17.09.

Prix : pers.nuit **45 F**

GR : 3

SP	15	10	10	10	SP	SP	10	15	10	3

MAIRIE DE CANDE SUR BEUVRON – 41120 Cande-sur-Beuvron – Tél. : 02.54.44.06.66 – Fax : 02.54.44.15.78

Chaon

C.M. n° 64 — Pli n° 10

E.C. NN 10 pers. Ouverture : d'avril à septembre inclus.

2 dortoirs pour 10 pers. R.d.c. : salle à manger/cuisine équipée, chauffage électrique, 1 salle d'eau (douche), 1 lavabo, 1 wc. Etage : 2 dortoirs (5 lits 1 place), 1 lavabo, 1 wc. Au cœur de la Sologne (forêts, étangs) et à proximité du Val de Loire (châteaux, musées, abbayes, caves troglodytiques...). Tél. Téléséjour n° 02.54.88.73.30.

Prix : pers.nuit **45 F**

GR : 31

SP	16	10	4	SP	4	4	20	10

MAIRIE DE CHAON – Place de la Mairie – 41600 Chaon – Tél. : 02.54.88.42.04 – Fax : 02.54.88.14.44

Chaumont-sur-Loire Domaine-des-Frileuses

C.M. n° 64 — Pli n° 16

E.C. NN 15 pers. Ouverture : toute l'année.

Gîte d'étape et de séjour situé à 500 m du château de Chaumont-sur-Loire. A l'étage : 5 ch. dont 3 avec 3 lits 1 pers. chacune, 1 ch. 4 lits 1 pers., 1 ch. 5 lits 1 pers. 3 lavabos, 4 wc, 3 douches. Séjour/cuisine, grand salon individuel avec TV. Centre équestre sur place. Poss. de promenades dans le domaine et de randonnées équestres. Loc. draps 15 F. Repas simple sur réservation. Anglais parlé.

Prix : pers.nuit **75/165 F** petit dejeuner **15 F** repas **30 F** pension cheval **60 F**

TH

2	4	15	SP	SP	2	3	5	3

ASSOCIATION LEDA – M. Sauzet - Domaine des Frileuses – 41150 Chaumont-sur-Loire – Tél. : 02.54.20.93.13 ou 02.54.20.90.04 – Fax : 02.54.20.99.56

La Ferte-Saint-Cyr

C.M. n° 64 — Pli n° 8

E.C. NN 70 pers. Ouverture : toute l'année.

A 8 km de Chambord, écuries du XVIIe restaurées, sur un domaine de 40 ha. 17 ch. dont 5 avec douches/wc/lavabos et 12 avec bloc sanitaires (4 s. d'eau, 3 wc, 7 cab. de toilette) communs aux hôtes. Salle à manger, salon, salles d'activités. Restaurant, café, terrasse. TV et vidéo. Soirées méchoui, soirées dansantes, fêtes, mariages, réveillons. Menu enfant : 35/50 F. Manège couvert, carrières. Accueil de randonneurs équestres, pédestres et cyclistes. Sur place : attelage, VTT, basket, volley, ping-pong, pétanque, multiples jeux et promenades. Service groupe : découverte de la Sologne et du Val de Loire en randonnée. Sports nautiques à proximité.

Prix : pers.nuit **70/140 F** petit dejeuner **25/40 F** repas **50/120 F**

TH GR : 3

SP	10	10	SP	SP	SP	SP	15

ECURIES DE SAINT-CYR – Le Bourg – 41220 La Ferte-Saint-Cyr – Tél. : 02.54.87.91.00 – Fax : 02.54.87.90.36

Lunay Les Trois-Buissons

C.M. n° 64 — Pli n° 6

E.C. NN 11 pers. Ouverture : toute l'année.

2 gîtes détape sur une exploitation agricole à 5 km du village. 1er gîte à l'étage : 1 dortoir 9 lits, 1 ch. 2 lits, salle d'eau, lavabos, wc, cuisine. Location de draps. Culture bio., participation à la fabrication de pain, vente de produits fermiers. Gîte agréé DDJS et DDASS. Piscine gratuite à Savigny-sur-Braye (9 km). Gîte d'étape situé sur la vallée touristique de Loir (à 20 km de Vendôme, ville d'art et d'histoire). Musées, abbayes, châteaux...

Prix : pers.nuit **50 F**

GR : 35

5	30	12	10	SP	20	10	20

LEROUX Jean-Marie et Odile – Les Trois Buissons – 41360 Lunay – Tél. : 02.54.72.02.17 ou 02.54.72.18.53

Lunay Les Trois-Buissons

C.M. n° 64 — Pli n° 6

E.C. NN 13 pers. Ouverture : toute l'année.

2 gîtes d'étape sur une exploitation agricole à 5 km du village. 2e gîte à l'étage : 2 dortoirs 10 lits et 7 lits, 1 ch. 2 lits 1 pers., 1 wc. Au r.d.c. : salle d'accueil de 40 à 50 pers. (ancienne étable aménagée). 3 wc, 4 douches, 10 lavabos, 1 cuisine, l-linge. Location de draps. Culture bio., participation à la fabrication de pain, vente produits fermiers. Gîte agréé DDJS et DDASS. Piscine gratuite à Savigny-sur-Braye (9 km). Le gîte est situé sur la vallée touristique de Loir (à 20 km de Vendôme, ville d'art et d'histoire). Musées, abbayes, châteaux...

Prix : pers.nuit **50 F**

GR : 35

5	30	12	10	SP	20	10	20

LEROUX Jean-Marie et Odile – Les Trois Buissons – 41360 Lunay – Tél. : 02.54.72.02.17 ou 02.54.72.18.53

Mareuil-sur-Cher Le Chateau

E.C. NN 24 pers. Ouverture : toute l'année.

Gîte d'étape modulable en 3 gîtes dont 2 de 9 et 1 de 6 pers. 1 ch. (1 lit 2 pers.), 1 ch. (2 lits 80), 2 dortoirs (7 lits 1 pers. chacun). 6 couchages répartis dans les pièces de vie. 1 salle de réunion de 100 m². Dans chaque gîte : 1 cuisine aménagée, 3 s.d.b., 3 wc. 1 journée sur la base de 3 repas : 100 F/pers. Location de draps 20 F. Groupe 1440 F. Tarif gîte entier pour 9 pers. : 540 F/nuit. Gîte 6 pers. : 360 F/nuit. Activités équestres 2 km, cycliste, pédestre, canoë, pédalos sur place. En bordure de rivière, aménagé dans un château, dans le bourg du village de Mareuil-sur-Cher. A prox. des châteaux du Val de Loire et de la vallée du Cher.

Prix : pers.nuit **60 F** repas **100 F**

TH

SP	4	SP	SP	SP	SP	10	SP

MAIRIE DE MAREUIL-SUR-CHER – Le Chateau – 41110 Mareuil-sur-Cher – Tél. : 02.54.32.77.64 – Fax : 02.54.75.41.79

Oisly La Presle

C.M. n° 64 — Pli n° 17

E.C. NN 12 pers. Ouverture : toute l'année.

Ancienne étable restaurée avec le goût de la pierre et du bois. R.d.c. : entrée avec lavabo, cuisine aménagée, salle commune (cheminée), wc. Etage : 2 dortoirs (5 lits 80). 1 ch. (2 lits 80). S. d'eau (2 douches, 4 lavabos, wc). 2 ch. d'hôtes, 1 camping à la ferme et 1 gîte sur place. Produits fermiers. Musée de l'agriculture ancienne. Agréé Jeunesse et Sports. Réservation pour 2 nuits minimum. Forfait semaine pour famille en juillet/août. Initiation à la dégustation et vente de vin. Terrain ULM sur place. Animaux de la ferme sur place. Sentiers de petite randonnée balisés sur place. Environnement arboré et fleuri pouvant accueillir groupe et famille.

Prix : pers.nuit **60 F** pension cheval **60 F** week-end **1400 F**

SP	30	6	9	SP	6	15	30	30

BOUCHER Claude – La Presle – 41700 Oisly – Tél. : 02.54.79.52.69

Saint-Romain-sur-Cher Maison-Eclusiere-de-Bray

C.M. n° 64 — Pli n° 17

E.C. NN 12 pers. Ouverture : toute l'année.

Gîte mitoyen avec le logement de l'éclusier (M. Hubert tél. : 54.71.50.50.), en bordure du Cher canalisé. R.d.c. : séjour, salon (1 conv. 2 pers.), coin-cuisine, 2 wc, 2 salles d'eau. Etage : dortoir 10 pers. Chauffage électrique. Pour les groupes : 300 F d'arrhes demandés à la réservation. Poss. réservation du gîte en entier pour groupe : 600 F/nuit. Au cœur des vignobles de la Vallée du Cher et à proximité des châteaux du Val de Loire (Chambord, Blois, Chenonceaux,...).

Prix : pers.nuit **65 F**

SP	4	4	0,5	SP	4	4	5	5	2

SYNDICAT DU CHER CANALISE (DDE) – Secretariat (Melle Huard) – 41110 Saint-Aignan-sur-Cher – Tél. : 02.54.75.08.51 ou 02.54.71.50.50 – Fax : 02.54.71.50.50

Savigny-sur-Braye Villeaux

E.C. NN 35 pers. Ouverture : toute l'année.

R.d.c. : salle pour 35 pers. de 65 m², grande cuisine, l-linge, l-vaiss., wc, urinoir, s. d'eau. Ch. central. A l'étage : 13 lits en 3 ch. de 2, 3 et 4 pers. + 1 mezzanine 3 pers. + 1 séjour/dortoir 4 pers., 2 cuisines équipées, 2 wc indép., s. d'eau, s.d.b. Poney, cariole, ping-pong, mini-golf, barbecue, poss. méchoui, garage caravane. Loc. draps. Caution. Poss. repas traîteur sur demande. Initiation cuisine régionale. Piscine gratuite 2,5 km. Gîte annexe 11/13 pers. (4 ch.). Accueil de familles, groupes, stages, séjours divers, randonneurs, tarif dégressif pour séjour prolongé. Accès TGV 17 km. A10 à 37 km. 2,5 km du village.

Prix : pers.nuit **35/65 F**

SP	2,5	10	SP	20	20	17	2

CROSNIER Huguette – Villeaux – 41360 Savigny-sur-Braye – Tél. : 02.54.23.71.49

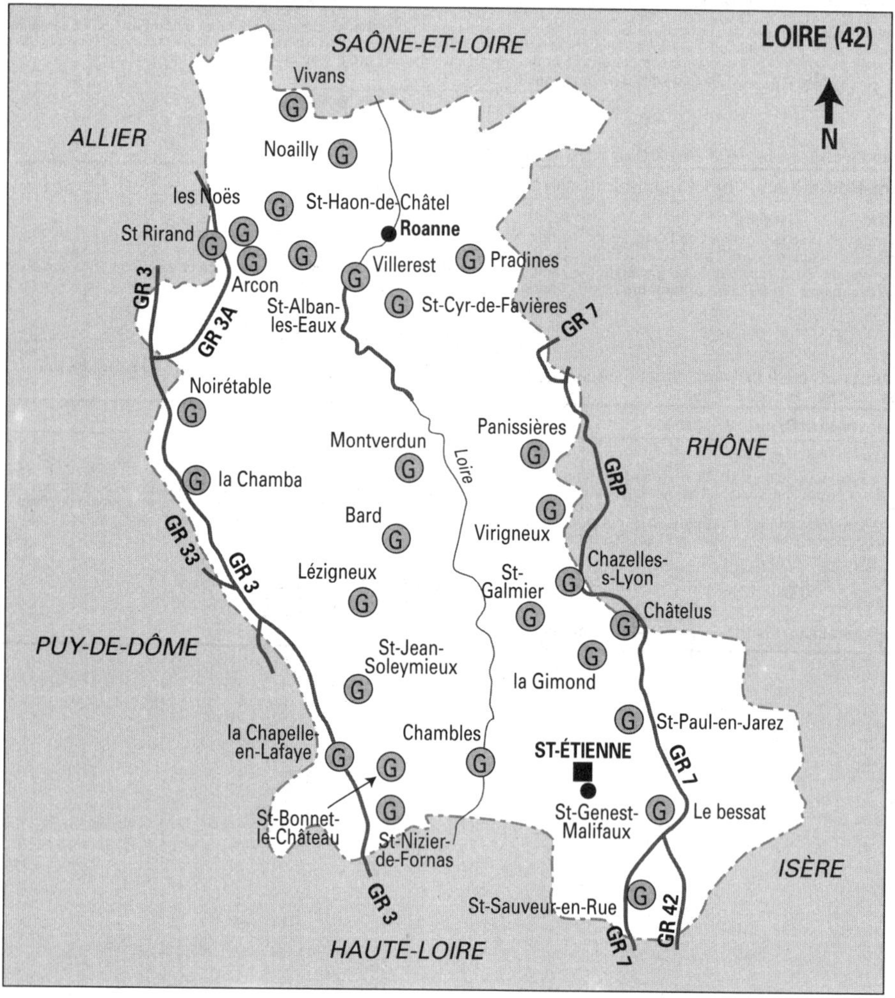

CH Chambre d'hôte G Gîte d'étape, de séjour L Logis de France

Arcon *C.M. n° 73 — Pli n° 7*

14 pers. Ouverture : toute l'année. Alt. : 830 m

Rez-de-chaussée et étage. 2 dortoirs de 7 lits. Salle de séjour/cuisine. 2 douches, 6 lavabos, 3 wc. Cour. Saint-Haon-le-Chatel à 9 km.

Prix : pers.nuit **40/55 F**

SP	SP	11	20	8

MAIRIE D'ARCON – M. Bras Patrick - Le Bourg – 42370 Arcon – Tél. : 04.77.65.89.44

C.M. n° 73 — Pli n° 17

Bard La Molle

Alt. : 800 m

E.C. NN 12 pers. Ouverture : toute l'année.

Relais équestre de 100 m² (r.d.c. + étage), dans une ancienne ferme situé sur le circuit de randonnée des 7 vallées des Monts du Forez. Séjour avec cheminée de 50 m², coin-détente, espace repas, coin-cuisine équipé. 3 ch. de 4 lits dont 1 ch. avec lavabo privé. 2 douches, 3 lavabos, 2 wc. Loc. draps. Lave-linge. Chauffage électrique. Terrain de 50 m² : pelouse, salon de jardin, parking. Loisirs sur place : loc. VTT, ânes bâtés pour randonnées (200 F/jour). Pré pour chevaux. Montbrison à 10 km.

Prix : pers.nuit **45 F** petit dejeuner **18 F**

SP	10	10	SP	10	SP	12	10	10	3

CHAGNEUX Robert – La Molle – 42600 Bard – Tél. : 04.77.76.20.49

C.M. n° 73 — Pli n° 16

La Chamba

Alt. : 1100 m

E.C. NN 23 pers. Ouverture : toute l'année.

Gîte à l'étage de 120 m². Salle à manger/coin-cuisine (congélateur). Salle commune, 4 ch. (1, 4, 5 et 5 lits), 1 dortoir (8 lits). Loc. draps. 4 douches, 4 lavabos, 2 wc. Lave-linge, sèche-linge communs. Loc. salle de 50 m². Parking de 300 m². 1/2 pension à l'auberge « chez Jean-Loup » (04.77.24.70.46). Poss. de louer les 22 places des gîtes familiaux. Accueil du cheval au pré à 100 m. Commerçants ambulants sur place. Activités sur place : espace jeux, bibliothèque gratuite. 4 x 4 cheval à 3,5 km au col de la Loge, parapente à 7 km. Noirétable à 13 km. Nuitée pour 2 pers. : 108 F.

Prix : pers.nuit **54 F** pension **150 F**

Ⓐ GR : 3

0,6	SP	6	SP	20	3,5	20	13	13

MAIRIE DE LA CHAMBA – Mme Jailler - Le Bourg – 42440 La Chamba – Tél. : 04.77.24.91.43 – Fax : 04.77.24.75.92

C.M. n° 73 — Pli n° 18

Chambles Biesse

Alt. : 750 m

E.C. NN 30 pers. Ouverture : toute l'année.

Gîte de 250 m². (r.d.c. + étage). Salle de séjour-cheminée, cuisine, salle d'activités, 3 dortoirs (14, 6 et 7 lits) + 1 ch. 1 pers. et 1 ch. 2 pers. 6 lavabos, 3 wc, 4 douches. Terrain clos, pelouse 3000 m². Base nautique 12 km. Loc. VTT sur place. Agrée Jeunesse et Sports. Aire de jeux. Ancienne ferme rénovée située sur un plateau environné de bois avec de nombreux sentiers balisés. Vue sur les Monts du Pilat et du Forez, vallée de l'Ondaine et plaine du Forez. Sentier du Tour du barrage de Grangent et celui de la zone géographique des Monts du Forez. St-Just-St-Rambert 9 km.

Prix : pers.nuit **45 F**

3	2	9	10	12	20	12	9	5

BARBIER Georges – Biesse – 42170 Chambles – Tél. : 04.77.52.32.33

C.M. n° 73 — Pli n° 7

La Chapelle-en-Lafaye

Alt. : 1050 m

E.C. NN 16 pers. Ouverture : toute l'année.

Gîte de 120 m² (r.d.c. + étage). Salle de séjour/coin-cuisine, cheminée. 2 dortoirs (6 et 10 lits). 3 douches, 3 lavabos, 3 wc. Terrain de 500 m² avec pelouse. Pré pour chevaux. Auberge dans le village. Tennis : 20 F/heure. Location de salle de 140 m². Saint-Bonnet-le-Château et Saint-Jean-Soleymieux à 10 km.

Prix : pers.nuit **45 F**

SP	SP	10	SP	17	10	SP	14	30	7

MAIRIE DE LA CHAPELLE EN LAFAYE – Gîte Communal – Mme Barrillot - Le Bourg – 42380 La Chapelle-en-Lafaye – Tél. : 04.77.50.17.75

C.M. n° 73 — Pli n° 19

Chatelus La Prebende

Alt. : 735 m

E.C. NN 28 pers. Ouverture : toute l'année sur réservation.

Gîte de 180 m² (étage). Salle de séjour/coin-cuisine, 1 dortoir (19 lits), 2 chambres (4 et 5 lits). 3 douches, 5 lavabos, 4 wc. Poss. de cuisiner sur place. Terrain de 3000 m² avec jeux de boules. Loc. VTT : 97 F par jour. Promenades en poneys pour enf. : 36 F/demi-heure. Poss. loger chevaux en stalles : 40 F/nuit. Anglais parlé. A partir du gîte, sentiers balisés. Sentier du Tour du Canton de Chazelles-sur-Lyon. Agréé Jeunesse et Sports. Chazelles-sur-Lyon à 12 km.

Prix : pers.nuit **48/58 F** petit dejeuner **28 F** repas **65/92 F**

Ⓐ

1	8	6	SP	8	8	28	8

MASSET Francis – La Prebende – 42140 Chatelus – Tél. : 04.77.20.76.12

C.M. n° 73 — Pli n° 19

Chazelles-sur-Lyon Le Moulin-Brule

Alt. : 630 m

E.C. NN 17 pers. Ouverture : toute l'année.

Salle de séjour, cuisine, 2 dortoirs (6 et 10 lits), 1 chambre (1 lit). 3 douches, 3 lavabos, 3 wc, lave-linge. Agréé Jeunesse et Sports. Cadre verdoyant. Activités sur place : escalade, canoë-kayak. Discothèque. Saint-Galmier à 10 km.

Prix : pers.nuit **45 F**

SP	6	6	SP	6	6	10	4

PITAVAL Antoine – Le Moulin-Brule – 42140 Chazelles-sur-Lyon – Tél. : 04.77.94.20.10 ou 04.77.54.32.93

La Gimond

C.M. n° 73 — Pli n° 19

15 pers. Ouverture : toute l'année. Alt. : 680 m

Gîte de 150 m² (étage). Salle de séjour, coin-cuisine, 2 dortoirs, 3 chambres de 2 lits. 2 douches, 5 lavabos, 2 wc. Terrain 700 m². 450 F la nuitée pour un groupe d'adultes. 350 F la nuitée pour un groupe d'enfants. Chazelles-sur-Lyon à 16 km.

SP	8	20	SP	8	20	20	20	6

MAIRIE DE LA GIMOND – M. Gonon – 42140 La Gimond – Tél. : 04.77.30.43.72

Lezigneux Valensanges

C.M. n° 73 — Pli n° 17

E.C. NN 12 pers. Ouverture : toute l'année. Alt. : 600 m

Gîte dans une maison mitoyenne de 93 m², adossée au hameau sans vis à vis. R.d.c. + étage. Espace repas, séjour de 28 m², coin-cuisine équipé. 3 ch. de 4 lits superposés. Location de draps. 2 douches, 3 lavabos, 2 wc. Terrain avec pelouse de 500 m², parking. Accueil de classe verte. 1/2 pension sur réservation. Vue sur les montagnes du Matin. Activités sur place : ânes bâtés, marche (itinéraires balisés : circuit des 7 vallées), encadrement VTT. Montbrison à 9 km.

Prix : pers.nuit **45 F** 1/2 pension **135 F**

TH

3	3	10	SP	9	SP	15	15	20	10	9	3

OLIVIER Veronique – Valensanges - Association Azimut – 42600 Lezigneux – Tél. : 04.77.58.68.22 ou 04.77.58.96.09

Montverdun Le Prieure

C.M. n° 73 — Pli n° 17

20 pers. Ouverture : de 1er mai au 30 septembre et les week-ends du 1er octobre au 30 avril. Alt. : 400 m

Gîte de 230 m² (r.d.c. + étage), aménagé dans un ancien prieuré restauré, classé monument historique, dans le plaine du Forez. Salle d'activités, espace repas, coin-cuisine, 1 dortoir de 20 lits. 3 douches, 8 lavabos, 3 wc. Cour, terrain non clos de 500 m² avec pelouse. Location de salle de 75 m². A proximité de la Batie d'Urfé (3 km) et de monuments classés. Boën-sur-Lignon à 7 km.

Prix : pers.nuit **45/60 F**

SP	5	2	SP	15	15	15	7	SP

AMIS DU PIC – Le Prieure – 42130 Montverdun – Tél. : 04.77.97.53.33

Noailly

C.M. n° 73 — Pli n° 7

16 pers. Ouverture : toute l'année. Alt. : 310 m

Gîte de 132 m² (r.d.c. + étage). Salle de séjour, coin-cuisine. 2 dortoirs (8 lits). 2 douches, 5 lavabos, 2 wc. Location de salle. Parc ombragé avec jeux d'enfants. Parcours de santé. Monsieur MATHIEU (gestionnaire).

Prix : pers.nuit **40 F**

1	3	SP	15	15	13	6

MAIRIE DE NOAILLY – Le Bourg – 42640 Noailly – Tél. : 04.77.66.61.13 ou 04.77.66.60.48 – Fax : 04.77.66.63.71

Les Noes

C.M. n° 73 — Pli n° 8

E.C. NN 32 pers. Ouverture : toute l'année. Alt. : 600 m

Gîte de 320 m² (r.d.c. + étage), situé dans un petit village de 140 habitants, au-dessus du barrage du Rouchain. Salle à manger, salle de détente, cuisine équipée. 5 ch. (5 lits), 1 ch. (3 lits), 2 ch. (2 lits). Loc. draps. 5 douches, 9 lavabos, 7 wc. Loc. salle (110 m²). Terrain, parcours de tir-à-l'arc, terrain de foot, luge, raquettes, promenades. Auberge au village. Au centre d'un réseau de chemins balisés (Topo guide de la Côte Roannaise). Agréé Jeunesse et Sports. Saint-Haon-le-Chatel à 9 km. Prix 2 pers./nuit : 80 F.

Prix : pers.nuit **45/55 F**

1	10	20	SP	20	SP	20	SP	10	24	10

FOYER DE SKI DE FOND – 42370 Les Noes – Tél. : 04.77.64.21.13

Noiretable La Gilbernie

C.M. n° 73 — Pli n° 16

E.C. NN 23 pers. Ouverture : toute l'année. Alt. : 750 m

Gîte de 140 m² au r.d.c. situé à l'orée du bois, au départ de nombreuses randonnées (GR3 à 2 km). 2 salles d'activités de 38 et 32 m² avec coin-détente et espace repas. 3 lavabos, 3 douches, 3 wc. 6 chambres de 3, 4 et 5 pers. Location de draps, l-linge. Location de salle de 40 m². Accueil classe verte. Terrain de 7000 m², terrasse, salon de jardin. Parking, accueil de cavaliers. Séjours « Couette et Fourchette » grâce à l'auberge sur place.

Prix : pers.nuit **50 F** 1/2 pension **140 F** petit dejeuner **25 F** repas **65 F**

TH GR : 3

SP	2	10	SP	2	15	2	2

FERME DE SEJOUR DE LA GILBERNIE – La Gilbernie – 42440 Noiretable – Tél. : 04.77.24.93.01

C.M. n° 73 — Pli n° 18

Panissieres

E.C. NN 44 pers. Ouverture : toute l'année. Alt. : 640 m

Gîte de la Ferme Seigne de 300 m² (r.d.c. + étage) dans ferme du XVIIIe entièrement restaurée et typique des Monts du Lyonnais. Salle de séjour avec cheminée, salle à manger, cuisine, 3 dortoirs (1 de 6 lits, 2 de 7 lits), 7 ch. (2 de 2 lits, 5 de 4 lits). Loc. draps, 6 douches, 11 lavabos, 7 wc. Lave-linge. Cour intérieure 400 m². Grange aménagée 250 m². Activités sur place : ping-pong, baby-foot, complexe sportif. Agréé Jeunesse et Sports. Feurs à 15 km.

Prix : pers.nuit **43 F**

1	0,1	1	SP	15	SP	15	0,5

MAIRIE DE PANISSIERES – La Ferme Seigne - Rue des Lauriers – 42360 Panissieres – Tél. : 04.77.28.69.68 ou 04.77.28.67.70 – Fax : 04.77.28.69.82

C.M. n° 73 — Pli n° 8

Pradines La Vigne

37 pers. Ouverture : de juillet à septembre et pendant vac. scolaires. Alt. : 350 m

Gîte sur 2 niveaux (r.d.c. + étage). 2 salles de réunion, 2 salles à manger, bibliothèque. 31 ch. (1 lit chacune), 3 ch. (2 lits chacune). Lavabo dans chaque ch. 7 douches, 8 wc. Jardin d'agrément. Loc. salle (50 m²). Gîte pour accueillir sessions : groupe de reflexion. Accès à la chapelle de l'Abbaye. Horaires de la maison et climat de silence à respecter.

Prix : pension **120/160 F**

TH

SP	4	2,5

ABBAYE DE PRADINES – La Vigne – 42630 Pradines – Tél. : 04.77.64.80.06 – Fax : 04.77.64.82.08

C.M. n° 73 — Pli n° 7

Saint-Alban-les-Eaux

E.C. NN 25 pers. Ouverture : toute l'année. Alt. : 480 m

Gîte de 290 m² (r.d.c. + etage). Salle de séjour, salle à manger, salon, cuisine. 7 chambres (de 2, 4 et 5 lits). 3 douches, 5 lavabos, 5 wc. Parking. Tennis : 30 F/heure. Groupes : 10 pers. minimum.

Prix : pers.nuit **40 F** pension **170 F**

TH

SP	SP	5	SP	8	5	20	20	4	12	SP

REURE Jean-Francois – Le Bourg – 42370 Saint-Alban-les-Eaux – Tél. : 04.77.65.87.13

C.M. n° 76 — Pli n° 7

Saint-Bonnet-le-Chateau Domaine-de-la-Cote

E.C. NN 14 pers. Ouverture : toute l'année. Alt. : 830 m

Gîte du domaine de la Côte de 120 m² (r.d.c. + étage). Salle de séjour avec cheminée et coin-cuisine. 1 dortoir de 14 lits. 2 douches, 2 lavabos, 2 wc. Terrain 300 m². Loc. salle : 70 m². Firminy à 25 km.

Prix : pers.nuit **55 F**

SP	SP	5	SP	SP	20	SP

MAIRIE DE SAINT-BONNET-LE-CHATEAU – 42380 Saint-Bonnet-le-Chateau – Tél. : 04.77.50.52.40 – Fax : 04.77.50.52.49

C.M. n° 76 — Pli n° 7

Saint-Bonnet-le-Chateau

E.C. NN 12 pers. Ouverture : toute l'année. Alt. : 830 m

Gîte « Mandrin » de 60 m² (r.d.c. + étage) situé dans les vieux quartiers de la cité. Espace repas, coin-cuisine. 1 dortoir de 12 lits. 2 douches, 2 lavabos, 2 wc. Loc. salle 60 m². Firminy à 25 km.

Prix : pers.nuit **55 F**

SP	SP	5	SP	SP	20	SP

MAIRIE DE SAINT-BONNET-LE-CHATEAU – 42380 Saint-Bonnet-le-Chateau – Tél. : 04.77.50.52.40 – Fax : 04.77.50.52.49

C.M. n° 73 — Pli n° 7

Saint-Cyr-de-Favieres Domaine-de-Villon

9 pers. Ouverture : toute l'année. Alt. : 450 m

Centre équestre (r.d.c. + étage). Salle de restauration, coin-cuisine. 1 dortoir (8 lits). 1 chambre (1 lit). 2 douches, 3 lavabos, 2 wc. Stages d'équitation. Equitation : 65 F/heure ou 210 F/jour. Saint-Symphorien-de-Lay à 10 km.

Prix : pers.nuit **35 F**

5	1	SP	SP	8	5	22	10

GIROUD Pascal – Domaine de Villon – 42132 Saint-Cyr-de-Favieres – Tél. : 04.77.64.93.54

Saint-Galmier Domaine-l'Etang-des-Rivieres
C.M. n° 73 — Pli n° 18

E.C. NN 24 pers. Ouverture : toute l'année. Alt. : 480 m

Gîte de 150 m² (r.d.c. + étage) avec salle de séjour, 3 dortoirs (8 lits), 3 douches, 5 lavabos, 3 wc. Terrain de 5000 m². Location de salle (30 m²). Stages de poneys sur place. Agréé Jeunesse et Sports. Chazelles-sur-Lyon à 10 km.

Prix : pers.nuit **60 F** petit dejeuner **15 F**

SP	0,5	SP	SP	2	12	1

PONEY-CLUB DU FOREZ – Route de Cuzieu - Domaine l'Etang des Rivieres – 42330 Saint-Galmier – Tél. : 04.77.94.92.83

Saint-Genest-Malifaux La Croix-de-Garry
C.M. n° 76 — Pli n° 9

26 pers. Ouverture : vacances scolaires. Alt. : 1000 m

Gîte de 130 m² à 100 m du GR7. (r.d.c. + étage). Coin-détente, espace repas : 50 m², coin-cuisine. 2 dortoirs de 8 lits, 3 chambres (1 de 6 lits, 2 de 4 lits). 10 douches, 10 lavabos, 3 wc. Chauffage central. Accueil de classes vertes : espace naturel et de loisirs à 100 m. Terrain 1000 m² avec pelouse et parking. Agréé Jeunesse et Sports.

Prix : pers.nuit **60 F**

GR : 7

SP	0,1	3	SP	15	5	15	15	0,8

MAIRIE DE SAINT-GENEST-MALIFAUX – Rue de la Semene - La Croix de Garry – 42660 Saint-Genest-Malifaux – Tél. : 04.77.51.20.01 ou 04.77.51.25.84 – Fax : 04.77.39.00.94

Saint-Genest-Malifaux Le Chateau-du-Bois
C.M. n° 76 — Pli n° 9

E.C. NN 12 pers. Ouverture : toute l'année. Alt. : 1000 m

Gîte de 100 m² (r.d.c. + étage) avec cuisine, petite salle de séjour avec cheminée, 2 dortoirs (4 et 8 lits), 2 douches, 4 lavabos et 2 wc. Activités sur place : randonnée équestre (65 F), raquettes (30 F), calèche (30 F), ski de fond (50 F), VTT (100 F).

Prix : pers.nuit **45 F** pension **180 F** repas **52/129 F**

Ⓐ

2	2	SP	SP	10	SP	SP	6	15	12	2

LYCEE AGRICOLE – Le Chateau du Bois – 42660 Saint-Genest-Malifaux – Tél. : 04.77.39.04.99 – Fax : 04.77.76.00.31

Saint-Haon-le-Chatel
C.M. n° 73 — Pli n° 7

E.C. NN 22 pers. Ouverture : toute l'année. Alt. : 450 m

Gîte de 148 m² au rez-de-chaussée. Salle à manger, coin-cuisine, coin-détente, 2 dortoirs (6 et 12 lits), 1 chambre (4 lits). Location de draps. 2 douches, 6 lavabos, 2 wc + 1 wc acc. pers. hand. L-linge. Terrain (40 m²). Agréé Jeunesse et Sports. Activités sur place : ping-pong, basket (gratuit mais apporter materiel). Tennis : 25 F/heure. Cheval au pré : 10 F. Village médiéval, site classé, église romane du XIIe siècle, maisons à pans de bois, remparts. Accès gratuit à la bibliothèque municipale.

Prix : pers.nuit **50 F**

12	SP	6	SP	15	12	15	12	15	SP

MAIRIE DE SAINT-HAON-LE-CHATEL – M. Joux J-Claude – 42370 Saint-Haon-le-Chatel – Tél. : 04.77.64.49.75

Saint-Jean-Soleymieux La Cruzille
C.M. n° 76 — Pli n° 17

E.C. NN 14 pers. Ouverture : toute l'année. Alt. : 750 m

Gîte indépendant de 120 m² (r.d.c. + étage). Salle de séjour avec cuisine équipée. 2 chambres (2 lits), 1 mezzanine (4 lits), 1 dortoir (6 lits). 2 douches, 3 lavabos, 3 wc. Lave-vaisselle. Terrain avec gazon et cour fermée : 400 m², terrasse 12 m². Parking privé, barbecue. Agréé Jeunesse et Sports. Montbrisson à 16 km.

Prix : pers.nuit **50 F** week-end **950 F**

1	1	3	SP	15	15	5	12	SP

FORISSIER Josiane et Andre – La Cruzille – 42560 Saint-Jean-Soleymieux – Tél. : 04.77.76.05.40 ou 04.77.76.52.70

Saint-Nizier-de-Fornas La Cote-Fournier
C.M. n° 76 — Pli n° 8

E.C. NN 20 pers. Ouverture : toute l'année. Alt. : 790 m

Gîte de 120 m², spécialisé équestre et VTT. Salle de séjour (cheminée), cuisine. 2 dortoirs de 8 lits, 2 ch. de 2 lits. Lave-linge. 3 douches, 6 lavabos, 3 wc. Terrain 300 m², salon de jardin. Activités sur place : location de VTT et de moto. Ecole équitation à 800 m, manège couvert ouvert toute l'année. Séjour et stages équestres. Poss. loc. d'un gîte (10 pers.) pour augmenter la capacité (tarif sur demande). Saint-Bonnet-le-Château à 3 km. Possibilité table d'hôtes.

Prix : pers.nuit **55 F**

3	3	SP	SP	SP	3	20	3

BERARD Marc et Pascale – La Cote Fournier – 42380 Saint-Nizier-de-Fornas – Tél. : 04.77.50.15.23 ou 04.77.50.10.01 – Fax : 04.77.50.18.62

Saint-Paul-en-Jarez La Grange-Aux-Chouettes

C.M. n° 88 — Pli n° 19

29 pers. Ouverture : toute l'année. Alt. : 950 m

Gîte de 280 m² (r.d.c. + étage). En pleine nature dans le Parc Naturel du Pilat à l'orée de la forêt dominant la vallée du Dorlay. Salle d'activ. (60 m²). Espace repas. Séjour avec cheminée (40 m²), coin-cuisine. 4 douches, 10 lavabos, 4 wc. 4 ch. (de 1, 2 et 3 lits), 2 dortoirs (10 et 12 lits). L-linge. Sèche-linge. Loc. draps. Terrain 800 m², petit parking. Agréé Jeunesse et Sports. Site d'escalade naturel à 8 km. 800 F/jour suppl. en gestion libre (+ 200 F de chauffage). Pélussin à 15 km.

12	13	8	SP	15	12	16	25	15

ASS. LES JEUNES POUR LA NATURE – La Grange Aux Chouettes - Collet de Dorzieu - BP 18 – 42740 Saint-Paul-en-Jarez – Tél. : 04.77.73.25.74 – Fax : 04.77.73.25.74

Saint-Rirand

C.M. n° 73 — Pli n° 7

23 pers. Ouverture : toute l'année. Alt. : 550 m

Gîte de séjour communal 120 m² (étage) : coin-cuisine avec espace repas, coin-repos, 3 dortoirs (6, 8 et 8 lits), 1 ch. (1 lit), 3 douches, 9 lavabos et 5 wc. Location de draps. Terrain non clos commun 1450 m². Agréé classes vertes. De décembre à février, pas de location si moins de 10 personnes. Renaison à 9 km.

Prix : pers.nuit **40/50 F**

11	SP	20	18	18	20	9

ASSOCIATION DES GITES DE LA TACHE – Le Bourg – 42370 Saint-Rirand – Tél. : 04.77.65.76.83 ou 04.77.65.70.08

Saint-Sauveur-en-Rue Les Ecrinelles - Gimel

C.M. n° 76 — Pli n° 9

E.C. NN 20 pers. Ouverture : toute l'année. Alt. : 1180 m

Ferme équestre de 90 m² avec vue sur les Alpes (r.d.c. + étage). Salle de séjour, coin-cuisine, congélateur, salle à manger, 3 boxes, 1 mezzanine, 2 douches, 2 lavabos, 3 wc. Pré de 20000 m². Agréé Jeunesse et Sports. Bourg-Argental à 12 km.

Prix : pers.nuit **45 F** pension **190 F**

TH GR : 7

1	9	SP	SP	12	SP	SP	20	25	9

DEVILLE Michel – Ferme Equestre des Ecrinelles - Gimel – 42220 Saint-Sauveur-en-Rue – Tél. : 04.77.39.23.45

Verrieres-en-Forez Conol

C.M. n° 73 — Pli n° 17

E.C. NN 12 pers. Ouverture : toute l'année. Alt. : 900 m

2 dortoirs de 6 lits dans le Forez situé sur le GR3. A l'étage : 2 douches, 2 lavabos, 2 wc. Logement de chevaux sur place. Vente de produits fermiers, plats cuisinés sur demande. Montbrison à 13 km. Nuitée pour 2 pers. : 100 F.

Prix : pers.nuit **50 F** repas **57/90 F**

A GR : 3

SP	13	15	SP	13	11	5	15	13	13	4

RIVAL Genevieve – Conols – 42600 Verrieres-en-Forez – Tél. : 04.77.76.23.08 ou SR. :.04.77.79.18.49 – Fax : 04.77.76.26.92

Villerest La Leva

C.M. n° 73 — Pli n° 7

E.C. NN 40 pers. Ouverture : toute l'année. Alt. : 360 m

Gîte de la Léva de 300 m² (r.d.c. + étage). Espace repas, coin-cuisine, 1 ch. (5 lits), 7 ch. (3 lits), 1 ch. (6 lits), 1 ch. (4 lits), 2 ch. (2 lits). 4 douches, 8 lavabos, 5 wc. Garage. Terrain 3000 m² (pelouse). Agrée Jeunesse et Sports. Sur place : mini-golf, mini-parc de loisirs, petit train, piste de bi-cross. 10/15 F pour le chauffage. Poss. table d'hôtes.

Prix : pers.nuit **35 F**

0,5	2	2	SP	5	0,5	20	20	2	6	1

MAIRIE DE VILLEREST – La Leva – 42300 Villerest – Tél. : 04.77.69.66.66 – Fax : 04.77.69.65.74

Virigneux L'Hopial

C.M. n° 73 — Pli n° 18

E.C. NN 15 pers. Ouverture : toute l'année. Alt. : 530 m

Gîte de 168 m² au rez-de-chaussée. Séjour/coin-cuisine. 5 chambres (3 lits). Location de draps. 4 douches, 4 lavabos, 4 wc. Terrain de 250 m² avec pelouse, terrasse 30 m². Activités sur place : poneys, balançoire, pétanque. Possibilité accueil chevaux. Possibilté table d'hôtes. Prix nuit + petit-déjeuner/personne : 80 F. Feurs à 10 km.

Prix : pers.nuit **60 F**

0,5	SP	3	SP	10	12	10	10	0,3

BONHOMME Jeanne et Armand – L'Hopital – 42140 Virigneux – Tél. : 04.77.94.48.80

Vivans

C.M. n° 73 — Pli n° 7

E.C. NN 32 pers. Ouverture : toute l'année. Alt. : 300 m

Gîte communal de 250 m² (r.d.c. + étage), aménagé pour l'accueil des classes vertes : salle à manger, cuisine, salle d'activités. 4 dortoirs (2 de 6 lits, 2 de 8 lits), 1 chambre (4 lits). Loc. draps 20 F/pers. 3 douches, 6 lavabos, 5 wc. L-linge. Terrain de 2500 m² (volley, hand, p-pong). Forêt aménagée de Lespinasse (450 ha.) à 2 km. Restauration au bourg. Agréé Jeunesse et Sports. Tarif spécial écoles. Tél. après 18 h (Mme Robin) : 04.77.64.33.67. La Pacaudière à 7 km.

Prix : pers.nuit **50/60 F**

2	7	10	SP	7	3	20	12	24	7

MAIRIE DE VIVANS – Le Bourg – 42310 Vivans – Tél. : 04.77.64.31.14 ou 04.77.64.33.67 – Fax : 04.77.64.17.12

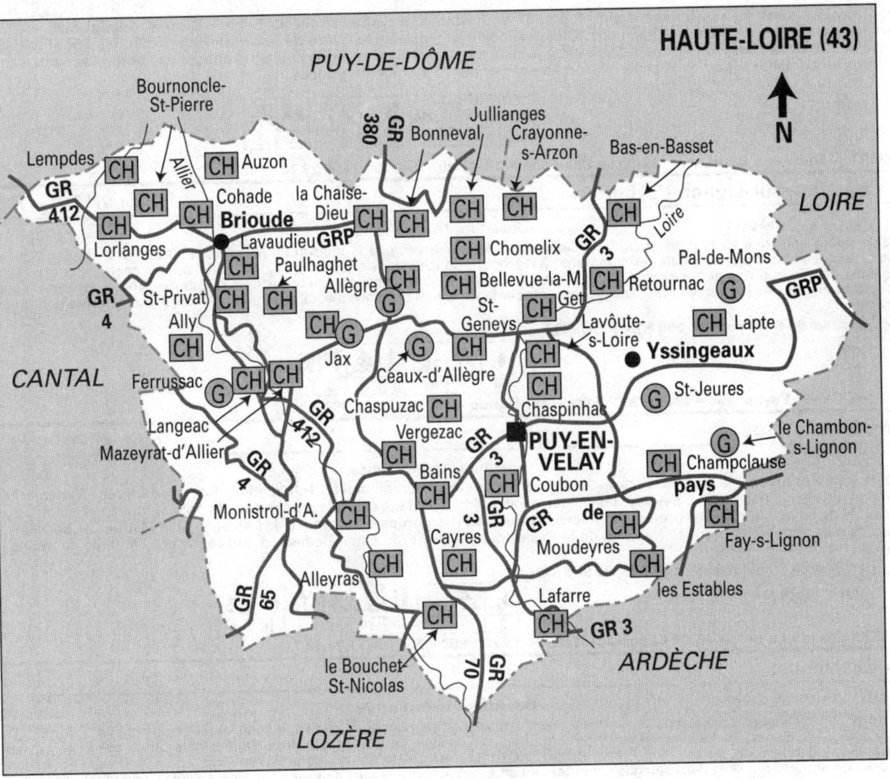

CH Chambre d'hôte   G Gîte d'étape, de séjour   L Logis de France

Allegre

C.M. n° 76 — Pli n° 6

E.C. NN   19 pers.   Ouverture : toute l'année.   Alt. : 1050 m

Gîte de séjour dans ancien couvent au cœur du village. 8 ch. (19 lits 1 pers.). 3 douches, 2 wc. Cuisine, salle à manger, TV, l-linge. Salle d'activités, salle de ping-pong. Jardin, aire de jeux, salon jardin. Produits fermiers. Restaurant 500 m. Vélos, randonnées pédestres avec âne de bâts, attelage d'ânes organisés par prop. Poss. 1/2 pension + pension. Hors-vacances scolaires, tarifs réduits pour groupe de moins de 12 pers. et tarifs week-end. Randonnées pédestres en moyenne montagne avec accompagnateur.

Prix : semaine **3360/4300 F**

2	16	12	SP	5,5	SP	SP	8	SP

DAUDIN Jean et Anne-Marie – 15, rue Porte de Monsieur – 43270 Allegre – Tél. : 04.71.00.76.88 – Fax : 04.71.00.76.88

Ceaux-d'Allegre

C.M. n° 76 — Pli n° 6

37 pers.   Alt. : 930 m

Dans vaste et belle bâtisse en pierres avec parc, au cœur d'un bourg, environnement agréable. R.d.c. et 1er étage : 2 salles communes, TV, salon, cuisine (congélateur), l-linge, l-vaiss. 3 ch. (10 pers.), sanitaires privés, 12 ch. (27 pers. + lit enf.), sanitaires communs (6 douches + 6 wc). Chauffage central. Grand jardin ombragé, terrasse, salons de jardin. Location draps : 20 F/paire. Gestion libre. Taxe de séjour. Restaurants sur place.

Prix : pers.nuit **60/70 F**

1	5	25	SP	1	1	25	3

NEUMULLER Michel – Le Bourg – 43270 Ceaux-d'Allegre – Tél. : 04.71.00.20.50 ou 04.71.09.27.72

Le Chambon-sur-Lignon La Bourghea

C.M. n° 76 — Pli n° 8

E.C. NN 30 pers. Ouverture : toute l'année. Alt. : 1000 m

Gîte de séjour dans maison indépendante. R.d.c., 1er et 2e étages. 9 chambres (30 lits 1 pers.). Cuisine. Séjour. Salon, TV. Lave-vaisselle, lave-linge. 4 douches, 1 baignoire. Chauffage central. Terrain clos. Aire de jeux, salon de jardin, tél. 800 F/nuit 10 pers. 1500 F/nuit 20 pers. 2000 F/nuit 30 pers. Dans cette localité très touristique, où vous pourrez pratiquer de nombreuses activités, vous passerez un agréable séjour dans cette maison aménagée pour l'accueil de groupes.

Ⓐ

15	3	3	SP	3	3	40	3

ROBERT Antoine – La Bourghea – 43400 Le Chambon-sur-Lignon – Tél. : 04.71.59.29.76

Le Chambon-sur-Lignon Peybernìnc

C.M. n° 76 — Pli n° 8

E.C. NN 30 pers. Ouverture : toute l'année. Alt. : 1100 m

Gîte de séjour dans une vaste maison confortablement rénovée, mitoyenne à la maison du propriétaire. R.d.c. et 1er étage : 7 ch. (30 lits 1 pers.) avec sanitaires privés. Sanitaires communs : 3 lavabos, 1 douche et 2 wc. Cuisine, TV, l-vaiss. Chauffage central compris. Terrasse, téléphone, terrain non clos et poney-club. A proximité du Chambon-sur-Lignon, station touristique et sportive, vous passerez un agréable séjour dans ce gîte très bien aménagé. Réduction pour les enfants. Cours et stages d'équitation (poney/cheval). Randonnées et promenades en calèche.

Prix : pers.nuit **90 F** 1/2 pension **200 F** pension **230 F**

(TH)

SP	SP	6	SP	6	6	6

NAUCHE Odile – Peybernìnc – 43400 Le Chambon-sur-Lignon – Tél. : 04.71.65.88.17

Ferrussac Le Cros

C.M. n° 76 — Pli n° 5

12 pers. Ouverture : toute l'année. Alt. : 1000 m

Gîte de séjour mitoyen à la maison du propriétaire dans laquelle sont aménagées 3 ch. d'hôtes. Rez-de-chaussée : 3 chambres avec sanitaires privés (12 lits 1 pers.). Séjour, cuisine. Lave-vaisselle. Chauffage central compris dans le prix. Terrain clos, salon de jardin. Possibilité de table d'hôtes avec produits fermiers. A proximité des gorges pittoresques de l'Allier et de la Margeride. Sites incomparables de villages perchés. Musée National de la Résistance au Mont Mouchet. Reduction tarif repas pour enfants de moins de 10 ans.

Prix : pers.nuit **65 F** petit dejeuner **20 F** repas **60 F**

(TH)

2	10	15	SP	10	SP	4	15	4

MERCIER Josee – Le Cros – 43300 Ferrussac – Tél. : 04.71.74.11.52 – Fax : 04.71.74.12.72

Jax Chastenuel

C.M. n° 76

E.C. NN 28 pers. Ouverture : toute l'année. Alt. : 1050 m

Gîte de séjour mitoyen à la maison du propriétaire, vaste bâtisse comprenant aussi des ch. d'hôtes et un gîte d'enfants. 1 dortoir 10 pers., 3 ch. 4 pers., 1 ch. 6 pers., 14 douches, 14 wc, salle commune/coin-cuisine. Cour attenante close. Tarif colonie sur demande. Sports en eaux vives à 15 km. Dans le parc du Livradois Forez, à proximité de la prestigieuse abbaye de la Chaise-Dieu, Eric passionné d'équitation vous propose des séjours équestres dans son gîte confortablement aménagé. 60 chevaux d'élevage, tourisme, école d'équitation. Agrément Jeunesse et Sports, CAF, CE.

Prix : pers.nuit **60 F** 1/2 pension **140 F** pension **195 F** repas **70 F**

(TH)

SP	SP	10	3

BONNEVIALLE Eric – Chastenuel – 43230 Jax – Tél. : 04.71.74.25.57 ou 04.71.74.27.69 – Fax : 04.71.74.21.41

Saint-Jeures

C.M. n° 76 — Pli n° 8

E.C. NN 14 pers. Ouverture : toute l'année. Alt. : 950 m

Gîte de séjour mitoyen à la ferme. Rez-de-chaussée et 1er étage. 5 chambres (14 lits 1 pers.). Séjour/cuisine. 2 salles d'eau. Chauffage central compris. TV. Lave-linge. Terrasse. Salon de jardin. Base de voile à 2 km. Auberge à 7 km. Juillet/août 2500 F. Juin/septembre/vacances scolaires 2000 F. Hors saison 1800 F. Lignes pures du Mézenc et pays des sucs : espaces de liberté, patrie de Jules Romains, riche patrimoine (églises romanes, musées). Zone nordique du Mézenc. Vente de produits fermiers. Poss. de randonnée avec âne à la journée ou 1/2 journée. Baby-sitting durant vacances scolaires.

Prix : pers.nuit **50 F**

2	10	10	SP	8	10	20	7

VINCENT Jean-Louis – EARL le Fromental – 43200 Saint-Jeures – Tél. : 04.71.59.61.90

Saint-Pal-de-Mons Le Buisson

C.M. n° 76 — Pli n° 8

24 pers. Ouverture : toute l'année. Alt. : 820 m

Gîte mitoyen à un gîte d'étape et maison du propriétaire, dans un hameau. R.d.c. : salle à manger-cuisine, l-vaiss., l-linge, wc, 1 ch. (6 lits 1 pers.), s. d'eau et wc. 1er étage : 2 ch. (4 lits superp. 1 pers.), s. d'eau et wc. 1 ch. (1 lit 2 pers. 2 lits superp. 1 pers.), s. d'eau et wc. 1 ch. (6 lits 1 pers. superp.), s. d'eau et wc. Chauffage central. Tél. Terrasse. Ferme pédagogique, centre équestre. Lignes pures du Mézenc et pays des Sucs : espaces de liberté, riche patrimoine (églises romanes, musées). Zone nordique du Mézenc. Le Chambon-sur-Lignon : station de la forme.

Prix : pers.nuit **100 F** 1/2 pension **90 F** pension **140 F** petit dejeuner **20 F**

Ⓐ

SP	4	SP	15	14	4

HERNANDEZ Jose – Le Buisson – 43620 Saint-Pal-de-Mons – Tél. : 04.71.66.15.11 – Fax : 04.71.61.03.28

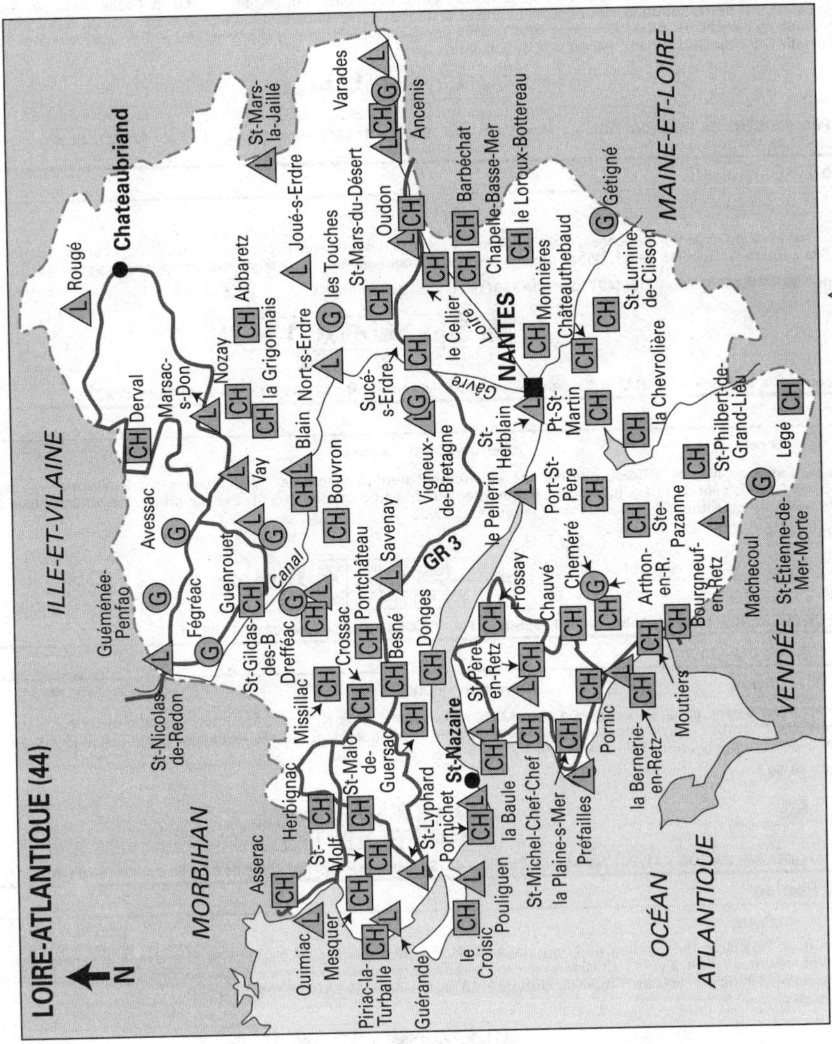

Avessac Pont-de-Painfaut

¥¥ 12 pers. Ouverture : toute l'année.

Maison indépendante en bordure de la Vilaine. 3 chambres avec lits superposés. Cuisine indépendante, salle de séjour avec cheminée. 4 douches et 3 wc. Chauffage. Terrain attenant. Enclos pour chevaux (abri et foin).

Prix : pers.nuit **60 F**

8	8	8	SP	3	10	SP	8	3

MAIRIE D'AVESSAC – Mme BOUCAUD – 26, rue de Plesse – 44460 Avessac – Tél. : 02.99.91.02.94 ou 02.99.91.00.87 – Fax : 02.99.91.03.51

Blain La Chaussee

13 pers. Ouverture : toute l'année sauf juillet et août.

Salle en sous-sol (50 pers. max.). 6 ch. dont 4 à l'étage (6 lits 2 pers. 1 lit 1 pers. 1 lit de bébé), s.d.b. et 1 salle d'eau, wc à chaque niveau. Cuisine (piano de restauration, m-ondes, cheminée). Toilettes et bar. Publiphone. Caution 600 F. Volley, tennis, tennis de table, promenade en calèche sur place. Groupes : 2010 F. Jeux pour enfants. Prestation supplémentaire : 6 couchages dans 3 chalets (45 F/jour/chalet). Les charges sont en plus du prix de location.

2	3	SP	7	3	35	2,5

GITES DE FRANCE-SERVICE RESERVATION – 1 Allee Baco - B.P. 93218 – 44032 Nantes-Cedex-01 – Tél. : 02.51.72.95.65 – Fax : 02.40.35.17.05

Chemere La Baronnerie

30 pers. Ouverture : toute l'année.

7 chambres avec lavabo (30 pers.), 6 douches, 4 wc, 1 cuisine, 1 salle de détente avec cheminée, TV. Chauffage central, grand terrain attenant + 5 chambres d'hôtes (18 pers.). WC et douche pour pers. handicapées. Jeux d'enfants. Restauration possible.

Prix : pers.nuit **50/60 F** 1/2 pension **115/140 F** pension **160/190 F** petit dejeuner **25 F**

TH

17	17	13	17	1	SP	17	4	5

LOQUAIS Veronique et Cecile – S.A.R.L. la Baronnerie – 44680 Chemere – Tél. : 02.40.02.77.57 – Fax : 02.40.02.62.66

Fegreac

9 pers. Ouverture : toute l'année.

En bordure du Canal de Nantes à Brest, gîte d'étape entièrement neuf. 3 chambres indépendantes sur 2 niveaux avec balcon. 2 douches, 2 wc. Séjour, coin-cuisine. Chauffage. Terrain attenant. Location canoës et VTT. Exposition touristique sur place. Point phone. Halte nautique pour tourisme fluvial. Prix à la journée : 25/35 F.

Prix : pers.nuit **48/60 F**

5	9	5	SP	1,5	0,6	SP	9	1,5

COMMUNE DE FEGREAC – Hotel de Ville – 44460 Fegreac – Tél. : 02.40.91.20.21 – Fax : 02.40.91.29.30

Getigne Village-de-Terbin

16 pers. Ouverture : toute l'année.

1 ch. avec mezzanine 6 pers. et lits superposés 1 pers., 2 ch. 4 lits superp. 1 pers., 1 ch. 2 lits 1 pers., poss. 3 lits suppl. 4 douches. 4 lavabos collectifs. 2 lavabos individuels. Lave-linge. Grande salle avec cheminée. Cuisine attenante. Stage canöe-kayak. Randonnée pédestre avec accompagnateur. Téléphone.

Prix : pers.nuit **40/50 F**

6	SP	SP	1	6	SP	6	1

ASSOCIATION GETIGNE CANOE KAYAK – Village de Terbin – 44190 Getigne – Tél. : 02.40.54.04.82 – Fax : 02.40.54.04.82

Guemene-Penfao

19 pers.

Gîte implanté dans l'enceinte du camping de l'Hermitage. Maison indép. au r.d.c. : 6 ch. (3 ch. 4 pers. avec lits superposés, 1 ch. 3 pers. avec 1 lit superposé, 2 ch. 2 pers.). Cuisine avec espace repas, grand salon avec canapés et cheminée. Sanitaires : 4 douches, 5 lavabos, 4 wc dont 1 bloc handicapés. Ch. élect. Groupe + 10 pers. = 49 F. 10 F/chauffage/pers./nuit.

Prix : pers.nuit **59 F**

SP	0,1	SP	SP	1	18	18	0,7	0,7

CAMPING DE L'HERMITAGE – M. et Mme Bonnet Daniel - 36 avenue du Paradis – 44290 Guemene-Penfao – Tél. : 02.40.79.23.48 – Fax : 02.40.51.11.87

Guemene-Penfao La Galottais

18 pers.

L'équipe de l'Ass. « Fleur du Don » vous propose un gîte tout confort adapté aux pers. hand. R.d.c : cuisine double avec grand séjour, cheminée, prise TV, point-phone. 2 ch. (2 lits 1 pers.), s. d'eau et wc privés. Buanderie (l-linge). Etage : 2 ch. (2 lits 1 pers.), s. d'eau, 2 dortoirs (5 lits 1 pers.), lavabo, s. d'eau privée, 3 wc. Groupe : 1600/2000 F. Mezzanine avec coin-salon, chauffage électrique. Possibilité de repas sur demande. Dans un cadre champêtre surplombant le Don, évadez-vous seul ou à plusieurs pour des activités variées.

Prix : pers.nuit **70 F**

18	3,5	3	0,5	3,5	7	3,5	20	3

ARTOUS Michele – « Iris Fleur du Don » - La Galottais – 44290 Guemene-Penfao – Tél. : 02.40.79.30.27

Guenrouet La Touche-Aux-Robins

¥¥¥ 14 pers. Ouverture : toute l'année.

A 2,5 km du bourg, nous vous proposons un gîte d'étape et de séjour sur un domaine de 3 ha. de bois et prairies, surplombant le canal de Nantes à Brest. 4 ch. 2 et 4 pers. avec sanitaires privés. Salle d'activités de 45 m² avec cheminée. Cuisine. L-linge. Ch. élect. (10 F/pers./nuit d'octobre à mars). Terrasse avec salon de jardin. Accueil de chevaux. Allemand parlé.

Prix : pers.nuit **55 F** 1/2 pension **125 F** pension **185 F** petit dejeuner **5 F** repas **60 F**

(TH)

40	40	13	2,5	2,5	0,2	2,5	7	SP	15	2,5

GIMONET Christine – La Riviere Blanche - La Touche Aux Robins – 44530 Guenrouet – Tél. : 02.40.87.64.94

Herbignac Le Bignon-d'Hoscas

E.C. NN 41 pers. Ouverture : toute l'année.

Centre d'hébergement dans site classé du Parc Naturel Régional de Brière, à proximité des Marais Salants de la presqu'île guérandaise et à 500 m du marais de Brière. 3 ch. 3/4 pers. avec sanitaires privés chacune. 2 dortoirs de 16/13 pers. Salle commune de 80 m² avec chauff. et cheminée. Cuisine équipée. Blocs sanitaires. Salle d'animations et d'activités 60 m² avec bibliothèque, matériel pédagogique et audio-visuel. Enclos pour chevaux. Point phone. Possibilité d'animation découverte et nature : Brière, Marais Salants, littoral pour groupe. la Baule : 20 km.

Prix : pers.nuit **48 F** petit dejeuner **18.50/22.50 F**

GR : 3 et 39

12	12	12	15	12	35	4	4	0,1	15	5

MAISON DE LA NATURE ET DE LA RANDONNEE – Le Bignon d'Hoscas – 44410 Herbignac – Tél. : 02.40.91.33.91 – Fax : 02.40.91.33.91

Saint-Etienne-de-Mer-Morte L'Erriere

C.M. n° 67 — Pli n° 2/3

¥ 12 pers. Ouverture : toute l'année sauf juillet et août.

Gîte comprenant : 4 chambres pour 11 pers (4 lits 1 pers., 4 lits 2 pers. + 3 lits pliants). Grande salle avec cheminée pouvant recevoir 50 pers. maximum. Salle d'eau. 2 wc dont un pour personnes handicapées. Chauffage électrique intégré. Terrain attenant. Bac à sable. Caution (500 F). Groupe : 1540 F.

30	30	9	30	0,3	2,5	9	30	40	6

GILET Jean – 6, l'Erriere – 44270 Saint-Etienne-de-Mer-Morte – Tél. : 02.40.26.01.64 – Fax : 02.40.26.03.62

Saint-Mars-du-Desert Le Grand-Patis

¥¥ 16 pers. Ouverture : toute l'année.

Gîte d'étape de style rustique au cœur du centre d'équitation. 2 ch. de 4 pers. Kitchenette avec lave-linge. Grande salle avec cheminée. TV et couchages pour 8 pers. 4 douches, 4 wc. Chauffage électrique. Terrain attenant indépendant, barbecue. Piscine chauffée sur place. Promenades à cheval sur place. Groupe : 1000 F.

Prix : pers.nuit **70 F**

SP	6	6	4	SP	13	13	4

NICOL Chantal – Le Grand Patis – 44850 Saint-Mars-du-Desert – Tél. : 02.40.77.44.95 – Fax : 02.40.77.42.04

Les Touches La Cohue

E.C. NN 19 pers. Ouverture : toute l'année.

Gîte de séjour près d'une auberge de village. 5 ch. avec lavabo (4 douches, 4 wc), séjour avec cheminée et coin-cuisine. Chauffage central (chauffage week-end : 300 F). Grand terrain avec jeux enfants. Terrasse. Parking. Caution : 500 F. Poss. location pièce annexe de 49 m² moyennant supplément. Groupe : 1700 F. Prix journée 500 F + 100 F/chauffage.

Prix : pension **220 F** petit dejeuner **20 F** repas **70 F**

(A)

10	5	1	10	0,8

MENARD Janine – La Cohue – 44390 Les Touches – Tél. : 02.40.72.45.23

Varades La Mabiterie

E.C. NN 16 pers. Ouverture : toute l'année.

Demeure dans parc agréable et aménagé, proche du bourg et d'un plan d'eau, à 2 km des rives de la Loire. R.d.c : salle, séjour, cuisine, 2 douches, 2 wc. Etage : 2 ch. (8 lits superp.), 2 douches, 1 wc. Chauf. élec. Salles annexes sous réservation. Animation groupes poss. : contact avec viticulteurs, observation nature, fabrication produits locaux.

Prix : pers.nuit **36 F**

10	5	1	10	1	1

COMMUNE DE VARADES – Mairie – 44370 Varades – Tél. : 02.40.98.33.03 – Fax : 02.40.83.49.69

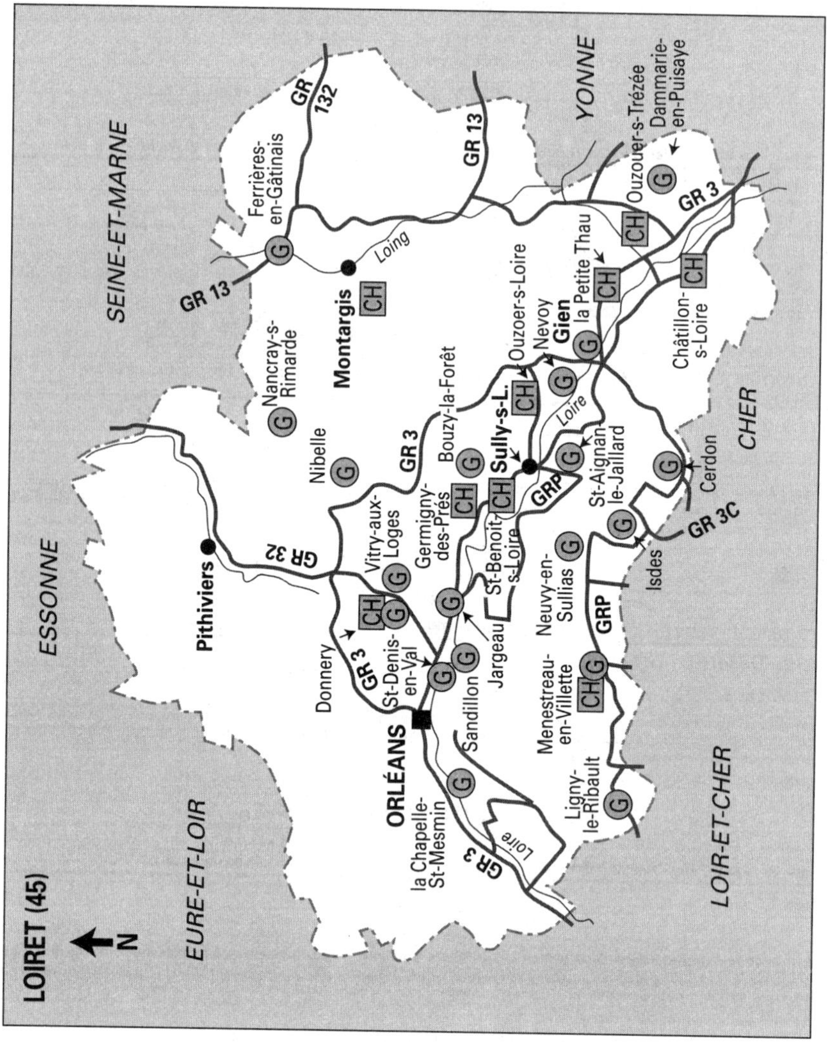

Bouzy-la-Forêt Le Briou

E.C. NN 12 pers. Ouverture : toute l'année.

Gîte d'étape à l'étage et au r.d.c. d'un bâtiment annexe. Salle commune avec cuisine (poutres et style ancien), 1 ch. 3 pers., 1 ch. 4 pers., 1 ch. 5 pers. Salle de bains. Accueil : marcheurs, VTT, motards, cavaliers de passage avec chevaux.

Prix : pers.nuit **60 F** 1/2 pension **130 F** pension **200 F** petit dejeuner **20 F** repas **70 F**

TH

3	15	3	1	SP	SP	3	15	SP	28	1

BOUARD Michel – Le Relais du Briou - 141 route de Briou – 45460 Bouzy-la-Forêt – Tél. : 02.38.58.37.17

Cerdon La Gare-Solognote *C.M. n° 65 — Pli n° 1*

E.C. NN 15 pers. Ouverture : toute l'année. Alt. : 145 m

Gîte d'étape et de séjour. Au rez-de-chaussée : cuisine, salle à manger, salon, TV. Au 1er étage : 1 dortoir de 8 lits et 1 chambre de 4 lits. Douches et sanitaires. Au 2e étage : 1 chambre de 3 lits, douche, sanitaires. Espace vert, abri pour matériel et vélos. Draps et taies d'oreillers/groupe : 65 F. A 5 km, dans un cadre protégé et verdoyant (180 ha.), étang du Puits, où l'on peut pratiquer toutes les activités liées au plan d'eau. Plage surveillée l'été. Réservation à l'Office du Tourisme au 38.36.04.97. Location de bicyclettes sur place.

Prix : pers.nuit **75 F**

GR : 3 et 3C

5	15	SP	SP	SP	7	5	25	SP

MAIRIE DE CERDON – Ancienne Gare de Cerdon - Route de Chaon – 45620 Cerdon – Tél. : 02.38.36.00.20 – Fax : 02.38.36.04.46

La Chapelle-Saint-Mesmin *C.M. n° 64 — Pli n° 9*

E.C. NN 18 pers. Ouverture : toute l'année.

Dans une ancienne maison bourgeoise en bordure de la Loire, proche d'un camping. 4 chambres : 3 avec 4 lits superposés 2 à 2. 1 chambre avec 6 lits superposés. 4 salles d'eau, 4 wc. Salle à manger, cheminée, cuisine. Jardin clos, abri pour matériel. Prix enfant en groupe : 31,50 F.

Prix : pers.nuit **42 F**

GR : 3

SP	0,5	SP	0,5	SP	2	5	25	6	1

MAIRIE DE LA CHAPELLE-SAINT-MESMIN – 17, Allee des Tilleuls – 45380 La Chapelle-Saint-Mesmin – Tél. : 02.38.88.12.13 – Fax : 02.38.88.23.76

Dammarie-en-Puisaye La Tuilerie *C.M. n° 65 — Pli n° 3*

E.C. NN 60 pers. Ouverture : toute l'année.

Gîte équestre. 4 chambres 2 pers., 4 chambres 4 à 5 pers., 4 dortoirs de 6 à 8 pers., 1 dortoir 16 pers. (lits superposés). Salles de détente et salles de jeux. 7 salles d'eau, 13 douches, 17 lavabos, 12 wc. Draps fournis. Chevaux disponibles sur place. Logement de chevaux. Repas sur place. VTT, jeux, piscine sur place. Suppl. hiver : 15 F/pers. Forfait groupe à partir de 30 pers. jusqu'à 60 pers. de 65 à 150 F/pers. Hébergement + petit déjeuner de 80 à 120 F. 2 possibilités : clé en main ou gestion libre.

TH

SP	SP	10	SP	SP	SP	24	SP	11	10

LIMOGE Valerie – Centre Equestre de la Tuilerie – 45420 Dammarie-en-Puisaye – Tél. : 02.38.31.90.96 – Fax : 02.38.29.60.71

Donnery *C.M. n° 64 — Pli n° 10*

E.C. NN 16 pers. Ouverture : toute l'année sauf les 24 et 31 décembre.

Dans une ancienne maison éclusière, 1 chambre pour 2 pers., 1 ch. 6 pers. et 1 ch. 8 pers. avec sanitaires indépendants. Coin-cuisine, salle commune avec cheminée. Jardin clos. 35 F la nuitée pour groupe + 10 enfants ou ados en âge scolaire.

Prix : pers.nuit **40 F**

GR : 32

3	SP	SP	SP	6	10	1	20	SP

ROUET Isabelle – Mairie de Donnery - 8 Quai Canal – 45450 Donnery – Tél. : 02.38.59.27.30 ou 02.38.59.20.10

Ferrieres *C.M. n° 61 — Pli n° 12*

E.C. NN 10 pers. Ouverture : toute l'année.

1 dortoir 10 lits 1 pers. Coin-cuisine, salle d'eau. Salle commune. Douche, wc. Chauffage central au gaz.

Prix : pers.nuit **40 F**

5	12	SP	1,5	1	3	12	3	1,5	SP

OFFICE DE TOURISME – Place des Eglises – 45210 Ferrieres – Tél. : 02.38.96.58.86

Ferrieres-en-Gatinais Les Hautes-Vernes *C.M. n° 61 — Pli n° 12*

E.C. NN 20 pers. Ouverture : toute l'année.

Gîte de séjour dans ferme ancienne, cadre très agréable pour 20 pers. Chambres : 2 x 4 pers., 2 x 3 pers., 3 x 2 pers. 5 salles de douche. Cheminée, chauffage central (contribution aux frais), grande salle 60 m². Cuisine équipée pour 50 pers. Jardin clos, parc 4 ha. Salle 80 m² en option. Week-end 2 jours : 5200 F. Week-end 3 jours : 7200 F. Jour suppl. : 1600 F. Anglais parlé.

Prix : pers.nuit **130 F**

GR : 13

5	10	SP	2	SP	5	6	3	SP	3	1

HENRY-D'AULNOIS Sixtine – Les Hautes-Vernes – 45210 Ferrieres-en-Gatinais – Tél. : 02.38.96.52.00 – Fax : 02.38.96.66.77

Isdes

C.M. n° 64 — Pli n° 10

E.C. NN 9 pers. Ouverture : toute l'année.

Gîte en rez-de-chaussée. Séjour, cuisine. 1 chambre (5 pers.), 1 douche, 2 lavabos. 1 chambre (4 pers.), 1 douche, 1 lavabo, 2 wc. Vente de produits fermiers à « Brennes » 2 km, route de Cerdon. Etang communal. Eglise des XIIe et XIIIe siècles, village fleuri. Etang du Puits à 15 km (baignade, voile, pédalos, ski nautique). Réservation auprès de Mme Meunier au 02.38.29.12.09 après 14 H ou à la mairie au 02.38.29.10.82. Sully-sur-Loire 14 km. 10 F/suppl. pour le chauffage du 01/11 au 01/04.

Prix : pers.nuit **40 F**

GR : 3C

15	23	SP	6	SP	7	15	8	7	22	SP

MAIRIE DE ISDES – 18 Grande Rue – 45620 Isdes – Tél. : 02.38.29.10.82 – Fax : 02.38.29.12.53

Jargeau La Chanterie

C.M. n° 64 — Pli n° 10

E.C. NN 17 pers. Ouverture : toute l'année sauf fêtes de fin d'année.

1er niveau (entresol) : salle voûtée en brique avec cuisine (frigo, four), grande table, cheminée. 2e niveau : 2 ch. 2 pers., 1 ch. 4 pers., lits superp. chacune. 2 sanitaires avec wc, douches et lavabos. 1er ét. : dortoir 9 lits, tablettes rangement/placards. Jardin clos 900 m² (barbecue, table pique-nique). Poss. accueil sous tente 12 pers. (15/4 au 15/10). Enfants de 6 à 16 ans : 31,50 F/nuit. Forfait pour les scolaires : 10 à 15 élèves 287 F, 16 à 20 élèves 378 F, 21 à 25 élèves 495 F. Gratuité pour 1 enseignant/classe et 38 F/accompagnateur en sus. Groupe 38 F/pers. Réservations par téléphone, du mardi au samedi de 10 h à 12 h et de 14 h à 18 h.

Prix : pers.nuit **43 F**

GR : 3

20	7	SP	SP	SP	7	20	1	20	SP

MAISON DE LA LOIRE – La Chanterie - Boulevard Carnot – 45150 Jargeau – Tél. : 02.38.59.76.60 – Fax : 02.38.59.97.96

Ligny-le-Ribault

C.M. n° 64 — Pli n° 8

E.C. NN 16 pers. Ouverture : toute l'année sauf les 31 décembre et 1er janvier.

2 dortoirs 16 pers. (16 lits superposés répartis en 4 boxes). Coin-cuisine. Salle commune avec cheminée. Salle d'eau (1 douche, 2 lavabos, wc). Chauffage. Prix enfant en groupe : 30 F.

Prix : pers.nuit **48 F**

GR : 3C

12	SP	SP	SP	9	12	SP	14	SP

MAIRIE DE LIGNY-LE-RIBAULT – 45240 Ligny-le-Ribault – Tél. : 02.38.45.42.01 – Fax : 02.38.45.42.44

Menestreau-en-Villette Le Ciran

E.C. NN 25 pers. Ouverture : toute l'année. Alt. : 135 m

Gîte de séjour « La Maison du Garde » aménagé dans un bâtiment indépendant. 25 lits répartis en 5 ch., 3 salles de bains, cuisine, salle à manger. Week-end : du vendredi soir au dimanche soir ou du samedi soir au dimanche soir. Vente de lait et fromages fermiers sur place. Réserve de faune sauvage à découvrir. Anglais parlé.

Prix : semaine **5000 F** week-end **2250/3750 F**

3	SP	3	SP	0,5	40	4	7	3

ASS. POUR LA FONDATION SOLOGNE – Le Ciran – 45240 Mesnestreau-en-Villette – Tél. : 02.38.76.90.93 ou 02.54.88.57.52

Menestreau-en-Villette Le Ciran

E.C. NN 18 pers. Ouverture : toute l'année. Alt. : 135 m

Gîte de séjour « Le Château » aménagé aux étages d'une maison de maître, vue exceptionnelle sur le domaine. 18 lits répartis en 6 ch., 4 salles de bains, cuisine, salle à manger, salle d'activités. Vente de lait et fromages sur place. Week-end : du vendredi soir au dimanche soir ou du samedi soir au dimancge soir. Anglais parlé. Réserve de faune sauvage à découvrir.

Prix : semaine **5000 F** week-end **2250/3750 F**

3	SP	3	SP	0,3	40	4	3	7	3

ASS. POUR LA FONDATION SOLOGNE – Le Ciran – 45240 Mesnestreau-en-Villette – Tél. : 02.38.76.90.93 ou 02.54.88.57.52

Nancray-sur-Rimarde Les Tuileries

C.M. n° 60 — Pli n° 20

E.C. NN 20 pers. Ouverture : toute l'année.

Gîte de séjour aménagé dans une ancienne ferme de caractère en bordure de la forêt d'Orléans. 2 appartements comprenant : 1 salle à manger avec coin-cuisine, 1 cuisine, 1 grande salle de 35 m², 6 chambres (20 lits 1 pers.). 2 wc, 3 salles d'eau, lave-vaisselle, lave-linge, TV. Chauffage au bois et électrique. Anglais parlé. Accueil groupe : familles, randonneurs, associations, stages et écoles. Groupe : 2700 à 3500 F/week-end, 4000 à 5000 F/sem. Loc. VTT, sentiers pédestres, canoë-kayak, équit., tennis, découverte de forêt, visite de ferme : nous consulter. Aux alentours, riche patrimoine historique, villages typiques.

Prix : pers.nuit **60 F** 1/2 pension **125 F** pension **170 F** repas **70/90 F**

GR : 3

13	4	5	2	SP	8	25	SP	45	3

NEZ Gerard et Francoise – Les Tuileries - 16 route des Tuileries – 45340 Nancray-sur-Rimarde – Tél. : 02.38.32.25.26 ou 02.38.32.01.32 – Fax : 02.38.32.25.26

Neuvy-en-Sullias La Beauvinieres *C.M. nº 64 — Pli nº 10*

E.C. NN 15 pers. Ouverture : toute l'année.

Gîte d'étape et de séjour comprenant : 1 salle à manger de 55 m². 1 salon avec cheminée. 1 cuisine aménagée. 1 laverie. 3 chambres de 4 pers. et 1 chambre de 3 pers. avec chacune douche, wc et lavabo. Loc. de draps : 35 F/pers. Week-end : du samedi matin au dimanche soir. Poss. week-end relax du vendredi soir au dimanche soir : 2500 F. Situé entre Loire et Sologne en pleine nature. Construction en bois style chalet. Centre équestre sur place.

Prix : pers.nuit **60 F** petit dejeuner **15 F** week-end **2000 F**

12	SP	1	1	SP	SP	12	8	SP	32	1

GUERIN Denis – 9 route des Beauvinieres – 45510 Neuvy-en-Sullias – Tél. : 02.38.58.06.24 – Fax : 02.38.58.06.24

Nevoy Les Lapins-Petit Bois Amblais *C.M. nº 65 — Pli nº 1*

E.C. NN 14 pers. Ouverture : toute l'année.

Bâtiments de ferme du XVIIe : 3 gîtes au milieu de prairies bordées de haies, au calme. « les Lapins » : accueil 14 pers. avec 6 ch., salle d'eau et wc dans chacune, séjour avec coin-salon et cheminée, cuisine (lave-vaisselle, micro-ondes, congélateur). Dans local annexe (lave-linge). Extérieur : barbecue, grill, salon de jardin.

Prix : petit dejeuner **20 F** repas **80 F** semaine **3800 F** week-end **1950 F**

Ⓐ

6	SP	6	SP	7	22	6	6

SOURON Michel – La Ferme du Tranchoir – 45500 Nevoy – Tél. : 02.38.67.51.98 – Fax : 02.38.67.37.35

Nevoy Les Cerfs-Petit Bois d'Amblais cv

E.C. NN 17 pers. Ouverture : toute l'année.

Bâtiments de ferme du XVIIe : 3 gîtes au milieu de prairies bordées de haies, au calme. 2e « les Cerfs » : 6 ch. + 1 convertible 2 pers., salle d'eau, wc pour chacune, séjour avec coin-salon et cheminée, cuisine (lave-vaisselle, micro-ondes, congélateur). Dans local annexe (lave-linge). Extérieur : barbecue, grill, salon de jardin.

Prix : petit dejeuner **20 F** repas **80 F** semaine **4200 F** week-end **2130 F**

(TH)

6	SP	6	SP	7	22	6	6

SOURON Michel – La Ferme du Tranchoir – 45500 Nevoy – Tél. : 02.38.67.51.98 – Fax : 02.38.67.37.35

Nevoy

E.C. NN 23 pers. Ouverture : toute l'année.

Bâtiments de ferme rénovés du XVIIe, 3 gîtes au milieu de prairies bordées de haies. 3e « Les Chevaux » : 7 ch. + 2 convertibles 2 pers., dont 2 ch. pour pers. handicapées avec salle d'eau et wc chacune, séjour avec coin-salon et cheminée, cuisine (lave-vaisselle, micro-ondes, congélateur). Lave-linge dans local annexe. Extérieur : barbecue, grill et salon de jardin.

Prix : petit dejeuner **20 F** repas **80 F** semaine **5000 F** week-end **2700 F**

(TH)

6	SP	6	SP	7	22	6	6

SOURON Michel – La Ferme du Tranchoir – 45500 Nevoy – Tél. : 02.38.67.51.98

Nibelle Le Moulin-A-Vent cv *C.M. nº 60 — Pli nº 20*

E.C. NN 30 pers. Ouverture : toute l'année.

Gîte aménagé dans ancienne ferme, en bordure de forêt d'Orléans. 2 duplex (9 et 10 lits 1 pers.), 2 studios (4 et 7 pers.). Chacun avec s. d'eau et wc. S. à manger, cuisine. Salle de 65 m². Table d'hôtes sur résa. Terrain de 7000 m². Accueil de groupes : randonneurs, familles, associations ou écoles (agrée Jeunesse et Sports et Education Nationale. Anglais parlé. Maison de la forêt d'Orléans sur place. Loc. VTT, activités sportives et culturelles, découverte de la forêt et visite de ferme : nous consulter. Week-end groupe : 3800 F/2 jours, 5100 F/3 jours, 6300 F/4 jours. Groupe/semaine : 7600 F/basse saison, 8600 F/haute saison.

Prix : pers.nuit **60 F** 1/2 pension **125 F** pension **170 F** repas **70/90 F**

(TH) GR : 3

9	2	3	1	SP	6	25	SP	45	1

NEZ Gerard et Francoise – Le Moulin-à-Vent - 65, route du Hallier – 45340 Nibelle – Tél. : 02.38.32.25.26 ou 02.38.32.02.80 – Fax : 02.38.32.25.26

Saint-Aignan-le-Jaillard L'Epinoy cv

E.C. NN 20 pers. Ouverture : toute l'année.

2 gîtes de séjour dans un corps de ferme en bord de Loire. Salle de réception et salle de jeux. En pleine nature, facilités pour détente, sports et loisirs. Avec fournitures : 110 F/pers./jour pour semaine, 140 F/pers./jour pour week-end, 150 F/pers./jour. Sans fournitures : 80 F/pers./jour pour semaine, 110 F/pers./jour pour week-end, 120 F/pers./jour.

Prix : pers.nuit **110 F** 1/2 pension **120/150 F** semaine **80/110 F** week-end **110/140 F**

4	4	SP	4	2	2	13	5	SP	15	5

BOULET Dominique – L'Epinoy – 45600 Saint-Aignan-le-Jaillard – Tél. : 02.38.36.29.73

Saint-Denis-en-Val Melleray

C.M. nº 60 — Pli nº 9

E.C. NN 37 pers. Ouverture : toute l'année.

Grande salle polyvalente de 60 m², coin-cuisine avec 2 éviers, 2 plaques gaz, réfrigérateur, congélateur, m-ondes. 12 ch. de 3 à 4 pers. équipées de lavabos et douches. 3 ch. de 2 pers., douches et lavabos collectifs. Samedi matin au dimanche matin : 2100 F. Samedi matin au dimanche soir : 3000 F. Vendredi matin au dimanche soir : 3600 F. Au bord de la Loire à 7 km d'Orléans, mais au calme. Sur terrain boisé. Stages de canoë, équitation, VTT, nature sur place. La souplesse de notre structure peut répondre à tous vos souhaits.

Prix : pers.nuit **35/45 F**

4	10	SP	4	SP	0,5	4	25	SP	10	4

MONTJOIE-SAINT-DENIS-EN-VAL – Chateau de l'Isle - Levee de la Loire – 45560 Saint-Denis-en-Val – Tél. : 02.38.64.98.85 – Fax : 02.38.64.98.85

Viglain Gîte-de-la-Rochette

E.C. NN 20 pers. Ouverture : toute l'année.

Gîte 12/20 personnes. 7 ch. sur 2 bâtiments. 1er : 3 ch. (4 lits 2 pers. 4 lits 1 pers.), salle à manger, salon (cheminée/TV), cuisine ouverte (lave-vaisselle). 2e : 4 ch. (4 lits 1 pers. 2 lits 2 pers.). Bain ou douche et wc privés + prise TV dans chaque chambre. Lave-linge. Tarifs groupes : 1200/1800 F la nuit (en semaine) et 2000/3100 F les 2 nuits (en semaine). En option, salle de réunion 40 m². Terrain 6000 m² (portique, jeux). Parking. En été, accès piscine privée. Draps et serviettes fournis. Repas su réservation. Organisation de séjours culturels et sportifs. Devis pour groupes selon prestations. Tarifs dégressifs pour les autres nuits.

Prix : petit dejeuner **30/40 F** repas **100/130 F** week-end **2500/3800 F**

TH

20	SP	6	0,5	0,5	2	20	3	SP	30	SP

DESHAYES Sophie et Vincent – 13, route de Villemurlin - Gîte de la Rochette – 45600 Viglain – Tél. : 02.38.37.20.74 – Fax : 02.38.37.20.63

Vitry-aux-Loges La Solassiere

E.C. NN 14 pers. Ouverture : toute l'année.

Gîte dans un bâtiment ancien mitoyen à l'habitation des prop., proche de la forêt d'Orléans. R.d.c. : séjour/s. à manger, cuisine aménagée. A l'étage : 2 ch. (4 lits 1 pers. chacune), 1 ch. (1 lit 120) et 1 ch. (1 lit 2 pers. 2 lits 1 pers.), 3 wc et 3 salles d'eau. Linge et ingrédients pour petit-déjeuner inclus. Poss. livraison repas. Activités sportives et culturelles sur place ou à proximité. 1ère nuit : 100 F/pers. de 17 H à 10 H, autres nuits 80 F/pers. de 17 H à 10 H. Usage du gîte la journée 20 F/jour/pers. Week-end = 140 F/pers. du samedi matin au dimanche soir.

Prix : pers.nuit **100 F**

8	8	10	4,5	SP	SP	8	10	SP	30	4,5

HUBERT Jean – La Solassiere – 45530 Vitry-aux-Loges – Tél. : 02.38.59.48.08

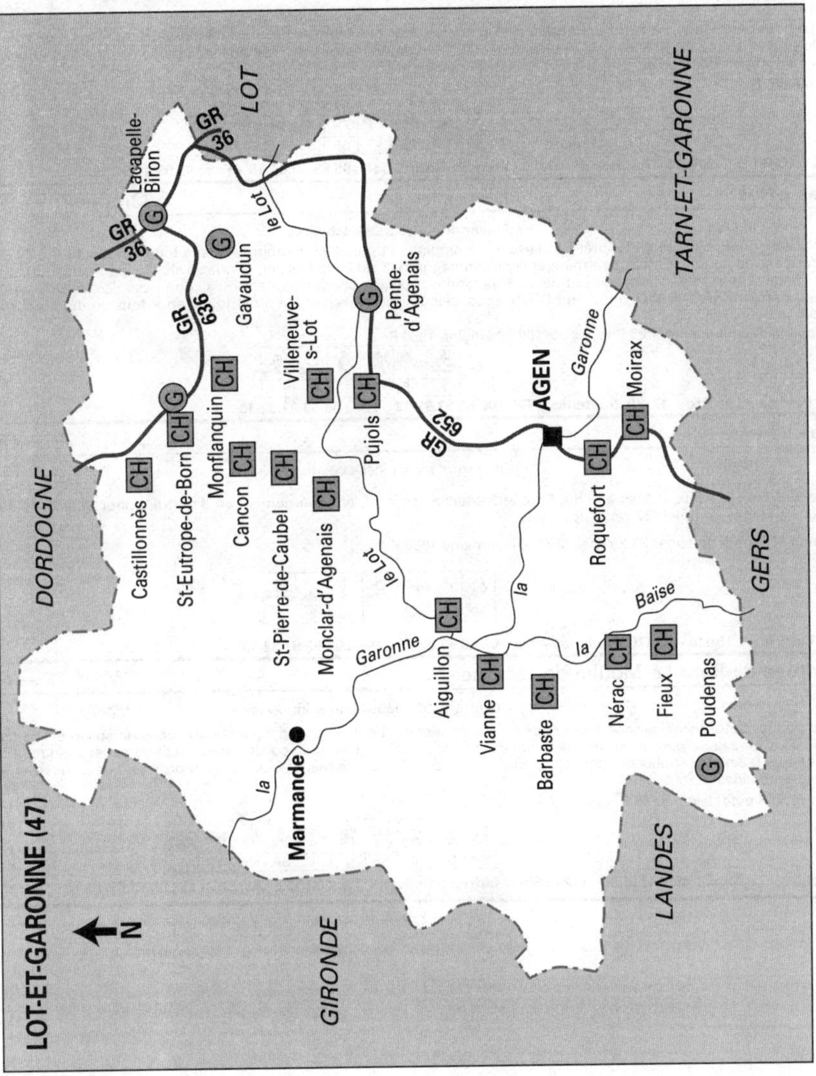

Gavaudun Michaut *C.M. n° 79 — Pli n° 6*

19 pers. Ouverture : de février à novembre.

Gîte d'étape comprenant : 1 dortoir de 9 lits. 2 chambres de 4 lits. 1 chambre 2 lits. 2 wc. 2 douches. 6 lavabos. Grande salle commune. Terrasse avec très beau panorama sur la valée de Gavaudun (site classé). Cuisine équipée. Possibilité location de draps, sacs. Site d'escalade à 1 km. Agrément Jeunesse et Sports. Plus de 12 pers. : 40 F/nuit. GR 636 à 500 m.

Prix : pers.nuit **45 F**

GR : 636

SP	6	15	15	7	40	6	15	15	7

MONIER Jean-Etienne – Michaut - Gavaudun – 47150 Monflanquin – Tél. : 05.53.40.82.61

Lacapelle-Biron

C.M. n° 79 — Pli n° 6

E.C. NN 23 pers. Ouverture : du 1/4 au 30/9 - autres périodes pour groupes seulement.

emte d'étape pour randonneurs à pied, à cheval et cyclotouristes dans une maison ancienne restaurée, dans le bourg. 8 chambres de 2 à 4 lits, douche et lavabo particuliers. WC à chaque étage. Salle de réunion, cuisine équipée (12 pers. maxi.). Fournitures, draps et taxe de séjour compris dans prix. Tarif groupes (maxi. 10 pers.) : 50 F/pers./nuit.

Prix : pers.nuit **55 F**

GR : 636

SP	SP	15	17	SP	35	15	17	SP

MAIRIE DE LACAPELLE-BIRON – Au Bourg – 47150 Lacapelle-Biron – Tél. : 05.53.40.84.98 – Fax : 05.53.40.84.99

Poudenas L'Hoste

C.M. n° 79 — Pli n° 13

16 pers. Ouverture : vacances scolaires.

Dans une maison indép. à l'orée de la forêt Landaise. Club hippique et poney-club (pour cavaliers tous niveaux de 7 à 14 ans - examens fédéraux sur demande). Entrée, s. à manger style campagnard. 2 s.d.b. et 2 wc, ét. et r.d.c. 6 ch. (16 lits 1 pers.). Ch. cent. élect. Buanderie, l-linge. 2 terrasses. Tarifs à la journée, par personne, pension complète et activités comprises : 280 F. Diverses activités annexes. Encadrement BAFA/BAFD, agrément DDJS. Poss. séjours scolaires. Le gîte d'Astrid est en extension du gîte d'enfants de ses parents.

Prix : pers.nuit **80 F** petit dejeuner **25 F** repas **55/100 F** semaine **1960 F**

(TH)

SP	2	SP	1	10	2	1

DARTHIAL Patricia – L'Hoste – 47170 Poudenas – Tél. : 05.53.97.32.13 – Fax : 05.53.97.32.13

Poudenas L'Hoste

C.M. n° 79 — Pli n° 13

25 pers. Ouverture : vacances scolaires.

Gîte agencé sur deux niveaux. Pièces à vivre, 2 wc et 2 douches en r.d.c. et hébergement en 3 dortoirs pour un accueil de 25 personnes, avec sanitaires complets (2 wc, 2 douches).

Prix : pers.nuit **80 F** petit dejeuner **25 F** repas **55/100 F** semaine **1960 F**

SP	2	SP	1	10	2	1

DARTHIAL Patricia – L'Hoste – 47170 Poudenas – Tél. : 05.53.97.32.13 – Fax : 05.53.97.32.13

Saint-Eutrope-de-Born Le Moulin-de-Labique

C.M. n° 79 — Pli n° 5

6 pers. Ouverture : de début mai à fin octobre.

Gîte d'étape pour cyclotouristes, randonneurs pédestres et équestres. 1 dortoir de 6 pers. aménagé dans un ensemble de bâtiments du XVIIIe siècle avec salle d'eau et wc indépendants. Salle de réunion avec coin-cuisine pour petit-déjeuner uniquement (petit-déjeuner en suppl.). 2 box, 2 stalles et paddocks pour les chevaux. Entre Villeréal et Monflanquin propriété de 25 ha. avec étang et chemins de promenades.

Prix : pers.nuit **65 F** petit dejeuner **45 F** repas **120 F**

(A) GR : 636

SP	SP	4	SP	1	10	SP	15	17	8

BOULET Helene – Le Moulin-de-Labique – 47210 Saint-Eutrope-de-Born – Tél. : 05.53.01.63.90 – Fax : 05.53.01.73.17

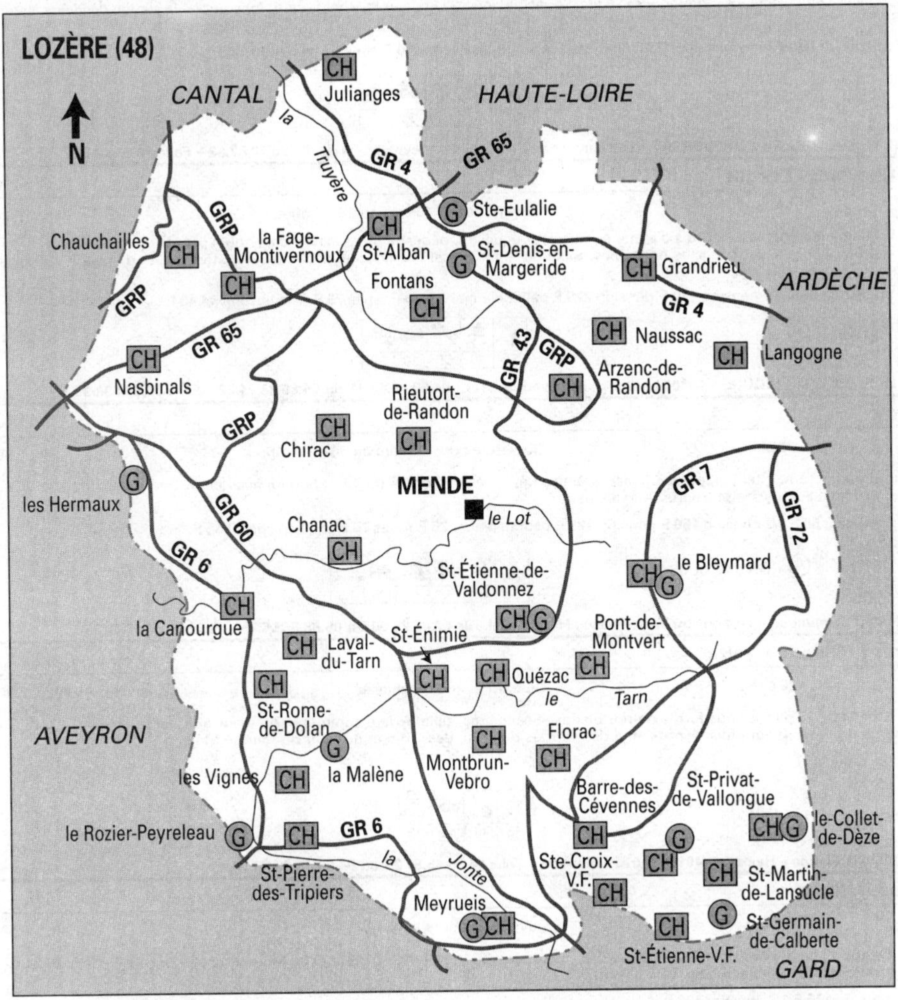

CH Chambre d'hôte G Gîte d'étape, de séjour L Logis de France

La Bastide *C.M. n° 76.8 — Pli n° 17.7*

50 pers. Ouverture : du 1er avril au 1er novembre. Alt. : 1024 m

Grande maison de villégiature avec parc au bord de l'Allier. 5 niveaux, chambres (2 à 5 lits), 1 dortoirs (12 places), salle de séchage, laverie, garage, parking fermé, grande salle à manger, cheminée, piano. Spécialité pain et bière belge. Enclos pour ânes. GR 7, 72 et 70 STEVENSON. Anglais et néerlandais parlés. Situé à la limite de l'Ardèche et de la Lozère, idéal pour canyoning, VTT et randonnées. Baignade, champignons, pêche à la truite.

Prix : 1/2 pension **160 F** petit dejeuner **30 F** repas **80 F**

(TH) GR : 70 et 7

SP	SP	8	15	0,2	0,2

PAPADIMITRIOU Philippe – Route de Mende - « L'Etoile » – 48250 La Bastide – Tél. : 04.66.46.05.52

Le Bleymard Le Mont-Lozere

52 pers. Ouverture : du 1er décembre au 30 octobre.

2 gîtes avec coin-cuisine. Le premier avec 20 lits. Le second avec 32 lits. Sur le Mont Lozere. Au cœur de la station de Pleine Nature et de Ski.

Prix : pers.nuit **70/80 F** 1/2 pension **170/180 F** petit dejeuner **30 F** repas **70 F** pension cheval **15/55 F**

(TH)

7	7	SP	35	7

SARL LE REFUGE - Pierre REVERSAT – Le Mont Lozere – 48190 Le Bleymard – Tél. : 04.66.48.62.83 – Fax : 04.66.48.62.87

Le Cheylard-l'Eveque

32 pers. Ouverture : du 15 mai au 15 octobre. Alt. : 1120 m

Sur le chemin de Stevenson. Gîtes d'étape et de séjour équestre, pédestre et cycliste. 7 ch. (2 ou 4 pers.). 1 gîte de 6 pers. 1 gîte de 15 pers. Box pour chevaux. Enclos pour ânes. Salle de repos. Local de séchage. Local depot matériel. Gîte d'étape « le refuge du Moure ». Transport de sacs.

Prix : pers.nuit **65 F** 1/2 pension **170 F** pension **220 F** petit dejeuner **30/70 F** repas **70 F** pension cheval **40 F**

(TH) (A)

SP	10	SP	10	10

SCI LE REFUGE DU MOURE – 48300 Le Cheylard-l'Eveque – Tél. : 04.66.69.03.21 ou 04.66.38.24.22 – Fax : 04.66.69.03.21

Florac

23 pers. Ouverture : du 15 mars au 30 novembre. Alt. : 550 m

En bordure du Tarn, gîte d'étape de 23 places. Entre Cévennes et Gorges du Tarn. Randonnées pédestres, spéléologie et VTT sur place. Agrément Jeunesse et Sports. Anglais parlé.

Prix : pers.nuit **50 F** 1/2 pension **150 F** pension **185 F** petit dejeuner **25 F** repas **75 F** pension cheval **45 F**

(TH) (A) GR : 43 et 68

SP	SP	SP	2	35	1,5

SERRANO Dominique – Le Pont du Tarn – 48400 Florac – Tél. : 04.66.45.20.89 ou 06.08.86.55.75 – Fax : 04.66.45.20.89

Hures-la-Parade Hyelzas

C.M. n° 80

26 pers. Ouverture : toute l'année. Alt. : 1000 m

Gîte d'étape de 26 places sous forme de dortoirs avec sanitaires, salle à vivre commune. Au cœur du Causse Méjean, à côté d'une ferme caussenarde d'autrefois. A proximité des Gorges du Tarn, des GR 6 et du Tour du Causse Méjean.

Prix : pers.nuit **45 F**

GR : 6

15	15	40	15

PRATLONG Claude – Hyelzas – 48150 Hures-la-Parade – Tél. : 04.66.45.65.25 ou 04.66.45.66.56

Lajo La Roche

10 pers. Ouverture : toute l'année. Alt. : 1150 m

Gîte d'étape 10 pers. à proximité du Tour de l'Aubrac et des GR4 et GR64. Au cœur de la Margeride et à proximité de la Réserve de bisons d'Europe de Sainte-Eulalie. VTT à 8 km.

Prix : pers.nuit **45 F** 1/2 pension **130 F**

(TH) GR : 4 et 64

SP	8	8	3	22	8

JALBERT Anna – La Roche de Lajo – 48120 Lajo – Tél. : 04.66.31.52.07

La Malene

C.M. n° 80 — Pli n° 5

20 pers. Alt. : 450 m

Gîte d'étape en plein centre du village et au cœur des Gorges du Tarn : coin-cuisine. Poss. de baignade ou de descente en barque avec les bâteliers de la Maléne. Petit village très agréable en été et d'un très grand cachet au fond d'un canyon grandiose entre des falaises incomparables.

Prix : pers.nuit **45/50 F**

SP	SP	SP	13	20	20	SP	25	SP

MAIRIE DE LA MALENE – 48210 La Malene – Tél. : 04.66.48.51.16 ou 04.66.48.58.55 – Fax : 04.66.48.58.51

Meyrueis Ayres — *C.M. n° 80 — Pli n° 15*

30 pers. Ouverture : du 1er avril au 15 octobre. Alt. : 200 m

Gîte d'étape sur 2 étages. 2 dortoirs, cuisine équipée, 2 douches, lavabos. Terrasse. Couvertures fournies.

Prix : pers.nuit **45 F**

SP	SP	SP	8	SP	23	1	30	45	1

POUJOL Francis – Ayres – 48150 Meyrueis – Tél. : 04.66.45.62.73

Meyrueis Salvinsac-la-Cascade — c v *C.M. n° 80 — Pli n° 5*

E.C. NN 14 pers. Ouverture : à Pâques. Alt. : 750 m

Dans le Parc National des Cevennes, au pied des corniches du Causse Méjean. Gîte de 14 places, divisé en 3 chambres avec sanitaires. Séjour avec cheminée et cuisine équipée. Mini-bibliothèque à dispo. Point-phone, table de ping-pong, jeux divers, etc. Anglais parlé.

Prix : pers.nuit **52 F** petit dejeuner **22 F**

SP	3	4	45	3

CAUSSE Eric et Marie-Helene – Salvinsac - La Cascade – 48150 Meyrueis – Tél. : 04.66.45.65.38 ou 04.66.45.61.36 – Fax : 04.66.45.65.38

Nasbinals Montgros — c v

20 pers. Ouverture : du 20 avril au 3 novembre et pendant les vacances scolaires. Alt. : 1200 m

Gîte d'étape sur le Tour de l'Aubrac. A 1200 m d'altitude au centre de grands espaces de pâtures. A 3 km de Nasbinals. VTT sur place. Anglais, espagnol et italien parlé.

Prix : 1/2 pension **180 F** petit dejeuner **33 F** repas **89 F** pension cheval **25 F**

TH

1	3	3	3	22	3

PLUVINET Jean-Marc – Montgros – 48260 Nasbinals – Tél. : 04.66.32.55.14 – Fax : 04.66.32.56.46

Peyreleau — c v *C.M. n° 80 — Pli n° 5*

30 pers. Ouverture : d'avril à novembre. Alt. : 400 m

Gîte de séjour situé à la confluence des gorges du Tarn et de la Jonte, dans le village classé médiéval de Peureleau. 7 chambres de 4 lits superposés. Bibliothèque. Bar. Cheminée. Piscine d'été. Activités encadreés par le propriétaire : escalade, spéléologie, VTT, randonnées et canyoning. Table d'hôtes (cuisine régionale). Anglais parlé.

Prix : 1/2 pension **160 F**

TH GR : 6 et 6A

SP	SP	SP	SP	SP	SP	20	SP

DUFFAU Serge – Gîte Evolutions – 12720 Peyreleau – Tél. : 05.65.62.60.93 – Fax : 05.65.62.64.15

Prinsuejols Lisanges — c v

20 pers. Ouverture : toute l'année. Alt. : 1260 m

A l'entrée de l'Aubrac, situé à 10 km de Nasbinals. Près du Château de la Baume. Cascade du Deroc. 10 chambres de 2 à 6 lits. Draps fournis. Restauration collective. Sanitaires communs. Chauffage central. Possibilité de faire laver le linge. A dispo. : bibliothèque, jeux de société, table de ping-pong, boulodrome.

Prix : pers.nuit **50 F** 1/2 pension **140 F** pension **195 F** petit dejeuner **20 F** repas **65 F** pension cheval **4 F**

TH

SP	10	15	20	10

ASSOCIATION CHANTELOZERE – Lisanges – 48100 Prinsuejols – Tél. : 04.66.32.34.29 – Fax : 04.66.32.34.29

Rieutort-de-Randon — *C.M. n° 76 — Pli n° 15*

20 pers. Alt. : 1140 m

Gîte d'étape de 20 places en dortoir avec sanitaires et salle à vivre communes. Au centre du village et au cœur de Margeride.

Prix : pers.nuit **35 F**

SP	SP	20	10	19	SP

MAIRIE DE RIEUTORT-DE-RANDON – 48700 Rieutort-de-Randon – Tél. : 04.66.47.33.31 – Fax : 04.66.47.39.98

Saint-Andeol-de-Clerguemort Le Lauzas

25 pers. Ouverture : toute l'année. Alt. : 500 m

Gîte d'étape comprenant : 22 places réparties en petits dortoirs (2 à 4 pers.). Coin-cuisine. Bibliothèque. Informations région. Vin, apéritif et café compris dans le prix repas. Forfait groupes 60 F/j. Au cœur des Cévennes, à proximité d'un ruisseau, propriété de 20 ha. Baignade. Poss. de chambres d'hôtes 2 épis. Paysage sauvage et prenant, d'un aspect grandiose avec de magnifique panoramas, à 8 km du collet de Dèze. Conseils randos en montagne par accompagnateur gratuits. Agrément Jeunesse et Sports et Education Populaire.

Prix : pers.nuit **80 F** repas **85 F** pension cheval **40 F**

(TH) GR : 44B et 7

SP	SP	SP	8	10	40	15	8

CHARTON-COUDERT Pierrette – Le Lauzas – 48160 Le Collet-de-Deze – Tél. : 04.66.41.03.88

Saint-Andre-de-Lancize *C.M. n° 80 — Pli n° 6*

15 pers. Ouverture : du 3 janvier au 29 décembre. Alt. : 800 m

Gîte d'étape pédestre situé sur le GR 67. Coin-cuisine. Salon avec cheminée. 2 douches, 2 wc. 1 dortoir pour 11 pers. 1 dortoir pour 4 pers. Restaurant, petit déjeuner, panier-repas dans le hameau. Accès : N 106, D 29.

Prix : pers.nuit **50 F**

GR : 67

IMBERT Dominique – Les Ayres – 48240 Saint-Privat-de-Vallongue – Tél. : 04.66.45.90.95

Saint-Denis-en-Margeride Les Bouviers *C.M. n° 76 — Pli n° 16*

12 pers. Ouverture : du 15 décembre au 11 novembre. Alt. : 1418 m

12 places en dortoir. Sanitaires. Salle hors sac, avec coin-cuisine et cheminée. Sur place : bar, restaurant. Accès : N106, D5. Station de pleine nature. Location de matériel (VTT, ski). Sur place : raquettes neige, VTT, randonnée pédestre, orientation. Parc à bisons 8 km à pied. Circuits VTT. Chiens de traîneaux. Animateurs BE de ski de fond, accompagnateur. Possibilité accueil 60 pers. en hors-saison. 2e téléphone pour l'hébergement groupe.

Prix : pers.nuit **60 F** 1/2 pension **160 F** pension **230 F** petit dejeuner **30 F**

(A) GR : 43 et 4

3	11	11	21	SP	25	SP	SP	25	11

SELO – Baraque des Bouviers - Saint-Denis en Margeride – 48700 Saint-Amans – Tél. : 04.66.47.41.54 ou 04.66.47.39.07 – Fax : 04.66.47.30.76

Saint-Frezal-de-Ventalon Le Temple

29 pers. Ouverture : toute l'année. Alt. : 640 m

Gîte pour particulier et groupes. 3 ch. (4 et 5 lits) séparées de 2 dortoirs de 8 lits chacun. Grande salle à manger lumineuse, cuisine équipée, 2 salles de bains, 2 wc, (douches dans les chambres). Au cœur des Cévennes. Panorama sur Vallée-Longue. Rand. pédestre avec prop. sur PR du secteur. Espagnol et anglais parlés.

Prix : pers.nuit **50 F** 1/2 pension **120 F** pension **160 F** petit dejeuner **20 F** repas **55 F** pension cheval **20 F**

(TH)

SP	12	6	15	6	30	6

SALMERON Robert – Gîte « Le Temple » – 48240 Saint-Frezal-de-Ventalon – Tél. : 04.66.45.43.64 ou 04.66.45.40.49

Saint-Germain-de-Calberte Lou-Pradel *C.M. n° 80 — Pli n° 7*

12 pers. Ouverture : toute l'année. Alt. : 730 m

1 dortoirs (6 pers.), dans granges rénovées. Salles de bains attenantes priv. + gîte de séjour (4 pers.) : 75 F/pers. Coin-cuisine équipé. Salle à manger avec cheminée. Baies vitrées avec vue sur la vallée. Ch. élec. Table d'hôtes sur résa (nombre limité). Ferme-auberge à 2,5 km. Sites touristiques à proximité. 3 ch. d'hôtes sur place. Confitures « maison » pour le petit-déjeuner : chataîgnes. Jean et Nicole vous feront partager leur connaissance historique du Pays. Musées à 30 km. Grottes d'Avens à 20 km. Visite d'une mielerie à 10 km. Produits régionaux sur place. Anglais et allemand parlés.

Prix : pers.nuit **60 F** petit dejeuner **25 F** repas **75 F** pension cheval **25 F**

(TH)

8	8	8	12	12	13	20	10

BECHARD Jean et Nicole – Lou Pradel – 48370 Saint-Germain-de-Calberte – Tél. : 04.66.45.92.46

Saint-Julien-d'Arpaon Mijavols

20 pers. Ouverture : toute l'année. Alt. : 920 m

1 cuisine. 1 séjour. 2 dortoirs. 1 bloc-sanitaires. Au cœur du Mont Lozère et à 15 km de Florac. A proximité du Parc National des Cévennes.

Prix : pers.nuit **60 F** 1/2 pension **160 F** pension **190 F** petit dejeuner **20 F** repas **80 F**

(TH) GR : 68 et 70

15	15	15	15	50	15

CHAPTAL Fabien – Mijavols – 48400 Saint-Julien-d'Arpaon – Tél. : 04.66.45.09.04

Saint-Pierre-des-Tripiers La Viale

26 pers. Ouverture : du 1er avril au 15 novembre. Alt. : 900 m

1 dortoir de 10 pers. (2 douches, 1 wc). 1 gîte de 16 pers. par chambres de 4 pers. (2 douches, 1 wc). Gîte sur le Causse de Sauveterre, à proximité du GR6, du Tour du Méjean et du site de réintroduction des vautours fauves.

Prix : pers.nuit **50 F** 1/2 pension **150 F** petit dejeuner **25 F** repas **75 F**

Ⓐ GR : 6

30	10

POQUET Pascal – La Viale – 48150 Saint-Pierre-des-Tripiers – Tél. : 04.66.48.82.39 ou 04.66.48.80.42

Saint-Rome-de-Dolan Almieres *C.M. nº 80 — Pli nº 4*

30 pers. Ouverture : de mars à novembre (décembre à mars : uniquement sur résa.) Alt. : 950 m

Grande bâtisse du XVIIe s. surplombant les Gorges du Tarn. A 5 km du Point Sublime. GR 6 passant par la propriété. 4 ch. 2 pers., 2 ch. 3 pers., 2 ch. 4 pers., sanitaires privés. 1 dortoir 8 pers., sanitaires privés. Tables d'hôtes et cuisine en gestion libre. Randonnées, VTT et parapente sur place. Anglais, espagnol parlés.

Prix : pers.nuit **70 F** 1/2 pension **160 F** petit dejeuner **25 F** repas **65 F**

(TH) GR : 6

6	5	5	15	6

CHAYTAN Nathalie – Gîte « Les Fleurines » - Almieres – 48500 Saint-Rome-de-Dolan – Tél. : 04.66.48.81.01

Sainte-Eulalie *C.M. nº 76 — Pli nº 15*

18 pers. Ouverture : toute l'année. Alt. : 1250 m

Gîte d'étape dans une ancienne fermette de style rustique avec mariage du bois (poutres apparentes) et de la pierre. Calme assuré, ambiance chaleureuse. 1 dortoir 10 pers., 2 ch. 2 pers., 1 ch. 4 pers. Salle commune, 2 coins-salon, cheminée, c-cuisine. 2 douches, 2 wc. L-linge. Anglais et allemand parlés. Groupe : 125 F/pers. en 1/2 pension. Pique-nique et transport des sacs sur demande. Nuit + petit déjeuner : 80 F/chambre et 80 F/dortoir. Cadre agréable, Tour de la Margeride. VTT, ski de fond, raquettes.

Prix : pers.nuit **50 F** 1/2 pension **130 F** pension **180 F** petit dejeuner **25 F** repas **60 F** pension cheval **45 F**

(TH) GR : 4 et 43

SP	SP	SP	25	15

PRINTEMPS Norbert – Sur le Chemin des Bisons – 48120 Sainte-Eulalie – Tél. : 04.66.31.40.04

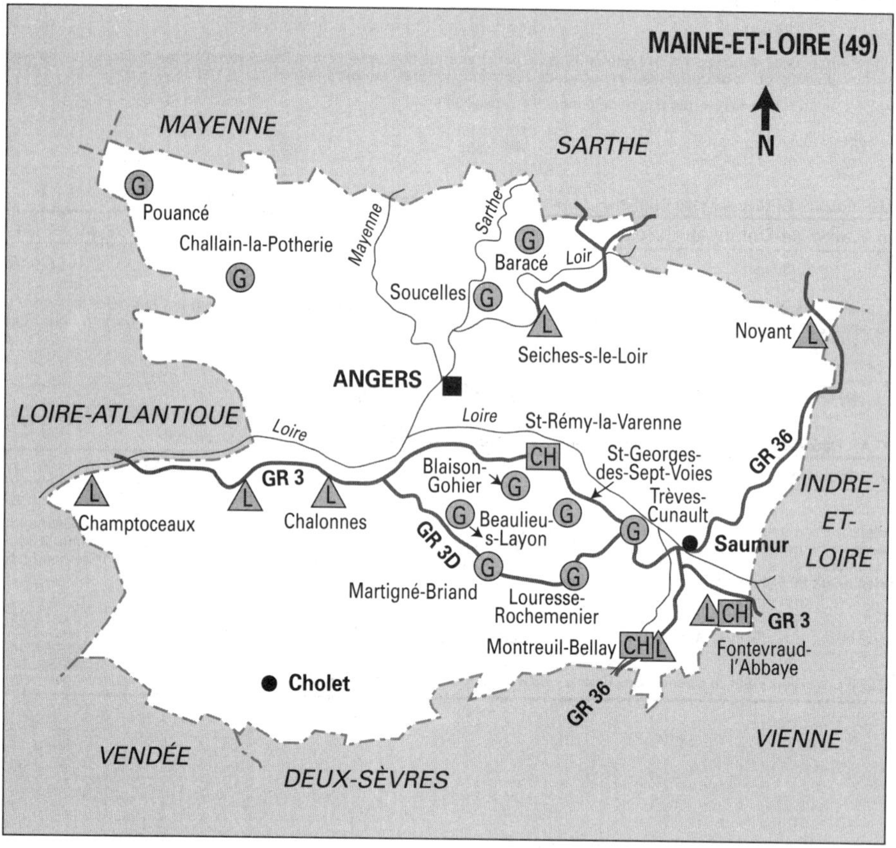

CH Chambre d'hôte G Gîte d'étape, de séjour L Logis de France

Barace L'Aunay

c✈v *C.M. n° 64 — Pli n° 1*

14 pers. Ouverture : toute l'année.

Sur une exploitation agricole. Rez-de-chaussée : salle à manger, coin-cuisine. Téléphone. Cheminée. Sanitaires : 2 wc, 2 lavabos, 1 douche. Salle d'activités. Débarras. A l'étage : 1 dortoir (12 lits 1 pers.), 1 chambre (2 lits 1 pers.). Sanitaires : 1 douche, 1 wc, 3 lavabos. Pétanque. Parking. Salon de jardin. Chevaux au pré : 10 F.

Prix : pers.nuit **50 F**

8	8	1	SP	1	30	1

LAGACHE Roger – L'Aunay – 49430 Barace – Tél. : 02.41.76.93.89

Beaulieu-sur-Layon

c✈v *C.M. n° 63 — Pli n° 20*

28 pers. Ouverture : toute l'année.

Salon avec cheminée. Salle à manger donnant sur jardin. Cuisine (l-vaisselle, l-linge), micro-ondes. 9 ch. (2 lits 1 pers.), 4 ch. (3 lits 1 pers.), 3 ch. (4 lits superp.). 8 wc, 8 douches, 10 lavabos. Chauffage électrique. Poss. location draps et repas par traiteur sur résa. Groupe + 12 pers. : 55 F/nuit. Restaurant 500 m. Anglais parlé.

Prix : pers.nuit **65 F**

Ⓐ (TH)

10	0,5	SP	3	20	SP

OFFICE DU TOURISME – Rue Saint-Vincent – 49750 Beaulieu-sur-Layon – Tél. : 02.41.78.65.07

Blaison-Gohier Le Bois-Brincon

C.M. n° 64 — Pli n° 11

30 pers. Ouverture : toute l'année.

Gîte d'étape et de séjour. R.d.c. : 3 ch. (4 pers.), 4 ch. (3 pers.). Etage : 1 ch. (2 lits 1 pers.). 1 ch. (4 lits 1 pers.). 1 lavabo dans chaque ch. 1 ch. en annexe (3/4 pers.). 2 salles d'eau, wc. 5 douches, 5 wc. Séjour, petit salon. Cuisine : 2 réfrigérateurs, 2 éviers, l-vaisselle, cuisinière, vaisselle (40 pers.). Salle à manger. Suppl. chauffage. Barbecue et pelouse. Médecin, pharmacien 5 km. Possibilité de location de draps : 28 F. Prés et boxes pour chevaux.

Prix : pers.nuit **57 F** pension cheval **15 F**

GR : 3

5	3,5	3,5	SP	9	9	5	20

CAILLEAU Jean – Le Bois-Brincon – 49320 Blaison-Gohier – Tél. : 02.41.57.17.88

Challain-la-Potherie Le Haut-Aulnay

C.M. n° 63 — Pli n° 19

22 pers. Ouverture : toute l'année.

Très ancien corps de ferme aménagé sur 10 ha. d'herbages avec étang et large vue sur paysage bocager. Très isolé et calme. 2 salles à manger. 1 salle de séjour. Dans dépendances : 1 salle de détente. Cheminées. 9 ch. dont 2 au r.d.c. et 7 à l'étage. Sanitaires privés pour 7 ch. Vélos.

Prix : pers.nuit **95 F**

SP	7	SP	SP	2,5	12

SART Jacques – Logis des Aulnays - « Le Haut Aulnay » – 49440 Challain-la-Potherie – Tél. : 02.41.94.18.09 – Fax : 02.41.94.17.49

Chenehutte-Treves-Cunault La Metairie

C.M. n° 64 — Pli n° 12

18 pers. Ouverture : toute l'année.

Gîte d'étape et de séjour équestre. Salle de séjour (48 m²) avec cuisine. 3 ch. (4 lits + 1 lit gigogne chacune), 1 ch. (6 lits avec 3 lits gigognes), lavabo dans chaque chambre. Sanitaires (4 lavabos, 2 wc, 3 douches). Chauffâge électrique. Téléphone. Barbecue. Supplément pour le chauffage.

Prix : pers.nuit **60 F** pension cheval **35 F**

GR : 3D

5	5	1	SP	10

VINCENT Jean – L'Esperance – 49350 Chenehutte-Treves-Cunault – Tél. : 02.41.67.92.43

Louresse-Rochemenier Rochemenier

C.M. n° 67 — Pli n° 8

19 pers. Ouverture : toute l'année.

Gîte d'étape et de séjour. Rez-de-chaussée : salle. Coin-cuisine. Cheminée. 2 wc. 1 lavabo. 1er étage : 3 ch. (13 lits 1 pers. 1 lit 2 pers.), douche, lavabo. 1 ch. (2 lits 1 pers. 1 lit 2 pers.), lavabo, 2 douches, 2 wc, 3 lavabos. Local barbecue. Ch. élect. Tél. service spécialisé arrivée : 02.41.59.33.22. (étage + r.d.c.). Point-phone dans la cour. TV. Barbecue. Salon de jardin. Laverie, lave-linge. Vaisselle. Bois : 50 F. Location de draps : 30 F. Gîte situé sur un site troglodytique. Supplément pour le chauffage.

Prix : pers.nuit **55 F** pension cheval **20 F**

5	5	7	SP	5	3	20	1,5

S.C.I. TROGLO-GITE - MADAME HUGEL Y. – Rochemenier (Le Grison) - 22 rue de l'Abbaye – 49700 Doue-la-Fontaine – Tél. : 02.41.59.28.78 ou 02.41.59.25.12

Martigne-Briand

C.M. n° 67 — Pli n° 7

19 pers. Ouverture : toute l'année.

Gîte d'étape et de séjour. Rez-de-chaussée : séjour, cuisine. 1er étage : 5 chambres (6 pers. 3 pers. x 2, 3 pers. + lavabo, 4 pers. + lavabo). 2 douches. 2 wc. 3 lavabos. Chauffage électrique. Abri chevaux ou pré. Supplément pour chauffage. Possibilité location de draps.

Prix : pers.nuit **50 F** pension cheval **20 F**

GR : 3D

SP	SP	1	SP	32	SP

ROCHAIS Joseph – Place du 11 Novembre – 49540 Martigne-Briand – Tél. : 02.41.59.43.72

Pouance La Saulnerie

20 pers.

Gîte de séjour. R.d.c. : séjour 50 m², coin-salon, cheminée, cuisine, l-vaiss. 2 ch. (3 lits 1 pers. chacune), lavabo, s. d'eau, 2 wc, l-linge. 1 ch. (2 lits 1 pers. 1 lit bébé bois 120 x 60). Etage : 1 ch. (5 lits), lavabo. 1 ch. (4 lits), 1 lavabo, 2 douches, 2 wc. 1 ch. (3 lits), lavabo, 2 douches. TV. Terrain. Salon de jardin. Suppl. chauffage. Portique. Marie-jo et Yannick vous accueillent dans leur gîte « Le Grenier à sel ». Bâtisse de caractère dans un cadre séduisant, face au château de Pouancé, entre Anjou et Bretagne. 20 lits répartis en 6 chambres. Gîte accessible aux personnes handicapées avec aide.

Prix : pers.nuit **55 F** week-end **1800 F**

SP	SP	SP	SP	16	SP

BROUSSE Yannick et Marie-Jo – Le Grenier à Sel - La Saulnerie – 49420 Pouance – Tél. : 02.41.92.62.66 – Fax : 02.41.92.62.66

Saint-Geoges-des-Sept-Voies La Gauveniere

cV *C.M. n° 67 — Pli n° 7*

20 pers. Ouverture : toute l'année.

R.d.c. : cuisine équipée, salle à manger, salle à vivre. 1 ch. (3 lits 1 pers.), s. d'eau, 2 wc. A l'étage : salle (70 m²), 1 ch. (1 lit 2 pers.), 2 ch. (2 lits 1 pers.), 1 ch. (3 lits 1 pers.), 2 ch. (4 lits 1 pers.), 6 douches, 6 wc. Terrasses. Parking. Pelouse. Loc. vélos. L-linge. Alimentation biologique. Activités accompagnées du prop.

Prix : pers.nuit **80 F** petit dejeuner **25 F** repas **80 F**

TH

7	4	4	4

VOLLET Philippe et Jocelyne – La Gauveniere – 49350 Saint-Georges-des-Sept-Voies – Tél. : 02.41.57.91.51

Soucelles La Sigogniere

cV

16 pers. Ouverture : toute l'année.

Gîte de séjour. R.d.c. : salle à manger, salon, cuisine, salle de détente, 1 ch. (1 lit 2 pers.), 4 wc, 4 lavabos, 1 douche. 1er étage : 1 ch. (4 lits 1 pers.), 1 ch. (3 lits 1 pers.), 1 dortoir (6 lits 1 pers.), 5 douches, 2 wc, 5 lavabos. TV. Portique. Draps fournis. Etang. Loc. linge possible. Loc. VTT, canoë-kayak. Hébergement chevaux en box (50 F) ou paddok (20 F).

Prix : pers.nuit **65 F** pension cheval **20/50 F**

6	0,9	SP	SP	5	17	0,9

AUDEBERT Jackie – La Sigogniere – 49140 Soucelles – Tél. : 02.41.32.34.78

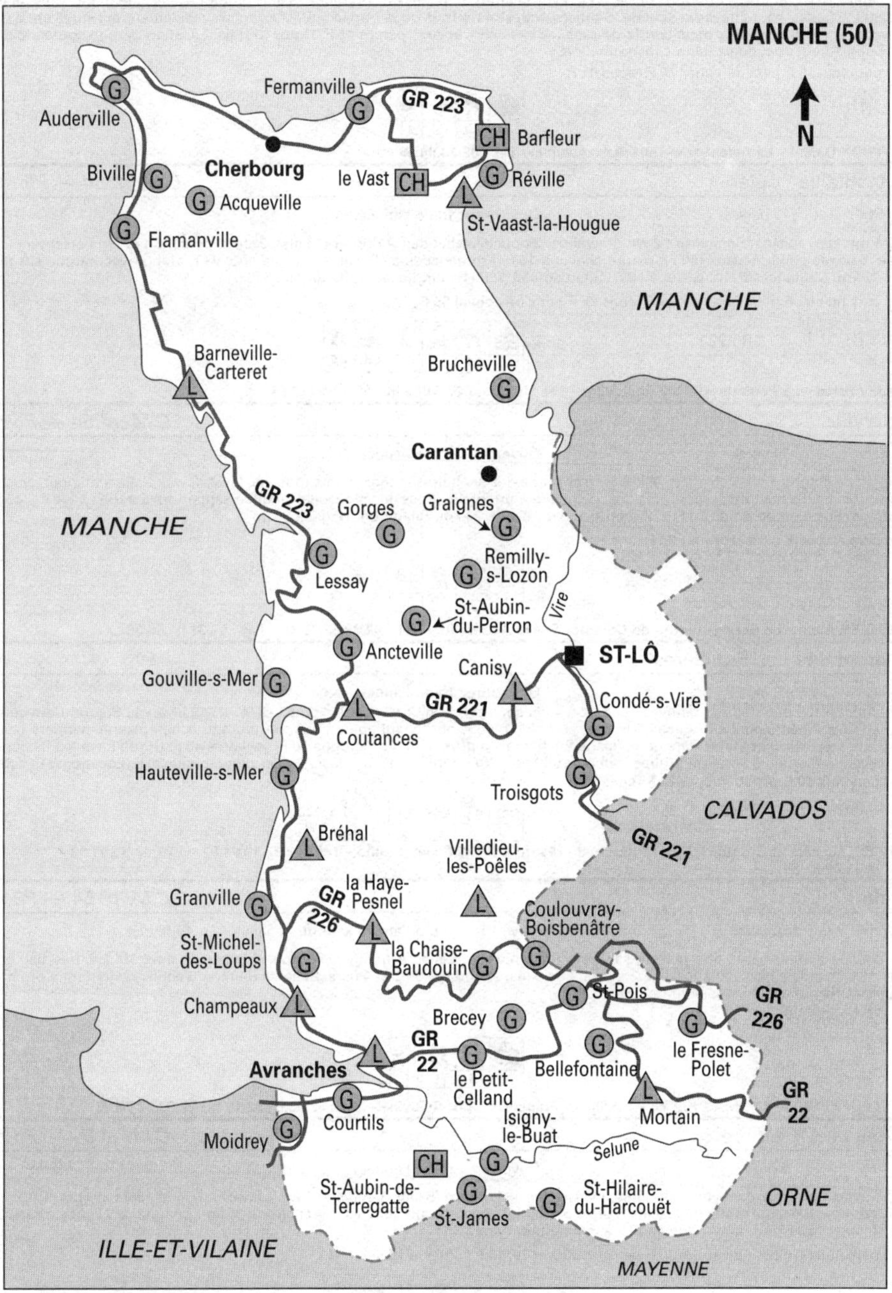

CH Chambre d'hôte G Gîte d'étape, de séjour L Logis de France

Acqueville La Belangerie *C.M. n° 54 — Pli n° 1*

9 pers. Ouverture : toute l'année.

Gîte d'étape dans un manoir du XVIe siècle. 4 ch. avec lavabos, s.d.b. et wc communs. Salle commune avec cheminée. Cuisine indépendante. 4 boxes pour chevaux. Sellerie. Sentiers équestres « Tour de la Hague ». Restaurant, ravitaillement à 3 km. 1 ch. d'hôtes sur place. Boisson comprise dans le prix du repas. Boxes cheval 40 F, pâture 15 F. Draps fournis. Location de gîte complet : 630 F/jour. Supplément chauffage selon consommation.

Prix : pers.nuit **75 F** petit dejeuner **20 F** repas **85 F**

TH

6	10	3	14

GEOFFROY Daniel – La Belangerie – 50440 Acqueville – Tél. : 02.33.94.59.49

Ancteville La Foulerie *C.M. n° 54 — Pli n° 12*

E.C. NN 19 pers. Ouverture : toute l'année.

Salle à manger, cuisine. Sanitaires : 2 wc, 3 lavabos, 2 douches chaudes. 1 dortoir (15 lits), 2 ch. (3 pers.). Chauffage électrique. Cheminée. 6 boxes pour chevaux (60 F), pâture chevaux 15 F. Promenades à cheval et carriole, loc. VTT, étang avec barque sur place. Forêt 12 km. Coutances 6 km. Groupe 60 F. Gîte complet 1000 F/jour. Location de draps 25 F.

Prix : pers.nuit **65 F** petit dejeuner **25 F** repas **85 F** pension cheval **60 F**

TH GR : 223

10	12	12	SP	SP	SP

ENOUF Michel – La Foulerie – 50200 Ancteville – Tél. : 02.33.45.27.64 – Fax : 02.33.45.73.69

Auderville *C.M. n° 54 — Pli n° 1*

E.C. NN 14 pers. Ouverture : toute l'année.

Gîte d'étape composé de 4 ch. (3 ou 4 lits) avec chacune des sanitaires indépendants (douche, lavabo, wc). Salle à manger avec cheminée. Cuisine. Restaurant au bourg. Pêche, baignade à proximité. Poss. location week-end (de septembre à avril) : 1400 F + 45 F de chauffage. Location de draps 20 F. Cherbourg 29 km. Biville 24 km. Beaumont-Hagues 8 km.

Prix : pers.nuit **58 F** petit dejeuner **22 F**

1	1	SP	29

LECOUVEY Alain – Le Bourg - Ferme de Coulon – 50440 Auderville – Tél. : 02.33.52.73.46 – Fax : 02.33.01.56.30

Bellefontaine Les Rouilleres

E.C. NN 28 pers. Ouverture : toute l'année.

Dans une maison entièrement rénovée. 7 ch. (2 à 4 lits superp.), 1 ch. (lit 2 pers.), 4 douches, 4 wc, 10 lavabos. Séjour. Coin-cuisine. Salle annexe. Cheminée. Loc. draps 15 F. Gîte complet 1400 F/jour, chauffage en sus. Restaurant, café, épicerie, sentiers balisés, pâture chevaux sur place 20 F. Parc du « Village Enchanté » à proximité. Prix groupe 50 F, scolaires 40 F. GR de Pays les Balcons du Sud Manche. Mortain 5 km. Prix groupe minimum 10 pers. Camping rural sur place. Panier pique-nique 30 F. Location VTT à 6 km.

Prix : pers.nuit **60 F** petit dejeuner **22 F** repas **50 F**

TH GR : 22

50	3	6	6	5	SP	SP

LEMAIRE Jacques et Corinne – Gîte Communal - Mairie – 50520 Bellefontaine – Tél. : 02.33.59.01.97 ou 02.33.59.01.93 – Fax : 02.33.69.52.60

Biville *C.M. n° 54 — Pli n° 1*

50 pers. Ouverture : toute l'année sauf du 1er janvier au 15 février.

Gîte d'étape comprenant : une grande salle avec cheminée, 2 salles à manger, cuisine. Sanitaires : 4 wc, 14 lavabos par étage, 4 douches chaudes. 2 dortoirs de 6 lits, 2 dortoirs de 5 lits, chambres de 2 et 4 pers. Salle de réunion. Tennis, restaurant à proximité. Beaumont-Hague à 6 km. Location de draps : 28 F.

Prix : pers.nuit **55 F**

GR : 223

1	6	SP	6

CENTRE D'ACCUEIL THOMAS HELYE – Levillayer Francoise – 50440 Biville – Tél. : 02.33.04.52.19 ou 02.33.52.76.93

Brecey La Martiniere *C.M. n° 54 — Pli n° 8*

E.C. NN 8 pers. Ouverture : toute l'année.

Séjour avec cheminée, coin-cuisine (l-linge, l-vaisselle), 1 chambre (8 lits), 1 douche, 1 wc, 1 lavabo. 2 ch. d'hôtes sur place. 10 boxes pour chevaux. Restaurant 400 m. Piscine d'été à proximité. Poss. circuit de pays. Avranches à 16 km. Chauffage 5 F. Loc. draps 26 F. Gîte complet 600 F/jour. Loc. vélos et VTT à 300 m. Loc. canoë 50 F.

Prix : pers.nuit **60 F** petit dejeuner **20 F** pension cheval **30/40 F** semaine **1800 F**

30	SP	0,3	SP	16	1

MURIS Roger – La Martiniere – 50370 Brecey – Tél. : 02.33.48.71.59

Brucheville Manoir-du-Beaucron *C.M. n° 54*

10 pers. Ouverture : toute l'année.

Dans Parc Naturel des Marais du Cotentin et du Bessin, à 2 pas de la Baie des Veys et des plages d'Utah-Beach, ce gîte bénéficie du cadre exceptionnel d'un manoir du Cotentin (Renaissance). Séjour (41 m²), coin-cuisine, 5 ch. (2 lits 80). Et. : 2 s. d'eau (3 douches, 5 wc, 8 lavabos). Petit-déjeuner au manoir. Gîte complet : 600 F/jour et 500 F/jour le week-end. Anglais parlé. Draps fournis.

Prix : pers.nuit **65 F** petit dejeuner **22 F** semaine **2200 F**

SP	3	SP	10	3

LAVILLONNIERE Philippe – 1, rue de l'Eglise - Manoir de Baucron – 50480 Brucheville – Tél. : 02.33.42.06.09 – Fax : 02.33.42.06.09

La Chaise-Baudoin Le Relais-de-la-Chaise

E.C. NN 21 pers. Ouverture : toute l'année.

Dans ancienne école. Salle à manger/coin-cuisine. Etage, 2 ch. 2 pers. 1 dortoir 17 pers., 2 douches, 2 wc, 4 lavabos. Terrain de sports (volley, tennis, mini-basket), terrain de boules, loc. VTT et tir à l'arc sur place. Chauffage 5 F (du 1/10 au 30/4). Groupe + de 10 pers. 40 F. Etudiant 25 F. Scolaires 20 F. Villedieu-les-Poêles 10 km. GRP Les Balcons du sud Manche.

Prix : pers.nuit **45 F** petit dejeuner **25 F** pension cheval **45 F**

20	7	SP	SP

RIVIERE – Mairie – 50370 La Chaise-Baudouin – Tél. : 02.33.48.12.26 ou 02.33.48.11.21 – Fax : 02.33.48.12.41

Conde-sur-Vire Ecluse-de-Mesnil-Raoult *C.M. n° 54 — Pli n° 13*

E.C. NN 32 pers. Ouverture : toute l'année.

Gîte d'étape comprenant : salle avec cheminée, cuisine, grill à l'ext. 5 douches, 3 wc, 8 lavabos. Sanitaires aménagés pour pers. hand. Vestiaires, séchoir. 4 ch. (8 lits superp.). Chauffage électrique. Canoë-kayak (centre agréé F.F.C.K.) sur place. VTT, mur d'escalade, tir à l'arc sur place. Saint-Lô 10 km. Supp. chauffage 5 F. Groupe + de 50 pers. : 48 F. Repas possible sur réservation. Pré pour chevaux. PAJ sur place.

Prix : pers.nuit **58 F**

GR : 221

45	10	SP	SP	3	SP	10	1,5

BASE NAUTIQUE A.S.E.V. – Doron Jean-Claude - B.P. 17 – 50890 Conde-sur-Vire – Tél. : 02.33.77.87.30 ou 02.33.57.33.66 – Fax : 02.33.57.33.66

Coulouvray-Boisbenatre *C.M. n° 59 — Pli n° 9*

E.C. NN 18 pers. Ouverture : toute l'année.

Dans un bâtiment neuf aménagé par la commune au centre d'un petit bourg du bocage. 3 dortoirs (4, 6, 8 pers. en lits superp.), 3 douches, 3 wc, 4 lavabos (dont 2 sanitaires accessibles aux pers. hand.). Salle commune/cuisine. Abri avec cheminée dans dépendance. Ch. électrique. Tennis de table. 7 stalles et paddocks. Loc. draps 15 F. Groupe : 40 F. Boxes par cheval 40 F. Pâture cheval 20 F. Barbecue. Plateau sportif et tennis a proximité. Ravitaillement et restauration sur place. GR de pays Sud Manche.

Prix : pers.nuit **45 F** pension cheval **20/40 F**

30	7	SP	SP	SP

DELACOUR Gîte Communal – Mairie – 50670 Coulouvray-Boisbenatre – Tél. : 02.33.59.89.73 ou 02.33.59.81.13 – Fax : 02.33.69.55.18

Courtils La Guintre *C.M. n° 59 — Pli n° 8*

E.C. NN 19 pers. Ouverture : toute l'année.

Salle à manger/coin-cuisine, 3 ch. de 2, 3 et 4 pers. + 1 dortoir 10 pers., 2 douches, 2 wc et 6 lavabos. Chauffage électrique. Barbecue. Tennis de table. Garage à vélos. Poss. ch. d'hôtes. Pêche, équitation, piscine, tennis à proximité. Avranches 12 km, à quelques mètres des grèves du Mont-Saint-Michel. Supplément chauffage : 5 F. Forfait gîte entier : 800 F/jour.

Prix : pers.nuit **50 F** petit dejeuner **18 F**

GR : 223

SP	12	12

LEMOINE Elie – La Guintre - Bas Courtils – 50220 Courtils – Tél. : 02.33.60.13.16

Fermanville La Lorette *C.M. n° 54 — Pli n° 2*

E.C. NN 19 pers. Ouverture : toute l'année.

Gîte d'étape 5 ch. (1, 2 et 3 lits), 1 dortoir (7 lits dont 3 superp.). Salle commune en annexe avec coin-cuisine. 1 douche, 1 lavabo, 1 wc par chambre. Restaurant sur place. Salle commune. Pêche, baignade, voile à proximité. Cherbourg 20 km. Supplément chauffage 20 F/jour/groupe. Location de draps 20 F. Pâture par cheval 20 F.

Prix : pers.nuit **70 F** petit dejeuner **32 F** repas **90 F**

(TH) GR : 223

0,5	1	12	6	SP	20	20

GEISMAR Jean-Pierre – La Lorette - Le Cap Levy – 50840 Fermanville – Tél. : 02.33.44.49.49 – Fax : 02.33.44.52.51

Flamanville *C.M. n° 54 — Pli n° 1*

19 pers. Ouverture : du 21 janvier au 19 décembre.

Dans communs du château de Flamanville (XVII/XVIIIe), 3 ch. (2 pers.) et 1 dortoir (6 pers. en lits superp.), 5 lavabos, 4 douches et 4 wc. Chauffage électrique. Séjour avec cheminée, petite salle. Cour et parc du château. 8 stalles. Cherbourg 25 km. Chauffage 5 F. Groupe + 10 pers. 64 F/jour. Location de draps : 12 F. Bois 31 F. Panier pique-nique 42 F. Promenades poney et carriole. Boxes 42 F (sans nourriture), 64 F (avec nourriture).

Prix : pers.nuit **69 F** petit dejeuner **22 F** pension cheval **42/64 F**

GR : 223

2	2	8	SP	3	8	20	0,5

MASSON Michel - Le Chateau - 50340 Flamanville - Tél. : 02.33.52.12.30

Flamanville Le Semaphore *C.M. n° 54 — Pli n° 1*

E.C. NN 19 pers. Ouverture : fermé du 15/12 au 31/01 et le lundi sauf en juillet et août.

Dans un ancien sémaphoae entièrement rénové. Séjour/coin-cuisine, vue sur la mer. 3 dortoirs. 2 douches chaudes, 4 lavabos, 2 wc. Chauffage électrique. Restaurant sur place. Tarif groupe à partir de 12 pers. 45 F/pers. Supplément chauffage 5 F/pers./nuit. Flamanville 2 km. Gîte complet 800 F/jour. Location de draps 10 F.

Prix : pers.nuit **47 F** petit dejeuner **26 F** repas **71 F**

(TH) GR : 223

1	15	0,5	2	SP	2

PELLETANT Philippe et Isabelle - Le Semaphore - 50340 Flamanville - Tél. : 02.33.52.18.98 - Fax : 02.33.52.36.39

Le Fresne-Poret *C.M. n° 59 — Pli n° 10*

E.C. NN 16 pers. Ouverture : toute l'année. Alt. : 235 m

Dans l'ancienne école communale entièrement rénovée à 235 m d'altitude. 1 ch. 2 lits, 1 ch. 4 lits dont 2 superposés. 1 dortoir 10 lits superposés. Cuisine. Salle commune avec cheminée. 3 douches, 3 wc, 6 lavabos (dont 1 sanitaire complet accessible aux pers. handicapées). Chauffage électrique (en sus). Gîte complet : 640 F/jour. Sourdeval 16 km. Escalade 15 km. GR de pays des Balcons du sud-Manche.

Prix : pers.nuit **40 F**

16

Mme ROGUES - Mairie - 50850 Le Fresne-Poret - Tél. : 02.33.59.94.10

Gorges *C.M. n° 54 — Pli n° 12*

E.C. NN 16 pers. Ouverture : toute l'année.

Séjour/coin-cuisine. R.d.c. : 3 ch. (2 lits 1 pers.). A l'étage : 1 ch. (1 lit 2 pers. 2 lits 1 pers.). Douche, wc, lavabo indépendants par chambre. Annexe comprenant salon, coin-cuisine, salle de bains, 3 ch. (6 pers.). Draps, linge de toilette et charges compris. Gîte complet 450/650 F/jour (10 à 16 pers.). Groupe 45 F. Réduction FFRP. Carentan 13 km. Circuit des Marais du Cotentin « La Sèves Noire ».

Prix : pers.nuit **60 F** petit dejeuner **15 F** repas **60 F**

(TH)

25	20	15	1	2

MORRIS John et GODDARD Suzan - La Ferme de Meterville - 50190 Gorges - Tél. : 02.33.45.72.89

Gouville-sur-Mer La Filature

E.C. NN 19 pers. Ouverture : toute l'année.

Dans centre de vacances entièrement rénové. Salle commune (cheminée). Cuisine (l-vaiss.). 1 ch. avec sanitaires accessible aux pers. hand. au r.d.c. (150 F). 1 ch. 5 lits. 2 ch. 6 lits à l'ét. 2 douches, 3 wc, 7 lavabos. Garage vélos. Loc. draps 25 F. Groupe mini 10 pers. 52 F. Gîte complet 1034 F/jour. Suppl. chauffage 25 F/ch. (du 1/10 au 30/04). Draps 25 F. Coutances 12 km. Réduction FFRP. Tennis de table.

Prix : pers.nuit **55 F** petit dejeuner **25 F**

22	SP	6	2,2	SP	SP	SP

POTIGNY Pierrette - Gîte Etape et Séjour Communal - La Filature - 50560 Gouville-sur-Mer - Tél. : 02.33.45.65.30

Graignes La Ferme *C.M. n° 54*

E.C. NN 27 pers.

R.d.c. : 10 ch. individuelle (1 lits 1 pers.), 1 ch. (2 lits 1 pers.), sanitaires. Et. : 6 ch. (1 lit 2 pers. 2 lits 1 pers. 4 lits 1 pers. 3 lits 1 pers.). Salle à manger 26 m², coin-cuisine, 4 s. d'eau (4 wc, 6 douches, 8 lavabos). Restaurant-self de l'écaole à 500 m. Accueil cavaliers, bénéficie du cadre de l'hippodrome réputé pour ses courses de trot en nocturne. Prix groupe de 10 pers. et plus : 60 F. Remise de 10 % FFRP.

Prix : pers.nuit **65 F** petit dejeuner **10 F** repas **30 F** pension cheval **30/45 F**

(TH)

30	SP	0,5	2	6	15	1

AFASEC ECOLE DES LADS DRIVERS Madame Nain - 6, rue de l'Hippodrome - 50620 Graignes - Tél. : 02.33.56.81.58 - Fax : 02.33.57.20.55

Graignes Le Trotteur *C.M. n° 54 — Pli n° 13*

E.C. NN 18 pers. Ouverture : toute l'année.

7 ch. (7 lits 2 pers. 5 lits 1 pers.), grand salon avec cheminée, chaîne hi-fi, TV, salle à manger, cuisine, salle de bains, salle d'eau, 2 wc. Barbecue, garage. Boxes paillés pour chevaux. Draps fournis. Gîte complet 900 F. Repas pour école : 30 F. Restaurant-self de l'école à prox. Loc. VTT sur place. Toutes charges comprises. Au cœur du Parc des Marais, dans ce haut lieu de courses de trotteurs, vous disposerez d'un vaste pavillon d'architecture contemporaine et d'un grand jardin arboré clos.

Prix : pers.nuit **65 F** petit dejeuner **10 F** repas **30 F** pension cheval **30 F** semaine **5000 F** week-end **1800 F**

(TH)

30	30	12	SP	16	SP	SP	18	0,5

ECOLE DE LADS-DRIVERS AFASEC – 6 rue de l'Hippodrome – 50620 Graignes – Tél. : 02.33.56.81.58 – Fax : 02.33.57.20.55

Granville *C.M. n° 59 — Pli n° 7*

E.C. NN 50 pers. Ouverture : toute l'année.

Gîte d'étape. Deuxième centre nautique de France. Foyer, salle de réunion, restaurant. Chambres de 2 et 4 lits, douche et wc par chambre. Chauffage central. Nombreuses activités dans la station. Location de draps : 22,50 F. Prix/nuit en chambre individuelle.

Prix : pers.nuit **56.50/98.50 F** petit dejeuner **17.50 F** repas **56 F**

(TH) GR : 223

SP	3	5	SP	SP

CENTRE REGIONAL DE NAUTISME – Michele Hautpre - Boulevard des Amiraux B.P. 140 – 50401 Granville-Cedex – Tél. : 02.33.91.22.62 – Fax : 02.33.50.51.99

Hauteville-sur-Mer *C.M. n° 54 — Pli n° 12*

E.C. NN 19 pers. Ouverture : toute l'année.

4 ch. à l'ét. (18 lits superp.). 1 ch. en r.d.c. accessible 1 pers. hand. 2 douche, 2 wc, 6 lavabos. Loc. de draps 35 F. Chauffage (1er octobre au 15 mai : supplément 10 % du prix de la nuitée). Coutances 13 km. Prix groupe à partir de 10 pers. Gîte complet 980 F et pour clubs et associations 910 à 930 F. Groupe 52 F (clubs et associations). Location VTT. Escalade. Location salle pour 1 repas 840 F, pour 2 repas 1250 F (basse-saison).

Prix : pers.nuit **55 F**

SP	SP	0,5	18	SP	0,8	SP

DELAFOSSE Marie-France – Gîte Communal - 30 avenue du Sud – 50590 Hauteville-sur-Mer – Tél. : 02.33.47.52.57 ou 02.33.07.65.08

Isigny-le-Buat La Mazure *C.M. n° 59 — Pli n° 8*

E.C. NN 19 pers. Ouverture : de Pâques à la Toussaint.

Salle à manger (cheminée, coin-cuisine). 1 ch. (3 lits), 1 ch. (4 lits.), 2 dortoirs (6 lits superp.). 3 douches, 2 wc, 6 lavabos. 1 douche et 1 wc access. aux pers. hand. Chauffage élec. (suppl. novembre à mars 300 F/gîte entier). Restaurant, canoë-kayak, tir à l'arc, VTT, croisière en vedette sur place. Avranches 25 km. Gîte entier : 1100 F/jour. Loc. draps : 20 F. Sentiers de pays.

Prix : pers.nuit **55 F** petit dejeuner **20 F** repas **55/60 F**

(TH)

30	SP	SP	25	SP	SP	SP	25	25

CENTRE DE LOISIRS LA MAZURE – M. Grosse - Les Biards – 50540 Isigny-le-Buat – Tél. : 02.33.89.19.50 – Fax : 02.33.89.19.55

Lessay *C.M. n° 54 — Pli n° 12*

E.C. NN 49 pers. Ouverture : toute l'année.

Bâtiment neuf comprenant 9 ch. (5 lits superposés et gigognes). 1 ch. (4 lits pour pers. hand.). Sanitaires privés pour chaque ch. Dans un autre bâtiment neuf, 2 salles d'activités et 1 salle à manger avec cuisine attenante. Fourniture de repas par traiteur (39 F). Location de draps 18 F. Coutances 20 km. Sur place : séjours découverte de l'environnement (littoral, marais, forêt, bocage), location de VTT.

Prix : pers.nuit **63/68 F** petit dejeuner **15 F** repas **39/49 F**

(TH)

5	7	0,5	SP	0,5

LECOEUR Didier – C.P.I.E. - rue de l'Hippodrome – 50430 Lessay – Tél. : 02.33.46.37.06

Moidrey

E.C. NN 19 pers. Ouverture : toute l'année.

Dans un relais aménagé dans un centre équestre. Salle à manger avec coin-cuisine. Dortoir en 3 parties : 5 lits (2 superp.), 8 et 6 lits (6 superp.). 4 douches, 2 wc, 6 lavabos. Restaurant 100 m. Ravitaillement 1,5 km. Mont Saint-Michel 6 km. Suppl. chauffage 5 F. Prix groupe 43 F. Boxes 65 F (avec ration). Taxe de séjour : 2 F/pers. du 1er mai au 30 septembre. Cheval en stalle + ration 55 F. Pâture : 20 F/cheval, 15 F/+ de 6 chevaux.

Prix : pers.nuit **48 F** pension cheval **65 F**

GR : 34

SP	0,2	0,2	SP	1,5

CENTRE EQUESTRE DE LA TANIERE Stephane Gardin – Moidrey – 50170 Pontorson – Tél. : 02.33.58.13.53

Le Petit-Celland

cXv *C.M. n° 59 — Pli n° 8*

¥¥¥ 28 pers. Ouverture : toute l'année.

R.d.c. : 1 ch. (2 lits 1 pers. 2 lits superp.), 1 ch. pour pers. hand. 6 ch. à l'ét. (4 lits superposés pour 5, 1 lit gigogne), salle d'eau chacune. Salle à manger/coin-salon, cheminée, coin-cuisine. L-linge, l-vaisselle, sèche-linge, tél. Préau. Accueil de chevaux. Loc. draps 15 F. Gîte complet 2800 F/sem. (du 1/10 au 30/6). 40 F/nuit/enfant de - 16 ans. Etape privilégiée sur la route du Mont-Saint-Michel. A proximité : chasse, plan d'eau. Restaurant 6 km. Tarif groupe 50 F/adulte/nuit et 35 F/enf./nuit. Gîte complet 1400 F/nuit, 2800 F/WE, 3920 F/3 jours. Suplément chauffage 10 F (du 15/10 au 10/4).

Prix : pers.nuit **60 F** pension cheval **15/20 F**

GR : 22

20	6	6	6	4	SP

COMMUNAUTE DES COMMUNES DE BRECEY – Mlle Allessio - Place de l'Hotel de Ville – 50370 Brecey – Tél. : 02.33.89.21.10 ou 02.33.60.43.84 – Fax : 02.33.89.21.19

Remilly-sur-Lozon Manoir-de-la-Granderie

C.M. n° 54 — Pli n° 3

E.C. NN 11 pers. Ouverture : toute l'année.

2 dortoirs de 5 et 4 lits + 1 ch. à 2 lits. 2 douches, 4 lavabos, 2 wc. Salle commune avec cheminée et TV. Coin-cuisine. 8 boxes pour chevaux. Promenade carriole et poney sur place. Sentiers des Marais. Saint-Lô 20 km. Canoë-kayak 4 km. Loc. vélo/VTT, karting 6 km. Pâture cheval 25 F. Tarif pension cheval avec ration incluse.

Prix : pers.nuit **55 F** petit dejeuner **22 F** repas **50 F** pension cheval **55 F**

(TH)

30	SP	6	5	6	1,5	SP	20	1,5

ANGOT Jack – Manoir de la Granderie – 50570 Remilly-sur-Lozon – Tél. : 02.33.56.21.08 – Fax : 02.33.56.92.73

Reville Le Houguet

cXv *C.M. n° 54 — Pli n° 3*

E.C. NN 14 pers. Ouverture : toute l'année.

Gîte de séjour « La Grange » aménagé dans une aile du manoir. Vaste séjour 60 m², grande cheminée, coin-détente, cuisine équipée (l-vaisselle), salle à manger, buanderie (l-linge), 6 ch. (2/3 lits 1 pers.), 6 douches, 3 wc, 7 lavabos, 1 s.d.b. Ch. central. Draps fournis. Produits fermiers. Cinéma 1 km. Hors-saison : WE 2800 F + 500 F/nuit suppl. La ferme-manoir du Houguet est un temoin remarquable de l'architecture rurale de la fin du Moyen-Age dans le Val de Saire, faite d'élégance et de solidité.

Prix : petit dejeuner **25 F** semaine **4800/5900 F** week-end **4000 F**

0,8	6	1	25	25	SP	25	1

COTTEBRUNE Alain – Le Houguet – 50760 Reville – Tél. : 02.33.54.47.06 – Fax : 02.33.54.12.82

Saint-Aubin-du-Perron Chateau-du-Perron

E.C. NN 30 pers. Ouverture : toute l'année.

Dans un château du XIXe, accueil de groupes (- 25 pers. 2375 F/j.), de jeunes, de classes et d'adultes. 14 ch. (dont 7 avec salle de bains, 3 avec salle d'eau). Salle à manger, salon de style avec cheminée. 2 salles polyvalentes, cuisine pour la fourniture de repas par traiteur. TV. Sentiers pédestres et VTT dans le parc de 38 ha. Draps et petit déjeuner inclus dans prix. Groupes : 26 à 39 pers. 95 F/nuit, 40 à 52 pers. 85 F/nuit/groupes scolaires. Tarif journalier : - 20 pers. forfait 1800 F, de 20 à 39 pers. 90 F/nuit et de 40 à 52 pers. 80 F/nuit. Location pour mariage forfait 9750 F (vendredi 18 h au dimanche 18 h).

15	4	SP	3	SP

RUSSELL Quentin – Chateau du Perron – 50490 Saint-Aubin-du-Perron – Tél. : 02.33.45.33.25 ou 02.33.47.08.79 – Fax : 02.33.47.08.79

Saint-James La Dierge

E.C. NN 20 pers. Ouverture : toute l'année.

Gîte dans une ferme. Grande salle commune et d'activités. Cuisine. 2 dortoirs de 12 lits (8 superp.) et 8 lits (6 superp.). 3 douches, 2 wc, 6 lavabos. 1 ch. avec sanitaires aux normes hand. Restaurants et ravitaillement à 800 m. Parc animalier sur place. Saint-James à 1,5 km. Itinéraire équestre Bretagne. Draps fournis. 1 chambre froide. 1 rôtisserie. Sentiers VTT. Supplément chauffage : 50 F/jour pour groupe. Gîte complet/jour : 800 F. Box : 50 F. Pâture : 10 F. Prix groupe : 45 F (à partir de 12 pers.). Prix groupe 20 pers. : 40 F. Réduction FFRP.

Prix : pers.nuit **50 F** petit dejeuner **20 F**

20	SP	0,5	0,5	SP	1

AMELINE Francois – La Dierge – 50240 Saint-James – Tél. : 02.33.48.32.43

Saint-Michel-des-Loups Ferme-de-Cheux

C.M. n° 59 — Pli n° 7

E.C. NN 19 pers. Ouverture : toute l'année.

Gîte d'étape comprenant : salle commune avec cheminée. Cuisine. 1 dortoir de 15 lits, 1 ch. de 4 lits. Sanitaires : 2 douches, 2 wc, 3 lavabos. Boxes. Garage à vélos. Pomenades, poneys, chevaux, attelage, location VTT sur place. Station balnéaire de Carolles et restaurant 6 km. Supplément pour chauffage 10 F. Granville 11 km.

Prix : pers.nuit **55 F** petit dejeuner **20 F** pension cheval **30/40 F**

GR : 223 et 226

6	6	SP	1	0,2	SP	11

LAVEILLE Jean – La Ferme de Cheux – 50740 Saint-Michel-des-Loups – Tél. : 02.33.48.17.42 – Fax : 02.33.48.91.26

Saint-Pois *C.M. n° 59 — Pli n° 9*

E.C. NN 16 pers. Ouverture : toute l'année.

Salle commune/coin-cuisine. Sanitaires : 2 wc, 4 lavabos, 2 douches. 2 dortois de 8 lits. Ch. central. Poss. boxes et paddocks à la ferme de la Cour (près du Château, tél. : 02.33.59.90.76.). Produits fermiers, restaurant, forêt sur place. Clefs à prendre au café-restaurant « Le Normandy » (02.33.59.86.49) ou au tabac « Le Central Bar » (02.33.59.80.22). Tarif groupe à partir de 8 pers. 30 F. Location vélos à 8 km.

Prix : pers.nuit **35 F**

GR : 22

40	9	SP	SP	SP	1

MAIRIE DE SAINT-POIS – Mme Mauduit - Le Bourg – 50670 Saint-Pois – Tél. : 02.33.59.80.42 – Fax : 02.33.59.79.57

Troisgots L'Ecluse-Hebert *C.M. n° 54 — Pli n° 13*

E.C. NN 12 pers. Ouverture : toute l'année.

Gîte d'étape dans une ancienne maison éclusière comportant 2 dortoirs avec des lits superposés (sauf 1), salle commune, cuisine, 2 douches, 3 lavabos, 2 wc. Chauffage électrique. Restaurants 1 km. Ravitaillement 1,5 km. Pêche, tennis, sentiers à proximité. Saint-Lô 16 km. Gîte complet : 500 F/jour.

Prix : pers.nuit **50 F**

GR : 221

16	12	16	SP	1,5	SP	16	1,5

MAIRIE DE TROISGOTS – M. Simon Marcel – 50420 Troisgots – Tél. : 02.33.56.32.93

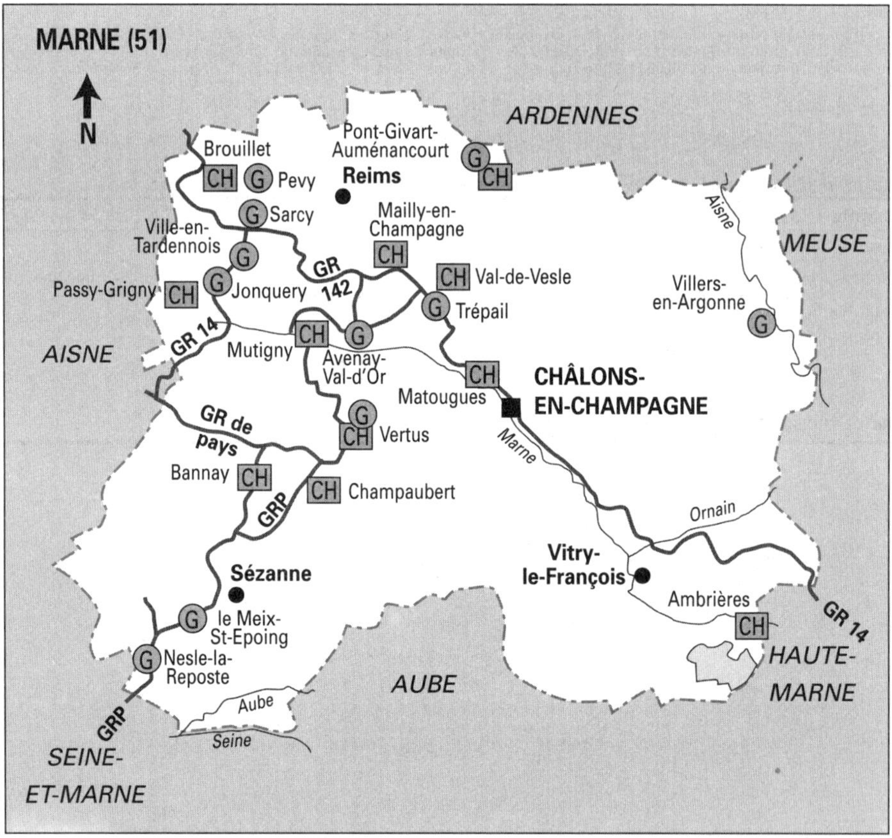

CH Chambre d'hôte G Gîte d'étape, de séjour L Logis de France

Avenay-Val-d'Or

E.C. NN 12 pers. Ouverture : toute l'année sauf en période de vendanges.

Gîte d'étape chez un viticulteur : 1 ch. 2 lits 1 pers., 2 ch. 3 lits 1 pers. 1 ch. 4 lits 1 pers. Cuisine indépendante et sanitaires. Visite de caves, vente de champagne.

Prix : pers.nuit **45 F** semaine **1600 F** week-end **1000 F**

GABRIEL Pascal – 4 rue des Remparts – 51160 Avenay-Val-d'Or – Tél. : 03.26.52.31.03 – Fax : 03.26.58.87.20

Jonquery

10 pers. Ouverture : du 1er avril au 30 novembre, sauf en période de vendanges.

Sur exploitation viticole dans Vallée de la Marne, forêts, vignes, randonnée au pied du tardenois. Gîte au 1er ét. : 2 ch. (1 lit 2 pers. 1 lit 1 pers.) 1 ch. (4 lits 1 pers.). Séjour avec cuis. américaine, salle d'eau, wc, l-vaiss., l-linge, barbecue, cheminée, salon de jardin, portique. Chauffage électrique et bois en sus.

Prix : semaine **2100 F** week-end **1300 F**

NEVEUX Bernadette – Rue de Picardie - Jonquery – 51700 Dormans – Tél. : 03.26.58.10.34 – Fax : 03.26.58.10.34

Le Meix-Saint-Epoing

E.C. NN 28 pers. Ouverture : toute l'année.

2 ch. (2 lits 2 pers.) 3 ch. (8 lits 1 pers.). Cuisine amenagée, salle à manger, grande salle de réunion, sanitaires modernes, grand confort. Animaux non acceptés dans les dortoirs. G.R.P « Thibaud de Champagne », « Le Grand Morin ». Supplément grande salle 600 F. Repas sur réservation.

Prix : pers.nuit **50 F** petit dejeuner **20 F** repas **50 F** week-end **1400/1800 F**

TH

SP

GEERAERTS Eddie – 29 rue de Launat – 51120 Le Meix-Saint-Epoing – Tél. : 03.26.80.70.76 – Fax : 03.26.42.74.98

Nesle-la-Reposte

C.M. n° 61 — Pli n° 5

E.C. NN 12 pers. Ouverture : toute l'année.

12 places en dortoirs et boxes. Activités offertes : randonnées accompagnées avec un âne de bât. Location VTT. Topo guide à disposition. Chauffage et douche compris dans les prix. Produits du jardin et de basse cour. GRP « Thibaud de Champagne ». Poss. 1/2 pension.

Prix : pers.nuit **55 F** petit dejeuner **30 F**

SP	SP	SP	6

CHARPY Yves – 12 rue de Villenauxe – 51120 Nesle-la-Reposte – Tél. : 03.26.80.42.92

Pevy Hervelon

E.C. NN 15 pers. Ouverture : toute l'année.

1 dortoir (8 lits 1 pers.), 1 dortoir (1 lit 2 pers. et 5 lits 1 pers.). Cuisine + séjour, salle d'eau, wc. Gîte équipé pour accueillir des groupes de 40/50 pers. pour restauration. Cérémonies familiales, séminaires, gîte indépendant et isolé à 2 km du village en pleine nature sauvage. Cheminée, lave vaisselle, location draps. Accès par route mi-goudronnée et chemin pierré. Chauffage en sus. Forfait ménage + nettoyage si nécessaire. Prix semaine, lundi 10 h au vendredi 14 h. Week end, vendredi 18 h au dimanche 20 h.

Prix : semaine **1800 F** week-end **2000 F**

15	2	6

FAUVET-RECORDON Jean – 1 rue du Chapitre – 51140 Pevy – Tél. : 03.26.48.58.07

Pontgivart-Aumenancourt

C.M. n° 56 — Pli n° 6

E.C. NN 20 pers. Ouverture : toute l'année. Alt. : 87 m

Dans maison indépendante dans corps de ferme clos et verdoyant. Gîte en partie étage et r.d.c. : 3 ch. 2 lits 1 pers., 1 ch. 4 lits 1 pers., 2 ch. avec mezza. 5 lits 1 pers. Salle de restauration 80 pers. Cuisine + salle d'accueil. Chauffage au sol + cheminée. Parking, jeux divers. Réunions de famille, séminaires, banquets, sauf mariage. Poss. traiteur. Tarifs : 800/3500 F suivant prestations et rendu propre (sinon nettoyage 300 F). 1 semaine 6000 F pour 20 pers. Draps compris. WE 1 nuit 2000 F/20 pers., 2 nuits 3000 F/20 pers. Draps et nettoyage compris. Renseignements auprès du propr. Point phone. Anglais et allemand parlé.

Prix : semaine **800/6000 F**

SP	SP	10	15	2	15	25	12	SP

DUPUIT Jean-Rene – 2 rue du Molveau - « La Carandace » – 51110 Pontgivart-Aumenancourt – Tél. : 03.26.97.53.69 – Fax : 03.26.97.00.59

Sarcy

15 pers. Ouverture : toute l'année sauf vendanges et vacances de Noël.

Gîte pour minimum 10 pers. Cuisine équipée, l-vaiss., l-linge, séjour. 2 ch. 2 pers. 1 ch. 4 pers. 1 dortoir 7 pers. Draps sur demande 40 F la paire. Chauffage compris. Vente de produits viticoles. Week-end 1 nuit 1250 F. Prix nuitée : 55 F/pers.

Prix : pers.nuit **55 F** semaine **2500 F** week-end **1250/1450 F**

JOBART Abel – 9 rue de la Sous-Prefecture – 51170 Sarcy – Tél. : 03.26.61.86.63 ou 03.26.61.87.24 – Fax : 03.26.61.87.42

Sarcy

12 pers.

Dans le Parc Naturel de la Montagne de Reims, maison indép. dans corps de ferme, écurie 10 boxes disponibles du 01/05 au 31/10. Gîte de caractère comprenant : r.d.c. grand séjour avec cheminée, cuisine, l-vaiss., wc, lavabo. Et. : 1 ch. (4 lits 1 pers.), 1 ch. (1 lit 2 pers. 1 lit 1 pers.), 1 ch. (3 lits 1 pers.), 1 ch. (1 lit 2 pers.). S.d.b., wc. Chauffage en sus. Draps 35 F/pers.

Prix : petit dejeuner **25 F** semaine **1900 F** week-end **1200/1400 F**

DERUELLE Francois – 3 rue Lorette – 51170 Sarcy – Tél. : 03.26.61.86.32

Trepail

16 pers. Ouverture : toute l'année sauf durant les vendanges.

2 dortoirs de 8 pers., cuisine, salle commune, 2 douches et 2 wc indiv. par dortoir. Vente de champagne à la propriété. Restaurant derrière le gîte. Chauffage en supplément 5 F. Visite de caves. Forfait ménage facultatif 100 F.

Prix : pers.nuit **45 F**

JACQUEMINET Joelle – 3 rue Pierre Brunet – 51380 Trepail – Tél. : 03.26.57.06.19 – Fax : 03.26.57.92.20

Vertus La Petite-Reine

C.M. n° 56 — Pli n° 16

12 pers. Ouverture : toute l'année sauf durant les vendanges.

Calme et confort. R.d.c. : pièce conviviale avec coin-biblio., cuisine équipée, l-vaiss. Etage : 4 ch. 2 à 4 pers., salle d'eau, douches, wc. Coin-pique-nique avec salon de jardin. Découverte de la région grâce à des circuits cyclos, cartes topo, itinéraires randonnées. Rangement des vélos en sécurité. Chauffage : 10 F/pers./nuit. Draps fournis. Activités sur place : escalade, parcours de santé, tir à l'arc, moto-cross. Restaurants et services sur place.

Prix : pers.nuit **60/80 F** petit dejeuner **25 F**

SP	SP	SP	7	SP	SP	SP	20	SP

POUGEOISE Denis et Marie-Brigitte – 7 rue Neuve - « La Petite Reine » – 51130 Vertus – Tél. : 03.26.52.27.13 – Fax : 03.26.52.28.92

Ville-en-Tardenois

E.C. NN 15 pers. Ouverture : toute l'année.

1 ch. (8 lits 1 pers. superp.), 1 ch. (4 lits 1 pers. superp.), 1 ch. (3 lits 1 pers). Salle d'eau et cuisine équipée. Charges comprises. Loc. draps 10 F/pièce, taie/10 F. Nettoyage de l'alèze 15 F/pièce, 40 F/couverture. Responsable : Mme Karine Delozane - Route d'Aulnay - 51170 Ville-en-Tardenois - tél. 03.26.61.86.90.

Prix : pers.nuit **44 F**

PARC NATUREL REGIONAL DE LA MONTAGNE DE REIMS – 51480 Pourcy – Tél. : 03.26.59.44.44 – Fax : 03.26.59.41.63

Villers-en-Argonne

50 pers. Ouverture : toute l'année sur réservation.

Sur 2 ét. : 3 ch. (5 lits 1 pers.), 1 ch. (4 lits 1 pers.), s. d'eau. 1 ch. (3 lits 1 pers.), s. d'eau. 2 ch./mezz. (2 lits 1 pers. 4 lits 1 pers.), s. d'eau. 1 ch./mezz. (1 lits 1 pers. 4 lits 1 pers.), douche, lavabo. Accueil familles, groupes travail, séminaires, classes vertes. Cheminée (bois en +). Accessible aux personnes handicapées. Chauffage 200 F/jour. Nombreuses activités. Classes vertes selon nombre d'enfants : 170/190 F. Draps non fournis. Option ménage 700 F.

Prix : pers.nuit **60 F** petit dejeuner **25 F** repas **70/90 F** semaine **5900/10200 F** week-end **2800/4000 F**

(TH)

SP

SARL PONEY CLUB ET GITE DE VILLERS – 51800 Villers-en-Argonne – Tél. : 03.26.60.37.70

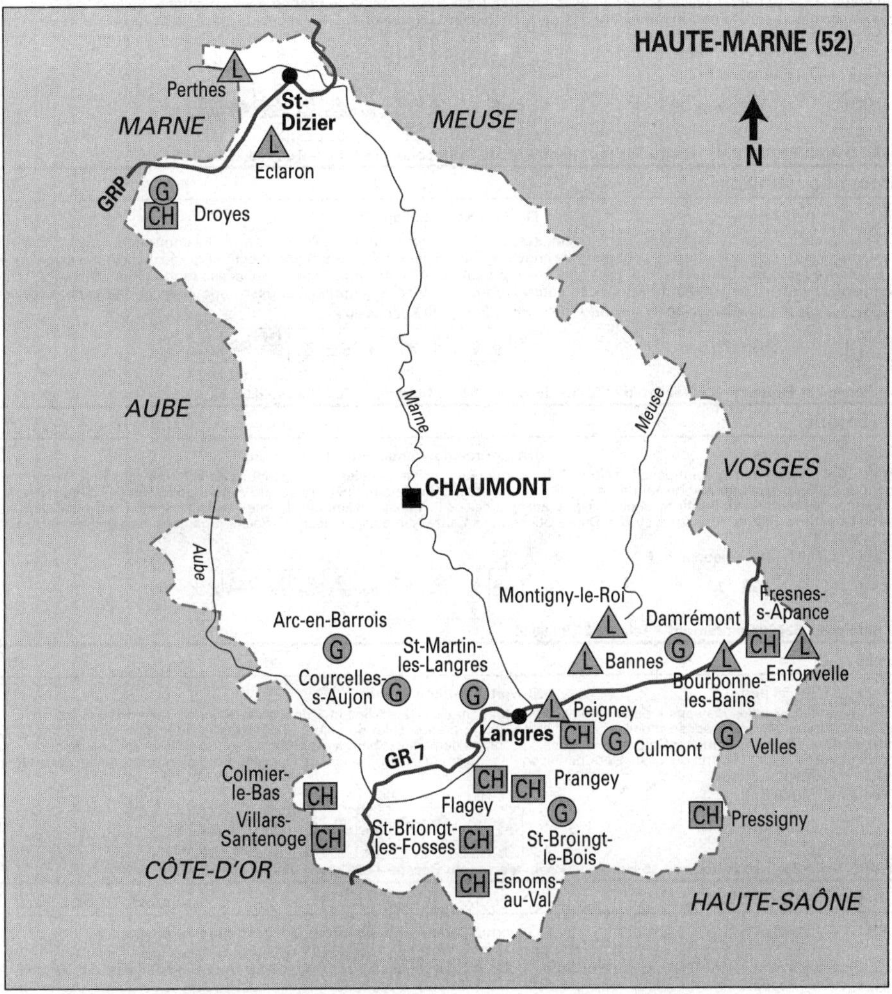

CH Chambre d'hôte G Gîte d'étape, de séjour L Logis de France

Arc-en-Barrois

C.M. n° 65 — Pli n° 10

E.C. NN 12 pers. Ouverture : toute l'année.

Gîte d'étape et de séjour comprenant : 3 ch. communicantes (2, 4 et 6 pers.) à l'étage. Au r.d.c. : grand séjour/coin-cuisine. Congélateur. Prise TV. 2 salles d'eau, 2 wc. Cheminée. Parking clos (3 voitures). Jardin privatif. Salon de jardin, barbecue. 3 restaurants au village. Suppl. chauffage 5 F (du 15/10 au 15/4). Dans le cadre de la forêt d'Arc-en-Barrois et de la Vallée de l'Aujon, randonnées équestres, pédestres ou cyclistes et la chasse. Golf sur place. Forfaits groupes et séjours prolongés.

Prix : pers.nuit **70 F**

SP	SP	SP	SP	25	15	20	20	25	SP

GITTON Jean-Paul et Annie – Villa Beau Couchant – 52210 Arc-en-Barrois – Tél. : 03.25.32.91.00 ou 03.25.02.53.33

Courcelles-sur-Aujon
C.M. n° 66 — Pli n° 2

E.C. NN 15 pers. Ouverture : toute l'année.

Gîte d'étape et de séjour : 1 pièce dortoir 10 pers. (10 lits). Coin-cuisine. Salle commune avec cheminée. Salle d'eau. 1 ch. 5 pers. avec coin-cuisine et salle d'eau indépendants. Logement de chevaux sur place. Activités sur place : VTT, découverte de la nature avec animateur professionnel, acrobatie et technique de cirque. Chasse à proximité. Très belle région avec promenades superbes non loin du gibier dans des forêts splendides.

Prix : pers.nuit **40 F** repas **48 F**

(TH) GR : 7 et 78

SP	10	4	SP	25	25	25	25	35	10

CENTRE D'ACCUEIL U.F.C.V. – Courcelles Sur Aujon – 52210 Saint-Loup-sur-Aujon – Tél. : 03.25.84.41.61

Culmont Le Val-Arbin

18 pers. Ouverture : toute l'année.

2 ch. 5 pers. avec s. d'eau et wc privés. 2 ch. 4 pers. avec s. d'eau et wc communs. Ch. central. Salle commune. Cuisine. Cheminée. Terrain, mobilier de jardin, barbecue. Logement de chevaux. Plats cuisinés. Forfaits selon effectif et durée du séjour. Ferme équestre avec ambiance familiale, confort assuré. Lacs, rivières à proximité. Activités équestres proposées : randonnées, attelages, manège couvert, soins, voltige, stages (20 chevaux et 10 poneys sur place). Visites culturelles et gastronomiques de la région. Escalade.

Prix : pers.nuit **60 F** 1/2 pension **140 F** pension **170 F** petit dejeuner **20 F** repas **60 F**

(TH) GR : 7

SP	SP	3	SP	10	8	8	6	2	2,5

BARD Samuel et Florence – Le Val Arbin - 15, rue du Haut – 52600 Culmont – Tél. : 03.25.88.50.34

Damremont
C.M. n° 62 — Pli n° 13

E.C. NN 19 pers. Ouverture : du 1er mars au 31 novembre.

3 dortoirs (4, 6 pers.). 1 lit d'appoint dans le séjour. Table commune. Cuisine. 2 salles d'eau. Produits de la ferme sur place. Repas possible par traîteur (60 F sur commande). Restaurant 4 km. Prix/journée 30 F. Sentiers botaniques sur RDV. Mini-golf. Vestiges gallo-romains. Village charmant en bordure du Bassigny et des Vosges, aux sources de la Meuse 1,5 km. Bourbonne-les-Bains, station thermale 8 km, sur les traces de Lamartine. Rando. équestres, cyclos. Dégustation vins à Coiffy (samedis/dimanches). Pêche organisée dans étang privé très poissonneux (sur RDV).

Prix : pers.nuit **50 F** petit dejeuner **25 F**

GR : 7

1	4	8	8	8	27	27	27	45	8

HOU Monique – 52400 Damremont – Tél. : 03.25.90.80.95

Droyes

54 pers. Ouverture : toute l'année.

Gîte de séjour dans 2 jolies maisons à pans de bois. 1 comprenant 6 ch. (2 à 5 lits) et 1 de 8 ch. (2 à 5 lits). Salle d'eau et wc privés dans chaque ch. Chaque maison dispose d'une grande cuisine, d'une grande salle de séjour, TV, terrasse aménagée avec barbecue. Cour, pelouse, portique. Produits fermiers. Goûters à la ferme. Loc. draps/demande. Chauffage compris. Promenades en calèche. Réduction selon effectif et durée du séjour. A 5 mn du lac du Der Chantecoq (le plus grand lac artificiel d'Europe), site ornithologique. Circuits de randonnées pédestres et VTT en forêt.

Prix : pers.nuit **50/80 F**

GR : 24B

1	0,5	0,5	7	25	8	7	8	25	7

BERNARD Marie-Line et Jean-Luc – 15 rue de la Haye - Ferme du Bocage – 52220 Droyes – Tél. : 03.25.04.23.28

Saint-Broingt-le-Bois
C.M. n° 66 — Pli n° 3

E.C. NN 50 pers. Ouverture : week-end (vendredi 18 h au lundi 8 h) et vacances scolaires.

2 ch. Cuisine. Salle commune. 12 lavabos + 6 douches. Poss. accueil chevaux. Propriété privée entourée d'un parc clos de 2 ha. Tranquillité, sécurité. Responsable du gîte à votre disposition 24h/24 pour vous recevoir, vous conseiller, vous guider. Agrément Jeunesse et Sports. Activités sur place : visites organisées (exploitations agricoles, artisanat, région,...). Option : mise à disposition d'un accompagnateur/guide (500 F/1/2 journée). Repas possibles à partir de 20 pers. Tarifs repas : déjeuner et dîner.

Prix : pers.nuit **50 F** petit dejeuner **18 F** repas **42/60 F**

(TH) GR : 7 et 78

SP	10	10	20	20	12	10	10	12	12

ASS. DE LA MFREO DE SAINT-BROINGT – 52190 Prauthoy – Tél. : 03.25.88.93.94

Saint-Martin-les-Langres

E.C. NN 26 pers. Ouverture : toute l'année.

2 dortoirs (10 pers.). 2 chambres (4 et 2 pers.). Salle commune. Cheminée. Cuisine. Salles d'eau. Logement de chevaux et chevaux disponibles sur place. Ping-pong. Lacs 2 et 10 km. Prix à la journée : 25 F. Location draps : 15 F. Agrément Jeunesse et Sports. Prix en chambre : 100 F/1 pers., 150 F/2 pers., 170 F/3 pers., 200 F/4 pers.

Prix : pers.nuit **40 F**

GR : 7 et 78

SP	SP	2	SP	8	8	8	5	8	2

RENARD Jean – Centre Equestre de Melville – 52200 Saint-Martin-les-Langres – Tél. : 03.25.87.39.93

Velles

E.C. NN 19 pers. Ouverture : toute l'année.

Gîte équestre. 3 dortoirs (3, 5 et 11 pers.). Coin-cuisine. 2 salles d'eau. Logement de chevaux et chevaux disponibles sur place. Location de bicyclettes et VTT, labo photo sur place. Restaurant 3 km. Circuits de randonnée balisés. Prix à la journée : 10 F. Promenades en calèche. Supplément chauffage 15 F. Agrément Jeunesse et Sports. Charmant petit village à la vie culturelle et artistique très développée (peintre, musicien, poète, artisans). Activités sur place : tir à l'arc et VTT.

Prix : pers.nuit **45 F**

GR : 78

SP	SP	5	SP	16	3	35	35	30	5

ROUSSELOT Alain et Christine – 52500 Velles – Tél. : 03.25.88.85.93

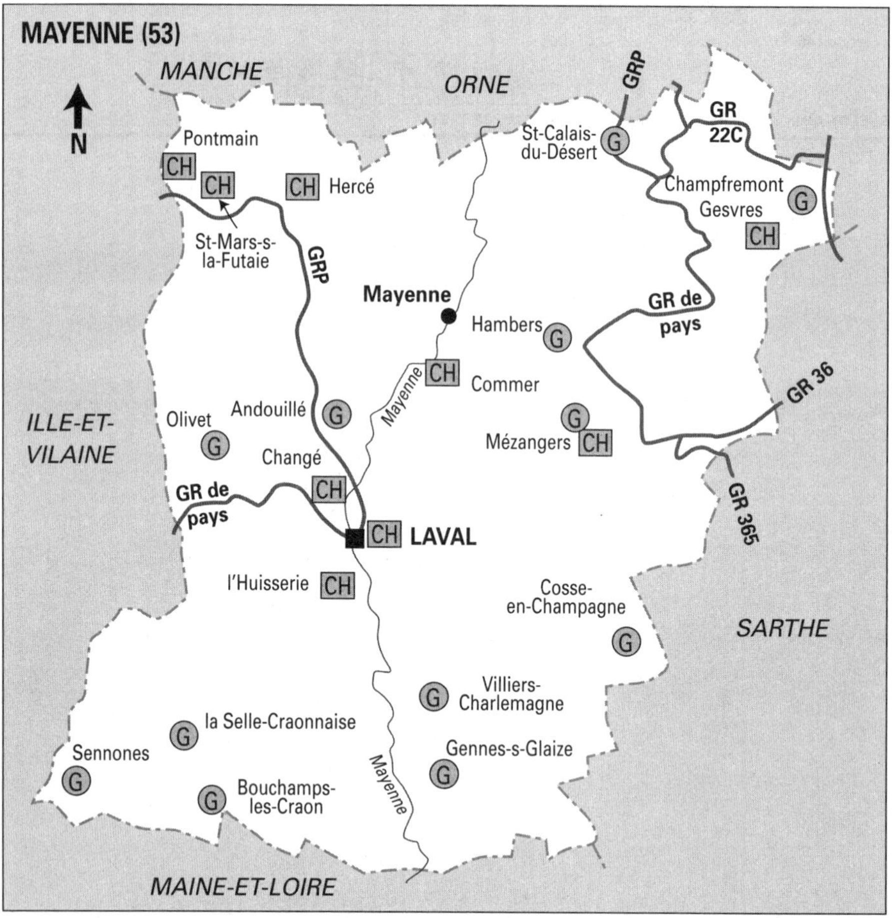

CH Chambre d'hôte G Gîte d'étape, de séjour L Logis de France

Andouille Le Roc-Au-Loup C.M. n° 232 — Pli n° 7

E.C. NN 18 pers. Ouverture : toute l'année.

Gîte d'étape et de séjour aménagé dans une ancienne loge de 220 m^2. R.d.c. : séjour/coin-détente, coin-cuisine : TV, hi-fi, billard. Et. : 2 ch. (4 pers.), douche/wc, 1 ch. 6 pers. avec 2 mezzanines (2 pers.), lavabos, 3 douches, 3 wc. 18 lits 1 pers. Point-phone. Prix week-end indiqué pour le groupe. Situé au bord de l'Ernée à 15 km de Laval. Escalade sur résa. pour les groupes.

Prix : pers.nuit **70 F** week-end **2500 F**

GR : 34 et 37

SP	SP	SP	SP	15	1,5	15	3	15	1,5

LEFORT Eric – Le Roc au Loup – 53240 Andouille – Tél. : 02.43.91.50.50

Bouchamps-les-Craon Feux-Chauds *C.M. n° 63 — Pli n° 9*

20 pers. Ouverture : toute l'année.

Au cœur d'une ferme traditionnelle, mitoyenne aux agriculteurs. R.d.c. : cuisine, l-vaiss. Séjour, TV, cheminée. 3 ch. (2 lits 2 pers. 6 lits 1 pers. lit enfant), wc, 2 douches, 2 lavabos, access. aux pers. hand. A l'ét. : 1 ch. (1 lit 2 pers., lavabo), 2 ch. (4 lits 1 pers.), 1 ch. (5 lits 1 pers.), wc, 2 douches, cabinet de toilette. Salle de jeux de 70 m² (ping-pong). Jeux de boules, foot-ball. Préau attenant. Parc de 2 ha. ombragé. Jeux, étang, poneys, moutons, vaches, chevaux, chèvres, basse-cour. Forfait semaine du lundi au vendredi calculé pour 10 personnes. Prix week-end charges non comprises.

Prix : pers.nuit **55 F** semaine **2200 F** week-end **1700 F**

1	6	6	6	6	12	SP	40	35	35	6

RALLU Marcel – Les Feux Chauds – 53800 Bouchamps-les-Craon – Tél. : 02.43.06.22.04

Champfremont *C.M. n° 60 — Pli n° 2*

20 pers. Ouverture : toute l'année sur réservation.

Dans 2 bâtiments. Le premier dans le bourg : 1 dortoir de 15 pers. séparées en boxes, salle à manger, cuisine, sanitaires. Garage pour vélos. Le second à 800 m, à Ste-Anne : dortoir 5 pers., sanitaires, cuisine, salle à manger. Barbecue extérieur. Point accueil jeunes. Poss. camping. Activités nautiques 8 km. Accueil chevaux : parcs. 2 plans d'eau sur place.

Prix : pers.nuit **40/45 F**

GR : 22C et 36

SP	10	SP	35	10	4	30	17	4

HIRON – Sainte-Anne de Champfremont – 53370 Champfremont – Tél. : 02.43.03.56.83 ou 02.43.03.54.99

Cosse-en-Champagne Le Tournesol *C.M. n° 60 — Pli n° 11*

23 pers. Ouverture : toute l'année. Alt. : 96 m

Gîte mitoyen au prop. dans une maison à la sortie du village. 5 ch. Grande salle avec cheminée. Hall d'entrée. R.d.c. : 1 ch. (2 lits), sanitaires accessibles aux pers. handicapées. A l'ét. : 2 ch. (6 lits) et 2 ch. (2 lits), 6 douches, 6 lavabos, 4 wc. Agrément DDJS, DASS, PMI, sécurité. Cabine tél. 200 m. Le « Tournesol » est situé aux confins du village de Cossé-en-Champagne, et bénéficie du charme des maisons fleuries groupées autour du clocher roman. Terrain de 2 ha. avec jardin traditionnel et de grands espaces fleuris. Avec supplément : initiation aux meubles peints et au papier recyclé.

Prix : pers.nuit **60 F** 1/2 pension **155 F** petit dejeuner **25 F** repas **70 F**

(TH) GR : 365 et GRP

0,4	17	SP	0,4	17	15	6	17	6	17	0,2

MONNIER Pierre et Janine – Le Tournesol – 53340 Cosse-en-Champagne – Tél. : 02.43.90.22.70 – Fax : 02.43.90.59.35

Gennes-sur-Glaize Petit-Douaillon *C.M. n° 63 — Pli n° 10*

20 pers. Ouverture : toute l'année.

R.d.c. : salle avec cheminée, cuisine équipée (l-vaiss.), 1 ch. accessible aux personnes handicapées (s. d'eau/wc). Etage : 4 chambres/dortoirs (3/6 pers.) avec s. d'eau et wc indépendants. Ch. élect. Loc. de draps 25 F/paire. Terrain 800 m², plan d'eau. Petit-déjeuner campagnard. Prix week-end groupe sans les charges. Christiane et Gérard Brunet vous offrent la douceur du bocage de la Mayenne Angevine dans la maison d'une ancienne ferme, située à 150 m de leur exploitation d'élévage. TV satellite, point-phone. Agrée DDASS et Jeunesse et Sports. Commission de sécurité.

Prix : pers.nuit **55/60 F** petit dejeuner **25 F** repas **75 F** week-end **2000 F**

(TH)

SP	10	3	10	10	18	3	20	20	25

BRUNET Gerard – La Ville Poele – 53200 Gennes-sur-Glaize – Tél. : 02.43.70.90.58 ou 02.43.70.95.95 – Fax : 02.43.70.95.95

Hambers Le Bois-du-Tay *C.M. n° 232 — Pli n° 8*

17 pers. Ouverture : toute l'année.

R.d.c. : cuisine, salle à manger/coin-séjour, cheminée, TV, jeux de société, wc. Et. : 1 ch. (1 pers.), 6 ch. (2 pers.), 1 ch. (4 pers.), 5 douches, 7 lavabos, wc. En plein cœur d'une clairière dans un bois de 135 ha., le gîte du bois du Tay offre les attraits d'un site exceptionnel, idéal pour amoureux de la nature et randonnées. Le gîte est un véritable camp de base pour partir à la découverte des coévrons. Forfait semaine sans les charges. Anglais, espagnol et allemand parlés.

Prix : pers.nuit **55 F** petit dejeuner **25 F** semaine **3000 F**

GR : GRP

6	6	SP	12	6	12	6	35	30	15	6

CENTRE TOURISTIQUE DU BOIS DU TAY – 53160 Hambers – Tél. : 02.43.01.21.60 ou 02.43.67.37.10 – Fax : 02.43.01.21.69

Mezangers Les Petites-Coudrieres *C.M. n° 60 — Pli n° 11*

30 pers. Ouverture : vacances scolaires. Alt. : 100 m

Sur une ferme de 30 ha., la découverte de l'équitation dans une ambiance conviviale. 2 chambres (4 pers.), 2 chambres (6 pers.), 1 chambre (8 pers.). 340 F/jour/enfant avec animations. Chaque cavalier dispose d'un poney personnel pour la durée de son séjour. Proche du plan d'eau du Gué-de-Selles (voile, baignade, swing-golf).

Prix : pension **340 F**

(A)

0,5	SP	1	6	1	6	1	6	6

OUTIN Xavier – Les Petites Coudrieres - Mezangers – 53600 Evron – Tél. : 02.43.90.62.80

Olivet Moulin-d'Olivet

C.M. n° 232 — Pli n° 6

21 pers. Ouverture : toute l'année.

Dans un ancien moulin restauré, situé face au plan d'eau d'Olivet. Cuisine aménagée avec lave-vaisselle, micro-ondes. Séjour-salle à manger (cheminée), 1 ch. au r.d.c. et 6 ch. (2 à 6 lits) à l'étage. Salle de bains et wc dans chaque ch. 2 salles. Point-phone. Jardin, salon de jardin. Accès aux pers. handicapées. 1400 F/gîte entier. 50 F/enfant - 14 ans. A 100 m d'un restaurant panoramique.

Prix : pers.nuit **70 F**

GR : 37

SP	15	SP	5	12	1	15	15	5	0,5

DISTRICT DE LOIRON – Route du Genest Saint-Isle - Moulin d'Olivet – 53410 Olivet – Tél. : 02.43.02.19.31 – Fax : 02.43.02.15.92

Saint-Calais-du-Desert Moulin-Arrondeau

C.M. n° 60 — Pli n° 2

30 pers. Ouverture : toute l'année.

Situé aux confins de la Mayenne dans le pays du Haut-Maine et de Pail, dans le Parc Régional Normandie/Maine. R.d.c. : cuisine aménagée, séjour avec cheminée, sanitaires. Etages : 6 ch. (30 lits 1 pers.). Possibilité randonnées pédestres, équestres et VTT (toute l'année). Sentiers accessibles aux personnes handicapées. Réservation auprès de Mme Fresnais Michelle, 33 rue de la Magdeleine 53250 Couptrain, tél : 02.43.03.80.35.

Prix : pers.nuit **50/55 F**

GR : 365

0,2	7	SP	20	8	SP	30	SP

SIVM DE COUPTRAIN – Mairie - 89 rue de la Chevallerie – 53250 Couptrain – Tél. : 02.43.03.80.35 ou 02.43.03.80.54 – Fax : 02.43.03.86.15

La Selle-Croannaise La Basse-Forterie

C.M. n° 232 — Pli n° 18

E.C. NN 17 pers. Ouverture : toute l'année.

2 grandes salles (70 et 45 m²), cuisine équipée, 7 ch. (3 lits accessibles handicapés), 4 salles d'eau, wc indépendants. TV, hifi, vidéo, téléphone, lave-linge, sèche-linge. Garages, terrasse, salon de jardin, barbecue, terrain de boules. Gîte de séjour dans une ancienne fermette entièrement rénovée à 2 km de la Base de Loisirs de la Rincerie. Pour vos vacances, vos week-end, vos réceptions et vos séminaires.

Prix : repas **70 F** semaine **3800 F** week-end **2300 F**

TH

2	2	2	2	10	2	2	40	10

VERDIER Alain – La Basse Forterie – 53800 La Selle-Craonnaise – Tél. : 02.43.06.10.40 – Fax : 02.43.07.50.30

Senonnes La Grez

C.M. n° 63 — Pli n° 8

35 pers. Ouverture : toute l'année.

Gîte d'étape totalement indépendant agréé DDASS et DDJS. 28 lits 1 pers. et 3 lits 2 pers. en 10 chambres et 1 convertible. 1 lavabo par chambre de 2, 3, 4 ou 6 pers. Grande salle de 150 places et cuisine équipée. Point-phone. Prix week-end sans le chauffage. Ancien bâtiment d'exploitation situé dans un environnement vallonné en bordure du ruisseau le Semnon. Au cœur de 3 départements, aux portes de la Bretagne, calme et détente assurés. Nombreuses activités à 20 km à la ronde dont le site de la Mine bleue.

Prix : pers.nuit **60/68 F** petit dejeuner **26 F** repas **70 F** week-end **3450 F**

TH

SP	20	SP	10	20	10	2,5	20	50	2,5

COLOMBEAU Maryvonne et Jean-Claude – La Grez – 53390 Senonnes – Tél. : 02.99.47.82.48 ou 02.41.92.47.27

Villiers-Charlemagne La Pironniere

C.M. n° 232 — Pli n° 19

E.C. NN 20 pers. Ouverture : toute l'année.

Grande salle et salon de 100 m² avec cheminée, cuisine équipée. 2 ch. (6 pers.), 2 ch. (4 pers.), salle d'eau et wc indépendants. TV. Barbecue, salon de jardin. Agréments DDAA et DSV. Anglais parlé. Gîte restauré dans une ferme, dans un environnement paysager de 6 ha. avec 2 étangs. Pour vos vacances, week-ends et réceptions. Activités : initiation à la cuisine et au jardinage, découverte de la nature et des animaux domestiques.

Prix : pers.nuit **75/80 F** pension **175 F** petit dejeuner **25 F** repas **75 F** week-end **2800/3800 F**

TH

SP	14	SP	14	14	14	1	18	1

GOUGEON Leopold et Chantal – La Pironniere – 53170 Villiers-Charlemagne – Tél. : 02.43.07.76.37 – Fax : 02.43.07.76.37

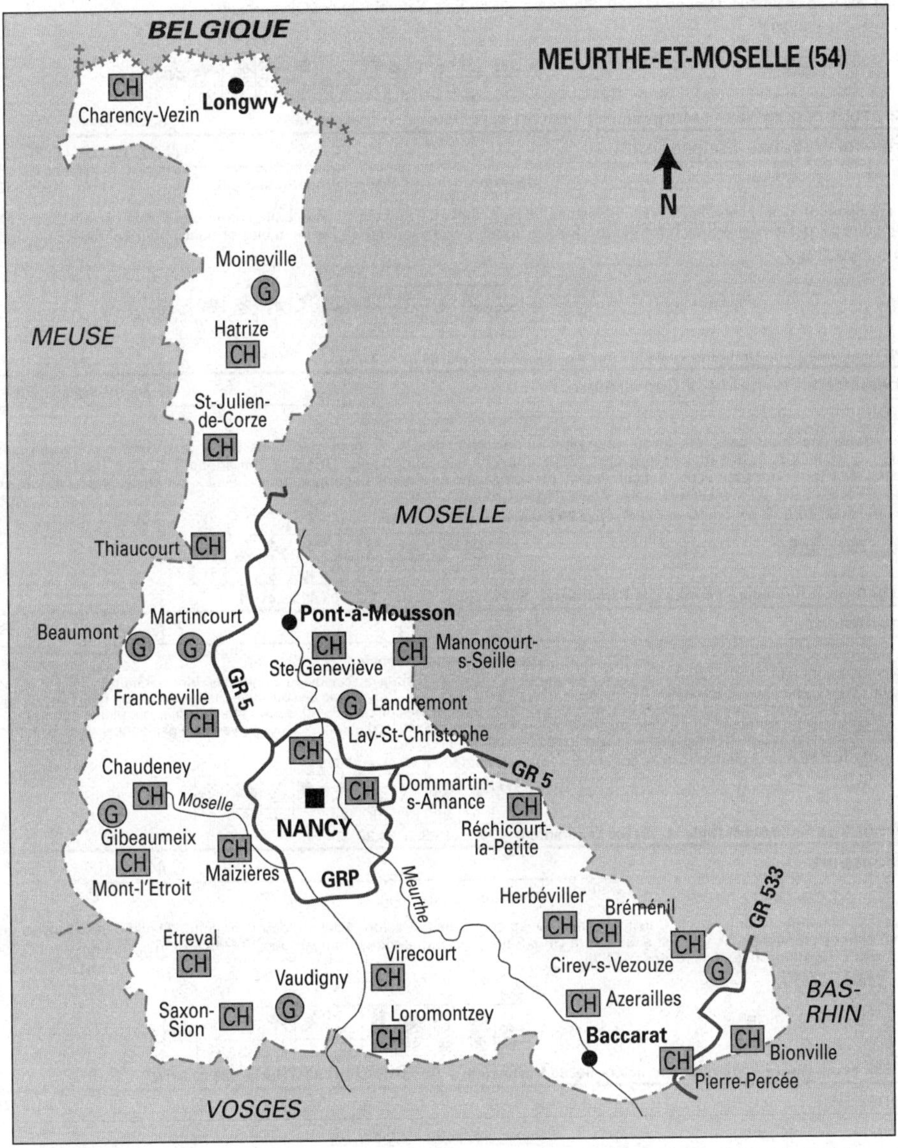

CH Chambre d'hôte G Gîte d'étape, de séjour L Logis de France

Beaumont *C.M. n° 57 — Pli n° 13*

39 pers. Ouverture : toute l'année.

7 ch. 1/4 pers., 1 dortoir 15 pers. et 1 ch. indépendante 3/4 pers. avec kitchenette et douche privées. Cuisine de collectivité. 4 douches, 2 salles d'eau. Grande salle de réunion. Salle de repas de 100 couverts maxi. Tarif groupe jusqu'à 20 pers., au delà : 60 F/pers. suppl. Forfait 300 F de chauffage. Groupe : 1200 F. Situé au cœur du Parc Naturel Régional de Lorraine.

Prix : pers.nuit **50/80 F**

7	2	2	4	SP	12	2	12	12	24	7

CARREFOUR DES JEUNES – 54470 Beaumont – Tél. : 03.83.23.15.46 – Fax : 03.83.23.10.57

Cirey-sur-Vezouze Saussenrupt *C.M. n° 62 — Pli n° 18*

38 pers. Ouverture : toute l'année sauf par grand gel. Alt. : 325 m

Refuge de montagne. 1 chambre 2 pers., 4 dortoirs 38 pers. Salle d'eau, coin-cuisine. Salle commune. Eclairage à la lampe à gaz. Restaurant 5 km. Location vélos. Prix : 20 F/pers. pour la journée seulement. Barbecue, tables et bancs pour l'extérieur.

Prix : pers.nuit **40 F**

GR : 533

SP	15	SP	SP	SP	28	5	5	15	27	5

EPPE Georges – 6 rue Harbouey – 54480 Cirey-sur-Vezouze – Tél. : 03.83.42.54.62

Gibeaumeix Ferme-de-la-Camardiere *C.M. n° 62 — Pli n° 3*

E.C. NN 20 pers. Ouverture : toute l'année.

Gîte indépendant situé dans une ferme champêtre. 1 dortoir 12 pers. 2 ch. confortables de 2 à 4 pers. Salle commune/c-cuisine équipé. Cheminée pour grillades et ambiance. Salle pouvant accueillir 50 pers. Grand terrain attenant au gîte. Poss. camping 10/20 pers. (12 F/pers./jour pour accès douche et wc). Prévoir sac de couchage. Logement pour chevaux sur place. Nancy 45 km. Location salle/jour : 700 F. Prix week-end (salle + couchage). Groupe : 2000 F.

Prix : pers.nuit **40/60 F** petit dejeuner **25 F** repas **70 F** week-end **1500/2000 F**

TH

SP	3	SP	SP	SP	25	10	25	25	21	10

BAUER Rene et Huguette – Ferme de la Camardiere – 54112 Gibeaumeix – Tél. : 03.83.25.41.31

Landremont *C.M. n° 57 — Pli n° 14*

12 pers. Ouverture : toute l'année. Alt. : 380 m

Dans 2 chalets en bois : 1 pour 4 pers. et 1 pour 8 pers. (2 ch.). Chalet indép. avec cuisine et coin-repas. Bloc sanitaires collectif et indép. Salle de détente, cheminée. Espace jeux (terrain de volley, p-pong, portique). Prévoir sac de couchage. Salle de réunion (200 F/jour). 4 pers./chalet/nuit 150 F. 8 pers./chalet/nuit 300 F. Loc. draps 15 F. Situé en crête de colline (385 m), surplombe 3 vallées, en pleine nature (parc de 16 ha.). Milieu naturel protégé : bois, pelouse calcaire, orchidées. Introduction d'animaux (ânes et vaches vosgiennes) pour entretien de l'espace. Utilisation energies renouvelables (éolienne et capteur solaire).

Prix : pers.nuit **40 F** petit dejeuner **20 F** repas **60 F** semaine **900/1800 F** week-end **800 F**

TH

5	5	SP	SP	10	2	5	10	5	5

GITE SOLEOLE – M. Michel Gigleux – 54380 Landremont – Tél. : 03.83.23.64.26

Martincourt *C.M. n° 57 — Pli n° 13*

7 pers. Ouverture : toute l'année.

1 dortoir indépendant pour 7 pers. Cuisine équipée avec coin-repas et salon. 1 salle d'eau (1 douche, 2 lavabo, 1 wc). Lave-linge. Ferme-auberge au village. Le gîte est situé sur le GR5. Salle pour pique-nique pour groupe 10 F ouverte d'avril à fin octobre (pour accès à la salle en journée). Loc. draps : 15 F/lit.

Prix : pers.nuit **40 F**

GR : 5

SP	20	SP	SP	SP	15	7	10	20	25	15

GROSSE Marie-France – 110 rue Saint-Jean – 54380 Martincourt – Tél. : 03.83.23.11.11 – Fax : 03.83.23.07.76

Moineville *C.M. n° 57 — Pli n° 3/13*

E.C. NN 15 pers. Ouverture : toute l'année.

A l'étage : 4 ch. (2 pers.) équipées d'un lavabo et 1 ch. (5 pers.), possibilité lits supplémentaires. 2 douches, 2 wc et 2 lavabos. Cuisine équipée. Salle de repos. Cour, tables de jardin. 5 boxes à disposition. Lit 2 pers. 150 F. Ch. 6 pers. 360 F. Personne supplémentaire : 60 F. Le gîte d'étape est situé à côté de la Base de Loisirs de Serry : escalade, kayak, golf, bi-cross et tir-à-l'arc. Metz à 25 mn. Jarny et Briey à 10 mn.

Prix : pers.nuit **80 F** petit dejeuner **25 F**

Ⓐ

SP	5	SP	SP	SP	SP	SP	SP	SP	3	1,5

GAD Regine – Prele de Serry – 54580 Moineville – Tél. : 03.82.46.36.69

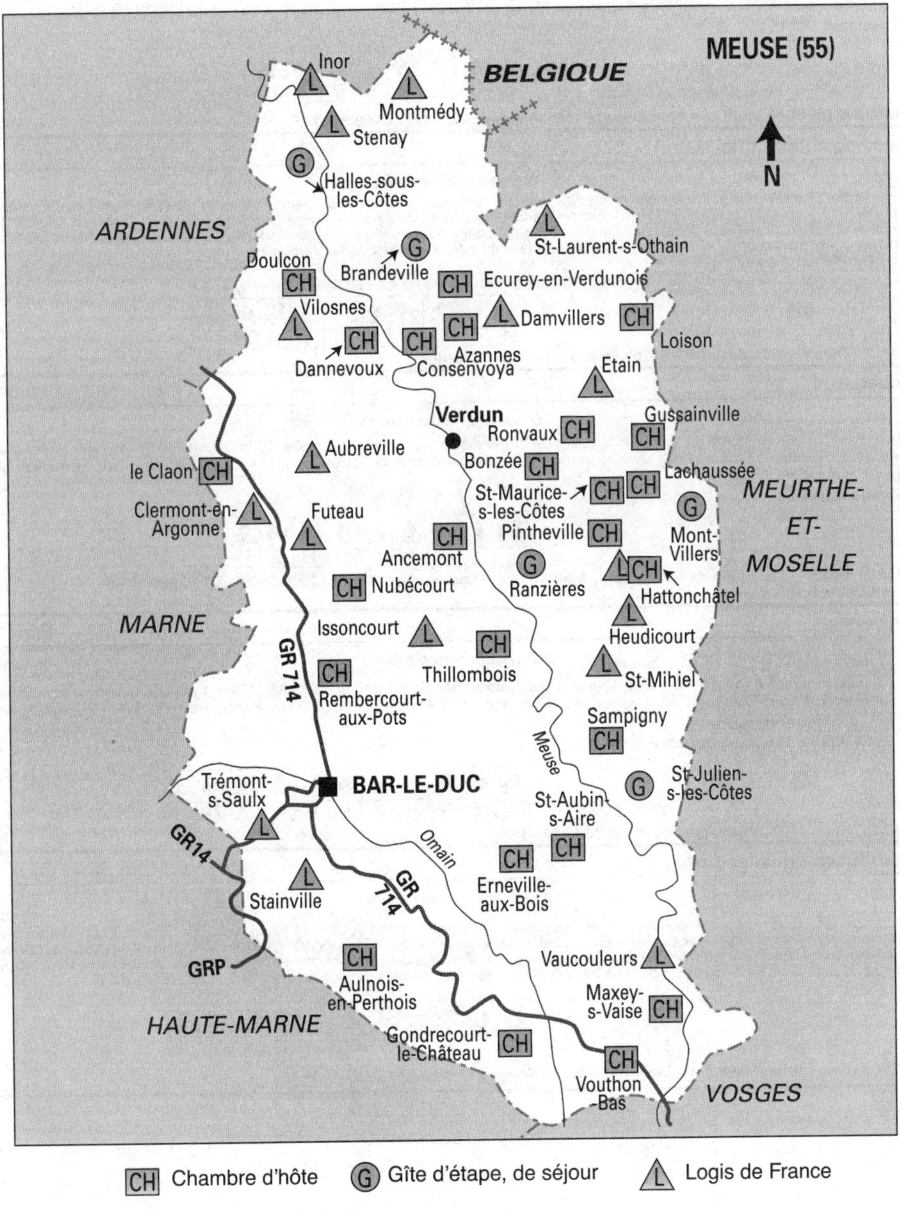
MEUSE (55)
BELGIQUE
N
ARDENNES
MARNE
HAUTE-MARNE
MEURTHE-ET-MOSELLE
VOSGES
Inor
Montmédy
Stenay
Halles-sous-les-Côtes
St-Laurent-s-Othain
Doulcon
Brandeville
Ecurey-en-Verdunois
Vilosnes
Damvillers
Loison
Dannevoux
Consenvoya
Azannes
Etain
Verdun
Ronvaux
Gussainville
Aubreville
Bonzée
Lachaussée
le Claon
St-Maurice-s-les-Côtes
Clermont-en-Argonne
Futeau
Pintheville
Mont-Villers
Ancemont
Ranzières
Hattonchâtel
Nubécourt
Heudicourt
Issoncourt
Thillombois
St-Mihiel
GR 714
Rembercourt-aux-Pots
Sampigny
Meuse
Trémont-s-Saulx
BAR-LE-DUC
St-Aubin-s-Aire
St-Julien-s-les-Côtes
GR14
Omain
Erneville-aux-Bois
Stainville
GR 714
GRP
Vaucouleurs
Aulnois-en-Perthois
Maxey-s-Vaise
Gondrecourt-le-Château
Vouthon Bas
CH Chambre d'hôte
G Gîte d'étape, de séjour
L Logis de France

Brandeville

C.M. n° 57 — Pli n° 1

E.C. NN 17 pers. Ouverture : toute l'année.

Gîte d'étape : 2 chambres (3 lits 1 pers. 1 lit 2 pers.). 1 chambre (5 lits 1 pers.). 1 chambre (1 lit 2 pers.). Cuisine. 2 salles d'eau, 2 wc. Séjour. Grand terrain attenant. de 1 à 5 pers. : 750 F. De 6 à 10 pers. : 1350 F. De 11 à 15 pers. : 1800 F. Week-end : 800 F, 130 F/jour supplémentaire. Charges non comprises. Gîte communal au village à 12 km de Dun, 18 km de Stenay et 38 km de Verdun.

Prix : semaine **700 F**

SP	8	12	12	10	10	28	12

COMMUNE DE BRANDEVILLE – Mme Segalla – 55150 Damvillers – Tél. : 03.29.85.61.25

Halles-sous-les-Cotes

E.C. NN 23 pers. Ouverture : toute l'année.

Gîte de séjour. R.d.c. : cuisine, 2 salles communes (50 pers.), cheminée, tél. 1 ch. (2 lits 1 pers.) pour pers. hand. S. d'eau, wc. Et. : 1 dortoir (10 lits 1 pers.), 1 ch. (1 lit 2 pers. 1 lit 1 pers.), cabinet de toilette, 1 ch. (3 lits 1 pers.), cabinet de toilette, wc. 3 wc, 3 salles d'eau. Ch. élect. Accueil de chevaux (10 stalles, 2 boxes). Village dans le nord du département, aux portes des Ardennes et de la Belgique. Découvrez Stenay (8 km) avec son musée Européen de le Bière, Dun/Meuse (10 km) avec le lac vert. Visitez Verdun à 45 km (forts, citadelle, champs de bataille, centre mondial de la paix).

Prix : pers.nuit **60 F** 1/2 pension **130 F** pension **180 F** petit dejeuner **20 F** repas **60 F** pension cheval **35 F**

(TH)

SP	1	3	SP	22	11	8	11	25	9

RENAULT Marcel – Rue de Lotee – 55700 Stenay – Tél. : 03.29.80.40.85

Lachaussee

C.M. n° 57 — Pli n° 12

E.C. NN 22 pers. Ouverture : toute l'année.

Dans le Parc Naturel Régional de Lorraine, à 15 km de Vigneulles. Gîte d'étape 2 dortoirs (22 lits). Cuisine. Salle commune. Salle de séjour avec cheminée. 2 salles d'eau, 2 wc. Electricité. Chauffage électrique. Location vélos tout terrain. Tir à l'arc sur place. Minimum de facturation 100 F.

Prix : pers.nuit **46 F**

1	1	1	20	20	20	20	30	15

BRABLIN Helene – Commune de Lachaussee - Mairie – 55210 Lachaussee – Tél. : 03.29.89.35.28 ou 03.29.89.37.69 – Fax : 03.29.89.56.19

Ranzieres

C.M. n° 57 — Pli n° 11

E.C. NN 16 pers. Ouverture : toute l'année. Alt. : 240 m

Dans le Parc Naturel Régional de Lorraine. Gîte de séjour comportant 2 dortoirs (6 lits 1 pers. 10 lits 1 pers.). Cuisine, salle commune avec cheminée à bois. Chauffage électrique. 2 wc, 2 salles d'eau. Escalade, varappe 3 km. Prix/semaine et nuit + énergie selon le nombre. Animaux acceptés sur demande.

Prix : pers.nuit **31/44 F** week-end **690 F**

SP	SP	18	14	18	14	14	20	14	23	10

LEMOINE Pierre – 55300 Ranzieres – Tél. : 03.29.85.20.83

Saint-Julien-sous-les-Cotes

cV *C.M. n° 57 — Pli n° 12*

E.C. NN 30 pers. Ouverture : toute l'année.

Gîte d'étape. Réfectoire (50 couverts). Rivière 4 km. 1 dortoir (11 lits 1 pers.). 1 dortoir (10 lits 1 pers.). 1 ch. (3 lits 1 pers.). 1 ch. (5 lits 1 pers.). Salle commune (50 couverts). 1 salle de classe disponible toute l'année avec équipement (100 F/jour). 4 salles d'eau, 4 wc. Cuisine, réfrigérateur, l-linge, congélateur, micro-ondes, l-vaiss. Ch. central. Dans un village à 10 km de Commercy et 15 km de Saint-Mihiel. De 1 à 5 pers. 200 F, 6 à 10 pers. 35 F, 11 à 15 pers. 33 F, 16 à 30 pers. 31 F. Chauffage en plus. Séjour supérieur à 5 jours : rabais de 10 %.

SP	4	10	10	10	15	15	15	15	10	10

DUPOY Rachel – Saint-Julien Sous Les Cotes – 55200 Commercy – Tél. : 03.29.91.44.14

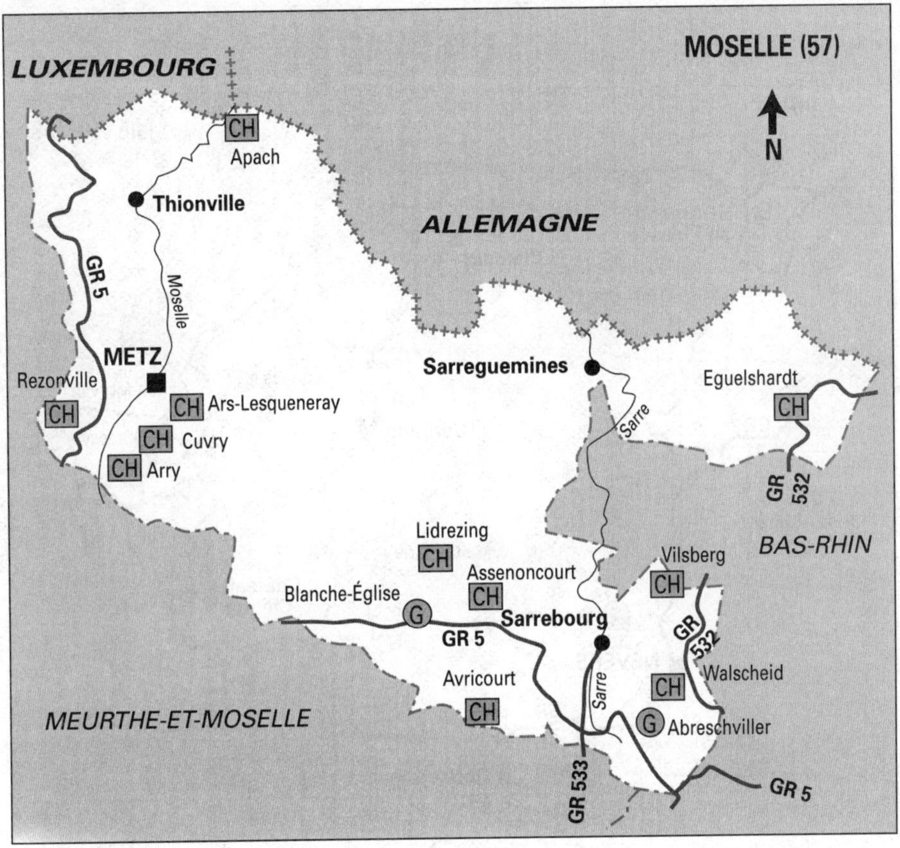

CH Chambre d'hôte   G Gîte d'étape, de séjour   Logis de France

Abreschviller

C.M. n° 67 — Pli n° 18

E.C. NN   28 pers.

Gîte de séjour et de pêche dans une maison indépendante (ancien moulin). 9 chambres à 2 lits 1 pers. 1 chambre à 3 lits 1 pers. 1 chambre à 7 lits 1 pers. Cuisine. Salle commune. 5 salles d'eau. Restaurant sur place. Prix sur la base de 2 pers. Prix groupe = salle collective 7 pers. 300 F. Anglais et allemand parlés. Produits fermiers 500 m. Tarif 2 pers. : 100 F, 3 pers. : 150 F. Dortoir 7 lits : 300 F.

GR : 5

SP	SP	SP	SP	15	SP	SP	15	SP

MAIRIE DE ABRESCHVILLER – 78 rue Jordy – 57560 Abreschviller – Tél. : 03.87.03.70.32

Blanche-Eglise

E.C. NN   40 pers.   Ouverture : toute l'année.

Gîte équipé pour recevoir 40 pers. 1 chambre 4 pers. 1 chambre 6 pers. dortoirs 8, 10 et 12 pers. Sanitaires de groupe. Terrain de jeux attenant. Etangs à proximité. Pêche. Salle de séjour. Cuisine. Maison mitoyenne. Supplément chauffage en hiver.

Prix : pers.nuit **40 F**

GR : 5

5	SP	10	3	5	35	5

BROQUARD Veronique – Foyer Rural – 57260 Blanche-Eglise – Tél. : 03.87.01.10.97

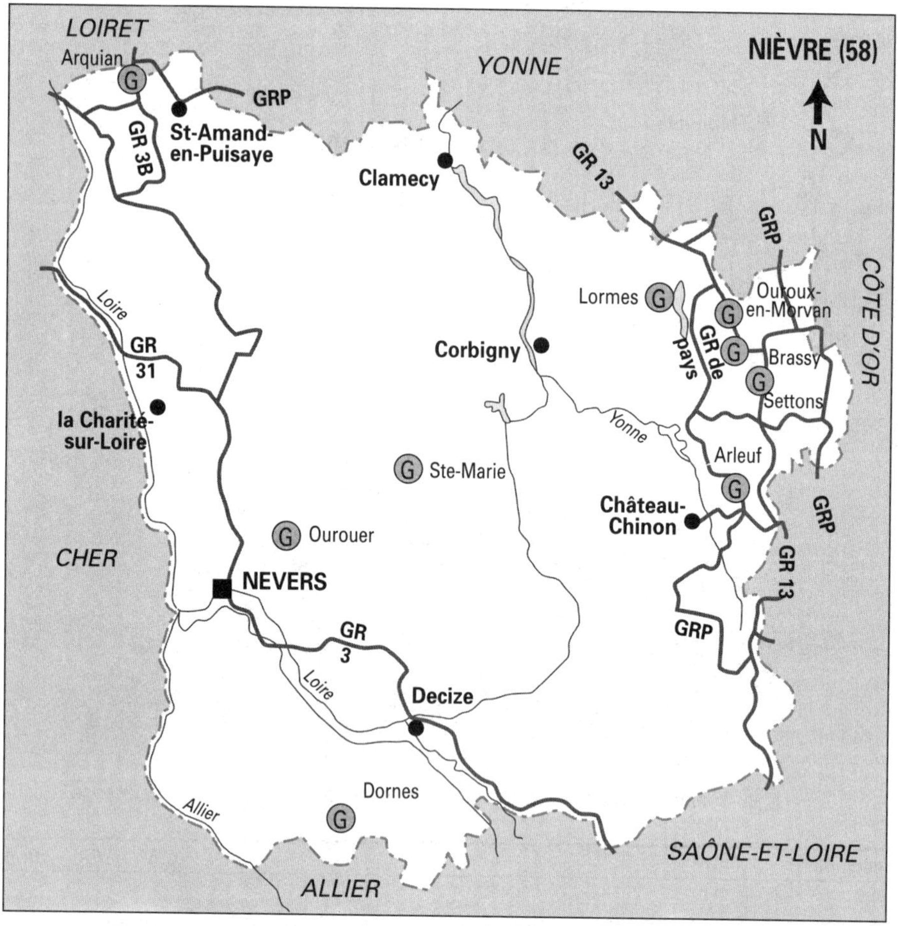

CH Chambre d'hôte — G Gîte d'étape, de séjour — L Logis de France

---

Arleuf Les Brenets *C.M. n° 69 — Pli n° 6*

E.C. NN 24 pers. Ouverture : toute l'année. Alt. : 800 m

Gîte d'étape situé dans un village, à proximité de château Chinon. Cuisine équipée. Salle commune avec cheminée. 2 dortoirs (24 lits 1 pers.). 2 salles d'eau. Chauffage électrique : 4 F en supplément. Sur place contacter Mme Doussot, les Brenets, tél. : 03.86.78.80.48. A proximité du lac de Pannecière, sentiers pédestres, Tour du Morvan par les grands lacs.

Prix : pers.nuit **41 F**

GR : 13

15	15	15	1	SP	SP	12	12	6	6

BIGOTTE Rolande – 48, rue Roger Gihat – 93700 Drancy – Tél. : 03.86.78.80.48

Arquian Le Gue-de-Frise

c✗v *C.M. nº 65 — Pli nº 3*

E.C. NN 27 pers. Ouverture : toute l'année.

Gîte d'étape à 5 km de Saint-Amand-en-Puisaye (poss. accueil groupes). 3 chambres de 8 lits, 1 chambre de 3 lits, toutes avec sanitaires complets. Chauffage électrique. Salle commune avec cheminée et TV. Salle à manger. Circuits de randonnées balisés. Ce gîte à ossature en bois est parfaitement aménagé et bien intégré dans ce centre équestre. On y retrouve un accueil chaleureux auquel s'ajoute une rigueur tant sur l'entretien du centre que sur le choix des chevaux, tous plus beaux et majestueux les uns que les autres.

Prix : pers.nuit **30 F**

SP	SP	3

CLUB HIPPIQUE D'ARQUIAN M. Vaudenay – Le Gue-de-Frise – 58310 Saint-Amand-en-Puisaye – Tél. : 03.86.39.60.69 – Fax : 03.86.39.74.55

Brassy Le Champ-du-Moulin

c✗v *C.M. nº 69 — Pli nº 16*

22 pers. Ouverture : toute l'année.

Au bord du lac de Chaumeçon dans le Parc Naturel du Morvan. 1 dortoir 8 pers. 1 ch. 6 lits. 2 ch. 4 lits doubles + 1 lit superp. S. d'eau. Ch. cent. Salle commune. Accueil chevaux. Tour du Morvan. Station Morvan VTT. Loc. VTT. Terrain de volley. Accueil bébé (lit, chaise, jeux). Gratuit pour - 3 ans. Produits terroir. Anglais parlé. Parcours tir à l'arc. Point-phone. Laverie. Terrain 3 ha. Gîte dans la région des lacs, dominant le Morvan, entouré d'un réseau de chemins pédestres très intéressants. Salle travail/activités, organisation séjour multi-activités. Agréé Jeunesse et Sports.

Prix : 1/2 pension **125/150 F** pension **170/205 F** petit dejeuner **20/28 F** repas **70 F**

GR : 13

12	30	8	0,5	0,5	0,5	14	0,5	12	0,5

ROUSSEL Pascal – Le Champ du Moulin – 58140 Brassy – Tél. : 03.86.22.20.76 – Fax : 03.86.22.75.29

Brassy Le Champ-du-Moulin

c✗v *C.M. nº 69 — Pli nº 16*

17 pers. Ouverture : toute l'année.

Situé au bord du lac de Chaumeçon. 1 dortoir 8 lits, 1 ch. 5 lits, 1 ch. (lit 2 pers. 2 lits 1 pers.), 2 s. d'eau, 2 wc. Chauffage central. Cuisine. Salle commune avec cheminée. Restaurant. Accueil chevaux. Terrain arboré de 1000 m². Tour du Morvan. Station centre Morvant VTT (loc. VTT). Terrain de volley. Anglais parlé. Salle de travail ou d'activités. Organisation de séjours multi-activités. Accueil bébé (lit, chaise haute, jeux). Gratuité pour les moins de 3 ans. Gîte agréé Jeunesse et Sports.

Prix : pers.nuit **65 F** 1/2 pension **125/150 F** pension **170/205 F** petit dejeuner **20/28 F** repas **70 F**

12	30	8	0,5	0,5	0,5	14	0,5	12	0,5

ROUSSEL Pascal – Le Champ du Moulin – 58140 Brassy – Tél. : 03.86.22.20.76 – Fax : 03.86.22.75.29

Dornes Les Desrues

c✗v *C.M. nº 69 — Pli nº 4*

25 pers. Ouverture : toute l'année.

Gîte confortable et chaleureux comprenant : 1 salle commune avec coin-cuisine, 4 dortoirs au rez-de-chaussée (1 de 6 pers., 2 de 4 pers., 1 de 3 pers.), 2 salles d'eau (2 douches, 3 wc, 3 lavabos). A l'étage : 2 dortoirs de 4 pers. chacun, salle d'eau (lavabo, wc, douche). Chauffage électrique. Espace jeux. Point-phone. Visite exploitation agricole, balades en attelage (sur demande). Base nautique à 18 km. Activités rurales et artisanales sur demande. Château et arborétum de Baleine.

Prix : pers.nuit **52/85 F** petit dejeuner **20/30 F** repas **60/80 F** pension cheval **25 F**

5	18	6	SP	0,5	22	15	5

CHAMPAGNE Gilbert – Domaine des Desrues - Les Desrues – 58390 Dornes – Tél. : 03.86.50.65.57

Lormes Gîte-des-Roches

C.M. nº 69 — Pli nº 16

28 pers. Ouverture : toute l'année.

Sur un terrain clos de 4000 m² à 300 m du centre bourg (1500 hab.). Ch. central. 4 ch. (4 lits 1 pers.). Grande salle commune avec cheminée et TV. 3 douches, 1 cabine lavabo, 3 lavabos. Centre VTT, FFC, proche lacs de Chaumeçon et Crescent, canoë-kayak. Tarifs enfants. Groupe 55 F. Raft sur la Cure, le Chalaux, l'Yonne. Champignons sur place. Centre aéré. Mini-golf, discothèque, moto-club 12 km. Gîte d'étape au cœur de la petite bourgade de Lormes, station verte de vacances. Ce gîte à été particulièrement bien aménagé, pour que confort, qualité soient offerts aux randonneurs.

Prix : pers.nuit **60 F** 1/2 pension **140 F** pension **200 F** petit dejeuner **20/30 F** repas **60 F**

2	29	8	SP	SP	0,5	20	1	10	0,5

PREVOST David – Gîte des Roches – 58140 Lormes – Tél. : 03.86.22.84.94

Montsauche Les Settons

c✗v *C.M. nº 65 — Pli nº 16*

10 pers. Ouverture : toute l'année sur réservation.

Aménagé au r.d.c. dans ancien relais, au bord du lac des Settons. 1 dortoir (6 lits 1 pers.), 2 dortoirs (2 lits 1 pers. superp.), 3 douches et wc communs. Salle commune avec cheminée et vue sur le lac. Nombreuses activités à proximité. Tourisme équestre sur place. Accueil cavaliers. Sac à dos Randonièvre. Poss. chambres d'hôtes à l'étage.

Prix : pers.nuit **80 F** petit dejeuner **25 F** repas **75 F**

GR : 3

1	SP	SP	SP	SP	SP	SP	25	5

MACE – La Vieille Diligence - Les Settons – 58230 Montsauche – Tél. : 03.86.84.55.22 – Fax : 03.86.84.55.22

Ourouer La Ferme-du-Bonheur

C.M. n° 69 — Pli n° 4

40 pers. Ouverture : toute l'année.

Dortoirs bien chauffés, s.d.b., nombreuses douches, wc, grande salle de jeux. Auberge de 50 couverts ou poss. location cuisine + belle salle à manger (cheminée). L-vaiss. Téléphone. Terrain clos, barbecue. Loisirs : chevaux, poneys, ânes. Endroit idéal pour organiser des fêtes. Animations diverses (rallyes...). Location VTT. Groupe : 230 F. Week-ends sportifs, stages. Dans très beau domaine bien restauré, vous apprécierez de faire une étape ou un séjour. Vous serez accueillis par Elvire, propriétaire dynamique et souriante, elle vous fera partager ses passions culinaires et animales. Agrée J & S, EN, DDASS. Normes AFP.

Prix : pers.nuit **68 F** 1/2 pension **180 F** pension **240/340 F** petit dejeuner **30 F** repas **75/200 F** pension cheval **30/35 F**

Ⓐ

10	10	SP	10	0,5	0,5	50	20	16	10

NEYRET Elvire – La Ferme du Bonheur – 58130 Ourouer – Tél. : 03.86.68.90.03 – Fax : 03.86.68.90.51

Ouroux-en-Morvan Le Chateau

C.M. n° 65 — Pli n° 16

42 pers. Ouverture : toute l'année.

Gîte d'étape situé au cœur du bourg, aux 1er et 2e étages. 1 dortoir (10 lits 1 pers.), 1 ch. (5 lits 1 pers.), 6 ch. (4 lits 1 pers.), 1 ch. (3 lits 1 pers.), 1 ch. (1 lit 2 pers. 1 lit 1 pers.), 9 salles d'eau. 3 salles à manger avec coin-cuisine, 2 coins-détente. Chauffage électrique. Parking. Dans le Parc Régional du Morvan, à proximité des lacs de Pannecière (9 km) et des Settons (12 km). VTT sur place.

Prix : pers.nuit **50/70 F** 1/2 pension **145/160 F** petit dejeuner **22 F** repas **75 F** pension cheval **15 F**

Ⓐ

SP	25	SP	9	SP	SP	9	SP	30	SP

DANGEL Christiane – Le Chateau – 58230 Ouroux-en-Morvan – Tél. : 03.86.78.25.87 – Fax : 03.86.78.25.36

Sainte-Marie Saint-Martin

C.M. n° 69 — Pli n° 4/5

19 pers. Ouverture : toute l'année.

Gîte d'étape au 1er étage d'une ferme de caractère. 1 dortoir (8 lits 1 pers.), 1 dortoir (11 lits 1 pers.), 2 lavabos dans chaque. 2 douches. 2 wc. Coin-cuisine, salle commune. L-linge. Prés pour chevaux. Salon de jardin, portique, barbecue, garage. Suppl. chauffage : 5 F/hiver. Produits fermiers sur place. Anglais et allemand parlés. Base de loisirs à proximité. Circuits VTT. Agrément Jeunesse et Sports.

Prix : pers.nuit **60 F** petit dejeuner **25 F**

5	18	13	3	SP	SP	13	3	32	5

JANDET Jean-Patrick et Marie – Saint-Martin – 58330 Sainte-Marie – Tél. : 03.86.58.35.15

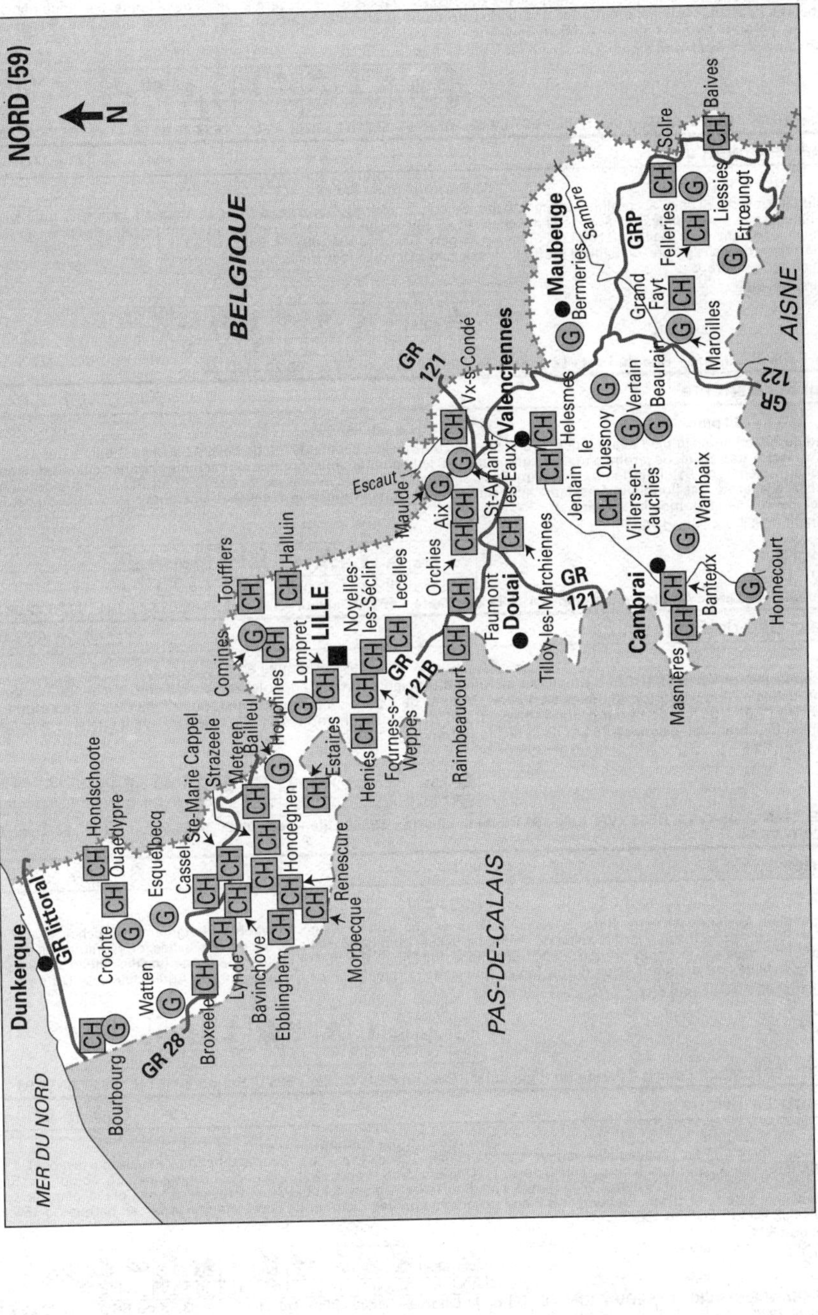
NORD (59)
N
BELGIQUE
PAS-DE-CALAIS
AISNE
MER DU NORD
Dunkerque
GR littoral
GR 28
GR 121
GR 121B
GR 122
GRP
Bourbourg
Watten
Crochte
Esquelbecq
Quaedypre
Hondschoote
Cassel
Ste-Marie Cappel
Strazeele
Meteren
Bailleul
Broxeele
Lynde
Bavinchove
Ebblinghem
Hondeghen
Renescure
Morbecque
Estaires
Houplines
Comines
Lompret
Tourflers
Halluin
LILLE
Noyelles-les-Seclin
Lecelles
Herlies
Fournes-s-Weppes
Raimbeaucourt
Faumont
Douai
Orchies
Aix
Maulde
Escaut
Vx-s-Condé
St-Amand-les-Eaux
Valenciennes
Marchiennes
Tilloy-les-Marchiennes
Jenlain
le Quesnoy
Helesmes
Villers-en-Cauchies
Vertain
Beaurain
Wambaix
Cambrai
Masnières
Banteux
Honnecourt
Maubeuge
Bermeries
Sambre
Grand Fayt
Maroilles
Felleries
Liessies
Etrœungt
Solre
Baives
CH Chambre d'hôte
G Gîte d'étape, de séjour
L Logis de France

Bailleul Eckelstraete

cXv *C.M. n° 51 — Pli n° 5*

40 pers. Ouverture : toute l'année.

Plain-pied (180 m²) attenant à la ferme. Grand séjour, coin cuisine. 4 douches, 4 wc. 3 dortoirs (13 lits, 6 lits, 7 lits), 4 chambres (3 ch. de 4 pers., 1 ch. de 2 pers.). Ch. élect. + gaz. Grand terrain, salon de jardin, barbecue, portique, poneys, terrain de jeux. Belgique 1 km, Prés du Hem 8 km, Lille 25 km. Médecin, pharmacien, hôpital 2 km. Accueil classes de découvertes : visite de la ferme, des houblonnières. Fabrication du beurre. Promenades en charrette : découverte du patrimoine local, culturel (moulin, musée...). Restaurant 2 km. Repas sur demande. Point phone. Produits fermiers sur place. Micro-brasserie.

Prix : pers.nuit **52 F** week-end **85 F**

50	4	10	6	4	1	1	6	8	3	3

BECK Christiane – Gîte « Au Pied des Collines » - L'Eckelstraete – 59270 Bailleul – Tél. : 03.28.49.03.90 – Fax : 03.28.42.28.32

Bailleul Le Steent'Je

cXv *C.M. n° 51 — Pli n° 5*

30 pers. Ouverture : toute l'année.

Plain-pied (300 m²) de 30 pers. accessible aux pers. hand. Séjour, 2 cuisines. Douches. 6 ch. (2 ch. pour 4 handicapés ou 7 valides) + 4 ch. (pour 2 handicapés ou 4 valides), 6 lavabos, 2 douches, 4 wc. Téléphone sur place. Terrasse, terrain privatif, salon de jardin, barbecue. Médecin, pharmaciens 4 km. Bailleul 3 km. Loc. minimun 15 pers. Groupe : 2040/4080 F. Belgique 5 km. Prés du Hem (voile, croisière, plage artificielle). Poss. de visite guidée de Bailleul (Beffroi, Musée, Ecole Dentellières). Visite d'une ferme et élevage de chèvres. Produits fermiers dans le village. Loc. draps.

Prix : pers.nuit **68 F**

46	4	11	6	4	3	6	6	3	4

GOUWY Edith et Vincent – Rue du Leet - Le Steent'Je – 59270 Bailleul – Tél. : 03.28.41.11.60

Bailleul Eckelstraete

cXv *C.M. n° 51 — Pli n° 5*

36 pers. Ouverture : toute l'année.

Plain-pied de 300 m² situé au pied des collines. Grand séjour, coin-cuisine, cheminée feu de bois, 4 douches, 1 baignoire, 4 wc. 8 ch. de 2 à 6 pers. Ch. élect. + gaz. Salon de jardin, barbecue, grand terrain, jeux pour enfants, poneys, promenades en charrette. Restaurant, médecin, hôpital, pharmacien 2 km. Belgique 1 km. Lille 25 km. Poss. séminaires. Accueil de classes de découvertes. Repas/demande sur place. Point-phone. Visite à la ferme, des houblonnières, fabrication de beurre et bière. Produits fermiers. Aux alentours : découverte du patrimoine local et culturel, beffroi, carillon, moulin, musée...

Prix : pers.nuit **58 F** week-end **100 F**

Ⓐ

50	4	10	6	4	1	1	6	8	3	3

BECK Christiane – Gîte « Au Pied des Collines » - L'Eckelstraete – 59270 Bailleul – Tél. : 03.28.49.03.90 – Fax : 03.28.42.28.32

Beaurain Gîte-de-Beaurain

C.M. n° 53 — Pli n° 5

18 pers. Ouverture : vacances de Pâques à la Toussaint.

Gîte de séjour indépendant (100 m²), à proximité du village. Ancien bâtiment agricole. R.d.c. : cuisine, cheminée feu de bois, salle d'eau, 2 douches. A l'ét. : 1 dortoir (3 boxes de 4 pers., 3 boxes de 2 pers. : lits superposés). Chauffage bois et électrique. Barbecue. Parking. Prise TV. Pas de location pour groupe - 10 pers. Loc. draps sur demande : 20 F. Propriétaire ayant également un gîte rural de 2 personnes. Cambrai, Valenciennes 15 km. Lille 80 km. Rénové en 1987.

Prix : pers.nuit **52 F**

199	5	15	5	5	4	0,3	2,2	8	15	5

GITES DE FRANCE-SERVICE RESERVATION – 89 Bd de la Liberte – 59800 Lille – Tél. : 03.20.14.93.93 ou PROP : 03.27.82.11.78 – Fax : 03.20.14.93.99

Bermeries

C.M. n° 53 — Pli n° 5

19 pers. Ouverture : toute l'année.

Gîte indépendant. Ancienne fermette. R.d.c. et étage : salle de séjour, salon, cuisine, 5 lavabos, 1 baignoire, 3 douches, 3 wc. 5 ch. (de 2 à 5 pers.). Terrain clos privatif, cour, jardin, salon de jardin, barbecue, ping-pong. Salle de loisirs, d'activités, de réunions. Médecin, pharmacien à 3 km. Prix week-end pour un groupe : 850 F. Chauffage 100 F/jour. Possibilité visites à la ferme (vaches laitières, élevage, vergers, pommes). Possibilité tarif dégressif selon durée. Bavay (ruines gallo-romaines). Le Quesnoy 10 km. Agréé Jeunesse & Sports & DDASS.

Prix : pers.nuit **40 F** week-end **60 F**

Ⓐ

199	12	10	3	5	10	3	1	2	10	3

JACQUART DESTOMBES Francis – Ferme du Pigeonnier - Chemin de la Ruelle – 59570 Bermeries – Tél. : 03.27.66.99.93

Bourbourg La Brique-d'Or

cXv *C.M. n° 51 — Pli n° 3*

30 pers. Ouverture : toute l'année.

Gîte de séjour (600 m²). R.d.c. : coin-cuisine, séjour, bar, cheminée. 1 bloc (1 wc, 1 wc acc. pers. hand., 2 douches, 5 lavabos), 1 bloc (3 wc, 3 douches, 5 lavabos). A l'ét. : 2 ch. 5 pers., 1 ch. 3 pers., 2 ch. 4 pers., 5 ch. 1 pers., 2 ch. 2 pers. Ch. central fuel. Ch. comprises. Repas/place, loc. draps, vélos, canöe. Groupe 30 pers. : 2850 F/week-end. Bourbourg (église, canaux) 3 km. Gravelines (mer, plage, planche, ville fortifiée, Sportica, bowling, patinoire) 10 km. Platier d'Oye Plage (réserve naturelle), Clairmarais (forêt, étangs, prom. en barques...) 15 km, Bergues (ville fortifiée...). Gîte rénové en 1988.

Prix : pers.nuit **62 F**

Ⓐ

10	4	12	0,1	12	4	0,1	12	10	0,1	4	4

GITES DE FRANCE-SERVICE RESERVATION – 89 Bd de la Liberte – 59800 Lille – Tél. : 03.20.14.93.93 ou PROP : 03.28.22.54.16 – Fax : 03.20.14.93.99

Comines Le Blanc-Coulon

C.M. n° 51 — Pli n° 6

30 pers. Ouverture : toute l'année. Alt. : 2 m

R.d.c. : hall, lavabo, wc hand., cuisine, séjour, cheminée. 1 ch. hand. (1 lit 2 pers., douche, wc, lavabo). 2 ch. (1 lit 2 pers., lavabo), douche et wc communs pour les 2 ch. Et. : 1 ch. (2 lits 1 pers., 2 lits 1 pers. superp.). 2 ch. (2 lits 1 pers., lavabo). 1 ch. (6 lits 1 pers., douche, 2 lavabos, wc). Douche, 2 wc dans couloir. 1 ch. (4 lits 1 pers., 3 lits 1 pers., 2 lavabos, douche, wc). Téléphone. Lille 15 km. Loc. draps 20 F. Rénové en 1995.

Prix : pers.nuit **62/100 F**

60	1	15	3	2	1	0,1	5	10	0,8	2

GAEC DES FERMES VERMES – Le Blanc Coulon – 59560 Comines – Tél. : 03.20.39.01.92

Crochte Le Vert-Village

C.M. n° 51 — Pli n° 4

18 pers. Ouverture : toute l'année.

A 2 km du village. R.d.c. : séjour avec cheminée feu de bois, cuisine, l-linge, sèche-linge, cab. toilette, 1 lavabo, 2 wc. Et. : 2 ch. (4 lits 1 pers.), 1 ch. (1 lit 2 pers., 2 lits 1 pers.), 2 ch. (1 lit 2 pers., 1 lit 1 pers.). Lavabo, douche, wc chacune. Prises TV, tél. Ch. central gaz. Isolation. Barbecue, balançoires. Anglais parlé. Bac à sable, terrain de pétanque, grande salle de jeux (1 table de ping-pong, 1 baby-foot, 1 billard), tennis couvert (du 1/4 au 1/10). Poss. de prix dégressif suivant la durée du séjour. Bergues 6 km. Dunkerque 20 km. Gîte de 1992. Forfait week-end : 100 F/pers.

Prix : semaine **70 F** week-end **80 F**

20	6	10	0,1	0,1	12	5	10	12	0,1	6	5

BEHAEGHE Christophe – Voie Romaine – 59380 Crochte – Tél. : 03.28.62.13.96 ou SR : 03.20.14.93.93 – Fax : 03.28.62.16.45

Esquelbecq

C.M. n° 51 — Pli n° 4

18 pers. Ouverture : toute l'année.

Mitoyen à l'habitation des propriétaires sur une ancienne ferme. R.d.c. : séjour avec cheminée feu de bois, cuisine. Véranda. 3 douches, 3 lavabos, 2 wc. A l'étage : 2 ch. 2 pers., 1 ch. 6 pers., 1 ch. 8 pers. Chauffage central gaz. Salle de loisirs sur place. Pré non clos, verger, barbecue. Anglais et allemand parlés. Salon de jardin. Belgique, Dunkerque, Saint-Omer 18 km. Base de loisirs 15 km. Médecin, pharmacien, restaurants, auberge, château, église classée dans le village. Gîte construit en 1987. Propriétaires possédant 2 gîtes ruraux en face.

Prix : pers.nuit **50 F**

18	10	18	2	1	5	0,1	15	20	0,1	0,6	0,7

DEROI Marie-France – Rue de la Cloche - Gîte de Klok – 59470 Esquelbecq – Tél. : 03.28.68.93.26

Etroeungt Le Moulin

C.M. n° 53 — Pli n° 6/7

42 pers. Ouverture : toute l'année.

Dans un ancien moulin du XIXe siècle, à 200 m du village. Cuisine équipée (chambre froide). Salle commune, cheminée feu de bois, salle d'eau. Lave-linge. 1 dortoir 4 pers., 1 dortoir 6 pers., 1 dortoir 8 pers., 1 dortoir 12 pers., 1 dortoir 14 pers. Aire de jeux aménagée. Avesnes-sur-Helpe 7 km.

Prix : pers.nuit **52 F**

199	7	19	0,1	0,3	13	0,4	10	13	7	0,2

GITE COMMUNAL D'ETROEUNGT – 17 rue du Moulin – 59219 Etroeungt – Tél. : 03.27.59.26.05 ou SR : 03.20.14.93.93

Honnecourt-sur-Escaut

C.M. n° 51 — Pli n° 13

18 pers. Ouverture : toute l'année.

R.d.c. + étage : cuisine, salle à manger, salon. 1 ch. 6 pers., 1 ch. 5 pers., 1 ch. 3 pers., 2 ch. 2 pers. 4 lavabos, 2 wc, 2 douches. Etang privé dans le village, terrain de jeux, volley, 2 tables de ping-pong. Vallée du Haut Escaut, calme, région verdoyante. Chauffage : 100 F/nuit. Halte fluviale sur le canal de St-Quentin. Cambrai 15 km, Péronne 23 km, Saint-Quentin 26 km. Valenciennes, Arras, Douai 40 km. Lille 90 km. Produits fermiers, médecin et pharmacien à 500 m dans le village. Rénové en 1990.

Prix : pers.nuit **55/65 F**

15	1	0,5	3	15	0,5

CAUET Gisele – 21 rue de l'Eglise – 59266 Honnecourt-sur-Escaut – Tél. : 03.27.78.51.11

Houplines La Cour-du-Roy

C.M. n° 51 — Pli n° 1

36 pers. Ouverture : toute l'année.

R.d.c. : cuisine, séjour, cheminée feu de bois, salle de classe. 4 ch. (2, 2, 2, 6 pers.). 4 douches. 14 lavabos. 7 wc. Et. : 4 ch. (1, 5, 6, 12 pers). Ch. gaz, isolation, charges non comprises. TV, tél./demande. Laverie/place. Loc. draps 25 F. Tél. cabine à carte. Balançoires, sable, barbecue, ping-pong. Eveil des enfants à la nature. Anglais parlé. Initiation au poney. Contact des animaux. Accueil séminaires, groupes, classes de découverte. Agréé Education Nationale et Jeunesse et Sports. Médecin, pharmacien, Belgique 2 km. Armentières 3 km. Prés du Hem 4 km. Ypres, Lille 15 km. Bruges 60 km. Gîte rénové en 1987.

Prix : pers.nuit **52/85 F**

60	2	4	1	0,5	0,5	0,1	15	15	0,1	3	1

DELANGUE M.Paule et Gerard – 44 rue du Pilori - La Cour du Roy – 59116 Houplines – Tél. : 03.20.35.05.79 ou SR : 03.20.14.93.93 – Fax : 03.20.35.05.79

Houplines La Cour-du-Roy

C.M. n° 51 — Pli n° 1

36 pers. Ouverture : toute l'année.

Indépendant, orienté vers la nature. R.d.c. : séjour, cheminée feu de bois, 4 douches, 12 lavabos, 4 wc. 1 ch. 5 pers. 1/2 sous-sol : 3 ch. (3 à 8 pers.). 1/2 étage : 4 ch. (2 à 5 pers.). Ch. central gaz, isolation. Barbecue, balançoires, ping-pong. TV, tél. sur demande. Laverie sur place. Cabine tél. à carte. Anglais parlé. Loc. de draps 25 F. Eveil des enfants à la nature, initiation au poney. Visite et goûter à la ferme. Accueil séminaires, groupes, classes. Médecin, pharmacien, Belgique 2 km. Armentières 3 km. Prés du Hem 4 km, Ypres, Lille 15 km. Rénové en 1987.

Prix : pers.nuit **60/100 F**

60	2	4	1	0,5	0,5	1	15	15	0,1	3	1

DELANGUE M.Paule et Gerard – 44 rue du Pilori - La Cour du Roy – 59116 Houplines – Tél. : 03.20.35.05.79 ou SR. : 03.20.14.93.93 – Fax : 03.20.35.05.79

Liessies

C.M. n° 53 — Pli n° 6/7

50 pers. Ouverture : du 1er février au 30 novembre.

R.d.c. : 2 séjours avec cheminée, 2 cuisines, 2 douches, 1 wc. L-linge. 2e ét. : 4 douches, 2 s.d.b., 5 wc. 8 dortoirs : 4 de 7 p., 1 de 5 p., 2 de 4 p., 1 de 3 p.). 2 ch. (2 lits 1 p.). 1 ch. (1 lit 1 p.). 2 ch. (1 lit 2 p., 2 lits 1 p.). 1 ch. (1 lit 1 p., 1 lit 2 p.). 1 ch. (3 lits 1 p.). 1 ch. (4 lits 1 p.). 1 ch. (1 lit 2 p., 1 lit 1 p.), 1 ch. (1 lit 2 p.). Location vélos. Ping-pong. Val Joly, Belgique 3 km. Avesnes, Fourmies 12 km. Maubeuge, zoo 25 km. Chimay 30 km. De 3 à 10 km : musée du verre, écomusée, maison du bocage, musée du jouet et de la météo belge. Rénové 1976.

Prix : pers.nuit **60/78 F**

150	3	3	3	0,1	3	2	2	15	0,1

BONNEAU Louis – 23 rue du Marechal Foch – 59740 Liessies – Tél. : 03.27.61.81.99 ou 03.27.61.81.50 – Fax : 03.27.61.81.99

Maroilles

C.M. n° 53 — Pli n° 5

29 pers. Ouverture : toute l'année.

Sur ancienne ferme à 300 m du village. R.d.c. : cuisine, salle à manger, salle 60 m² pour stages, s. d'eau, wc. Et. : 4 dortoirs (12, 8, 7, 2 pers.), douches, wc. 2 ch. d'hôtes. Prairie, terrain clos, parking, aire de jeux, étang. Gîte équipé d'un téléphone à carte. Services médicaux sur place. Tarif dégressif selon durée. Bases de loisirs : Le Quesnoy 15 km, Val Joly 30 km. Circuits découverte : bocage, châteaux, moulins, chapelles, fermes. Sorties nature encadrées. Stages : nature, initiation peinture (aquarelle, huile). Acc. chevaux, aide pédagogique. Agréé Jeunesse et Sports et Education Nationale.

Prix : pers.nuit **52/60 F** week-end **80 F**

180	10	25	0,1	0,1	10	0,1	25	3	0,1

BEGUIN Paul – Ruelle Saint Humbert – 59550 Maroilles – Tél. : 03.27.77.11.85

Maulde Ferme-de-Chorette

C.M. n° 53 — Pli n° 4

25 pers. Ouverture : toute l'année.

Dans une ancienne ferme. Plain-pied : cuisine, séjour, cheminée feu de bois. 3 douches, 3 wc, 3 lavabos. 3 dortoirs (4 à 11 pers.). Ch. central fuel. Balades à cheval, en 4x4, élevage de chevaux camarguais en liberté dans herbages parsemés d'étangs, loc. VTT, canoës, barques sur place. En bordure du Parc Naturel Régional Saint-Amand. Belgique 1 km, St-Amand 5 km, base de loisirs de Pérronnes 6 km (Belgique), centre nautique Amaury 9 km, Tournai 16 km, Lille 40 km. Agréé Jeunesse et Sports et Education Nationale. Propriétaire ayant 1 autre gîte de 19 pers. Rénové 1990.

Prix : pers.nuit **48 F**

80	6	6	0,1	6	0,1	0,1	6	6	6	3

DESCAMPS Thierry – 70 rue de Chorette – 59158 Maulde – Tél. : 03.27.48.40.21

Maulde Ferme-de-Chorette

C.M. n° 53 — Pli n° 4

19 pers. Ouverture : toute l'année.

Sur une ancienne ferme. R.d.c. : séjour/coin-cuisine, 2 douches, 2 lavabos doubles, 2 wc. Et. : 3 dortoirs (3, 4, 12 pers.). Ch. fuel. Isolation. Charges comprises. Activités : balades à cheval, en 4x4, élevage de chevaux camarguais dans les herbages parsemés d'étangs. Loc. VTT, canoës, barques. En bordure du Parc Naturel Régional de St-Amand. Belgique 1 km, St-Amand 5 km, base de loisirs de Perronnes (Belgique) 6 km, centre de loisirs d'Amaury 9 km, Tournai 16 km, Lille 40 km. Propriétaire ayant un autre gîte de séjour de 25 pers. Rénové : 1991.

Prix : pers.nuit **48 F**

80	6	6	0,1	6	0,1	0,1	6	6	6	3

DESCAMPS Thierry – 70 rue de Chorette – 59158 Maulde – Tél. : 03.27.48.40.21

Le Quesnoy Centre-Lowendal

C.M. n° 53 — Pli n° 5

33 pers. Ouverture : toute l'année.

A l'étage d'un bâtiment du XIXe s. Salle commune sans cuisine. Possibilité repas sur demande. Salle d'eau et de bains. 4 ch. de 6 pers., 1 ch. de 5 pers., 1 ch. de 4 pers. Lavabos dans les chambres. 6 douches. Bibliothèque sur place. Parc de loisirs, baignade, mini-golf, barques, pédalos. Draps, couvertures et oreillers fournis. Accès au parc gratuit, activités payantes. Grand parking, garages à bus et à vélos. Valenciennes 15 mn. Forêt de Mormal 6 km. Lille 45 mn. Bruxelles 1 h.

Prix : pers.nuit **50 F**

15	0,5	0,5	3	3	12	3	0,4	0,2

GITE COMMUNAL DE LE QUESNOY – Mairie de le Quesnoy - Hotel de Ville – 59530 Le Quesnoy – Tél. : 03.27.49.12.16 ou 03.27.49.05.28 – Fax : 03.27.49.07.10

Saint-Amand-les-Eaux Le Luron

22 pers.

En pleine forêt domaniale, au bout d'une majestueuse allée de tilleuls. R.d.c. : grande salle de 30 pers. Feu de bois. Cuisine équipée, congélateur, lave-linge, séchoir. TV, magnétoscope. Douches, wc, lavabos. A l'ét. : 3 dortoirs (6 pers., 12 pers., 4 pers.). Chauffage central gaz. Terrasse couverte, barbecue, tables, bancs. Volley. Point-phone. Loc. VTT. Animation nature. Le Luron offre détente et activités variées au cœur de la forêt. Escalade dans les arbres. Rénové en 1994.

Prix : pers.nuit **48 F**

150	4	4	4	1	3	0,1	3	0,1	0,1	4	1,5

PARC NATUREL REGIONAL NPC – 357 rue Notre Dame d'Amour - Le Luron – 59230 Saint-Amand-les-Eaux – Tél. : 03.27.48.01.20 – Fax : 03.27.19.19.71

Vertain

C.M. n° 53 — Pli n° 4/5

25 pers. Ouverture : toute l'année. Alt. : 2 m

Dans le village, sur une ancienne fermette. Cuisine, salle de séjour avec four à pain. 2 salles d'eau. 4 chambres (2, 5, 6 et 12 pers.). Ch. élect. Vente de produits fermiers, médecin dans le village. Accueil chevaux sur place. Tarif dégressif pour groupe. 25 pers. : 1050 F/nuit. Solesmes 2,5 km. Salle annexe pour 100 pers. en suppl. (réunion, classe verte). Le Cateau 12 km. Devis pour groupe sur demande. Agrément DDASS, Jeunesse et Sports, Education Nationale. Rénové en 1988.

Prix : pers.nuit **60 F**

2,5	20	5	2,5	0,1	0,1	2,5	11	12

DOROBISZ Richard – 120 rue Ponchaux – 59730 Vertain – Tél. : 03.27.37.41.06

Wambaix

C.M. n° 53 — Pli n° 4

30 pers. Ouverture : toute l'année.

R.d.c. : séjour + 1 salle (TV, magnétoscope), cuisine, lave-vaisselle industriel. WC. Et. : 3 douches, 6 lavabos, 2 wc. 3 ch. 4 pers., 1 ch. 6 pers., 1 ch. 7 pers., 1 ch. 3 pers., 1 ch. 2 pers. Prairie attenante. Terrain clos commun, salon de jardin. Loc. VTT. Produits fermiers sur place. Tarif - 10 pers. 870 F/nuit pour le gîte. Village 200 m. Lille 70 km, Valenciennes 35 km, Douai 30 km. Musée de la Mine de Lewarde 25 km, Le Cateau 20 km. Cambrai, abbaye de Vaucelles 8 km. Agréé Jeunesse et Sports, DDASS. Rénové en 1989.

Prix : pers.nuit **58 F** petit dejeuner **25 F** week-end **100 F**

10	25	5	10	10	5	10	20	0,5	8

GITES DE FRANCE-SERVICE RESERVATION – 89 Bd de la Liberte – 59800 Lille – Tél. : 03.20.14.93.93 ou PROP : 03.27.78.73.14 – Fax : 03.20.14.93.99

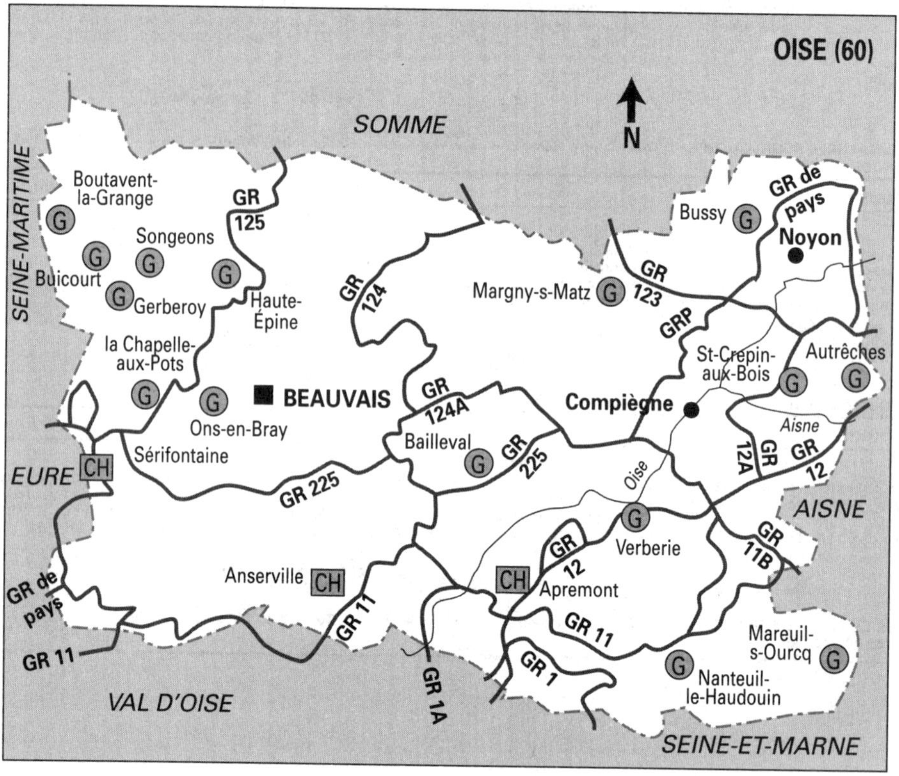

CH Chambre d'hôte G Gîte d'étape, de séjour L Logis de France

Autreches

E.C. NN 15 pers. Ouverture : toute l'année.

2 chambres et 1 dortoir (15 lits 1 pers.). Cuisine. Salle commune avec cheminée. 2 salles d'eau. Boxes ou stalles pour chevaux et chevaux disponibles sur place. Produits fermiers 500 m. Restaurant 6 km.

Prix : pers.nuit **58 F** pension cheval **32/36 F**

GR : 12

20	25	SP	SP

C.I.D.R. – Ferme Saint-Victor - Autreches – 60350 Cuises-la-Motte – Tél. : 03.44.42.11.06

Bailleval

E.C. NN 20 pers. Ouverture : toute l'année.

2 dortoirs (20 lits). Cuisine. Salle commune. 2 salles d'eau. 8 stalles, 2 boxes, sellerie, remise à vélos. GR Rouen/Belgique. Produits fermiers.

Prix : pers.nuit **50/55 F** pension cheval **35/40 F**

GR : 225

3	3	SP	SP

VIDALAIN – Louveaucourt - Bailleval – 60140 Liancourt – Tél. : 03.44.73.13.93

Boutavent-la-Grange

E.C. NN 20 pers. Ouverture : toute l'année.

Gîte avec 3 dortoirs (20 lits). Cuisine. Salle commune, cheminée. 2 salles d'eau. Restaurant 3 km. GR Dieppe/Côte d'Or. Produits fermiers. Prix par pers. pour 24 heures, avec ou sans chauffage. Poss. hébergement cheval en stalle. Tarifs randonneurs draps fournis.

Prix : pers.nuit **100/110 F**

3	3

PENET Olivier – Le Valerien - Boutavent-la-Grange – 60220 Formerie – Tél. : 03.44.46.18.08 – Fax : 03.44.04.29.99

Buicourt

E.C. NN 12 pers. Ouverture : toute l'année.

Gîte aménagé dans un ancien corps de ferme, aux limites de la Picardie et de la Normandie. 12 lits répartis en 4 ch. Séjour/cuisine. Sanitaires. Environnement de forêts et bocage, à proximité de Gerberoy. Hébergement cheval en box. Possibilité table d'hôtes. Tarifs par journée d'occupation suppl. : 30 F.

Prix : pers.nuit **65/75 F** petit dejeuner **25 F** pension cheval **35 F**

GR : 125

13	3	SP	3	13	3

IEGER Myriam et Georges – 1 rue Paty – 60380 Buicourt – Tél. : 03.44.82.38.97 – Fax : 03.44.82.44.80

Bussy La Cressonniere

E.C. NN 17 pers. Ouverture : toute l'année sauf vacances scolaires.

Très beau gîte d'étape aménagé dans un cadre très agréable, à 5 km de Noyon et 25 km de Compiègne. 4 chambres de 4 pers. 1 chambre de 1 pers. Sanitaires. Séjour, salle à manger et salon. Prix par nuit et par pers. avec ou sans chauffage. Tél. du gîte : 01.44.44.37.79.

Prix : pers.nuit **100/110 F**

5	5	25	5	SP	10	7	7

CODRON Jean-Luc et Annie – La Cressonniere – 60400 Bussy – Tél. : 03.44.44.12.41

La Chapelle-aux-Pots

E.C. NN 42 pers. Ouverture : toute l'année.

42 lits, sanitaires, cuisine, 2 séjours avec cheminée, salles de réunion. 4 stalles. Restauration possible et location de VTT sur place. Organisation de randonnées, séjours sportifs, découverte de la nature. Cité historique de la poterie. Circuits pédestre et équestres. VTT, poterie. Cabine téléphonique.

Prix : pers.nuit **55/60 F** pension cheval **30 F**

GR : 125

6	SP	3	3	SP	SP	16	SP

MAISON DU PAYS DE BRAY – 1 rue de la Pature Seche – 60650 La Chapelle-aux-Pots – Tél. : 03.44.04.81.55

Gerberoy

E.C. NN 12 pers.

2 dortoirs (12 lits). Coin-cuisine. Salle commune avec cheminée. 2 salles d'eau. Cité médiévale. GR Dieppe/Côte d'Or.

Prix : pers.nuit **50/60 F**

11	2	2

VALLOIS – Mairie – 60380 Songeons – Tél. : 03.44.82.32.13 – Fax : 03.44.82.33.63

Haute-Epine

C.M. n° 236 — Pli n° 33

E.C. NN 26 pers. Ouverture : toute l'année.

1 dortoir de 8 pers. 2 chambres de 4 pers. 2 chambres de 2 pers. 1 chambre de 3 pers. Salle commune. 2 salles d'eau. Cuisine. Cheminée. 8 boxes, 10 stalles pour chevaux. Restaurant sur place. Location VTT. Randonnées équestres à 2 km. Prix par nuit et par pers. avec ou sans chauffage.

Prix : pers.nuit **80 F** repas **65 F** pension cheval **35 F**

TH GR : 125

10	5	2	5	1

GRAVELLE Francis – La Neuville-sur-Oudeuil – 60690 Marseille-en-Beauvaisis – Tél. : 03.44.46.23.90 ou 03.44.46.25.87

Mareuil-sur-Ourcq Le Vieux-Moulin

E.C. NN 18 pers. Ouverture : toute l'année.

2 dortoirs (18 lits). Coin-cuisine. Salle commune. 2 salles d'eau. Location de bicyclettes sur place. Plats cuisinés sur place. Restaurant 7 km. Produits fermiers 500 m. Point-phone. Prix par pers. et par nuit avec ou sans chauffage.

Prix : pers.nuit **60/73 F**

GR : 11

7

DIEUX Daniele – Le Vieux-Moulin - B.P 3 – 60890 Mareuil-sur-Ourcq – Tél. : 03.44.87.24.21

Margny-sur-Matz

E.C. NN 19 pers. Ouverture : toute l'année.

Gîte d'étape aménagé dans les bâtiments d'un poney club. 6 chambres (19 lits). Salon, salle à manger. Sanitaires : lavabos, 2 douches, 3 wc. Cuisine. Séjours en gîte d'enfants. Sur place : poneys de petite taille et de taille moyenne. Tarif pour une journée suppl. d'occupation : 37 F. Possibilité de box pour chevaux.

Prix : pers.nuit **60 F** pension cheval **50 F**

5	5	20	SP	5	5

DEWACHTER Herve – 261 Grande Rue – 60490 Margny-sur-Matz – Tél. : 03.44.42.60.83

Nanteuil-le-Haudouin

E.C. NN 16 pers. Ouverture : toute l'année.

2 dortoirs (16 lits). Coin-cuisine. 2 salles d'eau. Boxes et stalles pour chevaux et chevaux disponibles sur place. Restaurant 500 m. Produits fermiers. Prix par pers. et par nuit avec ou sans chauffage.

Prix : pers.nuit **50/60 F** pension cheval **40/50 F**

GR : 11

SP	SP	SP

VANTROYS – Rue des Pavillons – 60440 Nanteuil-le-Haudouin – Tél. : 03.44.88.00.18

Ons-en-Bray

E.C. NN 37 pers. Ouverture : toute l'année.

2 dortoirs (37 lits). Cuisine. Salle commune avec cheminée. Sanitaires pour chaque dortoir. Boxes et stalles pour chevaux. Plats cuisinés sur place. Point-phone. Restaurant 1 km. Produits fermiers. Accès à la ferme laitière. Possibilité table d'hôtes. Prix par pers. et par nuit, avec ou sans chauffage, 30 F suppl. par journée d'occupation. Classes vertes : 150 F/jour/enfant activités comprises.

Prix : pers.nuit **65/70 F** pension cheval **40 F**

GR : 125

13	SP	SP	10	SP	3

VILLETTE Helene – Ferme de l'Ancien Comte - Ons-en-Bray – 60650 La Chapelle-aux-Pots – Tél. : 03.44.81.61.24 – Fax : 03.44.81.64.11

Saint-Crepin-aux-Bois

E.C. NN 14 pers. Ouverture : toute l'année.

2 dortoirs (14 lits). Coin-cuisine. Cheminée. 1 salle d'eau. Boxes pour chevaux sur place. Réservation indispensable. Produits fermiers sur place.

Prix : pers.nuit **50 F** pension cheval **35 F**

GR : 12A

15	15	SP

D'ORSETTI Jacques – Saint-Crepin-aux-Bois – 60170 Ribecourt-Dreslincourt – Tél. : 03.44.85.61.58

Songeons

E.C. NN 49 pers. Ouverture : toute l'année.

49 lits en 12 ch. (2 pers.) et 1 dortoir. Autres chambres à disposition. Sanitaires, cuisine. Kayak, volley, ping-pong, randonnées équestres et pédestres sur place. Beauvais 26 km, Gournay-en-Bray 15 km, Marseille-en-Beauvaisis 11 km. Poss. table d'hôtes. Prix/pers./nuit selon type de chambre avec ou sans chauffage. Point-phone. GR Dieppe/Côte d'Or.

Prix : pers.nuit **56/77 F**

15	SP	5	SP	10	15	SP

MAISON FAMILIALE ET RURALE M. Porquier – 5 Place du General de Gaulle – 60380 Songeons – Tél. : 03.44.82.30.03 – Fax : 03.44.82.63.42

Verberie

E.C. NN 20 pers. Ouverture : toute l'année.

10 chambres (20 lits). Cuisine. Salle commune. 1 salle d'eau. Stalles pour chevaux sur place. Restaurant 500 m. Produits fermiers 500 m.

Prix : pers.nuit **50/60 F** pension cheval **40 F**

GR : 12

10	SP	5	SP	3

COMMUNE LA VERBERIE – Chateau-d'Aramont – 60410 Verberie – Tél. : 03.44.40.55.65 ou 03.44.38.71.71

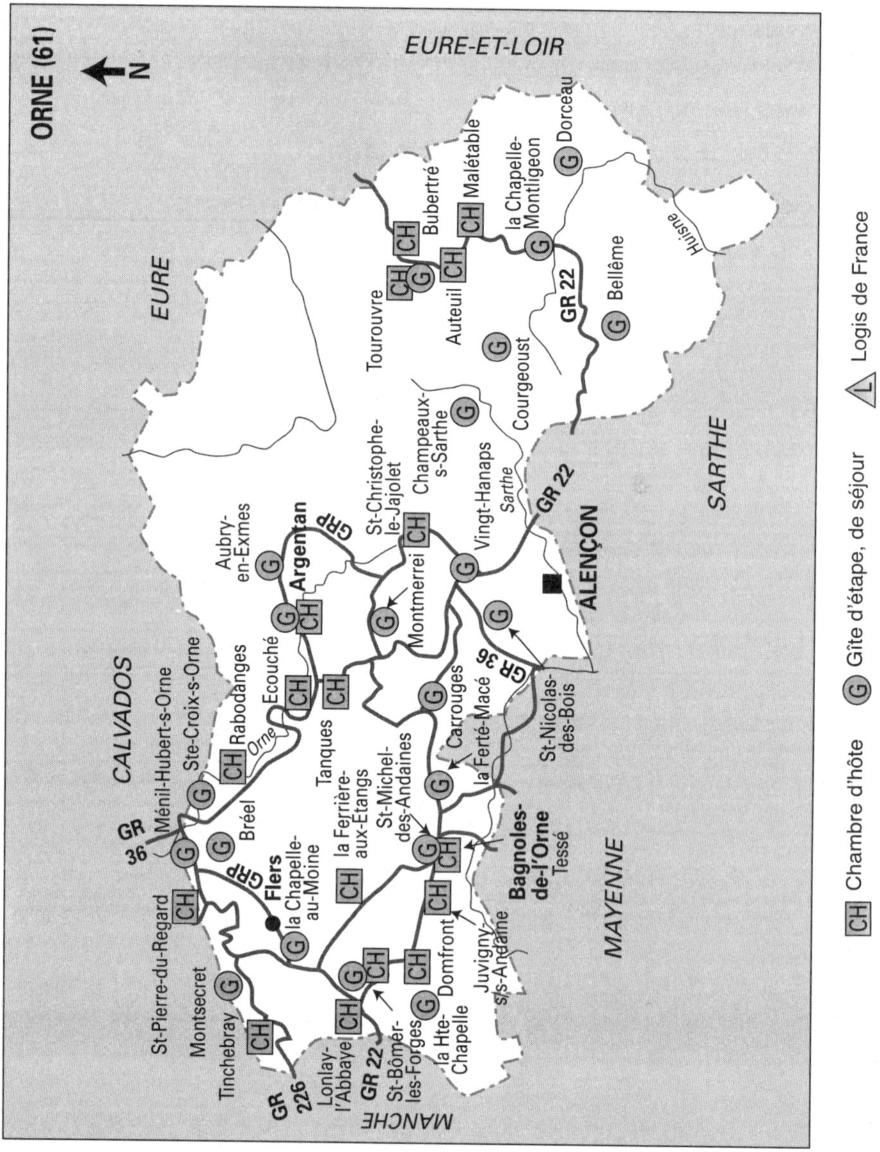

Argentan Mauvaisville

c✈v *C.M. n° 231 — Pli n° 43*

E.C. NN 32 pers.

Ouverture : du 5 juillet au 28 août et du 21 décembre au 1er janvier.

Gîte de plain-pied aménagé dans un centre de formation. 8 ch. (2 x 2 lits 1 pers. superposés) avec salle d'eau et wc privatifs pour chacune, cuisine (élément congélateur), séjour (TV couleur, poss. matériel vidéo), chauffage électrique, point-phone. Herbage pour chevaux, terrain clos, jeux enfant sur place. Anglais parlé. Location de draps 20 F. Aux portes d'Argentan, au centre de l'Orne : proximité du Pays d'Auge, de la Suisse Normande, de la région des Haras et des contre-forts du massif d'Ecouves.

Prix : pers.nuit **30 F** petit dejeuner **25 F** repas **40 F**

(TH) GR : 36

15	15	10	10	15	15	8	35	20	70	6	6

I.R.E.O. MAUVAISVILLE – M. Martine Lionel - BP223 – 61203 Argentan-Cedex – Tél. : 02.33.35.75.76 – Fax : 02.33.36.19.33

Aubry-en-Exmes Le Haras-de-Sainte-Eugenie

c✗v *C.M. n° 231 — Pli n° 31*

E.C. NN 44 pers. Ouverture : toute l'année.

Gîte d'étape et de séjour aménagé dans les dépendances d'un haras. 11 chambres (4 lits 1 pers.), poss. 14 lits supplémentaires, cuisine, salles à manger (TV), 2 lavabos par chambre, 6 douches, 5 wc, ch. électrique. Point-phone. Herbage, 20 stalles, 17 boxes sur place. Accueil de classes découverte. Draps : 15 F. Groupes : 3200 F. Au pays des haras (Haras du Pin 10 km), en lisière de la forêt de Gouffern et à proximité d'Argentan. Ecole d'équitation et d'attelage, poney-club pour enfants (poss. de stages équestres pour les 6-16 ans). Elevage de cerf 4 km. Agréé « Gîtes et Cheval ».

Prix : pers.nuit **60/80 F** 1/2 pension **150 F** petit dejeuner **20 F** repas **60/80 F** pension cheval **20/40 F**

(TH) GR : 36 et 22

SP	3	5	7	SP	SP	20	50	20	60	7	3

COIGNARD Jack – « Haras de Sainte Eugenie » – 61160 Aubry-en-Exmes – Tél. : 02.33.36.80.80 – Fax : 02.33.35.75.94

Belleme

c✗v *C.M. n° 231 — Pli n° 45*

E.C. NN 37 pers. Ouverture : toute l'année.

Maison située dans le bourg de Bellême. 2 chambres (4 pers.), 7 chambres (3 pers.), 4 chambres (2 pers.), cuisine de collectivité équipée, salon avec cheminée, salle à manger, 13 lavabos, 6 douches, 4 wc, chauffage central. Terrain clos. Location de draps 29 F. Forfait semaine : 440 F/adultes et 165 F/enfants de moins de 12 ans. Bellême est une jolie cité percheronne, pleine de caractère. Activités sportives, forêt et manifestations tout au long de l'année.

Prix : pers.nuit **28/65 F**

GR : 22

2	2	SP	SP	2	1	SP	80	1	170	30	SP

COMMUNE DE BELLEME Melle Menu – Mairie – 61130 Belleme – Tél. : 02.33.85.31.00 – Fax : 02.33.83.58.85

Breel

c✗v *C.M. n° 231 — Pli n° 30*

E.C. NN 31 pers. Ouverture : toute l'année.

Ancienne école réaménagée. R.d.c. : 1 ch. (1 lit 1 pers.) avec salle d'eau et wc accessibles aux handicapés, 6 ch. (30 lits 1 pers.), cuisine professionnelle, séjour, salle d'accueil, 4 éléments de 2 douches, 8 lavabos, 5 wc. Chauffage central gaz, terrain. Location de l'ensemble du gîte : 2500 F le week-end, charges non comprises. Possibilité de repas. Aux proches environs de « la Roche d'Oêtre », site naturel remarquable, et de « la Maison de l'eau et de la rivière », cette ancienne école de village entièrement remaniée allie tradition et modernité. Le GR36 et les circuits locaux se faufilent dans les reliefs de la « Suisse Normande ».

Prix : pers.nuit **70/80 F**

GR : 36

SP	1	2,5	17	0,5	15	12	35	10	60	17	2,5

COMMUNAUTE DE COMMUNES DU BOCAGE ATHISIEN – Mairie - Madame Frapard – 61430 Athis-de-l'Orne – Tél. : 02.33.64.10.97 ou 02.33.66.40.03 – Fax : 02.33.64.09.86

Carrouges La Gringoriere

c✗v *C.M. n° 231 — Pli n° 42*

E.C. NN 32 pers. Ouverture : toute l'année.

Dans les dépendances de la maison des propriétaires. 3 ch. (3 lit 1 pers.), 2 ch. (2 lits 1 pers.), 1 dortoir (2 lits 2 pers. 2 lits 1 pers.), 1 dortoir (8 lits 1 pers.), 1 dortoir (5 lits 1 pers.), séjour, cuisine, 6 lavabos, 6 douches, 7 wc, chauffage électrique et à bois. 1 box, 6 stalles, prés. Location de draps et de duvet : 20 F. Salle de ping-pong et de gymnastique, bibliothèque, atelier de poterie et produits régionaux sur place. Dans le bocage, maison de pays restaurée. Forêts, sites et châteaux à visiter aux alentours.

Prix : pers.nuit **70 F** 1/2 pension **190 F** pension **240 F** petit dejeuner **35/50 F** repas **85/115 F** pension cheval **30/90 F**

(TH) GR : 36

1	SP	1	17	1	13	SP	23	19	80	28	1

BUGNOT Pierre – « La Gringoriere » – 61320 Carrouges – Tél. : 02.33.27.22.96 – Fax : 02.33.27.98.13

Champeaux-sur-Sarthe Les Bouvris

c✗v *C.M. n° 231 — Pli n° 44*

E.C. NN 20 pers. Ouverture : toute l'année.

Maison ancienne restaurée. 1 ch. (2 lits 1 pers.), 2 dortoirs (10 lits 1 pers. superposés, 8 lits 1 pers.), cuisine commune, séjour, salle d'activités, 2 douches, 4 lavabos, 3 wc, chauffage central, 4 boxes pour chevaux. Grand terain en partie arboré. Billard américain, ping-pong et poney-club sur place. Location de draps 20 F. Un cadre campagnard, une ancienne maison de pays, des poneys et, en été, des « tipis » indiens dans le parc, une ambiance sympathique et familiale, telle s'offre à vous la vie au gîte des Bouvris. Région du Perche et base de loisirs aux environs.

Prix : pers.nuit **50 F** petit dejeuner **25 F** pension cheval **50 F**

2	2	2	8	12	SP	10	23	25	8

BAC Daniel – « Les Bouvris » – 61560 Champeaux-sur-Sarthe – Tél. : 02.33.25.02.44

La Chapelle-au-Moine Pont-Ramond

c✗v *C.M. n° 231 — Pli n° 41*

E.C. NN 10 pers. Ouverture : toute l'année.

Gîte indépendant dans un centre de séjour. R.d.c. : séjour de 60 m² avec cheminée et coin-cuisine équipé, 1 douche, 3 wc, 6 lavabos. Etage : (accès indépendant) 2 chambres (2 lits 1 pers.), 2 chambres (3 lits 1 pers.), 1 wc, 2 douches, 10 lavabos, chauffage central. Terrain non clos. Herbage pour chevaux sur place. Location de draps 30 F. Groupes 840 à 950 F. En pays de bocage, aux portes de la Suisse Normande et en lisière de la forêt Halouze, le confort d'un gîte accueillant. Nombreuses curiosités à visiter aux alentours.

Prix : pers.nuit **52 F** petit dejeuner **20 F**

GR : 22B

0,8	1	2	7	SP	8	25	25	7	70	6	6

COMITE DEPARTEMENTAL UFCV – Domaine de Pont-Ramond - 8 rue de la Harpe – 61100 Flers – Tél. : 02.33.65.75.29

La Chapelle-Montligeon

C.M. n° 231 — Pli n° 45

E.C. NN 56 pers. Ouverture : toute l'année.

Batîment récent sur 3 niveaux. 10 ch. (2 lits 1 pers.) avec s.d.b. privée par ch. 15 ch. (2 lits 1 pers.) par groupe de 3 avec s.d.b., wc, 2 lavabos, 1 évier. 1 appartement de 3 ch. (2 lits 1 pers.) avec s.d.b., wc, 2 lavabos, cuisine. Salle réunion, salle à manger, salon, TV, salle repos (1 lit 1 pers.), salle jeux, classe 28 places, poss. cuisine pro. Haut lieu de pélerinage percheron, le village de la Chapelle Montligeon offre aussi de multiples possibilités d'activités sportives. Confortable et très fonctionnel, ce gîte de séjour vous seduira. Petits-déjeuners sur demande. Draps de 15 à 30 F.

Prix : pers.nuit **60 F**

GR : 22

SP	1	1	12	0,5	1	1	100	17	150	30	SP

COMMUNE DE LA CHAPELLE MONTLIGEON – Mairie – 61400 La Chapelle-Montligeon – Tél. : 02.33.83.80.20 – Fax : 02.33.83.37.22

La Chapelle-Montligeon Les Bruyeres

C.M. n° 231 — Pli n° 45

E.C. NN 33 pers. Ouverture : toute l'année.

Gîte d'étape et de séjour totalement indépendant. 1 ch. de 3 lits, 2 dortoirs de 6 lits, 2 dortoirs de 9 lits, cuisine, vaste séjour, 9 lavabos, 3 wc, 4 douches, chauffage électrique, téléphone. Terrain de boules et circuits VTT sur place, boxes pour chevaux dans centre équestre à 500 m. Location de draps 15 F. Nombreux sites aux alentours. Dans le Perche, pays de manoirs et de forêts, un gîte d'étape et de séjour dans un bois.

Prix : pers.nuit **43 F**

GR : 22

SP	1,5	1,5	12	SP	0,5	1,5	90	15	130	20	1,5

COMMUNE DE LA CHAPELLE MONTLIGEON – Mairie – 61400 La Chapelle-Montligeon – Tél. : 02.33.83.80.20 – Fax : 02.33.83.37.22

Courgeoust Les Gaillons

C.M. n° 231 — Pli n° 44

E.C. NN 45 pers. Ouverture : toute l'année.

Corps de ferme rénové dominant un beau panorama. 7 ch. (2 lits 1 pers.), 3 ch. (5 lits 1 pers.), 2 dortoirs (8 lits 1 pers.), poss. 10 lits supplémentaires, cuisine (lave-vaisselle), salle à manger, salle de détente, 9 douches, 6 wc, 20 lavabos. Chauffage central et électrique. Terrain clos. Location de draps : 25 F. Groupes : 2800 à 3000 F. Dans le Perche, près de Mortagne, l'accueil à la ferme pour découvrir les richesses du pays. Découverte d'un système solaire miniature à 1 km et visite d'un planétorium sur place. Projet pédagogique de classes vertes.

Prix : pers.nuit **50/70 F** petit dejeuner **20 F** repas **60 F** pension cheval **25 F**

(TH) GR : 22

SP	2	3	3	9	10	9	85	17	120	30	3

SALLARD-DAUCHEZ – « Les Gaillons » – 61560 Courgeoust – Tél. : 02.33.25.45.62 – Fax : 02.33.25.36.11

Courgeoust Les Gaillons

C.M. n° 231 — Pli n° 44

E.C. NN 23 pers. Ouverture : toute l'année.

Corps de ferme restauré. 3 ch. (2 lits 1 pers.) dont 1 accessible aux handicapés, 2 ch. (5 lits 1 pers.), 1 dortoir (7 lits 1 pers.), coin-cuisine, grand séjour (65 m^2, poss. 120 m^2), 7 lavabos, 3 douches, 4 wc, chauffage central au fuel. Terrain clos. Possibilité d'herbage chevaux. Draps : 25 F. Groupes : 1800 à 2000 F. Dans le Perche, près de Mortagne, dans un cadre champêtre à proximité de la RN12, l'accueil à la ferme pour découvrir les richesses du pays. Visite d'un planétarium sur place et d'un système solaire miniature sur 1 km. Agrément ferme pédagogique.

Prix : pers.nuit **50/70 F** petit dejeuner **20 F** repas **60 F** pension cheval **25 F**

(TH) GR : 22

SP	3	3	3	9	10	9	80	17	120	30	3

SALLARD-DAUCHEZ – « Les Gaillons » – 61560 Courgeoust – Tél. : 02.33.25.45.62 – Fax : 02.33.25.36.11

Dorceau L'Esperance

C.M. n° 231 — Pli n° 45/46

E.C. NN 10 pers. Ouverture : toute l'année.

Gîte d'étape et de séjour dans les dépendances d'une ancienne ferme. 2 ch. (2 pers.), 2 ch. (3 pers.), cuisine, séjour, 3 douches, 2 wc, 2 lavabos, chauffage central. 12 boxes et herbage pour chevaux. Mini-golf, pêche avec jeux, possibilité camping et location de chevaux et de vélos sur place. Anglais parlé. Location de draps 15 F. Chauffage de 6 à 10 F/jour. Dans le Perche, pays de chevaux, de manoirs et de forêts. Accueil sympathique du propriétaire qui saura vous faire découvrir la région et ses produits régionaux.

Prix : pers.nuit **45/55 F** petit dejeuner **20 F** repas **70 F** pension cheval **10/30 F**

(TH) GR : 22 et 35

SP	4	4	4	SP	SP	SP	50	25	150	14	4

CHEVALIER Bernard – « Ferme de l'Esperance » – 61110 Dorceau – Tél. : 02.33.73.74.21

La Ferte-Mace La Peleras

C.M. n° 231 — Pli n° 42

E.C. NN 12 pers. Ouverture : de mars à décembre.

Gîte d'étape et de séjour à proximité de Bagnoles-de-l'Orne. 1 ch. (3 lits 1 pers.), 1 ch. (4 lits 1 pers.) et 1 dortoir (5 lits 1 pers.), séjour avec coin-cuisine, 2 s. d'eau dont 1 privative, 2 wc. Chauffage électrique. 2 boxes, 2 stalles et herbage sur place. Location draps 25 F. Agréé « Gîtes et Cheval ». Anglais parlé. Groupes : 750 F. Dominant le lac et la base de loisirs de La Ferté Macé et à proximité de la forêt d'Andaines, dans un pays de bocage. Planche à voile, bateau électrique, pédalos et swin golf sur place.

Prix : pers.nuit **65 F** petit dejeuner **25 F** repas **85 F** pension cheval **50 F**

(TH) GR : 22

2	SP	2,5	1,5	1	SP	SP	4	4	80	2,5	1

S.A.R.L. LA SOURCE – M. Mme Volclair - « La Peleras » – 61600 La Ferte-Mace – Tél. : 02.33.37.28.23

La Haute-Chapelle La Grange-du-Bourg *C.M. n° 231 — Pli n° 41*

E.C. NN 10 pers. Ouverture : toute l'année.

Région du Bocage Domfrontais (Domfront : 2 km). Vieux bâtiment traditionnel entièrement rénové dans un petit village. 2 chambres (2 lits 1 pers.), 2 chambres (3 lits 1 pers.), grande salle avec coin-cuisine, 2 salles d'eau, 2 wc. Chauffage électrique. Terrain de pétanque sur place. Non loin de la cité médiévale de Domfront. Sites d'escalade aux environs, rivière avec parcours de pêche à la mouche, nombreux circuits VTT, production cidricole aux alentours.

Prix : pers.nuit **60 F** semaine **2800 F** week-end **500 F**

GR : 22

SP	1	SP	20	8	10	20	20	20	70	21	2

COMMUNE DE LA HAUTE CHAPELLE – Mairie – 61700 La Haute-Chapelle – Tél. : 02.33.38.55.01 – Fax : 02.33.38.01.91

Menil-Hubert-sur-Orne La Valette *C.M. n° 231 — Pli n° 29/30*

E.C. NN 35 pers. Ouverture : toute l'année.

Ancien bâtiment indépendant restauré. 2 ch. (1 lit 1 pers.) dont 1 avec s. d'eau, wc privatifs, 2 dortoirs (10 lits 1 pers.), 1 dortoir (11 lits 1 pers.), 1 ch. (2 lits 1 pers.), cuisine de type collectivité (congél.), séjour avec coin-cuisine, 12 lavabos, 3 s. d'eau, 2 douches, 5 wc, chauffage électrique, point-phone. Terrain, parking, box chevaux. Draps 20 F. Au cœur de la Suisse Normande, près de Pont d'Ouilly, dans une très belle région au relief accidenté, une étape sur le GR36 ou bien encore le pied à terre idéal pour des séjours actifs, sportifs ou de détente. Week-end groupe : 2000 F.

Prix : pers.nuit **40/50 F** petit dejeuner **15 F** repas **50/65 F** pension cheval **10 F**

(TH) GR : 36 et 221

SP	2	3	18	1	4	20	45	20	60	20	3

BIDAULT Eliane – « Au Compas » - La Valette – 61430 Menil-Hubert-sur-Orne – Tél. : 02.31.69.34.14

Menil-Hubert-sur-Orne Rouvrou *C.M. n° 231 — Pli n° 29/30*

E.C. NN 8 pers. Ouverture : toute l'année.

Bungalow indépendant en bordure de rivière. 1 dortoir de 8 personnes, séjour avec coin-cuisine, chauffage électrique. Bloc sanitaires extérieur : 3 lavabos, 3 wc, 2 douches. Barbecue. Camping-caravaning sur place. Dans un charmant vallon, au bord de la Rouvre, au cœur de la Suisse Normande, le calme de la campagne dans une nature préservée.

Prix : pers.nuit **50 F**

GR : 36

SP	2	5	25	3	3	SP	40	15	60	20	SP

COMMUNE DE MENIL HUBERT/ORNE – Monsieur Maurice Ribot - Mairie – 61430 Athis-de-l'Orne – Tél. : 02.33.66.22.50 ou 02.31.69.86.72

Montmerrei Saint-Yviere *C.M. n° 231 — Pli n° 43*

E.C. NN 16 pers. Ouverture : toute l'année.

En bordure du massif forestier d'Ecouves, un gîte d'étape et de séjour situé à 50 m de la ferme des propriétaires. 2 ch. de 2 pers., 1 ch. de 4 pers., 1 dortoir de 8 pers., séjour/coin-cuisine et cheminée, 2 douches, 4 lavabos, 2 wc, chauffage électrique. Terrain clos. Groupes : 880 F. Nombreux sites et châteaux aux alentours. En lisière des 15000 ha. du massif forestier d'Ecouves, à la ferme dans un joli bâtiment de pays restauré.

Prix : pers.nuit **45/55 F** pension cheval **30 F**

GR : 36 et 22

SP	5	7	17	SP	5	30	35	25	80	17	7

AVENEL Patrick – « Ferme de Saint Yviere » – 61570 Montmerrei – Tél. : 02.33.35.31.75 – Fax : 02.33.35.60.80

Montmerrei Saint-Yviere *C.M. n° 231 — Pli n° 43*

E.C. NN 37 pers. Ouverture : toute l'année.

En lisière de forêt d'Ecouves, gîte de séjour aménagé dans une dépendance de la ferme des propriétaires. 1 ch. 1 pers., 2 ch. de 2 pers., 2 ch. de 4 pers., 4 dortoirs de 6 pers., cuisine, grand séjour de 110 m² avec cheminée, 8 douches, 13 lavabos, 9 wc. Volley-ball, 4 stalles et herbage sur place. Groupes : 2500 F. Nombreux sites et châteaux aux alentours. En lisière des 15000 ha. du massif forestier d'Ecouves, dans un joli bâtiment de pays restauré. Découverte de la ferme, agrément classes de découverte.

Prix : pers.nuit **45/55 F** pension cheval **30 F**

GR : 36 et 22

SP	5	7	17	SP	5	30	35	25	80	17	7

AVENEL Patrick – « Ferme de Saint Yviere » – 61570 Montmerrei – Tél. : 02.33.35.31.75 – Fax : 02.33.35.60.80

Montsecret Lac Saint-Jean *C.M. n° 231 — Pli n° 29*

E.C. NN 40 pers. Ouverture : toute l'année.

Maison de village restaurée. 1 ch. (1 lit 2 pers.), s. d'eau et wc accessibles aux handicapés, 3 dortoirs de 6, 7 et 8 pers., 3 ch. de 4 pers. et 1 ch. de 5 pers., cuisine de type collectivité, séjour avec cheminée, salon, 7 wc, 1 à 3 lavabos et 1 douche/ch. Chauffage électrique. 10 boxes et herbage pour chevaux. Groupes : 3000 F. Le petit village de Montsecret vous accueille et vous propose des séjours actifs dans sa belle campagne bocagère : VTT, volley-ball, ping-pong, pétanque, balade à poney et en calèche, jeux pour enfants sur place.

Prix : pers.nuit **55/70 F** 1/2 pension **140 F** pension **190 F** petit dejeuner **20 F** repas **70 F** pension cheval **20/50 F**

(TH) GR : 226 et 22B

SP	SP	2	10	3	SP	5	45	15	80	10	SP

MAISON DU SAGUENAY - LAC SAINT-JEAN – Monsieur Voivenel - Le Bourg – 61800 Montsecret – Tél. : 02.33.66.30.02 – Fax : 02.33.66.30.08

Saint-Bomer-les-Forges La Nocherie

cv *C.M. n° 231 — Pli n° 41*

E.C. NN 34 pers. Ouverture : toute l'année.

Bocage Domfrontais : gîte d'étape et de séjour aménagé dans les dépendances d'une ferme. 1 ch. (2 pers.), 1 ch. (4 pers.), 1 ch. (7 pers.), 1 dortoir (10 pers.), 1 dortoirs (11 pers.), cuisine, séjour, 3 douches, 8 lavabos, 4 wc, chauffage électrique. Circuit VTT, camping, herbage pour chevaux sur place. Anglais parlé. Dans un manoir du XVIe siecle, Monsieur et Madame Mottier vous accueillent dans un environnement exceptionnel, havre de paix où vous pourrez apprécier la Normandie au travers de ses paysages (escalade à 6 km) et de sa cuisine traditionnelle.

Prix : pers.nuit **52 F** petit dejeuner **19 F** repas **80 F**

TH GR : 22

SP	SP	3,5	15	7	20	15	20	20	70	15	4

MOTTIER Albert – « La Nocherie » – 61700 Saint-Bomer-les-Forges – Tél. : 02.33.37.60.36

Saint-Michel-des-Andaines La Montjoie

cv *C.M. n° 231 — Pli n° 41*

E.C. NN 46 pers. Ouverture : toute l'année.

Gîte de séjour aménagé dans un centre d'équitation. 1 ch. de 2 pers., 3 ch. de 4 pers., 2 ch. de 5 pers., 1 ch. de 6 pers., 2 dortoirs de 8 pers. Séjour avec cheminée. 8 salles d'eau avec wc, 2 lavabos, 2 wc. Chauffage électrique. Possibilité de location de 35 boxes, 5 stalles et herbage. Anglais parlé. Groupes : 4000 F. En lisière de forêt d'Andaine, à proximité de Bagnoles-de-l'Orne (station thermale), un accueil sous le signe du cheval et de l'attelage. Nombreux loisirs à proximité. Musée des voitures hippomobiles et promenade en calèche sur place. Agréé « Gîtes et Cheval ».

Prix : pers.nuit **68 F** pension **256 F** petit dejeuner **18 F** repas **85 F** pension cheval **100 F**

TH GR : 22

SP	1,5	1,5	1,5	SP	SP	1,5	1,5	1,5	100	1,5	1,5

REBULARD Patrick – Le Village du Cheval - B.P. 55 – 61140 Bagnoles-de-l'Orne – Tél. : 02.33.37.12.79 – Fax : 02.33.37.15.50

Saint-Nicolas-des-Bois Le Gue-de-l'Ente

cv *C.M. n° 231 — Pli n° 43*

E.C. NN 17 pers. Ouverture : toute l'année.

Proximité de la forêt d'Ecouves. Gîte d'étape et de séjour situé dans une demeure récente. 2 ch. de 2 pers. avec lavabo, 2 ch. de 3 pers. avec lavabo, 1 ch. de 4 pers. avec 2 lavabos, 2 ch. de 2 pers., cuisine, séjour (cheminée, publi-phone), 3 salles d'eau, 2 wc, chauffage central. Terrain de jeux. Herbage pour chevaux sur place. Anglais parlé. Une grande maison d'où vous pouvez partir à la découverte de la campagne environnante et du massif forestier d'Ecouves. À 12 km, visite de la ville d'Alençon et de ses musées. Week-end groupe 1500 F TCC. Semaine groupe 5000 F TCC.

Prix : pers.nuit **65 F** pension cheval **15 F**

GR : 36 et 22

SP	8	8	12	SP	7	25	60	16	120	12	7

LANGLADE – « Le Gue de Lente » – 61250 Saint-Nicolas-des-Bois – Tél. : 02.33.32.91.54

Sainte-Croix-sur-Orne La Moriniere

cv *C.M. n° 231 — Pli n° 30*

E.C. NN 11 pers. Ouverture : toute l'année.

Gîte d'étape et de séjour dominant un beau panorama, au cœur de la Suisse Normande (Putanges 7 km). R.d.c. : séjour (TV, magnétoscope, tél. service restreint), cuisine (lave-vaisselle, micro-ondes, case congélateur), 1 ch. (3 lits 1 pers.), salle d'eau, wc. Etage : 3 ch. (9 lits 1 pers.), salle d'eau, wc, chauffage électrique. Anglais parlé. Belle région naturelle préservée. Une occasion de séjours sportifs : équitation, initiation à l'escalade, ski nautique, canoë-kayak. Agréé « Gîtes et Cheval ».

Prix : pers.nuit **65 F** petit dejeuner **22 F** repas **55 F** pension cheval **15 F**

TH GR : 36

1	1	1	15	35	SP	1	32	30	60	20	7

GREUSARD Thierry – « La Rotourelle » – 61210 Les Rotours – Tél. : 02.33.36.88.89 – Fax : 02.33.35.29.72

Tourouvre

cv *C.M. n° 231 — Pli n° 45*

E.C. NN 47 pers. Ouverture : toute l'année.

Région du Perche. Place Saint-Laurent : 20 chambres de 2 pers., 1 dortoir de 7 pers., cuisine (sans vaisselle, ni ustensile), 2 séjours, 27 lavabos, 21 douches, 11 wc. Chauffage au gaz. Possibilité de repas. Dans le nord du Perche, au pays des forêts et des manoirs, berceau de la race équine des percherons. Lien historique avec le Canada (émigration). Bonne desserte routière (N12). Nombreuses randonnées aux alentours.

Prix : pers.nuit **50 F**

GR : 22

1	0,5	0,5	15	1	3	0,5	95	15	115	25	SP

COMMUNE DE TOUROUVRE – Mairie – 61190 Tourouvre – Tél. : 02.33.25.74.55 – Fax : 02.33.25.43.46

Vingt-Hanaps Les Chauvieres

cv *C.M. n° 231 — Pli n° 43*

E.C. NN 10 pers. Ouverture : toute l'année.

Gîte d'étape/séjour en lisière de forêt d'Ecouves dans un ensemble de bâtiments à colombages. 1 ch. (4 pers.), 1 ch. (6 pers.), cuisine (lave-vaisselle), séjour (cheminée bois fourni, TV), 2 lavabos, 3 douches, 2 wc, 2 urinoirs, chauffage central fuel, terrain clos. 4 boxes et herbage sur place. Draps 25 F. Groupes : 2600 F. En lisière de forêt d'Ecouves et non loin d'Alençon (vieille cité et musées), venez goûter aux joies de la campagne et des activités de plein air (VTT, équitation). Agréé « Gîtes et Cheval » et « Gîte Panda ».

Prix : pers.nuit **65 F** 1/2 pension **190 F** pension **275 F** petit dejeuner **25 F** repas **85 F** pension cheval **80 F**

TH GR : 22 et 36

0,1	4	3	20	0,1	SP	25	80	25	80	20	4

IVALDI Claude – « Les Chauvieres » – 61250 Vingt-Hanaps – Tél. : 02.33.28.82.92

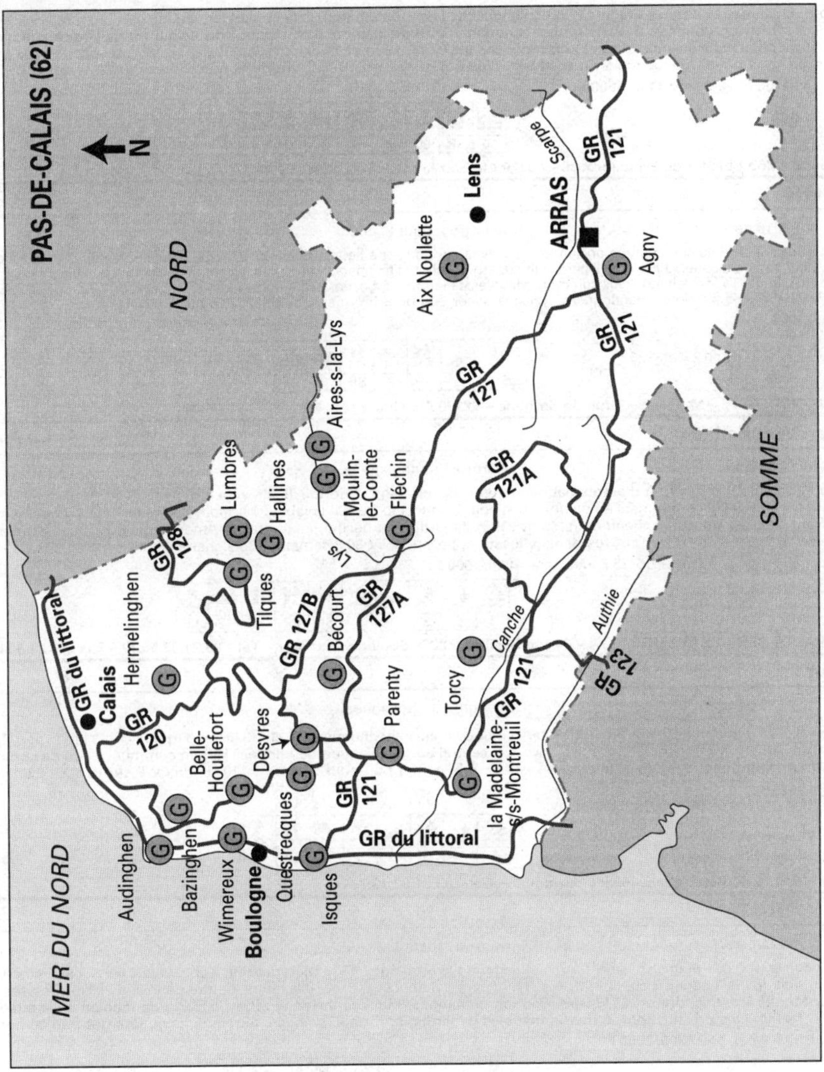

Agny

c✈v *C.M. n° 51*

🌾🌾🌾 30 pers. Ouverture : toute l'année.

Gîte de séjour, rez-de-chaussée et étage. Cuisine, salon, salle à manger, lave-linge, prise TV. R.d.c. : 2 ch. (6 lits 1 pers.), 2 lavabos, 3 wc (2 pour pers. hand.). Etage : 6 ch. (24 lits 1 pers.), 4 salles d'eau, 4 wc séparés. Radiateurs électriques. Médecin et pharmacien sur place. Location de draps 30 F/paire. Espace barbecue. Gîte mitoyen à d'autres bâtiments, dans un ancien corps de ferme rénové. Terrain clos commun, cour. Ameublement moderne.

Prix : pers.nuit **40/45 F** week-end **1800/2900 F**

100	SP	7	2	3	2	SP	5	5

GITES DE FRANCE-SERVICE RESERVATION – 24 rue Desille – 62200 Boulogne-sur-Mer – Tél. : 03.21.83.96.77 – Fax : 03.21.30.04.81

Aire-sur-la-Lys

cv *C.M. n° 51*

19 pers. Ouverture : toute l'année.

Gîte de séjour en rez-de-chaussée + étage. Séjour/coin-cuisine, lave-linge. Salon, salle à manger, cheminée, TV. 4 ch. (13 lits 1 pers. 3 lits 2 pers.), 2 s. d'eau, 3 douches, 2 wc, 5 lavabos. Caution 1500 F. Radiateurs électriques. Bois en sus. Forfait week-end quel que soit le nombre de pers. Salle de jeux, terrains clos indépendant, cour, salon de jardin. En dehors du village, gîte mitoyen aux propriétaires. Barbecue, jeux pour enfants. Médecin et pharmacien à 5 km. Accès : D943 Aire/Hazebrouck direction Widdebrouck.

Prix : pers.nuit **45/55 F** week-end **1100/1500 F**

50	SP	50	3	3	2	SP	4

PICAVET Pascal – 269 Chemin du Widdebrouck – 62120 Aire-sur-la-Lys – Tél. : 03.21.39.48.77

Aix-Noulette

C.M. n° 51

16 pers. Ouverture : toute l'année.

Gîte de séjour de caractère de construction ancienne et rénovée, au r.d.c. et à l'étage d'une maison individuelle. Séjour/coin-cuisine. 2 ch. (1 lit 1 pers. 1 lit 2 pers. chacune). 1 ch. (1 lit 2 pers. 1 lit superp.). 1 ch. (2 lits 1 pers. 1 lit 2 pers.). 1 ch. (1 lit 2 pers.). S. d'eau, lavabo et wc dans chaque ch. L-linge. TV. Terrain non clos commun. Meubles de jardin, barbecue. Radiateurs électriques. Location de draps 30 F. Caution demandée 1500 F. Séjours à thèmes. Randonnées cyclistes. Week-end pour groupe : 1 nuit 1050 F, 2 nuits 1600 F.

Prix : pers.nuit **48 F**

GR : 127 et 121

SP	3	SP	2	SP	2	SP

MAIRIE D'AIX-NOULETTE – M. Lucas - 7 rue de Bethune – 62160 Aix-Noulette – Tél. : 03.21.72.66.44

Audinghen Warincthun

C.M. n° 51 — Pli n° 1

18 pers. Ouverture : toute l'année.

Gîte d'étape et de séjour mitoyen à d'autres bâtiments en r.d.c. et étage. 1 dortoir (5 lits superp.), 1 ch. (3 lits superp.), 1 ch. (1 lit superp.). Coin-cuisine. Salle commune. Feu de bois. S. d'eau, 2 douches, 2 wc, 4 lavabos, 1 urinoir. Radiateurs élect. Logement pour chevaux. GR du Littoral. Terrain clos commun, cour, salon de jardin, barbecue, jeux enfants. Ameublement rustique et moderne. Chauffage électrique en + des 4 kwh prévus dans la location. Location TV 30 F/semaine. Bois cheminée en supplément.

Prix : pers.nuit **45 F** pension cheval **15/35 F** week-end **1000/1500 F**

GR : 120

5	5	5	20	5	SP	SP	10	12	1,5

GITES DE FRANCE-SERVICE RESERVATION – 24 rue Desille – 62200 Boulogne-sur-Mer – Tél. : 03.21.83.96.77 – Fax : 03.21.30.04.81

Bazinghen

23 pers. Ouverture : toute l'année.

Gîte d'étape r.d.c. et étage, mitoyen à un autre gîte, séjour/coin-cuisine, cheminée, 1 ch. (3 lits superp.), 1 ch. (2 lits superp.), 1 ch. (1 lit 1 pers. 6 lits superp.), 3 douches, 5 lavabos, 2 wc. Ch. central au gaz. Caution demandée. Terrain commun, salon de jardin, barbecue, baby-foot, ping-pong. Séjours + de 3 nuits : - 10 %. Prix pour 1 nuit pour 23 pers. : 1100 F. Prix WE sur la base d'une nuit.

Prix : week-end **1650 F**

5	3	5	12	5	SP	SP	10

MOTTE Alex – Ferme de Bertinghen – 62250 Bazinghen – Tél. : 03.21.92.72.73

Becourt

24 pers. Ouverture : toute l'année.

Maison individuelle. R.d.c. + étage. Cuisine, l-vaiss., l-linge. Salle à manger, TV + matériel Hifi. 3 ch. (2 lits 1 pers. 1 lit 2 pers.). 1 ch. (5 lits 1 pers.). 1 ch. (6 lits 1 pers.). 1 ch. (1 lit 1 pers. 1 lit 2 pers.). 3 douches, 3 wc. 8 lavabos. Centre de loisirs 30 km. Desvres 7 km. Boulogne-sur-Mer 25 km. Loc. draps : 25 F/paire. Caution demandée. Maison ancienne rénovée. Salle de réunion avec table pour 20 personnes. Terrain clos privatif, cour, terrasse, meubles de jardin, barbecue, pelouse, terrain de jeux. Charges non comprise.

Prix : pers.nuit **50 F** week-end **1300/2000 F**

25	5	25	7	SP	7	4	25	3

GITES DE FRANCE-SERVICE RESERVATION – 24 rue Desille – 62200 Boulogne-sur-Mer – Tél. : 03.21.83.96.77 – Fax : 03.21.30.04.81

Belle-et-Houlefort La Vausserie

cv

18 pers. Ouverture : toute l'année.

Gîte mitoyen à d'autres bâtiments. R.d.c. et ét. : cuisine, lave-vaissele, lave-linge, salle à manger, salon, cheminée, TV. 4 ch. (3 lits 2 pers., 12 lits 1 pers.), douche, lavabo, wc dans chaque chambre. 1 lit enfant, 2 lavabos, 1 wc privé. Radiateurs électriques. Terrain clos privatif. Terrasse. Meubles de jardin, barbecue, jeux enfants, balcon, abri couvert. Caution. Location draps : 35 F/paire. Prix week-end 1 et 2 nuits : 55 F/pers. Possibilité repas par traîteur.

Prix : pers.nuit **50 F** petit dejeuner **15 F**

10	10	4	10	12	4	4	10	6

GITES DE FRANCE-SERVICE RESERVATION – 24 rue Desille – 62200 Boulogne-sur-Mer – Tél. : 03.21.83.96.77 – Fax : 03.21.30.04.81

Belle-Houllefort La Maloterie

32 pers. Ouverture : toute l'année.

Gîte mitoyen à d'autres bâtiments. Terrain clos privé. Séjour, coin-cuisine, cheminée feu de bois. S. d'eau. 3 douches. 3 wc. 2 lavabos. 2 ch. 2 pers., 2 ch. 4 pers., 1 ch. 12 pers. 4 lavabos dans les ch. Salle (100 m²) pour séminaire, réception. Ch. central au gaz en sus. Extension poss. jusqu'à 30 pers. (1 douche/wc, 1 dortoir). Anglais parlé. Poss. salle complémentaire avec mezzanine comprenant 8 lits 1 pers. Gîte rénové en r.d.c. et étage. Ameublement simple. Cour, barbecue. Caution demandée. Location de draps : 20 F/paire. Prix : 1200 à 1600 F/nuit + salle : 2000 F.

Prix : pension **250 F** petit dejeuner **25 F** repas **65 F**

(TH)

10	3	10	10	SP	3	SP	10	5

THERAIN Teddie – La Maloterie – 62142 Belle-Houllefort – Tél. : 03.21.33.35.15

Belle-Houllefort La Vausserie

18 pers. Ouverture : toute l'année.

Gîte de séjour dans une maison rénovée comportant 2 gîtes (r.d.c. + étage). Cuisine indép., salle à manger, cheminée. 1 ch. (4 lits 1 pers. 2 lits 2 pers.), 1 ch. (1 lit superp. 2 lits 1 pers.), 1 ch. (1 lit 2 pers. et 1 lit 1 pers.), 1 ch. (1 lit 1 pers.), 1 baignoire, 5 lavabos, 2 wc, 3 douches. Radiateurs élect. et ch. au charbon. L-linge. Loc. draps 35 F. Poss. repas sur place (traîteur) pour groupes ou sur résa. par les prop. Terrain de sports, salle de jeux équipée. Terrain clos, cour, terrasse, jardin, garage, barbecue, salon de jardin. Ameublement rustique. Jeux d'enf. Prix WE pour 12 pers. minimum. Poss. visite de la ferme. Caution demandée.

Prix : pers.nuit **40 F** petit dejeuner **15 F** week-end **45 F**

10	10	4	10	12	4	4	10	6

GITES DE FRANCE-SERVICE RESERVATION – 24 rue Desille – 62200 Boulogne-sur-Mer – Tél. : 03.21.83.96.77 – Fax : 03.21.30.04.81

Desvres

15 pers. Ouverture : toute l'année.

Gîte d'étape au 1er ét. d'une maison mitoyenne. Salle à manger avec coin-cuisine. S. d'eau avec 4 douches, 2 lavabos, 2 wc. 2 ch. (1 lit 1 pers. 2 lits superp. chacune), 1 ch. (3 1its 1 pers. 1 lit superp.). Radiateurs électriques. Ameublement simple. Construction rénovée avec terrain clos privatif et cour. Hiver : 50 F/jour pour chauffage. WE : 750 F/2 nuits, 35 F/nuit charges non comprises (prix sur la base d'une semaine en période hivernale).

Prix : pers.nuit **40 F** week-end **35/750 F**

20	SP	20	1	1	15	SP	SP

COMMUNE DE DESVRES – Place Leon Blum – 62240 Desvres – Tél. : 03.21.91.67.61 – Fax : 03.21.83.28.65

Flechin

24 pers. Ouverture : toute l'année.

emte de séjour dans maison indivuelle. R.d.c. + étage. Cuisine, l-linge. Salle à manger. 1 ch. (4 lits 1 pers.). 1 ch. (6 lits 1 pers.). 1 ch. (12 lits 1 pers.). 1 ch. (2 lits 1 pers.). 2 douches, 6 lavabos, 2 wc. Radiateurs élect., chauffage non compris. Terrain non clos, meubles de jardin, barbecue. Jeux d'enfants. Construction rénovée. Caution demandée. Prix groupes : + de 15 pers. 45 F/nuit, - de 15 pers. 50 F/nuit. Forêt 25 km. Centre de loisirs 70 km. Thérouanne 10 km. Saint-Omer 19 km.

Prix : pers.nuit **45/50 F**

50	SP	19	3	5	SP	20	10

GITES DE FRANCE-SERVICE RESERVATION – 24 rue Desille – 62200 Boulogne-sur-Mer – Tél. : 03.21.83.96.77 – Fax : 03.21.30.04.81

Hallines

19 pers. Ouverture : toute l'année.

Gîte de séjour de caractère (r.d.c./ét.). 1 ch. 4 pers., 1 dortoir 15 pers. S. d'eau privée (2 lavabos, 1 douche, 1 wc). Salle à manger, cuisine, cheminée. S. d'eau (bloc sanitaires : 2 douches, 2 wc, 5 lavabos). Poss. 2 ch. suppl. (3 lits 1 pers.). Radiateurs élect. WE : 1300 F/nuit (base 19 pers.), 1500 F/2 nuits. Caution 2000 F. Cuisine plein-air avec barbecue. 1600 F/nuit et 2000 F/2 nuits (base 25 pers.). Terrain clos privatif, abri couvert. Ameublement rustique. Restaurant sur place. Forêt 10 km. Centre de loisirs 20 km. Anglais parlé.

Prix : pers.nuit **38/45 F** petit dejeuner **15 F** repas **70 F**

(A)

50	SP	50	7	7	7	SP	7	3

GITES DE FRANCE-SERVICE RESERVATION – 24 rue Desille – 62200 Boulogne-sur-Mer – Tél. : 03.21.83.96.77 – Fax : 03.21.30.04.81

Hermelighen Ferme-du-Mat

21 pers. Ouverture : toute l'année.

En dehors du village, gîte à la ferme, mitoyen aux prop. R.d.c. : cuisine indép., salle à manger (salle de réunion). 4 ch. (21 lits 1 pers.). 5 lavabos, 3 wc, 3 douches. Ch. élect. et gaz. Terrain clos privatif (2500 m²), cour, barbecue. L-linge, l-vaiss., sèche-linge. Cheminée. Prise TV. WE 2 nuits : 1600 F. VTT sur place. Prix/pers./nuit sur la base de 12 pers. minimum en semaine.

Prix : pers.nuit **45 F** week-end **1400/1900 F**

15	8	15	20	8	3	SP	3

GITES DE FRANCE-SERVICE RESERVATION – 24 rue Desille – 62200 Boulogne-sur-Mer – Tél. : 03.21.83.96.77 – Fax : 03.21.30.04.81

Isques Herquelingue

30 pers. Ouverture : toute l'année. Alt. : 150 m

En dehors du village, gîte équestre mitoyen à d'autres gîtes. R.d.c. + ét. Salle commune. Cuisine. Salon/salle à manger. Cheminée feu de bois. Poss. TV. 3 ch. 2 pers. 2 ch. 4 pers. 1 dortoir 16 pers. 6 wc, 6 douches, 10 lavabos. L-linge commun. Loc. draps 35 F. Forfait 30 pers. 8400 F/semaine, w.e. et jours fériés : 3000 F/2 nuits, 1890 F/1 nuit. Ch. en sus. Terrain non clos commun. Parking. Barbecue. Jeux enfants. Point-phone dans la cour. Animaux admis au chenil. Ping-pong. 10 boxes. Caution demandée. Réduct. pour 3 jours mini. (octobre à mars, hors vacances scolaires - 20 %). 1500 F/1 nuit en sem. Centre de loisirs 5 km. Forêt 3 km.

GR : 121

5	5	5	5	2	SP	SP	10	5	2

GITES DE FRANCE-SERVICE RESERVATION – 24 rue Desille – 62200 Boulogne-sur-Mer – Tél. : 03.21.83.96.77 – Fax : 03.21.30.04.81

Isques Herquelingue *C.M. n° 51*

12 pers. Ouverture : toute l'année.

Gîte de construction rénovée au r.d.c. et à l'étage d'une maison mitoyenne à d'autres bâtiments. Cuisine. Salon/salle à manger. TV sur demande. 1 ch. 6 pers. 3 ch. 2 pers. 2 s. d'eau, 5 lavabos. WC. Radiateurs élect. + poêle à bois. L-linge commun. Point-phone dans la cour. Ameublement rustique. Loc. draps 35 F. Chauffage en sus. Terrain non clos commun, parking, barbecue, jeux d'enfant, ping-pong. Caution demandée. 650 F/jour pour 12 pers. Week-end : 1200 F/2 nuits, 800 F/nuit et jours fériés. GR du littoral. Belle vue sur la campagne boulonnaise. 3 jours mini. d'octobre à mars et hors vacances scolaires : - 20 %.

Prix : semaine **3360 F** week-end **800/1200 F**

GR : 121

5	5	5	5	2	SP	SP	5	2

GENEAU Serge – Hameau de Herquelingue – 62360 Isques – Tél. : 03.21.83.56.72

Lumbres

25 pers. Ouverture : toute l'année.

Gîte de séjour de caractère rénové au centre du village, au r.d.c. et à l'étage, de la maison des propriétaires. Séjour/coin-cuisine, salle à manger, salon, TV sur demande. 1 dortoir (18 pers.). 1 ch. (2 pers.). 1 ch. (1 pers.). 1 ch. (4 pers.). 2 douches, 5 lavabos, 3 wc. Ch. central au gaz. Ameublement rustique. Poss. repas sur place. Anglais parlé. Forêt 3 km. Centre de loisirs 6 km. Terrain clos privatif, cour, parking, abri couvert, VTT, meubles de jardin, barbecue sur demande. Ferme du XVIIe siècle. Caution demandée.

Prix : pers.nuit **50/80 F** week-end **1200/1650 F**

GR : 127B

35	SP	35	SP	SP	SP	SP	15	SP

DELOHEN Dorothee – Ferme Equestre - 21 rue Victor Hugo – 62380 Lumbres – Tél. : 03.21.93.60.69

La Madeleine-sous-Montreuil Les Glacis

20 pers. Ouverture : toute l'année.

Gîte de séjour mitoyen à la maison des prop. R.d.c. : 2 ch. (3 lits 1 pers. 1 lit superp. + lavabo chacune). 2 ch. (2 lits 1 pers. 1 lit superp. + lavabo chacune) et wc dans 1 ch. 1 ch. (2 lits 1 pers. + lavabo). S. d'eau avec 2 douches, 3 lavabos, 2 wc. Salle à manger. Cuisine. Ch. élect. non compris. Draps fournis. Prise TV. L-linge. Ameublement rustique et confortable. Terrain clos. Barbecue. Cour, meubles de jardin. Salle de jeux, salle de classe. Construction rénovée. Prix groupe : 1100/1800 F. 6 nuits : 4200 F (sur la base de 20 pers.).

Prix : week-end **1100/1800 F**

12	SP	12	1	1	1	SP	2	1

GITES DE FRANCE-SERVICE RESERVATION – 24 rue Desille – 62200 Boulogne-sur-Mer – Tél. : 03.21.83.96.77 – Fax : 03.21.30.04.81

Moulin-le-Comte

50 pers. Ouverture : toute l'année.

Gîte d'étape et de séjour au château. Salon, salle à manger, cuisine. 3 ch. (3 lits 1 pers. chacune), 2 ch. (4 lits 1 pers. chacune). 2 ch. (8 lits 1 pers. chacune), 1 ch. (5 lits 1 pers.), 2 ch. (6 lits 1 pers.), 11 douches, 25 lavabos. 7 wc. Ch. central. Salle de jeux et salle de classe. Construction rénovée. Chauffage non compris. Gîte indépendant, rez-de-chaussée et étage. Ameublement simple. Terrain clos, terrasse, jardin, cour, barbecue, balançoires. Caution demandée. Aire sur la Lys 500 m. Saint-Omer 20 km.

Prix : pers.nuit **47 F** 1/2 pension **100 F** pension **140 F** petit dejeuner **14 F** repas **46 F**

TH

SP	SP	2	SP	10	SP

GITES DE FRANCE-SERVICE RESERVATION – 24 rue Desille – 62200 Boulogne-sur-Mer – Tél. : 03.21.83.96.77 – Fax : 03.21.30.04.81

Parenty

18 pers. Ouverture : toute l'année.

Gîte de séjour indépendant de caractère. R.d.c. + étage. Ameublement rustique très confortable. Salon avec TV, salle à manger, cuisine, cheminée. 5 ch. (3 pers.). 1 ch. (2 pers.). 1 ch. (1 pers.). Possibilité 2 lits enfants - 3 ans. Lavabo dans chacune. 2 douches, 2 lavabos, 5 wc. 2 s. d'eau complètes. Ch. central. TV dans chaque chambre. Anglais parlé. L-linge, l-vaiss. Salle de jeux et salle de classe. Terrain clos, jardin, cour, barbecue, meubles de jardin. Sur place : base complète avec toboggan, balançoires, etc. Prix groupe (18 pers.) pour 1 ou 2 nuits : 1150/1250 F. Samer 7 km. Hucqueliers 9 km.

Prix : pers.nuit **70 F**

25	SP	7	17	7	13	SP	20	12

GITES DE FRANCE-SERVICE RESERVATION – 24 rue Desille – 62200 Boulogne-sur-Mer – Tél. : 03.21.83.96.77 – Fax : 03.21.30.04.81

Questrecques Ferme-du-Village

18 pers. Ouverture : toute l'année.

Gîte d'étape et de séjour dans maison mitoyenne à d'autres bâtiments (r.d.c. + ét.). Séjour/coin-cuisine, salle à manger, 1 ch. (8 lits 1 pers.), 1 ch. (9 lits 1 pers.), 1 ch. (2 lits 1 pers.), 3 douches, 3 wc, 5 lavabos. Ch. élect. Caution 1000 F. Terrain clos commun, cour, barbecue, salon de jardin. Prise TV. L-linge. 19 pers. : 990 F/nuit, 1490 F/2 nuits.

Prix : semaine **4990 F**

12	SP	12	10	13	SP	SP	13	3

SARL GITE EQUESTRE DU MOULIN – 62830 Questrecques – Tél. : 03.21.33.66.32 – Fax : 03.21.87.14.05

Tilques

46 pers. Ouverture : toute l'année sauf Noël et nouvel an.

Gîte d'étape et de séjour individuel dans une construction rénovée. Rez-de-chaussée et étage. Ameublement moderne. 2 chambres (1 pers.), 2 dortoirs (8 lits). 4 wc. 19 lavabos. 6 douches. 2 dortoirs (4 lits). 4 dortoirs (5 lits). Cuisine, salle à manger. Salle de classe. Terrain non clos. Cour. Radiateurs électriques. Loc. draps 28 F. Restaurant sur place. Caution demandée.

Prix : pers.nuit **40 F**

30	SP	15	5	SP	5	SP	5	2

COMMUNE DE TILQUES – Rue de la Croix – 62500 Tilques – Tél. : 03.21.93.70.48

Torcy

19 pers. Ouverture : toute l'année.

Gîte de séjour mitoyen à la maison des prop. Salon, salle à manger avec coin-cuisine, l-linge, cheminée (feu de bois), TV couleur. 1 dortoir (11 lits 1 pers.), 2 ch. (2 lits superp. 1 convertible 2 pers. chacune). 5 lavabos, 2 douches, 2 wc. Ch. élect. Caution demandée. Pâture suppl. (1500 m^2) attenante au gîte. Anglais parlé. Terrain clos, terrasse. Gîte de caractère en rez-de-chaussée et étage. Terrain de jeux (toboggan, bac à sable, filet volley, etc.), meubles de jardin, barbecue. Ameublement rustique. Fruges 9 km. Hesdin 15 km. Ferme ornithologique à 2 km. Possibilité pension ou 1/2 pension.

Prix : pers.nuit **48 F** petit dejeuner **18 F** repas **80 F** week-end **1200/1600 F**

(TH)

35	5	15	3	15	SP	15	9

WOJTUSIAK – 62 rue Principale - Torcy – 62310 Fruges – Tél. : 03.21.90.62.51 ou 03.21.86.67.09

Wimereux

21 pers. Ouverture : toute l'année.

Gîte de séjour dans une maison mitoyenne à d'autres bâtiments. R.d.c. + étage. Séjour/coin-cuisine, l-vaisselle, l-linge, cheminée, TV, magnétoscope, radiateurs électriques. Bloc sanitaires : 4 lavabos, 3 douches, 2 wc. 1 ch. (2 lits 1 pers.). 1 chambre (6 lits superp. + 1 lit 1 pers.). 1 ch. (3 lits superp.). Poss. lit suppl. Ameublement rustique. Terrain clos commun, cour, meubles de jardin, barbecue. Petit-déjeuner le WE seulement. Forfait : 990 F/nuit. 1490 F/2 nuits. Caution. 1/3 de stère 50 F. Centre de loisirs à Tournehem. Wimereux 2 km. Boissons non comprises. Séjour à thème : bord de mer et activ. liées au vent (wind-surf, VTT...).

Prix : pers.nuit **40/45 F** 1/2 pension **109 F** pension **138 F** petit dejeuner **21 F** repas **42 F**

(TH)

1,5	1,5	3	6	2	5	1	2	3,5	1

GITES DE FRANCE-SERVICE RESERVATION – 24 rue Desille – 62200 Boulogne-sur-Mer – Tél. : 03.21.83.96.77 – Fax : 03.21.30.04.81

Wimereux

C.M. n° 51

15 pers. Ouverture : toute l'année.

Maison comportant 2 gîtes de séjour, r.d.c. + étage. Séjour/coin-cuisine. 2 ch. (2 lits superp. chacune). 1 ch. (1 lit 1 pers. 3 lits superposés). Possibilité 1 lit supplémentaire. 2 salles d'eau, 2 wc séparés. Radiateurs électriques. Caution demandée. Possibilité repas par traîteur, boisson non comprise. Prix groupe : 39/49 F. Construction ancienne rénovée. Terrain clos commun, cour commune. Meubles de jardin, barbecue, jeux d'enfants communs. Lave-vaisselle, lave-linge, cheminée, TV, magnétoscope. Ameublement rustique. Séjours à thème : bord de mer et activités liées au vent.

Prix : pers.nuit **45 F** 1/2 pension **109 F** pension **138 F** petit dejeuner **21 F** repas **42 F** week-end **890/1290 F**

(TH)

1,5	1,5	3	6	2	5	1	2	3,5	1

GITES DE FRANCE-SERVICE RESERVATION – 24 rue Desille – 62200 Boulogne-sur-Mer – Tél. : 03.21.83.96.77 – Fax : 03.21.30.04.81

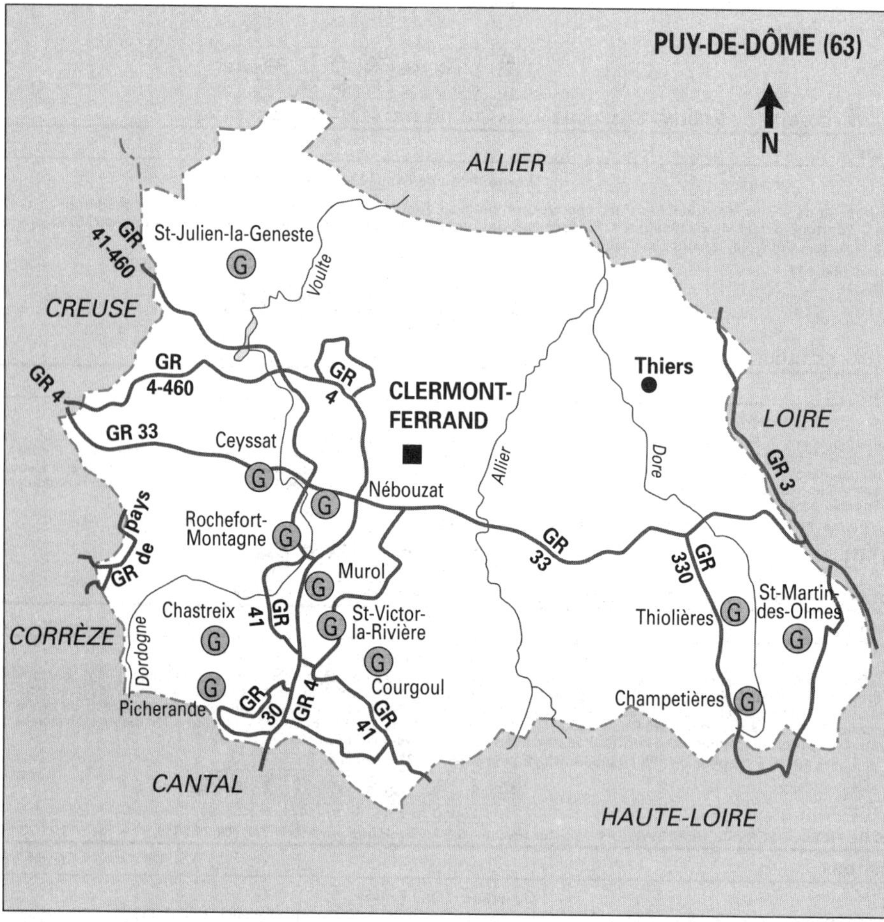

CH Chambre d'hôte   G Gîte d'étape, de séjour   L Logis de France

---

Ceyssat Gîte-des-Domes   c✗v *C.M. n° 73 — Pli n° 13/14*

20 pers.   Ouverture : toute l'année.   Alt. : 790 m

Dans bâtiment de ferme rénové. R.d.c. : séjour, cheminée, cuisine (l-vaiss.). 1/2 niveau, wc communs, vestiaire. 1er, 3 ch. (12 lits 1 pers. superp.), 2 wc commun. 2e mansardé, 3 ch. (8 lits 1 pers. superp.), 2 wc communs. S. d'eau privée chacune. Terrain attenant non clos. Service repas : gestion libre ou service traîteur. Taxe de séjour. Draps avec suppl. L'écurie des Dômes : centre équestre, poney-club, école d'équitation, promenades et rand., stages (pensions chevaux et poneys). Agrément FFE et DDJS. VTT sur résa. sur place. Vol libre, parapente, delta à Laschamps 7 km. Réduct. selon la durée du séjour et du nombre de personnes.

Prix : pers.nuit **77 F** petit dejeuner **30 F**

GR : 4 et 441

19	15	5	SP	SP	22	17,5	4

BANNY Rene – Gîte des Domes – 63210 Ceyssat – Tél. : 04.73.87.11.24 – Fax : 04.73.87.11.24

Champetieres Notre-Dame-de-Mons

C.M. n° 73 — Pli n° 16

E.C. NN 25 pers. Ouverture : toute l'année. Alt. : 1200 m

R.d.c. : salon (cheminée, TV, lecteur cassettes, tél.). Petite cuisine. Sanitaires communs : douche, lavabo, wc indép. 1er ét. : 5 ch., s. d'eau privée. 3 wc communs. Salle d'activités (ping-pong). 2e ét. : salle de restauration, cuisine. Lingerie (l-linge). 3 ch., s. d'eau privée, 1 wc commun. 25 lits 1 pers. dont 10 superposés. Terrain, terrain de boules, barbecue. Local de stockage. Ch. central fuel. Ancien presbytère dans les monts du Livradois.

Prix : pers.nuit **55 F** 1/2 pension **160 F** pension **200 F** petit dejeuner **20 F**

TH

12	12	12	SP	SP	12

ASSOCIATION AVENIR M. Fialip Gilles – Notre Dame de Mons – 63600 Champetieres – Tél. : 04.73.82.16.93

Chastreix Baffaud

C.M. n° 73 — Pli n° 13

16 pers. Ouverture : toute l'année. Alt. : 1050 m

Dans le Parc des Volcans, près de Sancy. Rez-de-jardin : salle à manger, cuisine (l-vaiss.), sanitaires (wc, lavabo). Salle de réunion. Local de stockage (l-linge, sèche-linge). R.d.c. : 4 ch. dont 2 accessibles aux pers. hand. avec sanitaires privés. Salon (TV). 16 lits 1 pers. dont 4 superp. et 6 en hauteur. Terrain non clos. Loc. draps : 15 F/paire. Agréments DDJS et DDASS. Poss. promenades et randonnées équestres avec encadrement. Poss. enseignement de ski de piste. Réductions selon la durée du séjour et le nombre de personnes. La Tour d'Auvergne à 8.5 km.

Prix : pers.nuit **75 F** petit dejeuner **25 F**

8,5	16	8,5	SP	8,5	3	3	16	1,5

S.A.R.L. SANCY ACCUEIL - VERGNOL Patricia – Baffaud – 63680 Chastreix – Tél. : 04.73.21.57.21

Courgoul

C.M. n° 73 — Pli n° 13/14

14 pers. Ouverture : toute l'année. Alt. : 600 m

Bât. de ferme rénové. R.d.c. : cellier, salon, biblio. (TV, piano). 1/2 niveau : 1 ch., s. d'eau, wc. 1er ét. : salle à manger/coin-cuisine (cheminée). 1/2 niveau : cuisine, wc communs, s. d'eau/wc privés (2 vasques, 2 douches, wc). 1 ch. avec s. d'eau/wc privés. 2e mansardé : 1 dortoir et 1 ch. (14 lits 1 pers. dont 2 superp.). L-inge, s-linge, l-vaiss. Terrasse. Terrain non clos. Proposition panier-repas sur réservation. Encadrement poss. pour randonnées pédestres avec découverte de la flore mellifère. Initiation à l'apiculture. Agrément DDJS, DDASS et « Gîte Panda ».

Prix : pers.nuit **60 F** petit dejeuner **25 F** repas **70 F**

TH

16	13	8,5	16	16	16	23	20	15

VERRIERE Gerard – 63320 Courgoul – Tél. : 04.73.71.21.85

Murol La Chassagne

C.M. n° 73 — Pli n° 13/14

16 pers. Ouverture : toute l'année. Alt. : 840 m

R.d.c. : salon, cheminée, salle à manger, cuisine, l-vaiss. WC commun, 4 ch. dont 1 pour pers. hand. (1 lit 2 pers. 14 lits 1 pers. dont 8 superp.). Sanitaires complets privés dans chaque chambre. Terrasse, terrain attenant non clos. Réduction enfants - 12 ans. Draps et linge de toilette fournis avec suppl. Chauffage compris. Taxe de séjour. Activités proposées et encadrées : randonnées pédestres, VTT, ski de fond et raquettes. Forfait - 10 pers. : 600 F/jour. 50/55 F/jour/pers. pour plus de 10 pers. Agréments DDJS et DDAS.

GR : 30

3	18	1,5	4	SP	3	18	36	1,5

MARTIN Gerard – 2 rue Pierre Doussinet – 63000 Clermont-Ferrand – Tél. : 04.73.28.06.86

Nebouzat Recoleine

C.M. n° 73 — Pli n° 13/14

E.C. NN 30 pers. Ouverture : toute l'année. Alt. : 876 m

R.d.c. : salle à manger/cuisine, 4 douches, 3 wc, salle de sports. 1er : salon (TV, magnéto.), 3 ch., s. d'eau et wc privés. 3 ch., s. d'eau privée, wc communs. 2e mansardé : salle détente/réunion. 1 ch. en mezz., s. d'eau privée, wc communs. 2 ch., s. d'eau et wc privés. Ch. 2 à 4 pers. L-linge. Exclusivité absolue (1 seul groupe dans les locaux). Terrain attenant non clos. Tarifs variables selon nombre de pers., la durée du séjour et les activités. Caution : 2500 F/séjour. Poss. montgolfière, ULM, rando. pédestres, 4x4, tir à l'arc, escalade, canoë... Agrément DDJS.

Prix : semaine **7150/12725 F**

9	25	2	9	SP	21	34	25	9

CHLOROFEELING – M. Porte Serge - Recoleine – 63210 Nebouzat – Tél. : 04.73.87.17.17 ou 06.09.34.26.81 – Fax : 04.73.87.17.91

Picherande Le Foirail

C.M. n° 73 — Pli n° 13

E.C. NN 32 pers. Ouverture : toute l'année. Alt. : 1150 m

Bâtiment de ferme. Salle commune, cheminée, TV, tél., cuisine, l-linge. 1er : 4 ch./mezz., s. d'eau, wc chacune (20 lits 1 pers. dont 8 superp.). R.d.c. d'une annexe mitoyenne : salle commune, cheminée, TV, tél., cuisine, l-vaiss., s. d'eau/wc, 1 ch. 1er mansardé : coin-détente, 3 ch., s. d'eau privée, 2 wc. (12 lits 1 pers. dont 4 superp.). Forfait : 350 F/semaine/bois (30/09 au 30/04). Sur place : rand., piste ski éclairée, parcours de santé. Super-Besse 11 km : plan d'eau, planche à voile, voile, patinoire. Ski alpin à Super-Besse. Forfait - 10 pers. : 450/550 F/j., et + 10 pers. : 45/55 F/j./pers. Agrément DDJS/DDASS.

GR : 30

11	11	SP	13	SP	SP	11	25	SP

SARL LE PAILLARET – S.A.R.L. – Boulegue Michel – Le Foirail – 63113 Picherande – Tél. : 04.73.81.03.47 – Fax : 04.73.81.03.47

Rochefort-Montagne Le Cros-Bas

C.M. n° 73 — Pli n° 13

E.C. NN 20 pers. Ouverture : toute l'année. Alt. : 1000 m

Ancien bât. de ferme. Sous-sol : salle de jeux (p-pong), sanitaires communs (2 douches, 1 wc, 1 bac). Réserve. L-linge. Séchage. R.d.c., salle commune (cheminée), cuisine, wc. Salle d'activités. 1 ch. (2 lits 1 pers.), sanitaires pour pers. hand. 1er mansardé, 1 dortoir de 3 boxes (8 lits 1 pers.), 1 ch. (1 lit 1 pers.), sanitaires communs. 1/2 mansardé, 1 dortoir (4 lits 1 pers.), wc communs. 1 dortoir (5 lits 1 pers.), sanitaires communs. P-phone. Terrain attenant. Poss. rand. accompagnées. Agrément DDJS, « Gîte Panda ». Forfaits 600/1200 F/nuit. Tarifs variables selon la durée du séjour et le nombre de pers.

20	5	13	5	5	17	14	5

PLISSONNEAU Jean-Luc – Le Cros Bas – 63210 Rochefort-Montagne – Tél. : 04.73.65.92.95

Saint-Julien-la-Geneste Chez-Les-Meuniers

C.M. n° 73 — Pli n° 2/3

E.C. NN 19 pers. Ouverture : toute l'année. Alt. : 700 m

Ancien corps de ferme rénové, mitoyen à un bât. non utilisé. R.d.c. : 3 salles d'accueil/restauration, TV, cuisine (l-vaiss., l-linge, s-linge, congél.), lavabo, douche, wc. 1er : 4 ch. (13 lits 1 pers. dont 6 superp.). S. d'eau, wc/ch. 2e mansardé : dortoir (6 lits 1 pers.), 3 lavabos, 1 douche, wc. Terrasse, terrain attenant non clos. Local de stockage, parking privé. St-Gervais-d'Auvergne 7 km (act. nautiques). Châteauneuf-les-Bains 14 km (canoë, cure). Ayat 20 km. Clermont-Ferrand 62 km. Agrément DDJS. Draps fournis, lits prêts à l'arrivée. -10 pers. : 500/600 F/j. +10 pers. : 50/60 F/j./pers.

Prix : petit dejeuner **20 F** repas **50/80 F**

(TH)

7	7	20	7	7

PUY DE DOME TOURISME – 22 rue Saint-Genes – 63038 Clermont-Ferrand – Tél. : 04.73.90.00.15 – Fax : 04.73.93.14.41

Saint-Martin-des-Olmes Chomy

C.M. n° 73 — Pli n° 16/17

E.C. NN 19 pers. Ouverture : toute l'année. Alt. : 1100 m

Gîte de séjour. Salle à manger, cheminée, salon, cuisine, salle de travail, laverie. 4 douches, 1 salle de bains, 5 wc. 7 chambres : 19 lits 1 pers. Terrain, terrasse. Possibilité de forfaits groupe : 8500 F/semaine, 1300 F/jour. Organisations de stages ou séjours libres. Ancien bâtiment de ferme rénové, dans un village isolé du Livradois (chemin d'accès cahôteux). Ambert 14 km : musées, cinéma. Col des Pradeaux 6 km. Prabouré 21,5 km.

10	14	14	14	14	6	21,5	72	10

IMAGINE – M. Montalbano - Chomy – 63600 Saint-Martin-des-Olmes – Tél. : 04.73.82.41.54

Saint-Victor-la-Riviere Courbanges

C.M. n° 73 — Pli n° 13/14

E.C. NN 20 pers. Ouverture : toute l'année. Alt. : 1017 m

Dans un ancien bâtiment de ferme. R.d.c. : cuisine, salle à manger. 3 ch. (14 lits 1 pers. dont 12 superp.). Sanitaires communs (3 lavabos, 3 douches), 2 wc, lavabo. 1er ét. : salle commune avec mezzanine et cheminée. Cuisine. 2 wc avec lavabos. 2e ét. mansardé : 1 ch. (6 lits 1 pers. dont 4 superp.), s. d'eau. Espace attenant. Draps : 10 F/paire. Forfait/jour 500/800 F jusqu'à 10 pers. et 45 F/pers./jour pour + 10 pers. Forfaits variables selon saison. Séjours thèmes (w.e. mycologique, stages photo, découverte faune/flore et patrimoine). Agrément DDJS, « Gîte Panda ». Encadrement pour diverses activités sportives.

Prix : 1/2 pension **150 F** pension **185 F**

(TH)

9	14	7	7	7	7	14	44	7

DIOT-MATTE – Courbanges – 63790 Saint-Victor-la-Riviere – Tél. : 04.73.88.66.59

Thiolieres Bordel

C.M. n° 73 — Pli n° 16

E.C. NN 12 pers. Ouverture : toute l'année. Alt. : 710 m

R.d.c. : séjour/coin-cuisine (cheminée, tél. à dispo. en taxes limitées à Ambert, réception appels). 1 ch. (2 lits 1 pers., l-mains). Sanitaires communs : 2 douches, 1 wc (l-linge). 1er étage : 4 ch. (10 lits 1 pers. lavabo dans 1 ch.). S.d.b., wc communs. Draps et couettes fournis. Terrain attenant non fermé. Chauffage en suppl. selon consommation. Ancienne ferme traditionnelle des Monts du Livradois. Table d'hôtes sur réservation. Tarifs enfants (1/2 pension, pension complète). Agrément DDJS.

Prix : 1/2 pension **130 F** pension **168 F** semaine **2230/2835 F** week-end **1500 F**

(TH)

21	7	7	7	7	21	7

ASSOCIATION ARGIL Mlle Lorriere Claire – 187 Bis rue Beauvoisine - Bordel – 76000 Rouen – Tél. : 02.35.70.93.78

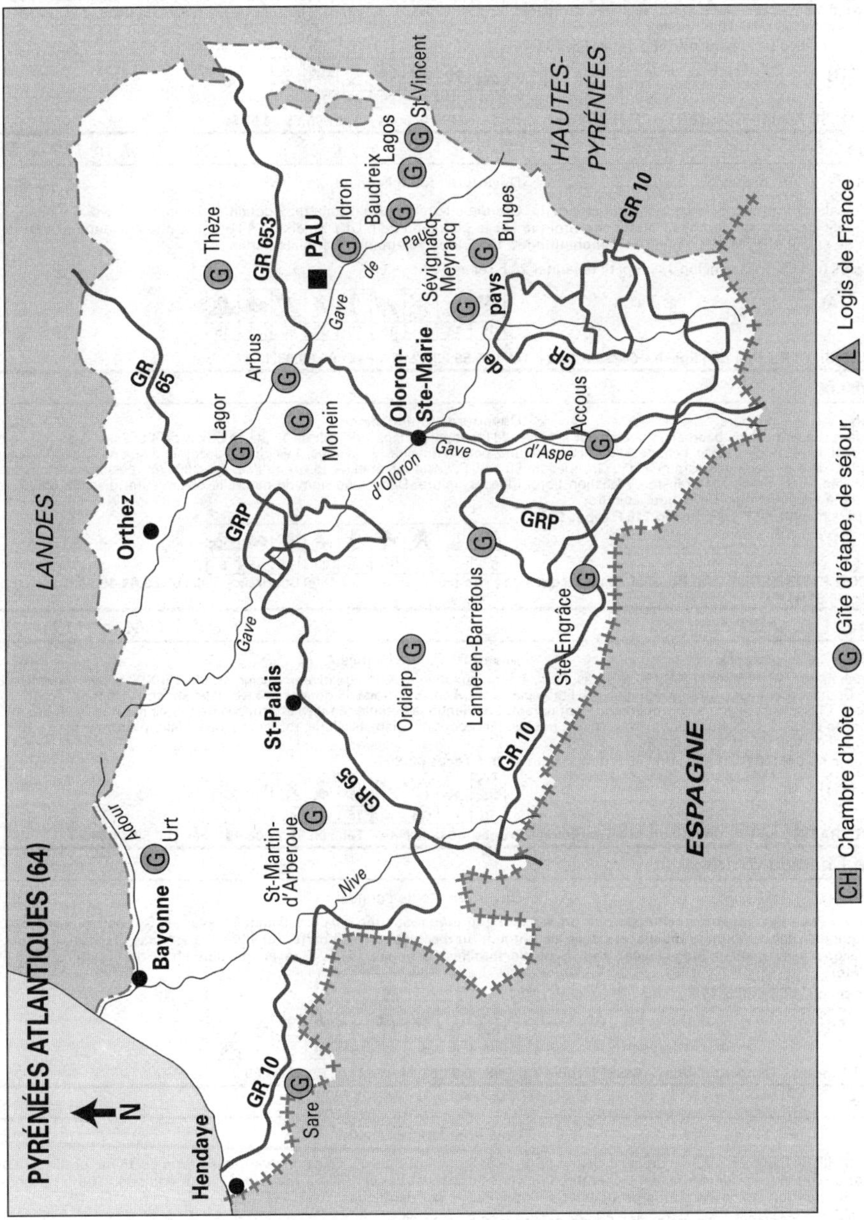
PYRÉNÉES ATLANTIQUES (64)
N
LANDES
HAUTES-PYRÉNÉES
ESPAGNE
Hendaye
Bayonne
Urt
Adour
Sare
GR 10
St-Martin-d'Arberoue
Nive
GR 65
St-Palais
Ordiarp
Gave
Orthez
GRP
Lagor
Monein
Arbus
Thèze
GR 653
PAU
Idron
Baudreix
Lagos
St-Vincent
Gave de Pau
Oloron-Ste-Marie
Gave d'Oloron
Gave d'Aspe
Accous
Lanne-en-Barretous
Ste-Engrâce
Sévignacq-Meyracq
Bruges
GR de pays
GR 10
CH Chambre d'hôte
G Gîte d'étape, de séjour
L Logis de France

Accous

c✗v *C.M. n° 113 — Pli n° 6*

E.C. NN 20 pers. Ouverture : toute l'année. Alt. : 430 m

Dans un village au charme montagnard (pastoralisme vivant), à 25 km d'Oloron et du col du Somport (Espagne). 2 logements de 10 pers., 2 cuisines, 2 wc, 3 lavabos, 3 douches, 3 chambres et espaces de 2 à 5 lits dans une ancienne maison béarnaise restaurée. Grande salle commune, salon, cheminée. Loc. de tout le gîte 1000 F. Groupe 55 F. Enfants - 12 ans 45 F/nuit. Restauration sur réservation : table gourmande, repas froid à emporter, plat du jour. Activités sur place : randos (conseils et suggestions sur place) parapente, delta, VTT, escalade, eaux vives. Présence de gîtes communaux.

Prix : pers.nuit **60 F** 1/2 pension **155 F** repas **58/78 F**

(TH)

25	1	3	25	25	25	3

LESPINASSE Annie – Gîte d'Etape - Maison Despourrins – 64490 Accous – Tél. : 05.59.34.53.50

Arbus

c✗v *C.M. n° 113 — Pli n° 6*

E.C. NN 19 pers. Ouverture : toute l'année. Alt. : 134 m

Grande salle commune avec coin-cuisine aménagé. Grande cheminée. Coin-toilette, 2 douches, 2 lavabos, 2 wc. Couchage en dortoir. Circuit des vins de Jurançon. Vue panoramique sur la plaine de Pau. Gîte aménagé à l'étage d'une ancienne grange rénovée. Ferme de séjour sur place. En hiver forfait chauffage : 100 F/jour. Allemand et anglais parlés.

Prix : pers.nuit **65 F** 1/2 pension **135 F** petit dejeuner **20 F** repas **50 F**

(A)

15	15	5	15	15	60	60	15	15

FAMILLE BISCAR – Rue de l'Eglise – 64230 Arbus – Tél. : 05.59.83.12.31 – Fax : 05.59.83.12.31

Baudreix

c✗v

E.C. NN 23 pers. Ouverture : toute l'année. Alt. : 250 m

Situé dans un petit village béarnais, traversé par le Gave. 23 lits répartis dans 1 dortoir de 10 lits en boxes de 4 et 2 lits, 1 dortoir de 8 lits en boxes de 4 lits. 1 ch. de 2 lits et 1 ch. de 3 lits. 1 convertible 2 pers. 5 douches, 8 lavabos, 4 wc dont 1 accessible aux pers. handicapées. Salle à manger, salle de détente, cheminée, TV. Groupes de 50 à 55 F. Local matériel. A 15 km de Pau, avec 800 m² d'espace vert. Poss. pêche, VTT, spéléo, randonnée, pastoralisme... Gestion libre. Classes nature. Dans zone humide naturelle observation oiseaux d'eau, rapaces. Etude de la vie aquatique. Devis pour séjours.

Prix : pers.nuit **50/60 F** 1/2 pension **110 F** repas **65 F**

(TH)

0,3	6	15	15	15	30	30	15	6

EVASION PYRENEENNE – M. Roussel Jean-Jacques - 14 rue des Pyrenees – 64800 Baudreix – Tél. : 05.59.61.40.44 – Fax : 05.59.61.34.89

Bruges Le Landistou

c✗v *C.M. n° 113 — Pli n° 6*

E.C. NN 45 pers. Ouverture : toute l'année. Alt. : 312 m

En pleine nature, site arboré plus de 80 espèces. Parc, étang, jeux divers. Animaux divers. Ancien moulin du XIXe siècle. Grande salle banquets. Grande cheminée. Cuisine équipée. 48 lits répartis en 4 ch. 6 dortoirs (5 douches, 4 wc, 8 lavabos). Agrément sécurité. Centre vacances. Classe découverte environnement. Tarif enfant. Convient à la détente familles et groupes de toutes natures. Activités sur place : VTT, pêche et kayak sur l'étang et environ, volley, boules, Ping-pong. Spéléo, escalade, rafting, randos, visite pastorale de 3 à 10 km. Gestion libre. Formule divers à la journée, week-end.

Prix : pers.nuit **44/70 F** 1/2 pension **140 F** petit dejeuner **25 F** repas **60/80 F**

(TH)

10	10	0,3	10	15	35	40	15	15

POUYDEBAT Norbert et Christiane – Le Landistou - Bruges – 64800 Nay – Tél. : 05.59.71.06.98 – Fax : 05.59.71.08.23

Idron Chateau-d'Idron

c✗v

E.C. NN 20 pers. Ouverture : toute l'année. Alt. : 200 m

A 5 km de Pau, dans le parc du château d'Idron, ancienne grange restaurée. 10 ch. (20 lits). 10 lavabos, 5 douches, 4 wc. Salon, cuisine équipée, salle à manger (150 places), salle de réunion ou d'activités. Tél. à carte. Au village : gymnase, fronton, trinquet, salles de musique avec pianos. Stage, week-end, fêtes de familles. Groupes : 70 F. Gîte en gestion libre, demi-pension ou pension complète.

Prix : pers.nuit **85 F** repas **75 F**

(TH)

10	5	5	5	5	80	80	5	5

CANET Vincent – Chateau d'Idron – 64320 Idron – Tél. : 05.59.81.81.74 – Fax : 05.59.81.84.89

Lagor

c✗v

E.C. NN 34 pers. Ouverture : toute l'année. Alt. : 186 m

Dans un village béarnais à 13 km du lac d'Orthez et de la Saligue aux oiseaux. Dans une véritable ferme de 16 ha. pratiquant élevage et culture biologique. Gîte de 34 lits. 9 chambres. 6 wc. 14 douches. Salon. Salle à manger. Cuisine équipée. Gîte en gestion libre. Possibilité pension complète. Tarifs groupes et enfants. Repas sur demande.

Prix : pers.nuit **80/240 F** 1/2 pension **165 F** petit dejeuner **25 F** repas **60 F**

(TH)

75	13	5	3	4	25	50	50	15	3

JARIGE Anne – Ferme d'Animation Lendoste - Quartier Benzy – 64150 Lagor – Tél. : 05.59.60.23.21 – Fax : 05.59.60.40.92

Lagos

cV

E.C. NN 28 pers. Ouverture : toute l'année. Alt. : 250 m

Dans une demeure du XIXᵉ siècle. 6 ha. d'espaces verts, rivière, moulin à eau. 28 lits en ch. de 2 à 6 pers. 2 salles à manger/cheminées. 2 grandes salles polyvalentes. Lave-linge, lave-vaisselle. 5 douches, 7 lavabos, 4 wc. Chauffage électrique. Jeux, spectacles, musique, réunions, classes d'environnement, TV, magnétoscope, sonorisation. Baby-foot. Au pied des Pyrénées à 15 km de Pau et 25 km de Lourdes. Mur d'escalade, basket, billard, hockey, volley, badminton, ping-pong, sur place. Sur résa, prestations organisées à partir du gîte : rando montagne, escalade, rafting, spéléo... (encadrement DE qualifié).

Prix : pers.nuit **60/80 F** 1/2 pension **120 F** pension **150 F**

(TH)

100	25	4	1	7	15	40	40	4	4

FONTAINE Serge – Moulin de l'Arribere - 5 rue de l'Eglise – 64800 Lagos – Tél. : 05.59.61.10.10 – Fax : 05.59.61.10.10

Lanne

cV *C.M. n° 113*

E.C. NN 24 pers. Alt. : 324 m

Gîte d'étape situé au cœur de la vallée de Barétous. 1 dortoir 12 pers. 1 ch. 3 pers., 1 ch. 6 pers., 1 ch. 5 pers., 2 coins-cuisine. 2 salles communes dont 1 avec cheminée. Salle d'eau. 4 douches et 8 lavabos, 4 wc. Chauffage électrique. Véranda. Pelouse, salon de jardin. Restaurants 2 km. Gîte rural sur place. Groupe : 45 F. Près de la station de ski de la Pierre Saint-Martin. VTT, spéléologie, rafting, canyons, randonnées sur place.

Prix : pers.nuit **50/100 F**

GR : 10

100	25	2	2	2	25	10	30	2

ESCARY Jeanette – Barlannes - Lanne – 64570 Aramits – Tél. : 05.59.34.64.31

Monein La Benjamine

cV *C.M. n° 113 — Pli n° 6*

E.C. NN 19 pers. Ouverture : toute l'année sauf janvier. Alt. : 155 m

Gîte de séjour et d'étape aménagé dans une ancienne ferme béarnaise. 6 ch. de qualité (19 lits avec draps fournis). Grande salle de détente et de restauration. Cheminée. TV. Salle d'activités polyvalente. Cuisine. 3 douches, 4 wc, 6 lavabos. Chauffage. Point-phone à carte. Stage. Week-end. Jeu de quilles. Ping-pong. Cinéma au village. Eglise à charpente unique en France. Fêtes familiales, gestion libre, location de salle... Tarifs groupes plus de 10 personnes pour séjours. Poss. visite commentée de l'orgue historique et soirée « contes ». Classe environnement.

Prix : pers.nuit **65 F** 1/2 pension **140 F** petit dejeuner **25 F** repas **70 F**

(TH)

100	15	5	5	5	25	45	45	25	5

DUFOUR Michele – La Benjamine - Quartier Candeloup – 64360 Monein – Tél. : 05.59.21.37.09 – Fax : 05.59.21.32.90

Ordiarp

cV *C.M. n° 113*

30 pers. Ouverture : toute l'année. Alt. : 185 m

Gîte de séjour de caractère, très confortable. 6 chambres. Salle commune. 4 douches, 4 wc, 8 lavabos. Cuisine. Cheminée. Location de draps. Lave-linge, lave-vaisselle. Chauffage électrique. Spéléologie, kayak. Possibilité classe verte et découverte du milieu. Repas par traiteur en gestion libre. Produits fermiers. Taxe de séjour en supplément durant juillet et août. VTT : belles promenades circuits de différents niveaux, location à l'heure, à la demi-journée ou à la journée.

Prix : pers.nuit **50/60 F**

8	8	8	50	50	8

BOSCQ Arnaud – Ferme Landran – 64130 Mauleon – Tél. : 05.59.28.19.55 – Fax : 05.59.28.23.20

Saint-Martin-d'Arberoue

cV

E.C. NN 16 pers. Alt. : 120 m

Entre Saint-Palais et Hasparren, le gîte Lau Ezkilen Borda est aménagé de pierres et de bois qui caractérisent l'ancienne bergerie. 2 dortoirs en lits superp. (6 places). 1 chambre (1 lit 2 pers. 2 lits superp. 4 pers.). Salle de séjour (72 m²) avec cheminée. Coin-détente. Cuisine semi-professionnelle (l-vaisselle, congélateur). 2 blocs sanitaires. Chauffage central. Terrasse ombragé. Barbecue. Salon de jardin. Activités à proximité. Randonnées. Pêche. Chasse. Parapente. Kayak. Rafting. Tarif groupe à partir de 10 pers.

Prix : pers.nuit **60 F**

50	35	10	10	20	50	50	10

ETCHEGORRY Denise – Bichta Eder – 64640 Saint-Martin-d'Arberoue – Tél. : 05.59.29.66.84

Saint-Vincent

cV

12 pers. Ouverture : toute l'année. Alt. : 510 m

Gîte aménagé dans une ferme restaurée. Rez-de-chaussée : grand séjour, cheminée, cuisine équipée, sanitaires : 2 douches, 4 lavabos, wc. Etage : 4 ch. de 2 et 4 lits, 2 wc, douche, lavabos. Terrasse avec vue sur les Pyrénées. Terrain de 1,5 ha., jeux. Enfant -15 ans : 20 F/nuit. Gîte en gestion libre. A proximité du chemin Henri IV, idéal pour les randonnées.

Prix : pers.nuit **50 F** petit dejeuner **15 F**

10	10	10	40	40	10	10

JEGOUZO Laurent et Laurence – Chemin Henry IV – 64800 Saint-Vincent – Tél. : 05.59.53.68.60

Sare

20 pers. Ouverture : toute l'année. Alt. : 70 m

Gîte situé dans un petit village typique du Pays Basque. 2 chambres (4 lits) avec sanitaires privés, 2 chambres (6 lits) avec sanitaires privés. Salle commune avec coin-wc, lavabo, salon, TV, cuisine équipée. 4 douches, 5 lavabos, 5 wc. Chauffage électrique. Cheminée avec insert. Lave-vaisselle. Buanderie. Grande terrasse, salon de jardin. Possibilité petit-déjeuner. Gîte en gestion libre. Tarif groupe à partir de 10 pers. pour séjour. Village classé à 15 km de la Côte Basque à 3 km de la frontière espagnole.

Prix : pers.nuit **72/216 F**

12	6	1	SP	15	12	15	1

VELLA Jean-Pierre – Rte de Vera – Qt Lehenbiscaye – Camping de la Petite Rhune – 64310 Sare – Tél. : 05.59.54.23.97 ou 05.59.54.20.91 – Fax : 05.59.54.23.42

Sevignacq-Meyracq Les Bains-de-Secours

E.C. NN 20 pers. Ouverture : toute l'année. Alt. : 493 m

Dans ancien établissement thermal, au cœur de la vallée d'Ossau. 8 ch. de qualité avec lavabo, dont 1 avec douche. 3 wc, 2 douches. 6 cabines de bains. Cuisine, salle à manger, lave-vaisselle. Chauffage. Lave-linge. Salle de 50 m², modulable selon activités. Accueil groupe : stage, séminaire/formation. Tarif groupe + 10 pers. + 3 nuits et enfants - 10 ans. Tout un ensemble d'activités est proposé : remise en forme au naturel : bains, hammam, massages, relaxation. Découverte nature : raft, spéléo, canyon, ornithologie, randonnée. Groupe : 60 F.

Prix : pers.nuit **70 F** 1/2 pension **160 F** pension **220 F** petit dejeuner **25 F** repas **60 F**

TH

2	2	8	20	50	20	2

PAROIX Anne-Marie – Les Bains de Secours – 64260 Sevignacq-Meyracq – Tél. : 05.59.05.89.70 – Fax : 05.59.05.76.56

Theze

14 pers. Ouverture : toute l'année. Alt. : 263 m

A 20 mn de Pau, aux portes du Béarn et face aux Pyrénées « Le Clos des Chênes » vous accueille au calme et à l'ombre de son grand parc arboré dans sa maison de caractère restaurée et indépendante. 3 ch. de 4 pers et 6 pers. (lavabos, douches, wc privés). Salle à manger, cuisine équipée (lave-vaisselle, congélateur). Anglais parlé. Salle d'activités, salon (TV, cheminée, biblio.) vous offrent confort et tranquilité. Piscine privée, salon de jardin. Poss. stages sportifs ou loisirs avec encadrement diplômé. Circuits de découverte. Gîte agréé centre de vacances. Accès facile par RN 134, aéroport. Tél. service restreint.

Prix : pers.nuit **70 F** 1/2 pension **140 F** petit dejeuner **25 F** repas **70 F**

TH

110	2	SP	1	15	30	75	75	20	1

HANRIOT Michele et Bernard – Le Clos des Chenes - Rue des Pyrenees – 64450 Theze – Tél. : 05.59.04.85.45

Urt

E.C. NN 11 pers. Alt. : 40 m

Gîte de séjour et d'étape mitoyen à la ferme équestre du propriétaire, aménagé dans une ancienne borde. Séjour, coin-cuisine. 1 ch. (1 lit 2 pers. 1 lit 1 pers.), sanitaires privés communicants (lavabo, douche, wc). 1 mini-dortoir (8 lits 1 pers. dont 4 superp.), 2 sanitaires privés communicants. Terrasse. Parking. Chauffage électrique. Draps et serviettes fournis. Possibilité petit-déjeuner. Ferme équestre avec encadrement diplômé sur place.

Prix : pers.nuit **60 F** repas **70 F**

TH

25	10	10	10	25	20	SP

BICHOT Daniel – Borde Maricoule – 64240 Urt – Tél. : 05.59.29.69.70

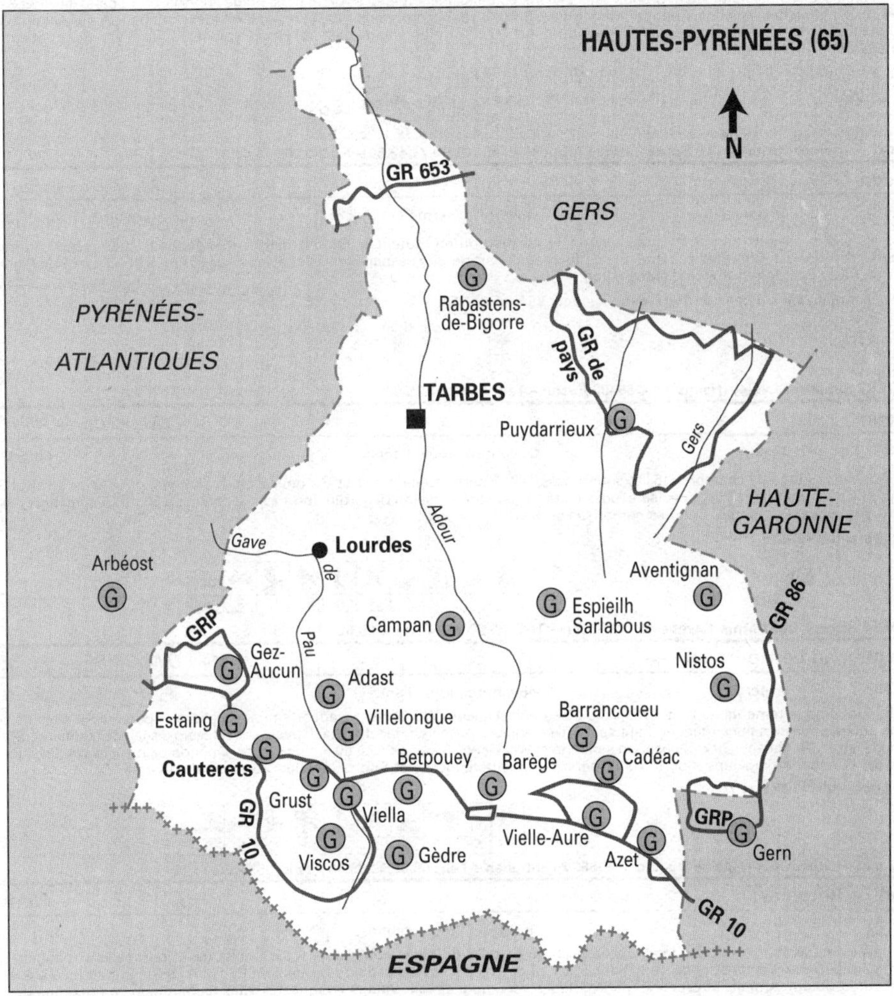

CH Chambre d'hôte G Gîte d'étape, de séjour L Logis de France

---

Adast Les Routures *C.M. n° 85 — Pli n° 17*

¥¥¥ 28 pers. Ouverture : toute l'année. Alt. : 450 m

Grande salle à manger. Cuisine équipée. A l'étage : 2 dortoirs 6 pers. sanitaires + 2 chambres individuelles (3 pers., sanitaires privatifs). R.d.c. : 1 chambre et 1 dortoir 7 pers. Local pour skis, vélos, etc... Parking. Espace vert. Tarif en gestion libre : 1/2 pension 88 F en sus. Rando. 50 F/h pour hôtes des gîtes. Vac. hiver + 5 F/pers.

Prix : pers.nuit **60 F** petit dejeuner **20 F**

GR : 10

SP	SP	SP	5	4	4	15	SP	10	15	4

PUYO Michel – Les Routures – 65260 Adast – Tél. : 05.62.92.74.86 ou 05.62.92.21.19

Arbeost Petite-Jeanne *C.M. n° 85 — Pli n° 17*

E.C. NN 15 pers. Ouverture : toute l'année. Alt. : 760 m

Rez-de-chaussée avec cheminée et grande salle à vivre, coin-cuisine équipée pour 15 pers. Etage : dortoir de 15 pers. (lits 1 et 2 pers. superposés), douches, lavabos. Chauffage électrique. Enfants moins de 12 ans : 130 F, repas 55 F. Idéal pour les amoureux de la tranquillité, des marches en montagne, du ski de fond. Situé au cœur d'un village pastoral Haut-Pyrénéen où l'activité de production de fromage est bien vivante.

Prix : pers.nuit **60 F** 1/2 pension **150 F** pension **250 F** repas **75 F**

Ⓐ

SP	16	16	20	28	16

DEBAT Annick et Fernand – Le Bourg – 65560 Arbeost – Tél. : 05.59.71.42.50 – Fax : 05.59.71.43.37

Aucun *C.M. n° 85 — Pli n° 17*

E.C. NN 16 pers. Ouverture : fermé le lundi et le mardi hors vacances scolaires. Alt. : 1200 m

Dans les sapins, départ de nombreuses randonnées à pied ou en raquettes. Grande salle à manger avec cheminée. 1 dortoir de 16 pers., confortable. Chauffage central. Ski de fond au départ du gîte : espace fond Val d'Azun sur 50 km. VTT. Chemin du Piemont, Tour de Pays. Pas de possibilité d'autogestion.

Prix : pers.nuit **75 F** 1/2 pension **150 F** petit dejeuner **25 F** repas **75 F**

(TH)

15

HOUERT Robert et Lydie – Haugarou – 65400 Aucun – Tél. : 05.62.97.25.04

Aucun *C.M. n° 85 — Pli n° 17*

12 pers. Ouverture : toute l'année. Alt. : 860 m

Sur 2 niveaux. Etage : 3 chambres (5 lits superposés, 1 lit 2 pers.), salle d'eau et wc pour 2 ch. R.d.c. : wc, douche et lavabo. Salle commune avec cheminée et coin-cuisine, possibilité repas. Terrain, salon de jardin, local à skis, parking à 50 m. Gestion libre. Ski de fond à proximité. Parapente. Charges comprises en hiver.

Prix : pers.nuit **70/80 F**

		M							
SP	SP	SP	3	3	22	SP	18	9	3

FAURET Pierre – Chez Mme Seyes – 65400 Aucun – Tél. : 05.62.97.04.53 ou 05.62.97.26.39

Aventignan Le Hourquet *C.M. n° 85 — Pli n° 19*

E.C. NN 30 pers. Ouverture : toute l'année. Alt. : 443 m

11 ch. dont 4 appartements de 2 ch. avec salle d'eau pour chacun. WC. R.d.c. : 1 appartement access. aux pers. hand. Cuisine commune équipée. Vaste salle à manger. Petit salon. Terrasses, espace vert, lac de 6 ha. (kayak, cheval, vélo, escalade, sentiers). Station de ski (Nistos Cap Nestes) 20 km. Location semaine et week-end. Groupe : 45 à 50 F. Epicerie et dépôt de pain sur place. Prix donnés pour été et hiver. Prix groupe à partir de 20 pers. Agrément Jeunesse et Sports (n° 400). Agrément Académie.

Prix : pers.nuit **50/60 F**

SP	SP	SP	4	5	4	SP	22	5	5

GITE « LE HOURQUET » – Mme Dulhom – 65660 Aventignan – Tél. : 05.62.39.75.16 – Fax : 05.62.39.76.18

Azet La Bergerie *C.M. n° 85 — Pli n° 19*

E.C. NN 25 pers. Ouverture : toute l'année. Alt. : 1200 m

5 ch. avec wc, lavabo et douche individuelle. 3 ch. avec salle de bains commune. R.d.c. : salle de séjour, salle à manger, coin-cheminée, terrasse. Draps et linge de maison : 30 F/pers. Thierry et Nathalie vous acueillent dans un cadre authentique à 6 km de Saint-Lary-Soulom. Anglais et espagnol parlés. Repas servi midi et soir. Village typique, activités de montagne à proximité des stations de sports d'hiver.

Prix : pers.nuit **70 F** 1/2 pension **150 F** petit dejeuner **25 F** repas **55 F**

(TH)

SP	SP	SP	5	5	45	5	45	5

ASS. BISCOUETTE Thierry et Nathalie – Azet - La Bergerie – 65170 Azet – Tél. : 05.62.40.08.98 – Fax : 05.62.40.06.31

Bareges *C.M. n° 85 — Pli n° 7*

50 pers. Ouverture : du 1er décembre au 31 septembre. Alt. : 1200 m

8 chambres 4 pers. 2 chambres 5 pers. 1 dortoir 12 pers. (50 lits 1 pers.). Sanitaires et douches privatifs. Dans le village de Bareges, l'hiver au pied des pistes de ski et l'été en bordure du GR10, sur les pentes du Tourmalet à l'entrée du Massif du Néouvielle. Anglais et espagnol parlés.

Prix : pers.nuit **70 F** 1/2 pension **160/190 F** petit dejeuner **30 F** repas **80 F**

Ⓐ GR : 10

SP	SP	SP	8	SP	30	SP	30	SP

TREY Philippe – L'Oasis – 65120 Bareges – Tél. : 05.62.92.69.47 – Fax : 05.62.92.65.17

Barrancoueu Le Chalet-du-Berger — *C.M. n° 85 — Pli n° 19*

E.C. NN 23 pers. Ouverture : toute l'année. Alt. : 930 m

5 ch. (4 à 6 pers.) avec lavabo, wc et douches. Salle à manger collective, salle de détente (cheminée, billard, bar, coin-feu et terrasse). Hébergement seul, pour familles, groupes d'amis... Accueil sympathique garanti. Minimum 5 jours : 700/1250 F + charges selon la saison. Gestion libre : 1600 F/jour. Le Chalet du Berger, refuge des amoureux de la montagne : dans 2 bergeries avec souci d'authenticité et d'intégration dans un village de 30 habitants. Situation géographique privilégiée, à égale distance de Lourdes, Luchon, de l'Espagne et à 1/2 heure de 4 stations de ski.

Prix : pers.nuit **80 F**

(A)

SP	1	SP	12	2	30	7	20	2	2

ASSOCIATION ACCUEIL EN AURE M. Salle-Cradit – Le Chalet du Berger - Barrancoueu – 65240 Arreau – Tél. : 05.62.98.66.32 – Fax : 05.62.98.61.01

Bas-Nistos — *C.M. n° 85 — Pli n° 20*

E.C. NN 23 pers. Ouverture : toute l'année. Alt. : 600 m

2 dortoirs chauffés. Salle commune cheminée. Cuisine séparée. Douche chaude. Table d'hôtes sur réservation. Jeux d'enfants. Relais équestre. Station de ski de fond à 14 km.

Prix : pers.nuit **50 F** 1/2 pension **125 F** pension **175 F** petit dejeuner **20 F** repas **55 F**

(TH)

SP	SP	15	15	15	15	3	15	10

CASTERAN Francis – Le Cap de Daou - L'R de Nistos – 65150 Bas-Nistos – Tél. : 05.62.39.72.44 – Fax : 05.62.39.70.57

Betpouey Bolou — *C.M. n° 85 — Pli n° 17*

E.C. NN 15 pers. Ouverture : de Pâques à la Toussaint sur réservation. Alt. : 1288 m

Gîte d'étape et de séjour sur le GR10. Salle commune/coin-cuisine. Cheminée. 1 dortoir pour 15 pers., 2 wc, 2 lavabos, 1 douche. Parapente à 8 km. Taxe de séjour : 2 F/pers.

Prix : pers.nuit **50 F**

GR : 10

SP	SP	8	5	10	9	9

NOGUE Benjamin – Bolou - Esterre – 65120 Luz-Saint-Sauveur – Tél. : 05.62.92.80.83

Cadeac Le Pont — *C.M. n° 85 — Pli n° 19*

19 pers. Ouverture : toute l'année. Alt. : 750 m

5 chambres avec chacune sa salle de bains + wc. 1 ch. (1 lit 2 pers.). 1 ch. (2 lits 1 pers.). 2 ch. de 4 pers. 1 ch. de 5 pers. Au r.d.c. : belle salle conviviale avec coin-cheminée et salon. Cuisine entièrement aménagée avec lave-vaisselle à votre disposition. Local technique. Enfant de moins de 10 ans : 75 F. Espagnol et anglais parlés. Le relais de la Neste vous accueille dans un petit village pyrénéen, près de la rivière, une étable restaurée en 5 chambres très sympa pour couples et familles. Possibilité de faire vous même vos repas. Jardin ombragé avec table. Renseignements et conseils par un moniteur de ski sur place.

Prix : pers.nuit **95/105 F** petit dejeuner **20 F**

SP	SP	8	0,5	30	3	SP	2

GARNIER Daniel et Isabelle – Le Pont – 65240 Cadeac – Tél. : 05.62.98.62.51 – Fax : 05.62.98.62.51

Campan Peyras — *C.M. n° 85 — Pli n° 18*

E.C. NN 17 pers. Ouverture : toute l'année. Alt. : 992 m

Cuisine. Grande salle à manger. 2 dortoirs (17 pers.). Sanitaires. Barbecue. Campan 7 km, Bagnères 13 km, Tarbes 40 km, Pic du Midi 25 km. Randonnées Pyrénéennes.

Prix : pers.nuit **50 F**

SP	1	SP	14	14	7	14	12	12	14	7

GALIAY Jean-Louis – Peyras – 65710 Campan – Tél. : 05.62.91.81.41

Campan Sainte-Marie-de-Campan — *C.M. n° 85 — Pli n° 18*

40 pers. Ouverture : toute l'année sauf du 1er novembre au 15 décembre. Alt. : 860 m

Ancien relais à l'entrée du village. 40 couchages en ch. (2 à 4 pers.) à l'étage et en dortoirs (6 pers.) en r.d.c. 3 blocs sanitaires (wc, douches, lavabos) aux 2 niveaux. Salle à manger rustique, bar, salon, cheminée, TV, biblio. Jeux, terrasse, terrain, parking clos, local à vélo et ski. Jolie vue sur la montagne. Anglais et allemand parlés. Christiane et Robert seront heureux de vous accueillir à « l'Ardoisière » dans une demeure chaleureuse et conviviale, ambiance de montagne au coin de la cheminée ou sous une couette dans un lit douillet. Christiane vous préparera de bon petits plats. Panier piste : 35 F.

Prix : pers.nuit **65/85 F** 1/2 pension **152/172 F** petit dejeuner **27 F** repas **60 F**

(TH)

SP	SP	4	10	0,5	SP	12	7	13	11	SP

BROCHE Christiane et Robert – L'Ardoisiere - Sainte Marie de Campan – 65710 Campan – Tél. : 05.62.91.88.88

Cauterets
C.M. nº 85 — Pli nº 17

28 pers. Ouverture : toute l'année. Alt. : 960 m

Situé dans le vieux village à 100 m du centre ville. 2 ch. 1 pers., 2 ch. 3 pers., 4 ch. 4 pers., 2 ch. 2 pers. sur 3 niveaux. Sanitaires complets privatifs pour chacune. Salon, cheminée, TV, local matériel, salle à manger, coin-cuisine, cuisine-restaurant. Jardin, lavoir, lave-linge, terrasse, solarium, parking à proximité. Chauffage central. Salon de jardin. Gîte situé à proximité immédiate du GR10. Il est tenu par Jean-Pierre, professionnel de la montagne (ski, rando, escalade). Thermes de Cauterêts à 100 m. Séjour animation proposé en collaboration avec des accompagnateurs de montagne. Réductions familles ou groupes.

Prix : pers.nuit **90 F** 1/2 pension **180/195 F** petit dejeuner **35 F** repas **70 F**

Ⓐ GR : 10

SP	SP	SP	SP	SP	30	SP	SP	SP	SP

FLORENCE Jean-Pierre – 25 rue Marechal Joffre – 65110 Cauterets – Tél. : 05.62.92.53.52 ou 05.62.92.58.08 – Fax : 05.62.92.58.08

Cauterets
C.M. nº 85 — Pli nº 17

20 pers. Ouverture : toute l'année sauf du 1er oct. au 30 nov. et du 20 avril au 1er mai. Alt. : 945 m

Situé dans le village de Cauterêts, à prox. GR10. 2 dortoirs (10 pers.) aux 2 étages, 2 douches et 2 wc. Cuisine, salle à vivre/salle à manger, terrasse, chauffage central, sevice de blanchissage. Gestion libre ou 1/2 pension. Activités : raquettes et randonnées, sorties à thème, sauna. Anglais parlé. Possibilité 2 chambres individuelles supplémentaires. Randos et raquettes encadrées par professionnels de la montagne.

Prix : pers.nuit **65 F** 1/2 pension **170 F** petit dejeuner **40 F** repas **80 F**

(TH) GR : 10

SP	0,3	0,3	0,5	35	10	0,5	SP

BARRET Francois – Pas de l'Ours - 21, rue de la Raillere – 65110 Cauterets – Tél. : 05.62.92.58.07 – Fax : 05.62.92.06.49

Estaing La Grange-du-Plan
C.M. nº 85 — Pli nº 17

E.C. NN 19 pers. Ouverture : toute l'année. Alt. : 1000 m

Dans la grange d'un village haut Pyrénéen et pour un même groupe. Tarif pour 12 à 19 pers. en gestion libre. R.d.c. : salle à manger, cheminée, cuisine. Etage : 4 ch. (3 à 6 pers.), sanitaires, lave-linge, tél., congélateur. Grand terrain, forêt, salon de jardin. Parc National à proximité. Doc. complète sur demande. Agrément Jeunesse et Sports.

Prix : semaine **4000/6000 F** week-end **1600/2400 F**

GR : 10

2	2	2	6	6	25	10	25	6

VIELLE Claude – 19, route de Vielle – 65400 Beaucens – Tél. : 05.62.97.52.49 – Fax : 05.62.97.93.06

Estaing Relais-du-Pech
C.M. nº 85 — Pli nº 17

12 pers. Ouverture : toute l'année. Alt. : 1100 m

Aménagé pour personnes à mobilité réduite (fauteuils roulants). 1 cuisine/séjour, 3 ch. (3 lits 1 pers.), 1 mezzanine (3 lits 1 pers.), 2 salles de bains (1 avec baignoire, 1 avec douche), 2 wc. 1 balcon-terrasse, 1 barbecue, parking contre bâtiment. Pension cheval gratuite. Week-end 12 pers. : 2040 F. Semaine 12 pers. : 4500 F. Proximité immédiate du lac d'Estaing (5 mn). Site de ski de fond du Val d'Azun à 20 mn, Saint-Savin, 3 stations de ski alpin à 45 mn. Rafting, parapente à proximité. Chiens de traineau (promenades organisées toute l'année) et ski assis.

Prix : pers.nuit **100 F** 1/2 pension **180 F** pension **245 F** petit dejeuner **20 F** repas **70 F**

(TH)

SP	1	SP	4	4	25	6	25	4

ASSOCIATION HANIMA – Route du Col des Borderes - Relais du Pech – 65400 Estaing – Tél. : 05.62.97.44.93 – Fax : 05.62.97.44.93

Gedre Ayrues
C.M. nº 85 — Pli nº 18

28 pers. Ouverture : toute l'année. Alt. : 1200 m

4 chambres (5 à 8 pers.) dont 3 avec mezzanine. S.d.b. et wc privés pour chacune (lits 1 pers. ou 2 pers.). Salle à manger/coin-salon, cheminée. Cuisine équipée. En gestion libre, toutes charges comprises. Patinoire, bob, luge, golf miniature. Tarif groupe : 60 F/nuit. Location à la semaine pendant l'été : 60 à 80 F/pers./nuit.

Prix : pers.nuit **65/80 F** 1/2 pension **140/170 F** pension **175/205 F** petit dejeuner **28 F**

(TH)

SP	4	2	2	2	40	8	12	35	2

LASSERRE Helene – L'Escapade - Ayrues – 65120 Gedre – Tél. : 05.62.92.49.37 – Fax : 05.62.92.49.83

Gedre Le Soumaoute
C.M. nº 85 — Pli nº 18

E.C. NN 20 pers. Ouverture : du 15 janvier au 1er mai et du 1er juillet au 30 septembre. Alt. : 1000 m

Dortoir ou chambres avec lits superposées. Salle polyvalente (réunion et repas). Cuisine aménagée. Aucun autre service que l'hébergement n'est compris dans le gîte. A proximité : restaurants, boulangerie, boucherie et alimentation générale. A moins de 20 km de Luz-Ardiden/Bareges. Groupes : 350 F/pers./semaine. Week-end (hiver) : 140 F/pers.

Prix : pers.nuit **50/70 F**

SP	0,2	0,2	0,2	6	7	40	0,4

GUILLEMBET Madeleine – Le Soumaoute – 65120 Gedre – Tél. : 05.62.92.48.70

Germ
C.M. n° 85 — Pli n° 19

E.C. NN 45 pers. Ouverture : toute l'année. Alt. : 1300 m

Dans une superbe ancienne demeure pyrénéenne, plusieurs formules de logements : appartement avec coin-cuisine et sanitaires ou ch. avec sanitaires sur le palier. Restaurées dans le style local, des salles communes avec bar et cheminée (billard, fléchettes, TV), restauration, cuisine indépendante. Raft 15 km, delta 5 km et parapente 5 km. Groupe : 25 F. Vue superbe du gîte sur la vallée du Louron, riche en monuments à visiter. A Germ, possibilité de nombreuses randonnées et de multiples activités montagnardes. Jardin sur place avec piscine. En été : animation, festival de Germ. Poss. camping.

Prix : pers.nuit **65/80 F** 1/2 pension **115/145 F** pension **140/170 F** petit dejeuner **15 F** repas **50 F**

A

SP	SP	SP	5	5	40	10

ACCUEIL SANS FRONTIERE – Gîte de Montagne de Germ – 65510 Germ – Tél. : 05.62.99.61.71 ou 05.62.99.65.27 – Fax : 05.62.99.63.22

Grust
C.M. n° 85 — Pli n° 17

E.C. NN 15 pers. Ouverture : toute l'année. Alt. : 975 m

Ancienne grange rénovée indép. sur 2 niveaux. 1 dortoir (7 lits 1 pers.), s. d'eau et cabinet de toilette. 1 ch. (2 lits 1 pers.), s. d'eau. 1 ch. (4 lits 1 pers.), s. d'eau. 1 ch. pour pers. hand. (1 lit 2 pers.), s. d'eau. Salle à manger, salle de séjour, cuisine., kitchenette, l-vaisselle, TV, cheminée, terrasse. Espagnol parlé. Location de draps : 10 F. Jardin attenant clos. Chauffage gaz et électrique. Poss. gestion libre. Situé sur GR10 avec vue magnifique sur vallée de Luz-Saint-Sauveur. A visiter : le « BELVEDERE ». Promenade sur les lacs à proximité. Charges non incluses en hiver.

Prix : pers.nuit **70 F** 1/2 pension **160 F** pension **210 F** petit dejeuner **20 F** repas **70 F**

TH GR : 10

SP	4	SP	4	4	30	15	30	4

TARRIEU Claudine – Soum de l'Ase – 65120 Grust – Tél. : 05.62.92.87.83

Puydarrieux
C.M. n° 85 — Pli n° 9

25 pers. Ouverture : toute l'année sauf vacances de Noël. Alt. : 450 m

Ancienne maison de maître restaurée dans le style bigourdan. Sur 2 niveaux, 7 ch. (3 à 5 lits), sanitaires. 1 salle d'exposition, 2 salles d'activités, 1 salle de restauration, 1 salle vidéo. Grand terrain, jeux d'extérieur, tables de pique-nique, location vélos. Réduction pour groupes de + de 15 pers. et enfants de 3 à 12 ans. Gratuits pour les - de 3 ans. Au cœur des Coteaux, l'Austarac Bigore alterne collines boisées et plateaux cultivés. Les vieilles bâtisses aux couleurs chaudes confèrent un charme particulier à Puydarrieux. A prox. d'un lac protégé (oiseaux migrateurs).

Prix : pers.nuit **65 F** 1/2 pension **140 F** pension **200 F** petit dejeuner **15 F** repas **60 F**

TH

2	3,5	3,5	6	6	20	10	20	6

LA FERRANDERIE – 34, route de Galan – 65220 Puydarrieux – Tél. : 05.62.33.61.66 – Fax : 05.62.33.62.20

Rabastens-de-Bigorre
C.M. n° 85 — Pli n° 8

34 pers. Ouverture : toute l'année. Alt. : 216 m

R.d.c. : 6 ch. (2 à 4 couchages par ch.) avec s. d'eau. 1 dortoir enfants 10 pers. Grande salle à manger et grande cuisine, lave-linge, buanderie, TV, petites terrasses attenantes aux chambres. Draps fournis. Bénédicte vous accueille dans une ferme équestre au pied des coteaux du Gers. Environnement calme. Famille : enfant 60 F. Vous serez à 1 km du village. Promenade à poney et à cheval à la carte, soirées grillades. Possibilité de stages équestres. Aire naturelle de camping. Sentiers VTT balisés.

Prix : pers.nuit **75 F** petit dejeuner **20 F** repas **60 F**

TH

SP	0,1	SP	10	1	20	SP	20	1

DUTOIT Benedicte – Ferme Equestre du Val d'Adour – 65140 Rabastens-de-Bigorre – Tél. : 05.62.96.59.44 – Fax : 05.62.96.56.15

Sarlabous Moulin-des-Baronnies
C.M. n° 85 — Pli n° 18

E.C. NN 21 pers. Ouverture : toute l'année. Alt. : 345 m

Cuisine équipée (réfrigérateur, gazinière, vaisselle). 2 salles d'eau, 2 wc. 2 chambres 3 pers., 2 chambres 4 pers., 1 chambre 7 pers. A 6 km de Capvern-les-Bains, 18 km de Bagnères-de-Bigorre. Aire de jeux, tennis, barbecue. Randonnées équestres en juillet-août uniquement.

Prix : pers.nuit **55 F**

SP	SP	SP	15	SP	15	SP	40	6	6

COMMUNAUTE DE COMMUNES DES BARONNIES – Maison des Baronnies – 65130 Sarlabous – Tél. : 05.62.39.05.14 – Fax : 05.62.39.05.14

Viella La Grange-Au-Bois
C.M. n° 85 — Pli n° 18

33 pers. Ouverture : toute l'année. Alt. : 800 m

8 ch./studios tout confort, en duplex avec mezzanine, avec salle d'eau et wc chacune. 3 à 5 lits/ch. R.d.c. : salle à manger avec terrasse, salon avec cheminée de campagne, TV, magnétoscope, billard, jeux, cuisine équipée commune. Tél. Chauffage. Buanderie, laverie. Local à skis. Espaces verts, bois, ping-pong, jeux enfants, parking. Salon de jardin. Activ. encadrées par guide haute montagne, moniteur de ski, accompagnateur équestre. Soirées vidéo, diaporama Parc National des Pyrénées. A prox. : cinéma, mur d'escalade, rafting, cyclisme (Tour de France), VTT. Découverte faune et flore. Bastides. Agrément DDJS et Education Nationale (25 pers.).

Prix : pers.nuit **56/87 F** 1/2 pension **92 F** petit dejeuner **26.50 F** repas **76.50 F** week-end **72.50/92 F**

TH

SP	SP	SP	2	3	35	SP	4	35	1

DESTRADE Jean-Jacques – La Grange au Bois - Viella – 65120 Luz-Saint-Sauveur – Tél. : 05.62.92.82.76 – Fax : 05.62.92.95.93

Vielle-Aure Agos

C.M. n° 85 — Pli n° 19

28 pers. Ouverture : toute l'année. Alt. : 780 m

Etage : 5 ch. indépendantes avec douche et lavabo pour chacune, wc séparés. Prise TV. 3 lits 1 pers., 1 living-room 2 pers. R.d.c. : cuisine commune équipée avec coins privatifs. Séjour commun. Cheminée. TV. Téléphone. Chauffage. Buanderie. Local à skis, chaussures. Terrasse, barbecue. En gestion libre ou pension complète. Prix pour 4 pers. selon la période : 1420 F à 1980 F. N° d'agrément Jeunesse et Sports : 203. Agrément Education National. Accompagnateur montagne pour diverses randonnées (VTT, raquettes).

Prix : week-end **126 F**

SP	0,1	4	SP	35	2	4	35	4

ANDRE Francis – Agos – 65170 Vielle-Aure – Tél. : 05.62.39.40.64 – Fax : 05.62.39.40.72

Villelongue

C.M. n° 85 — Pli n° 17

30 pers. Ouverture : toute l'année. Alt. : 550 m

En bordure du ruisseau d'Isaby, dans ancienne grange-étable, le gîte vous offre 1 vie commune dans la grande salle à manger avec cheminée. Pièce réservée à la lecture, le jeu ou la TV. Grande cuisine pour famille, 1 partie pour groupes. Barbecue. Etage : 10 ch. (3 à 7 lits 1 pers.), lavabo, douche, wc chacune. Espagnol et italien parlés. Excursions et randos en été. 5 stations de ski. Activités de torrent, sports en vogues dans la vallée. A 6 km d'Argeles-Gazost (ville touristique, VTT, parapente). Proche Parc National.

Prix : pers.nuit **70/75 F** 1/2 pension **150/170 F** pension **210/220 F** petit dejeuner **20 F** repas **70 F**

SP	SP	SP	5	SP	20	3	20	6

LES MOULINS D'ISABY – 18, rue de la Hourcadette – 65260 Villelongue – Tél. : 05.62.92.78.74

Viscos

C.M. n° 85 — Pli n° 17

12 pers. Ouverture : toute l'année. Alt. : 1000 m

Dans une maison en pierre rénovée, à 8 km de Luz-Saint-Sauveur. 2 ch. (6 couchages) avec sanitaires chacune, wc communs à l'étage. R.d.c. : salle commune, coin-cheminée, wc et lavabo. Cuisine, terrasse, prise TV, tél., l-vaiss., l-inge, bilbio. Chauffage central. Draps et linge maison fournis. Animations 8 km. Barèges à 15 km. Anglais et espagnol parlés. Nicole vous accueille pour une nuit, un week-end, un séjour. Poss. de prendre ses repas en table d'hôtes ou gestion libre. Parking et terrasse aménagée. Rando. balisées à proximité du gîte. Coin tranquille, très belle vue sur la vallée. Agrément DDJS en cours. Panier repas : 40 F.

Prix : pers.nuit **60 F** 1/2 pension **125 F** petit dejeuner **25 F** repas **60 F**

1	6	2	30	8	8	8	8	15	35	8

SANTAM Nicole – Viscos - Route de l'Ardoisiere – 65120 Viscos – Tél. : 05.62.92.33.43 ou 05.62.92.84.81

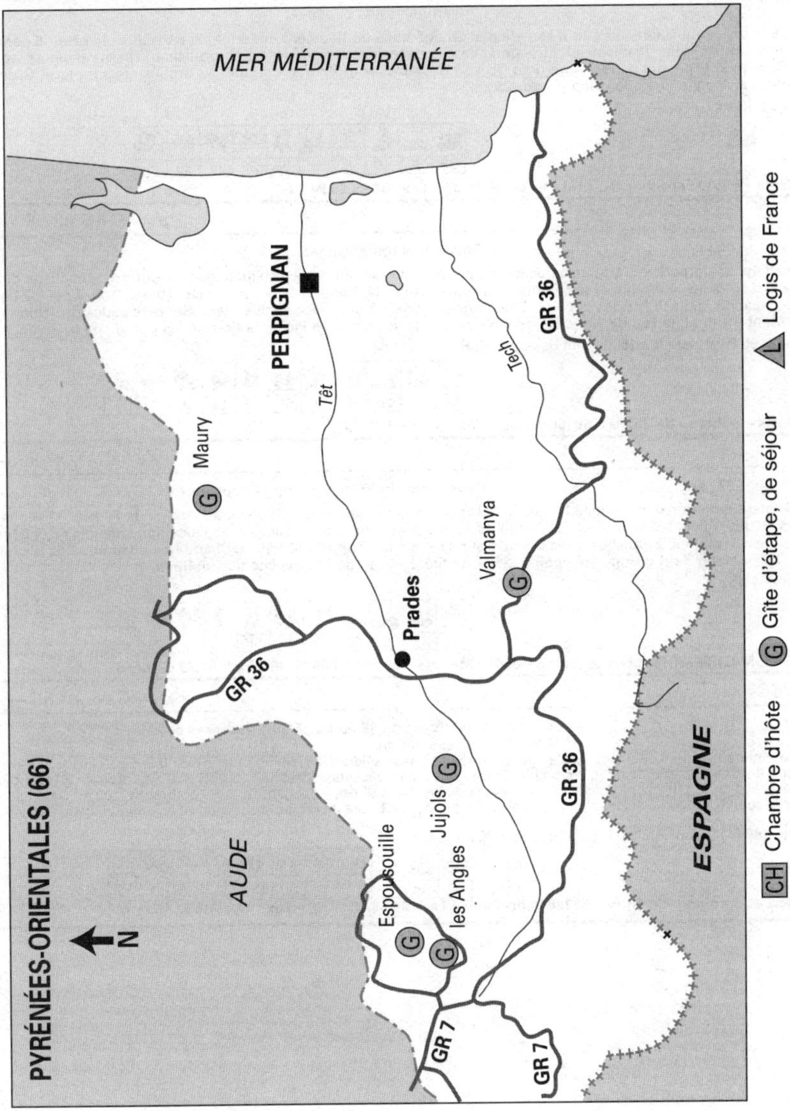

Les Angles

C.M. nº 86 — Pli nº 16

10 pers. Ouverture : toute l'année. Alt. : 1595 m

En ligne des crêtes, dir. lac de Balcère. R.d.c. : salle à manger/séjour (2 canapés, billard), cuisine pour hôtes et poss. de repas par le prop. 5 ch. (1 lit 2 pers., 4 lits superp. 80, 2 lits gigogne 80, 2 lits 80). 1 lavabo, 1 wc, 2 douches, 1 s. d'eau (double lavabo, 1 douche, 1 wc). Anglais et espagnol parlés. Ch. élect. Terrasse, salons de jardin, barbecue. A la croisée des chemins de rando. et des pistes de ski de fond. Poss. de rando. équestres proposées par le propriétaire. Aire de jeux. Lac des Bouillouses, station de sports d'hiver. Patinoire.

Prix : pers.nuit **60/70 F**

Ⓐ

80	2	1	3	1	SP	SP	1	2	11	1

COLLI Olivier – 73 rue des Pics Verts, Nº 3 - Equi Sud – 66210 Les Angles – Tél. : 04.68.04.43.62 – Fax : 04.68.04.38.21

Fontrabiouse/Espousouille

C.M. n° 86 — Pli n° 16

20 pers. Ouverture : toute l'année. Alt. : 1460 m

A l'entrée de la vallée du Galbe, un gîte d'étape est aménagé dans un bâtiment de ferme de caractère. 1 dortoir 6 pers. 1 chambre (2 lits 70), 3 chambres (4 lits 70 chacune). Grande salle à manger avec cheminée et coin-cuisine. 3 salles d'eau, 4 wc, 5 douches, 5 lavabos. Catalan et espagnol parlés. Agrément DDASS et Jeunesse et Sports. Commerces ambulants sur place. Grotte, vallée du Galbe, étangs, carrières d'onyx, location de ski à 5 km.

Prix : pers.nuit **60/65 F**

SP	5	10	5	SP	SP	SP	10	20	5

PESQUE Danie – 66210 Espousouille – Tél. : 04.68.04.45.37 – Fax : 04.68.30.94.23

Jujols

C.M. n° 86 — Pli n° 17

15 pers. Ouverture : toute l'année. Alt. : 940 m

Gîte d'étape dans une grande maison de caractère en pierre, entièrement rénovée, située dans le pittoresque village de Jujols, face au Canigou. R.d.c. : salle commune avec cheminée et coin-cuisine. 1er étage : 1 ch. 2 pers., 1 ch. 3 pers., 2 ch. 5 pers. 2 douches, 2 wc chacune. Occupation jour : 15 F. Anglais parlé. Chauffage par poële à bois avec récupérateur. Sentiers pédestres. Nombreux circuits balisés : le Mont Coronat, le Lac de Nohèdes, réserve naturelle sur place, le Pic de la Pelade, les gorges de la Carança.

Prix : pers.nuit **65 F** 1/2 pension **190 F** petit dejeuner **35 F**

TH

85	15	20	25	9	SP	SP	25	8	5	5

CALMER Gilles – Auberge de Jujols – 66360 Jujols – Tél. : 04.68.97.02.40

Maury

C.M. n° 86 — Pli n° 8

22 pers. Ouverture : du 26 octobre au 24 septembre. Alt. : 146 m

Dans un bâtiment communal situé dans le village, la mairie a aménagé un gîte d'étape au-dessus de l'école. 1er étage : 2 dortoirs (8 lits 1 pers. 10 lits 1 pers.), 2 chambres individuelles (1 lit 2 pers. chacune). Salle à manger/séjour/coin-cuisine, buanderie. Sanitaires communs : 3 lavabos, 2 douches, 2 wc indép. Cour. Occupation jour : 15,50 F/pers. Chambre individuelle : 52 F/adulte. Dortoir : 41 F/adulte, 36 F/enfant. Tarif groupe (10 pers) : - 25 %. Défilé du Grau de Maury, site de Queribus.

Prix : pers.nuit **41/52 F**

50	SP	8	50	SP	25	SP	110	8	33	SP

COMMUNE DE MAURY – 1 Place de la Mairie – 66460 Maury – Tél. : 04.68.59.12.96 – Fax : 04.68.59.12.96

Valmanya

C.M. n° 86 — Pli n° 16

14 pers. Ouverture : du 15/06 au 15/09 + vacances scolaires, le reste sur réservation. Alt. : 901 m

Dans maison entièrement rénovée, face au Canigou. Rez-de-terrasse : séjour (TV), cellier/salle à sacs (l-linge, s-linge), s. d'eau, wc indép. R.d.c. : cuisine (l-vaiss.), salle à manger, 1 ch. (1 lit 2 pers. 1 lit 1 pers., lavabo), douche, wc indép. 1er ét. : dortoir (5 lits 1 pers., douche, lavabo), 2 ch. (1 lit 1 pers. 1 lit 2 pers., lavabo) dont 1 avec douche. Salle d'eau, wc indép. Terrasse ombragée (200 m², salon de jardin). Possibilité repas le soir. 2 chevaux à disposition pour balades à proximité. Route du fer, terre romane, village martyr 1944. Catalan et espagnol parlés.

Prix : pers.nuit **65 F** 1/2 pension **150 F** petit dejeuner **25 F** repas **60 F**

TH

60	SP	17	17	17	SP	SP	85	19	17	17

MARY Francis et Jacques – La Torre – 66320 Baillestavy – Tél. : 04.68.05.92.49 – Fax : 04.68.05.92.49

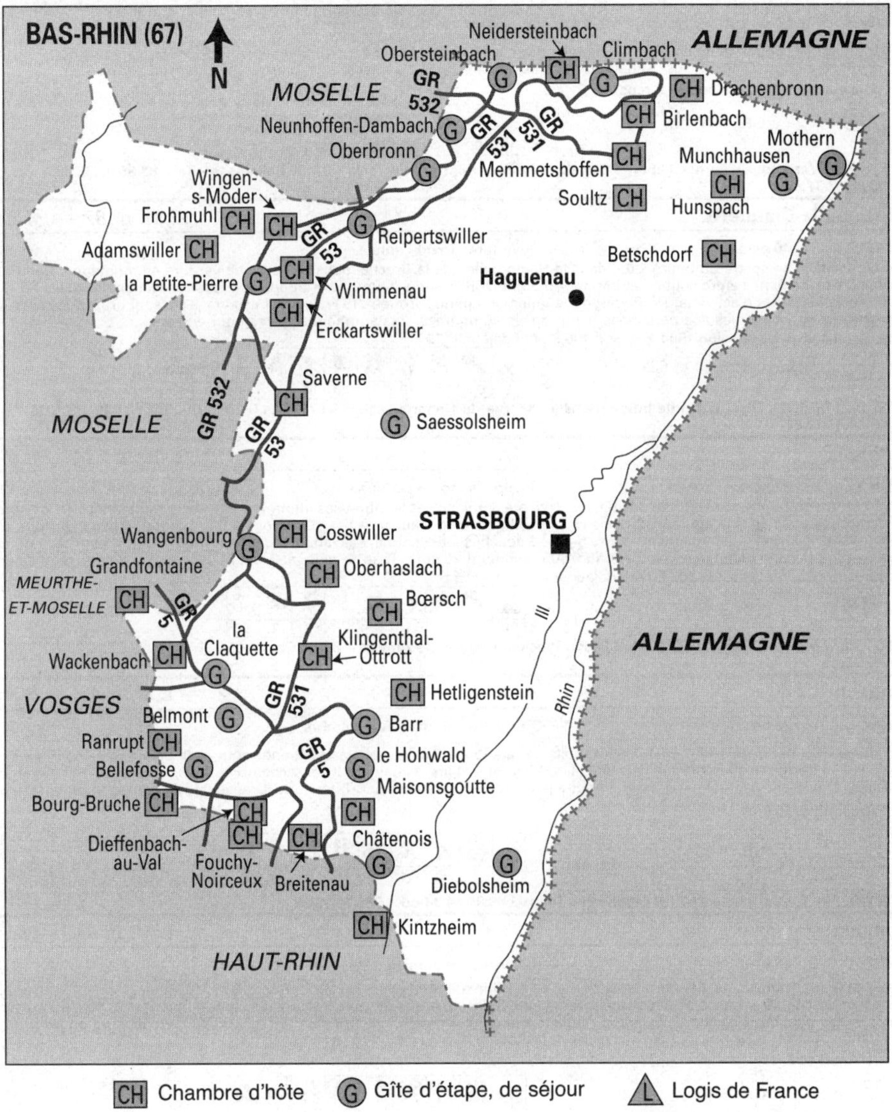

Barr

C.M. n° 87 — Pli n° 15

E.C. NN 10 pers. Ouverture : d'avril à octobre. Alt. : 200 m

Agréable gîte réservé aux randonneurs, situé dans le vignoble avec vue sur la Plaine d'Alsace. Salle commune avec cuisine. Pas de chauffage. A l'ét. : dortoir de 10 lits. Sanitaires communs au camping à la ferme : 3 douches (eau chaude), 3 wc, bacs à laver, lavabos. Loc. ch. d'hôtes + poss. de petits-déjeuners. Abris vélos. Allemand parlé.

Prix : pers.nuit **60 F** petit dejeuner **30 F**

GR : 5/53

25	2	1	SP	SP	15	10	SP	SP	SP

BACHERT Jean-Louis – 35/A, rue du Docteur Sultzer – 67140 Barr – Tél. : 03.88.08.95.89 – Fax : 03.88.08.43.06

Bellefosse

C.M. n° 87 — Pli n° 16

E.C. NN 23 pers. Ouverture : toute l'année sauf lundi après-midi et mardi la journée. Alt. : 750 m

Vue panoramique. Entrée indépendante. A l'étage : dortoir de 12 lits dont 6 superp. Sanitaires : 2 douches (eau chaude), 2 lavabos, wc. Chauffage central. Draps inclus. 5 chambres d'hôtes sont proposées, restauration sur place. Allemand parlé.

Prix : pers.nuit **90 F** 1/2 pension **180 F** repas **85 F**

(A) GR : 531

15	SP	5	5	5	5

WEILBACHER Veronique – Ferme-Auberge Ban de la Roche - 66, rue Principale – 67130 Bellefosse – Tél. : 03.88.97.35.25 – Fax : 03.88.97.37.87

La Broque-la-Claquette

C.M. n° 87 — Pli n° 15

E.C. NN 40 pers. Ouverture : toute l'année. Alt. : 350 m

Etape confortable au centre du bourg situé dans la Haute-Vallée de la Bruche, dans un cadre de verdure en montagne. Centre permanent d'hébergement, centre culturel et loisirs. Adhérent UCRIF, agréé Jeunesse et Sports et Education Nationale. 40 lits en ch. de 2 à 6 lits, cuisine, salles d'activités, TV. Point-phone. Allemand parlé. Groupe : 15 F/pers. Par ailleurs, 9 ch. sont proposées avec sanitaires privatifs et accessibles aux personnes handicapées autonomes. Restauration, activités pour enfants.

Prix : pers.nuit **85 F** 1/2 pension **168 F** pension **195 F** petit dejeuner **25 F**

(TH) GR : 5-53 et 532

2	0,5	2	10	2	20	12	2	68	2	2

FRENE Jean-Michel – Foyer d'Amitie Internationale - 36, rue du General Leclerc – 67570 La Claquette – Tél. : 03.88.97.06.08 – Fax : 03.88.97.12.61

Chatenois

C.M. n° 87 — Pli n° 16

E.C. NN 37 pers. Ouverture : toute l'année. Alt. : 190 m

Situé au centre du bourg, sur la Route des Vins. Excellente ambiance et nombreuses informations pour la randonnée. R.d.c. : grande salle commune avec cuisine équipée (2 coins-cuisson, cheminée/grillades). A l'ét. : 2 dortoirs 5 lits, 1 dortoir 6 lits, 2 dortoirs 7 lits, 1 dortoir 4 lits, 1 dortoir 3 lits. Allemand parlé. S-sol : 3 douches eau chaude, 5 lavabos, 3 wc. Chauffage. Point-phone. Alimentation et restauration dans la commune. Du 01/11 au 01/05 minimum 20 pers. Taxe de séjour : 2 F/pers./jour. Agréé Jeunesse et Sports.

Prix : pers.nuit **62 F** 1/2 pension **137 F** petit dejeuner **20 F** repas **55 F**

(TH) GR : 5-53

4	2	SP	1	SP	SP	2	3	SP

SIGRIST Jean-Marie – 98, rue du Marechal Foch - President du Cercle Aloysia – 67730 Chatenois – Tél. : 03.88.92.26.20 ou 03.88.82.05.41

Climbach

C.M. n° 87 — Pli n° 2

E.C. NN 23 pers. Ouverture : de mars à novembre. Alt. : 350 m

Au 1er étage d'un bâtiment communal. 1 petite salle de réunion et 2 salles de classe. Grande cour avec préau. Salle commune, cuisine. 23 lits en dortoir et chambres : 1 dortoir 11 lits, 1 chambre 4 lits, 1 chambre 3 lits, 2 chambres 2 lits, 1 chambre 1 lit. Sanitaires : 2 douches, 4 lavabos, wc. Allemand parlé. Chauffage central (sauf chambres). Téléphone. Draps 10 F. Restauration au village.

Prix : pers.nuit **45/50 F**

GR : 5-53

5	7	9	0,5	15	SP	5	15	9	SP

JAUTZY Irene – 5, rue Neuve – 67510 Climbach – Tél. : 03.88.94.44.38 ou 03.88.94.43.73

Dambach

C.M. n° 87 — Pli n° 2

E.C. NN 16 pers. Ouverture : toute l'année. Alt. : 250 m

Annexe de la commune dans un endroit très calme, en bordure de forêt avec vue sur les massifs forestiers et le rocher « Geierfels ». Espace vert avec table et bancs. Petite chapelle attenante. Salle à manger, cuisine intégrée équipée. 4 dortoirs (16 lits). Rangements. 2 douches eau chaude, 2 lavabos, wc indép. Anglais, allemand parlés. Chauffage central. Accueil de randonneurs ou de groupes. Restauration : épicier à Dambach, pain sur place, restauration au village.

Prix : pers.nuit **40 F**

GR : 5-53

15	10	20	SP	15	SP	SP	10	SP

RUMMEL – 16/A Neudoerfel – 67110 Dambach – Tél. : 03.88.09.23.13

Diebolsheim

C.M. n° 87 — Pli n° 6

E.C. NN 27 pers. Ouverture : toute l'année. Alt. : 135 m

Dans village fleuri, à prox. du Rhin. Activités : p-pong, jeux de société, biblio., abris-vélos, canoë-kayak sur le Rhin. Location de gîtes et ch. d'hôtes. Grande salle avec cheminée et grande cuisine équipée, 3 dortoirs à l'étage pour 27 pers (1 de 5 pers., 1 de 7 pers., 1 de 15 pers.). 2 douches (eau chaude), 4 lavabos, 2 wc. Allemand parlé. Draps 35 F. Chauffage central en sus. Possibilité restauration par traîteur. Taxe de séjour incluse. Groupe : 1200 F.

Prix : pers.nuit **45 F** petit dejeuner **20 F**

18	13	10	0,3	2	30	30	15	13	SP

DECOCK Albert – 85, rue Jean de Beaumont – 67230 Diebolsheim – Tél. : 03.88.74.80.59 – Fax : 03.88.74.66.72

Le Hohwald
C.M. n° 87 — Pli n° 16

E.C. NN 30 pers. Ouverture : toute l'année. Alt. : 600 m

Gîte situé à l'entrée du village, à prox. de la forêt et au-dessus d'une grande salle communale. A l'étage : salle commune, cuisine équipée, 4 dortoirs dont 2 à 8 lits, 1 à 10 lits, 1 à 4 lits. Chauffage électrique en sus. (12 F). R.d.c. : 5 wc, 3 douches eau chaude, 3 lavabos. Téléphone. Allemand parlé. Activités sur place : mini-golf, tir à l'arc. Station climatique. Restauration : petits commerces alimentaires et fermes-auberges au village.

Prix : pers.nuit **51 F**

GR : 5-53 et 531

14	14	SP	SP	SP	SP	SP	0,5	10	SP

LE MAIRE DU HOHWALD – Mairie - Concerne Gîte d'Etape – 67140 Le Hohwald – Tél. : 03.88.08.33.47

Mothern
C.M. n° 87 — Pli n° 3

E.C. NN 10 pers. Ouverture : toute l'année. Alt. : 200 m

Gîte de séjour situé proche du Rhin et piste cyclo-touristique. Aménagé sous les combles d'une petite maison indép. abritant un gîte rural au r.d.c. 5 ch. mansardées dont 4 en enfilade avec cuisine équipée. 2 douches, 2 lavabos, wc séparés. Ch. élect. Cuisine au r.d.c. avec coin-repas, Point-phone. Draps inclus. L-linge. Allemand parlé. Barbecue et salon de jardin collectifs. Espace vert, parking. Proximité voie ferrée. Trafic durant la journée environ 5 trains, réduit le week-end.

Prix : pers.nuit **80 F** petit dejeuner **25 F**

15	0,5	0,5	0,3	0,5	0,5	30	0,5	20	SP	SP

BAUMANN Francis – 7, rue du Haut-Village – 67470 Mothern – Tél. : 03.88.94.60.26 ou 03.88.86.11.99 – Fax : 03.88.86.11.99

Munschhausen
C.M. n° 87 — Pli n° 3

E.C. NN 30 pers. Alt. : 110 m

Gîte de séjour situé en bordure de village sur piste cyclotouristique, au bord du Rhin. 6 ch. (2 lits 1 pers.), 6 ch. (3 lits 1 pers. dont 1 superp.), 1 douche, 1 lavabo, 1 kitchenette avec plaque électronique et réfrigérateur chacune. L-linge dans buanderie. 4 wc dans le couloir. Allemand parlé. Parkings, espace vert, terrasse 45 m^2, salle 100 m^2, coin-cuisine. Draps inclus. Ch. central. Barbecue, terrain de jeux à proximité. Tarif dégressif selon la durée. Groupes : organisation soirée tarte flambée sur demande pour groupe. Prix semaine indiqué par pers.

Prix : pers.nuit **100 F** 1/2 pension **175 F** pension **225 F** petit dejeuner **25 F** repas **50 F** semaine **511 F**

TH

15	0,5	0,5	0,3	0,5	0,5	30	0,5	20	SP	SP

BAUMANN Francis – 7, rue du Haut-Village – 67470 Mothern – Tél. : 03.88.94.60.26 ou 03.88.86.11.99 – Fax : 03.88.86.11.99

Oberbronn
C.M. n° 87 — Pli n° 3

E.C. NN 29 pers. Ouverture : du 15 mars au 15 novembre. Alt. : 300 m

Gîte bon confort dans la maison du camping « Eichelgarten », dans un cadre magnifique en lisière de forêt avec vue panoramique sur les massifs forestiers. R.d.c. : salle commune, cuisine. Et. : 1 dortoir 3 lits, 2 à 13 lits, lavabo, wc. Sous-sol : 6 lavabos, 3 douches, 2 wc, sanitaires suppl. si nécéssaire. Lave et sèche-linge. Tél. Ch. élect. Allemand parlé. Gîte entier : 1470 F. Taxe de séjour 1 F/jour/pers. Nombreuses activités sur place : mini-golf 8 F, tennis 20 F/pers./jour, parcours de santé, bibliothèque.

Prix : pers.nuit **49 F**

GR : 5-53 et 531

SP	0,4	SP	3	0,4	3	3

Camping Municipal Eichelgarten – LEINGANG Christelle - Gerante – 67110 Oberbronn – Tél. : 03.88.09.71.96

Obersteinbach
C.M. n° 87 — Pli n° 3

E.C. NN 25 pers. Ouverture : toute l'année sauf janvier. Alt. : 290 m

Gîte de bon confort dans une ancienne grange en grès des Vosges. R.d.c. : cuisine équipée, coin-repas, petite salle adjacente avec accès direct sur la pelouse, terrasse, bel espace ombragé pour jeux de plein air, abri-vélos, p-pong. Parking communal. 2 cab. de toilette. Et. : 3 dortoirs 4 à 14 lits, 2 douches, 2 lavabos. Allemand parlé. Ch. bois et élect. Gîte destiné à accueillir des randonneurs ou des groupes : petits séminaires, réunion de famille ou d'amis, séjours, classes transplantées : agrément Jeunesse et Sports. Village en bordure des forêts (G532). Loc. draps 20 F. Groupes 1125/1500 F.

Prix : pers.nuit **50/55 F** petit dejeuner **27/40 F** repas **38/85 F**

TH GR : 5-53 et 531

15	4,5	SP	2	4,5	SP	10	15	20	10

BERRING-FLAIG Evelyne – 29, rue Principale – 67510 Obersteinbach – Tél. : 03.88.09.55.26 – Fax : 03.88.09.55.26

Obersteinbach
C.M. n° 87 — Pli n° 3

E.C. NN 14 pers. Ouverture : toute l'année. Alt. : 290 m

Gîte aménagé à l'étage de la mairie, près de la forêt. R.d.c. : grande salle commune, cuisine collectivité (location sur demande). A l'ét. : 2 dortoirs (6 lits), 1 ch. (2 lits), cuisine. 1 douche, lavabo, wc. Ch. élect. GR532. Activités cheval, stage, séjour. Draps 5 F. Allemand parlé. Loc. grande salle en mairie (03.88.09.55.06). Gîte entier : 500 F/nuit. Village entouré de forêts, rochers remarquables, ruines du Petit Arnsberg (XIIIe - XIVe siècles), station verte au centre du Parc Naturel Régional. Restaurants. Agréé Jeunesse et Sports.

Prix : pers.nuit **45 F** petit dejeuner **20 F** pension cheval **35/50 F**

GR : 5-53 et 531

15	4,5	SP	2	2	SP	10	15	20	10

HOFMANS Johan – 44, rue Principale (Mairie) - Responsable Gîte de Sejour – 67510 Obersteinbach – Tél. : 03.88.09.56.84

Obersteinbach

C.M. n° 87 — Pli n° 3

E.C. NN 25 pers. Ouverture : toute l'année sauf en janvier. Alt. : 290 m

Dans une ancienne grange en grès des Vosges, entourée d'un grand jardin clos, gîte de bon confort. Terrasse avec tables et bancs, abri-vélos. R.d.c. : cuisine équipée, coin-repas, petite salle adjacente, 2 wc et lavabos. Et. : 3 dortoirs (1 de 14 lits, 1 de 7 lits et 1 de 4 lits), 2 douches et 2 lavabos. Allemand parlé. Ch. élect. en suppl. Espaces verts pour jeux. GR532. Tarif de base/jour : samedi 14 h à dimanche 16 h. Tarif de base/nuit : étape de 17 h à 10 h. Poss. repas et pique-niques. Agréé DDJS. Sur même terrain que prop. Au milieu du village, forêts. Groupes : 1125/1500 F. Loc. draps : 20 F.

Prix : pers.nuit **45/50 F** petit dejeuner **25/40 F** repas **30/85 F**

GR : 5-53 et 531

15	4,5	SP	2	4,5	SP	10	15	20	10

BERRING-FLAIG Evelyne – 29, rue Principale – 67510 Obersteinbach – Tél. : 03.88.09.55.26 – Fax : 03.88.09.55.26

La Petite-Pierre

C.M. n° 87 — Pli n° 13

E.C. NN 20 pers. Ouverture : toute l'année. Alt. : 300 m

Gîte d'étape de bon confort situé à l'entrée de la ville fortifiée au cœur du Parc Naturel Régional des Vosges du Nord. Parking, aire de jeux à prox., espace vert. 2 dortoirs de 10 lits superposés, grande salle à manger, cuisine équipée. 2 lavabos, douches, eau chaude, wc pour chaque dortoir. Ch. élect. compris. Allemand parlé. Nombreuses visites : musées, château, église du XVe siècle, fortifications, parc animalier, GR532. Agréé Jeunesse et Sports. Remise des clefs : « Restaurant du Château », rue du Château - 03.88.70.45.18.

Prix : pers.nuit **50 F**

GR : 5-53 et 532

10	3	SP	SP	SP	15	SP

LE MAIRE - RESP. MME S. RUMMLER – BP13 - 22, rue Principale – 67290 La Petite-Pierre – Tél. : 03.88.70.45.30 – Fax : 03.88.70.42.02

Reipertswiller

C.M. n° 87 — Pli n° 13

E.C. NN 28 pers. Ouverture : tous les week-ends et jours fériés + toute l'année sur réservation. Alt. : 250 m

Gîte situé au pied du château de Lichtenberg, dans la vallée du Kiesbächel. Aire de jeux enfants. Grill, terrasse, salon de jardin. Agréé Jeunesse et Sports. 7 ch. (28 lits), cuisine équipée, salle à manger. 2 blocs sanitaires et douches. Chauffage. Poss. 1/2 pension (+ 8 pers.) sur résa. Allemand parlé. Pré clos. Taxe de séjour comprise. Salle de jeux, location de draps, TV câblée, abri-vélos, accueil de cavaliers. Point-phone. Tél. du gîte : 03.88.89.94.06. Enf. - 12 ans : 35 F/nuit. Loc. draps : 15 F.

Prix : pers.nuit **45 F** 1/2 pension **130 F** petit dejeuner **20 F** pension cheval **20 F**

GR : 5-53 et 532

8	6	2	0,8	0,8	SP	SP	SP	8	0,8

WOLF Arthur – 2 A, rue des Ecoles - Responsable – 67340 Reipertswiller – Tél. : 03.88.89.98.87

Saessolsheim

C.M. n° 87 — Pli n° 14

E.C. NN 19 pers. Ouverture : toute l'année. Alt. : 200 m

Gîte de séjour situé au centre du village, en face de l'église du XIIe s. et aménagé sur deux niveaux dans une maison contiguë à celle du prop. 3 ch. (3 ou 4 lits). 1 ch. (8 lits). Cuisine équipée. Grand séjour avec cheminée, donnant sur une cour intérieure. 2 s. d'eau (douche, lavabo, wc chacune), wc suppl. au 1er ét. Allemand parlé. Ch. central en suppl. Tél. Gîte complet (max. 15 pers.) : 800 F/jour. Au delà : supplément de 40 F/pers/jour.

9	10	10	10	6	6

ORLANDI HOHL Nicole – 62, rue Principale – 67270 Saessolsheim – Tél. : 03.88.70.55.24

Wangenbourg-Engenthal

C.M. n° 87 — Pli n° 14

E.C. NN 15 pers. Ouverture : toute l'année. Alt. : 400 m

Situé en bordure du torrent de la Mossig au pied des massifs du Wolfsberg, du Grand Rosskopf et du Schneeberg, au cœur du + grand massif forestier des Vosges, paradis de la randonnée. R.d.c. : grande salle commune/coin-cuisine équipé. Et. : 1 dortoir (15 lits superp.), 2 douches, 4 lavabos, 2 wc. Allemand parlé. Ch. au bois (10 F/pers./jour). Tél. Poss. de camping, guide nature, biblio. Situation : GR532. A proximité des pistes de VTT (location) du Schneeberg, du stade VTT de la Schleif et du Relais Equestre. Taxe de séjour : 2 F/pers.

Prix : pers.nuit **45 F** petit dejeuner **25 F**

GR : 53 et 531

13	0,5	1,5	SP	SP	1	SP	17	SP

CLODONG Liliane – Refuge du Grand Tetras - 2, Impasse des Papillons – 67710 Wangenbourg-Engenthal – Tél. : 03.88.87.34.34 – Fax : 03.88.87.32.06

Wangenbourg-Engenthal

cv *C.M. n° 87 — Pli n° 14*

E.C. NN 41 pers. Ouverture : toute l'année sauf du 15/01 au 31/01 et du 10/12 au 28/12. Alt. : 600 m

Maison de vacances au calme, en bordure de forêt et avec belle vue panoramique sur la station verte de vacances. R.d.c. : salle à manger, salon, TV, cheminée, séjour. Sur 2 ét. : 3 ch. (1 lit 2 pers.), 7 ch. (2 lits 1 pers.), 7 ch. (3 lits 1 pers.). 3 s. d'eau, 1 s.d.b., 5 wc. Lavabo chacune. Loc. draps 20 F. Ch. central. Point-phone. Jeux société. Repas servis par le gérant. Espace vert aménagé, pelouse, pétanque, portique, terrasse avec préau, salle de jeux (musculation, p-pong). Tél. gérant : 03.88.87.30.36. Groupe (max. 20 pers.) : 165 F/pers./jour. Taxe de séjour : 2 F/pers./jour.

Prix : pers.nuit **60 F** 1/2 pension **150 F** pension **95/180 F** petit dejeuner **25 F** repas **70 F**

GR : 5-53 et 531

13	0,5	1,5	SP	SP	40	SP	0,2	17	1

WALASTER Rene – 41, route du Panorama – 67710 Wangenbourg-Engenthal – Tél. : 03.88.87.30.36

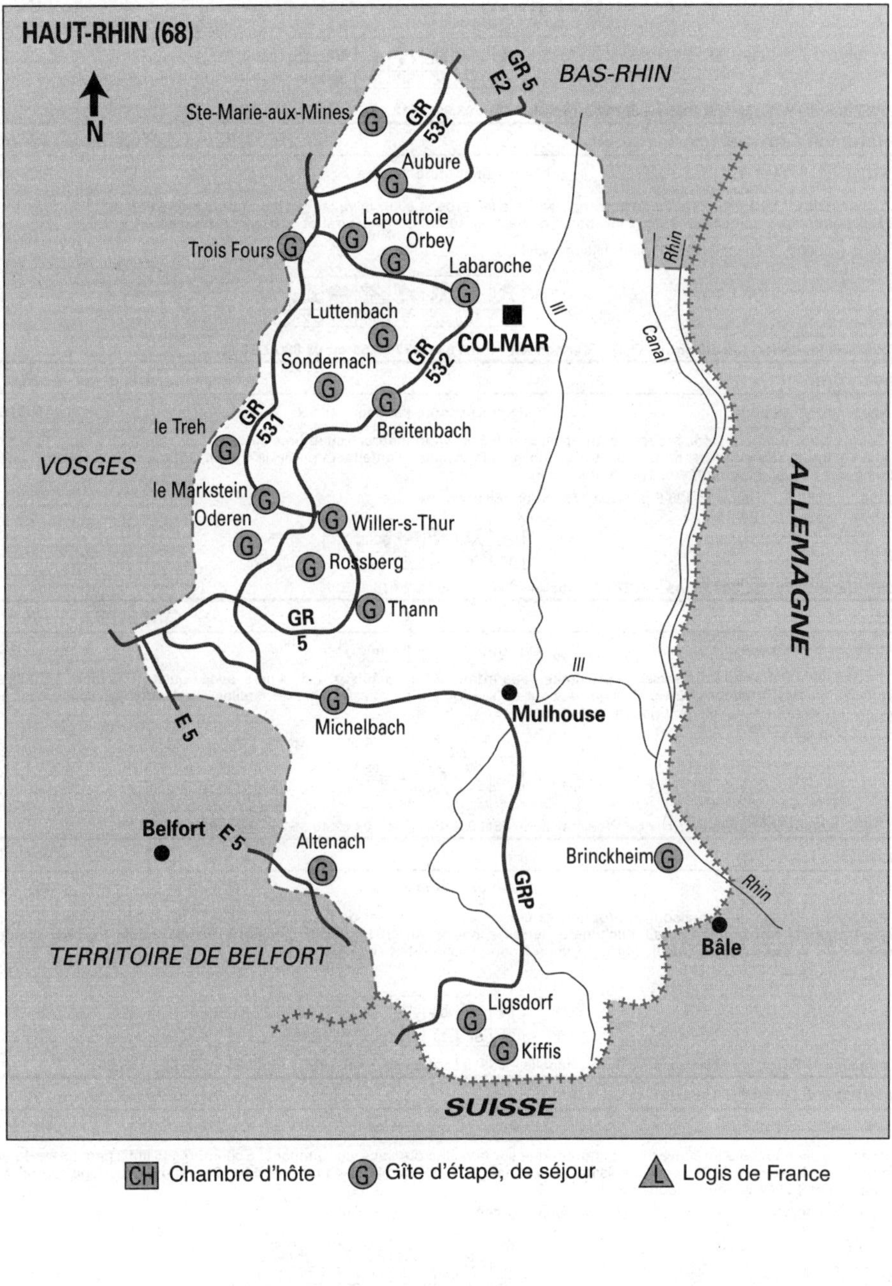

CH Chambre d'hôte   G Gîte d'étape, de séjour   L Logis de France

Altenach *C.M. n° 87 — Pli n° 20*

E.C. NN 28 pers. Ouverture : toute l'année. Alt. : 325 m

Gîte d'étape situé sur une exploitation équestre. 2 dortoirs (1 de 12 lits et 1 de 16 lits). Sanitaires au rez-de-chaussée et à l'étage. Egalement 1 gîte rural et 4 chambres d'hôtes sur place. Superbes balades dans le Sundgau.

Prix : pers.nuit **55 F** 1/2 pension **165 F** petit dejeuner **25 F**

Ⓐ GR : E5

4	4	SP	SP	SP	12	4

PHILIPP Edgard – 4 rue Sainte-Barbe – 68210 Altenach – Tél. : 03.89.25.12.92

Breitenbach Christlesgut *C.M. n° 87 — Pli n° 17*

E.C. NN 14 pers. Ouverture : toute l'année. Alt. : 880 m

Gîte d'étape faisant face à la crête du Kastelberg, avec une superbe vue sur la vallée, en limite de clairière et forêt. 1 dortoir (14 lits). Cuis. Salle à manger. 2 douches. 2 wc. 2 lavabos. Ch. élect. et au bois. 1 gîte rural et 3 ch. d'hôtes sur place.

Prix : pers.nuit **60 F** 1/2 pension **150 F** petit dejeuner **25 F**

Ⓐ GR : 5 et 532

10	10	SP	5	SP	10	2

DISCHINGER Frederic – Christlesgut – 68380 Breitenbach – Tél. : 03.89.77.53.56 ou 03.89.77.51.11

Brinckheim *C.M. n° 87 — Pli n° 9*

E.C. NN 19 pers. Ouverture : toute l'année. Alt. : 260 m

Gîte d'étape à vocation équestre, accueil de groupes, familles et randonneurs. 3 chambres de 4 lits, 1 chambre de 6 lits et 1 chambre de 1 lit à l'étage. Accès aux pers. handicapées. Cuisine et salle. Accueil d'enfants (à partir de 8 ans). Organisation de promenades et randonnées à cheval. Prix/nuit/pers. avec draps : 65 F.

Prix : pers.nuit **50 F** 1/2 pension **125 F** pension **175 F** repas **50 F**

(TH)

10	SP	SP	4	4

GINDER Gerard – 10 rue des Fleurs – 68870 Brickheim – Tél. : 03.89.68.29.15

Kiffis *C.M. n° 87 — Pli n° 20*

E.C. NN 12 pers. Ouverture : toute l'année. Alt. : 550 m

Gîte d'étape situé dans le Jura Alsacien, à proximité de la frontière franco-suisse. 1 ch. 4 pers. avec douche et lavabo, 2 ch. 2 pers., 1 dortoir, 2 douches, 4 lavabos, 2 wc. Cuisine. Accueil de randonneurs équestres (boxes, stalles), pédestres et cyclo. Poss. petit-déjeuner. 3 restaurants au village. Egalement 1 gîte.

Prix : pers.nuit **60 F**

12	SP	SP	30	12

WALTHER Jean et Dominique – 1 rue de Wolschwiller – 68480 Kiffis – Tél. : 03.89.40.35.25 – Fax : 03.89.40.44.38

Labaroche La Chapelle *C.M. n° 87 — Pli n° 17*

E.C. NN 10 pers. Ouverture : toute l'année. Alt. : 750 m

Gîte équestre à l'étage de la maison du propriétaire entourée de prairies et de forêts. 1 ch. (2 lits 2 pers. 2 lits 1 pers.), 1 ch. (1 lit 2 pers.), 1 séjour (1 convertible 2 pers.). Kitchenette, terrasse, balcon, jardin, barbecue, parking. 2 lavabos, 1 douche, 1 wc, chauffage électrique. VTT sur place. Tarif calculé sur la base de 5 pers. Poss. forfait semaine.

Prix : pers.nuit **55 F**

SP	SP	20	8

ORLY Jacques – Ranch de l'Hacienda - 267, la Chapelle – 68910 Labaroche – Tél. : 03.89.49.86.39 ou 06.08.54.65.55

Lapoutroie Etang-du-Devin *C.M. n° 87 — Pli n° 17*

E.C. NN 43 pers. Ouverture : toute l'année. Alt. : 950 m

Gîte d'étape isolé en pleine forêt avec vue panoramique sur la plaine d'Alsace, comprenant : 6 chambres (5 lits 2 pers., 3 lits 1 pers.), 2 dortoirs (1 de 10 pers., 1 de 20 pers.). 1 cuisine, salle à manger avec cheminée. 4 douches, 5 wc, 8 lavabos. Chauffage central. Salle de séminaire et TV. Réservation souhaitée.

Prix : pers.nuit **50/75 F** 1/2 pension **130/155 F** pension **180/200 F** petit dejeuner **30 F**

Ⓐ GR : 5

10	7	20	SP	1	7	20	1,5

BRUNSTEIN-BEDEZ Therese – Etang du Devin – 68650 Lapoutroie – Tél. : 03.89.47.20.29

Ligsdorf

C.M. n° 87 — Pli n° 10

E.C. NN 24 pers. Ouverture : vacances scolaires et week-ends. Alt. : 700 m

Gîte d'étape près de Ferrette, dans le massif du Jura Alsacien. 2 ch. 4 pers. 1 ch. 6 pers. 1 dortoir 10 pers. Poss. de cuisiner. Salle commune de 45 places. Douches, lavabos, wc. Poss. loc. draps/sacs de couchage. Poss. camping (places limitées), pétanque, volley-ball, balançoire, quilles sur place.

Prix : pers.nuit **30 F**

5	SP	10	20	5

UNION « LES AMIS DE LA NATURE » – Section de Saint-Louis - rue de la Birgmatt – 68480 Ligsdorf – Tél. : 03.89.68.20.41 ou 03.89.40.45.57

Luttenbach

C.M. n° 87 — Pli n° 17

E.C. NN 18 pers. Ouverture : toute l'année. Alt. : 420 m

Gîte d'étape entouré de forêt avec vue sur la vallée de Munster. 3 chambres de 4, 6 et 8 lits 1 personne. Salle à manger. Cuisine. Chauffage électrique. 2 salles d'eau. Prix indicatifs 97.

Prix : pers.nuit **50 F**

3	3	25	SP	SP	2	10	3	1

SCHNEIDER Philippe – Chemin de Baechle 119 – 68140 Luttenbach – Tél. : 03.89.77.13.04

Le Markstein

C.M. n° 87 — Pli n° 18

E.C. NN 44 pers. Ouverture : toute l'année sur réservation. Alt. : 1240 m

Gîte d'étape dans un chalet situé sur les chaumes du Markstein dominant la vallée de Guebwiller, superbe vue sur la plaine d'Alsace et sur le Grand Ballon. 6 dortoirs (1 de 24 pers., 5 de 2 à 10 lits). 6 wc, 5 douches. 2 salles de réunion. Salle de séjour.

Prix : pers.nuit **90 F** 1/2 pension **140 F** pension **170 F** petit dejeuner **20 F**

(TH) GR : 5 et 532

28	SP	10	SP	20	5

CHALET LE POINT – 68610 Le Markstein – Tél. : 03.89.82.63.35 – Fax : 03.89.38.22.09

Le Markstein

C.M. n° 87 — Pli n° 18

E.C. NN 60 pers. Ouverture : week-ends et vacances scolaires. Alt. : 1050 m

Gîte d'étape comprenant : 9 chambres de 3 à 6 lits, 1 dortoir de 9 lits, 1 dortoir de 10 lits, 1 dortoir de 8 lits. Salle de séjour, grande cuisine équipée. 2 douches, 3 lavabos, 4 wc, 4 urinoirs, 2 cabines de toilette. Chauffage central. Vente de boissons sur place. 30 F/enfant.

Prix : pers.nuit **40 F**

GR : 5 et 532

25	25	SP	20	SP	20	5

REFUGE DU TREH – B.P.1084 - 68051 Mulhouse Cedex – 68610 Le Markstein – Tél. : 03.89.51.10.29 ou 03.89.82.65.06

Michelbach Domaine-Saint-Loup

C.M. n° 87 — Pli n° 19

E.C. NN 24 pers. Ouverture : toute l'année. Alt. : 350 m

Gîte d'étape dans un immense domaine avec jardin, parc et étangs privés de 4 ha. Maison comprenant : 1 ch. 1 pers., lavabo. 7 ch. 2 pers. (4 avec lavabo et 3 avec douche). 3 ch. 3 pers., lavabo. Cuisine, salle à manger, 3 salles de douches, 3 wc. L-linge. Ch. élect. Abri pour 9 chevaux. Repas éco : 65 F. Repas Saint-loup : 92 F. Nuitée à partir de 60 F. VTT, tir à l'arc, pêche, équitation, étang de baignade de 1 ha. sur place. Repas à partir des produits de la ferme, fruits, poissons, gibier.

Prix : pers.nuit **60 F** petit dejeuner **27.50 F** repas **65/92 F**

(A)

3	10	SP	SP	SP	25	7	1

DE REINACH Bernard – Domaine Saint-Loup – 68700 Michelbach – Tél. : 03.89.82.53.45

Moosch

C.M. n° 87 — Pli n° 18

E.C. NN 34 pers. Ouverture : d'avril à octobre les week-ends et en juillet et août. Alt. : 1000 m

Gîte d'étape dans un refuge situé sur le massif protégé du Rossberg (non accessible en voiture). 2 dortoirs (14 et 20 lits). Cuisine. Salle à manger. 1 douche, 3 wc. Accès par la route Joffre (D146).

Prix : pers.nuit **40 F**

GR : 5 et 532

20	20	SP	10	20	6

SKI CLUB MULHOUSE – Refuge du Rossberg - 72 rue Principale – 68130 Obermorschwiller – Tél. : 03.89.07.88.03 ou 03.89.38.90.11

Oderen Ferme-du-Bergenbach

C.M. nº 87 — Pli nº 18

E.C. NN 15 pers. Ouverture : toute l'année. Alt. : 800 m

Gîte de séjour sur l'exploitation agricole pouvant accueillir 2 familles ou un groupe jusqu'à 15 pers. 5 chambres sur 2 étages (de 2 à 5 lits). 2 coin-repas, 2 cuisines aménagées, salle de séjour collective. 3 douches, 3 lavabos et 4 wc.

Prix : pers.nuit **60 F** petit dejeuner **20 F**

6	SP	8	6

KAPP Marlene – 2 A, Bergenbach - Ferme du Bergenbach – 68830 Oderen – Tél. : 03.89.38.74.16

Orbey Busset

C.M. nº 87 — Pli nº 17

E.C. NN 27 pers. Ouverture : toute l'année. Alt. : 600 m

Gîte d'étape au 1er étage d'une ferme, dans un site calme et agréable sur un plateau dominant la vallée, à 1 km du village. Salle à manger commune, cuisine (sauf petit déjeuner). 2 ch. 2 pers. avec lavabo. 4 ch. 2 pers. avec lavabo et douche, 3 ch. 5 pers. avec lavabo, douche et wc à l'extérieur. Chauffage central. 2 gîtes et 6 chambres d'hôtes sur place.

Prix : pers.nuit **110/125 F**

GR : 531 et 5

1	10	SP	3	SP	20	1

BATOT Fabienne – 33 Ferme du Busset – 68370 Orbey – Tél. : 03.89.71.22.17 – Fax : 03.89.71.22.17

Sainte-Marie-aux-Mines

C.M. nº 87 — Pli nº 16

E.C. NN 40 pers. Ouverture : vacances scolaires et week-ends. Alt. : 1050 m

A 3,5 km du Col des Bagenelles, le refuge des Amis de la Nature est situé au pied du Brézouard, vue superbe sur Ste-Marie-aux-Mines et le fond du Val d'Argent. 40 places en dortoirs de 4, 6 et 10 lits. Salle d'eau (4 douches, lavabos, 3 wc). 2 salles de séjour. Cuisine équipée. Ferme-auberge sur place. Prix indicatifs 97. En hiver, accès à ski de fond ou à pied depuis le Col des Bagenelles.

Prix : pers.nuit **36 F** petit dejeuner **18 F**

GR : 5 et 532

3	3	20	SP	3	15	SP	15	2

UNION TOUR. LES AMIS DE LA NATURE – B.P. 74 – 68160 Sainte-Marie-aux-Mines – Tél. : 03.89.47.21.73 ou 03.89.73.12.79

Sondernach Rothenbrunnen

C.M. nº 87 — Pli nº 18

E.C. NN 25 pers. Ouverture : vacances scolaires et week-ends. Alt. : 1160 m

Gîte d'étape au sommet du massif du Petit-Ballon comprenant : 3 chambres de 4 lits, 1 chambre de 6 lits, 1 chambre de 8 lits, 1 chambre de 12 lits (superposés). 6 lavabos, 1 douche et 2 wc. 1 cuisine et 1 salle à manger.

Prix : pers.nuit **35 F**

SP	SP	12	10

LES AMIS DE LA NATURE – Rousseau Sylvie - Refuge de Rothenbrunnen – 68380 Sondernach – Tél. : 03.89.48.00.36 ou 03.89.77.39.77

Stosswihr Refuge-des-Trois-Fours

C.M. nº 87 — Pli nº 17

E.C. NN 39 pers. Ouverture : toute l'année. Alt. : 1200 m

Gîte d'étape situé à proximité de la Route des Crêtes. R.d.c. : salle hors-sac, 4 douches, 4 wc, vestiaire pour skis et chaussures. Etage : salle commune et cuisine collective, 1 ch. 5 pers. Combles : 3 ch. 4 pers., 1 dortoir 22 pers., 1 wc + lavabo. Restauration (32 places) et ferme-auberge (spécialités locales) à 50 m. Groupe : 50 F/pers./nuit. Aire de pique-nique aménagée à l'extérieur. Accessible en voiture l'été.

Prix : pers.nuit **62 F**

SP	SP	39	16

CLUB ALPIN FRANCAIS – Refuge des Trois Fours - Trois Fours – 68140 Stosswihr – Tél. : 03.89.77.32.59

Thann

C.M. nº 87 — Pli nº 19

E.C. NN 20 pers. Ouverture : toute l'année. Alt. : 340 m

Gîte d'étape situé au centre de la ville de Thann, à proximité immédiate du GR5. 3 dortoirs (10 x 2 lits superp.) au 1er étage du bâtiment. Salle commune avec coin-cuisine. 4 douches, 4 lavabos, 5 wc. Pour les petits-déjeuners et la restauration consulter l'association. Gîte complet 20 pers. : 700 F. Cuisine : 5 F/pers. Loc. de draps : 20 F/pers.

Prix : pers.nuit **45 F**

GR : 5

1	1	SP	0,5	SP

ASSOCIATION CERCLE SAINT-THIEBAUT – 22 rue Kleber – 68800 Thann – Tél. : 03.89.37.59.60 – Fax : 03.89.37.94.03

Willer-sur-Thur

C.M. n° 87 — Pli n° 18

E.C. NN 18 pers. Ouverture : du 15 avril à fin octobre + les week-ends en hiver. Alt. : 1250 m

Gîte d'étape situé sur la route des crêtes entre les sommets du Grand Ballon et du Storkenkopf. 2 dortoirs (1 de 12 lits 1 pers. et 1 de 6 lits 1 pers.). Sanitaires à l'étage. Douche. Chauffage électrique. Spécialités : tourte, omelette, lard fermier, fromage de Munster, tartes maison.

Prix : pers.nuit **40 F** 1/2 pension **135 F** pension **200 F** petit dejeuner **30 F**

Ⓐ GR : 5 et 532

20	20	SP	SP	20	20

KRAGEN Remy – Ferme-Auberge du Haag – 68760 Willer-sur-Thur – Tél. : 03.89.76.87.62 ou 03.89.82.63.85

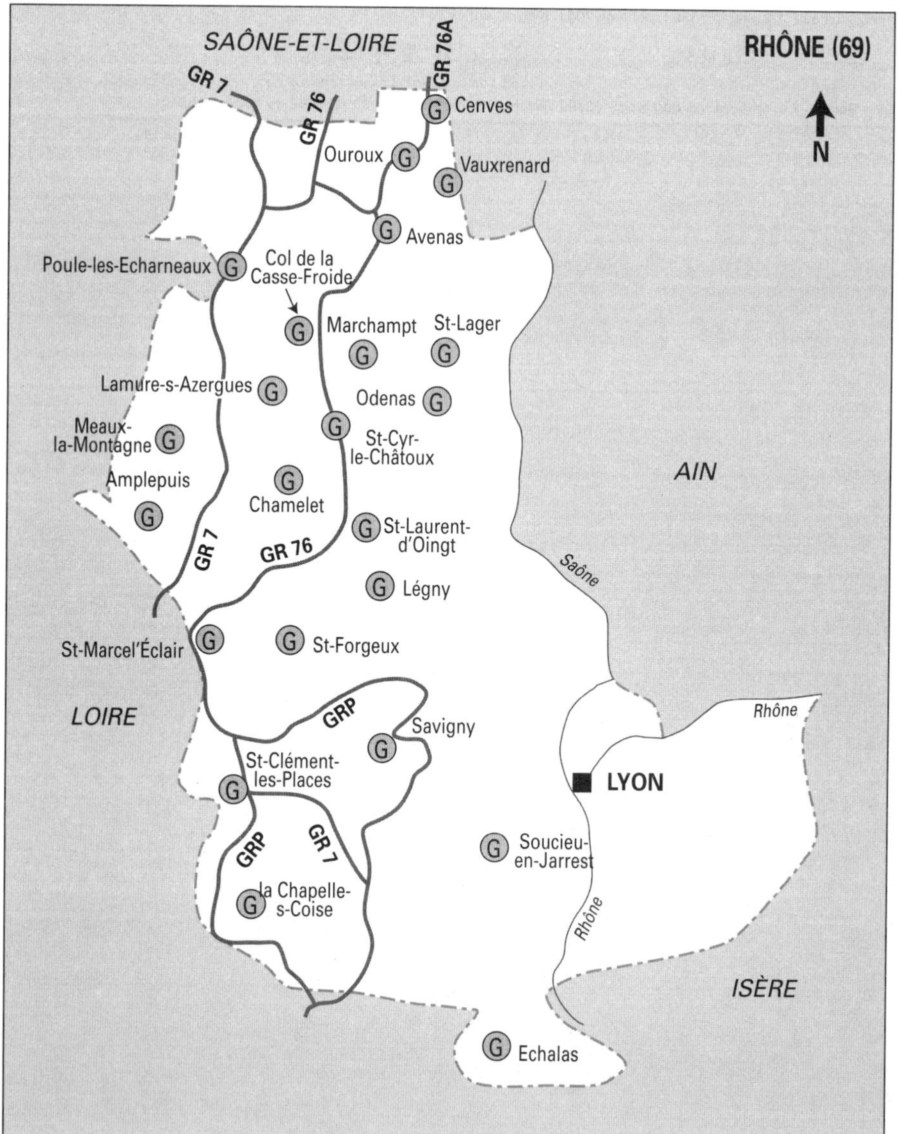

CH Chambre d'hôte G Gîte d'étape, de séjour L Logis de France

Amplepuis Les Trois-Pins
C.M. n° 244 — Pli n° 1

E.C. NN 13 pers. Ouverture : de février à novembre. Alt. : 680 m

Gîte d'étape de caractère, en pleine campagne et bois. Rez-de-chaussée : cuisine, salle de séjour. 1 dortoir (9 lits 1 pers.), 1 ch. (4 lits), 1 salle de bains/wc, 1 cabinet de toilette/wc. Chauffage électrique (supplément 10 F en hiver). Possibilité de repas (+ de 4 pers. sur réservation). Possiblité accueil de chevaux. Groupe : 55 F.

Prix : pers.nuit **65 F** 1/2 pension **140 F** petit dejeuner **20 F** repas **75 F** pension cheval **15/25 F**

(TH) GR : 7

6	4	SP	6	0,5	6	4	4

HOPPENOT Sylvie et Alban – Les Trois Pins - Haras de Goutellon – 69550 Amplepuis – Tél. : 04.74.89.03.08 – Fax : 04.74.89.03.08

Avenas
C.M. n° 244 — Pli n° 2

12 pers. Ouverture : toute l'année. Alt. : 700 m

Gîte d'étape (60 m²). Rez-de-chaussée : séjour avec coin-cuisine, salle commune, sanitaires complets. 1 dortoir (12 lits) en mezzanine. Chauffage poêle à bois. Aménagement type refuge. Possibilité repas du soir et accueil de cavaliers.

Prix : pers.nuit **45 F** petit dejeuner **25 F** repas **65 F**

(TH)

6	SP	6	3	23	10

CALLOT Michelle et Laurent – Le Bourg – 69430 Avenas – Tél. : 04.74.69.90.82

Cenves
C.M. n° 244 — Pli n° 2

42 pers. Ouverture : toute l'année. Alt. : 600 m

Gîte de séjour/d'étape dans un bâtiment neuf en bois. R.d.c. surélevé : grand séjour (100 m²) avec coin-salon et cheminée, cuisine, cabinet de toilette (wc, lavabo) acc. pers. hand., 1 partie indép. avec 1 ch. 2 lits, cuisine, séjour, wc. Et. : 4 douches, 4 lavabos, 4 wc avec l-mains, 8 ch. (4 lits superp.), 4 ch. (2 lits superp.). Ch. élect. 2 l-vaiss. Publi-phone. Poss. restauration, location de draps. Locaux techniques. Terrasse, espace de loisirs. Poss. de séjours à thème. Etape sur réservation. Au cœur du petit village de Cenves, vous serez accueillis par Mme Paquié.

Prix : pers.nuit **40 F** petit dejeuner **20 F** repas **40/65 F**

(TH)

22	10	SP	SP	7	3	SP	7	10	12	7

MAIRIE DE CENVES – Le Bourg – 69840 Cenves – Tél. : 04.74.04.60.92 – Fax : 04.74.04.61.61

Chamelet Ferme-de-la-Vieille-Route
C.M. n° 244 — Pli n° 2

26 pers. Ouverture : toute l'année. Alt. : 400 m

Gîte de séjour et d'étape de 200 m² situé dans une ancienne ferme rénovée, de caractère, mitoyenne à la maison du propriétaire (agriculteur). R.d.c. : séjour, cuisine, sanitaires. Et. : salle d'activités, séjour, 2 dortoirs (6 et 8 lits), 3 ch. (4 lits 1 pers. chacune), ch. central. L'été, hébergement sous 3 tipis (6 à 8 pers.). Accueil chevaux. Très facile d'accès, à 1 km environ de la D485. Sur place : petite rivière. Location d'ânes bâtés. Poss. accueil classes vertes. Agrément Jeunesse et Sports. Forfait week-end : 75 F/pers.

Prix : pers.nuit **50 F**

20	20	2	SP	16	SP	SP	20	2

APRUZZESE/MEUNIER Antoine et Marick – Ferme-Relais de la Vieille Route – 69620 Chamelet – Tél. : 04.74.60.12.24 – Fax : 04.74.60.12.31

La Chapelle-sur-Coise La Guinandiere
C.M. n° 244 — Pli n° 2

12 pers. Ouverture : toute l'année. Alt. : 790 m

Gîte de séjour et d'étape situé dans un corps de bâtiment comportant la maison du prop. Accès et terrain indépendants. R.d.c. : 1 ch. (4 lits 1 pers. superp.). S. d'eau/wc. Et. : grand séjour/coin-cuisine avec vue magnifique, poêle à bois et charbon. 2 ch. (4 lits 1 pers. superp. chacune), lavabo. S. d'eau, wc. Chauffage électrique et bois. Terrain devant le gîte, pré. Accueil de chevaux au pré. Anne-Francoise et Yves, musiciens, vous proposent stages musique tous niveaux. Table d'hôtes sur réservation. Poss. salle de travail (musique, séminaire.)

Prix : pers.nuit **60 F** petit dejeuner **10 F** repas **40/50 F** semaine **1800/2000 F** week-end **1000 F**

(TH)

6	5	0,5	SP	6	6	SP	30	5

DROUET A-Francoise et Yves – La Guinandiere – 69590 La Chapelle-sur-Coise – Tél. : 04.78.44.47.42

Echalas Ferme-de-Prejeurin
C.M. n° 244 — Pli n° 2

E.C. NN 15 pers. Ouverture : de mai à fin septembre. Alt. : 380 m

Gîte d'étape situé dans un corps de bâtiments comprenant la maison des propriétaires. R.d.c. : cuisine, séjour. Etage : 2 dortoirs (15 lits). Sanitaires complets, chauffage à bois, téléphone. Possibilité accueil chevaux. Possibilité hébergement complémentaire sous tipies.

Prix : pers.nuit **50 F** 1/2 pension **150 F** pension **220 F** petit dejeuner **20 F** repas **70 F** pension cheval **20 F** week-end **140 F**

(TH)

SP	7	7

MICHAT et BARBATI Virginie et Gabriel – Ferme de Prejeurin – 69700 Echalas – Tél. : 04.72.24.50.24

Lamure-sur-Azergues Panissieres

C.M. n° 244 — Pli n° 2

13 pers. Ouverture : toute l'année. Alt. : 383 m

Gîte de séjour situé dans un ensemble de bâtiments comportant plusieurs logements. R.d.c. : hall, cuisine, salle de séjour, wc. Et. : 4 ch. (3 de 3 lits 1 pers., 1 de 4 lits 1 pers.), sanitaires complets, ch. central. Terrain aménagé et parc de 2,5 ha. Prix hiver incluant chauffage et ménage. Poss. étape et location de salles. Prix semaine selon la saison.

Prix : pers.nuit **45 F** pension **117/127 F** semaine **1530/2550 F** week-end **816/984 F**

TH

25	3	SP	25	25	3	25	25	3

MAISON FAMILIALE DES 4 VALLEES – Panissieres – 69870 Lamure-sur-Azergues – Tél. : 04.74.03.05.48

Legny La Ferme-des-Granges

C.M. n° 244 — Pli n° 2

30 pers. Ouverture : toute l'année. Alt. : 350 m

Situé dans corps de bâtiments comportant la maison du prop. et un gîte rural. Et. : 2 dortoirs (12 et 8 lits), s. d'eau (1 douche, 2 wc, 3 lavabos). A l'ét. supérieur : 5 ch. (2 lits 1 pers. dont 1 avec 1 lit superp.), 2 douches, 3 lavabos, 1 wc, coin-salon avec canapé. Nuit dortoir complet : 400/600 F et 5 ch. : 950 F. Ch. central. Prise TV. Poss. de salle à manger commune attenante. Point-phone. Terrain, jeu de boules. Accueil de cavaliers, de classes vertes. Agrément Jeunesse et Sports.

Prix : petit dejeuner **22 F** repas **65/100 F**

A

14	15	2	SP	1,5	SP	SP	20	14	3

FOURNAND Arlette et Rene – La Ferme des Granges – 69620 Legny – Tél. : 04.74.71.68.53 ou 04.74.71.82.67

Marchampt Bonnevay

C.M. n° 244 — Pli n° 2

E.C. NN 8 pers. Ouverture : du 1er avril au 31 octobre. Les week-ends de novembre à mars. Alt. : 700 m

Dans un cadre superbe, Evasion Beaujolaise, centre national de VTT vous accueille dans son gîte de séjour, dans un bâtiment ancien rénové, de caractère. R.d.c. : sanitaires complets. Et. : 4 lits superp. (8 pers.). Ch. central. Vous pourrez prendre vos repas ou petits-déjeuners dans un cadre campagnard. Poss. séjours à thème pour adultes et enfants. Location VTT, hébergement en chalets-gîtes de 6 lits (12 pers.) et 2 ch. Accueil chevaux. Poss. petit-déjeuner sportif (36 F), panier pique-nique (40 F). Renseignez-vous.

Prix : pers.nuit **60 F** 1/2 pension **150 F** pension **210 F** petit dejeuner **26 F** pension cheval **20 F**

A

20	SP	SP	SP	23	15	7

EVASION BEAUJOLAISE Mm. Gidrol/Tardy – Bonnevay – 69430 Marchampt – Tél. : 04.74.02.06.84 – Fax : 04.74.02.03.29

Marchampt

C.M. n° 244 — Pli n° 2

10 pers. Ouverture : toute l'année sauf vendanges. Alt. : 360 m

Au centre du petit bourg de Marchampt, M. et Mme Mera, viticulteurs vous accueillent dans leur gîte de séjour et d'étape de 80 m². R.d.c. : séjour, cuisine, 1 wc. Et. : 3 ch. (1 ch. 6 pers. avec 3 lits superp., 1 ch. 1 lit 2 pers., 1 ch. 3 pers. avec 1 lit superp., 1 lit enf.). Lavabo et douche dans chacune. Ch. élect. Terrasse et terrain commun. Draps 30 F. Très facile d'accès. Dégustation et vente de vins à la propriété. Poss. location du gîte à la semaine ou au week-end, renseignez-vous. 10 F/jour supplémentaire.

Prix : pers.nuit **55 F** semaine **1900 F** week-end **600/900 F**

GR : 76 et 7

15	15	SP	SP	4	15	SP	15	10

MERA – Le Bourg – 69430 Marchampt – Tél. : 04.74.04.32.94

Marchampt Les Rebois

C.M. n° 244 — Pli n° 2

14 pers. Ouverture : toute l'année sauf vendanges. Alt. : 400 m

Gîte d'étape et de séjour dans maison mitoyenne à l'exploitation viticole, à prox. immédiate de la maison du prop. Et. : séjour/coin-cuisine, cheminée, l-vaiss. 1 dortoir (3 lits superp.), 1 douche et 2 lavabos. 1 dortoir (2 lits superp.), 1 douche, 2 lavabos. 2 wc indép. Et. superieur : 1 ch. (1 lit 2 pers. 1 lit superp.), 1 douche, 1 lavabo. Chauffage central. Poss. local technique et accueil chevaux. Location de draps 30 F. Terrain non clos donnant sur les vignes. Possibilité dégustation et vente de vins à la propriété. 10 F/jour supplémentaire.

Prix : pers.nuit **55 F**

18	35	1	SP	4	25	SP	18	6

CHEMARIN Lucien – Les Rebois – 69430 Marchampt – Tél. : 04.74.04.37.11

Meaux-la-Montagne

C.M. n° 244 — Pli n° 2

E.C. NN 25 pers. Ouverture : toute l'année. Alt. : 650 m

Gîte communal. Accès indép. R.d.c. : séjour (50 m²), cuisine équipée prof., local technique, 2 wc, lavabos. 1er ét. : salle réunion (40 m²), lavabo. 2e ét. : 2 dortoirs (3 lits superp. chacun), 6 lavabos, 2 wc, 2 douches. 3e ét. : 2 ch. (3 et 2 lits superp.), douche, wc, 2 lavabos. 4é ét. : 2 ch. avec lavabo (1 lit 1 pers. 2 lits 1 pers.), douche, wc. L-vaiss. Ch. central. Tél. Poss. repas. Terrain arboré clos commun avec le GR. Poss. accueil classes vertes. Agrément Jeunesse et Sport. Poss. tarifs adaptés, renseignez-vous. A prox. du lac des Sapins, corps de bâtiments comprenant 1 gîte rural et 1 salle d'animation.

Prix : pers.nuit **50/67 F**

8	SP	8	8	8	8	10	6

MAIRIE DE MEAUX-LA-MONTAGNE – 69550 Meaux-la-Montagne – Tél. : 04.74.89.63.39 ou 04.74.89.61.50 – Fax : 04.74.89.61.51

Odenas Les Roches-Bleues

c✗v *C.M. n° 244 — Pli n° 2*

16 pers. Ouverture : toute l'année sauf vendanges. Alt. : 300 m

Gîte d'étape et de séjour situé sur une exploitation viticole, aménagé dans un bâtiment récent comportant le gîte et une partie agricole. Gîte à l'étage avec accès de plain-pied : cuisine, séjour, 3 chambres (2 ch. de 4 lits 1 pers. chacune, 1 ch. de 3 lits superp. et 2 lits 1 pers.), 2 wc, 2 douches, 4 lavabos. Ch. élect. Terrain non clos. Location de draps. Poss. dégustation et vente à la propriété.

Prix : pers.nuit **55 F**

8	15	2,5	SP	10	10	2	SP	8	2,5

LACONDEMINE Christiane et Dominique – Les Roches Bleues – 69460 Odenas – Tél. : 04.74.03.43.11

Ouroux

c✗v *C.M. n° 244 — Pli n° 2*

43 pers. Ouverture : toute l'année. Alt. : 480 m

Maison d'accueil de 350 m^2 située dans le village d'Ouroux. Rez-de-chaussée : cuisine équipée, séjour. Etage : 5 dortoirs et 2 chambres (43 lits), sanitaires complets. Ch. central, salles d'activités de 60 m^2 chacune, poss. de location de salles pour fêtes, tél. Gîte rural à proximité.

Prix : pers.nuit **42/45 F** week-end **65 F**

SP	SP	1	3	31	SP

ANIMATION DES DEUX GROSNES – Ouroux – 69860 Monsols – Tél. : 04.74.04.63.65 ou 04.74.69.91.63

Saint-Clement-les-Places Chez-Henri

c✗v *C.M. n° 244 — Pli n° 2*

14 pers. Ouverture : toute l'année. Alt. : 630 m

Gîte de séjour et d'étape avec terrain clos privatif. R.d.c. : cuisine, salle de séjour, 2 wc. Etage : 3 ch. (14 lits), 2 douches, 3 lavabos. Ch. élect., prises TV et tél. Hébergement chevaux sur place. Vente de produits fermiers. Accueil d'enfants à la ferme. Poss. prix à la semaine. Agrément Jeunesse et sports.

Prix : pers.nuit **50 F**

16	15	SP	7	5	17	6

DECULTIEUX Ginette et Bernard – Chez Henri – 69930 Saint-Clement-les-Places – Tél. : 04.74.26.37.35

Saint-Cyr-le-Chatoux Vers-Boeuf

c✗v *C.M. n° 244 — Pli n° 2*

E.C. NN 14 pers. Ouverture : toute l'année. Alt. : 570 m

Dans un cadre superbe. Accès plain-pied pour 2 ch. dont 1 acc. pers. hand. (3 lits 1 pers. dont 2 superp. dans chacune), sanitaires : douche, lavabo, wc (dans la 1ère ch.) et douche, lavabo (dans la 2e). Etage inférieur : 2 ch. (4 lits 1 pers. dont 2 superp. chacune), douche, lavabo privés, wc communs. Séjour/coin-cuisine non attenant. Terrasse avec vue panoramique. Sur place : expositions peinture. Loc. draps : 25 F. Rosette et Alain vous accueillent dans leur gîte de séjour et d'étape attenant à leur maison.

Prix : pers.nuit **55/65 F** petit dejeuner **25 F** repas **55/115 F** pension cheval **15 F** week-end **75/85 F**

(A)

17	23	3	SP	25	8	23	10	23	8	3

BILOTTA/PIERSON Rosette et Alain – Gîte Auberge la Forestelle - Vers Boeuf – 69870 Saint-Cyr-le-Chatoux – Tél. : 04.74.60.10.03

Saint-Forgeux Chateau-de-Ronziere

c✗v *C.M. n° 244 — Pli n° 2*

E.C. NN 62 pers. Ouverture : toute l'année. Alt. : 600 m

Gîte de séjour aménagé dans grande maison de caractère style château, sur 23 ha. de terrain boisé. R.d.c. : hall, cuisine professionnelle, salle de séjour/salle à manger, salles de travail. 1er et 2e ét. : 18 ch. (2 à 5 lits chacune), lavabo, sanitaires complets. Ch. central, point-phone. Accueil séminaires, stages, classes vertes. Poss. accueil chevaux. Association Le Clos Val/Centre de vacances adhérent UFCV. Agrément Jeunesse et Sports. Prix variables en fonction du nombre de pers.

Prix : 1/2 pension **140/235 F** pension **170/265 F**

(TH)

SP	3	SP	3	10	10

GOUJON Eve et Jean-Claude – Chateau de Ronziere – 69490 Saint-Forgeux – Tél. : 04.74.05.61.02

Saint-Lager

c✗v *C.M. n° 244 — Pli n° 2*

17 pers. Ouverture : toute l'année sauf l'hiver. Alt. : 300 m

Gîte d'étape de confort sommaire situé dans le bourg et mitoyen à la maison des prop. (viticulteurs). R.d.c. : séjour/petit coin-cuisine. Sanitaires : 3 douches, 2 wc, 4 lavabos. Etage : 2 dortoirs (10 et 7 lits 1 pers. superp.). Petit-déjeuner inclus dans le prix. Poss. loc. draps. Très facile d'accès. Sur place : gîte rural. Restaurant au village.

Prix : pers.nuit **50 F**

5	5	2	SP	5	5	1	SP	5	5	1

VINCENT Guillemette et J.Paul – Place de la Poste – 69220 Saint-Lager – Tél. : 04.74.66.85.06 – Fax : 04.74.66.73.18

Saint-Laurent-d'Ointgt Le Berthier

cv *C.M. n° 244 — Pli n° 2*

8 pers. Ouverture : toute l'année. Alt. : 300 m

Gîte d'étape sur une exploitation agricole au Pays des Pierres Dorées, dans le prolongement de la maison des prop. Accès indépendant. R.d.c. : salle commune, séjour/cuisine. Et. : dortoir (8 lits 1 pers.). Sanitaires non attenants sous porche (douche, lavabo, wc). Ch. par poêle à bois. Grande cour non fermée, coin-sable, balançoire, terrain. Accueil de cavaliers. Réservation conseillée. Supplément 10 F/journée en hiver.

Prix : pers.nuit **35 F**

15	17	3	SP	15	3	0,2	1,5	3

JOURDAIN Blandine et Pascal – Le Berthier – 69620 Saint-Laurent-d'Oingt – Tél. : 04.74.71.74.21

Saint-Marcel-l'Eclaire

C.M. n° 244 — Pli n° 1

E.C. NN 10 pers. Ouverture : toute l'année. Alt. : 570 m

Gîte de séjour situé au r.d.c. d'une maison ancienne rénovée comprenant d'autres logements à l'étage. Cuisine, séjour, 2 ch. (1 de 6 lits 1 pers., 1 de 4 lits 1 pers.), sanitaires complets, bon confort. Ch. élect., prise TV, tél. à carte. Terrain non clos, place du bourg avec parking, poss. accueil randonneurs sur réservation, parc pour chevaux à proximité. Prix nuit/pers. + draps : 60 F.

Prix : pers.nuit **45 F**

SP	SP	SP	3	3

MAIRIE DE ST-MARCEL-L'ECLAIRE Resp : Mme Perret – Le Bourg – 69170 Saint-Marcel-l'Eclaire – Tél. : 04.74.63.11.41

Savigny Combe-Ribost

cv *C.M. n° 244 — Pli n° 2*

16 pers. Ouverture : toute l'année Alt. : 450 m

Gîte de séjour de caractère dans une ancienne ferme rénovée, le logement du propriétaire est mitoyen. R.d.c. : séjou/coin-cuisine (l-linge, l-vaiss., congélateur, m-ondes), cheminée. 3 douches, 2 wc, 5 lavabos. Et. : 4 ch. (2 ch. 1 lit 2 pers., 2 lits superp.), 1 ch. (4 lits 1 pers.), 1 ch. (4 lits 1 pers. dont 2 superp.), 1 wc. Ch. élect. Prise TV. Grande terrasse avec vue magnifique, salons de jardin, cour commune fermée (balançoire, ping-pong). Nombreuses poss. de balades sur place, à prox. de l'Arbresle. Idéal pour un séjour ou un week-end en famille. Groupe : 1500 F.

Prix : pers.nuit **45/60 F**

4	30	4	SP	4	20	30	10	3

FERRAND Marie-Jo et Gilles – Combe Ribost – 69210 Savigny – Tél. : 04.74.01.22.98

Soucieu-en-Jarrest

cv *C.M. n° 244 — Pli n° 2*

E.C. NN 27 pers. Ouverture : toute l'année. Alt. : 360 m

Gîte de séjour de 240 m² situé dans un bâtiment récent. Accès indépendant. R.d.c. : cuisine, séjour. 3 ch. (4 lits chacune), sanitaires complets. Et. : 1 dortoir (15 lits), wc, lavabos, ch. central, tél. Sur place : mini-golf, jeux d'enfants. Possibilité d'accueil de classes vertes et cavaliers. Agrément Jeunesse et Sports. Nombreux loisirs à proximité.

Prix : pers.nuit **50 F** pension cheval **24/45 F** week-end **70 F**

SP	SP	SP	5	1,5

BUISINE Jocelyne et Gilles – Chemin du Garon – 69510 Soucieu-en-Jarrest – Tél. : 04.78.05.06.33 ou 06.07.44.38.66

Vauxrenard Le Moulin-du-Prince

cv *C.M. n° 244 — Pli n° 2*

13 pers. Ouverture : toute l'année sauf vendanges. Alt. : 530 m

Marie et Bernard (viticulteurs) vous accueillent dans leur gîte d'étape situé à 1 km du Col de Durbize, avec vue imprenable sur le vignoble beaujolais. Et. : séjour/cuisine (22 m²), dortoir (7 lits 1 pers.), s. d'eau, wc indépendants. Ch. central. Dans une partie annexe non attenante : dortoir (6 lits 1 pers.), douche, wc, 5 lavabos non attenants. Grande cour commune. Poss. dégustation et vente de vins à la propriété. Idéal pour une étape en Beaujolais. Poss. accueil de chevaux. Forfait famille, renseignez-vous. Poss. location de salles à la commune. Supplément draps : 30 F. Forfait week-end : 100 F/pers.

Prix : pers.nuit **55 F** petit dejeuner **20 F** pension cheval **15 F**

17	15	1,8	SP	10	SP	15	15	8

MATHIEU Marie et Bernard – Le Moulin du Prince – 69820 Vauxrenard – Tél. : 04.74.69.92.20 – Fax : 04.74.69.92.20

Vauxrenard Voluet

cv *C.M. n° 244 — Pli n° 2*

12 pers. Ouverture : toute l'année sauf vendanges. Alt. : 380 m

Myriam et Marc (viticulteurs) vous accueillent dans leur gîte de séjour, mitoyen à leur maison de caractère. R.d.c. : grand séjour (40 m²) avec coin-cuisine, poêle à bois. Douche, wc, lavabos. Et. : 2 dortoirs (6 lits superp.), douche, lavabos, wc. Ch. central et élect. Poss. de location draps. Bon confort. Terrain non clos avec partie privative, salon de jardin. Poss. dégustation et vente de vins à la propriété. Idéal pour une étape ou un séjour en Beaujolais.

Prix : pers.nuit **60 F** semaine **2400 F** week-end **1300 F**

20	20	2,5	SP	10	SP	8	4

CANARD Myriam et Marc – Voluet - Domaine des Vignes du Paradis – 69820 Vauxrenard – Tél. : 04.74.69.91.34

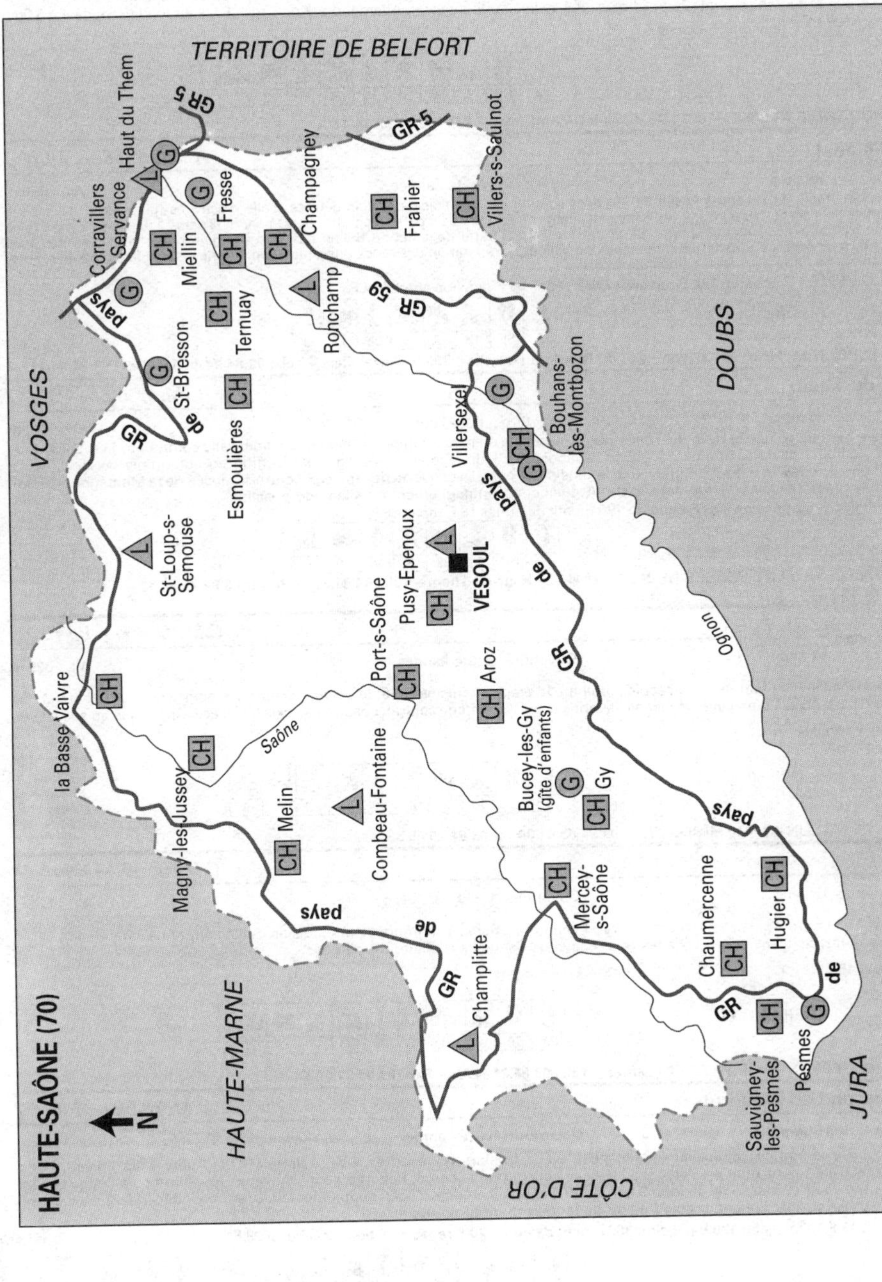

CH Chambre d'hôte
G Gîte d'étape, de séjour
L Logis de France

Bouhans-les-Montbozon

C.M. n° 66 — Pli n° 16

10 pers. Ouverture : toute l'année sauf septembre. Alt. : 256 m

Gîte d'étape situé dans un centre d'accueil. Coin-cuisine, salle à manger commune. Douches, lavabos, wc. 2 chambres de 4 et 6 pers. avec lavabos et lits superposés. 7 stalles pour chevaux. Tarif groupe pour 5 pers. (l'hiver). Supplément chauffage en hiver. Prix groupe : 50 F. Hébergement cheval : 15 F. 3 boxes et 4 stalles pour chevaux. Allemand parlé. Gîte : 18 lits au total (5 ch. de 4 à 5 lits).

Prix : pers.nuit **50/65 F** pension cheval **40 F**

4	SP	9	SP	SP	15	15	7	23	4

ASSOCIATION FOLLE AVOINE – 70230 Bouhans-les-Montbozon – Tél. : 03.84.92.34.44

Corravillers

C.M. n° 66 — Pli n° 7

40 pers. Ouverture : toute l'année. Alt. : 650 m

Dans ancienne colonie de vacances : salle de vie avec coin-repas, coin-cuisine et coin-détente. Salle d'activités (ping-pong, fléchettes). R.d.c. : 1 dortoir de 6 pers., 2 douches, 2 wc, 8 lavabos. Etage : 2 dortoirs de 6 pers., 1 ch. de 3 pers. 1 ch. de 2 pers., 2 douches, 2 wc, 7 lavabos. 1 ch. de 5 pers. avec sanitaires privés. Situé dans le Parc Naturel Régional du Ballon des Vosges environnant le plateau des 1000 étangs. Aire de jeux éclairée à 50 m (pétanque, jeux de ballons). Préparation des repas poss. par prop. Ferme pour enfants (poneys, ânes, chèvres, poules). Anglais, allemand et hollandais parlés.

Prix : pers.nuit **100 F** 1/2 pension **160 F** pension **220 F** repas **65 F** pension cheval **45 F**

(TH) GR : 7

3	SP	12	12	3	35	12	3

BURDORF-SCHEERDER Pieke et Kariena – Col du Mont de Fourche – 70310 Corravillers – Tél. : 03.84.94.45.94 – Fax : 03.84.94.41.55

Le Haut-du-Them

C.M. n° 66 — Pli n° 7

E.C. NN 30 pers. Ouverture : toute l'année. Alt. : 560 m

Gîte d'étape à 2 km du village le Haut-du-Them, dans une vallée de la montagne vosgienne. Cuisine, salle commune. 1 ch. 3 lits, 1 ch. 11 lits, 1 ch. 16 lits. 2 blocs sanitaires : douches, lavabos, wc. Pique-nique. Camping. Restauration en autonomie (association ou groupe + 14 pers.). 750 F/24 h pour un groupe de moins de 14 pers. Découverte des milieux naturels. Musée de la Montagne. Possibilité d'accompagnement par un guide naturaliste. Accueil et accompagnement en allemand possible.

Prix : pers.nuit **52 F** 1/2 pension **128 F** pension **188 F** petit dejeuner **16 F** repas **60 F**

(TH)

7	SP	12	35	5	40	30	2

MAISON ENVIRONNEMENT VOSGES DU SUD – 70440 Le Haut-du-Them – Tél. : 03.84.20.46.76 ou 03.84.20.44.42 – Fax : 03.84.20.48.77

Miellin

C.M. n° 66 — Pli n° 7/8

12 pers. Ouverture : toute l'année. Alt. : 625 m

Gîte d'étape dans l'ancien bâtiment de l'école, situé au 1er étage. 1 cuisine/salle de séjour. 1 chambre pour 6 pers. Au 2e étage : un dortoir pour 6 pers. 1 salle d'eau avec douches, lavabos et wc. Chauffage central. Location de skis sur place. Chauffage en sus l'hiver.

Prix : pers.nuit **40/50 F**

GR : 59

SP	2	18	30	SP	50	46	23	30	6

COMMUNE DE MIELLIN – 70440 Miellin – Tél. : 03.84.63.81.34 ou 03.84.20.45.36

Pesmes

C.M. n° 66 — Pli n° 14

E.C. NN 17 pers. Ouverture : toute l'année. Alt. : 215 m

Gîte d'étape : 1 chambre 2 pers., 1 chambre 4 pers., 1 chambre 5 pers., 1 chambre 6 pers. Cuisine. Salle commune (cheminée). Salles d'eau avec lavabos, douches et wc. 2 stalles pour chevaux. Canoë-kayak l'été. GR de Pays.

Prix : pers.nuit **45 F**

GR : P.R

0,5	SP	19	19	0,5	28	SP	17	18	SP

COMMUNE DE PESMES – Mairie – 70140 Pesmes – Tél. : 03.84.31.22.27 – Fax : 03.84.31.20.54

Saint-Bresson Les Maudruts

C.M. n° 66 — Pli n° 7

E.C. NN 14 pers. Ouverture : toute l'année. Alt. : 500 m

Gîte d'étape : salle commune, coin-cuisine. Salle d'eau avec 2 lavabos et 2 douches. 2 wc. 1 dortoir (2 lits 2 pers. 2 lits 1 pers.), 1 dortoir (1 lit 2 pers. 6 lits 1 pers. dont 4 à l'étage) au dessus de la ferme auberge. Hébergements chevaux : en pâture ou à l'attache. Produits de la ferme. Plats cuisinés. Ski de fond 5 km. GR de Pays. 3 chambres 2 pers. supplémentaires (entrée indépendante) avec sanitaires, coin-cuisine et salle à manger au 1er étage de la maison du propriétaire.

Prix : pers.nuit **45 F** 1/2 pension **120 F** pension **180 F** petit dejeuner **20 F** repas **65 F** pension cheval **25 F**

(A)

2,5	SP	12	12	5	19	28	32

BELUCHE Jean et Anne – Les Maudruts – 70280 Saint-Bresson – Tél. : 03.84.94.63.94

C.M. n° 66 — Pli n° 6/7

Villersexel

34 pers. Ouverture : du 1er février au 15 décembre. Alt. : 225 m

4 ch. 5 pers., 2 ch. 5 pers. et 2 ch. 2 pers. Rangements. Lavabos. 2 couvertures/lit. Loc. draps 16 F. Bâtiment 2 parties : 1 partie jour et 1 partie nuit. Grand séjour avec cheminée 50 m² + salle à manger 26 m². Douches froides/chaudes, wc. Cuisine (plaques cuisson, vaisselle, réfrigérateur, congél.). Bancs, tables. Chauffage électrique. Tir à l'arc, canoë-kayak, VTT, mur d'escalade. GR de Pays. Buanderie équipée de machines à laver. Base de loisirs 400 m. 50 F/pers./nuit (17 h à 9 h) et 55 F/pers./nuit (au-delà de ces horaires). Garage en sous-sol pour matériel.

Prix : pers.nuit **50/55 F**

SP	SP	18	SP	SP	10	SP	11	0,7

A.G.D.I.T. – Chapeau Chinois – 70110 Villersexel – Tél. : 03.84.63.40.60 – Fax : 03.84.63.40.60

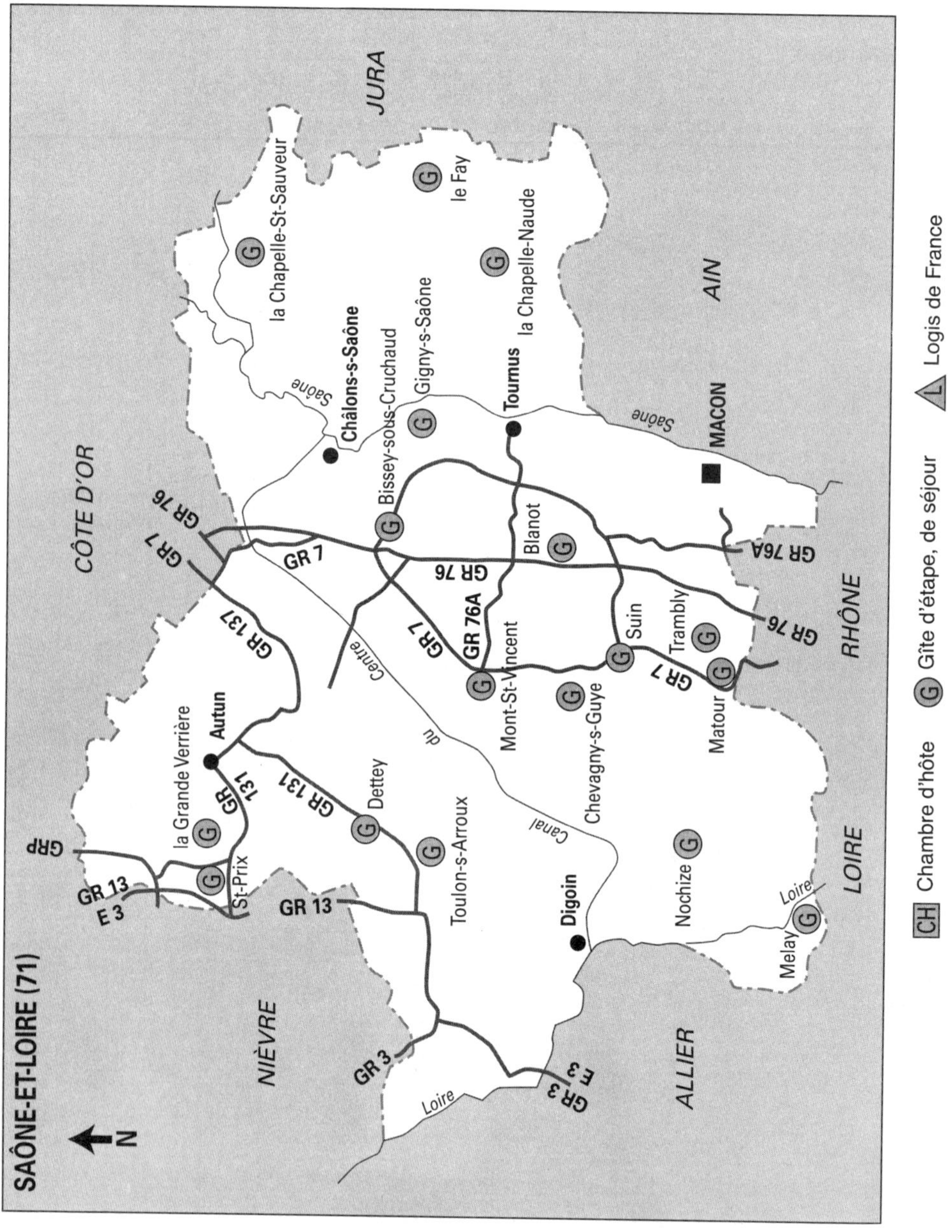
SAÔNE-ET-LOIRE (71)
N
CÔTE D'OR
JURA
AIN
RHÔNE
LOIRE
ALLIER
NIÈVRE
la Chapelle-St-Sauveur
le Fay
la Chapelle-Naude
Gigny-s-Saône
Châlons-s-Saône
Bissey-sous-Cruchaud
Tournus
MACON
Blanot
Mont-St-Vincent
Suin
Trambly
Chevagny-s-Guye
Matour
Autun
la Grande Verrière
St-Prix
Dettey
Toulon-s-Arroux
Digoin
Nochize
Melay
Saône
Loire
Canal du Centre
GR 7
GR 76
GR 76A
GR 137
GR 131
GR 13
GR 3
E 3
GRP
CH Chambre d'hôte
G Gîte d'étape, de séjour
L Logis de France

Bissey-sous-Cruchaud La Chapelle-Saint-Benoit

C.M. n° 69 — Pli n° 19

16 pers. Ouverture : toute l'année. Alt. : 336 m

Gîte de séjour de caractère. Terrasse couverte. 2 chambres avec s.d.b. privée (1 lit 2 pers., 2 lits 1 pers.). 6 petites ch. (1 à 2 lits 1 pers.). Sanitaires communs (2 wc et 3 douches au r.d.c., 2 wc et lavabos à l'étage). Cuisine équipée (l-vaiss., congélateur), salle de séjour (80 m²) avec cheminée. Coin-petit-déjeuner. L-linge. Chauffage central. Accueil chevaux (boxes, prés, carrières). Location de salle possible. Services 5 km. Tourisme équestre sur place.

Prix : pers.nuit **42/50 F**

12	15	5	12	SP	SP	16	17	5

CHAINARD Daniel – La Chapelle Saint-Benoit – 71390 Bissey-sous-Cruchaud – Tél. : 03.85.92.16.01 – Fax : 03.85.92.16.60

Blanot Mont-Saint-Romain

14 pers.

Gîte d'étape situé à proximité d'une auberge sur un site classé comprenant : 2 ch. (2 pers.). Coin-cuisine. Salle à manger. 1 dortoir (4 pers.) et 1 dortoir (6 pers.). 2 douches, 2 wc, 3 lavabos. Ecuries. Stalles à disposition. Local à vélos. Promenade cheval et chevaux sur place. Location VTT. Chauffage électrique d'appoint.

Prix : pers.nuit **50 F**

Ⓐ

6	10	10	SP	SP	20	10	7

SARL MONT-SAINT-ROMAIN – Le Mont Saint-Romain – 71250 Blanot – Tél. : 03.85.33.28.93

La Chapelle-Naude

39 pers. Ouverture : toute l'année.

Gîte de séjour indépendant aménagé dans une ferme bressane du XVIIe siècle. 6 ch. en duplex avec douches, lavabos et wc (dont 2 aménagées pour pers. hand.). 28 lits avec poss. d'extension jusqu'à 39 lits 1 pers. Cuisine équipée. Salle à manger. Chauffage central. Lave et sèche-linge, lave-vaisselle. Point-phone. Anglais et allemand parlés. Chauffage compris. Auditorium et salle de travail possible avec supplément. Terrain de 7 ha. Animations à la demande ou selon calendrier. Pension complète possible.

Prix : pers.nuit **77 F**

0,3	3	3	5	SP	SP	1	4	1

ASSOCIATION LA GRANGE ROUGE – 71500 La Chapelle-Naude – Tél. : 03.85.75.31.75 – Fax : 03.85.76.07.42

La Chapelle-Saint-Sauveur

16 pers. Ouverture : toute l'année.

Ancien presbytère de caractère. R.d.c. : séjour, salle à manger avec cheminée, TV. L-vaiss., coin-salon. Cuisine équipée (35 pers.). Lingerie (l-linge). Congél. 1 ch. (1 lit 2 pers.). S. d'eau, 1 wc acc. pers. hand. Cab. de toilette. Etage : 2 ch. (4 lits 1 pers. chacune), sanitaires indépendants (douches, wc, lavabos). 3 ch. 2 pers. avec cab. de toilette. Douche. WC. Vélos. Services 4 km. Gîte de séjour situé dans un petit village de la Bresse Bourguignonne.

Prix : pers.nuit **35/50 F**

SP	10	0,1	15	4	SP	SP	SP

MAIRIE DE LA CHAPELLE-ST-SAUVEUR – 71310 La Chapelle-Saint-Sauveur – Tél. : 03.85.74.51.23 – Fax : 03.85.74.55.22

Chevagny-sur-Guye

18 pers. Ouverture : toute l'année.

Gîte de séjour dans une ancienne école. R.d.c. : cuisine équipée (l-linge, l-vaiss.), hall d'accueil, coin-repos, séjour (50 m²), 2 douches, 2 wc, 1 lavabo (dont 1 sanit. acc. pers. hand.). Etage : 3 ch. (1 lit 2 pers., 1 lit 1 pers., 4 lits 1 pers. superp.), 1 ch. (6 lits 1 pers. superp. 1 lit 1 pers.). 1 mezz. (6 lits 1 pers.). 4 cab. de toilelle, wc. Cour close. Plan d'eau (plage, jeux d'enfants). VTT. Tir à l'arc 15 km. Téléphone (service restreint). Gîte de séjour situé au cœur des Monts du Charolais.

Prix : pers.nuit **40/60 F**

5	25	5	15	15	SP	10	25	5

MAIRIE DE CHEVAGNY-SUR-GUYE – 71220 Chevagny-sur-Guye – Tél. : 03.85.24.65.87 – Fax : 03.85.24.68.00

C.M. n° 69 — Pli n° 7

Dettey

12 pers. Ouverture : du 1er juin au 27 décembre. Alt. : 526 m

Maison totalement indépendante. Cuisine, 1 dortoir (12 lits 1 pers. superp.), 2 salles d'eau, 2 wc, chauffage électrique, terrain non clos. Rivière 7 km. Randonnées : chemin balisé pour VTT, marcheurs et cavaliers. Services 7 et 12 km. Anglais parlé.

Prix : pers.nuit **45 F**

Ⓐ

7	10	12	10	25	SP	25	12	12

MAIRIE DE DETTEY – 71190 Dettey – Tél. : 03.85.54.57.19 ou 03.85.54.58.71 – Fax : 03.85.54.58.71

Le Fay

35 pers. Alt. : 203 m

Maison de caractère totalement indépendante, aménagée pour groupes. Cuisine équipée. Salle à manger. 8 ch. (2 lits 2 pers., 12 lits 1 pers.). Dortoir. Mezzanine, douches, chauffage électrique, cheminée, coin-TV, l-linge, l-vaiss. Terrain, terrasse. Possibilité de randonnées dans plaine de la Bresse ou Revermont du Jura. Promenades à pied dans campagne. Location de bâteaux (15 km). 2 h de tennis gratuites/jour. Musées, Hôtel Dieu. Ecomusée Pierre-de-Bresse et ses antennes. Chaisiers à Rancy. Thuileries à Varennes-Saint-Sauveur. Point-phone (pièces).

Prix : pers.nuit **30/40 F**

5	10	SP	15	SP	10	30	10	SP

MAIRIE DE LE FAY – 71580 Le Fay – Tél. : 03.85.74.11.31 ou 03.85.74.17.76 – Fax : 03.85.74.11.31

Gigny-sur-Saone L'Eperviere

C.M. n° 69 — Pli n° 10

24 pers. Ouverture : toute l'année. Alt. : 180 m

Maison de caractère, totalement indépendante, au cœur du village proche de la Saône et des forêts. Cadre propice aux promenades, à la pêche. Terrain sportif contigu. Cuisine, salle à manger, séjour, salon, 6 ch. (24 lits 1 pers.), 4 douches, 4 wc, lavabos. Accueil pers. hand. Ch. élect. TV. L-vaiss., l-linge. Tél. Terrain clos, parking. Anglais parlé. Volley, basket sur place. Halte nautique 500 m. Services 7 km. Circuit des églises romanes, châteaux de Cormatin et de Couches. Vignobles de la Côte Chalonnaise. Gîte agréé Jeunesse et Sports.

Prix : pers.nuit **35/50 F**

0,5	7	SP	10	SP	7	9	10	SP

MAIRIE DE GIGNY SUR SAONE – 71240 Gigny-sur-Saone – Tél. : 03.85.44.80.78 ou 03.85.44.16.72

La Grande-Verriere

20 pers. Ouverture : toute l'année.

Cécile et Antoine proposent un gîte d'étape aménagé dans maison rénovée dans le Parc du Morvan. 3 cuisines. 1 dortoir (12 lits 1 pers. superposés). 3 chambres (8 lits 1 pers.), 4 douches et wc. Lave-linge et sèche-linge. Chauffage électrique. Location et circuit VTT sur place. Accueil chevaux. Possibilité table d'hôtes.

Prix : pers.nuit **50 F**

(A)

0,5	15	SP	15	SP	SP	15	15	SP

GUILLON Antoine – Le Bourg – 71190 La Grande-Verriere – Tél. : 03.85.82.52.41

La Grande-Verriere Le Piejus

28 pers. Alt. : 360 m

Ancien corps de ferme facilement accessible par la route, paysage agréable de moyenne montagne. Grande salle de séjour. Coin-détente. 6 ch. 3 à 4 pers. (lits individuels). 2 ch. (1 lit 2 pers., 1 lit 1 pers.). 4 salles d'eau, 1 lavabo dans 1 ch. 3 wc. 2 lavabos supplémentaires. Cuisine équipée. Coin-cuisine à accès libre. Ch. bois et d'appoint dans les ch. Terrain clos aménagé avec équipements de loisirs. Possibilité d'accueil des chevaux au pré. Téléphone à carte. Rivière 1ère catégorie sur place. Stage peinture sur soie sur place. Services à 3 km. Pique-nique : 30/55 F.

Prix : pers.nuit **65 F** petit dejeuner **20/30 F** repas **70/90 F** pension cheval **20 F**

(TH)

SP	15	15	3	15	1	14	3

GONON Bernard – Le Piejus – 71990 La Grande-Verriere – Tél. : 03.85.82.58.37

Matour

38 pers. Ouverture : toute l'année. Alt. : 415 m

Gîte réservé à un seul groupe à la fois, au 1er ét. d'un centre d'accueil (avec ascenseur). 8 ch. 1 ou 2 lits (8 lits 1 pers., 2 lits 2 pers.). 1 ch. (4 lits 1 pers.). 3 dortoirs (1 de 6 lits 1 pers., 2 de 8 lits 1 pers.), cuisine équipée (l-vaiss., lave et sèche-linge). Salle à manger, séjour, TV, magnétoscope. Plateau de sports, aire pique-nique, jardin d'enfants. Etang, mini-golf 300 m. Maison du patrimoine. VTT. Calèche. Sentiers de randonnées. Services sur place. Au cœur d'une station verte de vacances, dans un bourg semi-montagnard, au sud de la Bourgogne.

Prix : pers.nuit **37/42 F**

0,3	0,3	0,3	9	0,3	0,3	15	35	0,5

MAIRIE DE MATOUR – Monsieur Vouillon Eugene - Trecourt – 71520 Matour – Tél. : 03.85.59.70.92 ou 03.85.59.70.20 – Fax : 03.85.59.75.54

Melay

37 pers. Ouverture : toute l'année.

Ancienne cure entièrement restaurée, indép. R.d.c. : cuisine équipée, l-linge, l-vaiss., salle à manger (cheminée), salon détente, 1 ch. avec sanit. acc. pers. hand. 1er ét. : 1 ch. 2 pers., 3 ch. 4 pers., douche, wc, lavabo chacune. 2e ét. : 1 dortoir 12 pers., douches, 1 wc, 3 lavabos et 1 de 8 pers., 1 douche, 1 wc, 2 lavabos. 1 ch. 2 pers. avec sanit. privés. Ch. central. Cour et terrain clos. Circuit VTT. Canoë-Kayak 8 km. Jeux pour enfants.

Prix : pers.nuit **43 F**

1	12	12	7	SP	SP	18	20	SP

MAIRIE DE MELAY – Le Corillier – 71340 Melay – Tél. : 03.85.84.11.98 – Fax : 03.85.84.08.20

Mont-Saint-Vincent La Chatelaine *C.M. n° 69 — Pli n° 18*

Alt. : 610 m

E.C. NN 25 pers.

Gîte de séjour dans une ancienne exploitation agricole à prox. du prop. R.d.c. : salle de détente, 2 salles de séjour dont 1 avec coin-cuisine, bar, cuisine équipée, wc, s.d.b., 1 ch. 2 pers. + sanitaires privés acc. pers. hand. Et. : 2 ch. 2 pers., 2 ch. 4 pers., 1 dortoir 8 pers., 1 mezzanine 3 pers. Anglais parlé. WC, s.d.b. dans chaque ch. L-linge. Terrasse. Parking. Location draps (30 F). Services 1 km. Espace clos et aménagé (jeux).

Prix : pers.nuit **50 F** petit dejeuner **25 F**

GR : 7

8	13	8	8	SP	8	13	1

THERVILLE Nadine et Viviane – La Chatelaine – 71300 Mont-Saint-Vincent – Tél. : 03.85.79.82.47 ou 03.85.79.83.90

Nochize Moulin-de-Vaux *C.M. n° 69 — Pli n° 17*

E.C. NN 35 pers.

Dans un centre de tourisme équestre, gîte d'étape dans un ancien moulin. R.d.c. : accueil sellerie, 1 ch. (1 lit 2 pers., 2 lits 1 pers.) avec douche et wc privés, 2 douches, 2 wc, 2 lavabos. 1er ét. : coin-kitchenette, 2 dortoirs (8 lits 1 pers.). 2e ét. : 1 ch. (1 lit 2 pers.), douche, wc, lavabo. 4 ch. 4 lits, 1 ch. 3 lits, 3 douches, lavabos, wc communs. Services 12 km. Gîte d'étape en bordure de l'Arconce.

Prix : pers.nuit **60 F** pension **245 F** petit dejeuner **25 F** repas **80 F** pension cheval **45 F**

(TH) (A)

SP	12	5	SP	12	SP	12	12

GUYOT DE CAILA Yannick – Moulin de Vaux – 71600 Nochize – Tél. : 03.85.88.31.51 – Fax : 03.85.24.07.96

Saint-Prix La Riviere

16 pers. Ouverture : du 15 janvier au 15 novembre. Alt. : 535 m

Gîte à proximité de la maison du propriétaire. Location pour groupes. R.d.c. : séjour, cuisine, 1 ch. (16 lits 1 pers.), s. d'eau, l-linge, cheminée, ch. élect. en appoint. Rivières, forêts sur place. Site archéologique du Mont Beuvray. Poss. table d'hôtes en 1/2 pension. Services 7 km. Poss. loc. chalet 6 pers.

Prix : pers.nuit **46 F**

SP	22	22	SP	22	SP	35	18	7

ARCELUS Camille – La Riviere – 71990 Saint-Prix – Tél. : 03.85.82.50.85 – Fax : 03.85.82.58.65

Saint-Prix La Riviere

8 pers. Ouverture : du 15 janvier au 15 novembre. Alt. : 535 m

Gîte situé dans la maison du propiétaire. 1er étage : séjour/coin-cuisine, 2 ch. (1 lit 2 pers., 5 lits 1 pers., 1 lit enfant). 2 salles d'eau, TV. Chauffage central. Lave-linge, lave-vaisselle. Poneys sur place. Terrain clos. Rivière, forêts sur place. Site archélologique du Mont-Beuvray. Services 7 km.

Prix : pers.nuit **58 F** 1/2 pension **140 F**

(TH)

SP	22	22	SP	22	SP	35	18	7

ARCELUS Camille – La Riviere – 71990 Saint-Prix – Tél. : 03.85.82.50.85 – Fax : 03.85.82.58.65

Serley *C.M. n° 70 — Pli n° 3*

Alt. : 220 m

E.C. NN 20 pers.

Gîte de séjour dans une maison indépendante de caractère dans petit village fleuri, typique de la Bresse Bourguignonne. Cuisine, séjour, salle à manger, salon. 6 ch. 2 pers., 2 ch. 4 pers. Salle d'eau et wc pour chaque chambre. L-linge. L-vaiss. TV. Ch. central gaz et convecteurs à l'ét. R.d.c. et 1er ét. : 1 ch. accessible aux pers. hand. Parc arboré. Terrasse. Pétanque sur place. Salles d'activités à proximité. Restaurant à 50 m.

Prix : pers.nuit **35/50 F**

0,2	SP	SP	12	SP	SP	4	SP

MAIRIE DE SERLEY – 71310 Serley – Tél. : 03.85.76.12.40 – Fax : 03.85.76.16.75

Suin Les Bois-de-Vaux

30 pers. Alt. : 450 m

Gîte d'étape, ferme équestre dans un ensemble de bâtiments. R.d.c. et 1er étage : salle commune. Cuisine. Salle d'activités. 3 dortoirs (8 pers., 12 pers., 6 pers.). 2 ch. (2 pers.). 4 salles d'eau. 2 cheminées. Accueil chevaux : écuries et parcs. Escalade, tir à l'arc, sur place. Séjours multiactivités. Anglais parlé.

Prix : pers.nuit **60 F**

GR : 7 et 76C

5	20	6	7	SP	SP	30	35	6

SANDEVOIR Frederic – La Billebaude - Les Bois de Vaux – 71220 Suin – Tél. : 03.85.24.76.59 – Fax : 03.85.24.74.31

Toulon-sur-Arroux Le Defriche

25 pers. Ouverture : toute l'année.

Gîte indépendant. Terrain clos et ombragé, parking, jeux enfants, barbecue, terrasse couverte. R.d.c. : salle rustique (80 m^2), coin-cheminée, tél., cuisine (l-vaiss., congél., m-ondes). 1 wc, cab. de toilette, l-linge. 1 ch. et douche, lavabo, wc acc. pers. hand. Et. : 6 ch. dont 2 avec douches et lavabos privés, 1 s.d.b., 1 dortoir, 2 douches, 2 wc communs. Chauffage central. Loc. draps et linge de toilette. Poss. repas et petits-déjeuners. Location VTT. 4x4 sur place. Mini-Golf 1 km. Canoë 6 km. Au cœur du Charolais, gîte de séjour entouré de prairies.

Prix : pers.nuit **47/57.50 F**

1	12	0,5	5	SP	SP	35	25	0,3

FUCHEY Daniel – La Defriche – 71320 Toulon-sur-Arroux – Tél. : 03.85.79.42.63

Trambly Les Charrieres

14 pers. Ouverture : toute l'année. Alt. : 360 m

Gîte d'étape situé dans le même batiment que le propriétaire. 2e étage : cuisine, salle à manger. 1 dortoir (12 lits 1 pers.), 1 chambre (4 lits 1 pers.). Salle d'eau. Chauffage central. Terrain clos. Rivière, forêts 2 km. Draps et linge de maison fournis. Services 5 km. Anglais parlé.

Prix : pers.nuit **50 F** petit dejeuner **25 F**

2	5	5	8	0,5	5	10	18	5

GAUTHIER Florence – Les Charrieres – 71520 Trambly – Tél. : 03.85.50.43.17

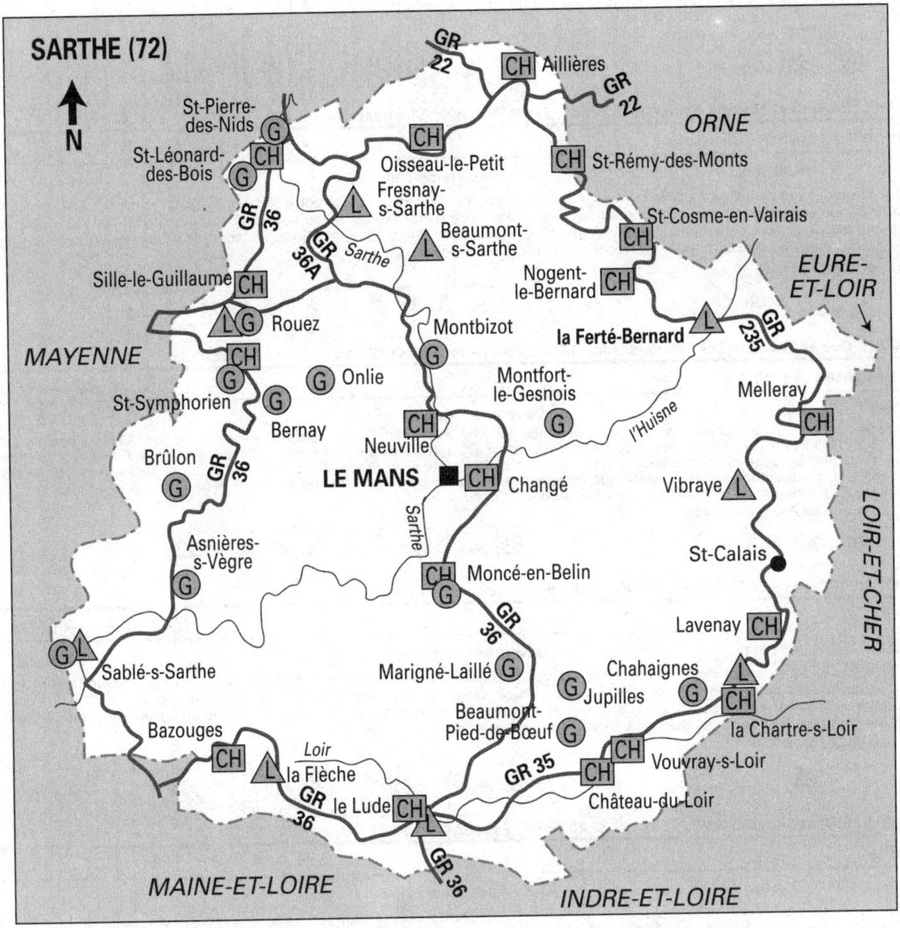

CH Chambre d'hôte G Gîte d'étape, de séjour L Logis de France

Asnieres-sur-Vegre La Tuffiere *C.M. n° 64 — Pli n° 2*

E.C. NN 26 pers. Ouverture : toute l'année.

Gîte d'étape dans une maison indépendante. R.d.c. : cuisine, l-vaisselle, séjour de 70 m² (cheminée). 1 ch. acc. pers. hand. (2 lits 1 pers., wc adaptés), 1 ch. (5 lits 1 pers.), s. d'eau, wc. Point-phone à disposition. Etage : 1 ch. (3 lits 1 pers.), 2 dortoirs (16 lits + 4 lits pliants), 3 s. d'eau, wc. Chauffage électrique. Terrain jeux. Accueil chevaux. Parking. Rivière sur place. Taxe de séjour.

Prix : pers.nuit **65 F**

GR : 365

0,1	12	5	0,1	6	18	0,1	0,1	12	3

DAVID Mauricette et Yves – La Tuffiere – 72430 Asnieres-sur-Vegre – Tél. : 02.43.95.12.16 – Fax : 02.43.92.43.05

Bernay-en-Champagne Ferme-de-Nourray *C.M. n° 60 — Pli n° 12*

E.C. NN 34 pers. Ouverture : toute l'année.

Bâtiment attenant aménagé pour l'accueil de groupes. R.d.c. : hall d'entrée avec sanitaires communs. 1 ch. 2 pers. acc. pers. hand. avec sanitaires adaptés. Salle de 127 m² (120 pers.), cheminée. Cuisine professionnelle. Etage : 5 ch. 2 pers. + 1 lit 2 pers. en mezzanine avec s. d'eau et wc privés. 1 dortoir 12 pers., 2 douches, 1 lavabo et 1 wc communs. Chauffage au gaz. Prix week-end charges incluses. Ferme-auberge sur place (4 à 30 pers., sur réservation). Au sud du Parc Maine-Normandie, situé dans la vallée de la Sarthe, ce vieux manoir de 1395 occupe un site en surplomb de la Vègre.

Prix : pers.nuit **95 F** week-end **6400 F**

Ⓐ GR : 265

15	2,5	2,5	3	6	0,5	15	6	0,1	7	2,5

DUBOIS Elisabeth et Marcel – Ferme de Nourray – 72480 Bernay-en-Champagne – Tél. : 02.43.20.70.43 – Fax : 02.43.20.79.83

Brulon Les Belmondieres *C.M. n° 60 — Pli n° 12*

E.C. NN 30 pers. Ouverture : toute l'année.

Gîte d'étape dans le prolongement de la maison des propriétaires. Accès par la D4 entre N157 et Brûlon. Autoroute A81, sortie n° 1. R.d.c. : grande salle/coin-cuisine avec cheminée. Etage : 6 ch. (1 à 4 lits) avec s. d'eau particulière. 1 dortoir (9 lits 1 pers.), wc. Bâtiment annexe : 2 ch. acc. pers. hand. avec s. d'eau et wc privés. Lave-linge. Taxe de séjour. Location de draps possible. Point-phone. Salle de réunion. Sur place : piscine couverte et chauffée, swin-golf.

Prix : pers.nuit **75 F**

GR : 365

4	SP	4	10	10	4	4	18	5	4	18	4

LEMESLE Guy et Chantal – Les Belmondieres – 72350 Brulon – Tél. : 02.43.95.60.63 – Fax : 02.43.92.09.22

Chahaignes Asnieres *C.M. n° 64 — Pli n° 4*

E.C. NN 25 pers. Ouverture : toute l'année.

Gîte de séjour dans une ancienne ferme restaurée et isolée, sur 7 ha. de terrain. R.d.c. : cuisine (l-vaisselle), séjour 110 m² (cheminées, TV). Etage : 5 ch. (1 lit 2 pers. 1 lit 1 pers. chacune), s. d'eau et wc privés. 2 dortoirs (4 et 6 pers.) avec s. d'eau et wc privés. Préau avec ping-pong, salons de jardin. Herbage et écuries pour 12 chevaux. Possibilité location de draps. Sur place : possibilité accueil séminaires, groupes, familles. Pour le week-end, chauffage électrique en supplément. Vente produits fermiers. Journées découvertes proposées (patrimoine, cave, chasse...). Site proche de la forêt de Bercé et au bord du Loir.

Prix : pers.nuit **80 F** week-end **4800 F**

GR : 35

6	5	1	3,5	7	SP	6	7	SP	10	1,5

BOUIN Jean-Claude – La Malvoyere – 72340 Chahaignes – Tél. : 02.43.44.46.19

Conlie *C.M. n° 60 — Pli n° 12*

E.C. NN 19 pers. Ouverture : toute l'année.

Gîte de séjour dans un cadre verdoyant de 1 ha. R.d.c. : salle pour 70 pers. Cuisine professionnelle. Lave-linge. 1er étage : 3 ch. 3 pers. (dont 1 avec 1 lit gigogne). Salle de bains/wc. S. d'eau. WC. 2e étage : 2 ch. 3 pers., 1 ch. 4 pers. (dont 1 lit superposé). 2 s. d'eau. 2 wc. Chauffage central. Terrain. Possibilité location de draps. Accès au plan d'eau, aux jeux pour enfants et au terrain de bi-cross. Charges incluses dans tarif WE. Tarifs dégressives en semaine. Réservation : Mme DENIS au : 02.43.20.98.11.

Prix : week-end **2800 F**

0,1	5	1	15	0,4	0,1	15	6	0,1	17	0,4

MAIRIE DE CONLIE – 72240 Conlie – Tél. : 02.43.20.50.50 – Fax : 02.43.20.99.37

Jupilles *C.M. n° 64 — Pli n° 4*

E.C. NN 31 pers. Ouverture : toute l'année.

Centre d'hébergement pour groupes. R.d.c. : cuisine de collectivité, salle à manger, salle de détente/activités, 1 dortoir 12 pers. (boxes), vestiaire. 3 douches, 4 wc, 7 lavabos dont 1 douche, 1 wc, 1 lavabo acc. pers. hand. Mezzanine : 1 dortoir 8 pers. (boxes). Etage avec accès indépendant : 2 ch. (3 lits), 1 ch. (5 lits), 2 douches, 2 wc, 2 lavabos. Coin-cuisine. Séjour. Possibilités animation nature, VTT, conférences. Taxe de séjour.

Prix : pers.nuit **50 F**

GR : 36

12	12	5	0,5	0,4	5	12	6	6	0,5	12	0,1

LE LOGIS DE BERCE – Le Bourg – 72500 Jupilles – Tél. : 02.43.79.48.69 ou 02.43.44.30.36

Marigne-Laille La Chesnaie *C.M. n° 64 — Pli n° 4*

E.C. NN 12 pers. Ouverture : du 1er mars au 30 novembre.

Gîte d'étape implanté sur le camping municipal. Salle commune/coin-cuisine. 2 ch. (2 lits 1 pers. chacune), 1 dortoir (8 lits 1 pers.), 2 lavabos, douche, wc. Chauffage électrique. Terrain. Taxe de séjour. Groupes sur réservation. Supplément de 5 F/pers. pour chauffage en période hors-saison. Possibilité d'accueil cavaliers. Base VTT sur place.

Prix : pers.nuit **50 F**

GR : 36

0,1	4	0,1	1,5	0,3	0,1	0,1	5	0,3

MAILLARD – ou S.I. – 72220 Marigne-Laille – Tél. : 02.43.42.15.44 ou 02.43.42.93.14

Monce-en-Belin Les Grandes-Lueres

C.M. n° 64 — Pli n° 3

E.C. NN 42 pers. Ouverture : toute l'année.

R.d.c. : cuisine professionnelle. Salle de 120 m² (100 pers.). Petite salle de réunion. Préau couvert. 3 wc dont 1 pers. hand. Et. : 1 dortoir (12 lits 1 pers.), 1 dortoir (2 lits 2 pers. 4 lits 1 pers.), 2 douches, 2 wc, 5 lavabos. R.d.c. : 4 ch. indép. de 2 pers, s. d'eau/wc privés, dont 1 ch. acc. pers. hand. Etage : 14 lits 1 pers., 2 s.d.b., wc, 4 lavabos. Maison indépendante sur un terrain non clos de 6500 m². Chauffage bois et fuel. Possibilité accueil groupes, séminaires. Terrain de volley. Prix week-end charges comprises. Tarifs dégressifs selon nombre de couchages. Possibilité de promenades en diligence.

Prix : pers.nuit **70 F** week-end **6850 F**

1	3	3	0,5	5	2	0,1	11	2

HAUTREUX Marcel – Le Chataignier – 72230 Monce-en-Belin – Tél. : 02.43.42.03.37

Monce-en-Belin Les Plantes

C.M. n° 64 — Pli n° 3

E.C. NN 40 pers. Ouverture : toute l'année.

Maison totalement indépendante sur terrain non clos. R.d.c. : cuisine professionnelle. Salle (200 pers.). Salle (80 m²) avec cheminée centrale. 1 ch. acc. pers. hand. (1 lit 2 pers.) avec sanitaires adaptés. Etage : 2 ch. 2 pers., 3 ch. 3 pers., 3 ch. 4 pers., 2 ch. 6 pers. S. d'eau et wc privés dans chaque ch. Chauffage central. Publi-phone. Terrasse. Charges et fourniture draps incluses dans tarif week-end. Hors-saison : tarifs dégressifs.

Prix : week-end **7900 F**

10	2	5	12	0,3

BROU Pierre – 10, rue de Belinois – 72230 Monce-en-Belin – Tél. : 02.43.42.03.32 ou 06.11.74.05.08

Montbizot Le Pont-d'Orne

C.M. n° 60 — Pli n° 13

E.C. NN 23 pers. Ouverture : toute l'année.

Gîte d'étape implanté sur le camping municipal. Salle commune/coin-cuisine. 2 dortoirs (23 lits 1 pers.). 3 douches. WC. Chauffage élect. Barbecue. Jeux d'enfants. Terrain de loisirs et de sports. A proximité d'une rivière poissonneuse. Parcours nature. Accessible aux pers. hand. Week-end : du vendredi 17 h au lundi 9 h ou du samedi 12 h au lundi 9 h. Supplément chauffage : 55 F/jour.

Prix : pers.nuit **37 F** week-end **1662/2152 F**

GR : 36

0,1	10	1,5	0,1	0,1	0,1	10	1,5

MONSIEUR LE MAIRE – 72380 Montbizot – Tél. : 02.43.27.60.44

Montfort-le-Gesnois La Tannerie

C.M. n° 60 — Pli n° 14

E.C. NN 20 pers. Ouverture : toute l'année.

R.d.c. : salle (140 pers.). Salon (cheminée, TV et tél.). Cuisine pro. Lingerie (l-linge, sèche-linge). 1 ch. acc. pers. hand. (5 lits 1 pers.), 1 ch. (2 lits 1 pers. 1 lit 2 pers.). Etage : 1 ch. (1 lit 2 pers. 4 lits 1 pers.), 1 ch. (1 lit 2 pers. 1 lit 1 pers.). 1 ch. acc. par extérieur (1 lit 2 pers. 2 lits 1 pers.). S. d'eau et wc dans chaque chambre. Gîte de séjour dans une ancienne fermette restaurée, en lisière de bois, sur un terrain non clos. Préau. Barbecue. Portique. Ping-pong. Terrain de boules. Filet de volley. Possibilité location de draps. Charges comprises dans tarif week-end.

Prix : pers.nuit **70 F** week-end **5000 F**

10	18	4	0,1	4	10	2	0,1	5	4

DELANGLE Jocelyne et Didier – Le Porc Salut – 72450 Montfort-le-Gesnois – Tél. : 02.43.76.61.18

Rouez-en-Champagne L'Abbaye-de-Champagne

C.M. n° 60 — Pli n° 12

E.C. NN 14 pers.

Gîte de séjour au nord-ouest du Mans, à 8 km de lastation verte de Sillé-le-Guillaume, dans le Parc-Normandie-Maine, dans un cadre champêtre et sur le site d'une anienne Abbaye cistercienne de 1188. A l'étage : salle de 60 m² (50 pers.). Cuisine professionnelle. R.d.c. : 5 ch. avec s. d'eau ou s.d.b. et wc privés. Chauffage et draps inclus dans le prix week-end. Dans l'ancienne abbaye : 3 ch. d'hôtes et poss. restauration à la ferme-auberge. Pêche et pédalos sur les 2 étangs privés (3,5 ha.).

Prix : week-end **3500 F**

Ⓐ GR : 365

10	10	10	SP	10	10	10	10	10

LUZU M. Annick et Pierre – L'Abbaye de Champagne – 72140 Rouez-en-Champagne – Tél. : 02.43.20.15.74 – Fax : 02.43.20.74.61

Sable-sur-Sarthe La Farfoliere

C.M. n° 64 — Pli n° 1

E.C. NN 23 pers. Ouverture : toute l'année.

Gîte de séjour aménagé dans une ancienne grange restaurée, situé à 1 km de Sablé. R.d.c. : salle (130 m²) avec mezzanine (40 m²). Cuisine professionnelle. Lave-linge. 3 wc dont 1 accessible aux pers. hand. 1 ch. acc. pers. hand. (4 lits 1 pers.) avec s. d'eau et wc privés. Etage : 5 ch. (19 lits 1 pers.) avec s. d'eau privée, dont 3 avec wc. WC communs. Point-phone. Chauffage géothermique. Jeux, chevaux et roulottes sur place. Poss. accueil classes vertes, séminaires, groupes divers. Chauffage en sus.

Prix : pers.nuit **70 F** week-end **5000 F**

10	3	2	1	3	0,5	25	10	2	5	2	2

ROME Anne et Jean – Locattelage - La Farfoliere – 72300 Sable-sur-Sarthe – Tél. : 02.43.95.00.31 – Fax : 02.43.95.02.99

Saint-Jean-d'Asse Le Petit-Parc *C.M. n° 60 — Pli n° 13*

E.C. NN 12 pers. Ouverture : toute l'année.

Gîte de séjour dans une maison indépendante. R.d.c. : cuisine, salle/coin-salon, cheminée, TV, 2 wc, douches collectives. Etage : 2 dortoirs (12 lits 1 pers.). Ch. central gaz et élect. Terrain de jeux. Parking. Etang. Barbecue. Ecurie et prairie (12 chevaux). Piste ULM. Week-end (du vendredi 17 h au dimanche 17 h) + charges. Réunions familiales 19 pers. max. Contact propriétaire : après 20 h ou répondeur.

Prix : week-end **1800 F**

10	10	8	2	10	6

CABARET Claude – Les Hogues – 72380 Saint-Jean-d'Asse – Tél. : 02.43.25.91.67

Saint-Leonard-des-Bois *C.M. n° 60 — Pli n° 12*

E.C. NN 26 pers. Ouverture : toute l'année.

Gîte d'étape mitoyen à un centre de vacances, au village. R.d.c. : cuis. (l-linge), salle commune (point-phone), wc, 1 ch. (1 lit 1 pers.), s. d'eau/wc pers. hand. 1er ét. : 2 ch. (2 lits 1 pers. chacune), 2 ch. (3 lits 1 pers. chacune), s. d'eau/wc chacune. 2e ét. : 1 ch. (5 lits 1 pers.), 2 ch. (3 lits 1 pers. chacune), 1 ch. (4 lits 1 pers.), s. d'eau/wc chacune. Chauffage au fuel. Terrain. Site au cœur des Alpes Mancelles.

Prix : pers.nuit **70 F**

GR : 36 et 36A

25	12	0,1	1	0,1	0,1	25	0,1	0,1	0,1	15	0,1

LES ENFANTS DE PASSY – Annick Desnos – 72590 Saint-Leonard-des-Bois – Tél. : 02.43.97.28.15 ou 02.43.97.28.67

Saint-Symphorien La Bretonnerie *C.M. n° 60 — Pli n° 12*

E.C. NN 14 pers. Ouverture : toute l'année.

Gîte d'étape situé dans le cadre d'un centre équestre. Salon/coin-cuisine, bar et cheminée. 1 dortoir (14 lits 1 pers., dont 4 en mezzanine). 2 douches. 3 lavabos. 2 wc. Lave-linge. Chauffage électrique. 7 boxes et 3 stalles. Jardin avec barbecue. Hébergement supplémentaire sur place : 4 ch. avec douche et wc privés (180 F/2 pers.). Groupe : 50 à 60 F. Piscine chauffée et couverte en saison. Taxe de séjour.

Prix : pers.nuit **60 F**

GR : 365

1	0,1	3	0,5	0,1	2	12	0,1	5	0,1	25	3

GASNIER Jacky – La Bretonnerie – 72240 Saint-Symphorien – Tél. : 02.43.88.04.65

Sille-le-Guillaume Sille-Plage *C.M. n° 60 — Pli n° 12*

E.C. NN 13 pers. Ouverture : toute l'année.

Gîte d'étape. Salle commune avec cheminée, coin-cuisine et coin-salon. Lave-vaisselle, lave-linge. 4 ch. (1 lit 2 pers. 10 lits 1 pers. dont 4 superposés) avec salle d'eau, 2 wc communs. Terrasse. R.d.c. : 1 ch. accessible aux pers. handicapées avec salle d'eau et wc. Chauffage central au fuel. Parking à 50 m. Charges comprises. Au cœur de la forêt domaniale de Sillé, en bordure du plan d'eau, gîte aménagé au dessus de la maison du Lac et de la forêt.

Prix : pers.nuit **80 F**

GR : 36 et 365

SP	20	0,1	SP	SP	SP	SP	3	20	SP	4	4

CENTRE NAUTIQUE ET DE PLEINE NATURE – Thierry Labouyrie – 72140 Sille-le-Guillaume – Tél. : 02.43.20.10.36 – Fax : 02.43.20.89.76

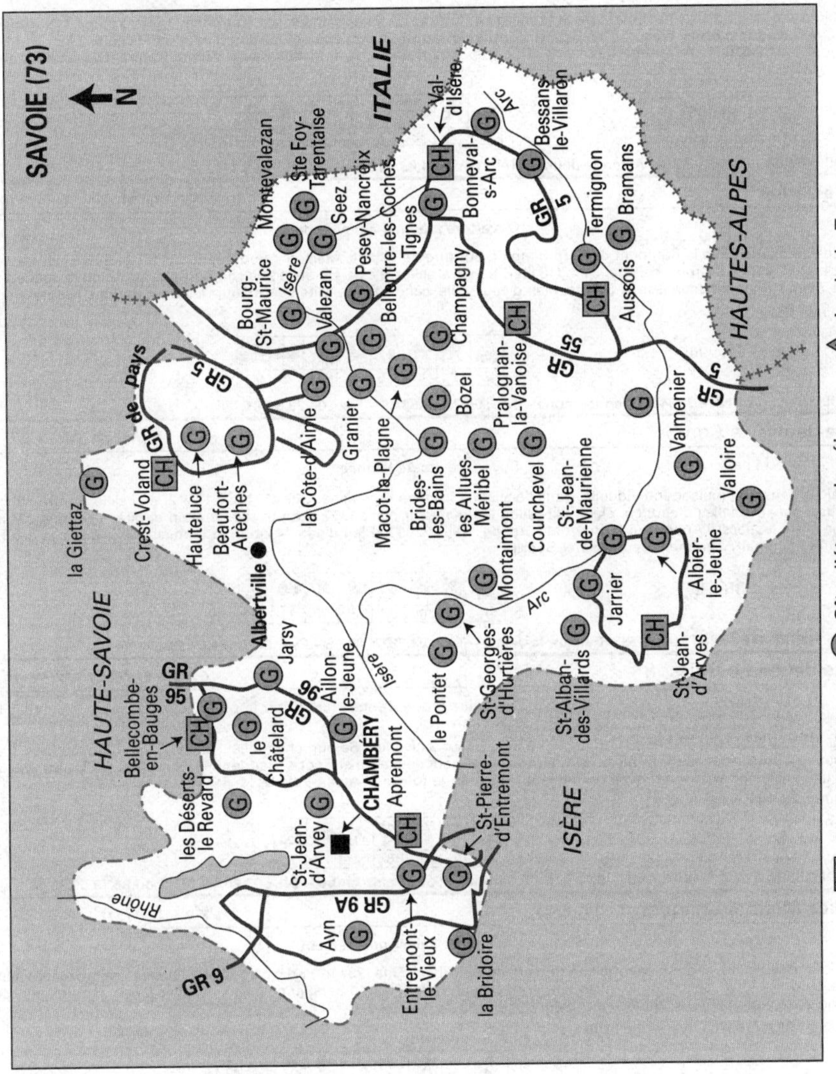

Aillon-le-Jeune Le Chaseau c✈v *C.M. nº 74 — Pli nº 16*

E.C. NN 18 pers. Ouverture : toute l'année. Alt. : 1000 m

Gîte de séjour dans une maison récente au cœur de la station. Maison comprenant également 4 gîtes ruraux. Gîte au r.d.c. : séjour, cuisine, 5 chambres (18 lits 1 pers.), 2 salles d'eau, ch. électrique, terrain. Station de ski Aillon le Jeune sur place, Le Margériaz 9 km. Groupe : 3000/7300 F. Agrément Jeunesse et Sports. Nombreuses randonnées sur place dans le Parc Naturel des Bauges. Planche à voile 15 km.

GR : 96

0,5	0,5	15	SP	SP	0,1	27	0,1

MAIRIE AILLON LE JEUNE – 73340 Aillon-le-Jeune – Tél. : 04.79.54.63.65 – Fax : 04.79.54.61.11

Aillon-le-Jeune

C.M. n° 74 — Pli n° 16

E.C. NN 18 pers. Ouverture : toute l'année. Alt. : 900 m

Gîte de séjour aménagé dans le bâtiment de la fruitière en bordure de village. Maison comprenant 1 gîte d'étape + 1 fruitière. Gîte aux 1er + 2^e^ ét. : séjour, cuisine, 4 ch. (18 lits 1 pers.), 2 salles d'eau, ch. élect., balcon, terrain. Ski Aillon-le-Jeune 2 km. Le Margeriaz 7 km. Groupe : 3000/6700 F. Agrément Jeunesse et Sports. Gîte situé sur le tour des Bauges (Parc Naturel Régional). Plan d'eau, voile, canoë 13 km.

GR : 96

2	2	13	0,5	2	2	25	0,1

MAIRIE AILLON LE JEUNE – 73340 Aillon-le-Jeune – Tél. : 04.79.54.63.65 – Fax : 04.79.54.61.11

Aillon-le-Jeune

C.M. n° 74 — Pli n° 16

E.C. NN 18 pers. Ouverture : de mai à novembre. Alt. : 900 m

Gîte d'étape aménagé dans le bâtiment de la fruitière en bordure de village. Maison comprenant aussi 1 gîte de séjour + une fruitière. Gîte aux 1er + 2^e^ ét : séjour, cuisine, 3 ch. (18 lits 1 pers.), 2 salles d'eau, ch. élect., balcon, terrain. Ski Aillon le Jeune 2 km, Le Margeriaz 7 km. Agrément Jeunesse et Sports. Plan d'eau, voile, canoë 13 km. Gîte sur le Tour des Bauges (Parc Naturel Régional).

Prix : pers.nuit **45 F**

GR : 96

2	2	13	0,5	2	2	25	0,1

MAIRIE AILLON LE JEUNE – 73340 Aillon-le-Jeune – Tél. : 04.79.54.63.65 – Fax : 04.79.54.61.11

Aillon-le-Jeune La Combe

C.M. n° 74 — Pli n° 16

E.C. NN 14 pers. Ouverture : toute l'année. Alt. : 1000 m

Gîte de séjour dans une maison individuelle, dans l'ancienne fruitière du village. Gîte (104 m^2) 1er + 2^e^ ét. : salle commune, cuisine, 5 ch. (14 lits 1 pers.), 2 salles d'eau, ch. élect. Ski Aillon le Jeune sur place (35 km de pistes en alpin et 50 km en fond), Margériaz 8 km. Situé entre les lacs d'Annecy et le Bourget. Groupe : 2900/7200 F. Plan d'eau 14 km. Randonnées, Tour du Pays des Bauges (Parc Naturel Régional). Agrément Jeunesse et Sports.

GR : 96

SP	0,5	14	SP	SP	SP	25	SP

OFFICE DE TOURISME – Chef Lieu – 73340 Aillon-le-Jeune – Tél. : 04.79.54.63.65 – Fax : 04.79.54.61.11

Albiez-le-Jeune Le Buisson

C.M. n° 77 — Pli n° 7

E.C. NN 22 pers. Ouverture : toute l'année (consultez le propriétaire pour la saison hiver). Alt. : 1300 m

Gîte de séjour (180 m^2) dans une maison mitoyenne, réparti sur 3 niveaux. Séjour, cheminée, cuisine, l-linge, 4 chambres, 1 dortoir (22 lits 1 pers.), 4 douches, chauffage électrique, terrain. Agrément Jeunesse et Sports. Randonnées sur place. VTT, plan d'eau 2 km. Gîte dans une ancienne maison rénovée du hameau, situé sur le tour de l'Arvan-Villards.

Prix : pers.nuit **28/44 F**

17	2	10	6	2	17	6

ASS. REG. LOISIRS EDUC. POPULAIRE – 97 rue Sadi-Carnot – 59350 Saint-Andre – Tél. : 03.20.40.79.16 ou 04.79.59.99.48

Les Allues-Meribel Chandon

C.M. n° 74 — Pli n° 18

E.C. NN 20 pers. Ouverture : l'hiver uniquement. Alt. : 1300 m

Gîte de séjour louable l'hiver dans une maison mitoyenne du village. Gîte (231 m^2) r.d.c., 1er, 2e et 3e étages : séjour, cheminée, salle de détente, cuisine, l-linge, sèche-linge, l-vaisselle, congélateur, 8 ch. (20 lits 1 pers. jumelables), 5 salles d'eau, chauffage électrique. Point-phone. Parc national de la Vanoise à proximité.

Prix : semaine **13300/18800 F** week-end **3700 F**

8	4	4	4	1	1	3	15	3

LOISIRS ACCUEIL SAVOIE – 24 Boulevard de la Colonne – 73024 Chambery-Cedex – Tél. : 04.79.85.01.09 – Fax : 04.79.85.71.32

Ayn Le Forchet

C.M. n° 74 — Pli n° 15

E.C. NN 20 pers. Ouverture : toute l'année. Alt. : 590 m

Gîte de séjour aménagé dans une maison ancienne rénovée comprenant le logement du propriétaire. Gîte (234 m^2) r.d.c. + 1er ét. : séjour, cheminée, TV coul., cuisine, l-linge, l-vaiss., 7 ch. (20 lits 1 pers.), 2 s. d'eau + 1 salle de bains, ch. élect., terrain. Possibilité d'accueil en camping 20 pers. Agrément Jeunesse et Sports. Lac, aviron 5 km. Complémentarité des 2 régions Avant-Pays-Savoyard et Chartreuse avec les activités nautiques sur le Lac d'Aiguebelette et la randonnée dans le parc naturel de Chartreuse, la Vallée des Entremonts.

Prix : pers.nuit **33 F**

GR : 9

5	12	5	5	5	10	10	5	1

BIBET Joseph – Les Rivaux – 73330 Pont-de-Beauvoisin – Tél. : 04.76.37.26.43 ou 04.79.28.71.90

Beaufort-Areches Les Carroz — *C.M. n° 74 — Pli n° 17-18*

20 pers. Ouverture : toute l'année. Alt. : 1100 m

Gîte de séjour dans une maison individuelle (160 m²). Gîte réparti sur 3 niveaux (2 r.d.c. + 1er ét.) : séjour, cuisine, l-vaisselle, 2 chambres, 2 dortoirs (20 lits 1 pers. superposés), 4 douches, chauffage central, terrain. Accès : 150 m de chemin empierré. Ancien chalet entièrement rénové dominant le village d'Arêches et les pentes du Grand Mont. Gîte situé sur le tour du Beaufortain. Sentiers à thèmes, chemin du baroque.

Prix : pers.nuit **70/75 F** 1/2 pension **170/175 F** pension **245/250 F** petit dejeuner **25 F** repas **75 F**

TH

6	1	0,5	0,5	0,5	0,5	25	1

BELLAICHE Regine et Joel – Les Carroz - Areches – 73270 Beaufort – Tél. : 04.79.38.18.12 – Fax : 04.79.38.18.12

Bellecombe-en-Bauges Le Mont-Devant — *C.M. n° 74 — Pli n° 16*

E.C. NN 19 pers. Ouverture : toute l'année. Alt. : 1000 m

Gîte d'étape aménagé dans un bâtiment neuf à l'écart du village offrant une belle vue sur la vallée. Gîte (170 m²) au 1er ét. : séjour, cheminée, cuisine, 3 ch. (19 lits 1 pers.), 3 salles d'eau, ch. central, balcon, terrain. Le Margériaz 24 km. Lac 10 km. En hors-saison, réservation obligatoire. Gîte d'étape sur le Tour des Bauges (Parc Naturel Régional), le tour du lac d'Annecy.

Prix : pers.nuit **60 F** 1/2 pension **150 F** petit dejeuner **25 F** repas **65 F**

TH GR : 96

10	10	3	20	20	31	3

BLANC James – Le Mont Derriere – 73340 Bellecombe-en-Bauges – Tél. : 04.79.63.34.14

Bellentre-Montchavin Les Coches — *C.M. n° 74 — Pli n° 18*

E.C. NN 18 pers. Ouverture : l'été. Alt. : 1500 m

Gîte de séjour dans une maison neuve de type chalet en bordure de forêt. Gîte (160 m²) aux r.d.c. + 1er étage : séjour/coin-cuisine, cheminée, l-linge, l-vaisselle, 1 mezzanine, 8 ch. (14 lits 1 pers., 2 lits 2 pers.), 2 salles de bains, 6 salles d'eau, ch. électrique, terrasse, terrain. Groupe : 4900/5900 F. VTT 500 m. Rafting, canoë 12 km. Lieu propice à la promenade en forêt et dans les villages. Nombreuses activités sportives (VTT, randonnées).

0,5	0,5	0,5	12	0,5	0,1	11	0,5

COLLIARD Evelyne – Vulmix – 73700 Bourg-Saint-Maurice – Tél. : 04.79.07.25.81

Bessans Villaron — *C.M. n° 77 — Pli n° 9*

26 pers. Ouverture : du 1er décembre au 12 mai et du 20 juin au 30 septembre. Alt. : 1750 m

Gîte d'étape au cœur du hameau blotti au bord de l'Arc. Gîte r.d.c. + 1er ét. : salle commune, salle hors-sac ou de réunion ou de classe, cuisine, 3 dortoirs (26 lits 1 pers.), 2 s. d'eau, ch. central, terrain. Parking 300 m. Agrément Jeunesse et Sports. Circuits de découverte de l'art baroque. Bonneval-sur-Arc 6 km. Tour du Parc de la Vanoise. Sentier du Petit Bonheur.

Prix : pers.nuit **73/75 F** 1/2 pension **173/178 F** pension **215/220 F** petit dejeuner **32/34 F** repas **78 F**

TH GR : 5 et 5E

2	1	0,2	2	SP	38	2

MARIAC Maryse – Villaron – 73480 Bessans – Tél. : 04.79.05.95.84 – Fax : 04.79.05.84.64

Bonneval-sur-Arc — *C.M. n° 74 — Pli n° 19*

E.C. NN 18 pers. Ouverture : toute l'année. Alt. : 1850 m

Gîte de séjour + un gîte + une chèvrerie dans la maison du propriétaire. Gîte (170 m²) 2e + 3e ét. : séjour/coin-cuisine, cheminée, TV, l-linge, l-vaisselle, 6 ch. (16 lits 1 pers., 1 lit 2 pers.), 6 douches, ch. par air pulsé, balcon. Groupe : 6200/11000 F. Escalade 500 m. Sentier du Petit Bonheur en 4 ou 5 jours. Agrément Jeunesse et Sports. Maison neuve dans le village classé de Bonneval-sur-Arc, aux portes du Parc de la Vanoise. Stages sur demande. Sentier inter-villages de Bonneval à Modane.

GR : 5

0,2	6	0,1	0,2	0,1	45	0,1

BLANC Jean – 73480 Bonneval-sur-Arc – Tél. : 04.79.05.80.56 – Fax : 04.79.05.84.80

Bourg-Saint-Maurice-les-Arcs Vulmix — *C.M. n° 74 — Pli n° 18*

E.C. NN 30 pers. Ouverture : toute l'année. Alt. : 910 m

Gîte de séjour dans une maison mitoyenne du village. R.d.c. + 1er + 2e ét. : séjour, cheminée, cuisine, l-vaiss., 8 ch. (30 lits 1 pers.), 6 salles d'eau + 1 sanitaire collectif, chauffage électrique, balcon, terrasse, petit terrain. Activités encadrées par des professionnels locaux : ski, randonnée, escalade, alpinisme, parapente, rafting. Maison ancienne complètement rénovée. Canoë 3 km, escalade 5 km.

Prix : pers.nuit **120/160 F** 1/2 pension **240/280 F** pension **290/330 F** petit dejeuner **20 F** repas **100 F**

TH GR : 5

3	3	5	3	2	3	2	2

CAMELIN Didier – Vulmix – 73700 Bourg-Saint-Maurice – Tél. : 04.79.07.62.50 – Fax : 04.79.07.94.78

Bramans Le Planay

cv *C.M. n° 77 — Pli n° 8*

30 pers. Ouverture : du 15 janvier au 15 novembre + vacances de Noël. Alt. : 1670 m

Gîte de séjour et d'étape dans la maison du propriétaire (285 m²). Gîte de séjour sur 3 niveaux : salon, salle à manger, cuisine, 6 chambres (18 lits 1 pers.), 3 douches. Gîte d'étape : salle hors-sac, mezzanine (12 lits 1 pers.), 2 douches. Chauffage central, terrasse, terrain. Poss. stages randonnée et haute montagne sur demande. Accès : en voiture du 1er mai au 15 novembre, en navette l'hiver + 3 km en ski ou raquettes. Chalet ancien rénové dans un hameau au cœur d'une haute vallée alpine.

Prix : pers.nuit **65/78 F** 1/2 pension **160/180 F** pension **225/245 F** petit dejeuner **30 F**

(TH) GR : 5

19	8	8	0,1	SP	19	7

DAMEVIN Claire et Jean Noel – Chalet la Tourna – 73500 Bramans – Tél. : 04.79.05.23.29 – Fax : 04.79.05.23.29

Brides-les-Bains Les Tilleuls

C.M. n° 74 — Pli n° 18

18 pers. Ouverture : l'hiver seulement. Alt. : 600 m

Gîte de séjour dans la maison ancienne rénovée du prop. en bordure de la station thermale de Brides-les-Bains, situation idéale pour découvrir les 3 vallées. Gîte (165 m²) sur 4 niveaux : cuisine-laboratoire, l-vaiss., séjour/coin-salon, TV coul., 8 ch. (18 lits 1 pers.), 8 salles de bains, chauffage central, terrasse, terrain. Téléphone. Courchevel 1400 à 10 km. Champagny (liaison la Plagne) 13 km.

Prix : semaine **10500/15650 F** week-end **4700 F**

SP	14	14	14	0,2	8	6	0,4

LOISIRS ACCUEIL SAVOIE – 24 Boulevard de la Colonne – 73024 Chambery-Cedex – Tél. : 04.79.85.01.09 – Fax : 04.79.85.71.32

La Bridoire Les Roches

cv *C.M. n° 74 — Pli n° 15*

E.C. NN 18 pers. Ouverture : toute l'année. Alt. : 460 m

Gîte de séjour dans une maison ancienne indépendante (170 m²), r.d.c. + 1er + 2e étages : salon, salle à manger/coin-cuisine, l-linge, 1 dortoir + 4 ch. (3 lits 2 pers., 12 lits 1 pers.), s. d'eau + s.d.b., ch. central, terrasse, terrain, abri attenant (60 m²). La ferme du propriétaire est à 100 m. Groupe : 3500/5000 F. Gîte en pleine nature boisée (1 km de chemin empierré), situé sur un petit plateau avec vue dégagée sur la vallée. Proximité du lac d'Aiguebelette (8 km) et de la Chartreuse : aviron, canoë, randonnées, VTT et autres activités nature.

Prix : pers.nuit **30/90 F**

GR : 9

8	10	5	8	5	3	3

TOCHON-DANGUY Jean-Claude – Les Roches – 73520 La Bridoire – Tél. : 04.76.31.18.12

Champagny-en-Vanoise La Couaz

cv *C.M. n° 74 — Pli n° 18*

16 pers. Ouverture : toute l'année. Alt. : 1400 m

Gîte de séjour dans l'ancien chalet du barragiste rénové sur domaine de ski de fond de Champagny-le-Haut. Gîte (235 m²) r.d.c. + 2 étages : séjour avec poêle à bois, salon, TV coul., coin-cuisine, l-linge, l-vaiss., 7 ch. (12 lits 1 pers., 2 lits 2 pers.), 2 salles d'eau (3 douches), ch. élect., balcon, terrain. Groupe : 5200/16500 F. Escalade 3,5 km. Liaison La Plagne. Randonnées dans le Parc National de la Vanoise.

Prix : petit dejeuner **50 F**

GR : 55

3,5	2,5	15	SP	3,5	SP	21	3

LENOBLE Christian et Sylvie – 8 rue Victor Hugo – 73000 Chambery – Tél. : 04.79.33.42.29 – Fax : 04.79.33.42.29

Champagny-en-Vanoise La Chiserette

cv *C.M. n° 74 — Pli n° 18*

23 pers. Ouverture : toute l'année. Alt. : 1450 m

2 gîtes de séjour dans la maison. Gîte (270 m²) r.d.c., 1er, 2e ét. : séjour, cheminée, TV coul., cuisine, l-linge, sèche-linge, l-vaiss., salle lecture, hammam, 9 ch. (6 lits 2 pers., 11 lits 1 pers.), 4 douches, ch. électrique, balcon, terrasse, terrain. Liaison la Plagne 4 km. Groupe : 5900/22000 F. Escalade 4 km. Lac 9 km. Maison au cœur du hameau, située à l'entrée de la haute vallée du Doron. Le Parc National de la Vanoise très proche s'ouvre devant vous avec randonnées et ski de fond l'hiver. Proximité télécabine vers la Plagne.

Prix : petit dejeuner **50 F**

4	4	18	0,1	4	SP	22	3,5

LENOBLE Christian et Sylvie – 8 rue Victor Hugo – 73000 Chambery – Tél. : 04.79.33.42.29 – Fax : 04.79.33.42.29

Champagny-en-Vanoise La Chiserette

cv *C.M. n° 74 — Pli n° 18*

18 pers. Ouverture : toute l'année. Alt. : 1450 m

Gîte de séjour dans une maison comprenant un autre gîte. Gîte (215 m²) r.d.c., 1er, 2e étages : séjour, cheminée, TV couleur, cuisine, l-linge, l-vaiss., salle lecture et jeux, 7 ch. (4 lits 2 pers., 10 lits 1 pers.), 4 douches, ch. élect., balcon, terrasse, terrain. Liaison la Plagne 4 km. Groupe : 5900/20000 F. Plan d'eau 9 km. Maison neuve au cœur du hameau, située à l'entrée de la haute vallée du Doron. Le Parc Naturel de la Vanoise s'ouvre devant vous en randonnées l'été et à ski de fond l'hiver.

Prix : petit dejeuner **50 F**

17	5	18	0,1	4	SP	22	4

VILLEMINEY Liliane et Claude – 1 rue de Liege – 73100 Aix-les-Bains – Tél. : 04.79.34.02.73 – Fax : 04.79.69.41.91

Le Chatelard Chez-Garin
C.M. n° 74 — Pli n° 16

E.C. NN 19 pers. Ouverture : toute l'année. Alt. : 1090 m

Gîte de séjour indépendant (120 m²). R.d.c. + 1er étage : séjour, cuisine 3 chambres (19 lits 1 pers.), 2 salles d'eau, chauffage électrique, terrain. Possibilité d'extension à 35 pers. (annexe). Agrément Jeunesse et Sports. Groupe : 6650/7700 F. Proximité du Tour des Bauges. Plan d'eau 11 km. Ecole d'escalade 600 m. Le Margériaz 19 km. Gîte situé dans un environnement de forêts et d'alpages dominant la vallée du Chéran. Nombreuses pistes forestières balisées permettant le VTT, le ski de fond.

Prix : pers.nuit **52/64 F** 1/2 pension **120/150 F** pension **170/195 F** petit dejeuner **35/40 F**

TH GR : 96

4	11	5	18	18	36	4

MARION Eric – 99 rue Martin Luther King – 73000 Chambery – Tél. : 04.79.72.22.10 – Fax : 04.79.72.22.10

La Cote-d'Aime Pierrolaz
C.M. n° 74 — Pli n° 18

15 pers. Ouverture : toute l'année. Alt. : 1000 m

Gîte de séjour dans la maison du propriétaire, à l'écart du village. Belle vue sur le versant de la Plagne. Gîte (120 m²) 1er + 2e ét. : séjour/coin-cuisine, cheminée, l-linge, l-vaiss., 4 ch. (15 lits 1 pers.), 3 s. d'eau, chauffage central, balcon, terrasse, terrain. Draps de dessous fournis. Groupe : 3900/6600 F. Canoë, rafting, escalade 4 km. Ski Granier 6 km (5 km de ski de piste, 30 km de fond). Liaison la Plagne (tarif préférentiel) et les Arcs 16 km. Randonnées sur place. L'été possibilité de camping. Piste cyclable dans la vallée à 3 km.

GR : 5

12	5	15	1	6	5	4	4

OLLINET Noel – La Pierrolaz – 73210 La Cote-d'Aime – Tél. : 04.79.55.68.40 – Fax : 04.79.55.68.40

Les Deserts Le Revard
C.M. n° 74 — Pli n° 16

15 pers. Ouverture : toute l'année. Alt. : 1450 m

Gîte d'étape et de séjour dans la maison du gestionnaire. Gîte (210 m²) r.d.c., 1er + 2e étages : séjour, cheminée, cuisine, l-linge, l-vaiss., 4 chambres (15 lits 1 pers.), 3 douches, chauffage central, balcon, terrain. Agrément Jeunesse et Sports. Lac, voile 23 km. Poss. stages chiens de traîneaux. Gîte sur le tour du Pays des Bauges. Bâtiment moderne en bordure de forêt. Propice à la découverte du ski de fond et de promenades.

Prix : pers.nuit **50/70 F** 1/2 pension **150 F** petit dejeuner **25 F** repas **55 F**

TH

21	23	6	6	16	0,2	SP	21	6

FERRARI Sandra – « Planete Nature » - Gîte la Gaillarde – 73100 Le Revard – Tél. : 04.79.54.01.66 – Fax : 04.79.54.01.66

Entremont-le-Vieux Les Girouds
C.M. n° 74 — Pli n° 15

E.C. NN 26 pers. Ouverture : toute l'année. Alt. : 1000 m

Gîte de séjour aménagé dans l'ancienne école rénovée du village. Maison individuelle avec r.d.c. + 1er + 2e ét. : salle à manger, cuisine, 4 chambres, 1 mezzanine (26 lits 1 pers. superposés), salle d'eau, ch. électrique, terrain. Prix : la journée de 950 à 1200 F. Groupe : 6650/8400 F. Agrément Jeunesse et Sports (19 enfants ou 26 adultes). Sentiers du Tour de Chartreuse, nombreuses randonnées dans le Parc Naturel Régional, escalades, spéléologie, ski Le Granier 3 km.

GR : 9

21	8	21	2	3	7,5	21	3

VACANCES POUR TOUS – Mme Buet - Centre Les Tourterelles – 73190 Saint-Baldoph – Tél. : 04.79.85.69.14 – Fax : 04.79.85.52.41

Entremont-le-Vieux Station-du-Granier
C.M. n° 74 — Pli n° 15

E.C. NN 18 pers. Ouverture : toute l'année. Alt. : 1000 m

Gîte d'étape dans la maison du propriétaire. Réparti sur 2 niveaux en r.d.c. : séjour, salon avec cheminée, TV couleur, cuisine, l-linge, l-vaisselle, 5 ch. (16 lits 1 pers. superposés, 1 lit 2 pers., 1 lit enf.), 4 salles d'eau, 1 salle de bains. Draps fournis. Ch. central. Terrasse, terrain. Agrément Jeunesse et Sports. VTT, spéléo., parapente sur place. Randonnées sur la Vallée des Entremonts et le Parc Naturel de la Chartreuse. Patinoire 18 km. Le Planolet 15 km.

Prix : pers.nuit **65/75 F** 1/2 pension **160/170 F** pension **210/220 F** petit dejeuner **20/30 F** repas **70/80 F**

TH GR : 9

18	7	7	2	SP	7	18	2

FEUGIER Henry – Les Gîtes du Tetras - Station du Granier – 73670 Entremont-le-Vieux – Tél. : 04.79.65.89.94 – Fax : 04.79.65.89.87

La Giettaz
C.M. n° 74 — Pli n° 7

26 pers. Ouverture : du 15 décembre à Pâques et de juin à septembre. Alt. : 1150 m

Gîte de séjour dans la maison du propriétaire. Gîte (240 m²) sur 3 niveaux : séjour, salle d'activités et détente, cuisine, 11 chambres avec lavabo (26 lits 1 pers.), 10 douches, chauffage central, balcon, terrain. VTT et raquettes sur place. Patinoire 16 km. Forfait 7 jours en 1/2 pens./pers. : 1360/1380 F (Noël et été). Plan d'eau 8 km. Chalet récent situé l'écart du village dominant la vallée de l'Arrondine. Belle vue dégagée sur les alpages et la chaîne des Aravis.

Prix : 1/2 pension **205/215 F**

TH

10	0,6	10	SP	0,8	3,5	28	0,5

MAINI Michel – L'Armande - Chemin de Foiroux – 73590 La Giettaz – Tél. : 04.79.32.92.13

Granier La Thuile

C.M. n° 74 — Pli n° 18

E.C. NN 12 pers. Ouverture : toute l'année. Alt. : 1200 m

Gîte de séjour dans la maison du propriétaire. Gîte (140 m²) aux 1er + 2e étages : salle commune, TV couleur, cuisine, lave-vaisselle, 4 chambres (12 lits 1 pers.), 2 salles d'eau, chauffage central. Les Arcs 20 km.Groupe : 2900/4450 F. Peut être loué en 2 gîtes pour 6 pers. Séjours encadrés par le propriétaire (guide haute montagne et accompagnateur). Séjour à la carte : hiver : ski piste, hors pistes, raquettes. Eté : multi-activités, escalade, VTT, randonnées, alpinisme. Escalade 6 km. Canoë 8 km.

GR : 5

15	8	15	8	1	1	8	1

FERRI-PRAT Xavier et Annie – La Thuile – 73210 Granier – Tél. : 04.79.55.60.21 – Fax : 04.79.55.60.21

Granier

C.M. n° 74 — Pli n° 18

E.C. NN 18 pers. Ouverture : toute l'année. Alt. : 1250 m

Gîte de séjour dans la maison du propriétaire aménagé dans une ancienne ferme. Gîte (240 m²) r.d.c. + 1er ét. : salle commune, cheminée, point-phone, salle activités, coin-détente, cuisine, 6 ch. (18 lits 1 pers.), 2 salles d'eau, ch. central. Balcon, terrasse, cour. Les Arcs 20 km. Groupe : 5500/7500 F. Agrément Jeunesse et Sports. Canoë 13 km. Stages encadrés par le propriétaire (guide, accompagnateur moniteur de ski de fond) : ski, alpinisme, VTT, escalade, randonnées en Vanoise et Beaufortain.

Prix : pers.nuit **65/75 F** 1/2 pension **165/175 F** petit dejeuner **35 F** repas **75 F**

TH GR : 5

15	8	13	2,5	1	1	8	0,1

PELLICIER-BETRANCOURT Bruno et Brigitte – 73210 Granier – Tél. : 04.79.55.66.32 – Fax : 04.79.55.66.32

Hauteluce Le Praz

C.M. n° 74 — Pli n° 18

16 pers. Ouverture : toute l'année. Alt. : 1150 m

Gîte de séjour dans un ancien chalet typique du Beaufortain entièrement rénové. Gîte (160 m²) r.d.c. + 1er étage : salle commune, TV couleur. Cuisine, l-linge, l-vaisselle, 5 ch. (16 lits 1 pers.), salle de bains + salle d'eau, chauffage électrique, terrain. Groupe : 3800/6350 F. Agrément Jeunesse et Sports. Tour du Beaufortain. Station de ski Hauteluce avec liaison Les Saisies 600 m (70 km de pistes), ski de fond 7 km (90 km de pistes).

8	0,6	7	SP	0,6	7	25	0,8

BONNET-LIGEON Gerald – Belleville – 73620 Hauteluce – Tél. : 04.79.38.81.92

Jarrier Pierre-Brune

C.M. n° 77 — Pli n° 7

E.C. NN 24 pers. Ouverture : toute l'année. Alt. : 1450 m

Gîte de séjour dans une maison individuelle, avec une vue sur la Vallée et les Aiguilles d'Arves. Gîte (205 m²) r.d.c. + 1er étage : salle commune, cuisine, 6 ch. (24 lits 1 pers.), 2 salles d'eau, chauffage électrique, terrain. Station de ski à Jarrier, les Bottières 7 km (liaison Domaine du Grand Large). Agrément Jeunesse et Sports pour 20 pers. Nombreuses randonnées sur place, dans les alpages, et le massif de l'Arvan. Plan d'eau 15 km.

Prix : semaine **3500/9900 F** week-end **1950 F**

10	7	15	0,5	10	5

LOISIRS ACCUEIL SAVOIE – 24 Boulevard de la Colonne – 73024 Chambery-Cedex – Tél. : 04.79.85.01.09 – Fax : 04.79.85.71.32

Jarsy L'Albatros

C.M. n° 74 — Pli n° 16

E.C. NN 23 pers. Ouverture : toute l'année. Alt. : 825 m

Gîte d'étape dans une maison neuve. Gîte (200 m²) r.d.c. + 1er ét. : séjour, cheminée, salle de jeux, cuisine, 2 dortoirs, 1 chambre (23 lits 1 pers.), 2 salles d'eau, chauffage central, terrain. Téléphone à compteur. Poss. stages sportifs encadrés par des professionnels locaux. Escalade, lac, canoë 12 km. Spéléologie 13 km. Gîte sur le Tour des Bauges dans le Parc Naturel Régional. Agrément Jeunesse et Sports 20 personnes. Ski à Doncy 4 km, le Margériaz et Aillon 17 km.

Prix : pers.nuit **50 F** pension **165 F** petit dejeuner **23 F** repas **62 F**

TH GR : 96

15	4	7	0,2	4	2	15	2

JAY-GONTHIER Frederique – 73630 Jarsy – Tél. : 04.79.54.87.94 ou 04.79.54.80.09 – Fax : 04.79.54.87.63

Macot-la-Plagne La Roche

C.M. n° 74 — Pli n° 18

E.C. NN 20 pers. Ouverture : toute l'année. Alt. : 1550 m

Gîte de séjour et 1 gîte rural dans la maison. Gîte (160 m²) au r.d.c. : séjour, cuisine, 6 chambres (20 lits 1 pers.), 5 douches, chauffage électrique, petit terrain. Maison ancienne rénovée au centre du hameau. A proximité de la piste de bobsleigh. Tarifs réduits pour les étudiants. Canoë 12 km. La Plagne 2 km.

Prix : pers.nuit **50/80 F**

5	5	5	0,1	2	3	13	2

MONTAGNE Serge – Maison Forestiere – 74230 Dingy-Saint-Clair – Tél. : 04.50.02.06.33 – Fax : 04.50.02.06.33

Montaimont La Pontchery
cXv *C.M. n° 77 — Pli n° 7*

E.C. NN 24 pers. Ouverture : toute l'année. Alt. : 1100 m

Gîte de séjour individuel. Gîte (150 m^2) sur 3 niveaux : séjour, TV, cuisine, 7 chambres (8 lits 1 pers., 8 lits 2 pers.), 3 salles d'eau, chauffage électrique, balcon, terrain. Groupe : 6000/12000 F. Tarifs pour groupes et enfants. Lac 6 km. Agrément Jeunesse et Sports pour 24 pers. Randonnées pédestres ou VTT sur chemins forestiers. Ski à Saint-François-Longchamp 12 km (60 km de pistes).

Prix : pers.nuit **60/80 F** 1/2 pension **160/180 F** pension **200/220 F** petit dejeuner **25/35 F** repas **60/80 F**

TH

12	8	12	3	12	5	8	0,2

DULAC Jean-Claude – La Pontchery – 73130 Montaimont – Tél. : 04.79.56.26.72

Montvalezan-la-Rosiere La Froide
cXv *C.M. n° 74 — Pli n° 19*

E.C. NN 14 pers. Ouverture : du 15 décembre au 1er mai et du 1er juillet au 15 septembre. Alt. : 1850 m

Gîte de séjour dans une ancienne maison de pierre rénovée, avec superbe vue sur le Mont Pourri et la Vallée de l'Isère. Gîte (110 m^2) r.d.c. + 1er + 2e ét. : salle commune, cuisine, l-linge, l-vaiss., 1 dortoir, 4 ch. (3 lits 2 pers., 8 lits 1 pers.), 2 salles d'eau, ch. central, balcon, terrasse, terrain. Groupe : 2450/8750 F. Escalade 8 km. Ski la Rosière 500 m, fond 100 m. Circuit VTT au départ de Montvalezan sur l'ancienne route militaire, par les alpages, sur les voies romaines.

23	0,5	1	1	0,5	0,1	23	0,5

GAIDET Leon – Les Laix – 73700 Montvalezan – Tél. : 04.79.06.84.13

Peisey-Nancroix Pont-Baudin
cXv *C.M. n° 74 — Pli n° 18*

E.C. NN 25 pers. Ouverture : toute l'année. Alt. : 1450 m

Gîte d'étape dans une maison individuelle située près d'un torrent et d'un centre équestre. Gîte aux r.d.c. + 1er + 2e ét. : séjour coin-cuisine, cheminée, 7 ch. (25 lits 1 pers.), 3 salles d'eau, ch. élect., terrain. Tarif dégressif suivant le nombre de nuits. Agrément Jeunesse et Sports pour 22 pers. Canoë 17 km. Hiver : foyer de ski de fond. Eté : gîte situé sur le Tour du Parc de la Vanoise.

Prix : pers.nuit **62/77 F**

GR : 5

17	0,5	SP	SP	6	SP	10	1

MAIRIE PEISEY-NANCROIX – 73210 Peisey-Nancroix – Tél. : 04.79.07.92.65 – Fax : 04.79.07.99.82

Le Pontet Les Lamberts
cXv *C.M. n° 74 — Pli n° 16*

E.C. NN 18 pers. Ouverture : toute l'année. Alt. : 900 m

Gîte de séjour et d'étape l'été dans maison individuelle (170 m^2) r.d.c. + 1er ét. : salle commune, cheminée, cuisine, l-linge, 6 ch. (18 lits 1 pers.), 2 s. d'eau, ch. central, terrasse, terrain. Téléphone. Tour du Val Gelon. Stages équitation avec guide. Week-ends multi-activités (découverte forêt, peinture sur bois). Baptême aile delta ou parapente. Conduite chiens de traîneaux. Gîte sur le circuit équestre « Equi-Sabaudia ». Agrément Jeunesse et Sports. Escalade 6 km. Groupes : 3000/5900 F. Ski de fond : Le Pontet sur place (2 km de pistes balisées).

Prix : pers.nuit **40 F** 1/2 pension **115/155 F** pension **165/200 F**

TH

18	14	2	0,1	30	2	23	12

FINOTTO Marc – Les Lamberts – 73110 Le Pontet – Tél. : 04.79.65.01.32

Le Pontet Les Granges
cXv *C.M. n° 74 — Pli n° 16*

E.C. NN 17 pers. Ouverture : toute l'année. Alt. : 900 m

Gîte de séjour (145 m^2) sur la route du col du Cucheron, dans une maison comprenant un gîte, une salle d'animation. Gîte au r.d.c. : salle commune, cuisine, l-linge, 4 ch. (17 lits 1 pers.), 5 salles d'eau, chauffage central. Cour. Sentiers pédagogiques du Val Gelon, découverte de la Vallée des Huiles. Poss. loc. 26 pers. hors-vacances avec le gîte 205103. Agrément Jeunesse et Sports.

Prix : semaine **4200/6000 F** week-end **1700 F**

21	14	3	2	0,5	31	0,1	23	13

LOISIRS ACCUEIL SAVOIE – 24 Boulevard de la Colonne – 73024 Chambery-Cedex – Tél. : 04.79.85.01.09 – Fax : 04.79.85.71.32

Saint-Alban-des-Villards
cXv *C.M. n° 77 — Pli n° 6*

E.C. NN 29 pers. Ouverture : toute l'année. Alt. : 1000 m

Gîte d'étape situé dans le bâtiment de la Mairie. R.d.c. + 1er + 2e ét. : salle à manger, cuisine, l-linge, 1 dortoir, 3 ch. (29 lits 1 pers.), 4 salles d'eau, ch. électrique, terrain. Restaurant 2 km. Tarif spécial pour enfant - 10 ans. Agrément Jeunesse et Sports. Randonnées à ski vers la Combe du Merlet et du Puy Gris. L'été, randonnées sur le Tour de l'Arvan-Villards et point de départ pour le massif des Belledonnes.

Prix : pers.nuit **66 F**

1	1	2	2	11	2

DISTRICT DE LA VALLEE DES VILLARDS – 73130 Saint-Colomban-des-Villards – Tél. : 04.79.56.24.53 ou 04.79.59.16.32 – Fax : 04.79.59.14.38

Saint-Andre Le Villard
C.M. n° 77 — Pli n° 8

E.C. NN 22 pers. Ouverture : toute l'année. Alt. : 1350 m

Gîte de séjour (500 m²) dans maison mitoyenne à celle du propriétaire, aux portes du Parc de la Vanoise. Gîte r.d.c.+ 1er + 2e ét. : séjour, salon avec cheminée, TV coul. + vidéo, cuisine, salla de jeux, 10 ch. de 2 à 4 pers. avec sanitaires dans chaque ch. (20 lits 1 pers., 1 lit 2 pers.), ch. central, balcon, terrain. Agrément maison familiale. Ski Orelle (liaison 3 Vallées) 8 km, la Norma 12 km, Val-Fréjus 13 km, Aussois + fond 14 km. Sorties en raquettes. Randonnées accompagnées dans le Parc National de la Vanoise. Prix pour groupes et enfants, le tarif pension comprend le pique-nique. Gîte Nature.

Prix : pension **195 F**

TH GR : 5 et 55

7	7	12	4	8	14	7	4

TRIGON Bernard – Villard Vacances Maurienne - Le Villard – 73500 Saint-Andre – Tél. : 04.79.05.27.17

Saint-Bon-Courchevel Moriond
C.M. n° 74 — Pli n° 18

E.C. NN 22 pers. Ouverture : l'été. Alt. : 1650 m

Gîte de séjour (165 m²) dans une maison mitoyenne, sur 4 niveaux : séjour, cheminée, TV couleur, cuisine, lave-linge, lave-vaisselle. 11 chambres (22 lits 1 pers.), 9 salles d'eau, chauffage électrique. Escalade 800 m. Lac 4 km.

Prix : semaine **12320/14000 F**

16	0,8	0,8	4	4	0,1	0,1	20	0,1

LOISIRS ACCUEIL SAVOIE – 24 Boulevard de la Colonne – 73024 Chambery-Cedex – Tél. : 04.79.85.01.09 – Fax : 04.79.85.71.32

Saint-Georges-d'Hurtieres Rochebrune
C.M. n° 74 — Pli n° 16

E.C. NN 24 pers. Ouverture : toute l'année. Alt. : 600 m

Gîte de séjour et un éco-musée dans un bâtiment neuf. R.d.c. + 1er ét. : séjour/coin-cuisine, TV, cheminée, cuisine, l-linge, l-vaiss., 8 chambres (24 lits 1 pers.), 8 salles de bains, chauffage électrique, balcon, terrain. Restaurant 100 m. Groupe : 6300/7700 F. Ski à St-François-Longchamp 30 km et ski de fond au Pontet 15 km. Découverte de la chaîne des Hurtières et de la richesses des villages à pied, VTT ou raquettes. Agréments Jeunesse et Sports, Education Nationale : 1 classe découverte. Randonnées. Lac, escalade 5 km.

15	5	15	5	30	15	5	5

MAIRIE SAINT-GEORGES-D'HURTIERES – 73220 Saint-Georges-d'Hurtieres – Tél. : 04.79.36.12.08 ou 04.79.36.13.42 – Fax : 04.79.36.18.17

Saint-Jean-d'Arvey

E.C. NN 20 pers. Ouverture : toute l'année. Alt. : 600 m

Maison indépendante. Gîte de séjour sur 3 niveaux : séjour, cuisine, 2 chambres + 1 dortoir (20 lits 1 pers.), salles d'eau, chauffage central, terrain clos. Aillon-le-Jeune 16 km. Station la Féclaz 10 km. Agrément Jeunesse et Sports. Poss. accueil stages, d'encadrement d'activités de découverte de l'environnement. Ancienne poste au cœur du village. Située sur le Tour des Bauges.

Prix : pers.nuit **60/70 F**

GR : 96 et GTA

8	10	5	10	2	10	10	8	0,1

LES FRANCAS – 158 rue Pasteur – 73490 La Ravoire – Tél. : 04.79.71.35.84 ou 04.79.28.43.83 – Fax : 04.79.33.02.27

Saint-Jean-de-Maurienne La Fournache
C.M. n° 77 — Pli n° 7

E.C. NN 18 pers. Ouverture : toute l'année. Alt. : 730 m

Gîte de séjour dans la maison du propriétaire (195 m²), 1er + 2e + 3e ét. Séjour, TV coul., cuisine, l-linge, l-vaiss., salle d'animation, 5 ch. (12 lits 1 pers., 3 lits 2 pers.), 2 s. d'eau, 1 salle de bains, ch. élect., balcon, garage, terrain. Groupe : 3850/6600 F. L'été, randonnées vers la vallée des Arves. Ce gîte de séjour est aménagé dans une ancienne tour, dominant la Vallée de la Maurienne et la ville de St-Jean-de-Maurienne. Ski La Toussuire (liaison « Domaine du Grand Large », 180 km de pistes) à 16 km.

4	3	16	3	16	16	4	3

BERARD Jean et Ginette – La Fournache - route du Chosalet – 73300 Saint-Jean-de-Maurienne – Tél. : 04.79.64.26.08

Saint-Pierre-d'Entremont Pont-du-Lac
C.M. n° 74 — Pli n° 15

30 pers. Ouverture : toute l'année. Alt. : 740 m

Gîte de séjour l'hiver, d'étape l'été aménagé dans un ancien moulin rénové. R.d.c. + 1er ét. : salle de réunion, salle à manger, salon, bibliothèque, cheminée, coin-cuisine, 8 ch. (26 lits 1 pers., 2 lits 2 pers.), 3 s. d'eau, ch. central et élect. Balcon, terrasse, cour. Groupe : 7700/11500 F. Agrément Jeunesse et Sports pour 20 pers. Raquettes 6 km. Parapente, spéléo., VTT, randonnées, tour du Pays de Chartreuse, escalade. Possibilité activités encadrées par professionnels locaux. Saint-Pierre-de-Chartreuse 11 km.

Prix : pers.nuit **65/70 F** 1/2 pension **155/164 F** pension **210/224 F** petit dejeuner **25 F** repas **75/78 F**

TH GR : 9

10	2	2	SP	10	6	23	2,5

FOLIARD Michel – Pont du Lac – 73670 Saint-Pierre-d'Entremont – Tél. : 04.79.65.83.45 – Fax : 04.79.65.87.60

Sainte-Foy-Tarentaise Chenal

cXv *C.M. n° 74 — Pli n° 19*

19 pers. Ouverture : toute l'année. Alt. : 1700 m

Gîte de séjour (170 m²) réparti sur 3 niveaux. Séjour, cuisine, 5 ch. (1 lit 2 pers., 17 lits 1 pers.), 1 s. d'eau, 3 douches, chauffage électrique, balcon, terrasse, terrain. Accès au gîte l'hiver à ski ou raquettes 3 km. Poss. repas sur place. Groupe : 4000/6500 F. Lac, voile 6 km. Ski Tignes (Les Brévières) 6 km. Ancienne maison rénovée située sur le hameau classé du Monal. Vue magnifique sur le Mont Pourri, les glaciers de la Gurraz et de Savines. A voir : hameau classé de la Gurraz. Eté : randonnées sur la crête frontalière.

Prix : pers.nuit **60/80 F** 1/2 pension **170/180 F** petit dejeuner **25/30 F** repas **70 F**

TH

10	6	6	3	6	SP	22	6

CHAUDAN Monique et Guy Michel – 73640 Sainte-Foy-Tarentaise – Tél. : 04.79.06.92.09 ou 04.79.06.93.63

Sainte-Foy-Tarentaise Bonconseil-Dessus

cXv *C.M. n° 74 — Pli n° 19*

E.C. NN 18 pers. Ouverture : toute l'année. Alt. : 1600 m

Gîte de séjour dans la maison du propriétaire (170 m²), 1er + 2e ét. : séjour, cheminée, cuisine, l-linge, l-vaisselle, 5 chambres (1 lit 2 pers., 16 lits 1 pers.), 6 salles d'eau, chauffage électrique, balcon, terrasse. Draps fournis. Liaison les Arcs 10 km. Tignes 22 km. Maison aménagée dans le style du pays en pierre, bois et lauzes, au cœur du domaine skiable de la station. Idéalement placée pour découvrir la Hte Tarentaise avec le hameau classé du Monal et la vue sur le Mont Pourri. Canoë 21 km.

Prix : pers.nuit **140 F** 1/2 pension **270 F** petit dejeuner **30 F** repas **100 F**

TH

19	7,5	16	5	0,5	4	19	7,5

KOPERDRAAT Dirk – Bonconseil Dessus – 73640 Sainte-Foy-Tarentaise – Tél. : 04.79.06.97.18

Seez Le Noyeray

cXv *C.M. n° 74 — Pli n° 18*

19 pers. Ouverture : toute l'année sauf octobre et novembre. Alt. : 1040 m

Gîte de séjour (225 m²) dans la maison du propriétaire, sur 3 niveaux : séjour, cheminée, cuisine, l-linge, salle de lecture, 7 ch. (4 lits 2 pers., 11 lits 1 pers.), 7 salles d'eau, chauffage central, balcon, terrasse, terrain. Liaisons La Rosière 4 km et Les Arcs 7 km. Escalade, canoë 8 km. Ancienne maison de pierre minutieusement restaurée, située au cœur du hameau, sur la route du col du Petit-St-Bernard. Le gîte se prête à la découverte des hautes vallées de Tarentaise et de la Vallée d'Aoste.

Prix : pers.nuit **75/90 F** 1/2 pension **190/200 F** petit dejeuner **25/35 F** repas **75/100 F**

TH

7	4	4	4	4	4	7	4

METOIS GENOVESE Dominique et Francis – Le Noyeray – 73700 Seez – Tél. : 04.79.41.05.71

Termignon Chalet-la-Para

cXv *C.M. n° 77 — Pli n° 8*

E.C. NN 40 pers. Ouverture : toute l'année. Alt. : 1300 m

Gîte d'étape et de séjour dans une maison individuelle. 260 m² r.d.c. + 1er + 2e ét. : 2 séjours, salle de jeux ou classe, cuisine, 8 chambres (40 lits 1 pers.)., 5 s. d'eau, ch. élect., terrain à 50 m. Téléphone. Val-Cenis 6 km. Randonnées. Ski à Termignon 500 m (25 km de pistes). Agrément Jeunesse et Sports pour 40 pers. Prix réduits en basse-saison. Gîte situé sur le Tour de Vanoise. Sentier du Petit Bonheur, circuit découverte art baroque. Circuit VTT. Escalade 2 km. Canoë 10 km.

Prix : pers.nuit **45/75 F**

GR : 5 et 55

6	0,2	2	SP	0,5	0,1	17	SP

BANTIN Murielle – 73500 Termignon – Tél. : 04.79.20.51.45

Tignes

cXv *C.M. n° 74 — Pli n° 19*

10 pers. Ouverture : du 1er juillet au 30 novembre. Alt. : 2150 m

Gîte d'étape dans un chalet de 110 m², réparti sur 3 niveaux : séjour coin-cuisine, salon, 4 chambres (10 lits 1 pers.), 4 salles d'eau, chauffage central, terrain. Ski d'été sur le glacier de Tignes 200 m (encadrement par le propriétaire). Golf sur place. Lac 20 m. Prix comprenant le petit déjeuner. Gîte d'étape récent, en bordure de la station de Tignes et à proximité du lac et du golf. Belle vue sur la montagne.

Prix : pers.nuit **130 F**

GR : 5

1	1	1	SP	0,2	31	1

FELIZIANI Pierre – Apt. 30 Hameau de Toviere - Le Lavachet – 73320 Tignes – Tél. : 04.79.06.35.17

Valezan Chalet-Penuel

cXv *C.M. n° 74 — Pli n° 18*

16 pers. Ouverture : toute l'année. Alt. : 1200 m

Gîte d'étape (230 m²) dans la maison du propriétaire. R.d.c., 1er + 2e étages : séjour, TV couleur, cuisine, cheminée, l-linge, sèche-linge, l-vaisselle, 4 ch. (8 lits 1 pers.), 1 dortoir (8 lits 1 pers.), 4 douches, ch. central, cour. Draps fournis. Montchavin (liaison La Plagne) 14 km. Ski Granier 6 km. Location de salle. Canoë, rafting 8 km. Maison traditionnelle de Hte Tarentaise au cœur du village. Stages encadrés par associations locales : VTT, équitation, randonnées. Escalade 12 km.

Prix : pers.nuit **70/90 F** 1/2 pension **160/180 F** pension **220/240 F** petit dejeuner **30 F** repas **60 F**

TH GR : 5

10	9	13	8	6	0,1	8	8

MICHEL Bernadette – 73210 Valezan – Tél. : 04.79.07.66.48

Valloire Les Granges

cv *C.M. n° 77 — Pli n° 7*

29 pers. Ouverture : toute l'année. Alt. : 1475 m

Gîte de séjour dans la maison du propriétaire sur 3 niveaux : séjour, cheminée, cuisine, 7 ch., 2 dortoirs en duplex (23 lits 1 pers., 3 lits 2 pers.), 4 s. d'eau, salle TV, salon, salle de sports, sauna, labo photos, ch. élect. Terrasse, terrain. Stages remise en forme, arts martiaux, yoga, danse, randonnée, escalade, alpinisme, VTT (encadr. professionnel). Prix semaine/personne de 1700 à 3700 F : pension complète + activités (forfait ski, animations). Patinoire. Ski à Valloire 2 km (80 km de pistes et 40 km de fond).

Prix : pers.nuit **70/100 F** 1/2 pension **200/300 F** pension **250/400 F** petit dejeuner **35 F** repas **70/100 F**

TH

15	2	2	2	3	15	2

MICHAUD Claude – Les Granges – 73450 Valloire – Tél. : 04.79.59.06.08 – Fax : 04.79.83.32.30

Valloire Bonnenuit

cv *C.M. n° 77 — Pli n° 7*

14 pers. Alt. : 1750 m

Gîte d'étape l'été, de séjour l'hiver, dans une maison ancienne. Gîte (100 m²) aux r.d.c. + 1er ét. : séjour/cuisine, 4 ch. (12 lits 1 pers., 1 lit 2 pers.), 3 douches. Chauffage central. Terrasse, terrain. Draps fournis. Pour les dates d'ouverture, voir avec le propriétaire. Groupe : 3750/8000 F. Patinoire 7 km. Maison sur le Tour du Mont-Thabor. Ski à Valloire 4 km (80 km de pistes), fond sur place (40 km de pistes).

Prix : pers.nuit **76/80 F** petit dejeuner **30 F**

GR : 5

7	4	0,8	4	SP	24	4

GUITTET Bernard et Frederique – Les Reaux - Bonnenuit – 73450 Valloire – Tél. : 04.79.59.06.64

Valloire Le Col

cv *C.M. n° 77 — Pli n° 7*

35 pers. Ouverture : toute l'année. Alt. : 1500 m

Gîte de séjour dans une maison individuelle. 270 m² sur 4 niveaux. Séjour/coin-salon, cheminée, cuisine, micro-ondes, 14 chambres (35 lits 1 pers.), 6 douches, chauffage central, balcon. Patinoire 2,2 km. Escalade 3 km. Groupe : 9800/19600 F. Peut-être loué pour des plus petits groupes (minimum 14 pers.). Valloire 2 km (ski de piste). Ancienne maison du village entièrement rénovée. Agrément Jeunesse et Sports. Possibilité location draps et pension ou 1/2 pension (voir avec la personne de l'accueil).

Prix : 1/2 pension **120/160 F** pension **160/210 F**

TH GR : 5

2,2	2,2	3	2	1	15	2,2

ASSOCIATION JEANNE D'ARC – 89 rue du Grand Faubourg – 28000 Chartres – Tél. : 02.37.35.33.25 – Fax : 02.37.91.10.67

Valmeinier Ville-Dessus

cv *C.M. n° 77 — Pli n° 7*

33 pers. Ouverture : 13 décembre au 2 mai et du 20 juin au 29 août. Alt. : 1600 m

Gîte de séjour (hiver), séjour + étape (l'été) dans un chalet pierres et mélèze typique aux vallées de Valloire/Valmeinier. 290 m² aux 1er + 2e ét. : salle hors-sac/coin-cuisine, cheminée, solarium avec belle vue sur la montagne, piano, 9 ch. de 2 à 6 pers. avec bain ou douche, ch. élect., balcon. Prix 1/2 pens./semaine/pers. : 1430/2100 F. Piscine d'été 100 m. Gîte sur le Tour du Mont Thabor (randonnées, nombreux sentiers). Stages sportifs encadrés : parapente, alpinisme, escalade, randonnées, ski, VTT. Agrément Jeunesse et Sports. Réduction enfants. Escalade sur place.

Prix : pers.nuit **78/113 F** 1/2 pension **225/320 F**

TH GR : 5

0,1	0,1	0,1	5	0,1	0,1	12	0,1

BODIN Herve et Genevieve – Ville Dessus - La Taniere – 73450 Valmeinier – Tél. : 04.79.56.80.29 – Fax : 04.79.56.80.29

Valmeinier Entre-Deux-Villes

cv *C.M. n° 77 — Pli n° 7*

E.C. NN 10 pers. Ouverture : toute l'année. Alt. : 1500 m

Gîte de séjour et un gîte rural dans maison neuve au cœur du village, sur le Tour du Mont Thabor. Gîte (100 m²) 1er ét. : séjour, cuisine, l-vaiss., 5 ch. (10 lits 1 pers.), s. d'eau, ch. élect. Terrain. Tél. service restreint. Stages encadrés par prop. : parapente, escalade, alpinisme, VTT, randonnées sur glacier et autres... Groupe : 1900/5700 F. Agrément Jeunesse et Sports. Canyoning. Station Valménier 200 m (70 km de pistes et 40 km de fond). Patinoire 100 m.

GR : 5 et 57

0,2	0,2	0,2	0,1	0,2	0,2	12	0,1

NORAZ Jacques – La Ville Dessous – 73450 Valmeinier – Tél. : 04.79.70.58.46 – Fax : 04.79.70.58.46

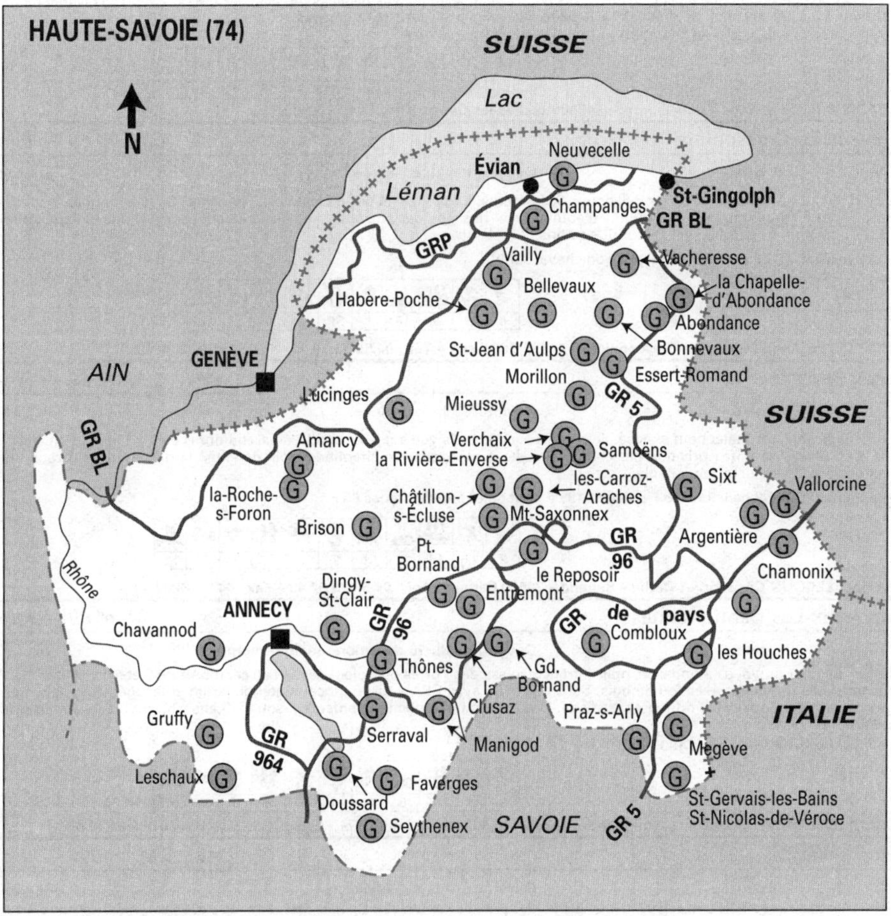

CH Chambre d'hôte — G Gîte d'étape, de séjour — L Logis de France

Amancy

C.M. n° 89 — Pli n° 3

34 pers. — Ouverture : toute l'année. — Alt. : 480 m

Situé dans ancienne ferme du Pays Rochois au centre de la Haute Savoie. 11 ch. (2 à 4 pers.) dont 9 avec sanitaires privés (douche, wc, lavabo) et 2 attenantes avec sanitaires communs (1 ch. équipée pour hand. en fauteuil). Salle à manger avec cheminée, salle de détente ou de réunion. Terrasse, jardin. Anglais, allemand et espagnol parlés. Draps fournis. A 2 minutes de la ville médiévale de La Roche-sur-Foron, centre de foire/parc des expositions. Réductions enfants. Nuitée gratuite pour la 4e pers. dans une ch. de 4. Des repas de fêtes peuvent être proposés sur réservation. Agrément DDJS 25 mineurs. Prêt matériel.

Prix : pers.nuit **95 F** 1/2 pension **175 F** petit dejeuner **22 F**

TH

12	12	25	1,5	1,5	0,5	1,5	5	10	2,5	1,5

GAY-PERRET Gilles et M-Helene – Rue de la Vernaz – 74800 Amancy – Tél. : 04.50.25.87.22 – Fax : 04.50.25.87.22

Arraches-les-Carroz Plaine-Joux

C.M. n° 89 — Pli n° 6

E.C. NN 41 pers. Alt. : 1350 m

Entre les Carroz et Flaine, à 1350 m d'alt. et en pleine nature, Brigitte et Yves vous accueillent dans leur chalet savoyard de moyenne montagne qu'ils ont restauré avec soin. Grand séjour/cheminée, 8 chambres ou dortoirs au décor différent, de 2 à 8 pers. avec sanitaires privatifs ou collectifs. Brigitte vous proposera sa cuisine familiale. Anglais parlé. Autour du chalet, torrent, chemins de randonnées pédestres ou VTT. L'accès au gîte se pratique à pied (20 mn). Yves pourra venir chercher vos bagages. Au pied des pistes de fond en hiver et remontées mécaniques à 1,5 km. Location de draps : 20 F la paire. Réductions sur forfaits remontées.

Prix : pers.nuit **70 F** 1/2 pension **160/170 F** petit dejeuner **20 F** repas **70 F**

TH

1,5	SP	20	5	5	SP	5	SP	4	15	5

FONTAINE Brigitte et Yves – Plaine-Joux – 74300 Araches-les-Carroz – Tél. : 04.50.90.32.91

Bellevaux La Cressoniere

C.M. n° 89 — Pli n° 2

E.C. NN 18 pers. Ouverture : toute l'année. Alt. : 850 m

Gîte de séjour situé dans la vallée de Bellevaux. 9 chambres. Sanitaires : 4 wc, 11 lavabos, 3 douches. Salle à manger. Activités sur place : VTT, tir à l'arc. Annie est passionnée d'équitation et possède des chevaux. Anglais et italien parlés. Draps et linge de toilette fournis. Tarifs enfants selon l'age. Prix tout compris.

Prix : 1/2 pension **180 F** pension **225 F** pension cheval **30/50 F**

TH

6	6	20	18	1	SP	SP	SP	18	2

FELISAZ-DENIS Anne-Marie – La Cressonniere – 74470 Bellevaux – Tél. : 04.50.73.70.13 – Fax : 04.50.73.70.13

Bernex Benand

C.M. n° 89 — Pli n° 2

32 pers. Ouverture : toute l'année. Alt. : 1100 m

Gîte aménagé dans un chalet neuf exposé plein sud avec une belle vue sur la Dent d'Oche. 6 chambres de 2 à 4 pers., 2 ch. avec mezzanine de 5 pers. Sanitaires privatifs par chambre. Salle à manger avec cheminée, coin-détente. Jardin, terrasse. Draps fournis. Réductions accordées pour les enfants.

Prix : pers.nuit **85 F** 1/2 pension **165 F** pension **195 F** petit dejeuner **25 F** repas **65 F**

TH

2	1,5	12	12	1,5	2	2	SP	5	20	1,6

BIRRAUX / LEROUX Christian et Cathy – Benand – 74500 Bernex – Tél. : 04.50.73.62.48 – Fax : 04.50.73.62.48

Bonnevaux Les Centfontaines

C.M. n° 89 — Pli n° 2

12 pers. Ouverture : du 16 décembre au 16 septembre. Alt. : 810 m

Gîte situé au cœur du Val d'Abondance, massif franco-suisse des Portes du Soleil. Accueil en chambres de 2 et 4 lits. 2 lavabos, 2 wc, 2 douches. Salle à manger avec feu de bois. Salle d'activité avec SPA à dispo., local matériel, jardin aménagé, jeux, parking privé. Stages de ski, raquettes, VTT, rafting et escalade. Draps fournis. Réductions enfants jusqu'à 10 ans : 1/2 tarif. Lac Léman à 18 km. Ski : 650 km de pistes.

Prix : 1/2 pension **160 F** pension **180 F**

TH

5	5	18	5	2	SP	10	SP	15	18	1

CASSANI Didier et Veronique – Gîte de Centfontaines – 74360 Bonnevaux – Tél. : 04.50.73.12.93 – Fax : 04.50.81.10.62

Brison Solaison

C.M. n° 89 — Pli n° 13

36 pers. Ouverture : toute l'année. Alt. : 1500 m

Gîte situé sur plateau de Solaison à 1500 mètres d'altitude : pistes de ski l'hiver, alpages l'été. 2 ch. de 3 et 4 pers., 4 dortoirs de 5 à 10 pers. Sanitaires collectifs : 7 wc, 4 douches, 8 lavabos. Salle à manger, cuisine. Autre activité sur place : escalade. Gîte bien adapté pour accueil de groupes. Anglais parlé. Accueil en gestion libre, 1/2 pension ou pension. Agrément DDJS pour 30. Ski également à 10 km au Mont-Saxonnex. Réductions accordées pour les enfants, tarifs spéciaux pour les groupes. Prestations : location de ski de fond et accès aux pistes : de 20 à 25 F/jour/enfant.

Prix : pers.nuit **65 F** 1/2 pension **145 F** pension **185 F** petit dejeuner **20 F** repas **60 F**

TH

SP	SP	20	20	8	15	8	SP	SP	25	8

TUVERI Patricia – Gîte la Fruitiere - Solaison – 74130 Brison – Tél. : 04.50.96.93.56

Chamonix-Mont-Blanc

C.M. n° 89 — Pli n° 4

34 pers. Ouverture : toute l'année sauf du 1er octobre au 20 décembre. Alt. : 1000 m

Gîte de séjour situé dans le hameau des Bossons près de Chamonix. Cadre aménagé avec beaucoup de goût. 10 chambres de 2 à 4 pers. Sanitaires privatifs ou collectifs. Salle à manger, salle d'activités, jardin. Tous les sports de montagne. Cuisine soignée. Draps fournis. Pas de gestion libre. Agrément Jeunesse et Sports n° 074056698. Réduction pour les enfants. Location de matériel de montagne hiver et été.

Prix : pers.nuit **100/120 F** 1/2 pension **220/250 F** petit dejeuner **30 F** repas **75 F**

A

2	2	26	5	2	0,1	5	SP	5	5	5

CHAPOUTON Jean Claude – 333 route des Rives - Les Bossons – 74400 Chamonix-Mont-Blanc – Tél. : 04.50.55.90.10 – Fax : 04.50.55.90.10

Chamonix-Mont-Blanc

C.M. n° 89 — Pli n° 4

36 pers. Ouverture : toute l'année sauf octobre et novembre. Alt. : 1000 m

Au pied des Aiguilles de Chamonix, gîte d'étape situé à 10 minutes à pied du centre de la station. A votre disposition : 9 chambres de 4 pers., toutes avec lavabo. Sanitaires collectifs : 5 douches, 5 wc. Salle à manger. Escalade. Paniers repas à emporter. Agrément DDJS n° 074056750. Location de draps : 25 F. Réduction enfant en 1/2 pension.

Prix : pers.nuit **70 F** 1/2 pension **173 F** petit dejeuner **28 F** repas **75 F**

(TH)

1	1	1	5	2	1	2	1	4	1	1

DUC Jacky – 152, route de la Frasse – 74400 Chamonix – Tél. : 04.50.53.18.19 ou 04.50.53.32.17 – Fax : 04.50.53.67.01

Chamonix-Mont-Blanc La Frasse

C.M. n° 89 — Pli n° 14

E.C. NN 70 pers. Ouverture : toute l'année. Alt. : 1050 m

Gîte d'étape et de séjour situé à 5 minutes des remontées mécaniques, tout près de l'arrivée de la Vallée Blanche et du départ des pistes de ski de fond, à proximité du centre de Chamonix. 8 chambres de 4 pers. avec lavabos. 3 dortoirs de 6 pers. avec lavabos, 1 dortoir de 19 pers. sans lavabo, douches, wc. Anglais et espagnol parlés. Cuisine pour gestion libre. Agrément DDJS pour 48 mineurs, n° 074056561. Location de draps : 20 F/paire. Réductions accordées pour les enfants et les groupes.

Prix : pers.nuit **66 F** 1/2 pension **158 F** pension **218 F** petit dejeuner **27 F** repas **65 F**

(TH) GR : GTA et TMB

0,5	0,3	15	0,5	0,5	0,2	SP	1	0,5	0,6

MANGIN Erick – 45, route de la Frasse – 74400 Chamonix – Tél. : 04.50.53.14.09 – Fax : 04.50.53.23.25

Chamonix-Mont-Blanc/Argentiere Trelechamps

C.M. n° 89 — Pli n° 4

36 pers. Ouverture : toute l'année sauf du 10 novembre au 10 décembre. Alt. : 1250 m

Gîte d'étape aménagé dans un vieux chalet d'alpage du hameau de Tréléchamps, à proximité de la Réserve des Aiguilles Rouges. Très beau site. 3 dortoirs. Sanitaires : 2 lavabos, 2 douches, 2 wc. Salle à manger, terrasse. Stages avec la Compagnie des Guides de Chamonix. Escalade. Location de draps : 10 F de 1 à 7 jours. Agrément DDJS pour 25 mineurs du 15/04 au 30/11, n° 074056119. Réduction pour enfants et selon les périodes.

Prix : pers.nuit **62 F** 1/2 pension **162 F** petit dejeuner **33 F** repas **75 F**

(TH) GR : TMB et GTA

2	SP	35	8	8	0,1	8	0,3	8	8	2

MUGNIER Gilbert – La Boerne - 288 Trelechamps – 74400 Argentiere-Chamonix – Tél. : 04.50.54.05.14 – Fax : 04.50.54.05.14

Chamonix-Mont-Blanc/Argentiere Les Frasserands

C.M. n° 89 — Pli n° 4

E.C. NN 38 pers. Ouverture : toute l'année sauf octobre et novembre. Alt. : 1350 m

Au pied des glaciers du Tour et d'Argentière, gîte d'étape et de séjour situé à proximité du village du Tour. 1 ch. de 4 pers. et 4 dortoirs de 6 à 10 pers. Sanitaires collectifs. 2 salles à manger, coin-cuisine. GR Tour du Mont Blanc. Escalade, haute montagne. Le propriétaire est guide de haute montagne. Téléphone, terrasse, jardin. Réduction pour enfants. Gîte loué uniquement pour les groupes en hiver.

Prix : pers.nuit **60 F** petit dejeuner **25 F**

GR : TMB et GTA

1	1	10	10	4	SP	1	SP	10	0,5	5

CHARLET Roger – 32 Chemin du Moulin - Les Frasserands – 74400 Chamonix-Argentiere – Tél. : 04.50.54.05.37 – Fax : 04.50.54.05.37

Chamonix-Mont-Blanc/Argentiere Alpage-de-Charamillon

C.M. n° 89 — Pli n° 4

E.C. NN 24 pers. Ouverture : du 15 juin au 15 septembre. Alt. : 1850 m

Au dessus du village du Tour, à proximité des remontées mécaniques de Balme, Jeanne, René et Eric exploitent l'alpage. Sur le Tour du Mont-Blanc. 6 ch. de 4 pers. 3 douches, 2 wc. Salle hors-sac. Salle à manger. Poss. gestion libre (coin-cuisine) ou 1/2 pens. avec produits du terroir. Alpage en activité, vaches de la race d'Herens. Accès à pied en 1 h. ou en 10 mn par la télécabine de Balme, depuis le village du Tour. Eric est aspirant-guide. Il vous propose de découvrir le milieu de la montagne. 2e n° de téléphone en dehors de la saison d'été.

Prix : pers.nuit **50 F** 1/2 pension **160 F** pension **210 F** petit dejeuner **30 F**

(A) GR : TMB

SP	SP	24	4	4	2	4	SP	10	2	2

RAVANEL Rene – 9 Chemin des Grassonets – 74400 Chamonix – Tél. : 04.50.54.17.07 ou 04.50.54.02.87 – Fax : 04.50.54.16.03

Champanges La Bennaz

C.M. n° 89 — Pli n° 3

E.C. NN 17 pers. Ouverture : toute l'année. Alt. : 630 m

Gîte situé dans une ancienne ferme au milieu de la campagne, à 10 mn du lac Léman, 15 mn de la suisse. Cuisine régionale. Au 1er, 1 ch. 3 pers. (sanitaires) et 1 ch. 4 pers. (sanitaires). Au 2e, 2 ch. 4 pers. et 1 ch. 2 pers. avec sanitaires collectifs. Séjour, salle à manger,cheminée et balcon avec vue sur lac. Draps fournis. Réductions enfants et grands groupes. Rafting, VTT, escalade, plongée.

Prix : pers.nuit **70 F** 1/2 pension **165 F** pension **200 F** petit dejeuner **25 F** repas **70 F**

(TH)

12	12	8	8	0,5	2	2	SP	2	10	2

DEYTS Thierry – La Bennaz – 74500 Champanges – Tél. : 04.50.81.03.21 – Fax : 04.50.81.04.04

La Chapelle-d'Abondance Trebentaz — cXv *C.M. n° 89 — Pli n° 2*

E.C. NN 24 pers. Ouverture : de mi-juin à mi-septembre. Alt. : 1900 m

Gîte d'alpage situé au nord-est du Mont de Grange. Accès à pied en 2 h. Vue superbe. 1 dortoir. Sanitaires : 2 wc, 2 lavabos. Salle à manger. Troupeau de chèvres et brebis. Gîte situé dans la réserve de chasse : chamois, mouflons, marmottes... Variante GR5. Réductions accordées pour les enfants. Anglais parlé.

Prix : 1/2 pension **155 F**

TH GR : 5

SP	12

THOULE Marie Pierre et Norbert – La Ravine – 74390 Chatel – Tél. : 04.50.73.26.17 ou 04.50.73.51.41

La Chapelle-d'Abondance La Ville-du-Nant — cXv *C.M. n° 89 — Pli n° 2*

22 pers. Ouverture : toute l'année. Alt. : 1030 m

Situé au cœur de la vallée d'Abondance à 1030 m d'altitude, « la Clématite » s'élève sur un côteau plein sud, à 1,5 km du village. Le gîte comprend 5 ch. de 2 à 4 pers., 1 dortoir de 6 pers., sanitaires privés (1 ch. acc. pers. hand.). Séjour/coin-détente, jardin, terrain. Cuisine traditionnelle de la vallée. Anglais et espagnol parlés. Draps fournis. A proximité du domaine skiable des Portes du Soleil. Randonnées aux Cornettes de Bises, Mont de Grange. Possibilité de forfaits groupes en dehors des vacances scolaires (gestion libre, 1/2 pension ou pension). Réductions enfants pour les individuels.

Prix : pers.nuit **100 F** 1/2 pension **150 F** pension **190 F** petit dejeuner **20 F** repas **55 F**

TH GR : 5

0,6	0,1	32	3	0,6	0,3	2	SP	3	32	0,8

GILLET Daniele – La Clematite - Les Charlines - 8, Ch de Vongy – 74200 Thonon-les-Bains – Tél. : 04.50.71.85.95 ou 04.50.73.30.55 – Fax : 04.50.71.85.95

Chatel L'Essert — cXv *C.M. n° 89 — Pli n° 2*

32 pers. Ouverture : toute l'année. Alt. : 1200 m

Au cœur des Portes du Soleil, Jacqueline et Florent, agriculteurs, vous accueillent dans leur gîte situé à côté de la ferme, au pied du domaine skiable du Linga. Il se compose de 6 ch. de 4 pers., 1 ch. de 2 pers. (acc. pers. hand.), 1 dortoir de 6 pers., tous avec sanitaires privés. Salle à manger, coin-détente. Local skis, terrasse, terrain de jeux. Draps fournis. Les spécialités du pays seront servies à table. Tarifs réduits entre le 15/04 et le 15/12. Liaisons avec Avoriaz et la Suisse. Tarification enfants selon l'âge.

Prix : 1/2 pension **200 F** pension **240 F**

TH

SP	SP	40	2,5	1	SP	1	SP	1	40	2,5

CREPY-MARGLAIS Jacqueline et Florent – « Le P'Tit Cornillon » - L'Essert – 74390 Chatel – Tél. : 04.50.81.35.49 ou 04.50.73.27.73

Chatillon-sur-Cluses Larroz — cXv *C.M. n° 89 — Pli n° 3*

E.C. NN 16 pers. Ouverture : toute l'année. Alt. : 800 m

Chantal vient d'aménager 1 gîte indépendant dans 1 ancienne ferme de hameau, au pied du Mont Orchex. 3 ch. de 2 à 4 pers. (1 avec sanitaires complets, 2 avec s. d'eau). 1 dortoir de 6 pers. (sanitaires complets). Ambiance chaleureuse de montagne, séjour, salon avec piano, biblio. Jardin. Site très calme. Anglais parlé. Ping-pong, fléchettes, pétanque. Chapiteau de 60 m² à disposition. 2 poneys, 1 double poney. A 20 mn du domaine skiable du Grand Massif. A 8 km de Cluses. Réductions accordées pour les enfants et familles dès 5 pers. Draps compris pour 1 séjour d'au moins 3 jours. Location de draps : 15 F.

Prix : pers.nuit **75 F** 1/2 pension **170 F** pension **210 F** petit dejeuner **25 F** repas **70 F**

TH

7	7	20	7	4	4	4	SP	4	8	2,5

ROMAGNONI Chantal – Larroz – 74300 Chatillon-sur-Cluses – Tél. : 04.50.34.87.71 – Fax : 04.50.34.87.71

Chavanod Les Moulins — cXv *C.M. n° 89 — Pli n° 14*

E.C. NN 12 pers. Ouverture : toute l'année. Alt. : 400 m

Gîte aménagé dans 1 ancien moulin de caractère. 3 chambres de 4 lits. Sanitaires : 2 wc, 2 douches, 4 lavabos. Salle commune, cuisine. Possibilité de venir avec son cheval. Vacances scolaires : stage équitation, enfants de 5 à 15 ans. Agrément DDJS n° 074067728. Draps inclus. Anglais et italien parlés. Accueil en gestion libre ou demi-pension. Forfait groupe pour l'ensemble de la maison. Location de couettes 10 F. Réductions pour les enfants.

Prix : pers.nuit **70 F** 1/2 pension **180 F** petit dejeuner **20 F** repas **90 F** pension cheval **70 F**

TH

24	24	7	7	4	2	SP	0,5	24	7	4

SIMONOTTI Serge et Jackie – Gîte Les Moulins – 74650 Chavanod – Tél. : 04.50.69.05.37 – Fax : 04.50.69.05.37

La Clusaz Le Plateau-de-Beauregard — cXv *C.M. n° 89 — Pli n° 14*

35 pers. Ouverture : toute l'année. Alt. : 1650 m

Gîte auberge situé au milieu des alpages l'été et des pistes de ski l'hiver. 2 ch. 2 pers. avec douche et lavabo. 1 ch. 4 pers., 3 dortoirs de 5 à 11 pers. Sanitaires collectifs. Salle à manger, salle d'activité. Ski de piste et ski de fond au départ du chalet. Possibilité de pension complète sur demande. Réduction enfants selon l'age. Location de draps. Gestion libre proposée pour les groupes en été et en dehors des vacances scolaires l'hiver.

Prix : pers.nuit **100 F** 1/2 pension **190 F**

(A)

SP	SP	25	7	7	7	3	SP	SP	31	8

BIBOLLET Michele – Auberge Les Matins Clairs - BP 74 – 74230 Thones – Tél. : 04.50.02.66.60 ou 04.50.02.17.16 – Fax : 04.50.02.66.60

La Clusaz Col-des-Aravis

C.M. n° 89 — Pli n° 14

E.C. NN 38 pers. Ouverture : toute l'année sauf vacances Toussaint et vacances de Pâques. Alt. : 1360 m

Au cœur des alpages, dans 1 superbe chalet de 1820, sur la route du col des Aravis, Danielle et Gilles vous proposent 10 ch. avec lavabo, douche et wc privatifs. Salle à manger, cheminée, 2 pièces de détente, billard, baby-foot. Terrasse, jardin. Ecole d'escalade à proximité. Anglais parlé. Location de VTT. Réduction pour les enfants jusqu'à 12 ans. Draps fournis. Téléphone à pièces, lave-linge et sèche-linge (25 F).

Prix : pers.nuit **105 F** 1/2 pension **190 F** petit dejeuner **25 F** repas **80 F**

TH

1,5	5	35	4	4	SP	4	SP	4	40	4

AUSSEDAT Gilles et Danielle – « Aux 4 Vents » - route du Col des Aravis – 74220 La Clusaz – Tél. : 04.50.02.41.14 – Fax : 04.50.02.55.44

Combloux

C.M. n° 89 — Pli n° 4

19 pers. Ouverture : de juin à septembre. Alt. : 1233 m

Gîte auberge situé sur les hauteurs de Combloux. Accès à pied en 15 minutes (400 m). Site très calme avec belle vue sur le Massif du Mont Blanc. 2 dortoirs de 6 pers. et 2 ch. (de 3 à 4 pers). Lits faits. Sanitaires : 3 wc, 2 douches, 5 lavabos. Auberge au r.d.c. Jardin et terrasse. Anglais et italien parlés. Réductions accordées pour les groupes de + de 10 pers. et enfants en 1/2 pension. Téléphone pour les réservations en été : 04.50.93.37.20

Prix : pers.nuit **96 F** 1/2 pension **180 F** petit dejeuner **30 F**

(A)

14	1	0,9	0,1	7	SP	5	14	7

CRIVELLI Ginette et Claudy – 783 route du Bouchet - La Ferme Champ de Ski – 74920 Combloux – Tél. : 04.50.58.63.89 ou 04.50.93.37.20

Combloux

C.M. n° 89 — Pli n° 4

E.C. NN 20 pers. Ouverture : toute l'année. Alt. : 950 m

Chalet indépendant pour l'accueil de groupes constitués, à proximité d'un centre de vacances, très belle vue sur le Massif du Mont Blanc. 2 ch. de 2 pers. (avec lavabo), 1 dortoir divisé en 4 boxes de 4 lits à l'étage. Sanitaires collectifs : 2 wc, 3 douches, 8 lavabos. Cuisine très bien équipée, salle à manger, TV, coin-cheminée. Location de draps 20 F/paire. Balcon, terrains de jeux, espace vert. Agrément DDJS pour 16 mineurs, n° 074083173. Le chalet fonctionne en gestion libre pendant les vacances d'hiver.

Prix : pers.nuit **75 F** 1/2 pension **155 F** pension **174 F** petit dejeuner **32 F** repas **50 F**

TH

3	3	8	8	8	3	8	SP	8	7	2

ASSOCIATION LOISIRS NORD ALPES Mme Houiller – Chalet le Relais - route de Cordon BP 32 – 74920 Combloux – Tél. : 04.50.58.61.21 – Fax : 04.50.58.68.31

Dingy-Saint-Clair Ablon

C.M. n° 89 — Pli n° 14

E.C. NN 30 pers. Ouverture : saison d'été. Alt. : 1405 m

Gîte d'Alpage situé à proximité du plateau des Glières dans la vallée d'Ablon. Accès à pied en 1 heure depuis le parking de Dran. Capacité de 30 personnes en 1 dortoir (boxes de 4) et 3 chambres. 1 douche, lavabos, 3 wc. Cuisine de tradition, fabrication de fromages sur place : reblochons. Tél. à l'alpage : 04.50.22.47.17. Réduc. enfants et groupes en 1/2 pension. Activités : balades, randonnées, école d'escalade, spéléo.

Prix : pers.nuit **40 F** 1/2 pension **130 F** pension **195 F** petit dejeuner **25 F** repas **65 F**

TH

18	18	10	10	10	0,5	10	SP	10	15	2

BARRUCAND Michel – Charvex – 74230 La Balme-de-Thuy – Tél. : 04.50.22.47.17 ou 04.50.02.96.52

Doussard Arnand

C.M. n° 89 — Pli n° 15

E.C. NN 28 pers. Ouverture : toute l'année sauf Pâques. Alt. : 430 m

Aux portes du Parc Naturel Régional des Bauges. Gîte d'étape et de séjour aménagé dans un ancien bâtiment de ferme au centre d'un hameau campagnard du bout du Lac d'Annecy. 5 chambres, 2 dortoirs. Sanitaires : lavabo dans chaque ch., 3 wc, 3 douches. 2 salles à manger disposées sur 2 niveaux + 1 coin-détente, 1 local pour matériel. Baignade à 2 km. Lac d'Annecy à 2 km. Canyon 5 km. Agrément DDJS pour 20 mineurs n° 074104203. Réductions enfants. Location de draps : 20 F la paire. Prêt de matériel enfant.

Prix : pers.nuit **60 F** 1/2 pension **130 F** pension **170 F** petit dejeuner **20 F** repas **60 F**

TH GR : 96

17	17	2	20	2	0,2	0,8	SP	10	20	0,5

PAON Pascal – 21 Ch. du Pralet - Maison de l'Ire. Arnand – 74210 Doussard – Tél. : 04.50.44.39.82 – Fax : 04.50.44.39.82

Entremont Les Auges

C.M. n° 89 — Pli n° 14

E.C. NN 25 pers. Ouverture : du 20 juin au 28 septembre. Alt. : 1820 m

Gîte d'alpage situé à 1820 mètres d'altitude, au dessus du plateau des Glières, dans un site magnifique. Troupeau de moutons et génisses. Accès à pied en 1 h 30. 3 chambres et 1 dortoir. 1 wc, 1 douche. Salle à manger. Vue panoramique, randonnées, découverte de l'alpage. Chiens acceptés avec autorisation du berger. Réductions enfants.

Prix : pers.nuit **50 F** 1/2 pension **140 F** petit dejeuner **30 F**

TH GR : 96

SP	10

DONZEL Isabelle et Gilles – Malvoisin – 74130 Entremont – Tél. : 04.50.22.47.22

Essert-Romand Le Cloret

cXv *C.M. n° 89 — Pli n° 2*

E.C. NN 33 pers. Ouverture : toute l'année. Alt. : 990 m

Gîte de séjour (accueil de groupes) situé à proximité du village. 10 ch. de 2 à 4 pers. avec sanitaires complets privés. Salle à manger, 2 salles d'activités, ping-pong, coin-détente. Terrasse, terrain de jeux. Agrément DDJS n° 074114217. Michel, accompagnateur en montagne propose des sorties et des soirées diapositives. Draps fournis. Morzine à 4 km, lac de Montriond à 5 km. Domaine skiable des portes du soleil.

Prix : pers.nuit **100 F** 1/2 pension **195 F** pension **215 F** petit dejeuner **40 F** repas **70 F**

Ⓐ

2	2	30	4	2	SP	2	SP	5	20	2

ROBIN Laurence – Auberge du Cloret - Le Cloret – 74110 Essert-Romand – Tél. : 04.50.75.73.26 – Fax : 04.50.75.74.38

Faverges La Servaz

cXv *C.M. n° 89 — Pli n° 15*

E.C. NN 19 pers. Ouverture : du 20 mai au 20 octobre. Alt. : 1470 m

Gîte d'alpage dans le Massif des Bauges. Très beau site, vue superbe. 1 chambre (4 pers.), 1 dortoir (15 pers.). Sanitaires. Salle commune avec cheminée, cuisine. Accès à pied en 2 heures. Troupeaux de chèvres et de génisses. Randonnée dans la réserve des Bauges : mouflons, aigles, chamois... Forfait pour la totalité du gîte : 750 F/nuit. Groupes : 750 F. En dehors des week-ends et jours fériés : 35 F/nuit. Possibilité de monter le ravitaillement : 350 F. Draps non fournis.

Prix : pers.nuit **45 F**

20	20	10	SP	40	10

FALCY Maurice – Hotel du Parc – 74210 Faverges – Tél. : 04.50.44.50.25 – Fax : 04.50.44.59.74

Faverges Glaise

cXv *C.M. n° 89 — Pli n° 15*

E.C. NN 14 pers. Ouverture : toute l'année sauf vacances de la Toussaint. Alt. : 750 m

Gîte d'étape et de séjour aménagé dans l'ancienne école du hameau. Site au calme, belle vue. 3 chambres. Sanitaires : 2 wc, 2 douches, 3 lavabos. Salle à manger, terrasse, jardin clos. Randonnées dans le massif des Bauges, ski à Seythenex. Anglais parlé. Réduction enfants. Location de draps 20 F. Agrément Jeunesse et Sports n° 074123687 pour 14 mineurs.

Prix : pers.nuit **65 F** 1/2 pension **135 F** pension **175 F**

(TH)

4	4	12	12	4	SP	9	SP	4	30	4

GERLIER Bernard et Veronique – 2623, route de Saint-Ruph - Glaise – 74210 Faverges – Tél. : 04.50.44.43.41

Grand-Bornand Grand-Champ

cXv *C.M. n° 89 — Pli n° 14*

20 pers. Ouverture : toute l'année sauf Toussaint. Alt. : 1200 m

Gîte de séjour situé dans une ferme dominant la vallée du Bouchet. Jacqueline et Dominique vous accueillent au 1er étage de leur grand chalet : 3 ch. (2 à 4 pers.) et 2 dortoirs (5 pers.) avec sanitaires complets privatifs, grand séjour, balcon, terrain avec vue panoramique sur les Aravis. Tél. Coin-jeux enfants. Anglais et italien parlés. Accès aux pistes de ski de piste directement depuis le gîte à 20 mn à pied. Réductions pour les enfants (par tranche d'âge). Draps, vin, café ou tisane inclus dans la prestation. Elevage de chèvres, fromage des Aravis.

Prix : 1/2 pension **180 F** repas **85 F**

(TH)

0,8	3	30	3	3	3	3	SP	3	3	3

VERNEY Dominique et Jacqueline – La Chevrerie - Le Grand Champ – 74450 Grand-Bornand – Tél. : 04.50.02.31.43

Gruffy Le Semnoz

cXv *C.M. n° 89 — Pli n° 14*

E.C. NN 20 pers. Ouverture : toute l'année. Alt. : 1700 m

Au cœur des alpages du massif du Semnoz, dans 1 site grandiose, Patricia et Erik ont aménagé 1 chalet comprenant 2 ch. de 4 pers. et 2 dortoirs de 6 pers. 2 douches et 2 wc. Séjour avec cheminée, cuisine régionale. Erik est accompagnateur en montagne. Il pourra vous faire découvrir diverses activités durant toute l'année. Programme/journée. Anglais parlé. Accès pédestre (30 mn). Soirée contes et légendes. Sur le site : raquettes, spéléologie, escalade, Via Ferrata. Chalet situé sur le GR Tour du Lac d'Annecy. Réductions accordées pour les enfants. Parc Régional des Bauges. Accueil cavaliers en été.

Prix : pers.nuit **50 F** 1/2 pension **150 F** pension **195 F** petit dejeuner **30 F** repas **80 F** pension cheval **20 F**

Ⓐ GR : TLA

0,3	SP	19	19	10	15	15	SP	SP	19	10

JOANNESSE Erik et Patricia – Refuge du Semnoz - BP 48 – 74602 Seynod-Cedex – Tél. : 04.50.52.50.18

Habere-Poche Le Vernay

cXv *C.M. n° 89 — Pli n° 2*

15 pers. Ouverture : toute l'année sauf août et février. Alt. : 1000 m

Gîte dans une maison indépendante en pleine nature. 5 chambres de 2, 4 et 5 pers. (mezzanine), chacune équipée de douche et lavabo, 2 wc, dont 1 privatif. Salle à manger, coin-cuisine équipé. Terrasse, ping-pong. Gestion libre uniquement. Réductions pour enfants et séjours. Repas servis occasionnellement. Location de draps. Forfait ménage. Lit enfant à disposition.

Prix : pers.nuit **65 F** petit dejeuner **25 F**

1,5	1,5	25	10	1,5	0,1	1,5	SP	1,5	26	2

SOUCHAUD TAILLANDIER Marguerite – Chalet Les Côntamines - Le Vernay – 74420 Habere-Poche – Tél. : 04.50.39.51.69 – Fax : 04.50.39.51.69

Les Houches Le Cret
C.M. n° 89 — Pli n° 4

20 pers. Ouverture : toute l'année sauf novembre. Alt. : 1100 m

Gîte d'étape et de séjour aménagé dans une ancienne ferme de 1823 situé dans un joli hameau sur le Tour du Mont-Blanc. Vue splendide sur le massif du Mont-Blanc. 1 chambre, 3 dortoirs de 4, 6 et 10 pers. Sanitaires collectifs : 2 douches, 3 lavabos, 3 wc. Salle à manger, terrasse. Le propriétaire est moniteur d'escalade. Draps non fournis. Initiation ou perfectionnement escalade. Spécialités régionales. Agrément DDJS n° 074143283.

Prix : 1/2 pension **160 F**

GR : 5

SP	1	20	10	1	1	0,2	SP	6	4	3

LADURELLE Jean et Martine – Le Cret - Les Chavants – 74310 Les Houches – Tél. : 04.50.55.52.27 – Fax : 04.50.55.52.27

Les Houches Le Vernay-d'En-Haut
C.M. n° 89 — Pli n° 4

18 pers. Ouverture : de juin à septembre. Alt. : 1180 m

Le Vieux Manoir est situé dans un petit hameau sur le tour du Mont Blanc. Site calme, vue splendide sur le massif du Mont Blanc. 7 ch. de 2 et 4 lits avec lavabo. Sanitaires collectifs : 4 douches, 3 wc, 1 lavabo. Salle à manger, coin-cuisine. Jardin, terrasse. Accueil en gestion libre ou 1/2 pension. Réduction enfant, gratuit pour les moins de 3 ans. Draps fournis. Stages montagne. Spécialités régionales.

Prix : pers.nuit **80 F** 1/2 pension **195 F** petit dejeuner **40 F** repas **85 F**

(TH) GR : 5 et TMB

0,1	5	15	12	5	1	5	SP	5	15	4

BATTENDIER Christine – Le Vieux Manoir – 74310 Les Houches – Tél. : 04.50.54.46.33 – Fax : 04.50.54.46.33

Les Houches Coupeau
C.M. n° 89 — Pli n° 4

E.C. NN 26 pers. Ouverture : toute l'année. Alt. : 1100 m

Gîte d'étape sur le Tour du Mont Blanc, aménagé dans une ancienne ferme de 1788 restaurée, sur le flanc Sud-Est de la vallée de Chamonix. Belle vue sur le Massif du Mont-Blanc. Couchages : 2 dortoirs (6 pers.), 5 ch. (2 à 4 pers.). Sanitaires : lavabo dans chaque chambre, 3 wc, 3 douches. Cuisine à disposition, salle à manger, jardin, terrasse. Location de draps 30 F. Local à matériel. Le propriétaire est moniteur d'escalade, guide de haute montagne. Initiation ou perfectionnement ski, escalade, alpinisme. Réductions enfants. Mur d'escalade gratuit.

Prix : pers.nuit **80 F** 1/2 pension **175 F** petit dejeuner **25 F** repas **70 F**

(TH) GR : TMB

3	3	20	7	7	4	7	SP	5	1,5	3

RATOUIS Emmanuel – Coupeau – 74310 Les Houches – Tél. : 04.50.54.56.66 – Fax : 04.50.54.56.66

Leschaux Chez Gaillard
C.M. n° 89 — Pli n° 14

20 pers. Ouverture : toute l'année. Alt. : 820 m

Gîte dans le Parc Naturel des Bauges, aménagé dans une ferme typique (pressoir, four à pain, poulailler, potager...). 5 ch. (de 2 à 4 pers.), 1 dortoir de 5 pers. Sanitaires privés ou collectifs. Salle à manger, cuisine (dont espace à disposition), possibilité location salle de séminaires. Point-phone. Location de draps pour séjour 25 F. Chaise bébé à dispo. Activités : randonnées, VTT, cyclotourisme, etc... Possibilité de louer tout le gîte en gestion libre. Réduction enfants. Agrément DDJS n° 074148753.

Prix : pers.nuit **80 F** 1/2 pension **160 F** pension **220 F** petit dejeuner **20 F** repas **60 F**

(TH) GR : 96

18	18	15	17	6	6	6	SP	25	6

DAURELLE Danielle – La Biolette – 74320 Leschaux – Tél. : 04.50.32.01.87 – Fax : 04.50.32.03.42

Lucinges Chez Pallud
C.M. n° 89 — Pli n° 2

E.C. NN 15 pers. Ouverture : toute l'année. Alt. : 830 m

Gîte de séjour dans une grande maison située sur un côteau dominant la plaine Genevoise. 6 chambres de 1 à 3 pers. dont 2 avec lavabos, 2 salles de bains, 3 wc, 2 douches. 2 salles d'activité, salle à manger, très beau jardin. La propriétaire est professeur de danse folklorique ou traditionnelle. Anglais et allemand parlé. Draps fournis. Cuisine végétarienne sur demande. Site très calme. Petit magasin de cristaux des alpes et autres.

Prix : 1/2 pension **150 F** pension **200 F** repas **40 F**

(TH)

15	15	15	10	10	5	2	1	15	11	5

RUSSELL ROBERTS Zoe – La Chaumille - Chez Pallud – 74380 Lucinges – Tél. : 04.50.43.32.29

Manigod Les Choseaux
C.M. n° 89 — Pli n° 14

35 pers. Ouverture : toute l'année. Alt. : 950 m

Gîte situé dans un beau chalet traditionnel des Aravis. 8 ch. avec lavabo, wc, douche. Salle à manger, salles d'activité, salle de jeux. Terrasses face à la Tournette, tél. à carte, jeux pour enfants avec bassin, prêt matériel enfants. Topos de balades et toutes demandes de conseils à votre disposition. Anglais parlé. Location de draps : 23 à 30 F. Réductions accordées pour séjours, réductions enfants. Agrément DDJS pour 19 mineurs n° 074160291.

Prix : pers.nuit **67 F** 1/2 pension **157 F** pension **211 F**

(TH) GR : 96

7	7	20	7	7	0,5	7	0,5	10	20	1

COUDER Catherine – Hameau des Choseaux – 74230 Manigod – Tél. : 04.50.44.91.13 – Fax : 04.50.44.91.13

Manigod

C.M. n° 89 — Pli n° 14

E.C. NN 14 pers. Ouverture : l'été et week-ends hors vacances scolaires et sur réservation. Alt. : 1408 m

Gîte de séjour dans un beau chalet d'alpage traditionnel. Couchages : 1 dortoir 19 pers. Sanitaires : 1 wc, 1 douche. Salle à manger. Accès à pied en 45 minutes depuis les cols de La Croix Fry ou de Merdassier. Cadre superbe au milieu des prairies et des forêts. 1/2 pension et pension : boissons comprises. Réduction pour enfants.

Prix : pers.nuit **65 F** 1/2 pension **160 F** petit dejeuner **25 F** repas **75 F**

SP	5

JANIOUD Michel – 45 avenue de Loverchy – 74000 Annecy – Tél. : 04.50.45.25.50 ou 04.50.44.96.55

Manigod Les Murailles

C.M. n° 89 — Pli n° 14

41 pers. Ouverture : toute l'année sauf avril et novembre. Alt. : 1000 m

Angela et Bruno ouvrent 1 maison de charme, face au massif de la Tournette, au-dessus du village de Manigod. Construction récente sur 3 niveaux, dans 1 respect de l'architecture traditionnelle des Aravis. Salle à manger, cheminée, salon. 8 ch. (2 à 4 pers.). 1 ch. accès pers. handicapées, sanitaires privés. 1 dortoir (9 pers.), sanitaires. 1 studio (4 pers.). Cuisine régionale ou cuisine gestion libre. Bibliothèque, salle d'activité, salons, accueil de séminaires. Balcon, terrasse, terrain, aire de jeux. Draps et linge de toilette fournis. Site authentique et reposant. Anglais et allemand parlés.

Prix : pers.nuit **130 F** 1/2 pension **220/240 F**

TH

7	7	20	7	4	1	SP	7	20	1

MARCONNET Bruno et Angela – Chalet l'Isella - Les Murailles – 74230 Manigod – Tél. : 04.50.44.97.35 ou 06.07.44.85.58 – Fax : 04.50.44.97.35

Megeve Rochebrune

C.M. n° 89 — Pli n° 4

16 pers. Ouverture : toute l'année. Alt. : 1765 m

Gîte de séjour dans un beau chalet d'alpage rénové avec beaucoup de goût. 2 ch. avec chacune 1 lit 2 pers., 1 dortoir en mezzanine de 8 places compartimentées, 2 mezzanines indépendantes avec chacune 1 lit 2 pers. Sanitaires : 2 wc, 2 douches, 3 lavabos. Salle à manger, cuisine. Ski sur place, randonnées en montagne. Location de draps 25 F. Accès : l'été à pied, à cheval, en VTT ou en voiture (accès règlementé). L'hiver à pied, en raquettes ou à ski (le chalet est situé sur les pistes), remontées mécaniques de Rochebrune. Prestations : participation transport des bagages en hiver 300 F.

Prix : pers.nuit **85 F**

SP	2	20	4	4	2	4	SP	4	15	4

BIRR Nicolas – Alpage des Lanchettes - Cote 2000 – 74120 Megeve – Tél. : 04.50.21.29.96 ou 04.50.47.22.41

Mieussy Lapraz-de-Barbey

C.M. n° 89 — Pli n° 3

E.C. NN 18 pers. Ouverture : toute l'année sauf novembre. Alt. : 750 m

Gîte de séjour indépendant aménagé dans un ancien corps de ferme. 2 chambres de 3 et 4 pers. et 2 dortoirs de 5 et 6 pers. Sanitaires collectifs : 3 douches, 2 wc, 3 lavabos. Salle à manger, coin-détente, cuisine. Jardin. Location de draps : 25 F. Agrément DDJS n° 074183717. Réduction enfants. Ambiance familiale. Site de parapente au village. Navette ski à 200 m pour la station de Sommand Praz de Lys.

Prix : pers.nuit **68 F** 1/2 pension **153 F** pension **185 F** petit dejeuner **22 F** repas **70 F**

TH

8	8	30	18	2	2	15	SP	2	18	2

BESSON-CAVE J.Luc, Jean et Joelle – Lapraz de Barbey – 74440 Mieussy – Tél. : 04.50.43.07.07 – Fax : 04.50.43.07.07

Mieussy Ivoray

C.M. n° 89 — Pli n° 3

30 pers. Ouverture : toute l'année. Alt. : 750 m

Gîte de séjour (accueil de groupes en gestion libre) situé dans un petit hameau, dans la maison des propiétaires. Agrément Jeunesse et Sports pour 25 mineurs n° 074183665. 3 dortoirs (de 8 à 10 pers.), 1 ch. 4 pers. Sanitaires collectifs. Salle à manger, cheminée, cuisine, salle de classe/lecture ou réunion. Terrasse, terrain non clos. Anglais parlé. Location de draps : 20 F la paire. Ski à Sommand et Praz de Lys. Réduction de 10 % pour IME et IMPro.

Prix : pers.nuit **65 F**

12	12	32	14	2	1	2	SP	0,5	14	2

GUDEFIN Jacques, Gerard et Cathy – Ivoray – 74440 Mieussy – Tél. : 04.50.43.06.32 ou 04.50.43.08.92 – Fax : 04.50.43.08.92

Mieussy

C.M. n° 89 — Pli n° 3

E.C. NN 18 pers. Ouverture : toute l'année. Alt. : 700 m

Gîte de séjour aménagé dans le presbytère du village. 5 chambres de 3 à 4 pers., toutes avec lavabo (1 ch. avec sanitaires complets). Sanitaires collectifs : 3 douches, 4 wc. Salle à manger, coin-cuisine. Cour et jardin. Site de parapente renommé, ski à Sommand et Praz de Lys. Restaurants à 200 m. Possibiité location de draps. Agrément DDJS pour 18 mineurs n° 074183681.

Prix : pers.nuit **57 F**

11	11	30	15	2	2	1	2	1	12	0,5

GITE DU PRESBYTERE M. Le Maire – Mairie – 74440 Mieussy – Tél. : 04.50.43.02.72 ou 04.50.43.02.19

Mont-Saxonnex Ranch-la-Fruitiere

E.C. NN 26 pers. Ouverture : toute l'année. Alt. : 1000 m

Isabelle, Eric et Dimitri (4 ans) vous accueillent dans leur gîte aménagé dans l'ancienne fruitière du village. Couchages : 2 chambres de 3 pers., 2 dortoirs de 10 pers. 2 wc, 2 douches et lavabos collectifs. Salle de vie, coin-cuisine, coin-détente. Location pour l'ensemble du bâtiment : 1400 F/nuit. Draps non fournis. Chiens de traîneaux (attelage) sur place.

Prix : pers.nuit **65 F**

0,5	1	37	10	0,5	1	SP	SP	4	10	0,5

LAIGNEL Isabelle et Eric – Ranch la Fruitiere – 74130 Le Mont-Saxonnex – Tél. : 04.50.96.99.03

Morillon Visigny *C.M. n° 89 — Pli n° 3*

E.C. NN 30 pers. Ouverture : toute l'année. Alt. : 700 m

Dans 1 maison de caractère, ambiance savoyarde, à l'entrée du village de Morillon, Anne-Marie et Jacques ont aménagé avec goût 6 ch. (2 à 4 pers.) et 3 ch. doubles (4 à 5 pers.) avec sanitaires privés. Salle de détente, d'activités, de jeux/sports. Grande cheminée traditionnelle. Possibilité lave-linge. Cuisine régionale proposée. Anglais parlé. Réduction enfants. Draps et serviettes de toilette fournis. A 800 m des remontées mécaniques du Grand Massif. Activités dominantes : raquettes, rafting, VTT. La 1/2 pension ne comprend pas les boissons.

Prix : pers.nuit **105 F** 1/2 pension **200 F** pension **265 F** petit dejeuner **30 F** repas **75 F**

(TH)

0,8	0,8	40	4	1	0,2	1	SP	2	16	0,5

COMTE Jacques et Anne-Marie – Gîte de Visigny – 74440 Morillon – Tél. : 04.50.90.72.45 – Fax : 04.50.90.13.02

Neuvecelle/Evian-les-Bains *C.M. n° 89 — Pli n° 2*

E.C. NN 70 pers. Ouverture : toute l'année sauf vacances de la Toussaint. Alt. : 520 m

Le Bois Ramé est situé à 4 km d'Evian et du lac Léman dans un site calme. 13 chambres. Sanitaires privatifs et collectifs. 6 mazots de 4 et 5 pers. avec sanitaires complets. Salle à manger, salon, salle d'activités, espace détente. Jardin avec piscine, VTT, ping-pong. Réduction enfant en 1/2 pension et pension. Agrément DDJS pour 19 mineurs n° 074200350. Ski à Abondance et Portes du Soleil.

Prix : pers.nuit **75/110 F** 1/2 pension **175/210 F** pension **215/250 F** petit dejeuner **26 F**

(TH)

14	14	4	SP	2	0,1	4	1	10	4	4

BUTTAY Dominique et Irene – Avenue de Lecherot – 74500 Neuvecelle-Evian-les-Bains – Tél. : 04.50.75.43.77 – Fax : 04.50.75.43.77

Petit-Bornand-les-Glieres La Ville *C.M. n° 89 — Pli n° 14*

E.C. NN 18 pers. Ouverture : toute l'année. Alt. : 900 m

Gîte aménagé dans dépendances d'1 vieux chalet de montagne des Aravis. 1 ch. (2 pers.) avec sanitaires privés, 3 ch. (2 à 4 pers.), 1 dortoir (6 pers.) avec sanitaires communs (6 lavabos, 4 wc, 3 douches). Cuisine, séjour/salle à manger, cheminée. Terrasse, jardin. François est accompagnateur en montagne. Allemand et anglais parlés. Location de draps 12 F. Agrément DDJS N° 074212713. Réductions enfants, lit bébé. Forfait possible pour l'ensemble du gîte en week-end ou séjour. Draps fournis à partir de 4 nuitées. Gestion libre. Groupes : 1800/6370 F.

Prix : pers.nuit **75 F** petit dejeuner **25 F**

GR : 96

7	7	32	7	4	0,1	7	SP	7	39	7

VANNOORENBERGHE Francois et Anne – Hameau de la Ville – 74130 Petit-Bornand-les-Glieres – Tél. : 04.50.03.51.08 – Fax : 04.50.03.51.08

Praz-sur-Arly Plan-de-l'Are *C.M. n° 89 — Pli n° 4*

E.C. NN 18 pers. Ouverture : du 15 juin au 15 septembre, ou sur réservation. Alt. : 1732 m

Gîte d'alpage situé au pied de la Tête de Torraz, sur les contreforts des Aravis. Sur le Tour du Pays du Mont-Blanc. 18 couchages (dont 1 chambre de 4 pers.). 1 douche, 1 wc. Coin-cuisine à disposition. Alpage en activité : vaches laitières. Accès en 1H30 depuis le parking « Les Plans ». Réductions enfants.

Prix : pers.nuit **35 F** 1/2 pension **125 F** petit dejeuner **25 F** repas **65 F**

(A) GR : TMB

4	4	8	5	5	5	5	SP	9	5	4

PERINET Sylvie – La Tonnaz – 74120 Praz-sur-Arly – Tél. : 04.50.21.92.73 ou 06.09.93.90.73

Le Reposoir Malatrait *C.M. n° 89 — Pli n° 14*

30 pers. Ouverture : toute l'année. Alt. : 1300 m

Gîte d'étape et de séjour situé dans un grand chalet typique dominant la vallée du Reposoir, belle vue sur les Aravis. 1 ch. 4 pers., 3 dortoirs de 8 à 10 pers. Sanitaires collectifs. Cuisine, salle à manger, salon/cheminée. Terrasse. Randonnées dans le massif du Bargy : chamois, bouquetins, gypaète... Alpage proche. Draps inclus. Anglais parlé. Réductions pour scolaires, centre aéré, maison de quartier. Lit bébé à disposition. Accès en raquettes en hiver.

Prix : pers.nuit **50 F** 1/2 pension **140 F** pension **180 F** petit dejeuner **25 F** repas **65 F**

(TH)

2	15	25	4	1	1	SP	5	12	4

GRASSET Victoire – Le Gîte du Passant - Malatrait – 74950 Le Reposoir – Tél. : 04.50.98.64.09

Le Reposoir Chalet-Neuf

c v *C.M. n° 89 — Pli n° 4*

E.C. NN 12 pers. Ouverture : de juin à septembre. Alt. : 1550 m

Gîte d'alpage situé au pied des falaises du Bargy. Très beau cadre. Accès à pied en 20 minutes depuis la route du Col de la Colombière. Troupeau de vaches et de chèvres, fabrication de fromages. 1 dortoir. Draps non fournis. Salle à manger, coin-cuisine. Site de réintroduction du gypaète barbu. Gestion libre.

Prix : pers.nuit **35 F** petit dejeuner **20 F**

SP	30	10

METRAL Marianne et Pierre – 74130 Le Petit-Bornand – Tél. : 04.50.03.55.89 ou 04.50.98.81.43

La Riviere-Enverse Les Avignieres

c v *C.M. n° 89 — Pli n° 3*

39 pers. Ouverture : toute l'année. Alt. : 740 m

Gîte de séjour situé dans un site très calme avec beaucoup d'espace, à 2 km du village. 10 ch. de 2 à 4 pers., 1 dortoir de 5 pers., 1 ch. double de 5 pers. 9 sanitaires privatifs et éléments collectifs. Salle à manger, coin-détente avec cheminée, salle d'activité, terrasse, cour, jardin. Agrément DDJS pour 30 mineurs n° 074223745. Draps fournis.

Prix : pers.nuit **80 F** 1/2 pension **150/170 F**

TH

2	2	30	5	2	2	2	SP	2	13	2

GAUME Fabienne – Les Avignieres – 74440 La Riviere-Enverse – Tél. : 04.50.90.14.40

Saint-Gervais-les-Bains Le Champel

c v *C.M. n° 89 — Pli n° 4*

E.C. NN 42 pers. Ouverture : toute l'année. Alt. : 1200 m

Situé au Champel, sur le Tour du Mont-Blanc. Hameau très calme, ensoleillé, dominant le Val Montjoie, sous les Dômes de Miage et l'Aiguille de Bionnassay. 16 ch. (2 ou 4 lits), lavabo ou bain. 6 douches collectives, 10 wc. 1 coin-cuisine. Salle à manger, salon/cheminée, salle de réunion. Bibliothèque, instruments de musique. Anglais et allemand parlés. Raquettes avec Serge, accompagnateur DE., label « France Raquettes ». Organisation de stages, séminaires avec ou sans activités nature. Téléphone. Agrément DDJS 29 mineurs. Location de draps 15 F. Réductions accordées pour les enfants.

Prix : pers.nuit **75 F** 1/2 pension **180 F** pension **240 F** petit dejeuner **25 F** repas **80 F**

TH GR : TMB

5	5	10	4	4	2	5	SP	20	8	5

ERRARD Serge et Nathalie – Gîte du Champel - Le Champel – 74170 Saint-Gervais-les-Bains – Tél. : 04.50.47.77.55 – Fax : 04.50.93.57.20

Saint-Jean-d'Aulps La Moussiere

c v *C.M. n° 89 — Pli n° 2*

E.C. NN 25 pers. Ouverture : toute l'année. Alt. : 800 m

Gîte aménagé dans une ancienne bâtisse, au pied de la station de la grande Terche. 6 ch. (2 à 4 pers.), 1 dortoir (7 pers.). Sanitaires collectifs : 3 douches, 5 lavabos, 3 wc. Salle à manger, coin-salon. Local à matériel. Stages de ski, raft, eaux vives, randonnée en montagne. Gîte essentiellement destiné aux groupes. Draps compris dans les prix. Agrément DDJS pour 19 mineurs + encadrement : 25 places. N° 074238680. La pension comprend un panier pique-nique à midi.

Prix : pers.nuit **69 F** 1/2 pension **160 F** pension **194 F** petit dejeuner **24 F** repas **68 F**

TH

3	3	7	7	SP	SP	7	SP	7	25	0,4

ROSSAT Alain – Gîte la Moussiere – 74430 Saint-Jean-d'Aulps – Tél. : 04.50.79.61.07

Saint-Nicolas-Veroce/Saint-Gervais

c v *C.M. n° 89 — Pli n° 4*

E.C. NN 28 pers. Ouverture : toute l'année. Alt. : 1180 m

Gîte de séjour dans un chalet traditionnel à proximité du chef lieu. Face au massif du Mont-Blanc. 10 ch. de 2 à 4 pers. avec lavabo. Sanitaires collectifs. Salle à manger, salon. Espace vert, jardin, terrasse. Accès au remontées mécaniques à pied depuis le chalet. Draps fournis. Possibilité gestion libre en week-end pour groupes et hors saison été. Réductions accordées pour les enfants. Très belle vue sur le massif du Mont-Blanc.

Prix : pers.nuit **80 F** 1/2 pension **180 F** petit dejeuner **20 F** repas **80 F**

TH

0,5	5	15	10	10	10	10	SP	10	15	10

ROCH NEYRET Annie – Chalet Mont Joye – 74190 Saint-Nicolas-de-Veroce – Tél. : 04.50.93.20.22 – Fax : 04.50.93.20.22

Saint-Nicolas-Veroce/Saint-Gervais Le Porcherey

c v *C.M. n° 89 — Pli n° 4*

16 pers. Ouverture : toute l'année. Alt. : 1717 m

Situé au pied du Mont-Joly, au milieu des alpages l'été et sur les pistes en hiver. Ancien chalet d'alpage aménagé, vue magnifique sur les Dômes de Miage, Aiguille du Goûter et Mont-Blanc. 1 dortoir. Sanitaires collectifs. Salle de vie, terrasse. Accès à pied (3/4 d'heure) depuis le plateau de la Croix. Raquettes. Anglais parlé. Location de draps. Réductions accordées pour les enfants de - de 10 ans. Nuitée : 100 F/pers.

Prix : pers.nuit **75 F** 1/2 pension **160 F**

TH Ⓐ GR : TPMB et TMB

SP	SP	20	6

PAYOT Monique et Gerard – 1380, route de Porcherey – 74190 Saint-Nicolas-de-Veroce – Tél. : 06.80.64.01.43

Samoens Les Moulins

c✗v *C.M. n° 89 — Pli n° 3*

E.C. NN 16 pers. Ouverture : toute l'année. Alt. : 740 m

A proximité de Samoëns, station village. 3 chambres et 1 dortoir. Sanitaires : 3 douches, 5 lavabos, 2 wc. Salle à manger, cuisine. Encadrement possible pour tous sports de montagne : stages spéléo, ski, randonnée, parapente, multi-activités, raquettes, descente de canyon. Agrément Jeunesse et Sports n° 074258467. Anglais parlé. Réductions accordées pour les enfants. Draps inclus pour des séjours de plus de 3 jours.

Prix : pers.nuit **70 F** 1/2 pension **167 F** pension **215 F** petit dejeuner **25 F** repas **70 F**

(TH) GR : 5

4	SP	43	2	2	0,1	4	SP	SP	20	1

GABORIAU Mireille et Pierre – Les Moulins – 74340 Samoens – Tél. : 04.50.34.95.69 – Fax : 04.50.34.95.69

Samoens Lac-de-Gers

c✗v *C.M. n° 89 — Pli n° 3*

E.C. NN 24 pers. Alt. : 1600 m

Gîte d'étape et de séjour situé en alpage à 1600 m d'altitude, au bord du lac de Gers (8 km de Samoëns), en pleine montagne. Accès à pied en 1h45. 6 chambres de 4 personnes avec sanitaires privatifs (wc, douche, lavabo). Salle de restaurant, terrasse. Draps et linge de toilette inclus. Proximité de Flaine et Sixt. Activités sur place : randonnées en montagne dans le Grand Massif, pêche à la truite.

Prix : pers.nuit **120 F** repas **68/85 F**

(A) GR : 96

SP	SP	SP

COTTET Jean-Maurice – Vercland – 74340 Samoens – Tél. : 04.50.34.44.83

Samoens Les Allamands

c✗v *C.M. n° 89 — Pli n° 3*

E.C. NN 29 pers. Ouverture : toute l'année. Alt. : 1090 m

Gîte d'étape et de séjour situé dans le hameau des Allamands (4 km de Samoëns) dans un chalet du XVIIIe siècle (beaucoup de cachet). 2 ch. de 4 pers., 2 dortoirs de 7 à 10 pers. Sanitaires collectifs. Cuisine à disposition, 2 salles communes, cheminée. Jardin, terrasse. Accessible en voiture toute l'année. Anglais et espagnol parlés. Réduction pour enfant. Les boissons ne sont pas comprises dans la 1/2 pension. Possibilité de louer la totalité du gîte en gestion libre, forfaits (hors juillet et août).

Prix : pers.nuit **65 F** 1/2 pension **165 F** pension **235 F** petit dejeuner **30 F** repas **70 F**

(TH) GR : 5 et TDB

6	6	47	4	4	0,8	4	SP	6	25	4

LEGRET / GAY Sylvie et Philippe – « Le Couve-Loups » - Les Allamands – 74340 Samoens – Tél. : 04.50.34.13.58 – Fax : 04.50.34.90.22

Serraval Praz-Dzeures

c✗v *C.M. n° 89 — Pli n° 15*

E.C. NN 19 pers. Ouverture : du 15 juin au 15 septembre sur réservation. Alt. : 1800 m

Gîte d'alpage situé dans le massif de la Tournette. Cadre magnifique, vue superbe sur les Aravis. Accès à pied en 1H30 depuis le hameau de la Molloire près de Serraval. 1 dortoir, 2 ch. Sanitaires : 2 douches, 2 wc, 2 lavabos. Troupeau de chèvres et de brebis, fabrication de fromage. Flore et faune : bouquetins. Draps fournis. Réduction pour les - de 10 ans.

Prix : 1/2 pension **140 F**

(TH)

SP	20	10

BARDIN Patrick – Les Frasses – 74230 Serraval – Tél. : 06.11.49.71.21 ou 04.50.27.50.10

Serraval Col-du-Marais

c✗v *C.M. n° 89 — Pli n° 14*

E.C. NN 20 pers. Ouverture : toute l'année. Alt. : 843 m

Au cœur du massif Tournette-Aravis et à 20 mn du lac d'Annecy, situé dans une petite vallée de montagne, le gîte peut accueillir jusqu'à 20 pers. dans 5 ch. (2 à 5 pers.) avec lavabo et douche privés. Grande salle de vie conviviale avec salon et coin-repas et une cuisine en gestion libre. Draps fournis. Réductions pour les enfants. Sur place : VTT et raquettes. La station de la Clusaz est à 20 mn. Agrément Jeunesse et Sports pour 8 enfants n° 74265767.

Prix : pers.nuit **70 F** petit dejeuner **20 F**

19	SP	25	7	4	3	4	SP	25	2

HIOBERGARY Gilles et Isabelle – Col du Marais - « Le Chalet du Sulens » – 74230 Serraval – Tél. : 04.50.27.53.48 – Fax : 04.50.27.53.48

Servoz Vieux-Servoz

c✗v *C.M. n° 89 — Pli n° 4*

E.C. NN 73 pers. Ouverture : vacances scolaires, hors saison nous consulter. Alt. : 830 m

Dans un chalet traditionnel au Vieux Servoz, à 10 km de Chamonix. 6 dortoirs de 6 à 13 pers. avec sanitaires collectifs. 3 ch. de 2 pers. avec lavabos. WC, douche communs. 4 mazots savoyards pour 3 à 4 pers. avec lavabo/wc. Agrément DDJS pour 39 + encadrement n° 074266486. Anglais et italien parlés. Salle de repas, coin-détente avec cheminée. Jardin, terrasse. Pension complète en hiver. Activités : école d'escalade. Les Houches 4 km.

Prix : pers.nuit **54/198 F** 1/2 pension **157/216 F** pension **188/249 F**

(TH) (A)

4	SP	6	4	1	SP	4	SP	20	0,8	0,5

ZUCCHETTI Josette – Vieux Servoz – 74310 Servoz – Tél. : 04.50.47.20.99 – Fax : 04.50.47.27.07

Seythenex Les Combes

C.M. n° 89 — Pli n° 15

24 pers. Ouverture : toute l'année. Alt. : 900 m

Dans le foyer de ski de fond, au cœur du Val de Tamié (prairies, bois). 2 dortoirs de 12 pers. Sanitaires collectifs. Salle commune, TV, cuisine, professionnelle, coin-vaisselle (plonge, l-vaisselle). Sur place : camping équipé, luges, raquettes. Tarifs spéciaux groupes. Gestion libre uniquement. Location de salle 800 F/jour. Possibilité de location de draps. Escalade, découverte alpage, gîte alpage. Agrément DDJS pour 19 mineurs n° 074270497. Possibilité de séjours multiactivités selon demande avec encadrement. Voile 13 km. Magnétoscope.

Prix : pers.nuit **65 F**

5	SP	13	15	4	0,3	13	SP	17	23	4

FOYER SKI DE FOND VAL DE TAMIE – Les Combes – 74210 Seythenex – Tél. : 04.50.32.49.97 – Fax : 04.50.32.53.60

Seythenex Neuvillard

C.M. n° 89 — Pli n° 15

E.C. NN 24 pers. Ouverture : toute l'année. Alt. : 730 m

Situé au centre du hameau de Neuvillard. 3 chambres (4 pers.) et 2 dortoirs (5 et 10 pers.). Sanitaires : 6 lavabos, 4 wc, 2 douches. Salle à manger, coin-cuisine. Massif des Bauges. Agrément DDJS pour 19 mineurs n° 074270496. Locations draps : 25 F la paire. Sacs de couchages. Sur demande : lave-linge et sèche-linge (payant). Réduction enfant. Prêt matériel enfant. Gestion libre et repas proposés.

Prix : pers.nuit **70 F** 1/2 pension **150 F** pension **190 F** petit dejeuner **25 F** repas **70 F** pension cheval **30 F**

A

4	4	13	15	4	0,3	9	SP	5	23	4

CHABOCHE Olivier et Emmanuelle – Neuvillard – 74210 Seythenex – Tél. : 04.50.44.42.26 ou 04.50.21.22.64

Seythenex Tamie

C.M. n° 89 — Pli n° 15

E.C. NN 30 pers. Ouverture : du 15 juin au 30 septembre. Alt. : 1650 m

Gîte d'alpage situé dans le Massif des Bauges. Troupeaux de génisses et de chèvres, fabrication de fromages. 2 dortoirs, salle à manger, coin-cuisine. Massif des Bauges, découvertes des alpages, accès à pied en 2 heures depuis l'abbaye de Tamié.

Prix : pers.nuit **30 F**

30	SP	25	8

LACHENAL Yves – Le Tertenoz – 74210 Seythenex – Tél. : 04.50.32.49.97

Sixt-Fer-a-Cheval Salvagny

C.M. n° 89 — Pli n° 3

24 pers. Ouverture : toute l'année sauf vacances de Pâques et octobre. Alt. : 900 m

Carol et Jean-Philippe vous accueillent à « La Cerisaie » située dans le hameau de Salvagny (1 km de Sixt). 6 ch. dont 2 avec alcôve. Sanitaires privatifs et collectifs. 2 salles à manger, salon détente. Jardin clos, terrasse. Activités : VTT, canyon, raft, spéléo, etc... Réduction enfant. Draps fournis. Lave-linge et sèche-linge. Prêt matériel enfants.

Prix : 1/2 pension **175 F** repas **90 F**

TH

0,1	0,1	6	6	6	0,5	6	SP	0,5	16	1

BOTTIER Carol et J.Philippe – « La Cerisaie » - Salvagny – 74740 Sixt – Tél. : 04.50.89.51.22

Sixt-Fer-a-Cheval Salvagny

C.M. n° 89 — Pli n° 3

E.C. NN 50 pers. Ouverture : du 20 décembre au 15 avril et du 7 mai au 13 septembre. Alt. : 900 m

Les propriétaires proposent des séjours d'été ou d'hiver dans leur auberge, aménagée dans une ancienne fruitière du hameau de Salvagny. Hébergement : 18 ch. (2 à 4 lits), cabinet de toilette. Sanitaires collectifs par 1/2 étage. Grande salle à manger, salle d'activité avec cheminée, biblio., jeux. Terrasse. Location de draps. Anglais et allemand parlé. L'hiver : pied des pistes alpin et fond, rando raquettes. L'été : rando en montagne, découverte individuelle ou accompagnée. Durant les séjours, soirées diaporama, jeux, cinéma... Laurent est accompagnateur en Montagne. Agrément DDJS n° 074273505. Réductions enfants. Prêt matériel enfant.

Prix : pers.nuit **50/85 F** 1/2 pension **150/185 F** pension **210/245 F** petit dejeuner **30 F** repas **70 F**

TH A GR : 5

SP	SP	8	6	6	SP	6	SP	6	25	1

COLLINET-DESGROUX Laurent et Monique – Salvagny – 74740 Sixt – Tél. : 04.50.34.47.64 – Fax : 04.50.34.17.79

Thollon Lajoux

C.M. n° 89 — Pli n° 2

39 pers. Ouverture : toute l'année sauf octobre et novembre. Alt. : 1000 m

Nathalie et Eric vous proposent leur gîte situé au pied de la station des Mémises, balcon du Léman. 14 ch. de 2 à 4 pers. 1 dortoir de 6 pers. Sanitaires collectifs à chaque étage. Lavabos dans les ch. Repas pris en commun dans séjour (cheminée, billard) ou dans le jardin (barbecue). Espace détente, terrasse. Loc. draps (15 F). Agrément DDJS n° 074279766. Vue sur le Lac Léman et les Alpes, soirées chaleureuses. 800 m de la télécabine des Mémises. Nombreuses activités sportives (eaux vives, parapente, raft), culturelles à proximité. Possibilité gestion libre pour groupes. Chaise bébé à disposition. Réductions enfants.

Prix : pers.nuit **65 F** 1/2 pension **150 F** pension **200 F** petit dejeuner **20 F** repas **70 F**

TH GR : 5

0,8	0,8	12	2	2	12	SP	0,8	14	0,8

COMBEAU - BOCK Nathalie et Eric – « L'Odyssee Montagnarde » - Lajoux – 74500 Thollon – Tél. : 04.50.70.92.07 – Fax : 04.50.70.92.07

Thones Le Lindion

C.M. n° 89 — Pli n° 14

E.C. NN — 25 pers. — Ouverture : de mai à septembre. — Alt. : 1200 m

Gîte d'alpage situé au pied de la dent du Cruet. Troupeau de génisses. Accès en 1H30 depuis le cimetière de Morette. 1 dortoir de 25 places, salle à manger, coin-cuisine. Escalade. Réduction pour les enfants de moins de 12 ans.

Prix : pers.nuit **45 F** 1/2 pension **160 F** petit dejeuner **25 F** repas **95 F**

(TH) GR : 96

20	SP	20

GOMEZ Marie-Christine – La Chapelle – 74540 Saint-Felix – Tél. : 04.50.60.93.16 ou 04.50.02.08.34

Thones Montremont

C.M. n° 89 — Pli n° 14

E.C. NN — 30 pers. — Ouverture : de mi-mai à mi-octobre. — Alt. : 1550 m

Situé au-dessus de vallée de Montremont, à proximité de la Tournette et du GR96. Accès à pied en 1H30 en sous-bois. 2 dortoirs de 15 pers. Salle à manger avec poêle, wc. Alpage de génisses, flore très riche. Traversée vers d'autres alpages, circuit Tournette-Aravis. Prix groupe : 35 F. Possibilité d'utiliser une cuisinière à gaz. Réduction enfants. Vue panoramique sur les vallées de Thônes, la chaîne des Avaris et le Mont Blanc.

Prix : pers.nuit **40 F** 1/2 pension **135 F** petit dejeuner **25 F**

(TH) GR : 96

SP	25	8

HOFER Albert – Les Diacquenods – 74370 Saint-Martin-de-Bellevue – Tél. : 04.50.60.34.09 ou 04.50.02.19.52

Vacheresse Le Villard

C.M. n° 89 — Pli n° 2

E.C. NN — 21 pers. — Ouverture : toute l'année. — Alt. : 900 m

Gîte « Aux Cornes d'Abondance », dans ferme rénovée, à 900 m d'altitude. Dans 1 cadre verdoyant avec vue dominante sur la vallée, à l'entrée du Val d'Abondance. 6 ch. de 2 à 4 lits avec sanitaires privatifs. Salle à manger, salle d'activités. Balcon. Draps fournis. Réductions pour les enfants. Point-phone. Prêt matériel enfant. Anglais et allemand parlés. Activités sur place : escalade, VTT, raquette à neige, rafting, canoë.

Prix : pers.nuit **90 F** 1/2 pension **180 F** repas **80 F**

(TH)

7	SP	20	6	6	6	SP	7	20	2

GOTHON Martine et GONIN Jacqueline – Aux Cornes d'Abondance - Le Villard – 74360 Vacheresse – Tél. : 04.50.73.14.41

Vailly

C.M. n° 89 — Pli n° 2

E.C. NN — 26 pers. — Ouverture : toute l'année. — Alt. : 800 m

Gîte situé dans le petit village de Vailly. 6 ch., 1 dortoir. Sanitaires collectifs : 5 wc, 4 douches, 6 lavabos. Salle à manger, salle d'activités, grande cuisine équipée. Jardin. Structure bien adaptée pour l'accueil de groupes. Canoë-kayak dans la Dranse à 12 km. Centre équestre et école de vol libre à 3 km. Restaurant communal à proximité. Prix groupe : 9800 F. Forfait proposé pour la location de l'ensemble du gîte : week-end hors vacances scolaires (1900 F), 1 semaine pendant les vacances d'hiver (9800 F). Agrément DDJS n° 074287752 pour 20 mineurs. Réductions accordées pour des groupes de plus de 20 pers.

Prix : pers.nuit **65 F**

5	5	15	15	3	1	3	1	5	15	SP

GITE LES HERMONES – Chef-Lieu – 74470 Vailly – Tél. : 04.50.73.80.13 ou 04.50.73.88.25

Vallorcine Le Morzay

C.M. n° 89 — Pli n° 3

E.C. NN — 20 pers. — Ouverture : toute l'année. — Alt. : 1300 m

Gîte aménagé dans un chalet traditionnel situé dans le petit village de montagne de Vallorcine. 4 ch. de 2 à 4 pers. et 2 dortoirs de 5 pers. Sanitaires collectifs. Salle à manger, poêle à bois, 2 salles de détente (lecture, musique). Possibilité nuitée et séjour. Location de draps (15 F), réductions accordées pour les enfants. 1/2 pension été : 115 F. Diverses activités à proximité : domaine skiable des Grands Montets (Argentière), réserve naturelle des Aiguilles Rouges. Barrage d'Emosson. Rocher école d'escalade.

Prix : 1/2 pension **130 F** pension **145 F**

(TH) GR : TMB et GTA

2	2	40	20	2	SP	10	SP	10	1	1

CHALETS DE VACANCES EN MONTAGNE – Gîte le Mermoud - Le Morzay – 74660 Vallorcine – Tél. : 04.50.54.60.03

Verchaix

C.M. n° 89

E.C. NN — 45 pers. — Ouverture : toute l'année sauf novembre. — Alt. : 800 m

Gîte situé dans le village de Verchaix, à 4 km de Samoëns. Ski dans le Grand-Massif (navettes ski gratuites). 3 dortoirs de 7 à 13 lits, 6 ch. de 2 à 4 lits. Sanitaires collectifs. Agrément DDJS n° 074294547. Draps fournis. Réductions enfants jusqu'à 10 ans. Forfait. Matériel bébé et chaise à disposition.

Prix : pers.nuit **85 F** 1/2 pension **160 F** pension **195 F** repas **85 F**

(TH)

2	2	40	4	2	4	4	SP	4	10	SP

PASCALY Michele – Les Roitelets - Chef-Lieu – 74440 Verchaix – Tél. : 04.50.90.10.09 – Fax : 04.50.90.18.30

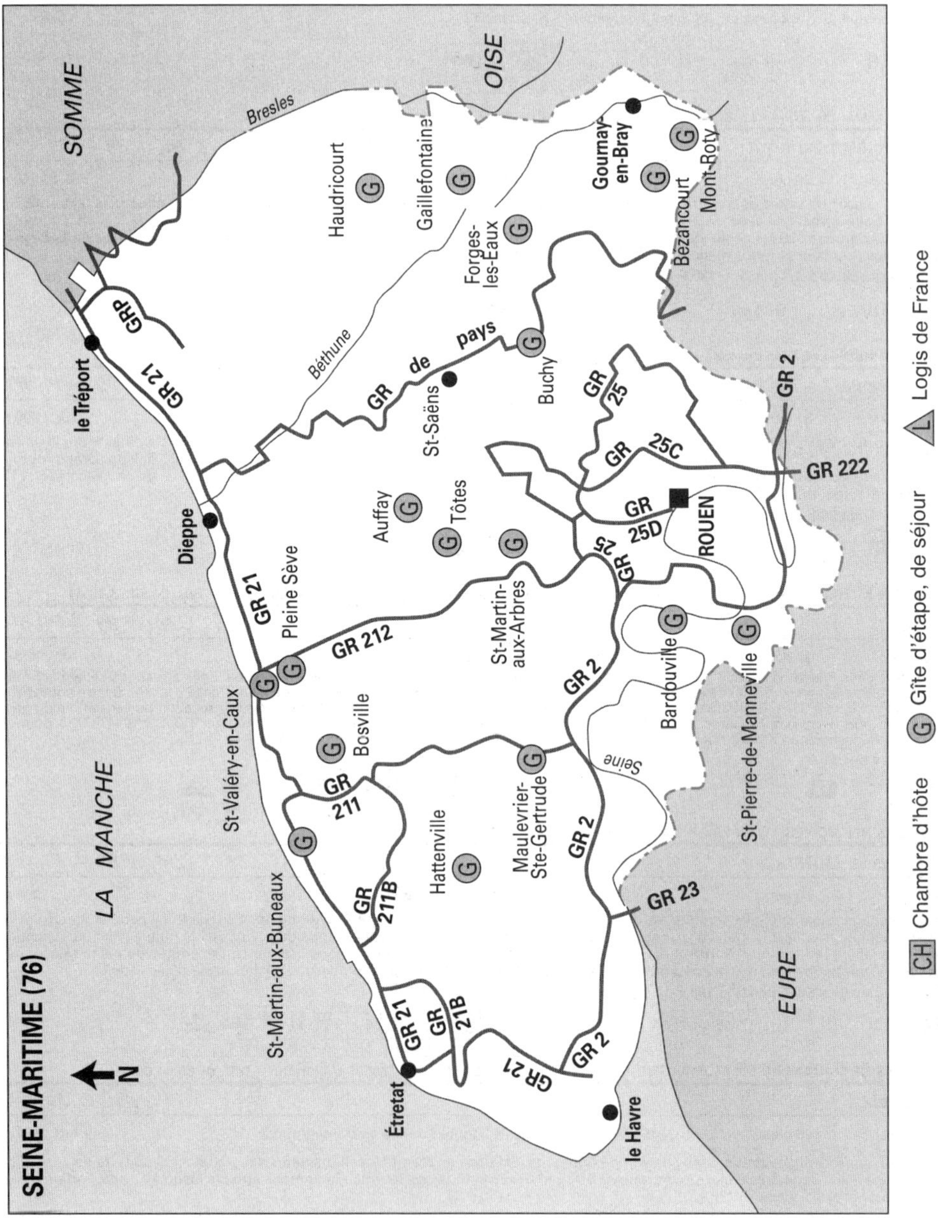
SEINE-MARITIME (76)
N
LA MANCHE
SOMME
OISE
EURE
Bresles
Béthune
Seine
le Tréport
Dieppe
St-Valéry-en-Caux
St-Martin-aux-Buneaux
Étretat
le Havre
Haudricourt
Gaillefontaine
Forges-les-Eaux
Gournay-en-Bray
Bézancourt
Mont-Roty
Buchy
St-Saëns
Auffay
Tôtes
Pleine Sève
Bosville
St-Martin-aux-Arbres
ROUEN
Bardouville
St-Pierre-de-Manneville
Hattenville
Maulevrier-Ste-Gertrude
GRP
GR 21
GR de pays
GR 25
GR 25C
GR 25D
GR 222
GR 2
GR 212
GR 211
GR 211B
GR 21B
GR 23
CH Chambre d'hôte
G Gîte d'étape, de séjour
L Logis de France

Auffay Ferme-Equestre-de-la-Corbiere

E.C. NN 26 pers. Ouverture : toute l'année.

Gîte de séjour dans un ancien corps de ferme en brique de St-Jean avec chapelle et colombier, cadre exceptionnel. 7 ch., dortoir, cuisine, salle. Salle pour goûters et repas (120 pers.). Week-ends sportifs, classes de découverte, repas de famille, cérémonies. Agréé DDASS, Education Nationale et Jeunesse et Sports. Ferme équestre sur place. Ecole d'équitation et d'attelage, promenades, leçons, stages, chemins pédestres et circuits VTT, forêt proche. Electricité en sus pour séjours de plusieurs nuits. Stage équitation enfant : 2000 F/enfant en pension complète. Paris à 150 km.

Prix : pers.nuit **60 F** pension cheval **50 F** week-end **2500/3500 F**

12	25	3	3	SP	SP	25	2	3

PETIT J.Jacques et Nicole – La Corbiere – 76720 Auffay – Tél. : 02.35.32.82.82 – Fax : 02.35.34.98.25

Bardouville *C.M. n° 55 — Pli n° 6*

E.C. NN 14 pers. Ouverture : toute l'année sauf du 15 janvier au 15 février.

Gîte d'étape en bordure de forêt dans une maison à colombages. Au 1er étage (au dessus d'un vestiaire de football) : 2 ch. (4 pers.), 1 ch. (6 pers.). Salle commune avec coin-cuisine. 3 douches, 2 wc, 2 lavabos. Loisirs à proximité : vallée de la Seine, découverte des environs (faune et flore), spéléologie (grottes de Caumont). Voile et karting à Anneville. Equitation à Yville. Base de plein-air à Jumièges, Route des abbayes, Route des fruits. Prix nuit selon le nombre de pers. (- de 5 à 10 pers. : 55 F et + de 10 pers. : 50 F).

Prix : pers.nuit **50/55 F**

GR : 23 et 2

10	50	5	5	SP	10	7	5

MAIRIE DE BARDOUVILLE – Association Accueil & Loisirs - Ligne des Hetres – 76480 Bardouville – Tél. : 02.35.37.07.44

Bezancourt *C.M. n° 55 — Pli n° 8*

E.C. NN 16 pers. Ouverture : toute l'année.

Gîte d'étape et de séjour en bordure de forêt, dans une dépendance de la ferme. R.d.c. : séjour, cheminée, coin-cuisine, l-linge, salle d'eau, wc séparés. 1 ch. (2 pers., 2 lits d'appoint), 1 ch. (2 ou 4 pers.). A l'étage : cuisine. 2 salles d'eau, wc séparés. 2 ch. (2 pers.), 1 dortoir (8 pers.). 2 boxes, 4 stalles, pré. Salle de jeux, ping-pong. Anglais parlé. Sur place : téléphone, jardin, barbecue, abri pour bicyclettes, salle de jeux, table de ping-pong. Centre équestre à 10 km. Gournay-en-Bray 12 km. Prix/pers. selon capacité des chambres.

Prix : pers.nuit **65/70 F** pension cheval **40 F**

2	90	2	3	8

TRANCART Antoine – 76220 Bezancourt – Tél. : 02.35.90.16.42 – Fax : 02.35.09.69.98

Bosville Hameau-Vicquetuit *C.M. n° 52 — Pli n° 13*

E.C. NN 52 pers. Ouverture : toute l'année.

Gîte d'étape et de séjour dans une ancienne bergerie au sein d'un clos masure de 4 ha. 50 lits répartis en 13 chambres de 1 à 7 lits, salle d'eau pour chacune, 2 salles de travail, grande salle de restauration/détente, cuisine, atelier. Sur place : ferme pédagogique, gîte d'enfants. Repas pour groupes. Anglais et allemand parlés. Point-phone : 02.35.57.16.98. Ferme ouverte aux groupes et touristes de passage. Loisirs : base nautique (5 km), équipements sportifs (4 km), écomusée (4 km), château (6 km).

Prix : pers.nuit **60 F** petit dejeuner **20 F**

4	12	4	1	1	4	5	5	4

Mme FREMY et M. COUTURIER Gaec Saint-Sanson – Ferme de la Sansonnette - Hameau Vicquetuit – 76450 Bosville – Tél. : 02.35.57.04.72 – Fax : 02.35.97.72.41

Buchy *C.M. n° 55 — Pli n° 7*

E.C. NN 45 pers. Ouverture : tous les week-ends et vacances scolaires.

Gîte de séjour dans un établissement scolaire. R.d.c. : cuisine collective, salle à manger, 2 salles de travail, bureau, sanitaires. Aux étages : 3 chambres (2 pers.), 1 chambre (3 pers.), 3 dortoirs (6 pers.), 1 dortoir (8 pers.), 1 dortoir (10 pers.). Blocs sanitaires complets. Terrain de sports de Buchy à proximité. Cinéma 12 km. Forêt 15 km. Prix groupes (30 à 45 pers.) : 1550 F/jour. Forfait week-end.

12	40	12	15	SP

MAISON FAMILIALE DE BUCHY – Route de Sommery – 76750 Buchy – Tél. : 02.35.34.40.44

Forges-les-Eaux Villa-de-la-Miniere *C.M. n° 52 — Pli n° 16*

E.C. NN 39 pers. Ouverture : toute l'année.

Gîte de séjour dans établissement scolaire. R.d.c. : hall d'entrée, salle à manger de style, cuis. indép. 1er ét. : 1 ch. (3 pers.), 1 ch. (7 pers. + sanitaires), 2 ch. (8 pers.). 1 s. d'eau, 5 lavabos, 3 douches. 2e ét. : 2 ch. (3 pers.), 1 ch. (4 pers.), 1 ch. (1 pers.), 1 ch. (2 pers. + sanitaires). Poss. 2 salles de travail annexes. Forfait chauffage : 150 F/jour. Situé au cœur d'une région naturelle de caractère, la Villa de la Minière est entourée d'un vaste jardin. VTT, golf et casino à proximité (Office de Tourisme : 02.35.90.52.10).

Prix : week-end **2500/3500 F**

1	55	15	5	50	1

ASSOCIATION MAISON FAMILIALE RURALE – Chateau de la Miniere - 42 route d'Argueil – 76440 Forges-les-Eaux – Tél. : 02.35.90.50.42 – Fax : 02.35.09.23.26

Forges-les-Eaux *C.M. n° 52 — Pli n° 16*

E.C. NN 19 pers. Ouverture : toute l'année sur réservation.

Ancienne gare transformée en gîte d'étape et de séjour rénovée, au calme en pleine verdure. R.d.c. : salle de 40 m², cuisine (l-linge, sèche-linge, l-vaiss., congélateur), 1 ch. (1 pers.), 1 ch. (3 pers.), 2 douches, 2 wc, 2 lavabos. A l'étage : 1 ch. (3 pers.), 3 ch. (4 pers.), 3 lavabos, 2 wc, 3 douches. Ouvert aux individuels et aux groupes. Poss. loc. draps. Nombreuses activités dans la ville thermale. Casino et lac sur place. A 120 km de Paris, 50 km de Dieppe et 40 km de Rouen. Groupe (+ 15 pers.) : 50 F/pers.

Prix : pers.nuit **60 F**

1	55	15	SP	SP	5	SP

MAIRIE DE FORGES-LES-EAUX – 76440 Forges-les-Eaux – Tél. : 02.32.89.94.20 ou 02.35.90.42.90 – Fax : 02.32.89.94.25

Gaillefontaine *C.M. n° 55 — Pli n° 8*

E.C. NN 19 pers. Ouverture : toute l'année.

Gîte d'étape situé au 1er étage d'une ancienne gendarmerie et d'une école aménagée sur cour fermée. 8 ch. avec lavabo, bloc sanitaires avec 5 douches, 3 cabinets de toilette et 2 wc. Tisannerie à l'étage. Grande salle commune au rez-de-chaussée pour les groupes importants (112 F/jour). Draps : 20 F/paire.

Prix : pers.nuit **51 F**

8	50	1	10	15

MAIRIE DE GAILLEFONTAINE – 43 Grande Rue – 76870 Gaillefontaine – Tél. : 02.35.90.95.11 – Fax : 02.35.90.66.23

Hattenville Hameau-du-Faux-Buisson *C.M. n° 55*

E.C. NN 12 pers. Ouverture : toute l'année.

Gîte d'étape aménagé dans une maison restaurée dans un clos masure. R.d.c. : séjour avec cheminée, coin-cuisine, wc indépendants, 3 lavabos, 1 douche, 1 dortoir (6 pers.) accessible aux pers. handicapées. A l'étage : 1 chambre (4 pers.), 1 chambre (2 pers.). Salle d'eau, wc. Possibilité pension complète. Pour réserver, téléphoner après 20 h. Loisirs à proximité : parc de jeux à 7 km, musées, visites de fermes, stages à thèmes.

Prix : pers.nuit **60 F**

4	15	15	4	15	15

L'ARCHELLE – Hameau du Faux Buisson – 76640 Hattenville – Tél. : 02.35.96.98.18

Haudricourt La Mare-du-Bois

E.C. NN 18 pers. Ouverture : toute l'année.

Bernadette vous propose son gîte d'étape comprenant 18 lits répartis en 5 chambres avec salles d'eau privatives. Cuisine, salle commune (40 à 60 pers.). Sur place : chambres d'hôtes et camping à la ferme. Prix non communiqués.

Ⓐ

4	50	4	4	SP	5	54	6	6

NUTTENS Bernadette – La Mare du Bois - route de Neufchatel-Aumale – 76390 Haudricourt – Tél. : 02.35.93.40.78 – Fax : 02.35.93.40.78

Maulevrier-Sainte-Gertrude *C.M. n° 55 — Pli n° 5*

E.C. NN 47 pers. Ouverture : toute l'année.

Gîte de séjour dans un bâtiment ancien au bord d'une rivière (village classé), au pied de la forêt. 1 ch. (1 pers.) avec sanitaires access. pers. hand., 6 ch. (2 pers.), 2 ch. (3 pers.), 5 ch. (4 pers.), 1 ch. (8 pers.). Salle commune de 90 m² avec cheminée, cuisine, salle de bains, 10 salles d'eau. TV. Salle de jeux. Télephone du gîte : 02.35.56.96.20. Possibilité accueil de groupes. A 12 km d'Yvetot. Anglais parlé. Location VTT sur place.

Prix : pers.nuit **60 F** petit dejeuner **15 F**

GR : 211

2	35	SP	2	SP	0,5	35	2

LEROUGE Claude – 76760 Ouville-l'Abbaye – Tél. : 02.35.56.90.45 ou 02.35.34.27.71 – Fax : 02.35.34.27.71

Mont-Roty Le Bord-du-Bois *C.M. n° 55 — Pli n° 8*

E.C. NN 18 pers. Ouverture : toute l'année sur réservation.

Gîte d'étape à l'orée de la forêt de Lyons, ancienne grange entièrement restaurée du XVIIIe siècle, confort, charme, caractère. Cuisine, séjour, cheminée, salon en mezzanine, 1 ch. (2 pers.), 1 dortoir (8 pers. + lits d'appoint). 2 salles de bains, 2 wc. Terrasse aménagée avec vue sur la forêt, barbecue, salle de jeux, ping-pong, garage à vélos. Téléphone. Produits du terroir, paniers repas. Pays de Bray, Forêt de Lyons, Vallée de l'Epte et de la Lévrière à proximité. Prix/nuit variable selon séjour en chambre ou en dortoir. Panier pique-nique : 40 F.

Prix : pers.nuit **70/85 F** petit dejeuner **15 F** repas **60 F**

TH

7	70	4	3	SP	0,2	25	7

BOURDIER Madeleine – Le Bord du Bois – 76220 Mont-Roty – Tél. : 02.35.90.21.88 – Fax : 02.35.09.88.77

Pleine-Seve La Charretterie *C.M. n° 52 — Pli n° 13*

E.C. NN 12 pers. Ouverture : toute l'année.

Gîte de séjour et d'étape dans clos masure, charretterie rénovée en brique de Saint-Jean. R.d.c. : séjour (60 m²), coin-cuisine, wc indép., 1 ch. (2 pers.) accessible aux pers. hand., wc privatifs. A l'étage : 2 ch. (3 lits 1 pers. chacune, lavabo), 1 ch. (4 lits 1 pers.), 2 s. d'eau (lavabo, douche, wc). Salle 40 pers. Jardin clos 2000 m². Terrasse. Loisirs : itinéraires de randonnées équestres et VTT. Circuits de découverte Cyclotourisme et Automobiles (Circuit du Grès). Jardin botannique « Les Aumouhocques » du Mesnil-Durdent à 2 km. Port de plaisance 600 anneaux à Saint-Valéry-en-Caux. Loc. linge : 30 F/pers. Mid-week : 1500 F.

Prix : pers.nuit **60 F** petit dejeuner **20 F** week-end **1500/1900 F**

7	7	7	SP	10	7

MAIRIE DE PLEINE SEVE – « La Charretterie » – 76460 Pleine-Seve – Tél. : 02.35.97.08.65

Saint-Martin-aux-Arbres Le Caillebourg *C.M. n° 52 — Pli n° 13*

E.C. NN 33 pers. Ouverture : toute l'année sur réservation.

Gîte d'étape et de séjour dans centre équestre et mini-ferme, entouré d'un réseau de chemins de randonnées, dans cadre verdoyant de 5 ha. 6 ch. avec sanitaires complets chacune. Dans un autre bâtiment : séjour et cuisine communs au centre équestre. Stages à poney et à cheval (cours théoriques, voltige, attelage, randonnées, jeux, dressage, sauts d'obstacles, cross). Agréé par Education Nationale, la Fédération Française d'Equitation, la CAF, la DDJS et l'ANCV. Parcours VTT à 1 km. Prix variables selon saison et nombre de pers. Groupe de 12 pers. minimum.

Prix : pers.nuit **40/60 F** petit dejeuner **20 F** repas **50 F**

(TH)

SP	SP	3	3

THIEBAUT Jean-Marie – Centre Equestre du Caillebourg – 76760 Saint-Martin-aux-Arbres – Tél. : 02.35.56.53.28 ou 02.35.96.83.37

Saint-Martin-aux-Buneaux Tournetot *C.M. n° 52 — Pli n° 13*

E.C. NN 19 pers. Ouverture : toute l'année.

Gîte d'étape dans une très belle maison traditionnelle retaurée. Rez-de-chaussée : salle, cheminée, cuisine équipée, salles d'eau, wc. A l'étage : 2 dortoirs (7 et 12 pers.). Chauffage central. Sur place : camping et chambres d'hôtes, salle de réception (caution demandée pour la location), produits de la ferme, table d'hôtes, boxes pour chevaux. Poss. forfait ménage. Casino à Veulette-sur-Mer (4 km). Prix/nuit : 60 F si + 10 pers. et 65 F avec coin-cuisine. Supplément salle de réception. Bois cheminée en sus.

Prix : pers.nuit **60/65 F** petit dejeuner **23 F**

GR : 21

10	3	1	SP	10	10	2

VIARD Michel et Nicole – 3 rue de la Cour des Champs – Tournetot – 76450 Saint-Martin-aux-Buneaux – Tél. : 02.35.97.54.77

Saint-Pierre-de-Manneville *C.M. n° 55 — Pli n° 6*

E.C. NN 20 pers. Ouverture : toute l'année.

Gîte de séjour dans une maison forestière, dans le cadre reposant de la forêt de Roumare. Plain-pied (accessible aux pers. hand.) : 2 dortoirs (20 pers.), cuisine, sanitaires, séjour (cheminée), coin-repas. Coin-champêtre aménagé avec barbecue. Abri pour vélos et VTT. Proposition activités de plein-air sur réservation. Anglais parlé. Groupe/week-end : 2200 à 2700 F. Loisirs à proximité : parcours balisés en forêt de Roumare. Journée Nature-Découverte. La vallée de l'Austreberthe en canoë-kayak.

Prix : pers.nuit **50/62 F**

10	60	3	3	SP	5	10	15	2

ASSOCIATION DU GITE DU VALNAYE – M. Bachelet (Responsable) - Le Bourg N° 26 – 76840 Saint-Pierre-de-Manneville – Tél. : 02.35.32.04.56

Saint-Valery-en-Caux *C.M. n° 52 — Pli n° 3*

E.C. NN 38 pers. Ouverture : week-ends et vacances scolaires.

Gîte de séjour (établissement scolaire) dans une ancienne villa, cuisine indépendante, salle à manger 70 m² (cheminée), wc. 1er étage : 1 ch. (6 pers.), s.d.b. privée, 2 douches, 3 lavabos, 2 wc. 2e étage : 5 ch. (2 pers.), lavabos privés, 3 douches, 2 wc, 1 ch. (5 pers.). 3e étage : 6 ch. (2 pers.), lavabos privés, 3 douches, 2 wc. 1 ch. (5 pers.). Dieppe à 30 km, Rouen à 65 km. Mer, animation et tous services sur place.

Prix : pers.nuit **60 F**

SP	SP	SP	SP	SP	5	SP	SP	SP

MAISON FAMILIALE Villa Rosemer – Rue Nationale – 76460 Saint-Valery-en-Caux – Tél. : 02.35.97.06.88

Totes

E.C. NN 50 pers. Ouverture : tous les week-ends et vacances scolaires.

Gîte de séjour dans un établissement scolaire. Cuisine de collectivité, salle à manger pour 100 pers. 6 salles de travail, sanitaires, 1 dortoir (16 pers.), 1 dortoir (17 pers.), 2 ch. (1 pers.), 1 ch. (9 pers.), 1 ch. (6 pers.). 6 s. d'eau dont 1 individuelle. Parc d'attractions, parc zoologique, musée automobile et forêt d'Eawy à proximité. Salle de réunion : 300 F. Tous services sur place. Forfait week-end (salle + cuisine + vaisselle) : 2000 F.

Prix : pers.nuit **35 F**

12	29	SP	SP	15	25

MAISON FAMILIALE – Rue du General Leclerc – 76890 Totes – Tél. : 02.35.34.43.00 – Fax : 03.35.32.52.24

Val-de-Saane Eurville *C.M. n° 52 — Pli n° 14*

E.C. NN 50 pers. Ouverture : toute l'année.

Gîte de séjour situé dans un village de vacances avec 10 gîtes ruraux (72 pers.). Salle de restauration (120 m²), cuisine équipée (matériel + couverts pour 120 pers.). Hébergement réparti en 8 maisons de 4 à 6 pers., avec s. d'eau et wc en r.d.c. Ch. de 2 pers. (lits individuels). Terrain aménagé de 9600 m² (jeux pour enfants, pétanque). Loisirs à proximité : situé entre Rouen et Dieppe, à 20 minutes de la mer, près du GR212 longeant la Saane, location VTT sur place et possibilité transport en bus de 17 places. Forfait week-end pour minimum 30 pers. Poss. pension et 1/2 pension.

Prix : pers.nuit **60 F** petit dejeuner **15 F**

GR : 212

1	25	1	1	8	25	1

LEROUGE Claude – 76760 Ouville-l'Abbaye – Tél. : 02.35.56.90.45 ou 02.35.34.27.71 – Fax : 02.35.34.27.71

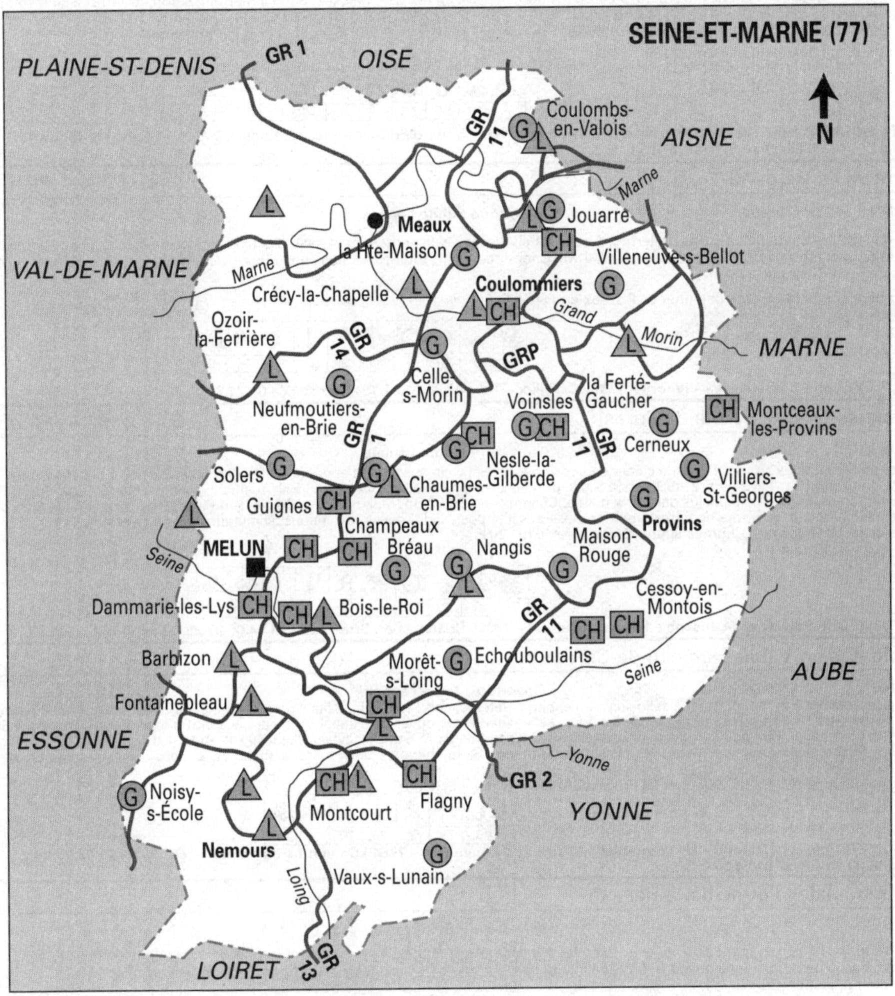

CH Chambre d'hôte G Gîte d'étape, de séjour L Logis de France

Breau Relais-du-Couvent *C.M. n° 61 — Pli n° 12*

E.C. NN 17 pers. Ouverture : toute l'année.

Rez-de-chaussée : cuisine entièrement équipée. Grande salle (cheminée). Jardin, terrain de 6 ha. A l'étage : 5 chambres confortables 2 à 5 pers. avec salle d'eau et wc. Loc. draps, lits faits à la demande. Chauffage central. Petit déjeuner inclus dans le prix de la nuitée. Point-phone. Loc. draps, lits faits à la demande. Relais du Couvent à 15 km de Melun. Très belle ferme restaurée, site classé. Spécialité de la ferme : vol en montgolfière. Forfait week-end. Baby-sitting. Très belle région touristique. Gîtes ruraux et chambres d'hôtes sur le même site.

Prix : pers.nuit **87 F**

GR : GRP

SP	7	2	SP	3	SP	4	50	7	2

LEGRAND Jacques et Nicole – Relais du Couvent – 77720 Breau – Tél. : 01.64.38.75.15 – Fax : 01.64.38.75.75

La Celle-sur-Morin La Celle-d'En-Bas

E.C. NN 17 pers. Ouverture : toute l'année.

Gîte d'étape équestre. 4 ch. de 4 à 5 pers. à l'étage. 4 douches, wc au rez-de-chaussée. Salle à manger, salon, grande cuisine équipée. Dans un ancien moulin bordé par le Grand Morin à 25 km de Disneyland Paris, 10 km de Coulommiers. Accueil de cavaliers et randonneurs. Attelage, calèche, chevaux, promenades (à l'heure, journée, 1/2 journée). Loc. draps. Point-phone.

Prix : pers.nuit **50 F** petit dejeuner **24 F**

GR : 14

7	10	SP	1,5	7	3	10	60	1,5	1,5

PEAN-IGOULEN Marc, Nicole et Claudine – La Celle d'En Bas - 5 rue d'En Bas - Ancien Moulin – 77120 La Celle-sur-Morin – Tél. : 01.64.04.78.08 – Fax : 01.64.04.73.58

Cerneux La Bergerie-Vignory *C.M. n° 61 — Pli n° 14*

E.C. NN 30 pers. Ouverture : toute l'année.

Gîte de séjour situé dans un corps de ferme. Au rez-de-chaussée : salle à manger et salle d'activités. Salon. Cuisine. 2 wc. 2 douches. A l'étage : 6 chambres de 3 à 8 lits. 4 douches. 4 wc. Cheminée. Point-phone. Accueil chevaux. Agrément Jeunesse et Sports. Aire de jeux. La Ferté-Gaucher à 9 km.

Prix : pers.nuit **50/63 F** petit dejeuner **24 F** week-end **3000 F**

GR : 11

0,1	9	10	9	0,1	9	22	80	9	9

BECQUEY Jean – La Bergerie - Vignory – 77320 Cerneux – Tél. : 01.64.01.91.19 – Fax : 01.64.01.24.30

Chaumes-en-Brie Ferme-de-Forest *C.M. n° 61 — Pli n° 12*

E.C. NN 16 pers. Ouverture : toute l'année.

Ferme du Forest vous accueille dans le calme de la campagne. Et., 6 ch. spacieuses et confortables (3 ch. 1 lit 2 pers., 2 ch. 1 lit 2 pers. 1 lit 1 pers. chacune, 1 ch. 1 lit 2 pers. 2 lits 1 pers.). S.d.b. et wc chacune. Ch. central. TV. R.d.c., salle rustique, cuisine équipée. Loc. draps. Petit déjeuner, draps, linge toilette inclus dans prix nuitée. Chaumes-en-Brie 2 km, Meaux 25 km, Disneyland Paris 20 km. Coeur de la Brie, dans cadre très charmant, la Ferme de Forest vous propose aussi la poss. loc. 2 salles (réceptions, séminaires ou mariages). GR1 sur pl. Vélo, salon de jardin, barbecue. Journée suppl. (à partir de 10 h) : 20 F.

Prix : pers.nuit **116 F**

SP	6	2	2	1	2	20	45	3	2

VANDEWEGHE Patrick et M.Joseph – Ferme de Forest – 77390 Chaumes-en-Brie – Tél. : 01.64.06.27.35 – Fax : 01.64.06.25.33

Coulombs-en-Valois Hameau-de-Certigny

E.C. NN 25 pers. Ouverture : toute l'année.

Gîte « Le Colombier ». R.d.c. : grande salle conviviale, bar, c-détente, cuis., wc, 2 ch. (3 lits 1 pers. chacune), s. d'eau et wc privés. Terrasse avec barbecue. Et. : 3 ch. avec mezzanine de 6 à 7 lits, salle d'eau et wc privés chacune. Loc. de draps. Point-phone. Forfait chauffage 50 F/ chambre + ménage. Mini-golf sur place. Crouy-sur-Ourcq 3 km, Meaux 25 km, Disneyland Paris 40 km. Autour du corps de ferme rénové, typique de la région, vous découvrirez les plaisirs de la nature. Salle réunion (conférences, séminaires, soirées sur demande). Equit. sur résa. Loc. VTT. Pétanque.

Prix : pers.nuit **50/63 F** petit dejeuner **24 F** repas **65/125 F** week-end **3500 F**

(TH) GR : 11 et PR1

2	3	3	3	20	70	3	3

VAN-HYFTE Agnes et Ramon – Le Colombier - 17 rue de l'Amandiere – 77840 Coulombs-en-Valois – Tél. : 01.64.36.03.20 ou 01.64.36.03.19 – Fax : 01.64.36.03.21

Echouboulains Ferme-de-la-Recette *C.M. n° 61*

12 pers. Ouverture : toute l'année.

Gîte de séjour dans une grande ferme avec beaucoup de charme. 2e étage : 4 ch. confortables, décoration soignée (1 ch. 4 pers., 1 ch. 3 pers., 2 ch. 2 pers.). S. d'eau ou s.d.b. privée à chaque ch. Cuisine-bar. Grande salle rustique de détente avec cheminée. R.d.c. : salle pour petit-déjeuner. Ch. élect. Loc. draps. Lits faits. « La Ferme de la Recette » se trouve à 12 km de Melun et Fontainebleau, région touristique. Chambres d'hôtes, gîte rural sur le même site.

Prix : pers.nuit **63 F** petit dejeuner **24 F**

Ⓐ GR : 11

1	10	10	SP	10	2,5	15	65	10	2,5

DUFOUR Philippe et Pascale – Ferme de la Recette - Echou – 77830 Echouboulains – Tél. : 01.64.31.81.09 – Fax : 01.64.31.89.42

La Haute-Maison Ferme-de-la-Petite-Loge *C.M. n° 56 — Pli n° 3*

Ouverture : toute l'année.

Gîte composé de plusieurs bâtiments (175 pers.) dans un magnifique corps de ferme restauré : très vaste séjour/salle à manger, salles de réunions, nombreux ateliers (pain, herbier...), chambres de 2 et 4 lits, s.d.b. chacune. Nombreux animaux (poulailler, chèvres, poneys...). Possibilité de pens., 1/2 pens., séminaires et banquets. Anglais parlé. Accueil chevaux. 2e n° de fax : 01.43.96.52.04. Agrément Jeunesse et Sports. Location draps. Lits faits à l'arrivée.

Prix : pers.nuit **63/82 F** petit dejeuner **24 F**

Ⓐ

5	5	5	5	0,1	3	5	50	5	5

BRUN Christian – Ferme de la Petite Loge - La Haute Maison – 77580 Crecy-la-Chapelle – Tél. : 01.60.25.62.69 ou 01.43.75.27.20 – Fax : 01.60.25.72.52

Jouarre Abbaye-Notre-Dame

56 pers. Ouverture : toute l'année.

Accueil à la Tour Notre Dame : 40 ch. indiv. avec sanitaires communs, salle de réunion. Accueil à « Béthanie » : 16 ch. (1 ou 2 lits), sanitaires communs, salle de réunion, grande salle à manger. Poss. 1/2 pens. et pens. complète. Accueil chaleureux pour une halte de silence et de repos (pas poss. mariage). Point-phone. Petit déjeuner compris. Abbaye Notre Dame de Jouarre à 3,5 km de la Ferté-sous-Jouarre.

Prix : pers.nuit **63 F**

2	3	3	SP	15	0,5	15	70	3,5	SP

ABBAYE DE JOUARRE – Soeur de l'Accueil - Abbaye Notre-Dame – 77640 Jouarre – Tél. : 01.60.22.06.11 – Fax : 01.60.22.31.25

Maison-Rouge Ferme-des-Hauts-Pres

C.M. n° 61 — Pli n° 13

E.C. NN 17 pers. Ouverture : toute l'année.

Gîte indépendant et confortable. 7 chambres dont 1 au r.d.c. Salles de bains, salles d'eau, 2 wc. Cuisine rustique entièrement équipée. Vaste séjour, salon, cheminée ouvrant sur terrasse. Lave-vaisselle. Grand jardin, salon de jardin, barbecue, méchoui, aire de jeux pour enfants. Location de vélos. Poney-club sur place (stage). A 8 km de Provins et Nangis. Région touristique, au cœur de la Brie. Gîte idéal pour fêtes de famille, vacances, séminaires. Location entière du gîte : 3500 F/week-end (tout compris), du lundi au vendredi : 2500 F, du vendredi au vendredi : 4500 F.

Prix : semaine **2500/4500 F** week-end **3500 F**

15	8	SP	0,8	SP	8	12	70	8	0,8

LEMARCQ Philippe et Christine – Ferme des Hauts Pres - Beugnon – 77370 Maison-Rouge – Tél. : 01.64.06.72.03 ou 01.64.01.68.08 – Fax : 01.64.01.67.42

Maison-Rouge Ferme-des-Hauts-Pres

E.C. NN 19 pers. Ouverture : toute l'année.

Gîte aménagé dans un corps de ferme restauré. R.d.c. : c-cuisine équipé, s. à manger, sanitaires, grande salle de réception (100 m²). A l'ét. : 5 chambres (2 à 4 pers.), s. d'eau, wc privés pour chaque chambre, petit coin-cuisine. Grand jardin, barbecue. Idéal pour fêtes familiales, séminaires, accueil de groupe d'enfants. Poney-club (stages). Ferme des Hauts Prés à Beugnon se trouve à 8 km de Provins et de Nangis. Agrément Jeunesse et Sports.

Prix : semaine **2500 F** week-end **3500 F**

15	8	SP	0,8	SP	8	12	70	8	0,8

LEMARCQ Philippe et Christine – Ferme des Hauts Pres - Beugnon – 77370 Maison-Rouge – Tél. : 01.64.06.72.03 ou 01.64.01.68.08 – Fax : 01.64.01.67.42

Nangis

C.M. n° 61 — Pli n° 13

E.C. NN 19 pers. Ouverture : toute l'année.

Gîte au 1er étage d'un bâtiment briard restauré. S. à manger/c-cuisine. 4 ch. 2 pers., 1 ch. 6 pers. et 1 ch. 5 pers., 2 s. d'eau avec douches et wc. Ch. central au fuel. Salle de réunion à louer au r.d.c. avec sanitaires et cuisine. Cour à l'écart des bruits. Suppl. charges 22 F. Loc. de draps. Traiteur et restaurants en ville, à proximité. GR de pays. A 25 km de Fontainebleau. 45 km de Disneyland.

Prix : pers.nuit **50/63 F**

6	0,5	5	0,1	5	0,5	5	65	0,5	0,1

FOYER RURAL DE NANGIS – 18 rue Pasteur – 77370 Nangis – Tél. : 01.64.08.03.34 – Fax : 01.64.08.03.34

Nesles-la-Gilberde Ferme-de-Bourbeaudouin

C.M. n° 61

E.C. NN 17 pers. Ouverture : toute l'année.

Gîte de séjour dans un corps de ferme rénové, pour votre détente et loisirs. 6 ch. (3 à 2 lits). S. d'eau, wc privés. Loc. draps. Cuisine équipée. Salle rustique avec cheminée pour le petit déjeuner et les repas. Aire de jeux pour enfants, salon de jardin, barbecue. Nombreuses promenades en forêt. Point-phone. Pétanque, badminton. Animaux admis sous réserve. « La Ferme de Bourbeaudouin » est à 15 km de Coulommiers, 3 km de Rozay-en-Brie, 25 km de Disneyland Paris. Agrement Jeunesse et Sports.

Prix : pers.nuit **63 F** petit dejeuner **24 F** repas **50/120 F** week-end **2500 F**

TH

SP	SP	SP	7	3	10	40	10	6

HARLIN Yolande – Ferme de Bourbeaudouin – 77540 Nesles-la-Gilberde – Tél. : 01.64.25.65.24 – Fax : 01.64.42.99.84

Neufmoutiers-en-Brie Bellevue

E.C. NN 19 pers. Ouverture : toute l'année.

Gîte de séjour sur 2 niveaux. R.d.c. : cuis. aménagée, grande salle de 60 m². A l'ét. : 5 ch. confortables : 4 ch. (1 lit 2 pers. et mezz. 2 lits 1 pers.), 1 ch. (3 lits 1 pers.), s. d'eau et wc privés dans chaque ch. Draps fournis et lits faits. TV dans chaque ch. Grand jardin, terrasse, salon de jardin, coin-jeux pour enfants. Anglais parlé. Bellevue est à 22 km de Meaux, 10 mn de Disneyland Paris. Belle maison de maître briarde du XIXe siècle. Forfait week-end (incluant le petit-déjeuner).

Prix : week-end **3500 F**

1	6	0,3	7	7	8	45	7	7

GALPIN Patrick et Isabelle – Bellevue – 77610 Neufmoutiers-en-Brie – Tél. : 01.64.07.11.05 – Fax : 01.64.07.19.27

Noisy-sur-Ecole Les Trois-Pignons

E.C. NN 9 pers. Ouverture : toute l'année.

Gîte d'étape « des 3 Pignons ». R.d.c. : 1 ch. 2 pers. avec salle d'eau et wc, grande salle, véranda, salon de détente, cheminée, cuisine aménagée, coin-repas, wc. A l'étage : 3 ch. de 2 à 3 pers. avec salle d'eau et wc privés. Four à pain extérieur, barbecue. Point-phone. Poss. loc. couettes 20 F. Draps et taies fournis. Chauffage en suppl. A 18 km de Fontainebleau, 5 km de Milly-la-Forêt, cadre sympathique et rustique. Nombreuses activités : escalade, varappe, VTT, randonnées. Nombreux sites touristiques à proximité.

Prix : pers.nuit **73 F** petit dejeuner **24 F**

GR : 1

0,2	5	0,5	0,1	0,5	0,5	10	60	9	2

PAUNET Michele – 28 rue d'Auvers – 77123 Noisy-sur-Ecole – Tél. : 01.64.24.54.67 – Fax : 01.64.24.54.67

Solers

C.M. n° 61 — Pli n° 12

E.C. NN 30 pers. Ouverture : toute l'année.

7 ch. 2, 3 et 4 pers. + 1 dortoir 7 lits enf., salle commune avec cheminée. S. d'eau dans chaque ch. Chevaux disponibles sur place. Boxes pour logement de chevaux. Promenade en calèche. Randonnées pédestres. Petit-déjeuner, draps inclus dans prix de la nuitée. Boisson non comprise dans prix table d'hôtes. Loc. salle de réceptions, séminaires. A 20 km de Disneyland Paris. Stages équestres. Agrément Jeunesse et Sports. Chevaux et poneys sur place. Mini séjour familiaux. Repas à partir de 75 F.

Prix : pers.nuit **99 F** 1/2 pension **170 F** pension **240 F** repas **75 F**

TH

0,1	15	0,1	SP	SP	1	13	30	15	15

BUTTNER J-Michel et Christel – La Manade - Haras des Hautes Fontaines – 77111 Solers – Tél. : 01.64.06.74.21 – Fax : 01.64.06.73.72

Vaux-sur-Lunain

C.M. n° 61 — Pli n° 3

14 pers. Ouverture : toute l'année.

R.d.c. : cuis. entièrement équipée. Jardin. A l'ét., dans chaque ch. : lavabo, douche, wc, ch. central. 2 ch. (2 lits 1 pers.). 1 ch. (1 lit superp. 80) + 3 lits en mezz. 1 ch. (1 lit 2 pers.) + 3 lits 1 pers. en mezz. Séjour avec cheminée ou de réunion avec c-cuisine aménagé. Nuit + journée : 87 F. Loc. draps. Point-phone. Barbecue. Fontainebleau 30 km. Nemours 18 km. Gîte confortable aménagé dans un beau corps de ferme indépendant, calme. Idéal pour stage, rencontre, famille, week-end (du samedi matin au dimanche soir ou du vendredi soir au dimanche soir). 2 ch. d'hôtes 2/3 pers. sur le même site.

Prix : pers.nuit **63 F** week-end **1442/2200 F**

10	7	18	5	10	85	18	3

DOUBLIER Henri – Ferme de l'Abondance - 18 rue de Lorrez le Bocage – 77710 Vaux-sur-Lunain – Tél. : 01.64.31.50.51 – Fax : 01.64.31.49.13

Villeneuve-sur-Bellot Les Fans

C.M. n° 56

24 pers. Ouverture : toute l'année.

Le gîte d'étape équestre « La Forge » vous accueille : grande salle avec cheminée pour les repas. 3 dortoirs dont 2 avec mezzanine : 1 de 12 lits 1 pers., 1 de 4 lits 1 pers. et 1 de 6 lits. 1 ch. 2 pers. Sanitaires à proximité (4 douches, 4 lavabos, 2 wc). Jardin d'agrément. Terrasse. Poss. pension et 1/2 pens. Agrément Jeunesse et Sports. Randonnées, VTT. Situé dans la Vallée du Petit Morin, à 40 km de Disneyland Paris.

Prix : pers.nuit **50 F** petit dejeuner **24 F** repas **70 F**

TH GR : 14

1	SP	2	5	SP	2,5	20	80	10	2,5

BONHOMME Patrice – Hameau Les Fans - rue d'Hondevilliers – 77510 Villeneuve-sur-Bellot – Tél. : 01.64.04.84.33 – Fax : 01.64.65.90.73

Villiers-Saint-Georges

C.M. n° 61 — Pli n° 14

E.C. NN 13 pers. Ouverture : toute l'année.

Gîte de séjour de 13 pers. aménagé dans un beau bâtiment communal restauré au centre du village. Entrée avec coin détente, vaste salle à manger, salle de réunion, sanitaires. A l'étage : 2 ch. 4 pers., 1 ch. 3 pers. et 1 ch. 2 pers., salles d'eau et wc. Grand jardin avec terrasse, meubles de jardin. Chambres d'hôtes sur place. Poss. pension et 1/2 pens.

Prix : pers.nuit **50/63 F** petit dejeuner **24 F**

2	7	2	0,1	0,5	0,5	90	14	0,5

MAIRIE DE VILLIERS SAINT-GEORGES – Bedel Josiane - 32 rue de Provins – 77560 Villiers-Saint-Georges – Tél. : 01.64.01.23.05 ou 01.64.01.90.35

Voinsles Ferme-de-Planoy

C.M. n° 61

29 pers. Ouverture : toute l'année.

Dans un joli corps de ferme briard, au décor rustique et agréable (idéal pour fêtes familiales). Et. : 3 ch. avec mezz. (1 ch. de 8 lits 1 pers., 2 ch. de 6 lits 1 pers.). S. d'eau et wc. R.d.c. : salle rustique de 80 m², coin-salon (access. pers. hand.), cheminée insert. Sanitaires. Cuisine et matériel professionnel. Ch. central. Draps fournis. Lits faits. Jeux enfants, pétanque. Rozay-en-Brie 7 km. Disneyland Paris 28 km. Produits terroir (volailles, oeufs). 1 ch. pour pers. hand. avec certaine autonomie. Extension : 2 ch. 2 pers., 1 ch. 6 pers., s. d'eau, wc privés. Salle détente. Coin-cuisine pour petit groupe ou classe verte. Agréé DDJS.

Prix : pers.nuit **63 F** petit dejeuner **24 F** week-end **3500/4500 F**

3	10	6	3	4	3	6	50	17	7

DESAINDES – Ferme de Planoy – 77540 Voinsles – Tél. : 01.64.07.51.48 – Fax : 01.64.07.51.48

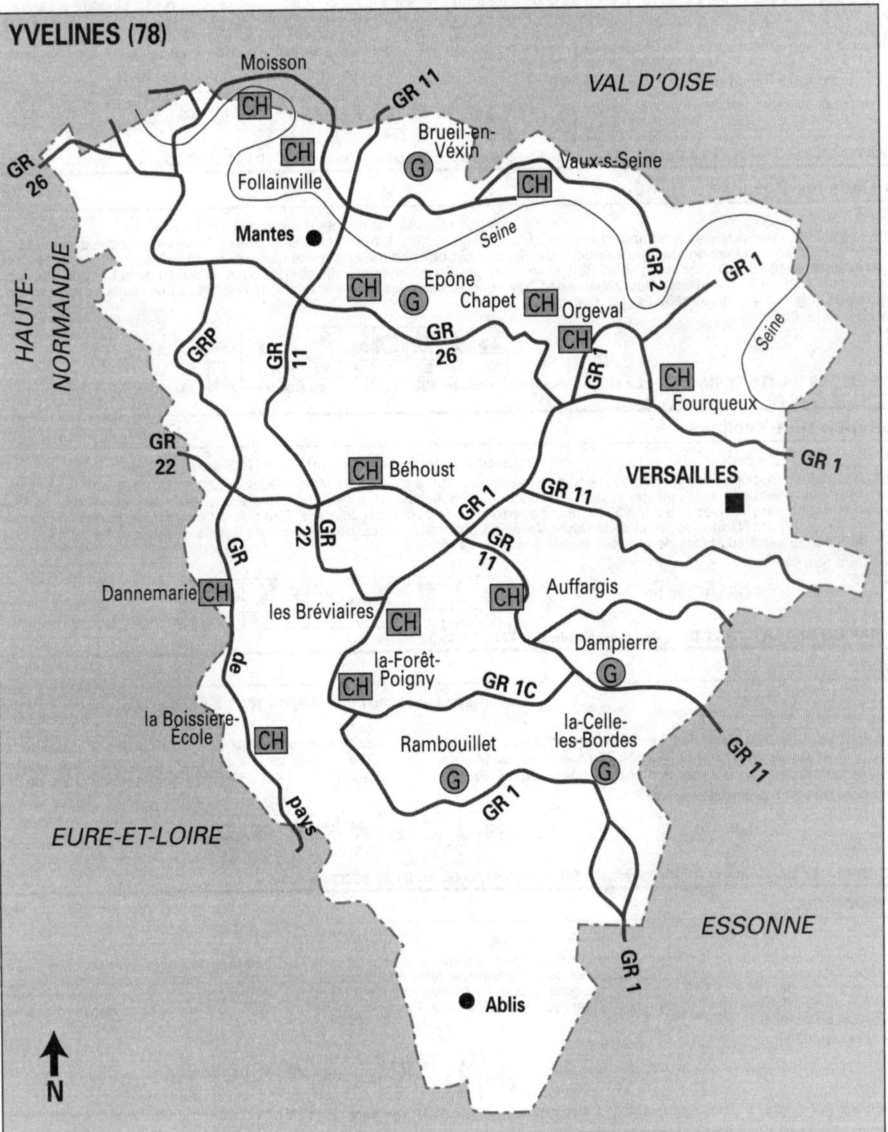

CH Chambre d'hôte　G Gîte d'étape, de séjour　L Logis de France

Brueil-en-Vexin La Cavale

C.M. n° 1 — Pli n° 196

24 pers. Ouverture : toute l'année.

Gîte d'étape dans une ferme équestre au bord de la rivière Montcient, sur 3 niveaux. R.d.c. : cuisine, coin-repas, cheminée, sanitaires avec wc et douches, grande salle de séjour. 1er étage : 2 ch. 4 pers., 2 ch. 2 pers., wc, douches, coin-détente. 2e étage : 2 ch. 4 pers., 2 ch. 2 pers., wc, douches, coin-détente. TV. Point-phone. Location de draps 20 F. Activités équestres avec accompagnateur diplômé : promenade, randonnée, attelage, séjour à la ferme. Réserver à l'avance par téléphone. Séminaires : tarifs à voir avec le propriétaire. Chauffage en supplément (15 % en sus) du 1er novembre au 15 avril. Journée : 20 F.

Prix : pers.nuit **75 F** petit dejeuner **20 F** repas **70 F**

(TH)

1	2	SP	3	20	6	SP	2	6	6	6

DAUWE Jean et Therese – La Cavale - 11 rue du Moulin – 78440 Brueil-en-Vexin – Tél. : 01.34.75.39.32

La Celle-les-Bordes La Hogue

C.M. n° 1

30 pers. Ouverture : toute l'année sauf entre Noël et Nouvel An.

R.d.c. : vestiaires, cuisine, salle commune (cheminée). Etage : 8 ch. (2 lits), 1 dortoir (14 lits). S. d'eau. Réservation obligatoire + de 3 jours à l'avance à la Maison du Parc du lundi au vendredi. Groupes minimum 10 pers. Possibilité réservation d'1 cuisine centrale, repas à réchauffer. Arrivée entre 18-20 h. Départ avant 9h30. RER 16 km. Gîte pour randonneurs individuels/groupe au milieu de la forêt de Rambouillet au cœur du Parc Naturel Régional de la Haute Vallée de Chevreuse à l'écart des routes et relié à de nombreux itinéraires de randonnées. Fêtes de groupes et gîte à la journée refusés. Tél. Loc. draps.

Prix : pers.nuit **60 F**

SP	13	SP	6	8	10	6	2	8	6

MAISON DES HAUTS BESNIERES – La Hogue, Route Nationale 306 - La Celle Les Bordes – 78720 Dampierre-en-Yvelines – Tél. : 01.30.52.09.09

Dampierre-en-Yvelines

C.M. n° 1 — Pli n° 196

19 pers. Ouverture : toute l'année sauf entre Noël et Nouvel An.

Dans construction métallique au-dessus de Dampierre ayant servi sur le champs de Mars à l'expo. universelle 1889, entièrement restaurée. Salle commune, cheminée, coin-cuisine, vestiaire. S. d'eau avec douches, ch. de 4/6 lits. Cadre agréable et calme en lisière de forêt, près château et de son parc. Arrivée entre 18h/20 h. Départ avant 9h30. Tél. Location de draps. Gîte d'étape ouvrant ses portes aux randonneurs des itinéraires du parc Naturel Régional de la Haute Vallée de Chevreuse. Résa. obligatoire + de 3 jours avant pour les repas et l'hébergement du lundi au vendredi. Fêtes de groupes et gîte à la journée refusés.

Prix : pers.nuit **60 F**

GR : 1C et 11

SP	15	SP	1	5	3	1	1,5	7	1

LA MAISON DE FER – 78720 Dampierre-en-Yvelines – Tél. : 01.30.52.09.09

Epone

6 pers. Ouverture : fermé du 1/9 au 3/9, du 16/11 au 27/11, 24 et 25/12.

Tout en r.d.c. 1 grande pièce de 24 m² avec 3 lits superp. 1 s. d'eau avec wc. 1 salle commune avec coin-cuisine. Possibilité location vélos, VTT et échasses. Prix à la journée 25 F/pers. (vélos). Anglais parlé. Gîte d'étape situé à 47 km de Paris et à 7 km de Mantes la Jolie, aménagé dans les bâtiments d'une ancienne ferme, au cœur d'un village typique sur un coteau dominant la Vallée de la Seine.

Prix : pers.nuit **70 F** petit dejeuner **30 F**

GR : 26

1	5	SP	3	13	0,5	3	0,8	0,5

DEGORRE – 17 rue Roulette – 78680 Epone – Tél. : 01.30.91.09.65 ou 01.30.95.30.00

Rambouillet

C.M. n° 196 — Pli n° 4

10 pers. Ouverture : toute l'année.

Gîte d'étape dans une aile de la bergerie nationale de Rambouillet, dans le parc du château. Chambres de 2 pers. avec chacune s. d'eau, wc à l'étage. Literie complète fournie. Petit déjeuner compris dans le prix. Itinéraires de randonnées pédestres et cyclotouristiques, centre équestre à 1 mn (tél : 01.34.83.15.70.). Résa. obligatoire plus de 48 h à l'avance du lundi au vendredi de préférence aux heures ouvrables. Les repas du soir doivent être commandés à cette occasion. GR à 3 km. Poss. accueil de groupes pour des stages ou des réunions (réserver longtemps à l'avance).

Prix : pers.nuit **90 F**

2	18	2	2	7	4	1	1	0,5	3	2

BERGERIE NATIONALE – Parc du Chateau – 78120 Rambouillet – Tél. : 01.34.83.68.17

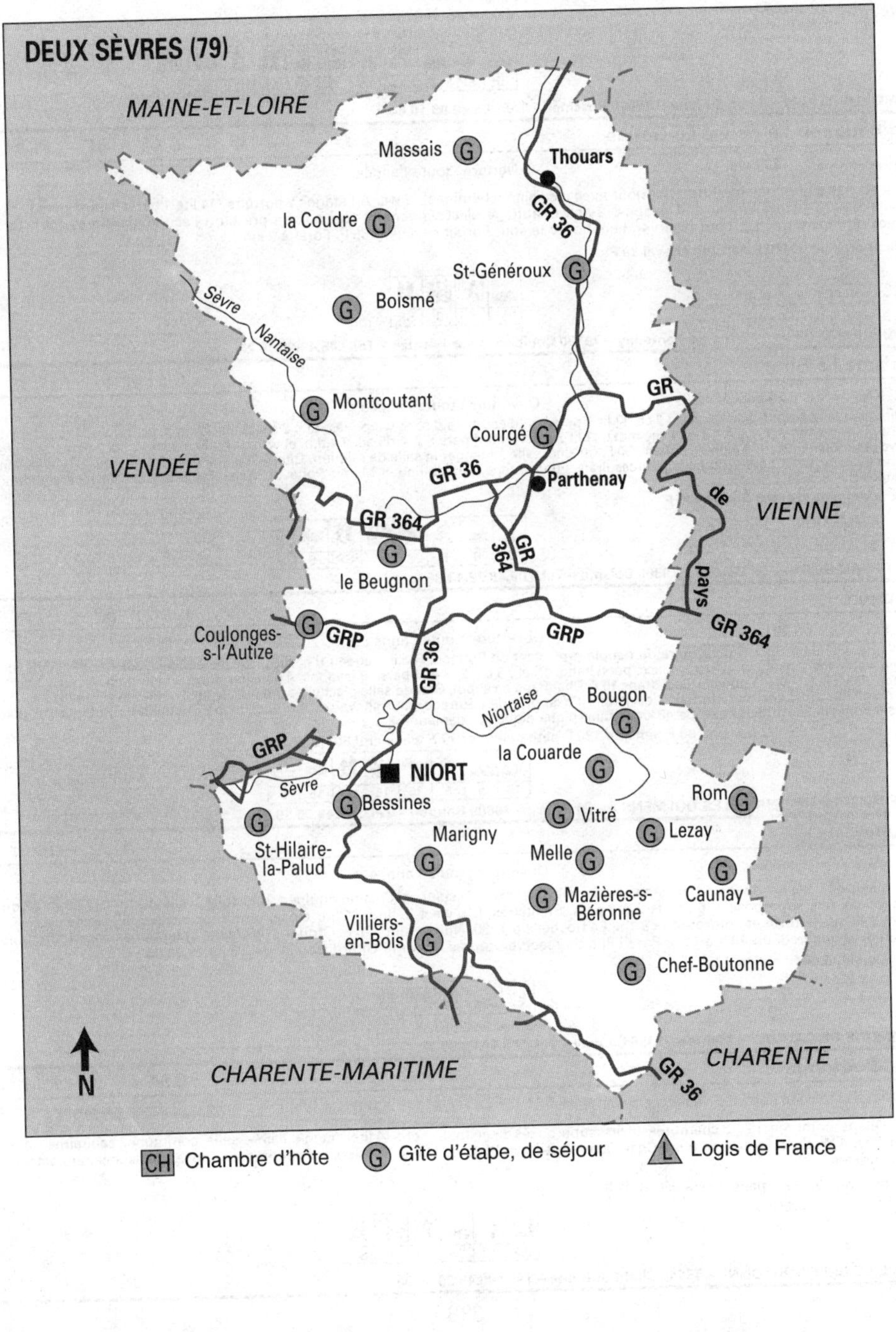

CH Chambre d'hôte G Gîte d'étape, de séjour L Logis de France

Bessines

C.M. n° 71 — Pli n° 2

E.C. NN 20 pers. Ouverture : toute l'année.

Gîte d'étape et de séjour communal. 2 dortoirs (10 lits superposés chacun). 1 salle commune avec coin-cuisine. 1 bloc sanitaires intérieur (1 douche, 2 lavabos, 1 wc). 1 bloc sanitaires extérieur (2 douches, 3 lavabos, 2 wc). Ch. élect. Location de canoës et kayaks. La Rochelle 50 km, Niort 2 km. Tarif groupe : 30/40 F.

Prix : pers.nuit **40/50 F**

SP	SP	3	1	14	25	25	SP	3	5	SP

GARNIER Richard – 8 rue du Four – 79000 Bessines – Tél. : 05.49.09.10.64

Le Beugnon Le Relais-de-Gatine

C.M. n° 67 — Pli n° 17

E.C. NN 20 pers. Ouverture : toute l'année.

Gîte équestre et pédestre. R.d.c. : 1 séjour avec c-cuisine (cheminée), 1 wc. A l'étage : 2 dortoirs (14 lits 1 pers. 3 lits 2 pers.). 1 bloc sanitaires (2 douches chaudes, 4 lavabos, 2 wc). Chauffage élect. Logement chevaux en pré ou à l'écurie. Jardin et cour. Circuit équestre départemental. Pour réserver, téléphonez le soir. Forfait cavalier 165 F. Forêt à 2 km.

Prix : pers.nuit **60/70 F** pension cheval **30 F**

6	6	6	SP

AUDEBRAND Gilles – 17 rue de Fontenay – 79160 Coulonges-sur-l'Autize – Tél. : 05.49.06.16.25

Boisme La Bourse

C.M. n° 67 — Pli n° 17

E.C. NN 20 pers. Ouverture : toute l'année.

Bâtiment « la Maison Bleue », r.d.c. : 2 ch. (1 lit 2 pers.), s. d'eau ou s.d.b. et wc privés. Et. : 2 ch. (3 lits 1 pers.), wc privés, 1 douche commune. Grand bâtiment, r.d.c. : 3 ch. avec mezz. (1 lit 2 pers. 5 lits 1 pers.), 2 s. d'eau, 1 s.d.b. et wc privés. Et. : 2 ch. (2 lits 2 pers.), 2 s. d'eau et wc privés. Groupe : 100 F/pers., enfant : 80 F. Cuisine, salle à manger et salle de réunion. Gîtes aménagé dans les granges d'une ancienne ferme avec terrain au cœur du bocage bressuirais. Futuroscope, Puy-du-Fou et Marais Poitevin 70 km. Table d'hôtes sur réservation pour groupes de 15 pers. minimum.

Prix : pers.nuit **120/150 F** repas **70 F**

(TH)

2	8	8	7	2	SP	9	9

GINGREAU Regine – La Bourse – 79300 Boisme – Tél. : 05.49.72.13.86

Bougon

cv *C.M. n° 68 — Pli n° 12*

E.C. NN 29 pers. Ouverture : toute l'année.

Gîte aménagé dans ancien presbytère du temple protestant de Bougon. R.d.c., bureau d'accueil, cuisine équipée, séjour, infirmerie, petit salon, 1 ch. (1 lit 2 pers.), s. d'eau, wc acc. pers. hand. 1er ét., 5 ch. 2, 3 et 4 pers., 9 lavabos, 4 douches, 2 wc. 2e ét. : 1 ch. 4 pers., 1 dortoir 6 pers., 4 lavabos, 1 wc, 1 douche. Loc. draps 15 F. Chauffage en suppl. Grande salle d'activités modulable en 2 petites avec lavabos au r.d.c. TV, magnétoscope, chaîne hi-fi. Salon de jardin. Poss. prêt de pâturage pour chevaux. Site néolithique Tumulus de Bougon sur place. Marais Poitevin 50 km. Futuroscope 40 km. Panier pique-nique sur demande.

Prix : pers.nuit **35 F** 1/2 pension **90 F** pension **120 F** petit dejeuner **15 F** week-end **50/135 F**

(TH)

15	5	5	15	15	SP	16	5

GITE INTERCOMMUNAL « LES DOLMENS » – Le Bourg – 79800 Bougon – Tél. : 05.49.05.19.87

Caunay

C.M. n° 72 — Pli n° 3

E.C. NN 38 pers. Ouverture : toute l'année.

Gîte d'étape/de séjour dans une ancienne école complètement restaurée. Cuisine équipée, réfectoire, salle d'activités 60 m². 2 dortoirs 8 pers. (lits superposés), 5 ch. de 3 à 6 pers. Sanitaires. Ch. élect. L-linge. Cour close, terrain clos (2000 m²). Mines d'Argent 25 km, Marais Poitevin et Futuroscope à 1 h, La Rochelle à 1h30. Nuit/enfant : 20 F. Groupe : 30 F/pers. Téléphone propriétaire lundi, mercredi et vendredi de 10 h à 12 h. Possibilité de réserver auprès de Mme Girard Isabelle au 05.49.29.99.06.

Prix : pers.nuit **40 F**

8	8	8	3	SP

COMMUNE DE CAUNAY – Mairie – 79190 Caunay – Tél. : 05.49.29.99.32

Chef-Boutonne

C.M. n° 72 — Pli n° 3

E.C. NN 22 pers.

Gîte d'étape comprenant : 3 chambres (6 lits superposés chacune), 1 ch. (4 lits), coin-cuisine, salle commune, sanitaires : 4 wc, 4 douches, 4 lavabos. Prairie de 8 ha. Chauffage électrique. Plats cuisinés. Sentiers de petites randonnées pédestres, équestres et cyclotouristes.

Prix : pers.nuit **30/32 F** pension cheval **40/42 F**

0,1	0,1	13	0,5	1	SP

MAIRIE DE CHEF BOUTONNE – 79110 Chef-Boutonne – Tél. : 05.49.29.80.04

C.M. n° 68 — Pli n° 2

La Couarde

28 pers. Ouverture : toute l'année.

Gîte en bordure de la forêt de l'Hermitain. Cuisine équipée, salle d'activités, salle de détente. 3 dortoirs (21 lits 1 pers.), 3 ch. (7 lits 1 pers.). Sanitaires : 9 lavabos, 4 douches, 6 wc. Ch. élect. Terrain de boules. Grand parc attenant. Accueil de groupes scolaires (classes nature), séminaires, randonneurs. Nuit/enfant : 20 F. Groupe : 30 F/pers. Maison du Protestantisme Poitevin à 500 m.

Prix : pers.nuit **40 F**

9	3	10	9	6	6	6	SP

COMMUNE DE LA COUARDE – Mairie - Mme Amilhat (Gerante) – 79800 La Couarde – Tél. : 05.49.32.85.49

C.M. n° 67 — Pli n° 7

La Coudre Le Grand-Saule

E.C. NN 22 pers. Ouverture : toute l'année.

Gîte d'étape et de séjour équestre. 2 dortoirs et 3 mezzanines (16 lits 1 pers. 3 lits 2 pers.). Salle commune/coin-cuisine (cheminée). Salle d'eau (5 lavabos, 3 douches, 3 wc). Lave-linge en supplément sur demande. Chauffage central au gaz. Terrain. 6 boxes et prairie pour les chevaux. Groupe : 45 F/pers. Forfait cavalier : 160 F (granulés 10 F - Box 35 F). Prix spéciaux hors vacances scolaires et séjours. Forfait week-end (22 pers. + salle de 65 m²/50 pers.).

Prix : pers.nuit **50/58 F** petit dejeuner **20 F** repas **70 F** week-end **1500 F**

TH

1	1	7	3	SP	6	SP	14	2

GIRAULT Robert – Le Grand Saule – 79150 La Coudre – Tél. : 05.49.80.21.61

C.M. n° 71 — Pli n° 1

Coulonges-sur-l'Autize

E.C. NN 16 pers. Ouverture : toute l'année.

Gîte d'étape équestre. 4 chambres (16 lits 1 pers.). 1 salle commune avec coin-cuisine. 4 douches payantes, 4 lavabos, 4 wc. Chauffage électrique. Boxes dans l'écurie. Jardin. Niort à 23 km.

Prix : pers.nuit **50 F** pension cheval **15 F**

5	5	0,2	0,5	10	10	SP	22	25	SP

MAIRIE DE COULONGES SUR L'AUTIZE – 79160 Coulonges-sur-l'Autize – Tél. : 05.49.06.10.72

C.M. n° 67 — Pli n° 18

Gourge Les Grippeaux

E.C. NN 15 pers. Ouverture : toute l'année.

Gîte de séjour. 2 dortoirs (15 lits 1 pers.). Cuisine, salle d'eau (3 douches, lavabos, 2 wc). Lave-linge. Tous types de randonnées sur place. Pêche (étang ou rivière). Chevalerie du Thouer 8 km. Futuroscope 50 km. Puy du Fou 70 km. Marais Poitevin 60 km. Animations estivales de Parthenay 14 km. Hébergement familial (mariage, fêtes de famille, groupe de personnes handicapées).

Prix : pers.nuit **35/50 F** petit dejeuner **25 F**

1	SP	12	5	5	5	0,1	4

NERBUSSON Jean – Les Grippeaux - Gourge – 79200 Parthenay – Tél. : 05.49.69.84.25

C.M. n° 72 — Pli n° 3

Lezay La Mauvaitiere

E.C. NN 55 pers. Ouverture : toute l'année.

Gîte équestre et pédestre. 7 ch. de 2 à 4 pers. dont 1 avec salle d'eau privée. 2 dortoirs (7 lits 1 pers. chacun), 2 dortoirs (10 lits 1 pers.). 16 lavabos, 8 douches, 5 wc dont 1 douche et 2 wc pour personnes handicapées. Cuisine, séjour, salon. Lave-linge. Ch. central au bois. Possibilité table d'hôtes. Découverte Multimédia. Terrain de 7 ha. Logement chevaux au pré ou en boxes. Circuit équestre. VTT. Poneys, chevaux, attelage sur place. Ferme pédagogique.

Prix : pers.nuit **50 F** petit dejeuner **15 F** pension cheval **20/30 F**

4	4	7	7	SP	18	18	SP	7

GAILLARD Olivier – Le Loup-Garou - La Mauvaitiere – 79120 Lezay – Tél. : 05.49.29.04.04

C.M. n° 71 — Pli n° 2

Marigny La Blotiere

E.C. NN 20 pers. Ouverture : du 15 mars au 1er novembre.

Gîte d'étape et de séjour. 1 dortoir (9 lits 1 pers.), 1 ch. (4 lits 1 pers.), 1 ch. en mezzanine (7 lits 1 pers.). Salle commune avec coin-cuisine. 1 salle d'eau (3 douches, 5 lavabos), 2 wc. Cheminée dans le salon. Jardin, préau, aire de pique-nique ombragée, mini-terrain d'aventure pour enfants. Zoorama 8 km. Niort 18 km.

Prix : pers.nuit **45 F**

GR : 35

5	4	18	2	3	10	1	2

DROUARD Vincent et Louisette – Champs de Bas - La Blotiere – 79360 Marigny – Tél. : 05.49.09.73.65 – Fax : 05.49.09.79.63

Massais Le Moulin-Bernard

C.M. n° 67 — Pli n° 7

E.C. NN 22 pers. Ouverture : du 1er avril au 30 octobre, l'hiver sur demande.

Gîte d'étape et de séjour comportant 1 dortoir (10 lits 2 pers. 2 lits 1 pers.), coin-cuisine, bloc sanitaires : 2 douches, 4 lavabos, 2 wc (dont 1 de chaque pour pers. hand.) + 1 bloc sanitaires (acc. par l'extérieur) : 1 douche, 2 lavabos, 1 wc. Poêle au kerdane. Point-phone sur place. Groupe + 10 pers. : 35 F/pers. Forfait gîte complet : 650 F/nuit. Logement des chevaux au pré. Sentiers de randonnées pédestres, équestres, cyclo sur place. Escalade, trial, canoë-kayak.

Prix : pers.nuit **38 F** petit dejeuner **25 F** repas **57 F** pension cheval **10/25 F**

TH GR : 36

SP	SP	12	1	7	SP	12	2

BOIDRON Alain – Le Moulin Bernard - Massais – 79150 Argenton-Chateau – Tél. : 05.49.96.84.64 – Fax : 05.49.96.07.61

Mazieres-sur-Beronne

C.M. n° 72 — Pli n° 2

E.C. NN 30 pers. Ouverture : l'été.

Gîte d'étape comportant 2 dortoirs (10 lits 2 pers. 10 lits 1 pers.). Salle commune avec coin-cuisine. Salle d'eau (6 lavabos, 4 douches, 2 wc). Grand jardin en bordure de rivière. Promenades en barque sur place. Chevaux nourris et logés au pré (1 ha.). Tarif enfant en groupe 20 F.

Prix : pers.nuit **30 F** pension cheval **15 F**

SP	SP	4	3	15	15	SP	3

MERIGEAU Marie-France – Moulin de Gennebrie – 79500 Mazieres-sur-Beronne – Tél. : 05.49.07.11.96

Melle

C.M. n° 72 — Pli n° 2

E.C. NN 12 pers.

Gîte d'étape comportant 1 chambre (2 lits 1 pers.) et 2 dortoirs (6 lits 1 pers. 2 lits 2 pers.). Coin-cuisine. Salle commune. Salle d'eau avec 2 lavabos, 1 douche, et wc. Chauffage en supplément (octobre à mars).

Prix : pers.nuit **25 F**

3	3	3	1,5	10	10	SP	SP

CLUB RANDONNEE – Office de Tourisme - Place de la Poste – 79500 Melle – Tél. : 05.49.27.05.27 ou 05.49.29.15.10

Moncoutant

C.M. n° 67 — Pli n° 16

E.C. NN 50 pers. Ouverture : vacances scolaires et les week-ends toute l'année.

Gîte d'étape et de séjour comportant 12 ch. (50 lits 1 pers.). Cuisine. 2 séjours. 18 lavabos, 8 douches, 1 baignoire, 12 wc. L-linge. Ch. central au mazout. 2 salles d'activités. TV et magnétoscope. Jardin, terrain clos, salon de jardin (60 chaises, 7 tables), barbecue fixe à l'extérieur. Point-phone (05.49.72.87.50). Bressuire 15 km. Groupe 30 pers. : 33 F/nuit/pers. ULM 15 km, Sèvre Nanataise 1 km, discothèque 1 km, bibliothèque et cinéma.

Prix : pers.nuit **35 F**

2	1	SP	SP	3	2	2	5	SP

GUERINEAU Lucie – Maison Familiale Rurale – 79320 Moncoutant – Tél. : 05.49.72.60.96 – Fax : 05.49.72.85.36

Rom

C.M. n° 68 — Pli n° 13

E.C. NN 8 pers. Ouverture : de mai à octobre.

Gîte d'étape comportant 1 dortoir de 8 lits 1 pers. 1 salle d'eau (3 lavabos, 1 douche, 1 wc). Coin-cuisine pour petit-déjeuner. Terrain. Produits fermiers et restaurant à 1 km. Ecuries. Lezay 12 km. Poitiers 40 km. Forfait cavalier 137 F. Groupe : 30 F/pers. RN 10 à 5 km. Musée Gallo-Romain à 1 km.

Prix : pers.nuit **45 F** petit dejeuner **24 F** pension cheval **22/30 F**

1	6	1	12	1	40	1

MINAULT Martine – La Guessonniere – 79120 Rom – Tél. : 05.49.27.52.22

Saint-Generoux

C.M. n° 67 — Pli n° 18

E.C. NN 6 pers. Ouverture : toute l'année.

Gîte d'étape communal. 1 dortoir (6 lits 1 pers.) avec coin-cuisine. Salle d'eau avec 1 douche, 2 lavabos, 1 wc. Chauffage électrique. Logement chevaux en pré ou en boxes. Rivière sur place (pêche et canoë). 2 restaurants à proximité.

Prix : pers.nuit **30 F**

GR : 36

SP	SP	9	SP	9	18	18	SP

BAUDOUIN Elisabeth – 79600 Saint-Generoux – Tél. : 05.49.67.50.03

Saint-Hilaire-la-Palud Le Paire

C.M. n° 71 — Pli n° 2

E.C. NN 17 pers. Ouverture : toute l'année.

Maison avec jardin clos. R.d.c. : coin-cuisine, séjour, sanitaires (2 cabines douches, 5 lavabos, 1 wc), 1 chambre 4 pers. (2 lits superposés). Etage : 3 chambres, soit 1 chambre 5 pers. (2 lits superposés + 1 lit 1 pers.) et 2 chambres 4 pers. (2 lits superposés). Chauffage électrique.

Prix : pers.nuit **55 F** petit dejeuner **20 F**

SP	9	1	1,5	SP	10	0,5

AMUSSAT Viviane – Route d'Arcais - Le Paire – 79210 Saint-Hilaire-la-Palud – Tél. : 05.49.35.39.21 – Fax : 05.49.35.42.06

Saint-Hilaire-la-Palud La Roche

C.M. n° 71 — Pli n° 2

E.C. NN 32 pers. Ouverture : toute l'année.

Gîte d'étape et de séjour équestre. 4 dortoirs (32 lits 1 pers.). 4 blocs sanitaires (8 lavabos, 4 douches, 4 wc.). Chauffage central. Terrain, boxes, école d'équitation, manège, stages, mini-golf. Mer 45 km. Restaurant sur place. Marais Poitevin sur place. Prix groupe pour + de 5 pers.

Prix : pers.nuit **50 F** 1/2 pension **120 F** pension **165 F** pension cheval **30/40 F**

(TH)

SP	SP	6	1,5	SP	45	SP	25	10	1,5

VINCENT Loic – La Roche – 79210 Saint-Hilaire-la-Palud – Tél. : 05.49.35.33.09

Villiers-en-Bois

C.M. n° 72 — Pli n° 1

E.C. NN 55 pers. Ouverture : toute l'année.

Bât. 1, r.d.c. : cuisine, salle détente, salle d'activité/repas, 2 douches, lavabo, 2 wc. Et. : 1 dortoir 13 pers., 1 ch. 4 pers. Bât. 2, r.d.c. : cuisine, salle à manger, 1 dortoir 8 pers., 4 ch. 2 et 4 pers., 3 wc, 3 douches (1 de chaque pers. hand.), 2 lavabos. Et. : 3 ch. 3 et 4 pers., 1 dortoir 8 pers., 3 wc, 2 cabines/lavabo. Groupe + 10 pers. : 50 F/pers. Gîte d'étape et de séjour comprenant 2 bâtiments. Possibilité repas et petit déjeuner sur commande par traiteur.

Prix : pers.nuit **60 F** pension cheval **10 F**

7	7	17	7	30	SP	25

GIBAULT (Gestionnaire) – 79360 Villiers-en-Bois – Tél. : 05.49.76.79.67

Vitre

C.M. n° 68 — Pli n° 12

E.C. NN 16 pers. Ouverture : toute l'année.

Gîte d'étape comportant 2 dortoirs (16 lits 1 pers.). 1 salle commune avec coin-cuisine et cheminée. 1 salle d'eau (4 lavabos, 4 douches, 2 wc). Possibilité promenades et initiation au cheval sur place. Plan d'eau 200 m. Restaurant 200 m. Sentiers de petites randonnées pédestres, équestres, et cyclo. Forfait cavalier : 150 F.

Prix : pers.nuit **40 F** petit dejeuner **25 F** repas **70 F** pension cheval **40 F**

(TH)

0,2	11	0,2	SP	0,2	0,2	SP	2

ENKEL Robert et Claudine – L'Ecurie du Lambon – 79370 Vitre – Tél. : 05.49.32.84.32

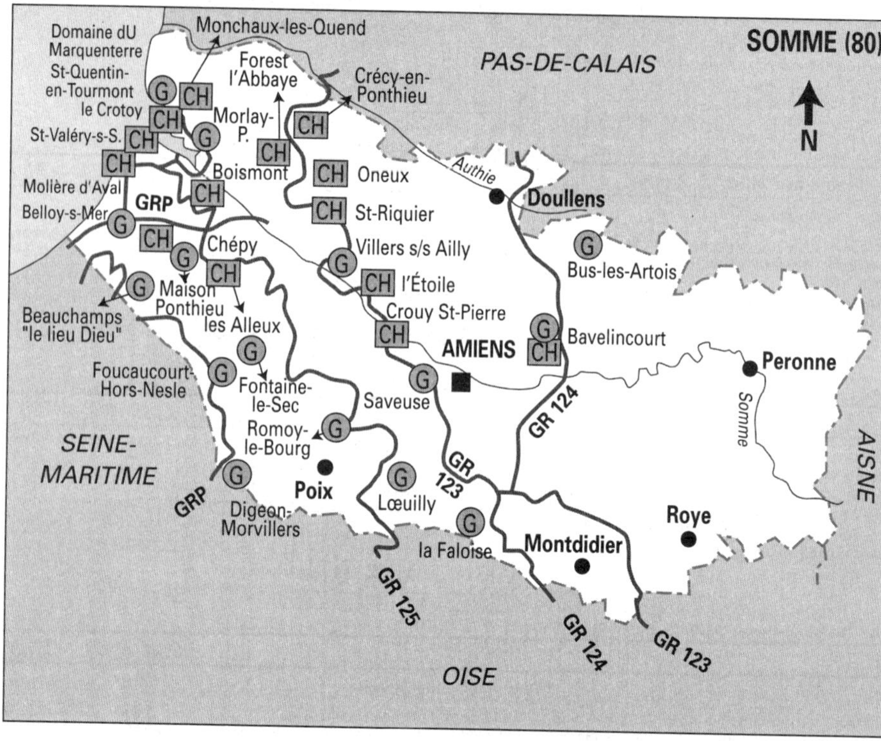

CH Chambre d'hôte G Gîte d'étape, de séjour L Logis de France

Bavelincourt

C.M. n° 236 — Pli n° 24

20 pers. Ouverture : toute l'année.

Gîte d'étape comprenant : 9 ch. de 2/3 pers. (3 lits 2 pers. 14 lits 1 pers.). Cuisine en gestion libre. Salle commune. Sanitaires collectifs (4 wc, 4 lavabos, 2 douches). Chauffage central au fuel. Location de chevaux sur place (assurance particulière obligatoire), logement de chevaux (3 boxes, 3 stalles). Restaurant à 5 km. Location de draps. Dans la vallée de l'Hallue, au nord-est d'Amiens.

Prix : pers.nuit **65 F** pension cheval **35/60 F**

GR : 124

12	SP	SP	4	SP	10	12	12

DEVOGELAERE Henri – 8 route Principale - Beaucourt Sur l'Hallue – 80260 Villers-Bocage – Tél. : 03.22.40.53.64

Beauchamps

C.M. n° 236 — Pli n° 21

E.C. NN 68 pers. Ouverture : toute l'année.

9 dortoirs et 4 ch. (65 lits 1 pers.). Salle commune, sanitaires collectifs répartis en 3 blocs (11 lavabos, 7 douches, 7 wc) + 1 privé (lavabo, douche, wc). Boxes à chevaux. Restaurant 1 km. Poney-club + centre équestre. Repas-traiteur (poss. micro-ondes, sans coin-cuisine). Location de draps. Location de VTT. Initiation à la vannerie. Dans la vallée de la Bresle, forêt d'Eu à proximité. Sports nautiques à 5 km. Le Tréport. GRP Vallée de la Bresle. Centre de vacances sur place.

Prix : pers.nuit **67 F** pension **159/175 F** petit dejeuner **18 F** repas **55 F** pension cheval **40/50 F**

TH

10	1	10	SP	SP	5	SP	25	5	4	1

MAILLARD-DE-THEZY Marie-Annick – Domaine du Lieu Dieu – 80770 Beauchamps – Tél. : 03.22.30.92.23 – Fax : 03.22.30.19.00

Bus-les-Artois Le Chateau

C.M. nº 236 — Pli nº 24

E.C. NN 32 pers. Ouverture : toute l'année.

Gîte d'étape comportant 4 chambres et 4 dortoirs (32 lits 1 pers. 3 lits 2 pers.). Coin-cuisine. 2 salles communes. Salles d'eau. Sanitaires collectifs. Chauffage central. 2 cheminées. Location de chevaux. Chevaux et logements de chevaux disponibles. Attelage sur place. Location de draps. Dans la vallée de l'Authie, en limite de la Somme et du Pas-de-Calais. Région verte.

GR : 124

SP	SP	SP	15	3

DEPREZ Pierre et Danielle – Le Chateau - Bus Les Artois – 80560 Acheux-en-Amienois – Tél. : 03.22.76.26.83

Chepy

C.M. nº 236 — Pli nº 22

E.C. NN 24 pers. Ouverture : toute l'année.

Gîte d'étape (24 lits) comportant 1 ch. 2 pers., 1 dortoir 10 pers., 1 dortoir 12 pers. Cuisine. Salle à manger. Sanitaires. Chauffage électrique. Hébergement chevaux : 10 stalles + possibilité box et pâture. Restaurant sur place. Dans l'arrière pays de la Côte Picarde, baie de Somme.

Prix : pers.nuit **55/65 F** pension cheval **35/50 F**

GR : 125

15	20	8	10	8	SP	SP	8	2	SP

COMMUNE DE CHEPY – Mmes de Lignieres et Lorson – 80210 Chepy – Tél. : 03.22.26.25.06

La Faloise

C.M. nº 236 — Pli nº 34

E.C. NN 12 pers. Ouverture : toute l'année.

Gîte d'étape dans le village, aménagé dans un corps de ferme traditionnel picard. Salle commune. 2 dortoirs (12 lits 1 pers. superposés). Sanitaires collectifs + 1 cabinet de toilette. Séjour/coin-cuisine en gestion libre. Chauffage central au fuel. Garage vélos. Restaurant dans le village. Location de draps 25 F. Dans la vallée de la Noye, site de Folleville (église et château classés), son et lumière d'Ailly-sur-Noye (août/septembre).

Prix : pers.nuit **60 F** petit dejeuner **25 F**

GR : 124

20	SP	20	8	SP	23	SP	SP

SERRAZ Vincent – 22 rue de l'Eglise – 80250 La Faloise – Tél. : 03.22.41.41.88 – Fax : 03.22.41.41.88

Fontaine-le-Sec

C.M. nº 236 — Pli nº 22

E.C. NN 30 pers. Ouverture : toute l'année.

Gîte d'étape comportant 4 chambres. Douches, lavabos, wc. Cuisine aménagée. Salle commune. Location de draps. Logement et location de chevaux (boxes) et VTT. A proximité du GRP de la vallée de la Bresle, dans la région sud Amiénois. Nombreuses possibilités de promenades et randonnées.

Prix : pers.nuit **50/70 F** 1/2 pension **150 F** pension **200 F** petit dejeuner **25 F** repas **60/100 F** pension cheval **45 F**

(TH) GR : 125

30	20	15	10	SP	3	SP	24	3

DUFOUR Guy – 1, rue du Haut – 80140 Fontaine-le-Sec – Tél. : 03.22.25.12.39

Foucaucourt-Hors-Nesle

C.M. nº 236 — Pli nº 22

E.C. NN 20 pers. Ouverture : toute l'année.

Gîte aménagé dans les anciens communs du château. 3 dortoirs (16 lits 1 pers. 1 lit enfant. 2 lits 2 pers.). Salle commune avec cheminée feu de bois. Coin-cuisine en gestion libre. Sanitaires collectifs (3 douches, 3 lavabos, 2 wc). Convecteurs électriques. 2 boxes. Stabulation libre 15 F. Jardin privatif. Chauffage en sus. Dans la vallée de la Bresle, aux confins de la Normandie et de la Picardie, sur le GR de Pays et le Tour Equestre de la Somme, à proximité de la forêt d'Eu. Blangy-sur-Bresle 6 km. Château de Rambures à 4 km.

Prix : pers.nuit **60 F** pension cheval **45 F**

30	10	20	4	8	SP	15	6	5

DE ROCQUIGNY Elisabeth – Chateau de Foucaucourt – 80140 Foucaucourt-Hors-Nesle – Tél. : 03.22.25.12.58 – Fax : 03.22.25.15.58

Friville-Escarbotin

C.M. nº 236 — Pli nº 21

E.C. NN 22 pers. Ouverture : toute l'année.

Gîte d'étape comportant 4 dortoirs et 1 chambre (22 lits 1 pers.). Coin-cuisine en gestion libre. Salle commune avec cheminée. Sanitaires collectifs. Chauffage électrique. 14 boxes et chevaux disponibles sur place (poss. location). Produits fermiers. Restaurant 1 km. Stage et équitation sur place. Maison de l'oiseau. Sur la côte Picarde, à proximité de la baie de Somme. Cayeux-sur-Mer. Sur le sentier GR arrière littoral.

7	10	1	SP	1	SP	7	4	0,2

DELABIE Bernard – 51 rue Marius Briet – 80130 Belloy-sur-Mer – Tél. : 03.22.30.77.69

Hornoy-le-Bourg
C.M. n° 236 — Pli n° 22

17 pers.

R.d.c. : séjour/coin-cuisine en gestion libre, cheminée feu de bois, wc. Etage : 1 dortoir 10 pers. (lits superp.), 2 ch. (1 lit 1 pers., lits superp. et 1 lit 2 pers.) avec lavabo, lits superp. sur le palier. 5 douches, 4 lavabos, 2 wc. Ch. élect. Loc. draps. Linge maison. Gîte d'étape aménagé sur 2 niveaux dans un bâtiment de briques jouxtant la mairie annexe. Chambre : 154 F/nuit pour 2 pers. Situé sur le tour équestre de la Somme, à mi-chemin entre le GR Vallée de la Bresle et le GR125. Gîte au cœur du village. Cour close, salon de jardin. 5 boxes (prix/nuit), pâture pour chevaux. Prix/pers. en dortoir.

Prix : pers.nuit **48 F** pension cheval **11 F**

8	12	13	SP	33	12	SP

GITE D'ETAPE COMMUNAL – 1 rue de Molliens – 80640 Hornoy-le-Bourg – Tél. : 03.22.90.64.21 ou 03.22.90.60.40

Loeuilly
C.M. n° 236 — Pli n° 33

E.C. NN 12 pers. Ouverture : toute l'année.

Gîte d'étape aménagé dans un ancien prieuré. R.d.c. : salle commune/coin-cuisine en gestion libre, cheminée feu de bois, billard français. Etage : 1 petite ch. (2 lits 1 pers.), 2 dortoirs de 5 pers. (lits superp.), sanitaires collectifs. 2 ch. d'hôtes au 2ᵉ étage (5 pers.). Chauffage central. Location de draps. Ecurie. Restauration dans le village. Dans la Vallée de la selle, à proximité des sentiers de randonnées. Base de loisirs de plein air dans le village. Centre équestre à Conty 4 km.

Prix : pers.nuit **50 F** petit dejeuner **20 F** pension cheval **35/50 F**

GR : 123 et 125

8	15	SP	4	4	SP	SP	8	SP

RICHOUX Bernard – 36 route de Conty – 80160 Loeuilly – Tél. : 03.22.38.15.19

Morvillers Hameau-de-Digeon
C.M. n° 236 — Pli n° 32

E.C. NN 19 pers. Ouverture : du 1ᵉʳ mai au 15 octobre.

Gîte dans une dépendance du château, 1 dortoir (9 lits 1 pers. 3 lits enfants), 1 ch. de 3 lits, 1 ch. de 4 lits. Salle commune. Coin-cuisine en gestion libre. Sanitaires collectifs : 2 wc, 4 lavabos, 4 douches et 1 wc et 1 lavabo au rez-de-chaussée. Cheminée (30 F suppl. flambée). Location de draps. Ecurie. Chambres d'hôtes au château. A proximité de la vallée de la Bresle et de la forêt d'Eu. Aumale 3 km. Dans le parc paysager du château de Digeon. GRP vallée de la Bresle.

Prix : pers.nuit **55/60 F** pension cheval **35 F**

45	10	3	5	12	3	SP	3	3

GOISQUE Bruno – Chateau de Digeon – 80290 Morvillers-Saint-Saturnin – Tél. : 03.22.38.07.12

Ponthoile Morlay
C.M. n° 236 — Pli n° 22

E.C. NN 24 pers. Ouverture : du 19 février au 3 janvier.

Gîte comportant 2 dortoirs de 9 et 6 lits 1 pers. 3 chambres de 2, 3 et 4 lits. Salle commune/coin-cuisine en gestion libre. Sanitaires. Table d'hôtes sur réservation. Chauffage électrique. Location de chevaux. Hébergement chevaux : 14 boxes ou 16 stalles ou chevaux au pré. Location VTT sur place. Restaurant 4 km. Char à voile à proximité. Sur la Côte Picarde, sur le sentier arrière littoral, à proximité de la baie de Somme et du parc ornithologique du Marquenterre.

Prix : pers.nuit **55 F** petit dejeuner **21 F** repas **75 F** pension cheval **18/45 F**

TH

5	6	15	SP	SP	5	SP	15	5	9	3

BIZET Thierry – 25 rue de la Gare - Ferme le Mont du Coq – 80860 Morlay-les-Ponthoile – Tél. : 03.22.27.07.11 – Fax : 03.22.27.07.11

Saint-Quentin-en-Tourmont
C.M. n° 236 — Pli n° 11

E.C. NN 25 pers. Ouverture : toute l'année. Alt. : 8 m

Gîte comportant 3 chambres (1 de 3 pers. et 2 de 4 pers.), 2 dortoirs de 6 et 8 pers. Salle commune. Coin-cuisine. Salles d'eau. Sanitaires collectifs : 3 douches, lavabos et 2 wc au r.d.c. et 1 douche et 1 wc à l'étage. Logement pour chevaux (9 boxes). Location vélos. Location draps. Taxe de séjour (1 F/pers./nuit). Chauffage central au fuel. Dans le domaine du Marquenterre, sur la Côte Picarde à proximité de la Baie de Somme, sur le GR arrière-littoral et du Tour Equestre de la Somme. Nombreux sentiers. Parc ornithologique du Marquenterre.

Prix : pers.nuit **55/65 F** pension cheval **35/50 F**

8	20	14	3	SP	SP	14	3	6	8

JEANSON Paul – Domaine de Marquenterre – 80120 Saint-Quentin-en-Tourmont – Tél. : 03.22.25.03.06 – Fax : 03.22.25.08.79

Saveuse
C.M. n° 236 — Pli n° 23

E.C. NN 50 pers. Ouverture : toute l'année.

Gîte aménagé au sein d'un club hippique/poney-club. R.d.c. : salle commune/coin-cuisine en gestion libre, sanitaires collectifs. Etage : grand dortoir en 4 unités de couchage (50 lits superp.). Chauffage central fuel. Ecurie (20 boxes). Manège. Restauration à Amiens 6 km et Dreuil 3 km. Location de chevaux. A la périphérie d'Amiens, vallée de la Somme et site de Samara (archéologie) à proximité.

GR : 123

10	6	3	SP	6	SP	6	6	3

MACQUET – 10 Chemin du Domaine – 80730 Saveuse – Tél. : 03.22.54.13.00

Villers-sous-Ailly

C.M. n° 236 — Pli n° 23

E.C. NN 38 pers. Ouverture : toute l'année.

2 unités/19 pers. R.d.c. : salle commune et d'activités (repas sur demande), 2 wc, 3 dortoirs 6 pers. (lits superp.), 1 ch. 1 pers., sanitaires collectifs, 2 wc. Etage : 1 ch. (1 lit 1 pers.), 2 ch. 2 pers. (lits superp.), 4 ch. 3 et 5 pers. (lits superp., 2 lits/mezzanine), lavabo/douche chacune, 2 wc indépendants. Chauffage électrique. Squash, ping-pong, baby-foot. A proximité de la vallée de la Somme, à côté d'un centre de tennis. Au 2e n° de téléphone, demander Mme Journé. Location de draps 20 F.

Prix : pers.nuit **60 F** petit dejeuner **15/25 F**

GR : 123

30	20	15	4	20	SP	SP	20	25	13	2

DOMAINE DES LARRIS (CENTRE PEP 80) – 6 rue de Long – 80690 Villers-sous-Ailly – Tél. : 03.22.28.05.37 ou 03.22.28.07.28

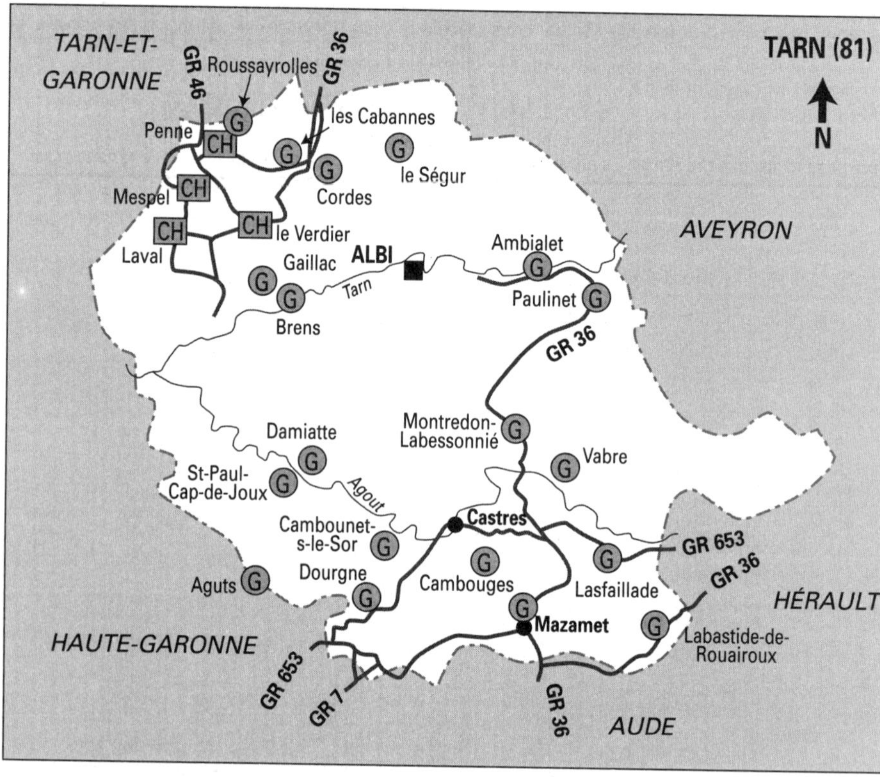

CH Chambre d'hôte G Gîte d'étape, de séjour L Logis de France

Aguts Belsoleil

c v *C.M. n° 82 — Pli n° 20*

E.C. NN 15 pers. Ouverture : toute l'année sauf juillet et août. Alt. : 400 m

Situé sur les collines du Pays de Cocagne, en pleine campagne, tout près de la maison des propriétaires. R.d.c. : cuisine équipée, salle à manger, salon/salle de jeux, 2 douches, 2 wc, 3 lavabos. A l'étage : 5 ch. dont 1 avec lavabo et douche (3, 2, 2, 4 et 4 lits 1 pers., certains superposés), 1 wc. Chauffage électrique. VTT à disposition. Ping-pong, pétanque. A 40 km de Toulouse, 35 km de Carcassonne et 30 km de Castres. Vue splendide sur la plaine du Lauragais et la Montagne Noire. Gîte à la ferme (moutons, chèvres, poneys, volailles), bâtiments récemment rénovés tout confort. Promenades avec conseils pour visites. Agréé Jeunesse et Sports/DDASS.

Prix : pers.nuit **55 F** 1/2 pension **130 F** pension **170 F** petit dejeuner **15 F**

TH

9	15	15	5	10	4	12	15	15	13	10

LEJEUNE Nadine – Belsoleil – 81470 Aguts – Tél. : 05.63.75.75.45

Ambialet La Moulinquie

c v

E.C. NN 15 pers. Ouverture : toute l'année. Alt. : 250 m

Aménagé dans une ancienne grange, à proximité d'un gîte rural et d'un camping gérés également par M. et Mme Delpoux, agriculteurs à Serenac. Grande salle commune avec cuisine aménagée, 3 ch. (7, 5 et 3 pers.) avec sanitaires, chauffage électrique d'appoint. Location de salle pour repas. Location de draps sur demande. Sur place : sentiers, canoë-kayak, badminton. Hébergement disposition pour des séjours, week-ends, une étape, en groupe de 10/15 pers., en famille ou seul. A vous de choisir votre formule ! Accueil adapté pour les cavaliers (enclos pour chevaux) et les cyclistes (abris à vélos).

Prix : pers.nuit **45 F**

GR : 36

15	15	8	SP	0,5	10	22	SP	SP	SP	20	SP

DELPOUX Jean – 81350 Serenac – Tél. : 05.63.56.43.53 ou 05.63.55.39.57

Brens

E.C. NN 38 pers. Alt. : 200 m

Proche de Gaillac, sur la place du village de Brens, aménagé dans une maison indépendante et calme avec cour fermée. Grande salle à manger, salles de réunions, de détente (TV, tél.), cuisine équipée pour collectivités, 2 dortoirs (9 et 6 pers.) dont la capacité peut doubler avec lits superposés et 2 ch. (4 pers. chacune), chauffage central. Sur place, accueil pour groupes en car. Restauration possible. Activités : promenades, rivières, visite des caves viticoles du Gaillacois et des Bastides, site archéologique à 5 km, musée 2 km.

Prix : pers.nuit **35/40 F** pension **110/140 F** petit dejeuner **10 F** repas **50 F**

Ⓐ GR : 46 et 36

2	10	10	5	2	10	10	5	10	10	5	5

FEDERATION REGIONALE DES M.F.R. – Place du Lavoir - Brens – 81600 Gaillac – Tél. : 05.63.57.55.09 – Fax : 05.63.57.20.17

Cambounes Les Ecuries-de-la-Sabatarie

E.C. NN* 18 pers. Ouverture : toute l'année. Alt. : 600 m

De la Sabatarie sur une ferme équestre, dominant la Vallée de la Durencuse à 7 km de Brassac, au cœur des monts de Lacaune dans le Parc Régional du Haut Languedoc. Salle commune avec coin-cuisine, 2 dortoirs (14 pers.), 2 ch. (2 pers.), sanitaires : 3 wc, 2 douches. Possibilité de repas en table d'hôtes. Chauffage et charges comprises dans les tarifs.

Prix : pers.nuit **60 F** 1/2 pension **150 F** pension **210 F** petit dejeuner **25 F** repas **65 F**

(TH) GR : 36

7	15	20	SP	7	SP	18	SP	20	SP	20	7

CHAMBAUD Magali – Les Ecuries de la Sabatarie – 81260 Cambounes – Tél. : 05.63.74.51.77

Cambounet-sur-le-Sor Chateau-de-la-Serre

C.M. n° 82 — Pli n° 10

E.C. NN 20 pers. Ouverture : à partir du 1er mai. Alt. : 285 m

Dans dépendances du château, dans un cadre rustique de granges aux vieilles poutres autour d'une cour intérieure, ce gîte est particulièrement adapté aux grandes réunions : mariages, anniversaires, professionnelles, associatives. Office-cuisine équipé, séjour de 40 m² avec cheminée, salle de réunion de 200 m², banquets (160 couverts). Local sanitaires, wc, douches. Hébergement poss. sur place : en gîte et au château en ch. d'hôtes pour une capacité de 20 pers. Tarifs (selon les locaux occupés) : prestation accueil, salle, cuisine de 2000/4000 F le week-end. Gîte : 50/80 F/pers./nuit. Groupe 2000/4000 F.

Prix : pers.nuit **50/80 F**

Ⓐ

8	4	4	2	2	15	15	10	4	4

DE LIMAIRAC BERTHOUMIEUX Guy – Chateau de la Serre – 81580 Cambounet-sur-le-Sor – Tél. : 05.63.71.75.73 – Fax : 05.63.71.76.06

Cordes La Vedillerie

E.C. NN 30 pers. Alt. : 300 m

Sur une exploitation agricole, dominant la cité médiévale de Cordes (5 km). Séjour avec cheminée, cuisine, 2 dortoirs de 16 et 14 pers. (lits individuels superposés). Randonnées pédestres, cyclo, sentiers de Pays. Repas sur réservation, panier pour randonneurs, petits déjeuners variés à la fourchette.

Prix : pers.nuit **62 F** petit dejeuner **33 F**

Ⓐ GR : 36 et PAYS

13	18	18	0,5	1	1	1	5	1

KERJEAN Nicole – La Vedillerie Les Cabannes – 81170 Cordes – Tél. : 05.63.56.04.17 ou 06.08.27.67.70 – Fax : 05.63.56.18.56

Damiatte Bouriasse

E.C. NN 20 pers. Ouverture : toute l'année. Alt. : 200 m

Dans ancienne ferme. Salle à manger, cuisine, 1 ch. (2 lits 1 pers.) avec s. d'eau et wc attenants, acc. pers. hand. A l'étage : 3 ch. (6 pers. en lits 80 superp.) chacune avec s. d'eau, 2 wc. Lave-linge. Hors vac. scolaires : accueil jeunes et adultes, groupes constitués ou individuels à la nuitée, week-end ou séjour. Devis à la demande. Vacances scolaires, séjours enfants 3 à 12 ans : découverte de la nature, activités manuelles. Agréé Jeunesse et Sports, brevet secourisme. Gîte aménagé dans un terrain de 15 ha. de bois et prés, mitoyen à la maison du propriétaire.

Prix : pers.nuit **80 F** 1/2 pension **150 F** pension **200 F** petit dejeuner **20 F** repas **70 F**

(TH)

SP	35	35	SP	7	1	6	SP	6	7

PUECH Daniele – Bouriasse – 81220 Damiatte – Tél. : 05.63.42.05.04

Dourgne Le Gazel

E.C. NN 49 pers. Ouverture : toute l'année. Alt. : 280 m

Le bâtiment d'accueil des jeunes comporte 49 lits répartis en 2 ch. individuelles, 8 ch. de 2, 3 et 4 lits, 3 dortoirs de 6 à 10 lits, s. d'eau et wc. Cuisine aménagée commune. Chauffage. 3 petits studios avec possibilité couchage, cuisines aménagées. Participation aux frais : variable selon possibilités de chacun. Dans une abbaye fondée à la fin du XIXe siècle, des sœurs bénédictines reçoivent des personnes venant individuellement ou en groupe, pour des retraites ou de la cathéchèse. Les bâtiments sont en pleine campagne. Il est possible d'assister aux offices chantés en français et en Grégorien.

Prix : pers.nuit **40 F**

18	15	15	7	1	1	18	SP	18	SP	18	1

ABBAYE SAINTE SCHOLASTIQUE Sr Hoteliere – Le Gazel – 81110 Dourgne – Tél. : 05.63.50.31.32 – Fax : 05.63.50.12.18

Gaillac

E.C. NN 85 pers. Ouverture : toute l'année. Alt. : 250 m

Accueil dans un bâtiment neuf par 10 ch. avec s. d'eau privée. Aires de jeux, terrains de sports, TV, magnéto. Tél., cuisine équipée pour collectivités, salle de réunion, de détente. R.d.c. : 3 ch. (4 lits 1 pers.), 1 ch. (1 lit 2 pers.). Etage : 6 ch. (4 lits 1 pers.), 3 wc. 2e bâtiment : 1 ch. (lits 1 pers.), wc access. aux pers. hand. et 14 ch. (4 its 1 pers.). Proche de Gaillac, la maison familiale de Bel Aspect vous ouvre ses portes. Activités au centre du vignoble gaillacois : visites de caves, circuit des Bastides, Cordes, Albi, le Sidobre, Montans (site archéologique) proche des bases de loisirs (voile, équitation, etc.).

Prix : pers.nuit **40 F** 1/2 pension **90/121 F** pension **135/171 F**

TH

4	16	4	4	4	20	15	16	15	4	4	4

MAISON FAMILIALE BEL ASPECT – Route de Lisle Sur Tarn – 81600 Gaillac – Tél. : 05.63.81.21.50 – Fax : 05.63.81.21.69

Labastide-Rouairoux Montplaisir

E.C. NN 6 pers. Alt. : 520 m

Au milieu des bois, dans un site sauvage, une ancienne fabrique textile a été réaménagée par nos soins dans une maison indépendante. Salle commune. A l'étage : dortoir (6 lits individuels), 1 ch. d'hôtes à côté (200 F/2 pers.). Chauffage à bois. Randonnées à VTT avec un moniteur diplômé, découverte nature. Possibilité de location à la semaine. Sur place : location et randonnées VTT, sentiers balisés, sentiers nature-Panda. Loisirs : baignade 6 km, voile 13 km, canoë-kayak 25 km. GR à 1 km, gîte Panda, circuit VTT à 3 km.

Prix : pers.nuit **50 F** petit dejeuner **25 F**

12	6	2	2	25	6	25	SP	20	SP

BASTIDE Gerard – Montplaisir – 81270 Labastide-Rouairoux – Tél. : 05.63.98.05.76 – Fax : 05.63.98.05.76

Lasfaillades Gau

E.C. NN 19 pers. Ouverture : toute l'année Alt. : 800 m

Dans Parc Régional du Haut-Languedoc, au cœur de forêts remarquables, le calme de ses lacs sauvages (St Peyres, la Raviège), à prox. des GR36, 71 et 653. Salle commune avec cheminée, TV, tél. Téléséjour, c-cuis. aménagé, l-vais, l-linge, 3 ch., 3 wc, 3 douches, ch. central. Poss. de repas mis à dispo. sur place (produits fermiers). Ouvert toute l'année. Accueil possible pour tous randonneurs, (VTT, moto, chevaux, etc...). Tarifs groupe au delà de 10 pers. Loisirs : canyoning, promenades en forêt (pédestre, VTT), à prox. Tarif réduit pour séjour de plusieurs nuits en gîte

Prix : pers.nuit **55/60 F** petit dejeuner **20 F** repas **75 F**

TH GR : 36 et 71

7	0,4	20	SP	7	0,5	20	SP	10	10	20	6

BAYOURTE Joelle – Gau – 81260 Lasfaillades – Tél. : 05.63.70.90.16

Mazamet Lombards

E.C. NN 18 pers. Ouverture : toute l'année. Alt. : 500 m

En Montagne Noire, au milieu des forêts, à 7 kms de Mazamet direction Carcassonne, une étape obligatoire à 300 m du GR 7. Gîte avec accès sur la cour (barbecue), grande salle, coin-salon, cuisine équipée. A l'étage, 3 ch. (4, 6 et 8 pers.), toutes avec chauffage (duvet). Ouvert toute l'année. Doubles sanitaires : 4 wc, 4 douches. (18 lits superp.). Sur place : parcours sportif, jeux pour enfants, rivière. Forfait réveillon. Prix hors saison : 45 F/nuit/pers. 40 F du 1/06 au 30/09.

Prix : pers.nuit **40/45 F**

GR : 7

7	0,3	0,3	0,3	0,3	3	7	0,3	25	SP	7	7

SYNDICAT D'INITIATIVE OFFICE DE TOURISME – Rue des Casernes – 81200 Mazamet – Tél. : 05.63.61.27.07 – Fax : 05.63.98.24.16

Montredon-Labessonnie Granquie

E.C. NN 14 pers. Ouverture : Toute l'année. Alt. : 600 m

Aménagé dans une ferme traditionnelle, avec accés sur jardin et cour. S. de séjour rustique avec c-cheminée et c-cuisine, douches, wc, 2 dortoirs (14 pers. en châlis superp.). Ch. élect. Barbecue. Activités : randonnée pédestre et à VTT, GR36 à 1 km, 6 boucles de sentiers pédestres balisés, 6 circuits VTT, planétarium. Anglais parlé. Ouvert toute l'année Sur place : proposition d'itinéraires, sentier nature, cartes IGN et topoguides. Repas randonneurs ou ravitaillement, ping-pong. Hors-saison : poss. d'accueil jusqu'à 29 pers. (en gîte d'étape + 2 gîtes ruraux). Forfait draps en suppl. : 30 F/paire. Journée suppl. 10 F/J/pers. Chauffage : 100 F/nuit.

Prix : pers.nuit **50 F** 1/2 pension **143 F** pension **183 F** petit dejeuner **18 F** repas **75 F**

TH GR : 36

4	4	12	4	4	7	30	SP	10	30	30	7

PAGES Martine – Granquie – 81360 Montredon-Labessonnie – Tél. : 05.63.75.13.92 – Fax : 05.63.75.13.92

Paulinet La Bourrelie

E.C. NN 24 pers. Ouverture : toute l'année. Alt. : 600 m

Situé dans Monts d'Alban, proche du Parc Régional du Haut-Languedoc et de la maison des prop. Gîte indép. D'un côté : 3 ch. (2 x 8 lits 1 pers. et 6 lits 1 pers.), sanit. communs (3 douches, 2 wc), 1 ch. (1 lit 2 pers.), s. d'eau et wc priv. S. d'accueil et d'activités avec cheminée. En face : cuis., s. à manger avec cheminée, salle d'activ. Ouvert toute l'année. Sur place : 2 ch. d'hôtes en complément. Accessibilité aux handicapés. Poneys, basse cour. Possibilité séjour en classes découvertes, d'activités et découverte de la ferme. Accueil cavaliers (boxes).

Prix : pers.nuit **65 F** 1/2 pension **140 F** petit dejeuner **15 F** repas **80 F** pension cheval **15 F**

TH GR : 36

SP	15	15	SP	5	2	35	SP	30	35	35	5

CARREL Babeth – La Bourelie - Paulinet – 81250 Alban – Tél. : 05.63.55.84.57 – Fax : 05.63.55.38.98

Roussayrolles Les Clauzels

cv

E.C. NN 18 pers. Ouverture : toute l'année. Alt. : 500 m

1 ch. avec mezz. (8 lits 1 pers.), s. d'eau et wc privatifs. 2 ch. (2 lits 1 pers. dans chaque), s.d.b. et wc privatifs. 1 ch. en mezz. (3 pers.) au-dessus d'un salon avec c-cuisine et banquette-lit 2 pers. S. à manger avec cheminée et c-cuisine, salle de détente et de jeux. Ouvert toute l'année. Sanit. ext./groupes (4 douches, 3 wc, 2 lavabos, l.linge, l.vais., chauffage d'appoint). Plats cuisinés sur résa. Draps fournis. Dans la forêt de la Grésigne, à prox. des Gorges de l'Aveyron, cette ferme équestre vous propose un gîte de groupe qui se compose de plusieurs espaces nuits indépendants.

Prix : pers.nuit **45/80 F** petit dejeuner **15 F**

GR : 46 et PAYS

12	25	25	SP	15	SP	SP	10	20	15	5

ROOCKX Jean David – Les Clauzels – 81140 Roussayrolles – Tél. : 05.63.56.37.13 – Fax : 05.63.56.35.91

Saint-Paul-Cap-de-Joux En Nassalit

cv

E.C. NN 28 pers. Ouverture : toute l'année sauf juillet et août. Alt. : 200 m

De plain pied : séjour, coin-détente (TV, magnétoscope, jeux), cuisine équipée, 3 ch. (4, 6 et 8 pers.) chacune avec s. d'eau. 2 ch. suppl. + mezz. L-linge, sèche-linge, l-vaiss., tél. (ligne privée). Terrain, terrasse couverte, salon de jardin, barbecue. Acc. pers. hand. (1 ch., s. d'eau, wc adaptés). Equipement bébé. Agrément Jeunes. Fermé en juillet et août. CAF, chèques-vacances. Posé à flan de coteaux, le « Pastel » domine un joli pays de collines boisées. Accolé à la maison des propriétaires, avec accès et extérieur indépendants, ce gîte de groupe peut accueillir 28 pers. VTT, terrains de vélocross, pétanque, volley, ping-pong, billard, babyfoot.

Prix : pers.nuit **60 F** 1/2 pension **140 F** pension **180 F** petit dejeuner **15 F**

(TH)

SP	20	20	4	4	SP	6	SP	20	4	4

MALIGE Francis et Christiane – Le Pastel – 81220 Saint-Paul-Cap-de-Joux – Tél. : 05.63.70.66.03 – Fax : 05.63.70.66.03

Le Segur Le Suech

cv

E.C. NN 24 pers. Alt. : 450 m

Entre Cordes et Carmaux, nouvellement aménagé sur une exploitation agricole. 6 ch. de 2 à 4 lits, chacunes avec s.e. et wc. De plain pied : grande salle en pierres et poutres apparentes dans l'ancienne bergerie convenant pour repas ou séminaires (cuisine équipée L.vais., L.linge. Location vaisselle pour 140 couverts). Cheminée et ch. élect. en supplément. 2 gîtes ruraux pouvant accueillir 10 pers. Ce gîte de séjour est adapté à l'organisation de stages, séminaires et mariages. Activités sur place : randonnées pédestres, salle de jeux.

Prix : pers.nuit **70 F**

GR : 36

SP	4	4	SP	6	4	25	SP	8	8	25	6

CADILLAC Christian – Le Suech – 81640 Le Segur – Tél. : 05.63.76.14.93

Vabre Luzieres

cv

E.C. NN 22 pers. Ouverture : toute l'année. Alt. : 380 m

Situé en zone très vallonnée et boisée, proche de l'Agoût et du Sidobre, à 4.5 kms du village, comprenant cuisine, réserve, grand séjour, 4 ch. 22 lits 1 place superp., 5 lavabos collectifs, 3 douches, 3 wc, 6 urinoirs, 2 réfrigérateurs, 2 gazinières, l.vais. Ch. élect. en sus. Tél. carte Téléséjour. Anglais et allemand parlés. Ouvert toute l'année. Accepte étape pour 2 nuits et 10 pers. minimum. Fourniture de repas chauds ou froids portés pour groupes possible. Prêt gratuit de salles de réunions dans le village.

Prix : pers.nuit **35 F**

5	30	0,5	5	5	SP	25	15	4,5

MAIRIE DE VABRE – Village – 81330 Vabre – Tél. : 05.63.74.40.60 – Fax : 05.63.74.40.64

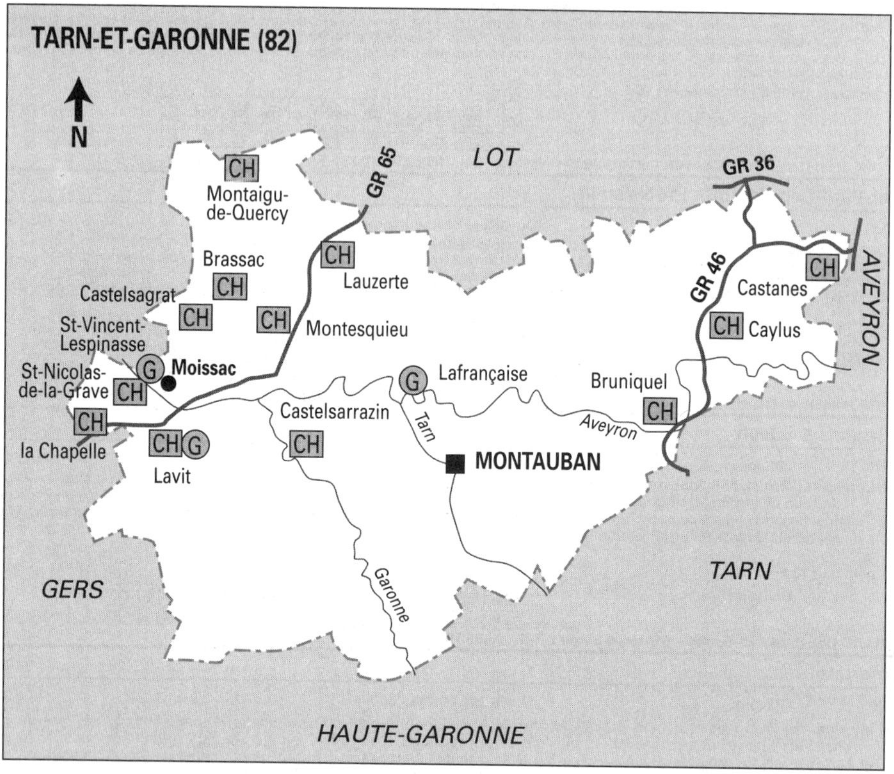

CH Chambre d'hôte G Gîte d'étape, de séjour L Logis de France

Lafrancaise La Ferme-de-Brugaud — C.M. n° 79 — Pli n° 17

19 pers. Ouverture : toute l'année. Alt. : 100 m

Gîte d'étape et de séjour. R.d.c. : cuisine, wc, réfectoire, salle d'accueil. Etage : salle de jeux, salle de repos, 1 dortoir (11 lits 1 pers.), 2 ch. (1 lit 2 pers. chacune), 1 ch. (2 lits 2 pers.), 3 douches, 3 wc, 2 lavabos/doubles. L-linge commun. Poss. gestion libre sur demande. Gîte d'enfants et goûter à la ferme sur place. Proche d'un sentier de randonnées de pays, et bordant le Tarn, la Ferme de Brugaud (XVIIe siècle rénovée) est au centre de nombreuses balades dans une région très attrayante. Accueil pour une étape ou un séjour dans une structure spacieuse et confortable. Panier pique-nique 45 F.

Prix : pers.nuit **75/90 F** 1/2 pension **160/170 F** pension **220/250 F** petit dejeuner **20 F** repas **80 F**

TH

SP	1	1	1	23	23	17	17	2

VANNIER Alfred et LENGLINE Liliane – Route de Lizac – 82130 Lafrancaise – Tél. : 05.63.65.91.43 ou SR : 05.63.66.04.42 – Fax : 05.63.65.91.43

Lauzerte Les Bordes — C.M. n° 79 — Pli n° 17

18 pers. Ouverture : toute l'année. Alt. : 176 m

Dans très belle maison en pierre sur les coteaux du Quercy. Près de Lauzerte, un gîte a été aménagé (nombreux loisirs sur place). Au r.d.c. : 1 grande salle à manger, salon (cheminée, TV). Sur différents niveaux : 5 ch. (dont 1 dortoir 6 lits 1 pers.), 2 ch. (3 lits 1 pers.), 1 ch. (4 lits 1 pers.), 1 ch. (1 lit 2 pers.). Lavabo, douche chacune. WC communs sur palier.

Prix : pers.nuit **70 F** 1/2 pension **150 F** pension **200 F** petit dejeuner **20 F** repas **70 F** pension cheval **70 F** semaine **1400 F** week-end **300 F**

TH

2	SP	1	SP	SP	SP	27	2

GITES DE FRANCE-SERVICE RESERVATION – 2 Bd Midi-Pyrenees - BP 534 – 82005 Montauban-Cedex – Tél. : 05.63.66.04.42 ou PROP : 05.63.94.63.46 – Fax : 05.63.66.80.36

Lauzerte
C.M. n° 79 — Pli n° 17

17 pers. Ouverture : toute l'année. Alt. : 176 m

Dans un des plus beaux villages de France, sur le chemin de Saint-Jacques-de-Compostelle, une grande bâtisse en pierre a été aménagée pour en faire une étape privilégiée pour les randonneurs. Etage : salle à manger avec coin-cuisine, 2 dortoirs (6 et 7 lits 1 pers.), 1 ch. (4 lits 1 pers.). Salle d'eau commune avec wc (6 lavabos, 2 douches, 2 wc).

Prix : pers.nuit **40 F**

1	10	1	1	SP	2	27	SP

GITES DE FRANCE-SERVICE RESERVATION – 2 Bd Midi-Pyrenees - BP 534 – 82005 Montauban-Cedex – Tél. : 05.63.66.04.42 ou PROP : 05.63.94.61.94 – Fax : 05.63.66.80.36

Lavit Ferme-de-Floris
C.M. n° 79 — Pli n° 16

15 pers. Ouverture : toute l'année. Alt. : 217 m

Gîte de séjour. R.d.c. : grand séjour/salon (cheminée). A l'étage : 2 ch. (1 lit 2 pers. chacune), 1 ch. (2 lits 1 pers.), 1 ch. (1 lit 2 pers. 2 lits 1 pers.), 5 lits d'appoint. Sur place : 5 ch. d'hôtes, goûter à la ferme et produits fermiers. Panier pique-nique 30 F. Ferme de découverte sur place. La ferme de Floris s'étend sur les coteaux de Lomagne, idéale pour une étape ou un séjour dans une structure agréablement aménagée. Vous apprécierez le calme et les bons produits du terroir. Randonnées pédestres ou VTT sur place. Cueillette des champignons en saison.

Prix : pers.nuit **60 F** 1/2 pension **150 F** pension **220 F** petit dejeuner **20 F** repas **85 F**

(TH)

10	5	SP	5	SP	8	16	16	20	3

BORGOLOTTO Joseph – Ferme de Floris – 82120 Lavit – Tél. : 05.63.94.03.26 ou SR : 05.63.66.04.42 – Fax : 05.63.94.05.45

Montaigu-de-Quercy Les Chenes-de-Sainte-Croix
C.M. n° 79 — Pli n° 16

12 pers. Ouverture : toute l'année. Alt. : 250 m

« Les Chênes de Sainte-Croix » est une ancienne ferme typiquement Quercynoise où le bois domine. Vous y serez reçus par Arthur et Deborah dans 5 ch. simples et confortables (à l'étage), chacune avec s. d'eau et wc. Au r.d.c. : salle à manger, salle de lecture ou de TV, salle de jeux. Vaste jardin aux recoins ombragés (piscine). Réductions enfants - 10 ans. Minimum 8 personnes. Anglais parlé. Consulter les propriétaires pour le prix week-end.

Prix : pers.nuit **70/90 F** 1/2 pension **130/150 F** pension **180/200 F** petit dejeuner **20 F** repas **55/65 F**

(TH)

5	SP	5	5	11	11	40	5

GITES DE FRANCE-SERVICE RESERVATION – 2 Bd Midi-Pyrenees - BP 534 – 82005 Montauban-Cedex – Tél. : 05.63.66.04.42 ou PROP : 05.63.95.30.78 – Fax : 05.63.66.80.36

Saint-Vincent-Lespinasse Au Grenier-du-Levant
C.M. n° 79 — Pli n° 16

19 pers. Ouverture : toute l'année.

Gîte de séjour et d'étape rénové dans le style traditionnel du pays. R.d.c. : grand séjour (cheminée), cuisine équipée. 2 ch. (12 lits 1 pers. superp.). 3 douches, 2 wc, 3 lavabos. Etage : salle de lecture, musique. 3 couchages d'appoint. 1 ch. (2 lits 1 pers. 2 couchages d'appoint) avec wc et cabinet de toilette. Panier pique-nique 45 F. - 3 jours, loc. draps 20 F. Agrément DDJS et EN. Autour de plusieurs circuits, une façon originale de découvrir une région avec ses habitants, ses coutumes, ses traditions, son patrimoine, ses richesses naturelles et touristiques. Ambiance chaleureuse. Prix groupe à étudier. Espagnol parlé. Prix repas : à partir de 70 F.

Prix : pers.nuit **65 F** 1/2 pension **150 F** pension **200 F** petit dejeuner **20 F** repas **70 F**

(TH)

7	1	2	SP	8	5	5	6	7	2

GRANIER Annie – Le Grenier du Levant – 82400 Saint-Vincent-Lespinasse – Tél. : 05.63.29.07.14 – Fax : 05.63.39.76.59

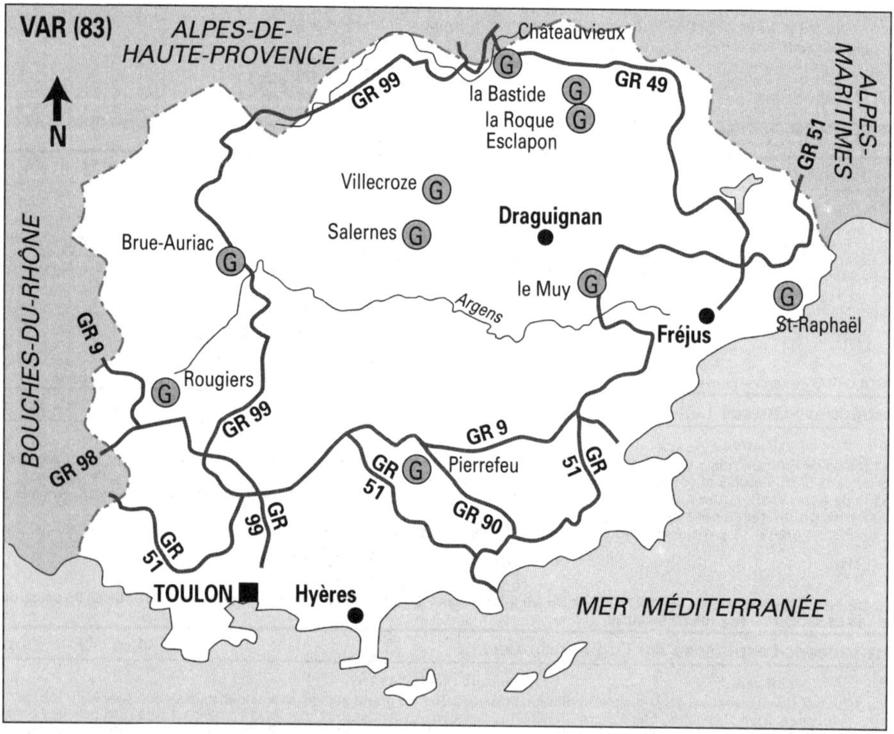

CH Chambre d'hôte G Gîte d'étape, de séjour L Logis de France

La Bastide

18 pers. Ouverture : toute l'année. Alt. : 1000 m

Gîte dans une bastide de caractère, rénovée sur un terrain de 1 ha. à 3 km du village, terrain ombragé, parking, barbecue. 3 ch. 2 pers. salle d'eau, wc, 2 dortoirs (6 et 8 pers.) avec sanitaires. Salle de vie avec cheminée, salle de repas, cuisine à disposition pour groupes. Possibilité table d'hôtes. Anglais parlé. Promenades à poneys, sports équestres, accueil de cavaliers, chevaux en boxes ou stalles. Animation théatrale, musicale et pique-nique.

Prix : pers.nuit **85 F**

50	10	5	5	5	5	5	2	50	0,5

DUCHENE Dominique – La Pinede – 83840 La Bastide – Tél. : 04.93.60.37.10 – Fax : 04.93.60.37.10

Brue-Auriac Chateau-Saint-Esteve

C.M. n° 84 — Pli n° 5

23 pers. Alt. : 324 m

Gîte dans une bâtisse ancienne à l'extrémité d'un hameau viticole, entourée de collines. Salle à manger 40 m². Chambres de 2, 3 ou 4 lits, 1 dortoir 7 lits. Salon, 2 salles d'activités (110 et 35 m²). Ping-pong, piano, buanderie. Espaces privatifs en terrasses, calme. Les salles d'activités en supplément. Tout accueil possible : individuel, couple, petits ou grands groupes (maximun 26 pers.). Village 2,5 km. Saint-Maximin 9 km (basilique du XIe siècle).

Prix : pers.nuit **40/70 F**

60	3	11	10

ASSOCIATION DES GITES – Chateau de Saint-Esteve – 83119 Brue-Auriac – Tél. : 04.94.80.92.52

Chateauvieux Ferme-des-Demueyes

cv

21 pers. Ouverture : toute l'année. Alt. : 800 m

La ferme des Demueyes est située dans le Parc du Verdon, cadre privilégié de 350 ha. 1 salon avec TV-vidéo. Cuisine. 4 ch. (4 lits 1 pers.), 1 ch. (5 lits 1 pers.), 2 salles d'eau, wc. Salle de jeux, billard, ping-pong, tir à l'arc, randonnées pédestres et équestres. Gorges du Verdon 20 km. Castellane 10 km. 1/2 pension variable selon saison.

Prix : pers.nuit **60 F** 1/2 pension **150 F** petit dejeuner **20 F** repas **80 F**

TH

85	10	SP	45	3

DERICHEBOURG CHEZ FEMENIAS Anne-Marie – Chateauvieux - La Ferme des Demueyes – 83840 Comps-sur-Artuby – Tél. : 04.94.84.29.27 ou 04.93.09.28.04

Le Muy

cv *C.M. n° 84 — Pli n° 7*

20 pers. Ouverture : toute l'année.

Gîte dans une grande maison provençale du siècle dernier sur 2 niveaux. 2e ét. : 1 ch. (3 lits 1 pers., s. d'eau), 1 ch. (2 lits 1 pers., lavabo), 2 ch. (2 lits 1 pers.), 1 ch. (3 lits 1 pers.), 1 ch./dortoir (6 lits 1 pers.). 2 douches, 2 lavabos, 2 wc. Terrain, terrasse. 2 salles pour séminaires. Possibilité table d'hôtes. Grand jardin ombragé qui permet de prendre les repas à l'extérieur. Excursions : les Gorges du Verdon, le Lac de Sainte-Croix, l'Abbaye du Thoronet, la Chartreuse de la Verne, les Iles de Lerins et du Levant.

Prix : pers.nuit **70 F**

18	18	12	2	2	0,5	15	10

MESDAMES FAUCHEUX ET DAMERON – 243 avenue de la Tour – 83490 Le Muy – Tél. : 04.94.45.10.05 ou 04.94.45.87.88

Pierrefeu La Portaniere

24 pers.

Gîte dans une maison indépendante à 5 km du village, dans un hameau. 5 ch. + 1 gîte 4 pers. au 1er étage. 4 lits 1 pers. pour chaque chambre. R.d.c. : 1 ch. accessible aux personnes handicapées. Salles d'eau, wc. Sanitaires communs par etage. Salle de séjour et salon. TV couleur. Abri vélos avec point de lavage et de réparation. L-linge (libre service). Gîte agréé Jeunesse et Sports.

Prix : pers.nuit **65 F** 1/2 pension **160 F** petit dejeuner **20 F** repas **75 F**

TH

15	15	5	10	5

COMMUNE DE PIERREFEU – Mairie - La Portaniere – 83390 Pierrefeu – Tél. : 04.94.28.21.48 ou 04.94.13.53.13 – Fax : 04.94.13.53.00

La Roque-Esclapon Le Village

cv

10 pers. Ouverture : toute l'année. Alt. : 800 m

Ancienne maison au cœur du village. Terrain commun. Salle à manger, salon, cuisine équipée. 1 chambre (2 lits 1 pers.), 1 chambre (1 lit 2 pers.), salle d'eau, wc dans le couloir et 3 chambres (1 lit 2 pers.), salle d'eau et wc privatifs. Nuit : 130/160 F pour 2 pers. Produits fermiers. A 10 km des Gorges du Verdon. A proximité du club de parapente UCPA.

Prix : pers.nuit **80 F** 1/2 pension **175 F** repas **70 F**

TH

80	40	0,2	10	10	60	1

OLLIVIER-DUBOIS Laurence – Le Village – 83840 La Roque-Esclapon – Tél. : 04.94.84.20.76

Rougiers La Bergerie

17 pers.

Gîte d'étape et de séjour en relais équestre dans le massif de la Sainte-Baume sur une propriété de 3 ha. : 1 salle de séjour, cuisine, sanitaires, 1 ch. dortoir de 8 lits 1 pers., 1 dortoir de 2 lits 1 pers. + 2 lits 1 pers. en mezzanine, 1 dortoir de 1 lit 2 pers. + 3 lits 1 pers. en mezzanine. Lave-linge. Micro-ondes. Anglais parlé.

Prix : pers.nuit **50 F** 1/2 pension **130 F** pension **190 F** petit dejeuner **20 F** repas **60 F**

TH

45	45	9	7	7	1	8	4	30	5

FORCIOLI-TESTARD Anne – La Bergerie - Chemin de Sainte Anne – 83170 Rougiers – Tél. : 04.94.80.45.61 – Fax : 04.94.80.41.33

Saint-Raphael

20 pers. Ouverture : toute l'année.

Gîte dans une maison en zône résidentielle à 2 km du centre en rez-de-jardin : cuisine, salle de restauration, bureau, wc, cour extérieure et parking privés (2800 m^2). 1er étage : 1 ch. 8 lits, 2 ch. de 4 lits, 1 ch. 3 lits, 1 ch. 1 lit. Douches, lavabos et wc. Activités organisées, accueil chaleureux.

Prix : pers.nuit **110 F** 1/2 pension **150 F** pension **190 F**

TH

2	2	2	3	2	3	0,5

LASSUS M.J. – Le Petit Prince - 526 avenue T. Riviere – 83700 Saint-Raphael – Tél. : 04.94.83.96.75

Salernes

C.M. n° 84 — Pli n° 6

¥¥¥ 12 pers. Ouverture : de mars à novembre. Alt. : 260 m

Gîte sur une ferme viticole. 2 ch. (4 lits 1 pers.), salle d'eau, wc. 1 ch. (2 lits 1 pers.), salle d'eau wc. 1 dortoir (6 lits 1 pers.), wc. Terrasse, terrain, salle commune pour repas, salon, TV. Prix 1/2 pens. : linge + petit déjeuner + repas à la ferme. Plan d'eau à Salernes 3 km. Week-end sur rendez-vous. Anglais, allemand et hollandais parlés. Prix à la nuit petit-déjeuner compris. Séjour de groupes, réunions, stages ou activités diverses. Produits fermiers, cuisine provençale, dégustation de vin.

Prix : pers.nuit **100 F** 1/2 pension **200 F** repas **100 F**

(TH)

45	27	8,5	1	1	4	45	30	3

HENNY Caroline – Quartier-du-Gaudran - BP 24 – 83670 Salernes – Tél. : 04.94.70.63.30 – Fax : 04.94.70.77.34

Villecroze Le Jas-de-Barna

C.M. n° 84

¥¥¥ 32 pers. Alt. : 400 m

Gîte dans un centre équestre à 7 km du village. 4 ch. (3 lits), 2 ch. (2 lits), 2 dortoirs (6 lits), 1 dortoir (4 lits). Sanitaires communs. Salle de jeux. TV. Restaurant, bar, piscine. La salle du club-house avec cuisine (capacité 45 pers.). Prix nuitée pour 2 pers. : 130 F. Anglais, italien et allemand parlés.

Prix : pers.nuit **60 F** 1/2 pension **170 F** pension **220 F** petit dejeuner **20 F** repas **100 F** pension cheval **100 F**

(TH)

50	35	SP	10	35	3	SP	3	7

MARCHIS – Le Jas de Barna – 83690 Villecroze – Tél. : 04.94.70.71.16 – Fax : 04.94.67.54.57

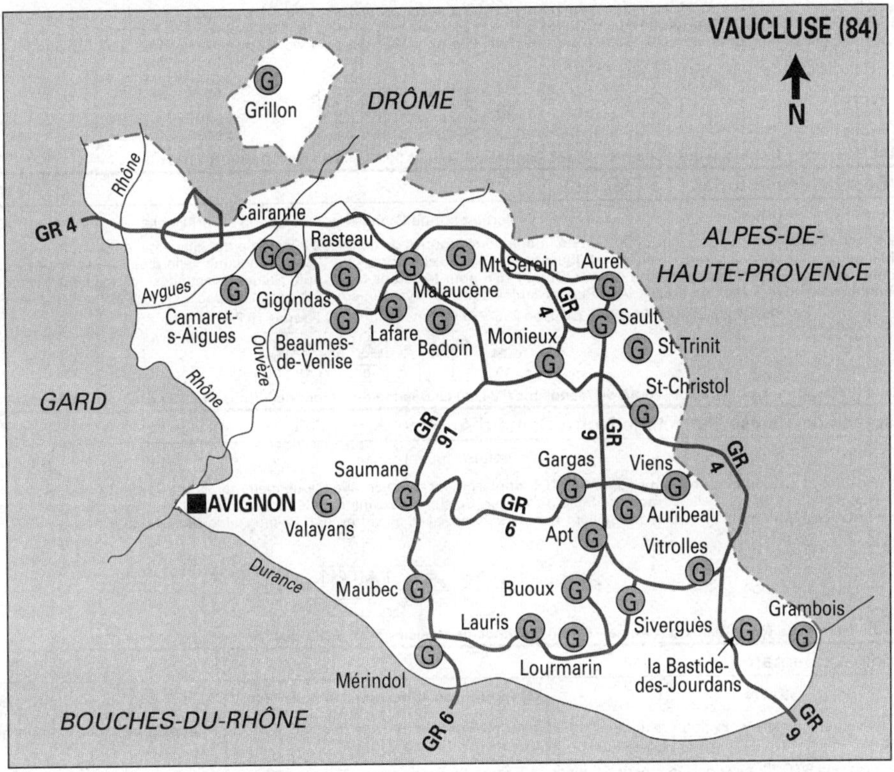

CH Chambre d'hôte   G Gîte d'étape, de séjour   L Logis de France

Apt Relais-de-Roquefure

22 pers. Ouverture : du 15 février au 31 décembre. Alt. : 200 m

Gîte d'étape et de séjour pédestre, équestre et cyclotouriste en campagne. 1 dortoir de 4 personnes, 1 dortoir de 6 personnes, 1 dortoir de 10 personnes. Salle commune. Cheminée en service. Coin-cuisine. Salle d'eau. 6 boxes. 6 stalles. Chevaux disponibles sur place. Location de bicyclettes. Voile à 4 km. Forfait cavalier + cheval : 210 F.

Prix : pers.nuit **65 F** 1/2 pension **165 F** petit dejeuner **30 F** repas **110 F**

TH Ⓐ

4	4	SP	4	4	SP

ROUSSET Georges – Relais de Roquefure – 84400 Apt – Tél. : 04.90.04.88.88 – Fax : 04.90.74.14.86

Aurel La Maison-d'Aurel

20 pers. Ouverture : toute l'année. Alt. : 800 m

Gîte pédestre et cyclotouriste proche du village. La Maison du grand-père : 3 belles chambres avec douche et wc. Cheminée en service. Téléphone. La petite maison : 3 chambres. Salle d'eau avec wc. La maison du village : 1 chambre et un dortoir pour 5 personnes. Salle de bains. WC. Parking. Jardin non clos. Petit bassin. Jeu de boules. Ping-pong. Nombreux G.R. à proximité. Location de vélos à 5 km. Possibilité d'utiliser une salle municipale de 100 m². Prix groupes et seminaires : 240 F.

Prix : pers.nuit **70/250 F** 1/2 pension **150/350 F** pension **240/400 F** petit dejeuner **30 F** repas **60 F**

TH

4	4	8	20	SP

LEFEBVRE Claudia – La Maison d'Aurel - Chemin de Saint-Trinit – 84390 Aurel – Tél. : 04.90.64.02.64 ou 04.90.64.13.71 – Fax : 04.90.64.16.67

Auribeau Le Moulin-des-Fondons

15 pers. Ouverture : toute l'année. Alt. : 435 m

Gîte pédestre, équestre et cyclotouriste dans une partie de la ferme des propriétaires dans laquelle il y a un centre équestre, en campagne. 2 ch. de 3 et 4 pers. 1 dortoir de 6 pers. Salle commune avec auvent. Coin-cuisine. Salle à manger. Bibliothèque. Cheminée en service. TV. Lave-linge. Lave-vaisselle. Salle d'eau avec wc. 2 lavabos, 3 douches, 1 wc. 9 boxes. Accueil en gare d'Avignon.

Prix : pers.nuit **110 F** 1/2 pension **160 F** repas **95 F**

TH

7	8	SP	7	SP	7

FERAL Huguette – Le Moulin des Fondons – 84400 Auribeau – Tél. : 04.90.75.10.63 – Fax : 04.90.75.10.63

La Bastide-des-Jourdans La Clairiere

48 pers. Ouverture : toute l'année sur réservation au préalable. Alt. : 420 m

Gîte d'étape et de séjour pédestre et cyclotouriste (étape pour groupes ou couples), à la sortie du village, villa agrandie sur la route de Manosque. 1 dortoir (8 pers.), 4 lavabos, 4 douches et 4 wc. 13 chambres (1 à 3 pers.), chacune salle d'eau et wc privés. Salle à manger. Salle de TV. Terrasse couverte (30 m²). Suppl. 15 F pour les draps la 1ère nuit. Stages et activités : coupe-couture, défense solidarité associatives. Jeux de boules. Animaux acceptés sous réserve. Vin compris dans le repas.

Prix : pers.nuit **60/200 F** 1/2 pension **180/200 F** pension **255/275 F** petit dejeuner **30 F** repas **75 F**

TH

10	SP	10	10	10	SP	15	0,3

OLLIVIER Marcel – « La Clairiere » - route de Manosque – 84240 La Bastide-des-Jourdans – Tél. : 04.90.77.83.21 ou 04.91.98.12.39

Beaumes-de-Venise Hermitage-Notre-Dame-d'Aubune

17 pers. Ouverture : toute l'année. Alt. : 120 m

Gîte pédestre et cyclotouriste en campagne, très bel emplacement mitoyen avec la chapelle de Notre-Dame-d'Aubune, très belle vue. 3 ch. de 4, 5 et 8 pers. Salle commune. Salle à manger. Cuisine. Mezzanine. Téléphone. 1 salle d'eau. 2 wc. Parking. Terrasse. Terrain non clos. Mini-golf 1 km. Gîte accueillant des pers. hand. avec encadrement. Responsable Mme Migieu.

Prix : pers.nuit **50 F**

1	1	3	1	10	SP

APARE – Hermitage Notre Dame d'Aubune – 84190 Beaumes-de-Venise – Tél. : 04.90.65.00.54

Bedoin La Bernarde

6 pers. Ouverture : du 1er mars au 30 novembre. Alt. : 380 m

Gîte pédestre, équestre et cyclotouriste dans la ferme du propriétaire, dans le hameau, sur un GR au pied du Mont Ventoux entre Bédoin et Malaucene. 1 dortoir de 6 personnes. Salle à manger. Salle d'eau. WC.

Prix : pers.nuit **50 F** 1/2 pension **170 F** petit dejeuner **25 F** repas **95 F**

TH

3	3	3	40	10	6	SP	10	40	3

PASCAL Evelyne – La Bernarde – 84410 Bedoin – Tél. : 04.90.65.69.99

Buoux

16 pers. Ouverture : de février à décembre. Alt. : 500 m

Gîte pédestre et cyclotouriste en campagne, implanté à côté de la maison des propriétaires, situé en plein cœur du Lubéron. 3 dortoirs de 4, 6 et 6 personnes. Salle commune. Cheminée en service. Coin-cuisine. Sanitaires dans chaque dortoir. 4 wc. Découverte du milieu naturel et historique. Escalade. Prix séminaires : 200/220 F.

Prix : pers.nuit **70 F** 1/2 pension **160 F** petit dejeuner **25 F** repas **70 F**

TH

8	8	6	SP	7

GALLARDO Odile – Quartier de la Loube – 84480 Buoux – Tél. : 04.90.74.47.82 – Fax : 04.90.74.47.82

Cairanne Le Presbytere

25 pers. Ouverture : toute l'année. Alt. : 184 m

Gîte d'étape pédestre et cyclotouriste dans le presbytère, dans le haut du village, très belle vue. 2 chambres de 2 personnes, 1 chambre de 4 personnes, 2 chambres de 7 personnes, 1 chambre de 3 personnes. 2 blocs sanitaires : 8 lavabos, 6 douches, 4 wc. Salle commune. Salle à manger. Cuisine. Lave-linge. Parking. Garage à vélos. Terrasse. Terrain non clos. Correspondante : Mme Danièle Bramand : 04.90.30.87.57.

Prix : pers.nuit **60/70 F** petit dejeuner **30 F**

10	6	10	15	1	1	40	0,2

U.D.A.F. – 7 rue Louis Pasteur - BP 267 – 84011 Avignon-Cedex-1 – Tél. : 04.90.85.25.08 ou 04.90.82.00.28 – Fax : 04.90.27.15.83

Camaret-sur-Aigues La Rigolle

12 pers. Ouverture : toute l'année. Alt. : 60 m

Gîte pédestre, équestre et cyclotouriste en campagne. 4 chambres de 2 personnes, 2 chambres de 4 personnes et 1 dortoir de 6 personnes. Salle commune. Cheminée en service. Salle d'eau. Chevaux : 5 boxes, 10 stalles. Location de bicyclettes. Produits de la ferme, plats cuisinés.

Prix : pers.nuit **60 F** 1/2 pension **160 F** petit dejeuner **25 F** repas **75 F**

TH

SP	0,2	SP	SP

MONNIER Jacques – « La Rigolle » - route de Vaison – 84850 Camaret – Tél. : 04.90.37.20.26

Gargas

16 pers. Ouverture : toute l'année. Alt. : 380 m

Gîte pédestre, équestre et cyclotouriste en campagne, dans une ferme. 2 chambres de 2 personnes. 4 chambres de 2 personnes (chaque chambre possède 1 lavabo et 1 douche). Séjour. Salle à manger. Bibliothèque. TV. Téléphone. Salle d'eau. WC. Parking. Terrasse. Escalade à 2 km. Voile, pêche et varappe sur plan d'eau. 8 stalles. Groupe : 165 F en 1/2 pens.

Prix : pers.nuit **60/110 F** 1/2 pension **140/190 F** petit dejeuner **25 F** repas **80 F**

TH

SP	2	2	30	2	SP	70	30	3

NIEF – Moulin du Lavon - route de Perrotet – 84400 Apt – Tél. : 04.90.74.34.54 ou 04.90.04.76.63 – Fax : 04.90.74.20.13

Gigondas Le Village

47 pers. Ouverture : de mi-février à mi-janvier. Alt. : 280 m

Gîte d'étape et de séjour pédestre, cyclotouriste et escalade, dans le village, dans un bel immeuble. 10 ch. de 2 pers. (dont 1 pour pers. hand.) et 1 ch. de 3 pers. 2 dortoirs de 12 pers. chacun. Salle commune. Salle à manger. Coin-cuisine. Cheminée en service. 4 salles d'eau. 8 wc. Parking. Terrasse. Jardin non clos. Garage à vélos. Escalade et sports de montagne sur place. Trecking à l'étranger. Spéléologie à 1 km.

Prix : pers.nuit **65/75 F**

15	0,5	1	3	3	SP	18

GITE D'ETAPE DE GIGONDAS – Le Village - M. Leroy et Mme Lenglet – 84190 Gigondas – Tél. : 04.90.65.80.85 – Fax : 04.90.65.83.44

Grambois Les Mesanges - Les Faisses

19 pers. Ouverture : toute l'année. Alt. : 400 m

Gîte pédestre et cyclotouriste en campagne, dans la maison des propriétaires. 1 chambre avec sanitaires privés. 3 boxes de 6 personnes. Salle commune. Salle à manger. Cheminée en service. Télévision. Téléphone. Lave-linge. Lave-vaisselle. 2 wc. Parking. Terrasse. Terrain non clos.

Prix : pers.nuit **60/250 F** 1/2 pension **150/400 F** petit dejeuner **20 F** repas **75 F**

TH

12	1	1	15	15	9	SP	1

CAMIER Suzanne et Rene – Les Faisses - Les Mesanges – 84240 Grambois – Tél. : 04.90.77.96.55 – Fax : 04.90.77.96.55

Grillon Mas-du-Sillot

50 pers. Ouverture : toute l'année. Alt. : 170 m

Gîte d'étape et de séjour pédestre et cyclotouriste en campagne, très belle maison avec piscine. 18 chambres de 2, 3 ou 4 personnes avec toutes sanitaires et téléphone. Cuisine familiale. 4 téléviseurs. Point-phone (04.90.35.58.14). Gîte pouvant fonctionner avec des groupes et dans lequel le propriétaire propose des stages de yoga. Il peut être proposé à tous les groupes de personnes handicapées et des maisons spécialisées. Sur réservation pour groupe d'au moins 10 personnes. Correpondant Mme Lacroix Béatrice : 04.90.37.43.87. Fax gîte : 04.90.28.44.19.

Prix : pers.nuit **110 F** 1/2 pension **170 F** pension **230 F** petit dejeuner **30 F** repas **70 F**

TH

SP	4	5	0,5	SP

FOREST Jacques – 15 avenue Perdrige – 93170 Montfermeil – Tél. : 01.43.30.20.81 – Fax : 01.43.88.23.83

Lafare

20 pers. Ouverture : toute l'année. Alt. : 100 m

Gîte pédestre dans le village. 4 dortoirs de 4, 6 et 10 personnes. Salon. Cuisine. Cheminée en service. 3 salles d'eau. Garage à vélos. Stage d'escalade. VTT sur place. Randonnées dans les Dentelles de Montmirail, au pied d'un site international d'escalade, relief très propice au VTT. Restaurant à 200 m.

Prix : pers.nuit **60 F**

3	3	6	SP	3

CHARMETANT Andre – 98 route de Tarascon – 84000 Avignon – Tél. : 04.90.82.20.72

Lauris Mas-de-Recaute

28 pers. Ouverture : toute l'année. Alt. : 200 m

Gîte d'étape et de séjour pédestre et équestre en campagne. 4 dortoirs (2 de 6 et 2 de 8 personnes). Salle commune. Sanitaires : 5 lavabos, 3 douches et 2 wc. Guide de tourisme équestre. Remise de 10 % aux professionnels de la randonnée.

Prix : pers.nuit **65 F** 1/2 pension **175 F** pension **225 F** petit dejeuner **25 F** repas **100 F**

TH

3	SP	5	SP	25	3

SIMONOT Didier – Mas de Recaute – 84360 Lauris – Tél. : 04.90.08.29.58 ou 04.90.08.31.97 – Fax : 04.90.08.41.37

Lourmarin Le Four-A-Chaux

22 pers. Ouverture : du 15 février au 31 décembre. Alt. : 240 m

Gîte d'étape et de séjour pédestre en campagne. 2 dortoirs de 10 pers. chacun (dont 1 avec mezzanine). 1 chambre de 2 personnes. 2 salles communes et 1 cheminée en service. Cuisine. Salle d'eau. Les dortoirs sont aménageables en salle de réunion. En juillet et août : informations touristiques, animation. Groupe : 55 F. Grande salle pour séminaire : 450 F.

Prix : pers.nuit **60 F** petit dejeuner **25 F**

0,2	0,2	0,2	5	5	SP	15	0,2

E.R.F. – Association Accueil Rencontre - Le Four à Chaux - Rte d'Apt – 84160 Lourmarin – Tél. : 04.90.68.24.28 – Fax : 04.90.68.11.10

Malaucene La Boissiere

19 pers. Ouverture : toute l'année. Alt. : 300 m

Gîte pédestre et cyclotouriste en campagne, aménagé dans un grand grenier. 1 dortoir de 20 personnes. Salle à manger. Coin-cuisine. Bibliothèque. Piano d'étude. Salle d'eau. WC. Terrasse. Terrain non clos.

Prix : pers.nuit **70 F** 1/2 pension **175 F** petit dejeuner **30 F** repas **95 F**

TH

SP	3	3	25	5	5	SP	20	45	2

GAILLARD-DAY Patrick et Anne – La Boissiere – 84340 Malaucene – Tél. : 04.90.65.25.33

Malaucene Les Ecuries-du-Ventoux

30 pers. Ouverture : toute l'année. Alt. : 300 m

Gîte équestre, pédestre et cyclotouriste en campagne. Piscine commune. 2 dortoirs de 8 et 4 pers., salle d'eau, wc. 3 ch./dortoirs de 3, 4 et 6 pers., s. d'eau, 2 douches, wc. 1 studio 4 pers., cuisine, s. d'eau, wc, l-linge. L-vaiss. Table d'hôte sur résa. Terrain non clos arboré sur 2 ha. Suppl. 10 F/pers. pour utilisation cuisine et salle à manger en gestion libre.

Prix : pers.nuit **70 F** 1/2 pension **170 F** petit dejeuner **20 F** repas **80 F**

TH GR : 91 et 4

SP	1	6	1	6	4	SP	16	35	1

RICHARD Fabien – Les Ecuries du Ventoux - Quartier des Grottes – 84340 Malaucene – Tél. : 04.90.65.29.20 ou 06.80.62.81.07

Maubec Les Royeres-du-Prieure

19 pers. Ouverture : toute l'année. Alt. : 120 m

Gîte pédestre et cyclotouriste en campagne. 2 dortoirs. Salle commune. Coin-cuisine. Salle d'eau. Snack-bar à 500 m.

Prix : pers.nuit **42/52 F**

10	0,5	9	0,5

MAIRIE DE MAUBEC – Les Royeres du Prieure – 84660 Maubec – Tél. : 04.90.76.91.61 ou 04.90.76.50.34 – Fax : 04.90.76.73.14

Merindol Les Argiles

11 pers. Ouverture : d'avril à octobre. Alt. : 162 m

Gîte pédestre et cyclotouriste en campagne. 1 dortoir de 6 personnes. 1 mezzanine de 5 personnes. Coin-cuisine. Lave-linge commun aux gîtes et à l'aire naturelle de camping. Salle d'eau avec wc. 2 wc. 2 douches. Parking. Terrasse. Jardin non clos.

Prix : pers.nuit **60 F** petit dejeuner **25 F**

SP	3	4	4	2	2	SP	3

GARDIOL Serge – Les Argiles – 84360 Merindol – Tél. : 04.90.72.81.02

Monieux

28 pers. Ouverture : toute l'année. Alt. : 700 m

Gîte d'étape et de séjour, pédestre, et cyclotouriste dans une partie de grande maison dans le village près du départ des sentiers de grande randonnée. 2 dortoirs (10 lits 1 pers. superp.), 1 dortoir (8 lits 1 pers. superp.). Salle commune. Cuisine. TV. 2 salles d'eau et 1 douche. 2 wc. Parking. Garage pour vélos et motos. Repas à emporter : 40 F. Cabine téléphonique à 100 m.

Prix : pers.nuit **60 F** 1/2 pension **150 F** petit dejeuner **20 F** repas **70 F**

(A)

5	1	10	0,5	SP	15	0,1

GABERT Yves-Pierre – La Sereine – 84390 Monieux – Tél. : 04.90.64.05.08 ou 04.90.64.02.25 – Fax : 04.90.64.13.99

Monieux

E.C. NN 15 pers. Ouverture : toute l'année. Alt. : 830 m

Gîte pédestre, équestre et cyclotouriste en campagne, près d'un lac à l'entrée des Gorges de la Nesque. 2 dortoirs 7 et 8 pers. (lits superp.). Salle commune. Salle à manger. Cheminée en service. Téléphone. S. d'eau. 3 wc (dont 2 extérieurs). Parking. Terrasse. Terrain non clos. Location de vélos. Aire de jeux pour enfants. Volley. Jeux de boules.

Prix : pers.nuit **60 F** 1/2 pension **150 F** petit dejeuner **20 F** repas **70 F**

(TH)

5	2	3	SP	SP	20	0,8

MAIRIE DE MONIEUX – Place de la Mairie – 84390 Monieux – Tél. : 04.90.64.03.09

Mont-Serein-(Mont-Ventoux)

50 pers. Ouverture : toute l'année. Alt. : 1500 m

Gîte d'étape et de séjour, pédestre et cyclotouriste en moyenne montagne, dans une aile d'un grand chalet. 11 ch. (1 à 3 pers.), s. d'eau et wc privés. 11 ch. (1 à 3 pers.), s. d'eau et wc communs. L'autre aile est un restaurant de station. Près des pistes et des remontées mécaniques, idéal l'été pour les randonneurs. Anglais et allemand parlés. Loc. draps : 20 F. Possibilité de repas dans l'établissement. Fermé le dimanche soir et le lundi sauf réservation de groupes ou jours fériés.

Prix : pers.nuit **55/80 F** 1/2 pension **160/180 F** pension **220/245 F** petit dejeuner **30 F** repas **92 F**

(A)

23	15	15	23	20	20	SP	SP	50	15

CHALET INTERCLUB – Mont-Serein – 84340 Beaumont-du-Ventoux – Tél. : 04.90.63.11.25 – Fax : 04.90.60.59.49

Rasteau

41 pers. Ouverture : toute l'année. Alt. : 240 m

Gîte d'étape et de séjour en campagne, très beaux bâtiments. 1 dortoir de 11 personnes. 1 dortoir de 20 personnes. 1 studio de 4 personnes. 1 appartement de 3 chambres à 3 lits. Salle commune. Cuisine. Cheminée en service. Salle d'eau. WC. Grandes salles : restaurant, séminaires. Accueil de stages. Equipement théâtre. Poss. location VTT. Sentiers botaniques et viticoles. Découverte de la flore. Visites de caves. Musée du vigneron. Escalade. Caveau de dégustation et différentes activités possibles (se renseigner).

Prix : pers.nuit **60 F** 1/2 pension **145 F** pension **180 F** petit dejeuner **20 F** repas **70 F**

(TH)

10	SP	15	9	5	3	SP	16	1

CENTRE DEPARTEMENTAL D'ANIMATION – Route du Stade – 84110 Rasteau – Tél. : 04.90.46.15.48 – Fax : 04.90.46.10.41

Saint-Christol La Resclave

C.M. n° 81 — Pli n° 4

8 pers. Ouverture : toute l'année. Alt. : 910 m

Gîte pédestre et cyclotouriste en campagne, partie de la maison des propriétaires. 2 chambres de 3 et 5 personnes. Coin-repas. Cuisine. Salle d'eau avec wc. Salle de travail avec bloc sanitaires. En été maisonnette et camping. Parking. Terrasse. Terrain non clos. Hatha-yoga, relaxation sur place. Non fumeur. Allemand parlé. Petit déjeuner : le propriétaire fournira le nécessaire pour le faire 10 à 15 F.

Prix : pers.nuit **45/75 F**

13	2,5	8	35	35	SP

VALENTIN Guy – La Resclave - route Bel Air – 84390 Saint-Christol – Tél. : 04.90.75.02.46

Saint-Trinit Les Bayles

20 pers. Ouverture : toute l'année. Alt. : 800 m

Gîte pédestre, équestre et cyclotouriste (VTT) en campagne dans une ferme de 75 ha. avec piscine en service l'été. 2 dortoirs de 10 personnes séparés par une cloison, 5 d'un côté et 5 de l'autre. Salle de lecture. Salle TV. Cheminée en service. 2 lavabos. 3 douches. 2 wc. Location de VTT. Pension cavalier : 250 F. Granulés pour chevaux compris. Vin en plus. Chambres d'hôtes sur place.

Prix : 1/2 pension **190 F** repas **90 F**

(TH) (A)

SP	3

SANCHEZ Gerard – Les Bayles – 84390 Saint-Trinit – Tél. : 04.90.75.00.91

Sault Fraysse

c✗v

15 pers. Ouverture : toute l'année. Alt. : 800 m

Gîte d'étape pédestre, équestre et cyclotouriste en campagne, dans une ferme. 2 dortoirs. Salle commune. Coin-cuisine. Cheminée en service. 2 lavabos, 2 douches et 2 wc. Ecurie pour les chevaux (15 emplacements). 1/2 pension sur réservation. Chauffage en supplément.

Prix : pers.nuit **55/60 F** 1/2 pension **145 F** petit dejeuner **20 F**

(TH) GR : 4 et 9

4	4	3	4	60	2

CHANU Frederic – Fraysse – 84390 Sault – Tél. : 04.90.64.02.85

Saumane-de-Vaucluse Les Grands-Terres

c✗v

12 pers. Ouverture : toute l'année. Alt. : 140 m

Gîte pédestre et cyclotouriste en campagne, pleine nature. Au r.d.c. la 1ere partie du mas est aménagée avec une grande cuisine et sanitaire : 5 lavabos, 2 douches et 2 wc. Au 1er étage, un escalier extérieur, pièce de détente avec 2 couchages et 1 dortoir 6 pers. + 2 cabines ayant chacune 1 lit 2 pers. Salle commune. Grande tonnelle. Studio de 90 m^2 pouvant accueillir stages danse, théâtre, yoga...

Prix : pers.nuit **60 F**

3	2	2	4	4	SP	5	3

PEYRON-BILLIOTTET – Les Grands Terres - Chemin de la Gaye – 84800 Saumane-de-Vaucluse – Tél. : 04.90.38.09.33 ou 04.90.38.59.12

Sivergues Le Castelas

c✗v

38 pers. Ouverture : toute l'année sauf Noël. Alt. : 700 m

Gîte pédestre en campagne (montagne), placés sur des G.R. très fréquentés, au cœur du Lubéron. 3 dortoirs de 6, 8 et 20 personnes. 2 chambres doubles. Coin-cuisine. Cheminée en service. 6 lavabos. 6 douches. 6 wc. Chèvres sur place. Repas à base des produits de la ferme. Italien et allemand parlés.

Prix : pers.nuit **80 F** 1/2 pension **200 F** petit dejeuner **20 F** repas **150 F**

(TH) Ⓐ

12	12	0,5	12	SP	12

LADU Giovanni – Le Castelas – 84400 Sivergues – Tél. : 04.90.74.60.89

Sivergues Le Fort-de-l'Archidiacre

c✗v

26 pers. Ouverture : du 1er mars au 9 janvier. Alt. : 700 m

Gîte d'étape pédestre, équestre et cyclotouriste, très belle maison de village, ancien fort. 2 dortoirs de 18 personnes, 2 chambres de 2 personnes, 1 chambre avec mezzanine de 4 lits 1 personne. Salle à manger. Coin-cuisine. 3 lavabos. 3 douches. 3 wc. 1 bac à laver. Terrasse. Escalade à 3 km.

Prix : pers.nuit **60 F** 1/2 pension **170 F** pension **210 F** petit dejeuner **30 F** repas **80 F** pension cheval **45 F**

(TH)

8	8	5	10	10	SP	10

MARTIN Gisele – Le Fort de l'Archidiacre – 84400 Sivergues – Tél. : 04.90.74.49.23

Les Valayans L'Oustaou-des-Valayans

c✗v

24 pers. Ouverture : toute l'année sur réservation. Alt. : 82 m

Gîte pédestre, cyclotouriste, équestre à la sortie d'un petit hameau dans un mas provençal, en campagne au cœur du Comtat Venaissin, à 15 km d'Avignon et 12 km de Carpentras, dans un grand jardin clos. 3 dortoirs (4 et 5 pers.), 2 ch. (2 et 4 pers.), 5 salles d'eau, 5 wc. Salle à manger de 65 m^2. Terrasse ombragée.

Prix : pers.nuit **65 F** 1/2 pension **160 F** pension **230 F** petit dejeuner **25 F** repas **70 F**

(TH)

SP	4	4	4	5	3	12	3

RIZZO Josiane – 1084 route du Thor - L'Oustaou – 84210 Les Valayans – Tél. : 04.90.62.05.02 – Fax : 04.90.62.05.02

Viens Hameau-de-Cournille

c✗v

17 pers. Ouverture : du 2 avril au 12 novembre. Alt. : 450 m

Gîte pédestre, équestre et cyclotouriste dans le hameau. 2 chambres d'1 personne. 3 chambres de 2 personnes. 3 chambres de 3 personnes. Salle commune. Cheminée en service. Coin-cuisine. Salle de bains. Salle d'eau. WC. Chevaux : 3 boxes, 8 stalles. Grains en supplément. Table d'hôtes sur résa. et uniquement pour les randonneurs (pied, cheval, vélo).

Prix : pers.nuit **60/70 F** 1/2 pension **170 F** petit dejeuner **20 F**

(TH)

BOURGEOIS Jean-Pierre – Hameau de Cournille - route d'Oppedette – 84750 Viens – Tél. : 04.90.75.22.80

Vitrolles Le Village

19 pers. Ouverture : toute l'année. Alt. : 630 m

Gîte pédestre et cyclotouriste dans le village. 2 dortoirs de 9 et 10 personnes. Salon. Salle séminaires. Cheminée en service. Coin-cuisine. 4 lavabos, 4 douches, 2 wc. Location de VTT. Groupes : 140 F.

Prix : pers.nuit **50/60 F** 1/2 pension **140 F** petit dejeuner **20 F**

TH GR : 9 et 97

8	0,1	5

MAIRIE DE VITROLLES – Le Village – 84240 Vitrolles – Tél. : 04.90.77.85.23

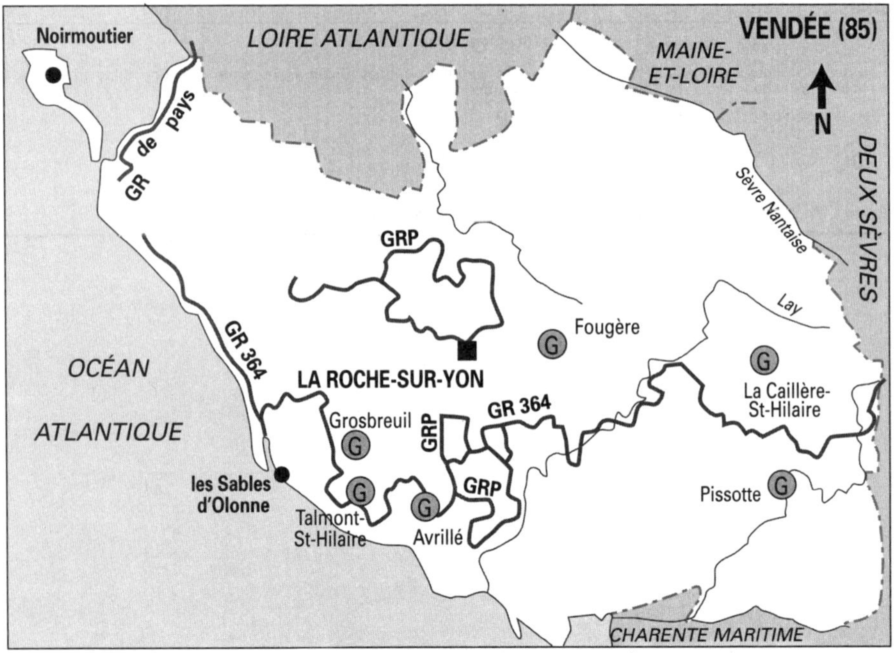

CH Chambre d'hôte G Gîte d'étape, de séjour L Logis de France

Avrille *C.M. n° 67 — Pli n° 13*

16 pers. Ouverture : toute l'année.

Dans une maison ancienne rénovée en 1981. 3 ch. avec 16 couchages, salle commune, cuisine, s. d'eau. Gîtes ruraux à proximité. Supplément chauffage 5 à 8 F selon le nombre de pers. Location de draps sur demande 22 F la paire.

Prix : pers.nuit **44 F**

8	8	4	1	15	15	25

A.C.T.L. MAIRIE - Mme DANIEAU Louisette – 30 rue G. Clemenceau – 85440 Avrille – Tél. : 02.51.22.32.74 – Fax : 02.51.22.34.58

La Caillere-Saint-Hilaire *C.M. n° 67 — Pli n° 15*

30 pers.

Gîte d'étape et de séjour aménagé dans un bourg du Bocage Vendéen dans une maison rénovée en 94 composée de 7 ch. (2 à 6 lits) avec salles de bains individuelles, cuisine équipée, salle repas avec cheminée, salle de détente, grande salle de 135 m² pour jeux ou étude. Terrain arboré 3000 m². Animaux tolérés sous certaines réserves. Loisirs de prox. : base nautique, massif forestier. Jeux, baby-foot, ping-pong. Activités équestres à la demande. Gîte homologué Jeunesse et Sports.

Prix : pers.nuit **55 F** 1/2 pension **120 F** pension **170 F** petit dejeuner **15 F** repas **50 F**

TH

50	50	12	12	15	SP	SP	SP	SP	15	SP

BIDAULT Annie et Patrick – 12 rue de la Raffinerie – 85410 La Caillere-Saint-Hilaire – Tél. : 02.51.51.59.91 ou 02.51.51.43.15 – Fax : 02.51.51.43.15

Fougere La Batardraie *C.M. n° 67 — Pli n° 14*

19 pers. Ouverture : toute l'année.

Gîte d'étape et de séjour. Ferme équestre avec boxes. Logis Vendéen du XVe siècle rénové en 1989. Et. : 4 ch. (2 et 3 pers.) et 1 dortoir (5 pers.). R.d.c. : séjour avec cheminée d'époque en granit, cuisine équipée. 3 douches, 2 wc, 4 lavabos. L-linge. Chauffage électrique. dans les ch. Loisirs sur place : étang privé (carpes, brochets), jeux de boules. Equitation 60 F/heure. Randonnée 250 F/jour.

Prix : pers.nuit **50 F**

50	50	15	15	15	SP	SP	2	SP	20	15	5

ROY Noelle – Ferme Equestre - La Batardraie – 85480 Fougere – Tél. : 02.51.05.72.41 ou 06.11.92.06.44 – Fax : 02.51.05.72.41

Grosbreuil

c v *C.M. n° 67 — Pli n° 13*

8 pers. Ouverture : toute l'année.

Gîte aménagé dans une maison ancienne rénovée en 1982. Mezzanine avec 8 lits, salle commune et s. d'eau. Les Sables d'Olonne à 14 km. Gîtes ruraux à proximité. Réservation et accueil par Madame PEUAUD Marie-Paule : 9 rue des Lauriers 85440 GROSBREUIL. Tél : 02.51.22.60.95 ou 02.51.22.69.75 (Mairie) - Fax : 02.51.22.64.19.

Prix : pers.nuit **38 F**

14	14	7	14	14	7	SP	7	14	9	SP

ASSOCIATION TOURISME LOISIRS – M. Souchet Michel - rue de la Mairie – 85440 Grosbreuil – Tél. : 02.51.22.69.75 – Fax : 02.51.22.64.19

Pissotte Haras-du-Poiron

C.M. n° 71 — Pli n° 1

30 pers.

Ancien bâtiment rénové en 1991. Gîte d'étape ou de séjour en lisière de la forêt de Mervent. Un bâtiment accessible à 2 pers. handicapées. Chambres (1 à 5 pers.), 8 lavabos, 4 douches, 4 wc. L-vaisselle, l-linge. Court de tennis gratuit. Salle de jeux. Pour les chevaux : 20 boxes, 3 paddocks, douche chaude, salle de préparation. Restaurant et Restauration rapide à 1 km par sentier ou à 3 km par route. Prix variables selon le nombre de pers. et la période de l'année. Supplément chauffage : 5 F. Location de draps : 22 F la paire. Hors sac : 20 F. Repas à partir de 50 F.

Prix : pers.nuit **45/65 F** petit dejeuner **14/25 F** repas **50 F**

TH

50	50	2	2	7	SP	SP	SP	7	8	2

AYRAUD Remi – Le Poiron – 85200 Pissotte – Tél. : 02.51.69.07.67 – Fax : 02.51.69.07.67

Talmont-Saint-Hilaire La Piniere

C.M. n° 67 — Pli n° 13

15 pers. Ouverture : toute l'année.

Ancien bâtiment rénové en 1990. Gîte pédestre et équestre : 1 dortoir (9 pers.), 1 ch. (4 pers.), 1 ch. (2 pers.). 3 salles d'eau, salle commune, coin-cuisine. Logement chevaux : 17 boxes. Les Sables d'Olonne à 12 km. Plage du Veillon à 2 km. Chambres d'hôtes sur place. A partir de 120 F/nuit en chambre 2 pers.

Prix : pers.nuit **50 F** petit dejeuner **25 F**

3	3	3	SP	1	5	3	12	1,5

CARAYOL Bertrand – La Piniere – 85440 Talmont-Saint-Hilaire – Tél. : 02.51.22.25.66

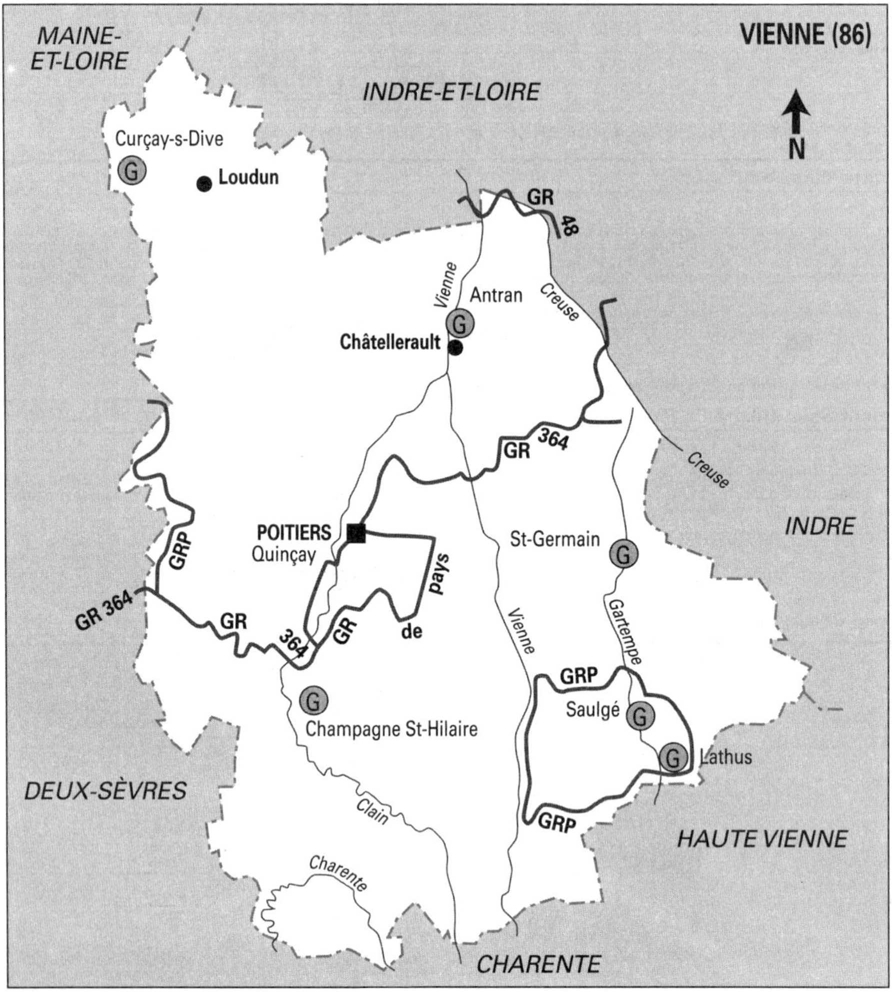

CH Chambre d'hôte   G Gîte d'étape, de séjour   L Logis de France

---

Antran La Girardiere — C.M. n° 68 — Pli n° 4

30 pers. — Ouverture : toute l'année.

Construction ancienne rénovée indépendante à proximité du propriétaire, 18 ch. sur 2 étages. 6 ch. (1 lit 80), 12 ch. (3 lits 2 pers, 18 lits 80) lavabo dans chaque chambre, 5 douches, 7 wc. Cuisine, salle de séjour, pièces d'activités, chauffage électrique, l-linge, l-vaisselle, TV. Cour et terrain commun non clos. Anglais et allemand parlés. Futuroscope 20 km. Draps fournis dans la location. N° DDJS : 086007019.

Prix : pers.nuit **70 F** 1/2 pension **130 F** pension **180 F** petit dejeuner **20 F** repas **50 F**

TH Ⓐ

6	2	18	2	1,5	6	35	2	17	6	5

HAMOIR Didier – La Girardiere - Antran – 86100 Chatellerault – Tél. : 05.49.02.70.68 ou SR : 05.49.49.59.11

Champagne-Saint-Hilaire *C.M. n° 68 — Pli n° 13*

E.C. NN 23 pers. Ouverture : toute l'année.

Gîte d'étape et de séjour communal comprenant 6 ch. et 1 dortoir. 2 ch. (2 lits 1 pers.) accessibles aux pers. hand. 4 ch. (4 lits 1 pers.). A l'étage (mezzanine fermée) : 1 dortoir (3 lits 1 pers.). 7 s. d'eau, 8 wc. Séjour (cheminée), cuisine, tél. Jardin commun et privatif non clos, salon de jardin, parking. Loc. draps 20 F. Poss. de recevoir 5 pers. suppl. Parc de loisirs sur place. Visite sur réservation du haras de Champagné-St-Hilaire. Ouverture de la pêche à la base de loisirs du 1/4 au 30/9. Futuroscope 45 km.

Prix : pers.nuit **50 F**

SP	SP	SP	5	SP	10	SP	6	SP	10	5

COMMUNE DE CHAMPAGNE-SAINT-HILAIRE – Mairie – 86160 Champagne-Saint-Hilaire – Tél. : 05.49.37.30.91 – Fax : 05.49.37.20.49

Curcay-sur-Dive Le Vivier *C.M. n° 68 — Pli n° 2*

22 pers. Ouverture : toute l'année.

Ancienne écurie rénovée disposant d'un dortoir de 12 lits et de 3 ch. (4 lits 1 pers., 2 lits 1 pers. et 4 lits 1 pers.), 1 mezzanine (4 lits), bloc sanitaires (4 wc, 4 douches), cuisine aménagée, salle à manger, salle de jeux, lave-linge, chauffage central. Balançoire, ping-pong. Boxes et prés pour les chevaux. Groupe : 42 F/pers./nuit. GR le long du canal de la Dive.

Prix : pers.nuit **45 F** petit dejeuner **15 F** pension cheval **10/35 F**

GR : 36

18	5	12	SP	SP	2	18	15	12

GAURY Pascale – 86120 Curcay-sur-Dive – Tél. : 05.49.98.57.63

Lathus La Voulzie *C.M. n° 68 — Pli n° 15/16*

E.C. NN 19 pers. Ouverture : toute l'année.

Gîte de séjour situé en bordure d'une rivière et comprenant 5 chambres, 1 mezzanine. Sanitaires, 3 douches. Lave-linge. Salles de réunion, chaine stéréo. Point phone. Planche à voile et escalade sur place. VTT. Découverte environnement. Tir à l'arc. Spéléo. Poney club équitation. Ferme pour enfants. Anglais et allemand parlés. Loc. draps 20 F/paire/semaine. Restaurant à proximité. N° DDJS : 086.120.003.

Prix : pers.nuit **55 F** 1/2 pension **116 F** pension **162 F** petit dejeuner **15 F**

(TH) GR : GRP

SP	4	10	4	SP	10	SP	SP	10	4	4

CENTRE DE PLEIN AIR – La Voulzie – 86390 Lathus – Tél. : 05.49.91.83.30

Saint-Germain La Grange-Blanche *C.M. n° 68 — Pli n° 15*

16 pers. Ouverture : toute l'année.

Dans ferme équestre. 4 chambres de 4 personnes. Salle d'eau et wc privatifs pour chaque chambre. Grande pièce de séjour avec coin-cuisine équipé. Partie salon détente avec TV. Lave-linge, lave-vaisselle, lits d'appoint possible. Location de draps 20 F/paire. Anglais et hongrois parlés. Prix/nuit pour 2 pers. Loc. VTT. Balançoires. Pension chevaux. Proximité de l'abbaye de Saint-Savin (classée au patrimoine de l'UNESCO). N° DDJS : 086.246.525. Futuroscope 35 km.

Prix : pers.nuit **150 F** pension cheval **25 F**

4	4	0,5	SP	0,5	4	15	SP	17	4

SOCIETE EN LO M. MASSON JF – La Grange Blanche - Saint-Germain – 86310 Saint-Savin – Tél. : 05.49.48.98.69

Saulge *C.M. n° 68 — Pli n° 15*

E.C. NN 12 pers. Ouverture : du 1er mars au 31 décembre.

Gîte d'étape et de séjour communal. 2 ch. (3 lits), 1 dortoir (6 lits), 4 douches, lavabos, 2 wc. Cuisine. Jeux sur place, terrain de boules. Mini-golf. Terrain de football, ping-pong, baby-foot. Promenades en bateau sur la rivière. Volley. Hand-ball. Piste de bi-cross. Loc. vélos 6 km. Prés pour chevaux. Petit déjeuner non compris. Ch. 3 pers. 120 F. Dortoir 200 F. N° DDJS : 086.254.523. Futuroscope 60 km.

Prix : pers.nuit **50 F**

GR : GRP

6	SP	20	20	SP	10	SP	20	4	5

COMMUNE DE SAULGE – Mairie – 86500 Saulge – Tél. : 05.49.91.05.79

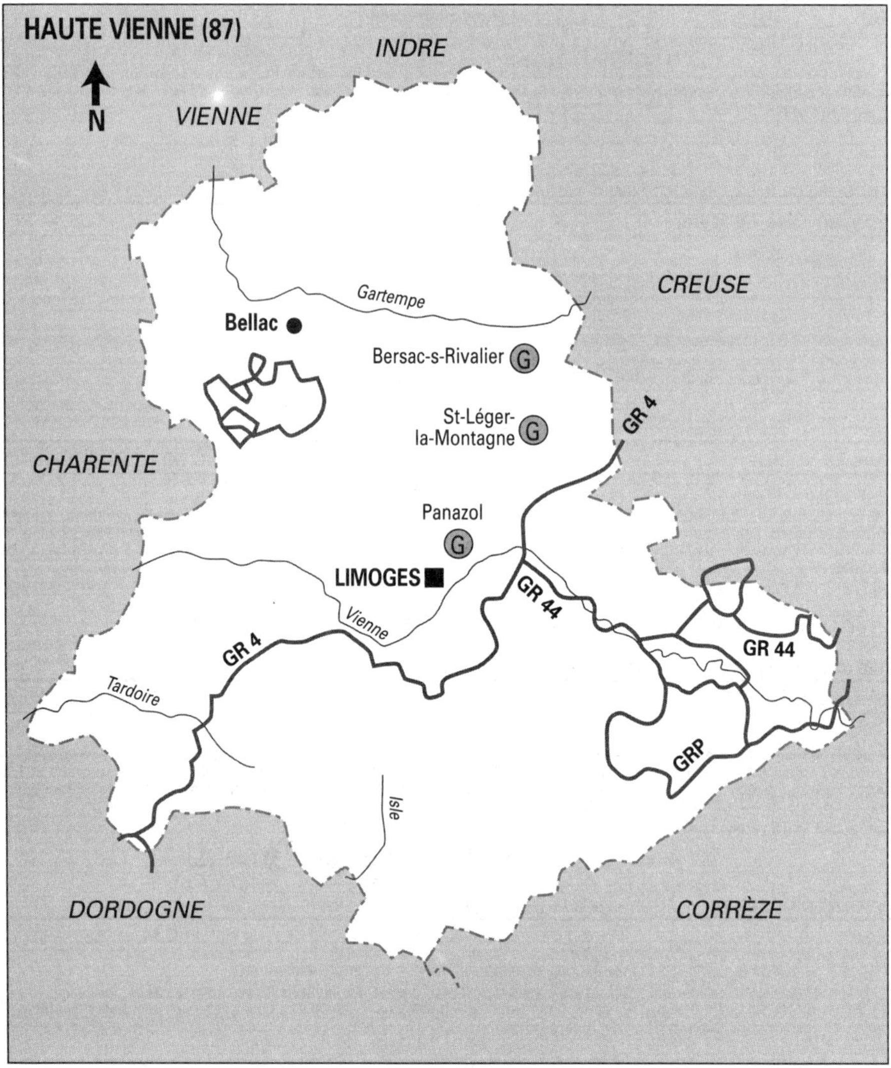

CH Chambre d'hôte G Gîte d'étape, de séjour L Logis de France

Bersac-sur-Rivalier Galachoux *C.M. n° 72 — Pli n° 8*

E.C. NN 10 pers. Ouverture : toute l'année. Alt. : 330 m

Gîte d'étape aménagé dans une ferme d'élevage, au bord du Rivalier. Séjour avec cheminée, 1 dortoir en mezzanine (10 lits 1 pers.), cuisine/coin-repas, salle d'eau, wc. Panier pique-nique 38 F. Sortie N° 24 sur A20.

Prix : pers.nuit **50 F** 1/2 pension **125 F** pension cheval **10 F**

TH

5	SP	2	SP	4	10	2

FORGERON Maurice – Galachoux – 87370 Bersac – Tél. : 05.55.71.44.16 – Fax : 05.55.71.44.16

Panazol Peyradis

C.M. n° 72 — Pli n° 17

E.C. NN 8 pers. Ouverture : toute l'année.

Dans une dépendance de la ferme, près du site du golf de la Porcelaine (18 trous), 4 petites chambres claires ouvrent sur un patio pavé et un jardin. Salle d'eau commune. Prix pour 2 pers. : 200 à 300 F. Petit-déjeuner compris.

Prix : pers.nuit **150 F**

GR : 4

5	5	5	5	5

CATOIRE Hubert – Peyradis – 87350 Panazol – Tél. : 05.55.09.21.41

Saint-Leger-la-Montagne

C.M. n° 72 — Pli n° 8

E.C. NN 9 pers. Ouverture : de Pâques à la Toussaint.

Gîte d'étape communal situé dans un bourg. 1 dortoir (9 lits 1 pers., dont 8 en bas-flancs). Coin-cuisine, salle d'eau. Restaurant « les Trois Clochers » sur place.

Prix : pers.nuit **45 F**

12	8	SP	8	8

MAIRIE DE SAINT-LEGER – 87340 Saint-Leger-la-Montagne – Tél. : 05.55.39.80.83 – Fax : 05.55.39.81.27

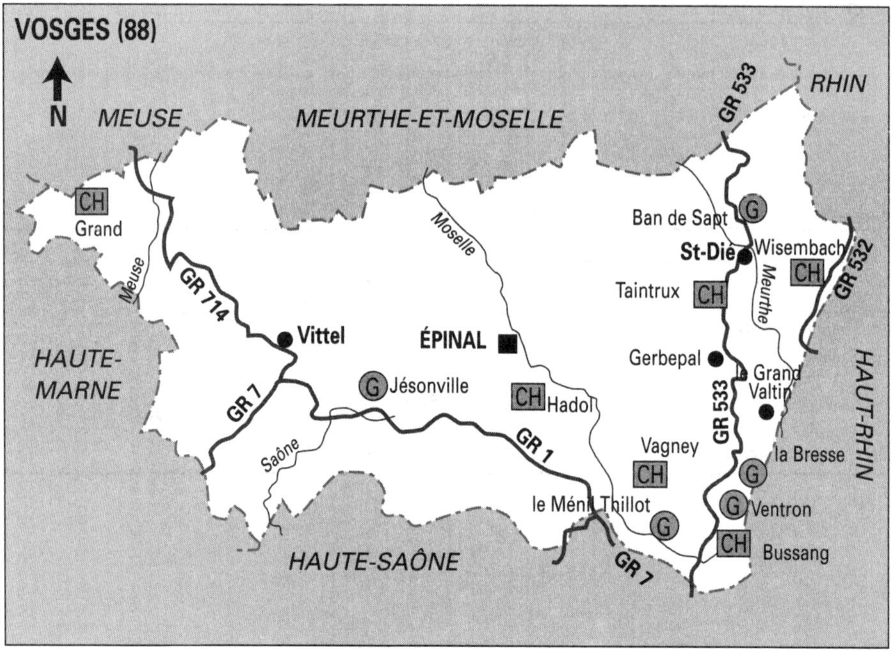

CH Chambre d'hôte G Gîte d'étape, de séjour L Logis de France

Ban-de-Sapt Gemainfaing

c✈v *C.M. n° 62 — Pli n° 8*

E.C. NN 12 pers. Ouverture : toute l'année. Alt. : 600 m

Gîte d'étape aménagé dans une construction neuve, proche de la ferme. Cuisine et salle à manger avec cheminée à l'âtre. 2 ch. avec lavabo (1 lit 2 pers., 2 lits 1 pers.), 1 dortoir 8 pers., douche, cabinet de toilette, 3 wc. Chauffage non compris. Location de draps. Médecin 10 km. Allemand parlé. Sentiers balisés sur la commune et tout le massif de l'Ormont, balisage VTT, transvosgienne équestre. Accueil et hébergement de chevaux.

Prix : pers.nuit **50 F** petit dejeuner **25 F**

GR : 533

40	5	30	0,5	10	10	SP	0,5	1	90	15	2

COULON Jacky – 18, Gemainfaing – 88210 Ban-de-Sapt – Tél. : 03.29.58.96.62

Ban-sur-Meurthe Le Grand-Valtin

c✈v *C.M. n° 62 — Pli n° 17*

E.C. NN 28 pers. Ouverture : toute l'année. Alt. : 900 m

Gîte d'étape. R.d.c : 2 cuisines, séjour avec cheminée, 2 wc. 1er étage : 2 cuisines, 2 wc, 2 douches, l-linge, 4 ch. 2 pers., 4 ch. 1 pers. 2e étage : cuisine, 2 wc, 2 douches, 4 ch. 2 pers., 3 ch. 1 pers. 3e étage : cuisine, s. d'eau, wc, 2 ch. 2 pers., 1 ch. 1 pers. Ch. central fuel. Charges comprises. Loc. draps et linge toilette. 2 pers. : 95 F. Groupe : 1500 F. Médecin 6 km. Gros chalet ancienne maison « Notre dame à tout vent », rénovée par de jeunes propriétaires enthousiastes. Nombreuses chambres (toutes avec lavabo) et cuisines particulières. Bien situé entre Gérardmer et les sommets Vosgiens.

Prix : pers.nuit **75 F**

2	10	7	7	10	5	10	1	1	65	20	5

GION Karine et Serge – 144, Chemin de Belbriette - Le Grand Valtin – 88230 Ban-sur-Meurthe – Tél. : 03.29.63.18.75 ou SR : 03.29.35.50.34

La Bresse La Retelere - Grosse Pierre

c✈v *C.M. n° 62 — Pli n° 17/18*

E.C. NN 26 pers. Ouverture : toute l'année. Alt. : 950 m

Rez-de-chaussée : coin-cuisine, séjour, cheminée, 2 chambres (12 lits 1 pers.). 1er étage : 2 chambres (12 lits 1 pers.), 1 chambre (2 lits 1 pers.). Sanitaires : 5 douches, 4 wc et 5 lavabos. Lave-linge à disposition. Lave-vaisselle. Charges comprises. Médecin 5 km. Allemand parlé. Site agréable, très calme, vaste terrain, vue panoramique. Centre de loisirs 500 m (tennis, mini-golf,etc). Parapente 9 km. Agréé Jeunesse et sports (N° 88075166).

Prix : pers.nuit **45/75 F**

GR : 533

5	0,1	10	3	5	0,5	9	1	1	50	5	5

D'HARREVILLE Dominique – 1, Chemin de la Retelere – 88250 La Bresse – Tél. : 03.29.25.63.26

La Bresse

C.M. n° 62 — Pli n° 17

E.C. NN 20 pers. Ouverture : toute l'année. Alt. : 850 m

R.d.c. d'un ensemble touristique. Salle à manger, cheminée, salon (clic-clac 2 pers.), TV. 3 ch. dont une avec douche, lavabo (6 lits 1 pers. superp.). 6 lavabos, 4 wc, 6 douches dont 1 wc, 1 douche pour handicapés. Infirmerie (1 lit 1 pers.). Lit bébé. Cuisine collective NN. L-vaisselle. Charges non comprises. Loc. draps. Lave et sèche-linge collectifs. Ch. central. Point-phone. Ping-pong et sauna sur demande. Labo photo. Médecin 7 km. Du 16/06 au 15/09, animation gratuite (découverte des chamois, schlittage de bois). Site agréable. Agréé Jeunesse et Sports (N° 349/83).

Prix : pers.nuit **60/80 F**

GR : 533

1,5	SP	3	0,3	7	SP	18	1	1	54	7	7

MOUGEL Marcel – 53, rue du Hohneck – 88250 La Bresse – Tél. : 03.29.25.42.02 ou 03.29.25.41.60 – Fax : 03.29.25.65.75

Gerbepal

C.M. n° 62 — Pli n° 17

E.C. NN 18 pers. Ouverture : toute l'année. Alt. : 650 m

Maison individuelle (r.d.c., 1er ét.). 3 ch. 2 pers. (dont 1 accessible aux pers. hand.), 4 ch. 3 pers. WC indép., s. d'eau et prise TV dans chaque ch. Grand séjour, hall avec salon, cheminée, TV. 2 wc. Cuisine collectivité, l-vaisselle, l-linge, sèche-linge. Ch. élect. Grand terrain, terrasse, barbecue. Charges non comprises. Location de draps. Médecin 3 km. Vaste gîte bénéficiant d'un grand confort, situé à quelques kilomètres de la « Perle des Vosges ».

Prix : pers.nuit **50/70 F**

11	11	10	7	10	4	0,5	0,5	1	50	3	3

GEORGEL Delphine – 23, rue des Reins – 88430 Gerbepal – Tél. : 03.29.50.73.72

Jesonville

C.M. n° 62 — Pli n° 15

E.C. NN 18 pers. Ouverture : toute l'année. Alt. : 360 m

4 chambres (18 lits 1 pers.). Cuisine, lave-vaisselle, salle commune avec cheminée. 3 wc. 2 douches, 4 lavabos. Lave-linge. Téléphone à compteur. Charges comprises. Médecin 3 km. Site agréable. Grand espace autour du gîte.

Prix : pers.nuit **50 F**

GR : 7

75	75	25	4	8	SP	5	SP	SP	20	20	3

FOYER RURAL DE JESONVILLE – M. Audinot Robert - 301, rue General Leclerc – 88260 Jesonville – Tél. : 03.29.07.54.58

Le Menil-Thillot

C.M. n° 66 — Pli n° 8

E.C. NN 11 pers. Ouverture : toute l'année. Alt. : 530 m

Gîte dans un ensemble d'appartements de vacances, dans la maison du propriétaire, à proximité d'un terrain de camping. Entrée commune. 1er étage : 3 ch. (1 lit 2 pers., 6 lits 1 pers. dont 2 superp.). Séjour avec couchage (3 lits 1 pers.). Cuisine. 2 cabinets de toilette. Lave-linge, sèche-linge communs. Chauffage central. Point-phone. Salle de jeux commune l'été. Charges comprises. Piscine découverte. Médecin 200 m.

Prix : pers.nuit **42/48 F**

GR : 533 et 7

12	12	25	0,2	4	0,3	12	0,1	0,1	40	5	0,2

COLLE Joseph – 51 bis, Grande Rue – 88160 Le Menil-Thillot – Tél. : 03.29.25.04.88 – Fax : 03.29.25.04.88

Ventron Col-d'Oderen

C.M. n° 62 — Pli n° 17

E.C. NN 25 pers. Ouverture : toute l'année. Alt. : 840 m

Gîte indépendant. R.d.c. et 1er étage : 2 dortoirs 6 pers. (12 lits 1 pers.), 4 ch. (4 lits 2 pers., 5 lits 1 pers.). Cuisine spacieuse et moderne. Salle à manger. 4 wc, 3 douches. Lave-linge. Chauffage central. Terrain non clos, pré. Charges comprises. A proximité d'une route peu fréquentée. Très bonne situation touristique. Médecin 10 km. Agréé Jeunesse et Sports (N° 088 500 178).

Prix : pers.nuit **40/60 F**

GR : 533

5	1	11	3	10	4	7	SP	SP	45	4

LEVEQUE Jean-Claude – 10, Chemin de la Messe – 88310 Ventron – Tél. : 03.29.24.18.60 – Fax : 03.29.24.18.60

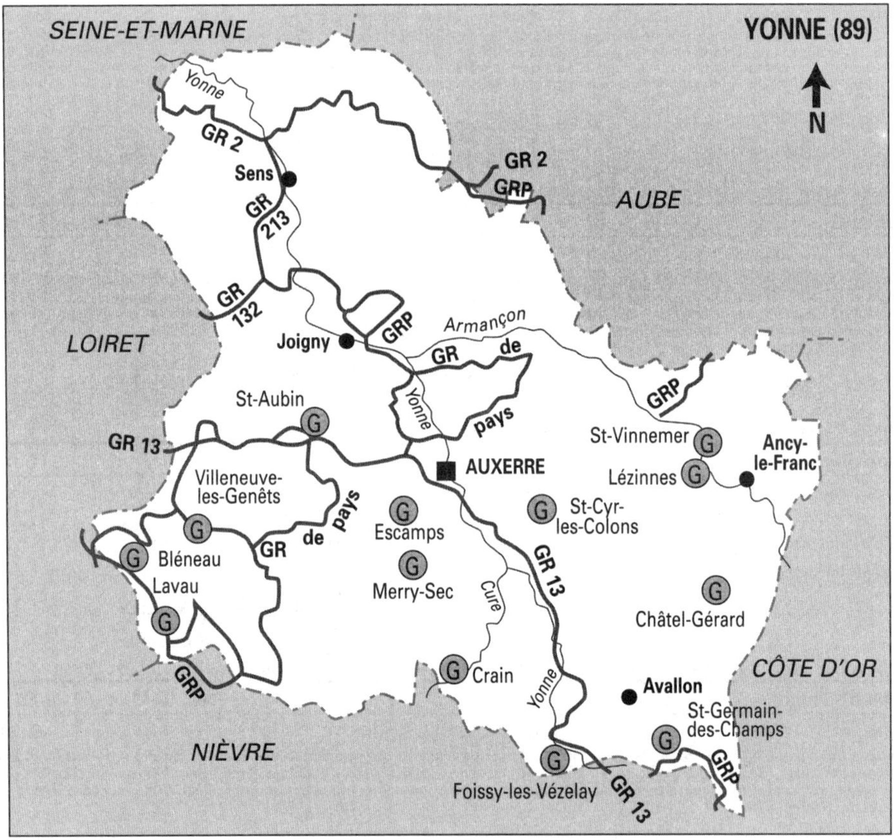

CH Chambre d'hôte   G Gîte d'étape, de séjour   L Logis de France

Bleneau

C.M. n° 65 — Pli n° 3

E.C. NN   24 pers.   Ouverture : toute l'année.   Alt. : 237 m

Gîte d'étape communal. 2 dortoirs avec 6 et 18 lits respectivement. Coin cuisine. Salle commune avec cheminée. Salle d'eau (4 douches). Lavabos dans les dortoirs. Lave-linge collectif et point-phone. Pour réserver : de 8 h à 12 h, de 14 h à 17 h et de 19 h à 20 h du lundi au vendredi, de 9 h à 12 h le samedi. Parcours de santé et jeux dans jardin d'eaux. Rivière. Voile 15 km. Sur le sentier « Tour de la Puisaye ».

Prix : pers.nuit **43/63 F**

0,5	4	5	4	0,5	0,5	15	40	40	19	0,2

BOUCHE Philippe (responsable) – 31, rue d'Hocquincourt – 89220 Bleneau – Tél. : 03.86.74.82.47 – Fax : 03.86.74.86.74

Chatel-Gerard

C.M. n° 65 — Pli n° 7

20 pers.   Ouverture : toute l'année. Du 1/11 au 1/4 groupe (10 pers. mini.) en semaine.   Alt. : 345 m

Au rez-de-chaussée : une grande salle d'accueil et repas, une cuisine et des sanitaires. Au 1er étage : sanitaires, 3 chambres de 4 à 8 pers. avec salles d'eau et 1 chambre de 4 pers. avec sanitaires. Supplément chauffage du 1er octobre au 30 avril. Loc. de vélos à Noyers-sur-Serein. Chemins de randonnée pédestres et cyclistes.

Prix : pers.nuit **60/90 F** petit dejeuner **20 F** repas **60/120 F**

TH

12	1	12	15	1	25	15	45	30	22	SP

COMMUNE DE CHATEL GERARD – 89310 Chatel-Gerard – Tél. : 03.86.82.82.19 ou 03.86.82.88.26

Crain
C.M. n° 65 — Pli n° 15

E.C. NN 31 pers. Ouverture : toute l'année. Alt. : 141 m

2 chambres à 2 lits avec lavabos. 1 chambre à 3 lits avec lavabos. 2 dortoirs de 12 lits chacun. Salle commune. Cuisine. 2 salles d'eau et 2 salles de bains. Rivière sur place. Restaurant à 2 km. A proximité de sentiers pédestres. Groupe (+ 12 pers.) : 37/44 F.

Prix : pers.nuit **41/58 F**

0,5	0,5	1	3	1	10	20	SP	1	1

COMMUNE DE CRAIN – Mairie – 89480 Crain – Tél. : 03.86.81.73.25 ou 03.86.81.75.56

Escamps La Grilletiere
C.M. n° 65 — Pli n° 5

30 pers. Ouverture : toute l'année. Alt. : 100 m

3 pièces-dortoirs (1 de 4 pers. et 2 de 7 pers.) et 3 chambres de 2, 4 et 6 pers. Salle commune/coin-cuisine et cheminée. 6 salles d'eau. Location de VTT sur place. Logement de chevaux et chevaux disponibles sur place. Chariots bâchés style western. Produits fermiers 800 m. Location de draps : 20 F.

Prix : pers.nuit **50/75 F** petit dejeuner **22 F**

10	SP	5	12	8	17	7

HUBIN Jean-Marie – La Grilletiere – 89240 Escamps – Tél. : 03.86.41.66.89 – Fax : 03.86.41.71.26

Foissy-les-Vezelay
C.M. n° 65 — Pli n° 15/16

E.C. NN 28 pers. Ouverture : toute l'année. Alt. : 200 m

5 dortoirs avec 28 lits. Salle commune avec cheminée. Cuisine. 5 douches. Repas sur réservation. Location de VTT. Randonnée pédestre avec ânes bâtés. Logement de chevaux. Ecole d'équitation. 1/2 pension enfant : 122/129 F. Anglais parlé.

Prix : pers.nuit **55/62 F** 1/2 pension **137/144 F** petit dejeuner **22 F** repas **65 F**

TH GR : 13

1	1	SP	3	15	6	1	12	3

TASTU Denis – 89450 Foissy-les-Vezelay – Tél. : 03.86.33.28.40 – Fax : 03.86.33.28.40

Lavau La Ramellerie
C.M. n° 65 — Pli n° 3

E.C. NN 28 pers. Ouverture : toute l'année uniquement sur réservation. Alt. : 214 m

3 pièces-dortoirs avec 28 lits. Salon, salle commune/coin-cuisine, cheminée, 3 salles d'eau. Réservation obligatoire. Prix variant selon le nombre de personnes. Supplément chauffage en hiver. A proximité du lac réservoir du Bourdon où sont pratiquées de nombreuses activités. Restaurant 10 km. Sur le sentier « Tour de la Puisaye ».

Prix : pers.nuit **40/65 F**

GR : 10

1	SP	10	10	10	10	10	5	SP	10	10

STE AGRICOLE DE LA GRANGE ARTHUIS – 89170 Lavau – Tél. : 03.86.74.06.20 – Fax : 03.86.74.18.01

Lezinnes La Graviere-du-Moulin
C.M. n° 65 — Pli n° 6/7

E.C. NN 32 pers. Ouverture : toute l'année. Alt. : 165 m

Dans un ancien moulin, gîte d'étape communal. R.d.c. : entrée avec penderie. 1er ét. : salle de séjour/cuisine avec rangements. 2e ét. : 1 dortoir (8 lits superposés, 4 lits 1 pers.) avec sanitaires particuliers, 3 ch. de 6 pers. (lits superposés) avec sanitaires particuliers, 1 ch. (2 lits 1 pers.) avec sanitaires particuliers. Lit bébé à dispo. Anglais parlé. Terrain de pétanque, location et/ou initiation canoë-kayak. Bibliothèque. Groupe : 50 F/pers.

Prix : pers.nuit **60 F** petit dejeuner **25 F**

SP	2	SP	6	SP	12	6	12	6	SP	1	0,5

CORRE Anne – 5 route de Frangey – 89160 Lezinnes – Tél. : 03.86.75.68.67 – Fax : 03.86.75.68.67

Merry-Sec Pesteau
C.M. n° 65 — Pli n° 5

E.C. NN 20 pers. Ouverture : toute l'année. Alt. : 220 m

Gîte d'étape dans une ferme équestre. R.d.c. : salle avec cheminée, cuisine, sanitaires. 1 chambre (lit 1 pers.) avec sanitaires particuliers accessibles aux personne handicapées. 1er étage : 5 chambres avec mezzanine et sanitaires particuliers. Animaux admis sur demande. Logement de chevaux. Nombreux attraits touristiques aux environs. Anglais et allemand parlés.

Prix : pers.nuit **70 F** petit dejeuner **20 F** repas **90 F**

TH

12	SP	12	SP	4	12	15	3	17	9

COEVOET Laurence – Pesteau – 89560 Merry-Sec – Tél. : 03.86.41.64.64 ou 03.86.41.62.63 – Fax : 03.86.41.64.64

Saint-Aubin-Chateauneuf
c✗v *C.M. n° 65 — Pli n° 4*

E.C. NN — 19 pers. — Ouverture : du 1er février au 31 décembre. — Alt. : 150 m

3 pièces-dortoirs avec 19 lits. Cuisine. 2 salles communes. Cheminée. 2 salles d'eau. Table de ping-pong à disposition. Puits bouillant, grottes sur place : spéléologie. Possibilité de location VTT.

Prix : pers.nuit **45/60 F**

GR : 13

3	1,5	9	9	16	2,5	SP	22	0,3

N.U.C.R.A - Mme DELCLAUX – 89110 Aillant-sur-Tholon – Tél. : 03.86.73.66.43 ou 03.86.63.41.27 – Fax : 03.86.73.66.43

Saint-Cyr-les-Colons
c✗v *C.M. n° 65 — Pli n° 5*

E.C. NN — 14 pers. — Ouverture : toute l'année. — Alt. : 377 m

2 dortoirs (6 et 8 lits). Coin-cuisine. Salle commune. 2 salles d'eau. Prix de groupe (à partir de 8 pers.) : 45/60 F. Location de draps : 20 F. Chauffage en supplément. Rivière 10 km. Entre le GR13 et le sentier des vins et fromages.

Prix : pers.nuit **50/65 F**

GR : 13

10	2	10	25	10	20	SP	SP	18	SP

COMMUNE DE SAINT-CYR-LES-COLONS – Mairie – 89800 Saint-Cyr-les-Colons – Tél. : 03.86.41.44.81 ou 03.86.41.40.83 – Fax : 03.86.41.48.45

Saint-Germain-des-Champs Montigny
c✗v *C.M. n° 65 — Pli n° 16*

¥¥¥ — 42 pers. — Ouverture : du 1er mars au 20 décembre. — Alt. : 408 m

R.d.c. : 2 salles dont 1 avec cheminée, cuisine et sanitaires. 1 ch. avec sanitaires privés. A l'ét. : 9 ch. avec sanitaires privés. Terrains de volley, badminton, tir à l'arc, spéléo, rafting... Loc. VTT. Initiation canoë-kayak avec moniteur. Raid nature multi-activités. Sur place tour d'escalade de 55 m² et parcours spéléo. Couette 20 F. Anglais et allemand parlés.

Prix : pers.nuit **62 F** 1/2 pension **152 F** pension **221 F** petit dejeuner **25 F** repas **70 F**

(TH) — GR : GRP et 13

2	0,5	3	15	8	14	1	19	30	15	8

C.H.L – M. Moutot Eric - Montigny – 89630 Saint-Germain-des-Champs – Tél. : 03.86.34.52.42 – Fax : 03.86.34.52.28

Saint-Vinnemer Le Moulin
c✗v *C.M. n° 65 — Pli n° 16*

E.C. NN — 12 pers. — Ouverture : de Pâques à la Toussaint. — Alt. : 154 m

1 dortoir (8 lits 1 pers.), 1 chambre (1 lit 2 pers.), séjour avec cheminée et 2 lits 1 pers., cuisine, 2 salles d'eau, 2 wc indépendants. Supplément chauffage en hiver. Possibilité repas sur réservation la veille avant 16 h. Logement chevaux sur place. Rivière sur place. Loc. VTT. Loc. draps 16 F. Sentiers pédestres.

Prix : pers.nuit **70 F** petit dejeuner **25 F** repas **80 F** pension cheval **20 F**

(TH)

SP	2	SP	15	3	9	3	9	4	9	3

CLERY Michele – Moulin de Saint-Vinnemer – 89430 Saint-Vinnemer – Tél. : 03.86.75.71.90 – Fax : 03.86.75.80.30

Villeneuve-les-Genets Le Bois-Guillaume
c✗v *C.M. n° 65 — Pli n° 3*

E.C. NN — 20 pers. — Ouverture : toute l'année. — Alt. : 192 m

1 pièce-dortoir + 1 mezzanine. Salle commune avec cheminée. Coin-cuisine. 1 salle d'eau. Sur le sentier de la Puisaye. Jeux d'enfants sur place. Lac du Bourdon 15 km. Restaurants et plats à emporter sur place. Possibilité location de vélos.

Prix : pers.nuit **45/55 F** petit dejeuner **23 F**

GR : 13

SP	SP	5	SP	SP	45	3

MAROIS Francis – Le Bois Guillaume – 89350 Villeneuve-les-Genets – Tél. : 03.86.45.45.41 – Fax : 03.86.45.49.20

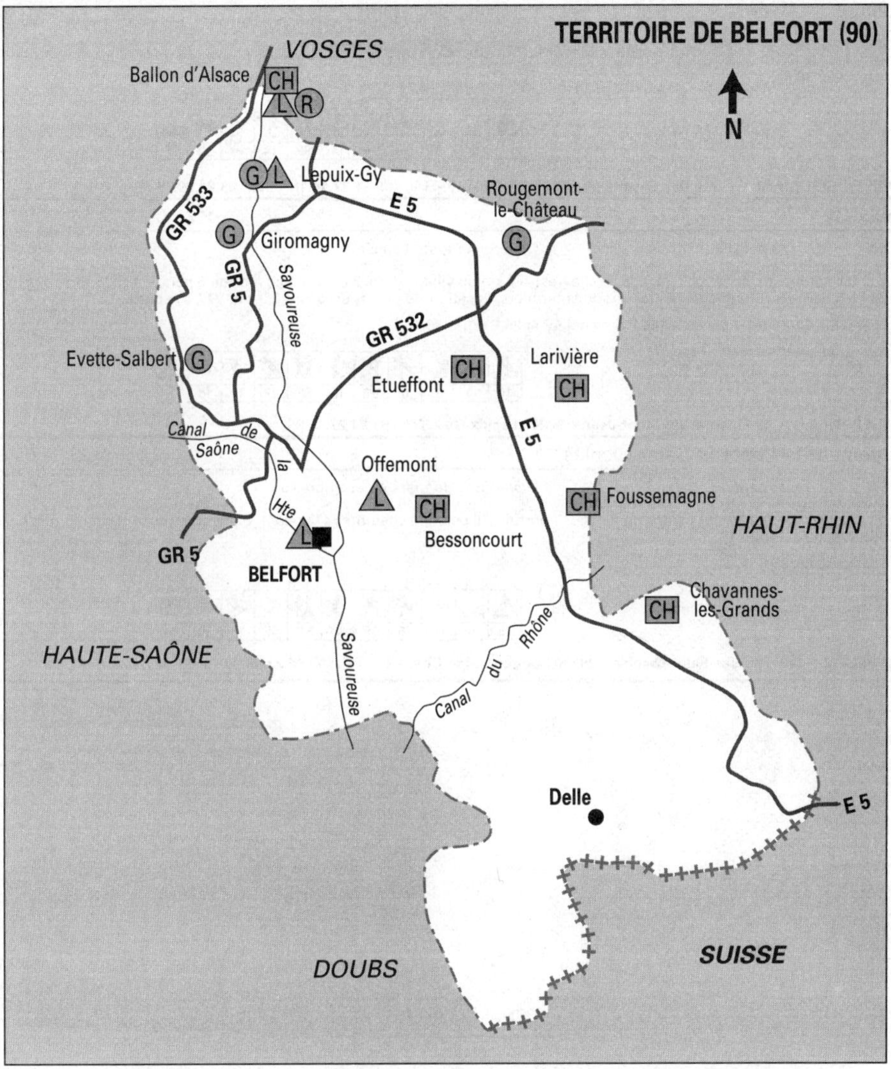

CH Chambre d'hôte   G Gîte d'étape, de séjour   L Logis de France

Evette-Salbert Le Malsaucy   c✈v *C.M. n° 66 — Pli n° 8*

¥¥¥   34 pers.   Ouverture : de février à novembre, décembre et janvier sur demande.   Alt. : 400 m

Gîte de séjour dans un centre d'hébergement sis à la base nautique du Malsaucy. R.d.c. : 1 douche individuelle, 4 wc. A l'étage : 10 chambres de 2 ou 4 lits avec lavabo, sanitaires et douches sur le palier, 4 douches individuelles, 2 douches collectives, 4 wc. Entre Belfort et le Ballon d'Alsace, en bordure du plan d'eau du Malsaucy, dans un cadre naturel. Idéal pour des activités nature et sportives (possibilité de stages nautiques). Accueil de classes (agréé Jeunesse et Sports et Education Nationale).
Prix : pers.nuit **75 F** 1/2 pension **145 F** pension **195 F** petit dejeuner **20 F**

Ⓐ   GR : 5

0,5	SP	SP	1	1	30	SP	25	25	0,3	SP

ASS. DEPARTEMENTALE DE PLEIN AIR A.D.P.A. – Base Nautique « Le Malsaucy » – 90350 Evette-Salbert – Tél. : 03.84.29.21.84 – Fax : 03.84.29.14.71

Giromagny Casernes — *C.M. n° 66 — Pli n° 8*

E.C. NN 14 pers. Ouverture : toute l'année. Alt. : 500 m

Relais du randonneur. 4 chambres (2 pers.). 1 dortoir (6 pers.). Cuisine, salle d'eau.

Prix : pers.nuit **38 F**

GR : 5 et E2

7	9	7	SP	SP	14	SP	14	14	12	SP

MAIRIE DE GIROMAGNY – Rue des Casernes – 90200 Giromagny – Tél. : 03.84.27.14.18 – Fax : 03.84.29.55.05

Lepuix-Gy — *C.M. n° 66 — Pli n° 8*

E.C. NN 13 pers. Ouverture : toute l'année. Alt. : 700 m

Gîte d'étape sur une exploitation (élevage de chèvres), à 2 km du village. 1 ch. 3 pers. + 1 ch./dortoir 6 pers. + 1 ch./dortoir 4 pers. Cuisine, salle d'eau, wc. Chauffage central. Produits fermiers. Location de draps. Escalade 2,5 km. VTT sur place.

Prix : pers.nuit **50/80 F** 1/2 pension **145 F** petit dejeuner **25 F** repas **35/85 F**

GR : 5 et E2

10	11	10	8	2,5	16	SP	12	12	15	2

STALDER Bernard – 13 Quartier du Mont-Jean – 90200 Lepuix-Gy – Tél. : 03.84.27.13.95

Rougemont-le-Chateau Saint-Nicolas — *C.M. n° 66 — Pli n° 8*

E.C. NN 23 pers. Ouverture : de mars à décembre. Alt. : 650 m

Gîte de séjour situé à 4 km du centre du village. 1 dortoir (10 pers.). 4 chambres (13 pers.). Salle de séjour, cuisine. 3 salles d'eau, 3 wc. Chauffage central.

Prix : pers.nuit **60/65 F**

GR : 532 et E5

25	8	25	25	SP	4	SP	SP	25	20	4

A.E.P BELVAL – Les Tourses-Saint-Nicolas – 90110 Rougemont-le-Chateau – Tél. : 03.84.23.06.96 – Fax : 03.84.23.75.07

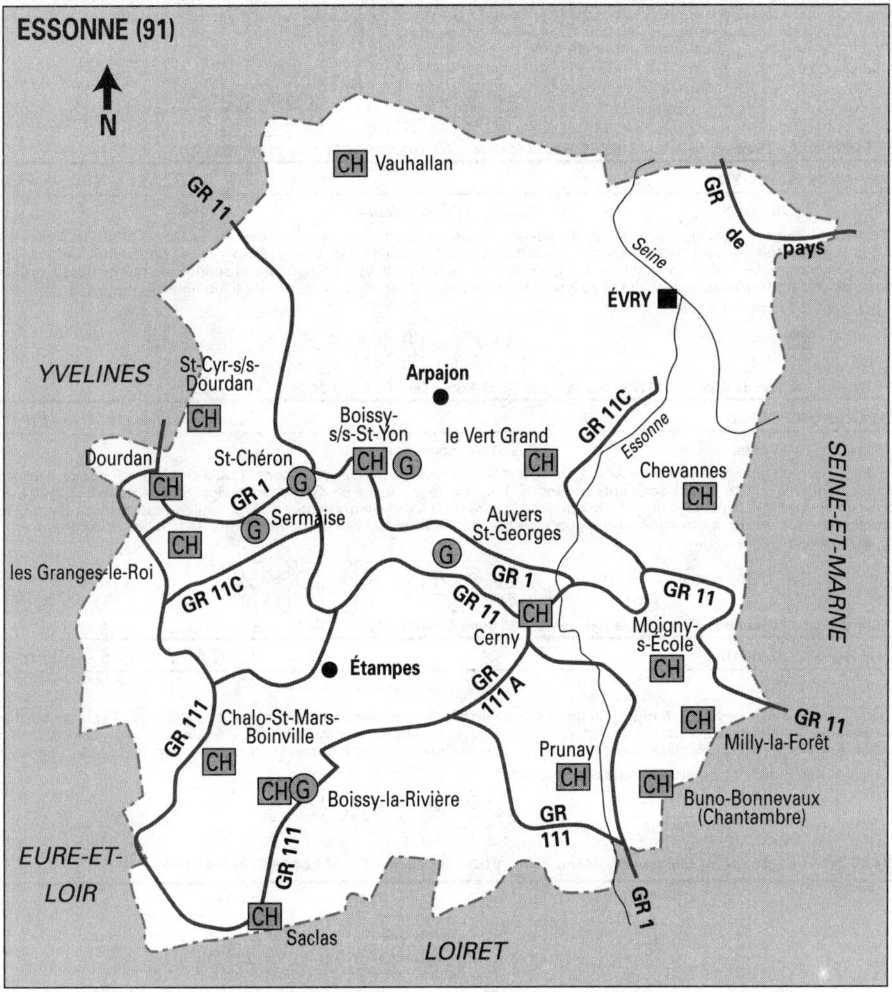

CH Chambre d'hôte   G Gîte d'étape, de séjour   L Logis de France

Auvers-Saint-Georges Le Bois-Moret *C.M. n° 170/6 — Pli n° 6/10*

E.C. NN   28 pers.   Ouverture : toute l'année.

Gîte d'étape et de séjour équestre, en lisière de forêt. 4 ch. (6 à 8 lits 1 pers.), salle commune avec coin-cuisine. Douches, wc. Logement de chevaux : 5 boxes, 5 stalles, pré. Restaurant sur place. Forfait week-end pour groupe (suppl. draps 50 F/pers.). Anglais parlé. Tarifs dégressifs pour plusieurs nuitées. Dans la très belle vallée de la Juine, accueil de tous les randonneurs, les classes, les centres de loisirs et les réceptions. A proximité de la base de loisirs d'Etampes (piscine à vagues).

Prix : pers.nuit **75 F** petit dejeuner **29 F** week-end **1920 F**

Ⓐ   GR : 11

SP	1	SP	10	SP	SP	3	3

POCHE Bertrand – Centre Equestre le Bois-Moret – 91580 Auvers-Saint-Georges – Tél. : 01.60.80.28.68 – Fax : 01.60.80.34.21

Boissy-la-Riviere *C.M. n° 237/6 — Pli n° 41/20*

E.C. NN 42 pers. Ouverture : toute l'année.

Gîte situé au cœur du village et entouré d'un parc. 1 chambre 1 pers. 4 chambres 2 pers. 1 chambre 4 pers. 1 dortoir 8 pers. 2 dortoirs 10 pers. 1 cuisine. 1 salle commune. Douches, wc. Restaurant à proximité. Draps avec supplément. Situation privilégiée en vallée de la Juine. Accueil tous les randonneurs, les classes et les centres de loisirs (maximum 20 pers.). Poss. réceptions (forfait familles) et stages de judo et tennis durant les vacances scolaires.

Prix : pers.nuit **60 F**

Ⓐ GR : 111

15	SP	0,5	7	0,2	1	SP	7	2

GITE COMMUNAL – Place de la Paix – 91690 Boissy-la-Riviere – Tél. : 01.64.95.63.69 ou 01.64.95.68.27

Boissy-sous-Saint-Yon *C.M. n° 106 — Pli n° 6*

E.C. NN 20 pers. Ouverture : toute l'année.

Gîte de séjour à l'entrée du village, proche des installations équestres. R.d.c. : salle commune/coin-cuisine. 1 ch. (2 lits 1 pers.), 2 ch. (4 lits 1 pers.), 1 dortoir (10 lits 1 pers.). Sanitaires privatifs à chaque ch. ou dortoir. Grand jardin. Accueil de chevaux. Anglais et allemand parlés. Accueil de randonneurs, de classes et de centres de loisirs. Visites touristiques et sentiers de randonnées à proximité. Forfait week-end pour groupe (suppl. draps 20 F/pers.). Possibilité restauration sur demande (club-house).

Prix : pers.nuit **75 F** week-end **1780 F**

GR : 1

1	SP	3	SP	0,5	2	0,5

FERNET Alain – 42 rue de Chatres – 91790 Boissy-sous-Saint-Yon – Tél. : 01.64.91.31.14 – Fax : 01.60.82.09.78

Saint-Cheron *C.M. n° 60 — Pli n° 10*

E.C. NN 11 pers. Ouverture : toute l'année.

Gîte d'étape dans un bourg. Rez-de-chaussée : 2 ch. de 2 et 4 lits 1 pers., sanitaires communs. 1 salle en rez-de-chaussée, kitchenette. A l'étage : 3 ch. de 1 à 2 lits 1 pers., sanitaires communs. 1 lavabo dans chaque ch. Grand jardin clos. Supplément draps : 20 F. Poss. loc. salle indépendante (25 pers.) : 400 F. A proximité de la gare (RER C). Plusieurs sentiers de randonnée convergent à Saint-Chéron. Restaurants dans le bourg, à proximité nombreuses visites touristiques. Accueil de randonneurs, de familles et de groupes.

Prix : pers.nuit **60 F** petit dejeuner **15 F**

GR : 1 et 11

0,5	1	3	3	1	2	0,5	SP	0,5

ANCELIN Jacques et Raymond – 4 Bis rue Racary – 91530 Saint-Cheron – Tél. : 01.64.56.31.54

Sermaise Mondetour *C.M. n° 237/6 — Pli n° 41/9*

E.C. NN 11 pers. Ouverture : toute l'année.

Gîte situé dans un corps de ferme donnant sur un jardin, à l'extrémité d'un hameau. 3 chambres de 3 et 4 pers., 1 convertible dans la salle commune. 1 salle d'eau commune, wc indépendants. Entrée, grande salle commune avec cheminée, cuisine (lave-linge et lave-vaisselle). Anglais parlé. Supplément draps 10 F. Hameau de la Bruyère. Pour la réservation du gîte : appeler le soir (1er n° de tél.).

Prix : pers.nuit **65 F** petit dejeuner **18 F** pension cheval **60 F**

GR : 1

1	1	5	7	2	5	2	5

LEGRAND-IVERT – 8-10 rue de Morainville - Mondetour – 91530 Sermaise – Tél. : 01.64.59.51.49 ou 01.64.59.47.39

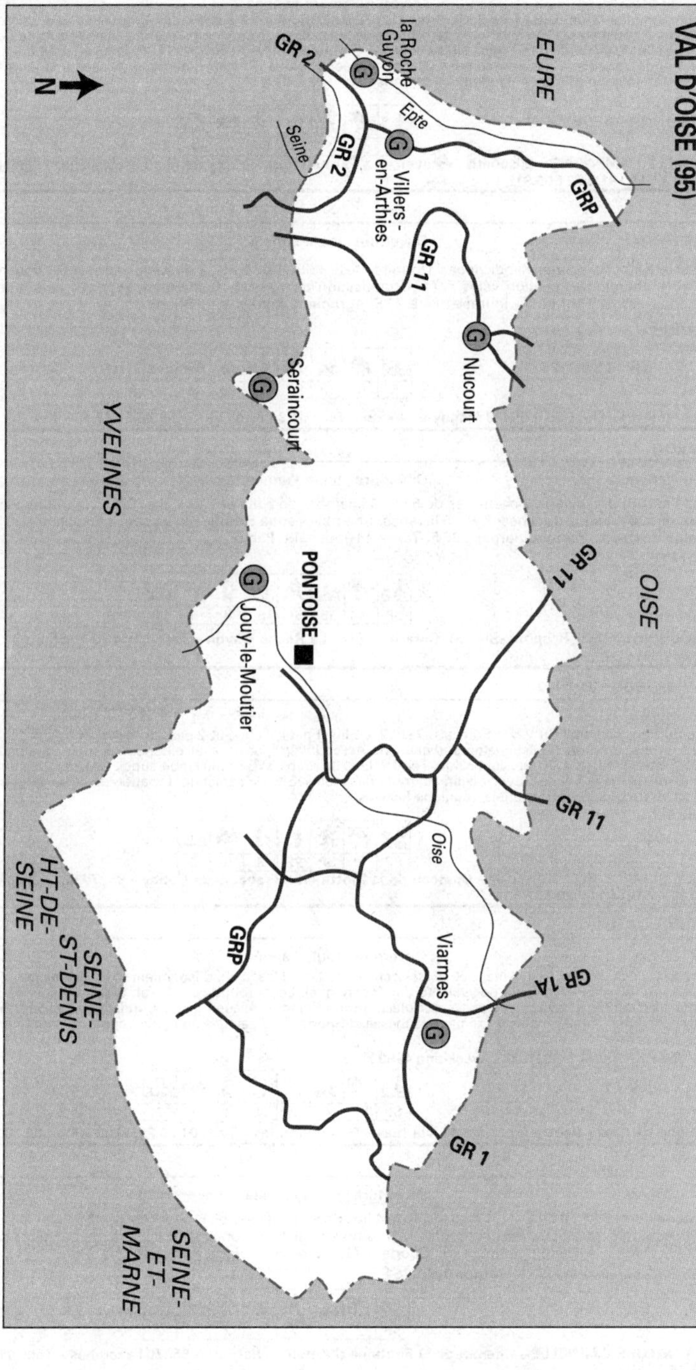
VAL D'OISE (95)
EURE
OISE
YVELINES
SEINE-ST-DENIS
HT-DE-SEINE
SEINE-ET-MARNE
N
la Roche Guyon
Villers-en-Arthies
Nucourt
Seraincourt
PONTOISE
Jouy-le-Moutier
Viarmes
Epte
Seine
Oise
GR 2
GR 2
GRP
GR 11
GR 11
GR 11
GRP
GR 1A
GR 1
CH Chambre d'hôte
G Gîte d'étape, de séjour
L Logis de France

Jouy-le-Moutier Ecancourt

E.C. NN 45 pers. Ouverture : toute l'année.
Gîte de séjour. 2 ch. de 7 lits, 3 de 6 lits, 1 de 5 lits, 1 de 4 lits, 2 de 2 lits, dont 1 access. aux pers. hand. 4 wc, 1 douche au r.d.c. 5 wc, 5 douches au 1er. 1 wc, 1 douche au 2e. 12 lavabos. 2 réfectoires de 30 et 36 pers. Cuisine pour individuels et cuisine de collectivité, fabrication et réchauffage. Salle polyvalente de 60 pers. Nuit + jour : 75 F. Gîte en entier : 3900/5400 F. Ferme pédagogique : élevage de chèvres, sensibilisation au monde agricole, à l'environnement. Station météorologique. Sentier botanique. Accueil à la journée. Gîte en vallée de l'Oise près de Cergy-Pontoise, d'une base nautique et de Paris.
Prix : pers.nuit **55 F**

GR : 9

0,3	3	3	3	SP	7	2

ASSOCIATION « VILLE CAMPAGNE » Elisabeth Lesteven – La Ferme d'Ecancourt - Hameau d'Ecancourt – 95000 Jouy-le-Moutier – Tél. : 01.34.21.17.91 – Fax : 01.34.21.06.91

Nucourt

E.C. NN 29 pers. Ouverture : toute l'année.

Gîte d'étape accessible aux personnes handicapées. Dortoirs : 1 de 4 lits, 1 de 5 lits, 2 de 6 lits, 1 de 8 lits. 3 douches, 3 wc, 8 lavabos. Salle commune avec cheminée. Location vélos, VTT. Organisation de veillées. Restaurant 3 km. Au delà d'une nuit contacter le gérant pour tarifs dégressifs. Tarif nuit + journée : 64 à 77 F. Agrément Jeunesse et Sports.

Prix : pers.nuit **45/61 F**

GR : 11 et 125

5	5	15	SP	5	25	8	3

ALVERNY – 2 rue du Puits - Nucourt – 95420 Magny-en-Vexin – Tél. : 01.34.67.45.29 ou 01.34.67.47.40 – Fax : 01.34.67.47.40

La Roche-Guyon

E.C. NN 19 pers. Ouverture : toute l'année.

Gîte d'étape dans l'ancien presbytère. 2 chambres de 6 lits. 1 chambre de 5 lits et 1 de 2 lits. Salle commune avec cuisine et cheminée. Salle de réunion (20 pers.). 2 douches, 3 wc, 5 lavabos. Chambres sous combles avec poutres apparentes. Restaurants dans la ville. GRP : chemins de pays. Prix à la journée : 25 F. Taxe : 1 F/nuit. Gîte Panda.

Prix : pers.nuit **42/47 F**

GR : 2

SP	4	15	SP	8	8	6	SP

MAIRIE DE LA ROCHE GUYON – Responsable : M. Cotard – 95780 La Roche-Guyon – Tél. : 01.34.79.70.55 ou 01.34.79.70.47 – Fax : 01.30.29.30.86

Seraincourt Hameau-de-Rueil

20 pers.
Dans le périmètre du Parc Régional du Vexin Français. 7 ch. 2 x 2 lits 1 pers. 1 ch. 1 lit 2 pers. S. d'eau, wc dans chacune. 1 appartement (conv. 2 pers. 2 lits 1 pers. en mezz.), kitchenette, s. d'eau, wc. Accès indép. par escalier extérieur. R.d.c. : séjour/cuisine (50 m²). 2e ét. : grande salle (90 m²), cheminée, jeux, livres, coin-salon. Tél. TV. Loc. de draps. WE : 1000 F/nuit suppl. Gîte dans les dépendances d'un château, parc de 20 ha. Village de la Roche-Guyon : château, route des crêtes. Site de caractère. Location de vélos, ping-pong, salon de jardin. Atelier poterie. Accueil de groupes, individuels, réunions festives.
Prix : week-end **4500 F**

SP	10	SP	SP	3	10	2

GITES DE FRANCE-SERVICE RESERVATION – Chateau de la Motte - rue Francois de Ganay – 95270 Luzarches – Tél. : 01.34.71.90.00 – Fax : 01.30.29.30.86

Viarmes Moulin-de-Giez

E.C. NN 35 pers. Ouverture : toute l'année.
Gîte de séjour équestre. 1 ch. 12 lits. 1 ch. 8 lits. 1 ch. 6 lits. 2 ch. 3 lits. 1 ch. 2 lits. 1 ch. d'isolement (1 lit). 6 douches. 5 wc. 12 lavabos. Cuisine. Salle de réfectoire (60 couverts). Salle polyvalente (bar, cheminée). Local à bottes. TV. Tél. Stages équestres au week-end ou à la semaine. Fourniture de bombe. Chevaux et poneys sur place. Prop. diplômé. Accueil groupe, individuels et scolaires. Forfaits loc. gîte complet, ménage et produits de base inclus. Agrément Jeunesse et Sports. Tarif : stages équitation compris, sauf tarif/pers./nuit. Prêt vélos adultes/enfants.
Prix : pers.nuit **52/56 F** semaine **1110/1530 F** week-end **4800 F**

GR : 1

SP	SP	4	2	SP	1	1	2

LABRE Guy – Moulin de Giez - Centre Equestre de Viarmes – 95270 Viarmes – Tél. : 01.30.35.40.99 – Fax : 01.30.35.40.99

Viarmes

E.C. NN 39 pers. Ouverture : toute l'année.

Gîte d'étape, dortoirs : 1 de 8 lits, 3 de 6 lits, 1 de 5 lits, 2 de 4 lits. Poss. 10 lits suppl. 6 douches, 6 wc, 6 lavabos. Salle commune avec cheminée. Cuisine équipée. Accueil de tous randonneurs. Les prix minimums concernent les enfants de moins de 14 ans. Tarifs préférentiels pour les scolaires. Agrément Jeunesse et Sports. VTT, bicross sur place. Restaurants à 2 km.

Prix : pers.nuit **55 F** 1/2 pension **95/135 F** pension **105/175 F**

TH GR : 1

SP	2	5	2	2	2	2	2

LES AMIS DE LA NATURE CARNELLE – Chemin de la Fontaine d'Amour - Viarmes – 95270 Luzarches – Tél. : 01.34.68.01.52 – Fax : 01.34.09.33.95

Villers-en-Arthies Ferme-du-Grand-Chemin

E.C. NN 20 pers. Ouverture : toute l'année.

Gîte d'étape et de séjour comportant 4 appartements (2 x 4 pers. et 2 x 6 pers.). Lits 1 pers., wc, s. d'eau dans chaque ch. Kitchenette. Convecteurs électriques. Lave-linge, TV et salle avec cheminée communs aux 4 appartements. Prix week-end : de 40 % du prix semaine pour 1 nuit, à 90 % du prix semaine pour 6 nuits. Loc. de salles pour séminaires ou banquets. Téléphoner avant 19 heures pour les réservations. Poss. table d'hôtes.

Prix : semaine **1100/1225 F**

GR : 11

SP	4	15	SP	6	4

VANDEPUTTE Oswald et Elisabeth – Ferme du Grand Chemin - Villers-en-Arthies – 95510 Vetheuil – Tél. : 01.34.78.17.73 – Fax : 01.34.78.24.97

Villers-en-Arthies

E.C. NN 33 pers. Ouverture : toute l'année.

Gîte d'étape comportant 1 dortoir cloisonné de 19 lits avec 2 douches. Salle commune. 7 ch. (1 à 2 lits), chacune avec douche. WC et kitchenette. Accueil randonneurs pédestres, cyclotouristes. Poss. banquets et séminaires. Cours de cuisine. Téléphoner avant 19 heures pour les résa. Supplément chauffage. Anglais parlé. Prix à la journée : 33 F. Poss. table d'hôtes.

Prix : pers.nuit **50 F**

GR : 11

SP	4	15	SP	6	12	4

VANDEPUTTE Oswald et Elisabeth – Ferme du Grand Chemin - Villers en Arthies – 95510 Vetheuil – Tél. : 01.34.78.17.73 – Fax : 01.34.78.24.97

Liste des localités par département

Commune	Hébergements ⩾ 20 lits	(TH) Restauration ou auberge sur place)	Accueil de classes	Location de salle/séminaire	Activités proposées par le propriétaire: équitation	VTT	ski
01 AIN							
Arbignieu							
Artemare	•		•	•			
Billiat	•	•					
Brenod		•	•				
Ceyzeriat		•	•				
Champdor	•		•				
Corlier		•	•				
Cormaranche-en-Bugey	•		•				
Cormaranche-en-Bugey			•				
Culoz	•						
Évosges	•		•				
Hauteville	•		•	•			
Hauteville							
Hauteville		•					
Hotonnes	•	•	•				
Hotonnes		•	•				
Hotonnes		•	•	•			
Innimond							
Lelex		•	•				
Mijoux							
Oyonnax		•					
Premillieu			•	•			
Ruffieu	•	•	•	•			
Ruffieu	•	•		•			
Saint-Martin-du-Mont							
Songieu	•		•	•			
Thezillieu	•		•				
Versailleux		•					
02 AISNE							
Autreppes							
Brecy							
Chamouille	•	•	•	•		•	
Coulonges-Cohan				•			
Coyolles							
Hargicourt	•			•		•	
Hirson	•			•	•		
Laversine	•		•	•	•	•	
Marly-Gomont							
Monthenault	•	•	•	•		•	
Nampteuil-sous-Muret	•			•			
Nouvron-Vingre							
Rozoy-Bellevalle	•			•			
Saint-Michel	•						
Sorbais							
Trefcon			•	•	•		
Verdilly	•	•	•		•	•	
03 ALLIER							
Agonges							
Arfeuilles		•					
Bellenaves		•		•			
Bert		•					
Cerilly		•					
La Chabanne	•	•					
Contigny	•						
Ebreuil	•	•					

Commune	Hébergements ⩾ 20 lits	Restauration (TH ou auberge sur place)	Accueil de classes	Location de salle/séminaire	Activités proposées par le propriétaire: équitation	VTT	ski
Lavault-Sainte-Anne	•	•		•			
Meaulne	•	•					
Montlucon		•					
Saint-Bonnet-Troncais	•	•	•	•			
Saint-Clement	•	•	•				
Saint-Nicolas-des-Biefs	•		•				
Taxat-Senat		•					
04 ALPES-DE-HAUTE-PROVENCE							
Allos		•					•
Annot	•	•	•	•			
Annot	•	•	•	•			
Banon	•	•	•	•			
Banon	•	•	•	•			
Blieux	•	•					
Castellane	•	•					
Castellane	•	•					
Digne-les-Bains	•	•	•		•		
Digne-les-Bains	•						
Esparron-de-Verdon		•					
Le Fugeret	•	•					
Greoux-les-Bains	•	•					
Lardiers							
Meolans-Revel	•	•				•	
Montjustin		•			•	•	
Moriez	•	•	•	•			
Moustiers-Sainte-Marie	•	•					
Peipin	•	•					
Prads-Haute-Bleone	•	•					
Saint-Andre-les-Alpes		•					
Saint-Geniez		•					
Saint-Jurs							
Saint-Martin-de-Bromes	•	•					
Saint-Ours-Meyronnes	•	•					
Saint-Paul-sur-Ubaye	•	•					
Saint-Paul-sur-Ubaye	•	•					
Saint-Paul-sur-Ubaye		•					
Saint-Vincent-sur-Jabron	•	•					
Saumane							
Selonnet	•	•					
Senez	•		•			•	
Senez	•						
Senez			•			•	
Simiane-la-Rotonde	•	•					
Soleilhas		•					
Thoard	•						
Thorame-Basse	•	•					
Thorame-Haute	•	•					
Uvernet-Fours	•	•		•			
05 HAUTES-ALPES							
Abries	•	•					•
Abries		•	•				
Agnieres-en-Devoluy							
Ancelle	•						
Cervieres	•	•					
Champcella		•					
Chateau-Ville-Vieille	•	•		•			
Chateau-Ville-Vieille		•					
Chateau-Ville-Vieille							
Chateauroux-les-Alpes	•	•	•				
Chateauroux-les-Alpes	•	•					
Crots	•	•					
Crots		•					
Eourres		•	•				

Commune	Hébergements ⩾ 20 lits	Restauration (TH) ou auberge sur place)	Accueil de classes	Location de salle/séminaire	Activités proposées par le propriétaire: équitation	VTT	ski
Forest-Saint-Julien	•		•	•			
Freissinieres		•					
Guillestre	•	•					
Guillestre	•	•					
Guillestre		•					
Manteyer	•	•		•			
Molines-en-Queyras	•	•					
Molines-en-Queyras				•			
Molines-en-Queyras		•					
Le Monetier-les-Bains	•	•	•				
Montdauphin		•					
Pelleautier		•					
Rambaud		•		•			
Reallon	•	•					
Reotier	•	•					
Ristolas	•	•					•
Ristolas	•	•					•
Saint-Auban-d'Oze		•					
Saint-Bonnet		•					
Saint-Etienne-en-Devoluy	•	•					
Saint-Etienne-en-Devoluy	•						
Saint-Etienne-en-Devoluy							
Saint-Jacques-en-Valgaudemar		•					
Saint-Martin-de-Queyrieres		•					
Saint-Maurice-en-Valgaudemar		•					
Saint-Michel-de-Chaillol	•	•					
Saint-Veran	•	•					
Vallouise	•	•					
Vallouise		•					
Les Vigneaux	•	•					
Villar-d'Arene	•	•					
Villard-Loubiere							•
06 ALPES-MARITIMES							
Aiglun	•	•					
Amirat							
Belvedere		•					
Chateauneuf-d'Entraunes		•					
La Croix-sur-Roudoule	•						
Cuebris							
Moulinet							
Roure	•						
Saint-Auban	•	•			•		
Saint-Dalmas-le-Selvage	•						
Saint-Jeannet			•				
Saint-Leger	•	•	•				
Saint-Martin-Vesubie							
Saint-Martin-Vesubie							
Saint-Sauveur-sur-Tinee							
Saorge		•					
Sospel		•		•			
Tende	•	•					
Tende							
Tende							
Utelle							
Valdeblore	•						
07 ARDÈCHE							
Berrias-Casteljau	•	•	•	•			
Borne	•		•	•			
Chalencon	•	•	•	•			
Gras		•					
Joyeuse			•				
Labastide-sur-Besorgues							
Lalouvesc	•	•	•	•			

Commune	Hébergements ≥ 20 lits	Restauration (TH) ou auberge sur place)	Accueil de classes	Location de salle/séminaire	Activités proposées par le propriétaire		
					équitation	VTT	ski
Loubaresse		●		●			
Montselgues		●	●				
Rocles		●	●				
Saint-Laurent-du-Pape		●					
Saint-Laurent-les-Bains	●	●					
Saint-Martial	●	●		●			
Saint-Martin-d'Ardeche	●	●			●	●	
Usclades-et-Rieutord	●		●				
08 ARDENNES							
Brognon							
Chemery-sur-Bar				●			
Donchery	●	●	●	●			
Saulces-Monclin	●	●	●	●			
Signy-l'Abbaye	●						
09 ARIÈGE							
Couflens				●			
Massat		●	●	●			
Roquefixade		●				●	
Ustou		●					
10 AUBE							
Amance							
Avirey-Lingey							
Baroville	●						
Celles-sur-Ource				●			
Celles-sur-Ource							
Channes							
Courteron	●						
Cunfin				●			
Lagesse							
La Loge-aux-Chevres	●						
La Loge-aux-Chevres							
Lusigny-sur-Barse	●			●			
Maraye-en-Othe	●	●					
Mery-sur-Seine	●	●	●	●			
Mery-sur-Seine		●	●	●			
Noe-les-Mallets							
Les Riceys	●						
Spoy							
Thuisy							
Unienville							
Ville-sur-Arce							
11 AUDE							
Belvis	●	●	●	●			
Camps-sur-Agly	●	●	●				
Granes	●	●					
Greffeil		●		●			
Leuc	●	●					
Montirat		●		●			
Pezens		●					
Puivert	●	●					
Saissac		●					
Salvezines		●					
Sougraigne		●					
Tuchan		●					
Verdun-en-Lauragais		●		●			
12 AVEYRON							
Brusque	●			●			
Camares				●			

Commune	Hébergements ⩾ 20 lits	Restauration (TH) ou auberge sur place)	Accueil de classes	Location de salle/séminaire	Activités proposées par le propriétaire: équitation	VTT	ski
Compeyre				•			
Nauviale	•		•				
Nauviale			•				
Peyreleau	•	•	•			•	
Sainte-Eulalie-de-Cernon		•	•	•			
La Salvetat-Peyrales	•	•		•			
Soulages-Bonneval			•		•		
Tournemire		•					
Verrieres	•	•	•	•		•	
13 BOUCHES-DU-RHÔNE							
Les Baux-de-Provence							
Cadolive		•					
Cornillon							
Mallemort		•					
Saliers--Arles	•	•					
Villeneuve-Camargue--Arles		•					
14 CALVADOS							
Le Beny-Bocage				•			
Le Billot-l'Oudon							
Cahagnes		•	•	•			
Cahagnes		•	•	•			
Cahagnes		•	•			•	
Champ-du-Boult	•						
Clecy	•	•	•	•		•	
Clecy							
Clecy-le-Vey	•		•	•			
Clecy-le-Vey	•						
Clinchamps-sur-Orne	•	•	•				
Crouay							
Douville-en-Auge							
Espins	•	•	•		•	•	
Espins		•	•				
La Pommeraye	•	•	•				
La Pommeraye							
Pont-d'Ouilly	•		•	•			
Saint-Andre-d'Hebertot							
Saint-Desir-de-Lisieux							
Saint-Jean-le-Blanc	•	•	•				
Saint-Martin-de-Blagny	•		•				
Saint-Martin-de-Blagny			•				
Saint-Paul-du-Vernay							
Vieux-Pont-en-Auge							
15 CANTAL							
Albepierre	•	•	•	•		•	•
Le Claux		•	•	•		•	•
Le Claux			•			•	•
Dienne	•	•					
Dienne							
Le Falgoux		•		•			
Pierrefort	•	•	•	•		•	•
Saint-Martin-sous-Vigouroux	•		•	•			
Saint-Projet-de-Salers	•			•			
16 CHARENTE							
Maine-de-Boixe							
Merpins							
Les Pins		•		•			
Sers				•			
Soyaux		•					
Tusson	•						

Commune	Hébergements ⩾ 20 lits	Restauration (TH ou auberge sur place)	Accueil de classes	Location de salle/séminaire	Activités proposées par le propriétaire: équitation	VTT	ski
18 CHER							
Assigny	●	●			●		
Gardefort				●			
Jars							
Jars-le-Noyer				●			
Neuilly-en-Sancerre							
Neuvy-sur-Barangeon		●		●		●	
Preveranges	●						
Saint-Doulchard							
Saint-Laurent		●					
Santranges		●		●			
Sury-Pres-Lere	●	●					
Vallenay	●		●		●		
Vereaux	●			●			
Vesdun	●			●			
Vouzeron	●		●				
19 CORRÈZE							
Camps-Saint-Mathurin-Leobazel		●		●	●		
Chaumeil		●					
Lubersac	●	●					
Naves							
Neuvic	●					●	
Saint-Julien-le-Vendomois			●				
Tarnac					●		
Veix		●					
Vigeois				●			
Voutezac	●			●			
20 CORSE							
Avapessa		●	●				
Ota	●						
Ota	●	●					
Poggio-de-Venaco							
Saint-Pierre-de-Venaco	●	●					
Sainte-Lucie-de-Tallano	●	●					
21 CÔTE-D'OR							
Baigneux-les-Juifs	●	●					
Baubigny	●	●	●				
Bouilland				●			
La Bussiere-sur-Ouche	●	●	●	●			
Etaules							
Foncegrive				●			
Francheville	●	●	●	●			
Grancey-le-Chateau	●	●	●				
Grancey-le-Chateau							
Juillenay	●	●	●	●			
Laignes							
Meursault							
Precy-sous-Thil	●		●				
Precy-sous-Thil							
Recey-sur-Ource	●	●					
La Rochepot							
Saulieu							
22 CÔTES-D'ARMOR							
Erquy	●	●	●	●			
24 DORDOGNE							
Angoisse	●	●	●		●		
Beynac-Cazenac							

Commune	Hébergements ⩾ 20 lits	Restauration (TH) ou auberge sur place)	Accueil de classes	Location de salle/séminaire	Activités proposées par le propriétaire: équitation	VTT	ski
Castelnaud-la-Chapelle							
Cenac	•		•				
Le Coux-et-Bigaroque	•	•	•				
Grignols	•		•				
Milhac-de-Nontron	•	•	•		•		
Mussidan	•	•	•				
Paussac-Saint-Vivien							
Saint-Aulaye	•						
Saint-Crepin-Carlucet		•	•				
Saint-Julien-de-Lampon	•						
Saint-Martial-de-Nabirat	•	•	•				
Saint-Rabier							
Tamnies	•	•	•		•		
Terrasson-Lavilledieu							
25 DOUBS							
Amathay-Vesigneux							
Le Bizot							
Charmauvillers	•	•					
Echay	•	•					
Gilley		•	•				
Metabief		•					
Morteau		•		•		•	•
Mouthe		•	•	•			
Nans-sous-Sainte-Anne	•	•				•	
Reculfoz	•		•				
Remoray	•		•			•	•
Villars-Saint-Georges				•			
Villers-le-Lac	•	•		•		•	•
Villers-le-Lac	•	•	•				
Villers-le-Lac							
Vuillafans	•	•		•			
26 DRÔME							
Aouste-sur-Sye	•	•					
Aubenasson	•						
Aurel	•	•	•				
Barbieres	•	•					
Beaumont-en-Diois	•	•					
Beaumont-en-Diois							
Beaurieres							
Bellecombe-Tarendol		•					
Buis-les-Baronnies	•	•					
Chatillon-en-Diois		•					
Chaudiere		•					
Die		•					
Die							
Die							
Dieulefit	•	•					
Eygalayes	•	•					
Gigors-et-Lozeron	•	•					
Gigors-et-Lozeron		•					
Glandage	•	•					
Leoncel							
Lus-la-Croix-Haute	•						
Lus-la-Croix-Haute		•					
Montbrun-les-Bains	•	•					
Montbrun-les-Bains		•					
Montferrand-la-Fare	•	•					
Montfroc	•	•					
La Motte-de-Galaure		•	•				
Plaisians	•	•	•				
Plan-de-Baix		•					
Poet-en-Percip							
Remuzat							

Commune	Hébergements ⩾ 20 lits	Restauration (TH ou auberge sur place)	Accueil de classes	Location de salle/séminaire	Activités proposées par le propriétaire: équitation	VTT	ski
Roche-sur-Grane		•					
Rochebrune	•	•					
Rochebrune	•	•					
Saillans	•	•					
Saint-Agnan-en-Vercors	•						
Saint-Agnan-en-Vercors		•					
Saint-Agnan-en-Vercors		•					
Saint-Julien-en-Quint		•					
Saint-Martin-en-Vercors	•	•					
Sainte-Jalle		•					
Saou							
Treschenu-Creyers	•	•					
Val-Maravel							
Vassieux-en-Vercors	•						
Vassieux-en-Vercors	•	•					
Vassieux-en-Vercors		•					
Venterol		•					
Villeperdrix	•	•					
Villeperdrix							
27 EURE							
Asnieres				•			
Calleville	•			•			
Chambord	•	•		•			
Damville	•			•			
Epegard							
Harcourt							
Ivry-la-Bataille							
Moisville							
Le Noyer-en-Ouche		•					
Saint-Aquilin-de-Pacy	•						
Saint-Aubin-du-Thenney	•		•			•	
Saint-Ouen-du-Tilleul	•				•		
Saint-Philbert-sur-Risle							
Saint-Vincent-des-Bois	•			•			
Sebecourt	•			•			
Serez	•						
Tourneville		•			•		
La Vieille-Lyre	•						
Villalet							
28 EURE-ET-LOIR							
Boutigny-sur-Opton		•					
Charbonnieres		•					
Chateaudun	•						
Chateaudun			•				
Combres				•	•		
Douy				•			
Illiers							
Manou					•		
Peronville		•		•			
Rueil-la-Gadeliere							
Senonches		•			•		
Terminiers	•						
Trizay-les-Bonneval							
29 FINISTÈRE							
Chateauneuf-du-Faou	•	•	•	•		•	
Saint-Thois	•	•	•			•	
30 GARD							
Aigaliers							
Aigues-Mortes	•		•	•			

Commune	Hébergements ⩾ 20 lits	Restauration (TH) ou auberge sur place)	Accueil de classes	Location de salle/séminaire	Activités proposées par le propriétaire: équitation	VTT	ski
Allegre		●		●			
Arre					●		
Breau-et-Salagosse							
Cendras	●				●		
Chamborigaud							
Colognac		●					
Dourbies	●						
Fournes							
Genolhac		●					
Lanuejols							
Lanuejols							
Lussan		●					
Lussan		●			●		
Molieres-sur-Ceze							
Montdardier							
Notre-Dame-de-la-Rouviere		●					
Notre-Dame-de-la-Rouviere							
Pont-Saint-Esprit	●						
Ponteils-et-Bresis					●	●	
Revens							
Rogues							
Saint-Jean-du-Gard		●					
Saint-Roman-de-Codieres	●						
Uzes					●		
Valleraugue		●			●		
Valleraugue						●	●
Valleraugue							
Valleraugue							
Verfeuil							
Vers-Pont-du-Gard							
Vezenobres							
Le Vigan							
Vissec							
31 HAUTE-GARONNE							
Ambax							
Bellegarde-Sainte-Marie	●	●		●	●		
Boutx-le-Mourtis		●	●		●	●	
Bruncan							
Cintegabelle	●	●			●		
Gaillac-Toulza			●		●		
Herran-Labaderque	●	●	●			●	●
Huos			●				
Moncaup	●	●		●			
Le Mourtis	●	●	●				●
Peguilhan	●	●					
Saint-Ferreol	●	●					
32 GERS							
Fleurance		●					
Gaujan		●	●	●			
Le Houga		●	●	●	●		
Mauroux		●		●			
Moncorneil-Grazan	●	●	●	●			
Riscle	●	●					
Saint-Orens-Pouy-Petit	●		●	●			
33 GIRONDE							
Belin-Beliet	●	●	●		●		
Cudos		●					
34 HÉRAULT							
Camplong		●	●				
Capestang			●	●			

Commune	Hébergements ⩾ 20 lits	Restauration (TH) ou auberge sur place)	Accueil de classes	Location de salle/séminaire	Activités proposées par le propriétaire		
					équitation	VTT	ski
Castanet-le-Haut	●	●					
Castanet-le-Haut			●				
Cazilhac	●	●					
Clermont-l'Herault		●			●		
Ganges	●	●		●			
Graissessac							
Lauret	●	●	●	●			
Lunas	●	●	●				
Mons-la-Trivalle	●						
Mons-la-Trivalle							
Montagnac	●		●	●			
Pardailhan	●	●		●			
Puisserguier				●			
Saint-Genies-de-Varensal			●				
Saint-Guilhem-le-Desert		●					
Saint-Jean-de-Bueges		●	●	●			
Saint-Jean-de-Bueges							
Saint-Martin-de-l'Arcon		●	●				
Saint-Martin-de-Londres	●	●	●				
Saint-Maurice-de-Navacelles			●				
Saint-Maurice-de-Navacelles							
Saint-Pons-de-Thomieres		●	●	●			
La Tour-sur-Orb	●	●	●				
La Tour-sur-Orb		●	●	●			
35 ILLE-ET-VILAINE							
Acigne				●			
Bazouges-sous-Hede				●			
La Bouexiere			●	●			
Gahard				●			
Medreac			●				
Roz-sur-Couesnon	●						
Saint-Meloir-des-Ondes	●			●	●		
Saint-M'Herve	●		●	●	●		
36 INDRE							
Arthon		●	●				
La Berthenoux	●		●				
Le Blanc			●				
Ciron							
Cuzion	●		●				
Eguzon-Chantome			●			●	
Jeu-les-Bois	●		●	●			
Lurais	●	●	●	●			
Lye						●	
Mers-sur-Indre			●	●			
Mezieres-en-Brenne	●		●	●	●	●	
Mezieres-en-Brenne			●	●			
Montgivray	●		●	●			
Nuret-le-Ferron							
Oulches	●	●	●			●	
Paulnay		●					
Le Pechereau			●				
Pouligny-Saint-Pierre	●						
Pouligny-Saint-Pierre			●				
Ruffec-le-Chateau			●		●		
Sacierges-Saint-Martin	●		●				
Saint-Benoit-du-Sault							
Saint-Christophe-en-Bazelle	●					●	
Saint-Michel-en-Brenne		●					
Saint-Pierre-de-Lamps			●		●		
Sarzay		●	●				
Tournon-Saint-Martin	●		●				
Tournon-Saint-Martin		●	●		●		
Vendoeuvres							

Commune	Hébergements ⩾ 20 lits	Restauration (TH) ou auberge sur place)	Accueil de classes	Location de salle/séminaire	Activités proposées par le propriétaire: équitation	VTT	ski
Vendoeuvres							
Veuil		•					
37 INDRE-ET-LOIRE							
Avrille-les-Ponceaux	•						
Bourgueil	•	•					
Bourgueil		•					
Brehemont	•						
Brizay-l'Ile-Bouchard	•	•		•			
La Celle-Guenand							
Chateau-Renault							
Cheille							
Civray-sur-Esves							
La Croix-en-Touraine	•	•					
Dame-Marie-les-Bois	•	•					
Dolus-le-Sec	•	•	•				
Esves-le-Moutier		•		•			
Genille	•						
L'Ile-Bouchard							
Loche-sur-Indrois	•	•					
Le Louroux		•					
Luze							
Marcilly-sur-Maulne		•	•	•			
Nouatre		•					
Nouzilly							
Perrusson	•						
Saint-Aubin-le-Depeint							
Saint-Patrice	•						
Saint-Senoch							
Savonnieres							
Seuilly	•	•					
Souvigny-de-Touraine							
Tauxigny		•					
Villedomer		•					
38 ISÈRE							
Auris-en-Oisans	•	•					
Autrans	•	•	•				
Besse-en-Oisans	•	•					
Bourg-d'Oisans	•	•	•				
Bourg-d'Oisans	•	•	•				
Bourg-d'Oisans	•			•			
Bourg-d'Oisans		•					
Chantelouve	•	•		•			
Chantelouve		•					
Chapareillan	•	•					
La Chapelle-du-Bard	•	•	•	•			
Chatte	•	•	•				
Chelieu		•					
Chevrieres	•	•					
Chevrieres	•	•					
Choranche	•	•					
Clelles							
Les Deux-Alpes							
Engins		•					
Entraigues							
La Ferriere-d'Allevard	•	•		•			
La Ferriere-d'Allevard		•					
Gresse-en-Vercors							
Gresse-en-Vercors		•					
Huez		•					
Huez		•					
Lalley		•					
Lans-en-Vercors		•					
Lans-en-Vercors		•					

Commune	Hébergements ⩾ 20 lits	Restauration (TH) ou auberge sur place)	Accueil de classes	Location de salle/séminaire	Activités proposées par le propriétaire: équitation	VTT	ski
Malleval	•	•		•			
Malleval	•						
Malleval							
Meaudre	•	•					
Mens							
Mizoen	•	•	•				
Monestier-du-Percy	•	•					
La Morte	•	•					
Murinais		•		•			
Ornon	•	•	•				
Ornon		•					
Oz-en-Oisans			•				
Oz-en-Oisans		•	•	•			
Pellafol							
Pinsot		•		•			
Rencurel		•					
Rencurel		•					
Rencurel		•					
Romagnieu							
Saint-Baudille-de-la-Tour	•	•					
Saint-Christophe-en-Oisans	•	•					
Saint-Christophe-en-Oisans	•	•					
Saint-Christophe-en-Oisans		•					
Saint-Christophe-sur-Guiers		•	•	•			
Saint-Christophe-sur-Guiers							
Saint-Christophe-sur-Guiers							
Saint-Hilaire-du-Touvet				•			
Saint-Hilaire-du-Touvet							
Saint-Jean-de-Vaulx		•					
Saint-Lattier		•					
Saint-Maximin	•	•	•				
Saint-Nizier-du-Moucherotte		•					
Saint-Pierre-d'Allevard							
Saint-Pierre-de-Chartreuse	•	•					
Saint-Pierre-de-Chartreuse		•					
Saint-Pierre-d'Entremont	•	•	•	•			
Saint-Sebastien		•		•			
Le Sappey-en-Chartreuse	•						
Seyssinet-Pariset		•		•			
Treminis	•	•	•	•			
Treminis		•					
Valencogne		•					
Villard-de-Lans		•					
Villard-Reymond		•					
Villard-Saint-Christophe	•		•	•			
39 JURA							
Bersaillin	•	•		•			
Bourcia							
Cerniebaud	•	•	•				•
Cramans							
Crenans		•					
Le Frasnois	•	•					
Lavigny		•			•		
Longchaumois	•		•				
Maynal	•	•	•	•	•		
Morbier	•	•					
La Pesse	•		•				
La Pesse		•					
Pimorin							
Plaisia		•				•	
Presilly		•					
Ravilloles							
Rothonay		•	•		•	•	
Les Rousses	•	•		•		•	•
Saint-Laurent-la-Roche							

Commune	Hébergements ⩾ 20 lits	Restauration (TH) ou auberge sur place)	Accueil de classes	Location de salle/séminaire	Activités proposées par le propriétaire: équitation	VTT	ski
Saint-Lothain		•					
Sarrogna		•				•	
Septmoncel		•					
Villeneuve-les-Charnod		•					
40 LANDES							
Dax	•	•			•		
Garein		•					
Hontanx	•	•	•				
Labouheyre							
Messanges		•					
Pontenx-les-Forges							
Riviere		•	•		•		
Tartas	•	•			•		
41 LOIR-ET-CHER							
Bourre							
Cande-sur-Beuvron							
Chaon							
Chaumont-sur-Loire		•					
La Ferte-Saint-Cyr	•	•	•		•	•	
Lunay				•			
Lunay				•			
Mareuil-sur-Cher	•	•	•	•			
Oisly			•				
Saint-Romain-sur-Cher							
Savigny-sur-Braye	•		•	•			
42 LOIRE							
Arcon							
Bard							
La Chamba	•	•		•			
Chambles	•		•				
La Chapelle-en-Lafaye				•			
Chatelus	•	•					
Chazelles-sur-Lyon							
La Gimond							
Lezigneux		•	•			•	
Montverdun	•			•			
Noailly				•			
Les Noes	•			•			
Noiretable	•	•	•	•			
Panissieres	•						
Pradines	•	•		•			
Saint-Alban-les-Eaux	•	•					
Saint-Bonnet-le-Chateau				•			
Saint-Bonnet-le-Chateau				•			
Saint-Cyr-de-Favieres							
Saint-Galmier	•			•			
Saint-Genest-Malifaux	•		•	•			
Saint-Genest-Malifaux		•					
Saint-Haon-le-Chatel	•						
Saint-Jean-Soleymieux							
Saint-Nizier-de-Fornas	•				•	•	
Saint-Paul-en-Jarez	•		•				
Saint-Rirand	•		•				
Saint-Sauveur-en-Rue	•	•					
Verrieres-en-Forez		•		•			
Villerest	•			•			
Virigneux							
Vivans	•		•				
43 HAUTE-LOIRE							
Allegre				•			
Ceaux-d'Allegre	•		•	•			

Commune	Hébergements ⩾ 20 lits	Restauration (TH) ou auberge sur place	Accueil de classes	Location de salle/séminaire	Activités proposées par le propriétaire: équitation	VTT	ski
Le Chambon-sur-Lignon	●	●	●	●			
Le Chambon-sur-Lignon	●	●	●				
Ferrussac		●	●	●		●	●
Jax	●	●	●		●		
Saint-Jeures							
Saint-Pal-de-Mons	●	●	●	●	●		
44 LOIRE-ATLANTIQUE							
Avessac							
Blain				●			
Chemere	●	●		●			
Fegreac				●			
Getigne			●	●			
Guemene-Penfao				●			
Guemene-Penfao			●	●			
Guenrouet		●		●			
Herbignac	●		●	●			
Saint-Etienne-de-Mer-Morte				●			
Saint-Mars-du-Desert							
Les Touches		●		●			
Varades				●			
45 LOIRET							
Bouzy-la-Foret		●		●	●		
Cerdon				●			
La Chapelle-Saint-Mesmin			●				
Dammarie-en-Puisaye	●	●	●	●			
Donnery							
Ferrieres							
Ferrieres-en-Gatinais	●			●			
Isdes							
Jargeau			●				
Ligny-le-Ribault			●				
Menestreau-en-Villette	●	●	●				
Mesnestreau-en-Villette		●	●	●			
Nancray-sur-Rimarde	●	●				●	
Neuvy-en-Sullias			●	●	●	●	
Nevoy	●	●					
Nevoy		●					
Nevoy		●					
Nibelle	●	●	●	●		●	
Saint-Aignan-le-Jaillard	●			●			
Saint-Denis-en-Val	●		●	●			
Viglain	●	●		●			
Vitry-aux-Loges					●		
47 LOT-ET-GARONNE							
Gavaudun			●				
Lacapelle-Biron	●						
Poudenas	●		●		●		
Poudenas		●	●		●		
Saint-Eutrope-de-Born		●		●	●		
48 LOZÈRE							
La Bastide	●	●				●	
Le Bleymard	●	●	●	●	●	●	●
Le Cheylard-l'Eveque	●	●		●			
Florac	●	●	●				
Hures-la-Parade	●		●				
Lajo		●					
La Malene	●						
Meyrueis	●						
Meyrueis				●			

Commune	Hébergements ⩾ 20 lits	Restauration (TH) ou auberge sur place)	Accueil de classes	Location de salle/séminaire	Activités proposées par le propriétaire: équitation	VTT	ski
Nasbinals	●	●					
Peyreleau	●	●	●			●	
Prinsuejols	●	●	●				
Rieutort-de-Randon	●						
Saint-Andeol-de-Clerguemort	●	●	●				
Saint-Andre-de-Lancize							
Saint-Denis-en-Margeride		●	●	●			●
Saint-Frezal-de-Ventalon	●	●	●	●			
Saint-Germain-de-Calberte		●					
Saint-Julien-d'Arpaon	●	●				●	
Saint-Pierre-des-Tripiers	●	●	●				
Saint-Rome-de-Dolan	●	●				●	
Sainte-Eulalie		●					
49 MAINE-ET-LOIRE							
Barace				●			
Beaulieu-sur-Layon	●	●					
Blaison-Gohier	●						
Challain-la-Potherie	●			●		●	
Chenehutte-Treves-Cunault					●		
Louresse-Rochemenier							
Martigne-Briand							
Pouance	●						
Saint-Geoges-des-Sept-Voies	●	●		●		●	
Soucelles				●			
50 MANCHE							
Acqueville		●					
Ancteville		●			●		
Auderville							
Bellefontaine	●	●					
Biville	●						
Brecey							
Brucheville					●		
La Chaise-Baudoin	●		●				
Conde-sur-Vire	●						
Coulouvray-Boisbenatre							
Courtils							
Fermanville		●					
Flamanville							
Flamanville		●					
Le Fresne-Poret							
Gorges		●					
Gouville-sur-Mer							
Graignes	●	●			●		
Graignes		●					
Granville	●	●					
Hauteville-sur-Mer				●			
Isigny-le-Buat		●					
Lessay	●	●					
Moidrey							
Le Petit-Celland	●		●				
Remilly-sur-Lozon		●					
Reville							
Saint-Aubin-du-Perron	●			●			
Saint-James	●						
Saint-Michel-des-Loups							
Saint-Pois							
Troisgots							
51 MARNE							
Avenay-Val-d'Or							
Jonquery							
Le Meix-Saint-Epoing	●	●		●			

Commune	Hébergements ⩾ 20 lits	Restauration (TH) ou auberge sur place)	Accueil de classes	Location de salle/séminaire	Activités proposées par le propriétaire: équitation	VTT	ski
Nesle-la-Reposte							
Pevy							
Pontgivart-Aumenancourt	•			•			
Sarcy							
Sarcy							
Trepail							
Vertus							
Ville-en-Tardenois							
Villers-en-Argonne	•	•	•	•			
52 HAUTE-MARNE							
Arc-en-Barrois							
Courcelles-sur-Aujon		•	•		•	•	
Culmont		•	•		•		
Damremont							
Droyes	•		•				
Saint-Broingt-le-Bois	•	•	•				
Saint-Martin-les-Langres	•		•		•		
Velles			•		•	•	
53 MAYENNE							
Andouille				•	•		
Bouchamps-les-Craon	•						
Champfremont	•						
Cosse-en-Champagne	•	•					
Gennes-sur-Glaize	•	•		•			
Hambers			•	•			
Mezangers	•	•	•		•	•	
Olivet	•						
Saint-Calais-du-Desert	•		•				
La Selle-Croannaise		•	•				
Senonnes	•	•	•	•			
Villiers-Charlemagne	•	•		•			
54 MEURTHE-ET-MOSELLE							
Beaumont	•		•	•			
Cirey-sur-Vezouze	•						
Gibeaumeix	•	•	•	•			
Landremont		•		•		•	
Martincourt				•			
Moineville		•		•			
55 MEUSE							
Brandeville							
Halles-sous-les-Cotes	•	•			•		
Lachaussee	•						
Ranzieres							
Saint-Julien-sous-les-Cotes	•		•	•			
57 MOSELLE							
Abreschviller	•			•			
Blanche-Eglise	•		•	•			
58 NIÈVRE							
Arleuf	•						
Arquian	•		•		•		
Brassy	•	•		•			
Brassy		•	•	•	•	•	
Dornes	•	•	•				
Lormes	•	•					
Montsauche		•					

Commune	Hébergements ⩾ 20 lits	Restauration (TH) ou auberge sur place)	Accueil de classes	Location de salle/séminaire	Activités proposées par le propriétaire		
					équitation	VTT	ski
Ourouer	•	•	•	•	•		
Ouroux-en-Morvan	•	•			•	•	
Sainte-Marie			•				
59 NORD							
Bailleul	•		•				
Bailleul	•	•	•				
Bailleul	•						
Beaurain							
Bermeries		•	•				
Bourbourg	•	•	•				
Comines	•		•				
Crochte			•	•			
Esquelbecq							
Etroeungt	•						
Honnecourt-sur-Escaut							
Houplines	•		•	•			
Houplines	•		•	•			
Liessies	•		•	•			
Maroilles	•		•	•			
Maulde	•		•				
Maulde				•			
Le Quesnoy	•						
Saint-Amand-les-Eaux	•						
Vertain	•		•	•			
Wambaix	•	•					
60 OISE							
Autreches							
Bailleval	•						
Boutavent-la-Grange	•						
Buicourt					•		
Bussy							
La Chapelle-aux-Pots	•		•	•	•	•	
Gerberoy							
Haute-Epine	•	•	•				
Mareuil-sur-Ourcq							
Margny-sur-Matz			•		•		
Nanteuil-le-Haudouin							
Ons-en-Bray	•		•				
Saint-Crepin-aux-Bois							
Songeons	•						
Verberie	•						
61 ORNE							
Argentan	•	•		•			
Aubry-en-Exmes	•	•	•	•	•		
Belleme	•						
Breel	•		•	•			
Carrouges	•	•					
Champeaux-sur-Sarthe	•						
La Chapelle-au-Moine				•			
La Chapelle-Montligeon	•		•				
La Chapelle-Montligeon	•						
Courgeoust	•	•	•				
Courgeoust	•	•	•				
Dorceau		•					
La Ferte-Mace		•			•		
La Haute-Chapelle							
Menil-Hubert-sur-Orne	•	•					
Menil-Hubert-sur-Orne				•			
Montmerrei	•		•				
Montmerrei			•				
Montsecret	•	•	•				

Commune	Hébergements ⩾ 20 lits	Restauration (TH) ou auberge sur place)	Accueil de classes	Location de salle/séminaire	Activités proposées par le propriétaire: équitation	VTT	ski
Saint-Bomer-les-Forges	●	●					
Saint-Michel-des-Andaines	●	●			●		
Saint-Nicolas-des-Bois							
Sainte-Croix-sur-Orne		●					
Tourouvre	●						
Vingt-Hanaps		●		●	●		
62 PAS-DE-CALAIS							
Agny	●		●				
Aire-sur-la-Lys			●				
Aix-Noulette							
Audinghen							
Bazinghen	●						
Becourt	●						
Belle-et-Houlefort			●				
Belle-Houllefort	●	●		●			
Belle-Houllefort							
Desvres							
Flechin	●			●			
Hallines		●					
Hermelighen	●						
Isques	●		●				
Isques			●		●		
Lumbres	●		●		●		
La Madeleine-sous-Montreuil	●						
Moulin-le-Comte	●	●					
Parenty							
Questrecques					●		
Tilques	●						
Torcy		●					
Wimereux	●	●				●	
Wimereux		●	●				
63 PUY-DE-DÔME							
Ceyssat	●		●		●		
Champetieres	●	●					
Chastreix				●			
Courgoul		●		●			
Murol			●			●	●
Nebouzat	●		●				
Picherande	●		●				
Rochefort-Montagne	●		●				
Saint-Julien-la-Geneste		●		●			
Saint-Martin-des-Olmes							
Saint-Victor-la-Riviere	●	●	●				
Thiolieres		●					
64 PYRÉNÉES-ATLANTIQUES							
Accous	●	●				●	
Arbus		●					
Baudreix	●	●	●	●			
Bruges	●	●		●			
Idron	●	●	●	●			
Lagor	●	●					
Lagos	●	●	●	●			
Lanne	●						
Monein		●	●	●			
Ordiarp	●		●			●	
Saint-Martin-d'Arberoue							
Saint-Vincent							
Sare	●		●	●			
Sevignacq-Meyracq	●	●		●			
Theze		●	●	●			
Urt		●					

Commune	Hébergements ⩾ 20 lits	Restauration (TH) ou auberge sur place)	Accueil de classes	Location de salle/séminaire	Activités proposées par le propriétaire		
					équitation	VTT	ski
65 HAUTES-PYRÉNÉES							
Adast	•				•		
Arbeost		•		•			
Aucun		•					
Aucun							
Aventignan	•		•				
Azet	•	•					
Bareges	•	•	•			•	•
Barrancoueu	•	•				•	
Bas-Nistos	•	•	•	•			
Betpouey							
Cadeac							
Campan	•	•					
Campan							
Cauterets	•	•				•	•
Cauterets	•	•					
Estaing			•				•
Estaing		•					•
Gedre	•	•					
Gedre	•				•	•	•
Germ	•	•	•	•			
Grust		•					
Puydarrieux	•	•	•	•			
Rabastens-de-Bigorre	•	•	•	•	•	•	
Sarlabous	•			•			
Viella	•	•	•	•	•		•
Vielle-Aure	•		•	•		•	•
Villelongue	•	•					
Viscos		•		•			
66 PYRÉNÉES-ORIENTALES							
Les Angles		•					
Fontrabiouse/espousouille	•		•				
Jujols		•					
Maury	•						
Valmanya		•					
67 BAS-RHIN							
Barr							
Bellefosse	•	•	•				
La Broque-la-Claquette	•	•	•	•			
Chatenois	•	•	•	•			
Climbach	•		•				
Dambach			•				
Diebolsheim	•						
Le Hohwald	•		•	•			
Mothern							
Munschhausen	•	•	•	•			
Oberbronn	•			•			
Obersteinbach	•	•	•	•			
Obersteinbach	•	•	•	•			
Obersteinbach			•	•			
La Petite-Pierre	•			•			
Reipertswiller	•	•	•	•			
Saessolsheim							
Wangenbourg-Engenthal	•	•	•				
Wangenbourg-Engenthal							
68 HAUT-RHIN							
Altenach	•	•					
Breitenbach		•					
Brinckheim		•	•		•		
Kiffis					•		

Commune	Hébergements ⩾ 20 lits	Restauration (TH ou auberge sur place)	Accueil de classes	Location de salle/séminaire	Activités proposées par le propriétaire : équitation	Activités proposées par le propriétaire : VTT	Activités proposées par le propriétaire : ski
Labaroche					•	•	
Lapoutroie	•	•		•			
Ligsdorf	•		•				
Luttenbach							
Le Markstein	•						
Le Markstein	•	•		•			
Michelbach	•	•		•			
Moosch	•						
Oderen				•			
Orbey	•						
Sainte-Marie-aux-Mines	•						
Sondernach	•						
Stosswihr	•						•
Thann	•		•	•			
Willer-sur-Thur		•					
69 RHÔNE							
Amplepuis		•					
Avenas		•					
Cenves	•	•	•	•			
Chamelet	•		•	•			
La Chapelle-sur-Coise		•		•			
Echalas		•	•	•			
Lamure-sur-Azergues		•	•	•			
Legny	•	•	•	•			
Marchampt							
Marchampt							
Marchampt		•	•	•			
Meaux-la-Montagne	•		•	•			
Odenas							
Ouroux	•		•	•			
Saint-Clement-les-Places			•	•			
Saint-Cyr-le-Chatoux		•					
Saint-Forgeux	•	•	•				
Saint-Lager							
Saint-Laurent-d'Ointgt							
Saint-Marcel-l'Eclaire							
Savigny							
Soucieu-en-Jarrest	•		•	•			
Vauxrenard							
Vauxrenard							
70 HAUTE-SAÔNE							
Bouhans-les-Montbozon			•	•			
Corravillers	•	•					
Le Haut-du-Them	•	•	•	•			
Miellin							
Pesmes							
Saint-Bresson		•					
Villersexel	•						
71 SAÔNE-ET-LOIRE							
Bissey-sous-Cruchaud				•	•		
Blanot		•			•		
La Chapelle-Naude	•		•	•	•		
La Chapelle-Saint-Sauveur			•		•	•	
Chevagny-sur-Guye			•	•	•	•	
Dettey		•			•		
Le Fay	•		•		•		
Gigny-sur-Saone	•		•	•		•	
La Grande-Verriere	•	•	•				
La Grande-Verriere	•	•				•	
Matour	•				•		
Melay	•				•		

Commune	Hébergements ⩾ 20 lits	Restauration (TH ou auberge sur place)	Accueil de classes	Location de salle/séminaire	Activités proposées par le propriétaire		
					équitation	VTT	ski
Mont-Saint-Vincent	•		•	•			
Nochize	•	•			•		
Saint-Prix							
Saint-Prix		•			•		
Serley	•		•	•			
Suin	•		•	•	•	•	
Toulon-sur-Arroux	•		•	•	•	•	
Trambly							
72 SARTHE							
Asnieres-sur-Vegre	•		•				
Bernay-en-Champagne	•	•					
Brulon	•		•				
Chahaignes	•						
Conlie				•			
Jupilles	•		•				
Marigne-Laille							
Monce-en-Belin	•			•			
Monce-en-Belin	•			•			
Montbizot	•		•				
Montfort-le-Gesnois	•						
Rouez-en-Champagne		•					
Sable-sur-Sarthe	•		•				
Saint-Jean-d'Asse							
Saint-Leonard-des-Bois	•						
Saint-Symphorien							
Sille-le-Guillaume							
73 SAVOIE							
Aillon-le-Jeune							
Aillon-le-Jeune							
Aillon-le-Jeune							
Aillon-le-Jeune							
Albiez-le-Jeune	•						
Les Allues-Meribel	•						
Ayn	•						
Beaufort-Areches	•	•					
Bellecombe-en-Bauges		•					
Bellentre-Montchavin							
Bessans	•	•	•				
Bonneval-sur-Arc							
Bourg-Saint-Maurice-les-Arcs	•	•					
Bramans	•	•					
Brides-les-Bains							
La Bridoire							
Champagny-en-Vanoise	•						
Champagny-en-Vanoise							
Champagny-en-Vanoise							
Le Chatelard		•	•	•			
La Cote-d'Aime							
Les Deserts		•					
Entremont-le-Vieux	•						
Entremont-le-Vieux		•		•			
La Giettaz	•	•					
Granier		•	•	•			
Granier							
Hauteluce			•				
Jarrier	•						
Jarsy	•	•	•				
Macot-la-Plagne	•						
Montaimont	•	•					
Montvalezan-la-Rosiere							
Peisey-Nancroix	•		•				
Le Pontet		•	•		•		
Le Pontet							

Commune	Hébergements ⩾ 20 lits	Restauration (TH) ou auberge sur place)	Accueil de classes	Location de salle/séminaire	Activités proposées par le propriétaire: équitation	VTT	ski
Saint-Alban-des-Villards	●						
Saint-Andre	●	●	●				
Saint-Bon-Courchevel	●						
Saint-Georges-d'Hurtieres	●		●				
Saint-Jean-d'Arvey	●						
Saint-Jean-de-Maurienne							
Saint-Pierre-d'Entremont	●	●	●				
Sainte-Foy-Tarentaise		●					
Sainte-Foy-Tarentaise		●					
Seez		●					
Termignon	●		●				
Tignes							
Valezan		●		●			
Valloire	●	●	●				
Valloire	●	●				●	●
Valloire							
Valmeinier	●	●					●
Valmeinier							
74 HAUTE-SAVOIE							
Amancy	●	●		●			
Araches-les-Carroz	●	●		●			
Bellevaux		●					
Bernex	●	●					
Bonnevaux		●					
Brison	●	●	●	●			
Chamonix-Mont-Blanc	●	●	●	●			
Chamonix-Mont-Blanc	●	●	●				
Chamonix-Mont-Blanc	●	●					●
Chamonix-Mont-Blanc/argentiere	●						●
Chamonix-Mont-Blanc/argentiere	●	●	●				●
Chamonix-Mont-Blanc/argentiere	●	●					
Champanges		●		●			
La Chapelle-d'Abondance	●	●					
La Chapelle-d'Abondance	●	●					
Chatel	●	●					
Chatillon-sur-Cluses		●					
Chavanod		●	●	●			
La Clusaz	●	●					
La Clusaz	●	●		●			
Combloux	●	●					
Combloux		●					
Dingy-Saint-Clair	●	●					
Doussard	●	●	●	●			
Entremont	●	●					
Essert-Romand	●	●	●	●			
Faverges							
Faverges		●	●				
Grand-Bornand	●	●		●			
Gruffy	●	●					
Habere-Poche							
Les Houches	●	●		●			●
Les Houches	●	●					
Les Houches		●					
Leschaux	●	●		●		●	
Lucinges		●					
Manigod	●	●		●			
Manigod	●	●	●				
Manigod		●					
Megeve							
Mieussy	●		●	●			
Mieussy		●	●				
Mieussy			●				
Mont-Saxonnex	●		●		●		
Morillon	●	●					
Neuvecelle/evian-les-Bains	●	●	●	●			

Commune	Hébergements ⩾ 20 lits	Restauration (TH) ou auberge sur place)	Accueil de classes	Location de salle/séminaire	Activités proposées par le propriétaire		
					équitation	VTT	ski
Petit-Bornand-les-Glieres			●				
Praz-sur-Arly		●					
Le Reposoir	●	●	●	●			
Le Reposoir							
La Riviere-Enverse	●	●	●	●			
Saint-Gervais-les-Bains	●	●	●	●			
Saint-Jean-d'Aulps	●	●	●	●			
Saint-Nicolas-Veroce/Saint-Gervais	●	●					
Saint-Nicolas-Veroce/Saint-Gervais		●					
Samoens	●	●	●	●			
Samoens	●	●					
Samoens		●	●				●
Serraval	●		●	●			
Serraval		●					
Servoz	●	●	●				
Seythenex	●						
Seythenex	●		●	●		●	●
Seythenex	●	●	●				
Sixt-Fer-a-Cheval	●	●	●	●			
Sixt-Fer-a-Cheval	●	●					
Thollon	●	●	●	●			
Thones	●	●					
Thones	●	●					
Vacheresse	●	●		●			
Vailly	●		●	●			
Vallorcine	●	●					
Verchaix	●	●	●				
76 SEINE-MARITIME							
Auffay	●		●	●	●		
Bardouville							
Bezancourt							
Bosville	●		●	●	●		
Buchy	●						
Forges-les-Eaux	●						
Forges-les-Eaux							
Gaillefontaine				●			
Hattenville							
Haudricourt		●		●			
Maulevrier-Sainte-Gertrude	●			●			
Mont-Roty		●		●			
Pleine-Seve				●			
Saint-Martin-aux-Arbres	●	●	●		●		
Saint-Martin-aux-Buneaux				●			
Saint-Pierre-de-Manneville	●						
Saint-Valery-en-Caux	●						
Totes	●			●			
Val-de-Saane	●			●			
77 SEINE-ET-MARNE							
Breau							
La Celle-sur-Morin			●		●		
Cerneux	●		●				
Chaumes-en-Brie				●			
Coulombs-en-Valois	●	●	●	●		●	
Echouboulains		●		●			
La Haute-Maison		●	●	●			
Jouarre	●			●			
Maison-Rouge			●	●			
Maison-Rouge				●			
Nangis				●			
Nesles-la-Gilberde		●	●				
Neufmoutiers-en-Brie							
Noisy-sur-Ecole							
Solers	●	●	●	●			

Commune	Hébergements ⩾ 20 lits	Restauration (TH ou auberge sur place)	Accueil de classes	Location de salle/séminaire	Activités proposées par le propriétaire		
					équitation	VTT	ski
Vaux-sur-Lunain			●				
Villeneuve-sur-Bellot	●	●	●		●	●	
Villiers-Saint-Georges				●			
Voinsles	●		●	●			
78 YVELINES							
Brueil-en-Vexin	●	●		●	●		
La Celle-les-Bordes	●						
Dampierre-en-Yvelines							
Epone						●	
Rambouillet							
79 DEUX-SÈVRES							
Bessines	●						
Le Beugnon	●				●		
Boisme	●	●		●			
Bougon	●	●		●			
Caunay	●			●			
Chef-Boutonne	●						
La Couarde	●		●	●			
La Coudre	●	●			●		
Coulonges-sur-l'Autize					●		
Gourge					●		
Lezay	●				●		
Marigny	●						
Massais	●	●					
Mazieres-sur-Beronne	●		●				
Melle							
Moncoutant	●						
Rom							
Saint-Generoux							
Saint-Hilaire-la-Palud	●	●			●		
Saint-Hilaire-la-Palud							
Villiers-en-Bois	●			●			
Vitre		●			●		
80 SOMME							
Bavelincourt	●		●		●		
Beauchamps	●	●	●	●	●	●	
Bus-les-Artois	●				●		
Chepy	●						
La Faloise							
Fontaine-le-Sec	●	●				●	
Foucaucourt-Hors-Nesle	●						
Friville-Escarbotin	●				●		
Hornoy-le-Bourg							
Loeuilly							
Morvillers							
Ponthoile	●	●			●		
Saint-Quentin-en-Tourmont	●		●		●		
Saveuse	●				●		
Villers-sous-Ailly	●		●		●	●	
81 TARN							
Aguts		●	●				
Ambialet				●			
Brens	●	●					
Cambounes		●					
Cambounet-sur-le-Sor	●	●		●			
Cordes	●	●					
Damiatte	●	●					
Dourgne	●			●			
Gaillac	●	●		●			

Commune	Hébergements ≥ 20 lits	(TH) Restauration ou auberge sur place	Accueil de classes	Location de salle/séminaire	Activités proposées par le propriétaire		
					équitation	VTT	ski
Labastide-Rouairoux							
Lasfaillades		•					
Mazamet							
Montredon-Labessonnie		•					
Paulinet	•	•	•				
Roussayrolles			•	•			
Saint-Paul-Cap-de-Joux	•	•					
Le Segur	•			•			
Vabre	•			•			
82 TARN-ET-GARONNE							
Lafrancaise		•		•	•	•	
Lauzerte		•	•		•		
Lauzerte							
Lavit		•				•	
Montaigu-de-Quercy		•					
Saint-Vincent-Lespinasse		•	•	•		•	
83 VAR							
La Bastide				•	•		
Brue-Auriac	•						
Chateauvieux	•	•	•				
Le Muy	•			•			
Pierrefeu	•	•					
La Roque-Esclapon		•					
Rougiers		•					
Saint-Raphael	•	•					
Salernes		•		•			
Villecroze	•	•	•	•	•		
84 VAUCLUSE							
Apt	•	•					
Aurel	•	•					
Auribeau		•					
La Bastide-des-Jourdans	•	•					
Beaumes-de-Venise							
Bedoin		•					
Buoux		•					
Cairanne	•						
Camaret-sur-Aigues		•					
Gargas		•					
Gigondas	•						
Grambois		•		•			
Grillon	•	•	•				
Lafare	•						
Lauris	•	•					
Lourmarin	•			•			
Malaucene	•	•	•	•			
Malaucene		•					
Maubec							
Merindol							
Monieux	•	•					
Monieux		•					
Mont-Serein-(Mont-Ventoux)	•	•					
Rasteau	•	•	•	•			
Saint-Christol				•			
Saint-Trinit	•	•					
Sault		•					
Saumane-de-Vaucluse				•			
Sivergues	•	•					
Sivergues	•	•					
Les Valayans	•	•					
Viens		•					
Vitrolles		•					

Commune	Hébergements ≥ 20 lits	Restauration (TH ou auberge sur place)	Accueil de classes	Location de salle/séminaire	Activités proposées par le propriétaire : équitation	VTT	ski
85 VENDÉE							
Avrille				●			
La Caillere-Saint-Hilaire	●	●	●	●			
Fougere				●			
Grosbreuil				●			
Pissotte	●	●	●				
Talmont-Saint-Hilaire				●			
86 VIENNE							
Antran	●	●					
Champagne-Saint-Hilaire	●						
Curcay-sur-Dive	●						
Lathus		●		●			
Saint-Germain							
Saulge							
87 HAUTE-VIENNE							
Bersac-sur-Rivalier		●					
Panazol							
Saint-Leger-la-Montagne							
88 VOSGES							
Ban-de-Sapt							
Ban-sur-Meurthe	●						
La Bresse	●						
La Bresse	●						
Gerbepal							
Jesonville							
Le Menil-Thillot							
Ventron	●						
89 YONNE							
Bleneau	●		●				
Chatel-Gerard	●	●					
Crain	●		●				
Escamps	●						
Foissy-les-Vezelay	●	●					
Lavau	●						
Lezinnes	●						
Merry-Sec	●	●					
Saint-Aubin-Chateauneuf							
Saint-Cyr-les-Colons							
Saint-Germain-des-Champs	●	●	●				
Saint-Vinnemer		●					
Villeneuve-les-Genets	●			●			
90 TERRITOIRE-DE-BELFORT							
Evette-Salbert	●	●	●				
Giromagny							
Lepuix-Gy		●					
Rougemont-le-Chateau	●						
91 ESSONNE							
Auvers-Saint-Georges	●	●	●	●	●		
Boissy-la-Riviere	●	●	●	●			
Boissy-sous-Saint-Yon	●		●	●	●	●	
Saint-Cheron				●			
Sermaise				●			
95 VAL-D'OISE							
Jouy-le-Moutier	●						
Nucourt	●		●				

Commune	Hébergements ⩾ 20 lits	Restauration (TH ou auberge sur place)	Accueil de classes	Location de salle/séminaire	Activités proposées par le propriétaire: équitation	VTT	ski
La Roche-Guyon							
Seraincourt	•			•			
Viarmes	•	•	•				
Viarmes	•		•	•	•		
Villers-en-Arthies	•		•	•			
Villers-en-Arthies	•			•			

Renseignements, Guides départementaux, Réservations

Réservation par 3615 code "Gîtes de France" 1,29 F/mn

50 - MANCHE
Rond-Point de la Liberté
Maison du Département
50008 SAINT-LO CEDEX
Tél. 02 33 56 28 80 - Fax 02 33 56 07 03

51 - MARNE
Chambre d'Agriculture
Complexe Agricole du Mont-Bernard
Route de Suippes - B.P. 525
51009 CHALONS-SUR-MARNE CEDEX
Tél. 03 26 64 95 05 ou 03 26 64 08 13
Fax 03 26 64 95 06

52 - HAUTE-MARNE
40 bis, avenue Foch
52000 CHAUMONT
Tél. 03 25 30 39 00 - Fax 03 25 30 39 09

53 - MAYENNE
84, avenue Robert Buron - BP 2254
53022 LAVAL CEDEX 9
Tél. 02 43 53 58 78 - Fax 02 43 53 58 79

54 - MEURTHE-ET-MOSELLE
5, rue de la Vologne
Centre Agricole - Chambre d'Agriculture
54524 LAXOU CEDEX
Tél. 03 83 96 44 52 - Fax 03 83 98 50 42

55 - MEUSE
Hôtel du Département
4, rue de la Résistance
55012 BAR-LE-DUC CEDEX
Tél. 03 29 45 78 42 - Fax 03 29 45 78 45

56 - MORBIHAN
2, rue du Château - BP 318
56403 AURAY CEDEX
Tél. 02 97 56 48 12 - Fax 02 97 50 70 07

57 - MOSELLE
1, rue de Coëtlosquet - 57000 METZ
Tél. 03 87 69 04 90- Fax 03 87 01 19 44

58 - NIEVRE
3, rue du Sort
58000 NEVERS
Tél. 03 86 36 42 39 - Fax 03 86 36 36 63

59 - NORD
89, boulevard de la Liberté
59800 LILLE
Tél. 03 20 14 93 93 - 03 20 14 93 94
Fax 03 20 14 93 99

60 - OISE
8 bis, rue Delaherche - B.P. 822
60008 BEAUVAIS CEDEX
Tél. 03 44 06 25 85 - Fax 03 44 06 25 80

61 - ORNE
C.D.T. , 88, rue Saint-Blaise
B.P. 50 - 61002 ALENÇON CEDEX
Tél. 02 33 28 07 00 - Fax 02 33 29 01 01

62 - PAS-DE-CALAIS
24, rue Désille
62200 BOULOGNE-SUR-MER
Tél. 03 21 87 28 91 - Fax 03 21 30 04 81

63 - PUY-DE-DOME
Place de la Bourse
63038 CLERMONT-FERRAND CEDEX 1
Tél. 04 73 90 00 15 - Fax : 04 73 92 83 75

64 - PYRENEES ATLANTIQUES
Maison de l'Agriculture
124, bd Tourasse
64078 PAU CEDEX
Tél. 05 59 80 19 13 - Fax : 05 59 80 04 20

65 - HAUTES-PYRENEES
22, place du Foirail
65000 TARBES
Tél. 05 62 34 31 50 ou 05 62 34 64 37
Fax 05 62 34 37 95

66 - PYRENEES ORIENTALES
30, rue Pierre-Bretonneau
66017 PERPIGNAN CEDEX
Tél. 04 68 55 60 95 ou 04 68 55 60 96
Fax 04 68 55 60 94

67 - BAS-RHIN
7, place des Meuniers
67000 STRASBOURG
Tél. 03 88 75 56 50 - Fax 03 88 23 00 97
E-mail : alsace-gites@adec.fr

68 - HAUT-RHIN
Maison du Tourisme
1, rue Schlumberger - BP 371
68007 COLMAR
Tél. 03 89 20 10 60 - Fax 03 89 23 33 91

69 - RHONE A.D.T.R.
1, rue Général-Plessier - 69002 LYON
Tél. 04 72 77 17 50 - Fax 04 78 38 21 15

69 - RHONE-ALPES
1, rue Général-Plessier - 69002 LYON
Tél. 04 72 77 17 55 - Fax 04 78 38 21 15

70 - HAUTE-SAONE
Maison du Tourisme
6, rue des Bains - B.P. 117
70002 VESOUL CEDEX
Tél. 03 84 97 10 70 - Fax 03 84 97 10 71

71 - SAONE-ET-LOIRE
Chambre d'Agriculture
Esplanade du Breuil - 71010 MACON
Tél. 03 85 29 55 60 - Fax 03 85 38 61 98

72 - SARTHE
40, rue Joinville
72000 LE MANS
Tél : 02 43 40 22 50 - Résa 02 43 40 22 60
Fax : 02 43 40 22 61

73 - SAVOIE
24, bd de la Colonne
73024 CHAMBERY CEDEX
Tél. 04 79 33 22 56 - Fax 04 79 85 71 32

74 - HAUTE-SAVOIE
17,avenue d'Albigny
74000 ANNECY
Tél. 04 50 23 92 74 - Fax 04 50 27 74 22

76 - SEINE-MARITIME
Immeuble de la Chambre d'Agriculture
Chemin de la Bretèque - B.P. 59
76232 BOIS-GUILLAUME CEDEX
Tél. 02 35 60 73 34 - Fax 02 35 61 69 20

77 - SEINE-ET-MARNE
Maison Départementale du Tourisme
9/11, rue Royale
77300 FONTAINEBLEAU
Tél. 01 60 39 60 39 - Fax 01 60 39 60 40

78 - YVELINES
Hôtel du Département
2, place André-Mignot
78012 VERSAILLES CEDEX
Tél. 01 30 21 36 73 - Fax 01 39 01 88 56

79 - DEUX-SEVRES
15, rue Thiers - B.P. 8524
79025 NIORT CEDEX 9
Tél. 05 49 24 00 42 ou 05 49 77 15 90
Fax 05 49 77 15 94

80 - SOMME
21, rue Ernest-Cauvin
80000 AMIENS
Tél. 03 22 71 22 71 - Résa : 03 22 71 22 70
Fax 03 22 71 22 69

81 - TARN
Maison des Agriculteurs La Milliasolle
B.P. 89 - 81003 ALBI CEDEX
Tél. 05 63 48 83 01 - Fax 05 63 48 83 12

82 - TARN-ET-GARONNE
C.D.T. - Place du Maréchal-Foch
Hôtel des Intendants
82000 MONTAUBAN
Tél. 05 63 66 04 42 - Fax 05 63 66 80 36

83 - VAR
Conseil Général
Rond-Point du 4.12.74 - B.P. 215
83006 DRAGUIGNAN CEDEX
Tél. 04 94 50 93 93 ou 04 94 22 65 71
Fax 04 94 50 93 90 ou 04 94 22 65 72

84 - VAUCLUSE
B.P. 164
84008 AVIGNON CEDEX 1
Tél. 04 90 85 45 00 - Fax 04 90 85 88 49

85 - VENDEE
124, bd Aristide-Briand - B.P. 735
85018 LA ROCHE-SUR-YON CEDEX
Tél. 02 51 37 87 87 - Fax 02 51 62 15 19

86 - VIENNE
15, rue Carnot - B.P. 287
86007 POITIERS CEDEX
Tél. 05 49 37 48 54 - Fax 05 49 37 48 61

87 - HAUTE-VIENNE
32, avenue du Général-Leclerc
87065 LIMOGES CEDEX
Tél. 05 55 77 09 57 - Fax 05 55 10 92 29

88 - VOSGES
13, rue Aristide-Briand - B.P. 405
88010 EPINAL CEDEX
Tél. 03 29 35 50 34 - Fax 03 29 35 68 11

89 - YONNE
Chambre d'Agriculture - 14 bis, rue Guynemer
89015 AUXERRE CEDEX
Tél. 03 86 94 22 22 ou 03 86 46 01 39
Fax 03 86 94 22 23
Résa 03 86 72 92 15 - Fax 03 86 72 92 09

90 - TERRITOIRE DE BELFORT
2 bis, rue Clémenceau
90000 BELFORT
Tél. 03 84 21 27 95 - Fax 03 84 55 90 99

91 - ESSONNE
2, cours Monseigneur Roméro
91025 EVRY CEDEX
Tél. 01 64 97 23 81 - Fax 01 64 97 23 70

95 VAL D'OISE
Chateau de la Motte
Rue François de Ganay
95270 LUZARCHES
Tél : 01 34 71 90 00 - Fax : 01 30 29 30 86

97.1 - GUADELOUPE
5, square de la Banque
Place de la victoire - B.P. 759
97171 POINTE-A-PITRE CEDEX
Tél. 00 590 91 64 33 - Fax 00 590 91 45 40

97.2 - MARTINIQUE
9, bd du Général-de-Gaulle
B.P. 1122 - 97248 FORT-DE-FRANCE CEDEX
Tél. 00 596 73 74 74 - Fax 00 596 63 55 92

97.3 - GUYANE
12, rue Lalouette - B.P. 801
97300 CAYENNE
Tél. 00 594 29 65 00 - Fax 00 594 29 65 01

97.4 - ILE-DE-LA-REUNION
10, place Sarda Garriga
97400 SAINT-DENIS
Tél. 00 262 90 78 90 - Fax 00 262 41 84 29

LISTE DES RELAIS DÉPARTEMENTAUX

Boutique avec vente de guides nationaux et départementaux

01 - AIN
21, place Bernard - B.P. 198
01005 BOURG-EN-BRESSE CEDEX
Tél. 04 74 23 82 66 - Fax 04 74 22 65 86

02 - AISNE
24/28, avenue Charles de Gaulle - B.P. 116
02005 LAON CEDEX
Tél. 03 23 27 76 80 - Fax 03 23 27 76 88

03 - ALLIER
Résagîtes / Résahôtes
Hôtel de Rochefort
12, cours Anatole-France - B.P 1647
03016 MOULINS CEDEX
Tél. 04 70 46 81 50 - 04 70 46 81 60
Fax 04 70 46 00 22

04 - ALPES-DE-HAUTE PROVENCE
Maison du Tourisme
Rond-Point du 11 Novembre - B.P. 201
04001 DIGNE LES BAINS CEDEX
Tél. 04 92 31 52 39 - Fax 04 92 32 32 63

05 - HAUTES-ALPES
1, place du Champsaur - B.P. 55
05002 GAP CEDEX
Tél. 04 92 52 52 92- Fax 04 92 52 52 90

06 - ALPES-MARITIMES
C.R.T.
55, Promenade des Anglais - B.P. 1602
06011 NICE CEDEX 1
Tél. 04 92 15 21 30 - Fax 04 93 86 01 06
http :// www.crt - riviera.fr /gites 06

07 - ARDECHE
4, Cours du Palais - B.P. 402
07004 PRIVAS CEDEX
Tél. 04 75 64 70 70 - Fax 04 75 64 75 40

08 - ARDENNES
1, av. du Petit-Bois - B.P. 331
08105 CHARLEVILLE-MEZIERES CEDEX
Tél. 03 24 56 89 65 - Fax 03 24 56 89 66

09 - ARIEGE
31 bis, avenue du Général de Gaulle
B.P. 143
09004 FOIX CEDEX
Tél. 05 61 02 30 89 - Fax 05 61 65 17 34

10 - AUBE
Chambre d'Agriculture
2 bis, rue Jeanne-d'Arc - B.P. 4080
10014 TROYES CEDEX
Tél. 03 25 73 00 11 - Fax 03 25 73 94 85

11 - AUDE
78, rue Barbacane
11000 CARCASSONNE
Tél. 04 68 11 40 70 - Fax 04 68 11 40 72

12 - AVEYRON
APATAR - Maison du Tourisme
6, place Jean Jaurès - B.P. 831
12008 RODEZ CEDEX
Tél.. : 05 65 75 55 60 - Résa : 05 65 75 55 55
Fax 05 65 75 55 61 - Résa : 05 65 75 55 89

13 - BOUCHES-DU-RHONE
Domaine du Vergon
13370 MALLEMORT
Tél. 04 90 59 49 27 - 04 90 59 49 40
Fax 04 90 59 16 75

14 - CALVADOS
6, promenade Madame-de-Sévigné
14050 CAEN CEDEX
Tél. 02 31 82 71 65 - Fax 02 31 83 57 64

15 - CANTAL
26, rue du 139e R.I. - B.P. 239
15002 AURILLAC CEDEX
Tél. 04 71 48 64 20 - Fax 04 71 48 64 21

16 - CHARENTE
27, Place Bouillaud
16021 ANGOULEME CEDEX
Tél. 05 45 69 79 09 - Fax 05 45 69 48 60

17 - CHARENTE-MARITIME
Résidence Le Platin
1, Perspective de l'Océan - Les Minimes B.P. 32
17002 LA ROCHELLE CEDEX 1
Tél. 05 46 50 63 63 - Fax 05 46 50 54 46

18 - CHER
5, rue de Séraucourt - 18000 BOURGES
Tél. 02 48 67 01 09 - Fax 02 48 67 01 44

19 - CORREZE
Chambre d'Agriculture
Immeuble Consulaire Tulle Est
Puy Pinçon - B.P. 30 -19001 TULLE CEDEX
Tél. 05 55 21 55 61 ou 05 55 21 55 21 (poste 56-79)
Fax 05 55 21 55 88

20 - CORSE
1, rue Général Fiorella
20181 AJACCIO CEDEX 01
Tél. 04 95 51 72 82- Fax 04 95 51 72 89

21 - COTE-D'OR
16, rue Lamonnoye - B.P. 2696
21058 DIJON CEDEX
Tél. 03 80 38 24 44 - Fax 03 80 38 24 30

22 - COTES-D'ARMOR
21-23, rue des Promenades
B.P. 4536 - 22045 SAINT-BRIEUC CEDEX 2
Tél. 02 96 62 21 73 - 02 96 62 21 74
Fax 02 96 61 20 16

23 - CREUSE
Maison de l'Agriculture - 1, rue Martinet
B.P. 89 - 23011 GUERET CEDEX
Tél. 05 55 61 50 15 - Fax 05 55 41 02 73

24 - DORDOGNE
25, rue Wilson
24009 PERIGUEUX CEDEX
Tél. 05 53 35 50 24 - Fax 05 53 09 51 41

25 - DOUBS
4 ter, Faubourg Rivotte
25000 BESANÇON
Tél. 03 81 82 80 48 - Fax 03 81 82 38 72

26 - DROME
95, av. Georges-Brassens
26500 BOURG-LES-VALENCE
Tél : 04 75 83 90 20 Résa : 04 75 83 01 70
Fax 04 75 82 90 57

27 - EURE
9, rue de la Petite-Cité - B.P. 882
27008 EVREUX CEDEX
Tél. 02 32 39 53 38 - Fax 02 32 33 78 13

28 - EURE-ET-LOIR
Maison de l'Agriculture
10, rue Dieudonné-Costes
28024 CHARTRES
Tél. 02 37 24 45 11 - Fax 02 37 24 45 90

29 - FINISTERE
5, allée Sully
29322 QUIMPER CEDEX
Tél. 02 98 52 48 00 - Fax 02 98 52 48 44
E-mail : gites29@eurobretagne.fr

30 - GARD
C.D.T.
3, place des Arènes - B.P. 59
30007 NIMES CEDEX 4
Tél. 04 66 27 94 94 - Fax 04 66 27 94 95

31 - HAUTE-GARONNE
14, rue Bayard - B.P. 845
31015 TOULOUSE CEDEX 06
Tél. 05 61 99 70 60 - Fax 05 61 99 41 22

32 - GERS
Maison de l'Agriculture
Route de Tarbes - 32003 AUCH CEDEX
Tél. 05 62 61 77 67 - Résa : 05 62 61 79 00
Fax 05 62 61 77 07- Résa : 05 62 61 79 09

33 - GIRONDE
Maison du Tourisme
21, cours de l'Intendance
33000 BORDEAUX
Tél. 05 56 81 54 23 - Fax 05 56 51 67 13

34 - HERAULT
Maison du Tourisme
Av. des Moulins - B.P. 3070
34034 MONTPELLIER CEDEX 1
Tél. 04 67 67 62 62 - Résa : 04 67 67 71 66
Fax 04 67 67 71 69

35 - ILLE-ET-VILAINE
8, rue de Coëtquen - B.P. 5093
35061 RENNES CEDEX 3
Tél. 02 99 78 47 57 - Fax 02 99 78 47 53

36 - INDRE
1, rue Saint-Martin - B.P. 141
36003 CHATEAUROUX CEDEX
Tél. 02 54 22 91 20 - Fax 02 54 27 60 00

37 - INDRE-ET-LOIRE
38, rue Augustin-Fresnel
37171 CHAMBRAY-LES-TOURS
Tél. 02 47 48 37 13 - Fax 02 47 48 13 39

38 - ISERE
Maison des Agriculteurs
40, avenue Marcelin-Berthelot
BP 2641
38036 GRENOBLE CEDEX
Tél. 04 76 40 79 40 - Fax 04 76 40 79 99

39 - JURA
8, rue Louis Rousseau
39000 LONS-LE-SAUNIER
Tél. 03 84 87 08 88 - Fax 03 84 24 88 70

40 - LANDES
Chambre d'Agriculture
Cité Galliane- BP 279
40005 MONT-DE-MARSAN CEDEX
Tél. 05 58 85 44 44 - Fax 05 58 85 44 45

41 - LOIR-ET-CHER
Association Vacances Vertes
5, rue de la Voûte-du-Château - BP 249
41001 BLOIS CEDEX
Tél. 02 54 58 81 63 - Résa : 02 54 58 81 64
Fax 02 54 56 04 13

42 - LOIRE
Cité de l'Agriculture
43, av. Albert-Raimond - B.P. 50
42272 SAINT-PRIEST-EN-JAREZ
Tél. 04 77 79 18 49 - Fax 04 77 93 93 66

43 - HAUTE-LOIRE
Relais du Tourisme
12, bd Philippe-Jourde - B.P 332
43012 LE-PUY-EN-VELAY CEDEX
Tél. 04 71 09 91 46 - Fax 04 71 09 91 50
Fax : 04 71 09 54 85

44 - LOIRE ATLANTIQUE
1, allée Baco - B.P. 93218
44032 NANTES CEDEX 1
Tél. 02 51 72 95 65 - Fax 02 40 35 17 05

45 - LOIRET
8, rue d'Escures - 45000 ORLEANS
Tél : 02 38 78 04 00 - Résa : 02 38 62 04 88
Fax : 02 38 77 04 12 - Résa : 02 38 62 98 37

46 - LOT
Maison du Tourisme
Place François Mitterand - B.P. 162
46003 CAHORS CEDEX
Tél. 05 65 53 20 75 - Fax 05 65 53 20 79

47 - LOT-ET-GARONNE
4, rue André Chénier
47000 AGEN
Tél. 05 53 47 80 87 - Fax 05 53 66 88 29

48 - LOZERE
14, bd Henri-Bourillon - B.P. 4
48001 MENDE
Tél. 04 66 65 60 00 - Fax 04 66 49 27 96

49 - MAINE-ET-LOIRE
Maison du Tourisme
Place Kennedy - B.P. 2147
49021 ANGERS CEDEX 02
Tél. 02 41 23 51 23 - 02 41 23 51 42
Fax 02 41 88 36 77